APOCALIPSIS

La consumación del plan eterno de Dios

Evis L. Carballosa

Prólogo por Emilio A. Núñez

EDITORIAL PORTAVOZ

Diseño de la portada: Alan G. Hartman
Compaginación: Nicholas G. Richardson

EDITORIAL PORTAVOZ
Kregel Publications
P. O. Box 2607
Grand Rapids, Michigan 49501 EE. UU.

ISBN 0-8254-1107-6

4 5 6 7 8 / 06 05 04 03 02

A las Asambleas de Hermanos de Barcelona
y a sus pastores-ancianos,
quienes gentilmente me permitieron en repetidas ocasiones
exponer el mensaje del Apocalipsis,
esta obra es afectuosamente dedicada.

Libros de Evis L. Carballosa

APOCALIPSIS: La consumación del plan eterno
COLOSENSES: Orientación para un estudio exegético y práctico
DANIEL Y EL REINO MESIÁNICO
LA DEIDAD DE CRISTO
EL DICTADOR DEL FUTURO
FILIPENSES: Un comentario exegético y explicativo
ROMANOS: Una orientación expositiva y práctica
SANTIAGO: Una fe en acción

Contenido

Prólogo

De su abundancia de conocimiento bíblico y de su rica experiencia en la enseñanza de las Sagradas Escrituras, el doctor Evis L. Carballosa ofrece en este libro otro valioso aporte al ministerio docente en la iglesia evangélica de habla hispana.

El autor ha basado su estudio del libro del Apocalipsis en el idioma original, con énfasis en la gramática griega y en el significado que tienen los vocablos dentro de su contexto inmediato y mediato. Su enfoque es también pastoral. A favor de sus lectores subraya los valores doctrinales y prácticos en el contenido del Apocalipsis. Este énfasis refleja que el autor no es sólo «de gabinete»; él viene también del púlpito, y del diálogo enriquecedor sostenido en congregaciones locales con gente que pone a prueba su cristianismo en diferentes circunstancias de la vida.

El título *Apocalipsis* indica que el libro no está ocultando sino revelando el mensaje que el vidente y las iglesias de su tiempo, y de todos los tiempos, necesitan conocer. El velo se descorre y nos permite contemplar el desarrollo y la consumación gloriosa del propósito salvífico de Dios en la historia de este planeta, y más allá de esta historia. Sin embargo, no es una revelación fácil de aprehender, especialmente para el cristiano que no se inclina a oírla, ni a leerla, ni mucho menos a obedecerla. El doctor Carballosa se esfuerza para motivarnos a seguir desentrañando el significado de lo que el Señor ha querido decirnos por medio de este libro singular que le da cima maravillosa al canon de las Sagradas Escrituras.

Debemos decir también que la dificultad en la interpretación del Apocalipsis se explica hasta cierto punto si tenemos en cuenta que la mayor parte de su contenido trata de las cosas que están por venir. Si no es fácil explicar lo histórico, lo ya acontecido, mucho más difícil es el esfuerzo de interpretar lo que está por suceder. Si a esto agregamos el abundante lenguaje simbólico que caracteriza al lenguaje apocalíptico, y las distintas opciones teológicas que existen para la interpretación del libro, ya podemos entender el porqué de la discrepancias, y hasta controversias, en cuanto al significado del Apocalipsis.

El doctor Carballosa sigue «la manera normal, natural, histórico-gramatical» de interpretación bíblica, «teniendo en cuenta el uso de las figuras de dicción e interpretando cada pasaje dentro de su propio entorno». Desde el punto de vista hermenéutico, a este modo, aplicado en forma consistente a todas las Escrituras, no

11

solamente a determinados pasajes bíblicos, le debe el autor su profunda convicción premilenarista. Era de esperarse que esta convicción le guiara en su comentario al Apocalipsis, aunque ella no le impide utilizar «varios comentarios que representan puntos de vista diferentes del suyo». De su «absoluto reconocimiento de la autoridad de la Palabra de Dios», no cabe ninguna duda.

Estamos seguros que hasta los lectores que no estén del todo de acuerdo con la opción hermenéutica del doctor Carballosa reconocerán su seriedad de esta obra de interpretación bíblica; verán en ella el fruto de su estudio diligente del texto en el idioma original. Percibirán también que la investigación realizada se sustenta en la formación académica del autor, y en su peregrinaje como estudiante y maestro de las Sagradas Escrituras.

Felicitamos al doctor Carballosa por esta obra que sin lugar a dudas será muy útil al pueblo del Señor en el mundo de habla hispana, y lo felicitamos especialmente porque sabemos que su comentario al Apocalipsis es otro logro de su dedicación al estudio y enseñanza de la revelación escrita de Dios. Deseamos que este libro sea para la gloria del Señor y para el progreso de su evangelio, dondequiera haya personas que lean, oigan, y obedezcan las palabras de «la revelación de Jesucristo», revelada a nosotros por medio de su vidente Juan.

DR. EMILIO ANTONIO NÚÑEZ C.

Ciudad de Guatemala, 1997

Palabras del autor

Escribir un comentario sobre cualquier libro de la Biblia es una tarea difícil. Mucho más es si se escribe acerca del Apocalipsis. La naturaleza misma de este libro hace que la labor sea ardua y complicada. Para desentrañar el mensaje y el argumento del Apocalipsis es importante profundizar en la exégesis de dicho libro, el género literario al que pertenece, su trasfondo histórico y utilizar una hermenéutica congruente.

El autor de la presente obra comenzó a estudiar el Apocalipsis durante sus años en la escuela bíblica bajo la instrucción de maestros que demostraban un profundo respeto hacia la Palabra de Dios. Posteriormente, profundizó en el contenido de dicho libro en el Seminario Teológico de Dallas. Dios usó a hombres conocedores de los temas proféticos y serios exégetas de la Palabra de Dios para instruir a los estudiantes en la tarea de exponer con claridad y convicción el mensaje de las Escrituras, incluyendo el Apocalipsis. Este autor agradece sinceramente lo que recibió de tantos dedicados y bien preparados profesores.

En la preparación de este comentario, el autor ha apelado a la bibliografía existente tanto en inglés como en castellano. El número de obras en inglés es abundante. Desafortunadamente, no puede decirse lo mismo respecto a la bibliografía en el idioma castellano. Fue necesario, por lo tanto, apelar a las obras en inglés de las que el autor ha hecho su propia traducción. Los comentarios utilizados representan diferentes posiciones teológicas respecto al Apocalipsis. El autor, sin embargo, mantiene su convicción premilenarista y de absoluto reconocimiento de la autoridad de la Palabra de Dios. Pero el autor ha utilizado varios comentarios que representan puntos de vista diferentes del suyo. Ha apreciado la firmeza de quienes sostienen la autoridad de la Palabra de Dios y mantienen la paternidad apostólica del Apocalipsis.

A través de este comentario se ha destacado la cuestión hermenéutica. La convicción del autor es que toda la Biblia debe interpretarse de manera normal, natural, histórico-gramatical, teniendo en cuenta el uso de las figuras literarias e interpretando cada pasaje dentro de su propio contexto. El Apocalipsis está repleto de figuras literarias y de símbolos. Esas figuras y símbolos se usan para ayudar al estudiante a comprender mejor el mensaje del libro. Alegorizar el significado de las figuras y símbolos no contribuye a la comprensión correcta del mensaje que el autor del Apocalipsis pretendió comunicar. El autor de este comentario cree que el Apocalipsis puede y debe interpretarse de manera normal o natural. Esa es la hermenéutica que ha procurado utilizar a través de este comentario.

Entre las obras que han sido de gran utilidad en la preparación de este comentario cabe destacar el excelente trabajo del doctor Robert L. Thomas, *Revelation: An Exegetical Commentary* [Apocalipsis: Un comentario exegético], publicado en dos tomos por la editorial Moody. También la obra de John F. Walvoord, *The Revelation of Jesus Christ* [La revelación de Jesucristo], de la editorial Moody. Debo también mencionar el comentario de Robert H. Mounce, *The Book of Revelation* [El libro de Apocalipsis], publicado por la casa Eerdmans. Muchos otros comentarios se han examinado y leído por el autor. Casi todos de gran beneficio y ayuda para la comprensión del Apocalipsis.

El autor agradece profundamente a las Asambleas de Hermanos de Barcelona que le permitieron hacer la exposición del Apocalipsis en diferentes congregaciones varias veces. Muchos de los oyentes formularon preguntas que ayudaron al autor a percatarse de puntos oscuros o de difícil comprensión para el auditorio. Las cuestiones planteadas por los amigos y hermanos que escucharon las exposiciones motivaron al autor a procurar más congruencia y claridad en el contenido.

El autor desea expresar su gratitud a todos los hermanos y amigos que lo animaron a escribir este comentario. Hubo momentos de desánimo durante los casi cinco años invertidos en escribir esta obra. Gracias especiales para Germán Collazo Fernández quien de forma abnegada realizó todo el trabajo de secretariado y también animó al autor a seguir adelante con el proyecto cuando el desánimo parecía vencerlo.

El autor agradece al señor Harold J. Kregel y a la Editorial Portavoz por su disposición de publicar este comentario sin alterar ni rebajar su contenido. Por último, un sincero agradecimiento al doctor Emilio Antonio Núñez, respetado teólogo y expositor bíblico, por acceder a escribir el prólogo de esta obra. Es el sincero deseo del autor que Dios bendiga este esfuerzo. Si esta obra sirve de aliento a pastores, a misioneros, a evangelistas y a creyentes en general en la profundización del estudio de la Palabra de Dios y en la comprensión del mensaje del Apocalipsis, el autor se sentirá sobradamente recompensado.

EVIS L. CARBALLOSA

Can Miret, Sant Antoni de Vilamajor, España
30 de marzo de 1997 (Domingo de Resurrección)

1
Introducción

El Apocalipsis es el último y consumador libro de las Sagradas Escrituras. Es al Nuevo Testamento lo que el libro de Daniel es al Antiguo Testamento. Su mensaje y su contenido son cruciales para entender cómo Dios ha de establecer su soberanía en medio de los hombres. El Apocalipsis describe los acontecimientos que culminarán con la entronización de Jesucristo como Rey de reyes y Señor de señores, es decir, cuando Él ha de ejercer su autoridad absoluta dentro de la historia.

Este libro pertenece al género literario apocalíptico. Este tipo de literatura posee las siguientes características: (1) El mensaje se comunica a través de símbolos y visiones; (2) la presencia de un mensajero celestial que declara o interpreta el significado de dichos símbolos; (3) la fuerza del mensaje es eminentemente profética y, más aún, escatológica; y (4) esta literatura se escribió primordialmente en un entorno exílico. En ese sentido, el Apocalipsis pertenece al mismo género literario que los libros de Daniel, Ezequiel y Zacarías.

De ningún modo debe confundirse el Apocalipsis canónico, es decir, el que aparece en la literatura inspirada del Nuevo Testamento, con los apocalipsis pseudoepigráficos que circularon entre los judíos y los cristianos de los primeros siglos de nuestra era. Obras tales como el *Cuarto Libro de Esdras*, el *Libro de Enoc*, los *Testamentos de los Doce Patriarcas*, el *Apocalipsis de Baruc*, los *Oráculos Sibelinos*, etc., no fueron escritos bajo la supervisión del Espíritu Santo y, por lo tanto, no caben dentro del Canon Sagrado.

La importancia del Apocalipsis para el pueblo de Dios no puede medirse con justicia. Su mensaje ha producido consuelo y esperanza para los creyentes a través de los siglos. Sin embargo, para muchos creyentes incluso hoy día, este libro que es en sí una *revelación*, continúa siendo enigmático y recóndito. Todavía hay quienes leen el Apocalipsis movidos más por la curiosidad que por el sincero deseo de conocer y proclamar el mensaje de dicho libro. Otros se ven confundidos por la diversidad de interpretaciones que hay tocante al Apocalipsis. Tal vez ese fenómeno haya causado desánimo en algunos que desearían estudiarlo.

No obstante, hay un buen número de creyentes sinceros que desean profundizar en las Escrituras y anhelan entender el contenido y el propósito fundamental del libro de Apocalipsis. Esos creyentes entienden que Dios tiene un propósito para el

15

mundo que creó, y concretamente, para el hombre que es corona de su creación. También comprenden que Dios ha de consumar su plan original, es decir, manifestar su gloria, su soberanía y sus atributos entre los hombres.

El propósito de este trabajo es animar al lector a realizar un estudio serio de este importante libro de la Biblia y ayudarlo a entender el obrar de Dios en cuanto a cómo se ha propuesto consumar su plan para este mundo. El Apocalipsis enseña con énfasis que Jesucristo reinará con poder y gloria, pero antes ha de juzgar a todos sus enemigos. En este libro se ven cumplidas las promesas de Dios de manera clara, definitiva y total.

No debe pasarse por alto, sin embargo, que un digno enfoque del Apocalipsis debe dar seria consideración a una *exégesis* profunda del texto que no escatime esfuerzos por estudiar las cuestiones pertinentes al mensaje del libro. No menos importante es el uso del principio de *interpretación* que se acerca al texto mismo dentro de su ambiente histórico-gramatical, cultural y contextual. Esta hermenéutica toma en cuenta las figuras de dicción y el género literario que usa el autor original, procurando dar a cada palabra o frase el significado que pretendió darle cuando escribió su composición. Ha de añadirse también la necesidad de enfocar el estudio de este libro no como una pieza suelta, sino como una parte importantísima en la estructura de la revelación dada por Dios a su pueblo.

Por último, una *exégesis* ponderada y una *interpretación* equilibrada deben conducir a una *proclamación* clara y al mismo tiempo práctica, del mensaje del Apocalipsis. El estudio de este precioso libro debe trascender la curiosidad humana y debe alzar su alas por encima de cualquier prejuicio teológico para proclamar un mensaje que eleve la vida del oyente-discípulo hasta las alturas donde pueda contemplar la gloria misma de Aquel que constituye el centro de esta revelación.

PATERNIDAD LITERARIA DEL APOCALIPSIS

Aunque no todos están de acuerdo, hay indicios de que el libro de Apocalipsis ya se conocía en el período de los padres apostólicos. Hay referencias en el *Pastor de Hermas* (150 d.C.) a la futura gran tribulación (2:1, 5, 7; 3:16) que parecen reflejar las enseñanzas de Apocalipsis 2:10 y 7:14. Además, el *Pastor de Hermas* usa un vocabulario muy parecido al del Apocalipsis. Por ejemplo, el enemigo de los creyentes se representa por una bestia, la descripción de las langostas de fuego que salen de la boca de la bestia, los santos visten vestiduras blancas y llevan coronas en sus cabezas.

También parece que el autor de la *Epístola de Bernabé* conocía del Apocalipsis. Bernabé 7:9 y 21:3 tienen cierto parecido con Apocalipsis 17:7, 13 y 22:10. En los escritos de Ignacio, quien fuera obispo de Antioquía de Siria (98-117 d.C.) aparecen algunas referencias que se asemejan a pasajes del Apocalipsis (compárese a los Efesios 15:3 con Apocalipsis 21:3 y a Filadelfia 6:1 con Apocalipsis 3:12).

Sin embargo, fue Justino Mártir (100-165 d.C.) quien por primera vez menciona el Apocalipsis y lo atribuye al apóstol Juan. En su *Diálogo con Trifón* dice: «Un hombre llamado Juan, uno de los apóstoles de Jesucristo, profetizó mediante una revelación que le fue concedida, que los que han creído en nuestro Cristo morarán por mil años en Jerusalén (Ap. 20:4-6) y que luego tendrá lugar la resurrección universal y, para decirlo en una palabra, eterna de todos los hombres y al mismo tiempo el juicio» (81:4).

Hay que añadir los testimonios de Papías (60-130 d.C.) tocante a la credibilidad del Apocalipsis y de Melitón, obispo de Sardis (161-180 d.C.) quien escribió un comentario sobre dicho libro. El canon Muratorio (siglo II d.C.) atestigua de la existencia incuestionable del Apocalipsis y de su uso en la iglesia romana a finales del siglo segundo.

El primer comentario del Apocalipsis que se ha conservado lo escribió Victorino, quien murió en el año 303 d.C. como resultado de las persecuciones dirigidas por Diocleciano.[1] La mayor impugnación del libro de Apocalipsis provino de Dionisio de Alejandría (250 d.C.).[2] Dionisio colocó los cimientos sobre los que la crítica moderna edificó sus argumentos tocante a la paternidad literaria del Apocalipsis. Para comenzar, Dionisio rechazó la enseñanza milenarista del Apocalipsis. Además, comparó el lenguaje del libro con el del evangelio y las epístolas de Juan y concluyó que fue otro Juan, no el apóstol, quien escribió el último libro del Nuevo Testamento.

Desde los tiempos de Dionisio de Alejandría —mediados del siglo III d.C.—, el rechazo de la paternidad apostólica del Apocalipsis se ha fundamentado sobre argumentos lingüísticos.[3] La impugnación se ha dirigido a la presencia de ciertos barbarismos y solecismos en el Apocalipsis, el uso de hebraísmos y una diferencia entre el estilo y el vocabulario del Apocalipsis y el que aparece en los escritos juaninos.

Un escrutinio de los argumentos de Dionisio en contra de la paternidad juanina del Apocalipsis demuestra que su rechazo era debido a ciertas especulaciones hechas *a priori* por el alejandrino. La presencia de hebraísmos se explica por el hecho de que el Apocalipsis es el libro del Nuevo Testamento que más alude al Antiguo Testamento. Se ha observado que «de los 404 versículos que forman el Apocalipsis, hay 278 que contienen referencias a las Escrituras judías» (Swete, p. cxl). El estilo del Apocalipsis pone de manifiesto que su autor era un judío que pensaba en hebreo.

La impugnación a la presencia de errores gramaticales debe reconocerse, aunque tiene su explicación. Theodor Zahn lo explica al decir que en el Apocalipsis «Juan escribe como profeta y por lo tanto, lo hace de manera diferente a como lo hace en el evangelio y en las epístolas» (Zahn, *Introduction*, p. 626). Los solecismos (alteración de la sintaxis), los anacolutos (falta de ilación en la construcción de una cláusula) y otras irregularidades gramaticales no deben ignorarse, pero tampoco deben usarse como un argumento decisivo en contra de la paternidad apostólica del Apocalipsis. Debe observarse que un número considerable de las irregularidades gramaticales que aparecen en el libro se encuentran también en los escritos de los griegos clásicos.[4]

Dionisio mantenía que el Apocalipsis no fue escrito por Juan el apóstol, el hijo de Zebedeo, sino por otra persona. A veces sugería el nombre de Juan Marcos, pero otras veces rechazaba dicha idea. También ofrecía la posibilidad de que el autor de Apocalipsis fuera un tal Juan de Asia, personaje desconocido cuya tumba, según algunos, se halló en Éfeso, donde también sepultaron al apóstol Juan.

Resumiendo, tal como señala Donald Guthrie,[5] la crítica de Dionisio y su rechazo de la paternidad apostólica del Apocalipsis confronta algunos problemas serios:

1. No se basa sobre el testimonio de la antigüedad, sino sobre un juicio subjetivo.
2. Su declaración sobre el uso del griego es engañoso, porque Dionisio pasa por alto el sabor semítico presente en el griego del evangelio de Juan. Además, su opinión respecto a las faltas de exactitud del Apocalipsis no se sostiene ante el juicio de la crítica moderna, que por lo general admite que las desviaciones gramaticales no se deben a la ignorancia.
3. La sugerencia de Dionisio de que un tal Juan de Asia, personaje desconocido en la historia de la Iglesia, fuera el autor del libro, carece de credibilidad ante la falta de evidencia y apoyo histórico.

Las palabras iniciales del libro reconocen a Juan como el autor del Apocalipsis (1:1, 4). Dos veces más (1:9 y 22:8) se afirma la misma realidad. Es decir, el libro contiene cuatro declaraciones en cuanto a que el nombre del autor es Juan. El apóstol Juan, hijo de Zebedeo, era un líder reconocido de la iglesia de Asia y la historia eclesiástica no sabe de ningún otro con autoridad apostólica reconocida y capaz de escribir un libro como el Apocalipsis sino sólo el apóstol Juan, autor del evangelio que lleva su nombre junto con otras tres epístolas.[6]

La evidencia externa apoya firmemente que el apóstol Juan fue el autor del Apocalipsis. Justino Mártir (100-165 d.C.) en su *Diálogo con Trifón*, dice: «Hubo cierto hombre con nosotros, llamado Juan, uno de los apóstoles de Cristo, quien profetizó mediante una revelación».[7] De igual modo, Ireneo (120-202 d.C.) dice que el Apocalipsis fue escrito por «Juan, el discípulo del Señor», quien no podía ser otro que Juan el apóstol.[8] El gran apologista Tertuliano (160-220 d.C.) dice que «el apóstol Juan» contempló la ciudad descender del cielo, refiriéndose a Apocalipsis 21:10-23 (véase *Contra Marción*, III 25).

La opinión de los padres orientales también favorece al apóstol Juan como autor del Apocalipsis. Clemente de Alejandría (150-220 d.C.) escribió tocante al regreso de Juan el apóstol de su exilio en la isla de Patmos, una posible referencia a Apocalipsis 1:9. De igual manera Orígenes de Alejandría (185-254 d.C.) en su obra *De Principiis* se expresa así: «Escuchad de la manera como Juan habla en el Apocalipsis» y seguidamente cita 1:8. También cita la frase «el evangelio eterno» (Ap. 14:6) y dice que es «usada por Juan en el Apocalipsis» (véase Thiessen, p. 317). El gran defensor de la ortodoxia, Atanasio (296-373 d.C), autor de varias obras importantes y quien se destacó en el Concilio de Nicea (325), expresó su convicción de la canonicidad del Apocalipsis y de la paternidad juanina del mismo.[9]

A pesar de las abundantes evidencias en favor de la paternidad juanina y del carácter apostólico del Apocalipsis, su aceptación no ha sido universal. Por ejemplo, Marción (siglo II d.C.) no lo incluyó en su canon. Los Alogoi, grupo que surgió en el Asia Menor por el año 175 d.C., contrarios al montanismo, rechazaron todos los libros que se oponían a sus creencias. Entre los libros rechazados por los Alogoi estaban el Evangelio según San Juan y el Apocalipsis que, según ellos, los escribió el gnóstico Cerinto. Como ya se ha mencionado, el más fuerte opositor a la paternidad juanina del Apocalipsis fue Dionisio (190-265 d.C.). Al igual que Orígenes, Dionisio rechazó las enseñanzas tocante al milenio. Negó el origen apostólico del Apocalipsis y lo atribuyó a «Juan el presbítero», persona de dudosa existencia. Los argumentos de Dionisio los copió Eusebio de Cesarea (265-339 d.C.), conocido como el «padre de la historia eclesiástica». Eusebio cuestionó la autoridad del Apocalipsis sobre la misma base que usó Dionisio. Desde entonces y hasta hoy, la crítica continúa usando fundamentalmente los mismos argumentos para negar el origen apostólico y la paternidad joanina del Apocalipsis.

RESUMEN

Siguiendo a Dionisio, la crítica ha impugnado el origen juanino del Apocalipsis sobre la base siguiente:

1. Diferencias lingüísticas: El Apocalipsis muestra un uso irregular del idioma griego. Hay irregularidades gramaticales y sintácticas que son innegables. Ahora bien, esas irregularidades pudieran atribuirse a la naturaleza misma del lenguaje apocalíptico usado por el autor, unido al hecho manifiesto de la influencia del Antiguo Testamento en el Apocalipsis.
2. Síntomas internos de paternidad no apostólica: Se ha objetado el hecho de

que el autor del Apocalipsis no se identifica como apóstol. Esta objeción considera que ningún apóstol podía escribir sin reclamar su autoridad apostólica. Esa suposición, sin embargo, no es correcta. Es cierto que Pablo afirma y defiende su apostolado, pero lo hacía porque él no había sido uno de los doce y por esto, había quienes dudaban que Pablo fuera un apóstol genuino. Juan, por supuesto, no tenía ese problema, ya que era bien conocido como uno de los discípulos originales de Jesús.

3. Elementos no juaninos en el Apocalipsis: Esta objeción es fundamentalmente teológica. Se dice que hay una clara diferencia entre la presentación de la doctrina de Dios hecha en el Apocalipsis y la que aparece en el Evangelio según San Juan y las epístolas. El evangelio, se dice, presenta el amor de Dios mientras que el Apocalipsis habla de la majestad y el poder creador de Dios.

Pero no debe pasarse por alto que el propósito del evangelio es enseñar que Jesús es el Mesías, el único Salvador de los hombres (Jn. 20:30, 31), mientras que el Apocalipsis tiene que ver con la culminación del plan de Dios en el establecimiento de su soberanía.

En cuanto a la Cristología, el evangelio presenta a Jesús como el Mesías sufriente, el Cordero de Dios que muere como sacrificio por los pecados del mundo. El Apocalipsis, sin embargo, presenta al Mesías conquistador que regirá las naciones con vara de hierro. Sin embargo, el Apocalipsis también habla de Cristo como quien ama, redime y se identifica con su pueblo (véanse Ap. 1:5; 5:9; 7:14; 12:11; 14:4). Es necesario reconocer y no perder de vista que el Evangelio según San Juan y el Apocalipsis tienen objetivos distintos. También hay una diferencia en la presentación de la doctrina del Espíritu Santo en el Apocalipsis y en el Evangelio según San Juan. Pero debe observarse que el ministerio del Espíritu Santo ocupa un lugar principal en el Apocalipsis. La naturaleza apocalíptica y escatológica del libro explica las diferencias en la exposición de la doctrina. Pero el aspecto fundamental es el hecho de que en ambos libros el Espíritu Santo se presenta como una persona divina.

Otras diferencias en cuanto a énfasis doctrinal se explican por el hecho de que el Apocalipsis es eminentemente escatológico. El Apocalipsis destaca los acontecimientos que tendrán lugar dentro de la septuagésima semana de Daniel. El evangelio y las epístolas de Juan tienen que ver con temas que se desarrollan durante la era de la iglesia. No hay, pues, diferencias teológicas entre el Apocalipsis y los otros escritos atribuidos a Juan. Sin duda, hay diferencias de énfasis y de temas entre dichos escritos, pero no es menos cierto que también existen semejanzas (véanse Jn. 1:1 y Ap. 19:13; Jn. 7:37 y Ap. 22:17; Jn. 10:18 y Ap. 2:27; Jn. 19:37 y Ap. 1:7; cp. Zac. 12:10).

Una hipótesis ofrecida por algunos expertos en los últimos años es la que sugiere que Juan sufrió el martirio aproximadamente cuando Santiago corrió la misma suerte (véase Hch. 12). Uno de los problemas de dicha teoría es que hay una fuerte tradición que favorece la creencia de que Juan murió a una edad muy avanzada en la ciudad de Éfeso. Si como creen algunos, Juan sufrió el martirio en la primavera del año 44 d.C., entonces tampoco pudo haber escrito el evangelio ni las epístolas. El testimonio de Clemente de Alejandría al efecto de que Juan regresó a Éfeso después de su exilio en Patmos, al igual que el de Ireneo y el de Tertuliano, pesan en favor de la fecha tardía de la muerte de Juan y por lo tanto, aumentan las probabilidades de la postura que atribuye al apóstol Juan la autoría del Apocalipsis.

En resumen, no es una tarea sencilla ordenar todas las evidencias para llegar a una conclusión definitiva que despeje todas las dudas respecto a la paternidad juanina del Apocalipsis. Lo que sí podemos afirmar es que el peso de las evidencias inclina la balanza en favor de la tradición temprana que afirma que el autor humano del Apocalipsis fue el apóstol Juan, hijo de Zebedeo, quien también escribió el evangelio que lleva su nombre y tres epístolas.

CANONICIDAD DEL APOCALIPSIS

La cuestión de la canonicidad de un libro de la Biblia descansa sobre la realidad de su inspiración, es decir, si el libro se escribió bajo la dirección y supervisión del Espíritu Santo. Tanto en el Antiguo como en el Nuevo Testamento, al parecer era importante que el libro fuera escrito o avalado por un *hombre de Dios*, es decir, un profeta o un apóstol.

En cuanto al libro de Apocalipsis, si bien es cierto que su aceptación en el occidente fue temprana y rápida, no es menos cierto que la iglesia oriental no actuó del mismo modo. Es evidente que el rechazo que algunos hicieron del Apocalipsis en la iglesia oriental se debió fundamentalmente a razones teológicas. La iglesia griega, por ejemplo, excluyó dicho libro del uso litúrgico.[10]

El Apocalipsis se encuentra en los siguientes manuscritos: p^{47}, Aleph, Alejandrino, Efraemi Rescrito y Vaticano, aunque en algunos de ellos faltan algunos trozos. El Canon Muratorio, la lista más antigua de escritos del Nuevo Testamento, incluye al Apocalipsis. Eso significa que su circulación en el occidente data de, por lo menos, fines del siglo segundo. Hipólito (siglo III d.C.) reconoce el carácter apostólico del libro y lo cita repetidas veces.[11]

Si bien es cierto que el Apocalipsis obtuvo reconocimiento general como canónico en la Iglesia de una manera lenta, probablemente esto se debió al contenido escatológico del libro y a su carácter apocalíptico. Otra cuestión que pudo haber influido fue la duda de su paternidad. El origen apostólico era, sin duda, un asunto de suma importancia. Junto con las epístolas de Santiago, Hebreos, Judas y Segunda y Tercera de Juan, El Apocalipsis fue colocado entre los libros objetados (antilegómena) hasta que ciertas cuestiones se resolvieron. El libro del Apocalipsis ocupa su lugar en el Canon Sagrado. A él pertenece porque lo escribió el apóstol Juan bajo la supervisión del Espíritu Santo.

FECHA DE LA ESCRITURA DEL APOCALIPSIS

Hay quienes abogan por una fecha temprana para la escritura del Apocalipsis.[12] Estos lo sitúan entre la muerte del emperador Nerón (9 de junio del 68) y la destrucción de Jerusalén (10 de agosto del 70). Los argumentos usados por quienes defienden esta fecha son internos, derivados de ciertas conjeturas interpretativas. Por ejemplo, la interpretación de Apocalipsis 17:10. Los que creen en la fecha temprana identifican a Nerón con el quinto rey mencionado allí. Pero la dificultad surge a la hora de determinar quienes fueron el sexto y el séptimo de los reyes. Las dificultades históricas para determinar su identidad reducen mucho la factibilidad de la fecha temprana.

También se ha apelado a Apocalipsis 11:1-3, donde se le ordena a Juan medir el templo. Los que creen en la fecha temprana consideran que cuando Juan escribió el Apocalipsis el templo aún estaba en pie y por lo tanto, debió ser antes del año 70 d.C. Debe observarse, sin embargo, que la orden dada es medir «el templo de Dios» (*tòn naòn toû theoû*) y «el altar» (*tó thysiastéirion*). La frase «el templo de Dios» se refiere al lugar santo y al lugar santísimo. El altar se refiere al altar del holocausto.

Es decir, el mandato dado a Juan tiene que ver con componentes específicos y no con la totalidad del templo. Considerar que el templo aún estaba en pie a partir de Apocalipsis 11:1-2, no parece ser una interpretación correcta.

Otro argumento usado en favor de la fecha temprana se relaciona con la interpretación del número 666 que aparece en 13:18. El ejercicio que se hace es el siguiente: Se transcribe el nombre César Nerón al hebreo y se obtiene el valor numérico 666. De ahí se determina que Nerón era el anticristo que perseguía a los creyentes cuando el Apocalipsis se escribió. La conclusión del argumento era establecer que el libro se escribió antes del año 70 d.C.

Obviando otras consideraciones y sugerencias, las evidencias externas favorecen la fecha más tardía como la más probable para la escritura del Apocalipsis, es decir, la que establece que el libro se escribió durante el reinado del emperador Domiciano (81-96 d.C.).

Ese fue el testimonio de Ireneo (*Contra las herejías*, v. XXX 3), Clemente de Alejandría (*¿Quién es el hombre rico que será salvo?*, XLII), Victorino (*Apocalipsis*, X 11, XVII 10), Eusebio (*Historia Eclesiástica*, III 18:1; III 20:9; III 23:1) y Jerónimo (*De Viris Illustribus*, IX). De modo que la tradición más antigua de la iglesia favorece una fecha para la escritura del Apocalipsis entre los años 90-95 d.C. Por supuesto que se puede abogar con fuerza en favor de la fecha temprana, pero cuando se toman todos los argumentos en consideración, la fecha más probable parece ser la de los tiempos del emperador Domiciano.

PROPÓSITO DEL APOCALIPSIS

El libro del Apocalipsis tiene, sin duda, un propósito histórico que se relaciona con los creyentes que por primera vez leyeron dicho mensaje. Durante la segunda mitad del siglo primero y en las generaciones siguientes, la Iglesia se vio sacudida por conflictos y persecuciones. Desde Nerón hasta Diocleciano, los cristianos sufrieron en carne propia el precio de pertenecer a una *religgio ilicita*. La lectura y la exposición del Apocalipsis transmitió a los cristianos de los primeros siglos la confianza y la seguridad de que el Señor estaba con ellos como lo prometió en Mateo 28:20.

José M. Martínez, distinguido pastor y escritor español, comenta lo siguiente respecto al propósito del Apocalipsis:

> Robustecer esa paciencia y esa lealtad es el propósito del Apocalipsis. En la medida de lo necesario, la Iglesia es reprendida y llamada al arrepentimiento. Pero el libro es esencialmente un mensaje alentador. El conjunto de las visiones hace resaltar de modo impresionante la verdad medular: Jesucristo es verdadero Señor. Lo es no sólo de la Iglesia, sino del universo y de la historia. Su pueblo, mientras esté en el mundo, tendrá aflicción; pero Él ya ha vencido al mundo (Jn. 16:33) y seguirá venciéndolo. Todos los poderes hostiles, humanos y demoniacos serán finalmente del todo sometidos al Rey de reyes. El último triunfo no corresponde a Roma, sino al Reino de Dios. No importa que en el conflicto muchos cristianos sufran martirio. Lo importante es que sean «fieles hasta la muerte»; así serán tenidos por dignos del Reino (cp. 2 Ts. 1:5) y recibirán la corona de la vida.[13]

El Apocalipsis es, además, un libro profético. Sus profecías tienen que ver con acontecimientos que fundamentalmente aún están por ocurrir. Los capítulos 4—22 tratan de cuestiones relacionadas con las cosas que van a suceder antes, durante y después de la segunda venida de Cristo a la tierra con poder y gran gloria. En ese sentido, el Apocalipsis se escribió por mandato expreso del Señor Jesucristo (1:19) para dar a conocer al pueblo de Dios que el Soberano tiene control de todas las cosas y que ha de consumar su plan y cumplir todas sus promesas tanto a su Iglesia como a Israel y a las naciones del mundo.

En este libro se ven cumplidas muchas de las profecías pronunciadas por Daniel (2:7; 9:27; 11:12), por el mismo Señor Jesucristo (Mt. 24) y por el apóstol Pablo (2 Ts. 2). El Apocalipsis enseña que Jesucristo ha de reinar, pero antes de hacerlo ha de juzgar a todos sus enemigos. Los cristianos, tanto los de los primeros siglos como los de hoy, pueden ser consolados y edificados mediante la exposición del mensaje del Apocalipsis. Este es un libro necesario dentro del Canon Sagrado. Su contenido pone de manifiesto quién de verdad es el Señor soberano del universo.

El Apocalipsis tiene un mensaje perenne para el creyente. Lo llama a honrar y glorificar a Dios en su vida. Hay también un mensaje para el injusto que se niega a conocer a Cristo. Al tal se le advierte de las terribles consecuencias del juicio de Dios. Pero el Apocalipsis concluye con un llamado a aceptar el regalo de la gracia de Dios, es decir, la salvación: «Y el Espíritu y la Esposa dicen: Ven. Y el que oye, diga: Ven. Y el que tiene sed, venga; y el que quiera, tome del agua de la vida gratuitamente» (Ap. 22:17).

LOS DESTINATARIOS DEL APOCALIPSIS

Históricamente el Apocalipsis fue dirigido a las siete iglesias que se mencionan en los capítulos 2 y 3. Por cierto que esas no eran las únicas iglesias en el Asia Menor. También había congregaciones en Hierápolis, Colosas, Tralles y Magnesia.

Las iglesias de los capítulos 2 y 3 estaban situadas de manera que forman aproximadamente un círculo geográfico y próximas a las vías construidas por los romanos.[14] Juan, el apóstol y autor del Apocalipsis, había vivido en Éfeso por un largo tiempo. Su ministerio era conocido no sólo en Éfeso sino también, con toda seguridad, en las demás congregaciones. Es muy probable que Juan conociera de manera detallada la condición espiritual de cada una de aquellas congregaciones. De modo que el Apocalipsis transmite un mensaje directo a cada una de las asambleas nombradas en los capítulos 2 y 3. Sin embargo, el mensaje no se limita a esas asambleas. Al final de cada una de las cartas se reitera la sobria advertencia: «El que tiene oído, oiga lo que el Espíritu dice a las iglesias» (Ap. 2:7*a*, 11*a*, 17*a*, 29; 3:6, 13, 22).

Sobre la base de Apocalipsis 1:3 puede decirse que el contenido del libro, en sentido general, va dirigido a todo cristiano. El creyente en Cristo de manera personal y la asamblea cristiana de manera colectiva, pueden recibir una gran bendición a través del estudio tanto doctrinal como práctico del Apocalipsis. Recuerde que el tema central del libro es la manifestación gloriosa de Jesucristo en su segunda venida y el cristiano debe ser un fiel amante de ese singular acontecimiento (2 Ti. 4:8).

EL SIMBOLISMO DEL APOCALIPSIS

El uso de símbolos es una de las características destacadas de la literatura apocalíptica. Símbolo es el uso de una cosa en representación de otra o el uso de un objeto material para representar una verdad moral o espiritual.[15] Símbolo es una figura de dicción o un medio literario de comunicación. El género apocalíptico de literatura requiere el uso de símbolos para expresar su contenido. D. S. Russell, co-rector del Northern Baptist College en Manchester, dice:

La literatura apocalíptica se caracteriza por una cualidad altamente dramática cuyo lenguaje y estilo están a tono con las inexpresables escenas que intenta representar. Tales escenas no pueden representarse en el lenguaje sobrio de la prosa común; requieren para su expresión del lenguaje imaginativo de la poesía. Pero es poesía muy diferente al lenguaje restringido del Antiguo Testamento. Los apocalípticos dan rienda suelta a su imaginación en un lenguaje extravagante y exótico, y en imágenes fantásticas y extrañas. Eso es cierto hasta el punto de que puede decirse que el simbolismo es el lenguaje de la literatura apocalíptica. Parte de ese simbolismo, sin duda, tuvo su origen en la fértil imaginación de los mismos escritores a través de sus experiencias en sueños, visiones y cosas semejantes. Pero, principalmente, usaban lenguaje estereotipado y símbolos que pertenecían a una bien definida tradición cuyas raíces se extendían al pasado lejano.[16]

De modo que uno de los aspectos dominantes de la literatura apocalíptica es el uso de símbolos como vehículos literarios para la comunicación del mensaje. Debe tenerse presente, sin embargo, que el uso de símbolos no requiere una interpretación simbólica. Todo estudioso de la Biblia reconoce el uso de lenguaje figurado en ella. Pero una cosa es admitir que los escritores de la Biblia utilizaron lenguaje figurado y otra es interpretar la Biblia figuradamente. Los símbolos usados en el Apocalipsis forman parte del lenguaje figurado tal como la metáfora, el símil, la parábola, la metonimia, etc. El lenguaje figurado debe interpretarse contextual y culturalmente. Muchos de los símbolos que aparecen en el Apocalipsis son interpretados por el mensajero celestial en el mismo entorno donde se usan (véanse Ap. 1:20; 11:8; 12:9; 17:12, 15). Un símbolo tiene un significado eficaz cuando representa algo literal. Un símbolo que se refiera a algo «simbólico» aporta un significado nebuloso, vago y superficial.

El Apocalipsis pone de manifiesto el uso de casi todos los aspectos de la naturaleza al igual que formas fantásticas no naturales como instrumentos simbólicos para comunicar su mensaje.[17] Se usan símbolos del reino animal: caballos, seres vivientes, cordero, becerro, langostas, escorpión, león, leopardo, oso, rana, águila, etc. También se usan símbolos del reino vegetal tales como árboles, frutos, hierbas. Fenómenos atmosféricos como relámpagos, truenos, granizos, lluvia de fuego y azufre, lluvia de estrellas[18]. Hay el uso de instrumentos musicales tales como trompetas y arpas; se mencionan el tabernáculo, el templo, al arca del pacto, el altar, candeleros, incensarios, etc.

El uso de números es importante en el Apocalipsis. Entre ellos aparecen los siguientes: 2, 3, 3½, 4, 5, 6, 7, 10, 12, 24, 42, 144, 666, 1000, 1260, 1600, 7000, 12000, 100.000 y 200.000.000. El número siete sobresale entre todos, puesto que aparece 52 veces en el Apocalipsis.[19] Swete observa que:

El libro va dirigido a siete iglesias representadas por siete candeleros, mientras que sus «ángeles» son siete estrellas. Hay siete espíritus de Dios simbolizados por siete lámparas de fuego. El libro en la mano de Dios está sellado con siete sellos; el cordero delante del trono tiene siete ojos y siete cuernos. Siete ángeles tocan siete trompetas, otros siete ángeles derraman el contenido de las siete copas llenas de las siete plagas postreras. Siete truenos expresan voces que al vidente se le ordena escribir. Siete mil son muertos por el gran terremoto que sigue a la ascensión de los dos testigos.

El dragón tiene siete cabezas y sobre ellas hay siete diademas; la bestia que surge del mar tiene siete cabezas en las que hay «nombres de blasfemia». La bestia escarlata sobre la que Babilonia se sienta también tiene siete cabezas, interpretadas por el escritor como siete montes o siete reyes.[20]

La tendencia de muchos intérpretes es concluir que, debido al uso simbólico de los números en un libro como el Apocalipsis, dichos números deben interpretarse simbólica o figuradamente. Pero si se examinan algunos pasajes, se apreciará que en la mayoría de los casos los números usados deben tomarse en su sentido literal. Por ejemplo, no puede negarse que Juan escribe a siete iglesias definidas, localizadas en el Asia Menor. Los siete candeleros de oro representan las siete iglesias. De modo que, si se admite que el número exacto de las iglesias locales era siete, no hay razón para afirmar que los candeleros se identifican con un número que no representa una cifra literal.

Otro ejemplo claro de que los números usados en el Apocalipsis pueden y deben tomarse literalmente en la mayoría de los casos es el que aparece en Apocalipsis 17:12: «Y los diez cuernos que has visto, son diez reyes...». Obsérvese que Juan vio *diez* cuernos en una de las cabezas de la bestia. El intérprete celestial le dice a Juan que los *diez* cuernos representan *diez* reyes, no un número indefinido de gobernantes. El significado simbólico de un número que se usa en la Biblia se deriva de la literalidad de dicho número. John Walvoord, ex rector del Seminario Teológico de Dallas, dice:

> Aunque el simbolismo no es siempre obvio, debe seguirse la regla general de interpretar los números literalmente a menos que haya una clara evidencia para hacer lo contrario.[21]

No es correcto afirmar que los números del Apocalipsis son puros símbolos y por lo tanto, no pueden entenderse en su valor numérico real.[22] El significado simbólico que los números usados en el Apocalipsis pudiera tener ni niega ni contradice el carácter literal de dichos números. Debe recordarse, además, que toda interpretación debe realizarse dentro del entorno literario, teológico, histórico y cultural de lo que se pretende interpretar. El hecho de que el número siete simbolice algo completo, no contradice la realidad de que Juan escribe a *siete* iglesias representadas por *siete* candeleros y que los juicios del Apocalipsis se revelen como contenidos en *siete* sellos, *siete* trompetas y *siete* copas.

Los símbolos, ya sean de números, objetos o personas, pertenecen al campo del lenguaje figurado. Si bien el estudio del lenguaje figurado cae dentro de lo que se llama hermenéutica especial, debe destacarse que su interpretación debe ser literal. Las figuras de dicción se interpretan literalmente cuando se les da el significado social y culturalmente aceptado dentro del contexto en el que se utilizan. Esto es aplicable de igual modo a los números que se usan en el Apocalipsis. Una exégesis cuidadosa y paciente de este libro pondrá de manifiesto que en la gran mayoría de los casos los números que aparecen en el Apocalipsis pueden tomarse literalmente sin forzar el pasaje.

INTERPRETACIÓN DEL APOCALIPSIS

Debido a la naturaleza misma de su contenido, el Apocalipsis es un libro difícil de interpretar. La utilización del símbolos extraños y del lenguaje figurado en general, unido a los problemas de sintaxis y de gramática, dificultan la interpretación de este importante libro.

Las dificultades confrontadas en la interpretación del Apocalipsis han dado lugar a la formación de varias escuelas o grupos que pretenden establecer el significado del libro. Estas escuelas se han agrupado de la manera siguiente: crítica, alegórica, preterista, histórica, tópica y futurista. Si bien es verdad que algunas de estas escuelas coinciden en ciertos aspectos de su interpretación, hay suficientes diferencias para clasificarlas como distintas. Debe decirse además, que la corrección o falta de ella en cualquiera de las escuelas no tiene nada que ver con la antigüedad o la juventud de la escuela. La corrección depende de manera directa de la utilización de una hermenéutica consonante con la Palabra de Dios y que sea capaz de aplicar al texto bíblico el principio histórico-cultural-gramatical dentro del contexto mismo del libro. La interpretación correcta del Apocalipsis será la que exponga lo que el Espíritu Santo quiso decir a través de Juan al pueblo de Dios. Esa interpretación no se consigue si se alegoriza el texto y sí se logra en la medida en que se aplique el método normal, natural, contextual o histórico-cultural-gramatical de interpretación.

La escuela crítica

Esta escuela es producto del racionalismo que en su forma moderna surge a mediados del siglo XVIII. Niega la inspiración y la canonicidad del Apocalipsis, considerándolo sencillamente una composición humana, basada en la situación histórica que la Iglesia vivía a fines del siglo primero. Según esta escuela, el autor tomó prestado material de los apocalipsis judíos para realizar su trabajo. Quienes sostienen este punto de vista le atribuyen errores al Apocalipsis tanto en lo histórico como en lo predictivo.

Esta escuela rechaza lo sobrenatural y utiliza argumentos subjetivos para impugnar el Apocalipsis. Los cristianos que confían en la autoridad y fidelidad de las Escrituras rechazan los conceptos de la escuela crítica.

La escuela alegórica

El alegorismo entró en el cristianismo a través de la Escuela de Alejandría. Allí estaban Clemente de Alejandría y Orígenes. Ambos dieron un fuerte impulso al método alegórico de interpretación. La escuela alegórica va más allá del simbolismo del Apocalipsis y pretende encontrar un significado tras las palabras del libro, convirtiéndolo en una gran alegoría que se desentiende del propósito que pretendía el autor y pasa por alto la historicidad del Apocalipsis.

Comentando la postura de la escuela alegórica o espiritualizante, Robert H. Mounce, decano del *Potter College of Arts and Humanities* en la Universidad de *Western Kentucky* dice:

> Los misterios del Apocalipsis pueden aprenderse sólo yendo más allá de lo literal o histórico a lo espiritual. El método espiritualizante fue muy promovido por el trabajo de Ticonio, quien no interpretaba nada a través de la situación histórica o de los acontecimientos del siglo primero.[23]

Las ideas de Ticonio fueron adoptadas por San Agustín (354-430 d.C.), aunque de forma más moderada. San Agustín en su famosa obra *La ciudad de Dios*, enseña que el Apocalipsis presenta de manera simbólica el conflicto cósmico entre el bien y el mal, entre la Ciudad de Dios y la Ciudad de Satanás. Este conflicto, según la escuela alegórica, comenzó con la caída del hombre, sigue a través de la historia y terminará sólo al final de los tiempos. Esta escuela de interpretación confronta ciertos problemas importantes:

1. La iglesia primitiva reconoció la presencia y el uso de símbolos en el Apocalipsis, pero no los interpretó de manera alegórica.
2. El libro trata de cuestiones históricas y afirma ser una profecía.
3. El método alegórico anula la historicidad del libro y no proporciona un sistema de control en la interpretación.
4. El Apocalipsis adquiere su mejor sentido al interpretarse de manera normal e histórica.

La escuela preterista

El vocablo «preterista» significa «perteneciente al pasado». Según esta escuela, el Apocalipsis se cumplió dentro de los primeros siglos de la historia de la Iglesia. Las visiones del libro tienen que ver con el Imperio Romano, Israel, Jerusalén y la Iglesia Cristiana. Consideran que Nerón era la bestia o el Anticristo, puesto que su nombre escrito en caracteres hebreos proporciona el misterioso número 666. Existía un rumor respecto a que Nerón no llegó a morir, sino que estaba escondido en algún lugar. Juan, dicen los preteristas, sabía todo eso y utilizó dicha leyenda para hacer su enseñanza más eficaz e ilustrarla mejor. Los preteristas por lo general creen que los capítulos 5—11 enseñan la victoria de la Iglesia sobre el judaísmo, los capítulos 12—19 la victoria del cristianismo sobre el paganismo y los capítulos 20—22 describen un cuadro del triunfo de la Iglesia tanto sobre el judaísmo como sobre el paganismo.

El precursor de los preteristas fue el jesuita Alcázar, quien por el año 1614 reconoció la historicidad del Apocalipsis, pero afirmó que todo el contenido, exceptuando los capítulos 21—22 y posiblemente el 20, se cumplió en los días en que Juan lo escribió.[24]

Otro promotor de la escuela preterista fue el famoso jurista, estadista y teólogo holandés, Hugo Grotius (1583-1645). También el reconocido decano de Canterbury, Frederic William Farrar (1831-1903), consideraba al Apocalipsis como un bosquejo inspirado de historia contemporánea. Farrar era de la opinión de que el libro de Apocalipsis trata primordialmente los acontecimientos contemporáneos con el apóstol Juan y los que ocurrieron inmediatamente después. La base de su argumento es el uso del vocablo «pronto» (*táchei*) en 1:1; 2:5, 16; 3:2; 11:14; 22:20. Según Farrar, dicho vocablo no podía referirse a un período prolongado de tiempo. Opinaba, además, que la destrucción de Jerusalén en el año 70 d.C. era una «segunda venida» de Cristo.

Algunos preteristas opinan que el Apocalipsis es un libro descriptivo y no profético. Describe acontecimientos históricos del pasado, sin significado profético ni mucho menos escatológicos. Entre los preteristas modernos más destacados se encuentran Ray Summers,[25] profesor del Seminario Bautista Southwestern, y William Hendriksen,[26] ex profesor del Seminario Calvino de Grand Rapids, reconocido escritor y pastor de la Iglesia Reformada.

Respecto a la postura de Hendriksen, Walvoord dice:

> Hendriksen rechaza tanto la interpretación histórica como la futurista del libro del Apocalipsis y considera que el libro era para el uso de los cristianos del siglo primero para quienes una profecía detallada de la era total de la Iglesia no hubiera tenido significado. Al parecer, Hendriksen sostiene el punto de vista de que el libro es un mensaje simbólico de aliento para los cristianos primitivos que sufrían persecución y de seguridad general del triunfo final de Cristo; de modo que es un preterista sólo parcialmente.[27]

La escuela preterista pasa por alto el hecho de que el Apocalipsis es un libro consumador. En él se cumplen las promesas hechas por Dios en el Antiguo Testamento tocante a la manifestación final de su reino y su soberanía. Cualquier observador imparcial puede confirmar el hecho de que la rebeldía humana aumenta cada vez más. El Apocalipsis describe cómo Dios ha de poner punto final a la insubordinación de los hombres contra el Soberano.

Debe de extrañar el hecho de que la postura preterista no encontró aceptación en la iglesia primitiva. Su popularidad no se consigue sino hasta el año 1614. Si el Apocalipsis se escribió para que se cumpliera en tiempos de Juan o poco después, entonces hay que decir que los destinatarios no lo comprendieron así y, por lo tanto, fracasó en su propósito, puesto que tal cumplimiento se desconoce por completo en la historia de la iglesia primitiva.

La escuela histórica

En realidad hay varias escuelas que pueden clasificarse como históricas. Quizá pudiera decirse que la escuela histórica tiene un número de variantes. Pero, como reconoce José Grau, las varias subescuelas históricas:

En términos generales, estiman que Apocalipsis presenta una amplia panorámica de la historia de la Iglesia, desde el primer siglo hasta la segunda venida de Cristo, pero muy particularmente durante la Edad Media entre los movimientos reformistas tanto dentro como fuera de la Iglesia Romana. Hasta el siglo XIX fue la escuela que gozó de mayor popularidad en sus varias vertientes.[28]

Las distintas vertientes de la escuela histórica tienen en común que ven el Apocalipsis como una descripción panorámica de la historia. A veces parece que se refieren a la historia de la humanidad en general. En otras, el enfoque es hacia la historia entre la primera y segunda venida de Cristo.[29] El mismo Grau parece aprobar esta postura cuando expresa:

Apocalipsis presenta, en suma, el gran drama del conflicto de los siglos entre Cristo y su pueblo por un lado, y el Diablo y sus seguidores (conscientes o no) por el otro. Cubre el desarrollo de toda la historia de la Iglesia, del fluir incesante de la dinámica del Reino desde los inicios de la era cristiana hasta el gran acontecimiento de la Segunda Venida.[30]

El concepto de que el Apocalipsis presenta de manera continua la historia de la Iglesia desde la primera hasta la segunda venida de Cristo lo popularizó el católico romano Joaquín de Florís. Los reformadores, quienes identificaban al Papa y al papado con las bestias de Apocalipsis 13, adoptaron la interpretación de Joaquín. Además de los reformadores hubo hombres de la talla de Bengel, Wordsworth, Elliot o Faber, que creían en la interpretación histórica continua. Lo significativo es que estos eminentes expositores diferían radicalmente en la interpretación de los detalles históricos. Elliot pensaba que el sexto sello era una referencia a Constantino, mientras que Faber lo relacionaba con la Revolución Francesa. Como expresa Walvoord:

La misma multiplicidad de tales interpretaciones e identificaciones de los caracteres del Apocalipsis con una variedad de personajes históricos es su propia refutación. Si el método histórico es el correcto, es claro que hasta ahora nadie ha encontrado la clave.[31]

La escuela de interpretación histórica o histórica continua pretende hacer del Apocalipsis un panorama de historia preescrita. La gran perplejidad ocurre cuando uno trata de armonizar lo que ha acontecido con lo que se describe en el Apocalipsis y se encuentra con contradicciones irremediables. A pesar de los respetables estudiosos que apoyan esta escuela de interpretación, hay que decir que nada de lo que ha acontecido o acontece en la historia de la Iglesia ha cumplido o cumple lo que se describe en el Apocalipsis. Quizá el error radica precisamente en enseñar que el libro es «una narración que abarca todo el curso de la historia del Reino de Dios en el mundo».[32] Tal vez el Apocalipsis tenga más que ver con los acontecimientos que conducen a la inauguración del Reino de Dios que con el trazar todo el curso de su historia.

La escuela tópica o cíclica

Aunque hay variaciones dentro de esta escuela, por lo general, explica que Apocalipsis 4—19 ó 20 consiste de visiones paralelas o ciclos, cada una de ellas abarca la dispensación presente. Cada ciclo representa alguna fase de la historia de la Iglesia. Hendriksen, por ejemplo, sugiere el siguiente esquema:

> La Iglesia, la morada de Cristo en el mundo (Ap. 1—3); la Iglesia sufriendo pruebas y persecuciones (Ap. 4—7); la Iglesia vengada, protegida y victoriosa (Ap. 8—11); Cristo combatiendo al dragón y sus ayudantes (Ap. 12—14); la ira final sobre el impenitente (Ap. 15—16); la caída de Babilonia y de las bestias (Ap. 17—19); la ruina del dragón, Cristo y la Iglesia vencedores (Ap. 20—22).[33]

Como puede verse, igual que la escuela histórica, la escuela tópica o cíclica, considera a la mayor parte del Apocalipsis como una descripción de la historia de la Iglesia. Sin embargo, se diferencia en que en lugar de contemplar una multitud de detalles predichos, ve solamente un grupo de tendencias paralelas profetizadas. De manera que posee la ventaja de evitar ser acusada de asignar arbitrariamente porciones del Apocalipsis a un solo incidente histórico. Además, capta de manera inteligente el hecho de que al final Dios será el vencedor. Esa verdad aparece prácticamente en cada capítulo del Apocalipsis de manera que no debe soslayarse.

La escuela tópica o cíclica confronta ciertas dificultades que la exponen a una crítica severa. En primer lugar, el Apocalipsis es un libro que revela acontecimientos concretos. Este libro no considera tendencias o inclinaciones sino sucesos específicos que tienen lugar, en su mayoría, sobre la tierra. El triunfo final de Dios se enseña en el Antiguo Testamento. Muchos salmos, el libro de Isaías y el de Daniel enseñan que Dios triunfará sobre todos sus enemigos. El Apocalipsis enseña más bien, de manera concreta, qué acontecimientos tendrán lugar con relación al triunfo final de Dios.

Otro problema que surge con frecuencia en la escuela tópica es que sus promotores emplean constantemente el método alegórico de interpretación. Como se ha observado antes, el método alegórico anula la historicidad del pasaje, procura encontrar significados recónditos y carece de control en la interpretación. A esto hay que añadir el hecho de que los que abogan por la escuela tópica difieren entre sí a la hora de ubicar ciertos pasajes dentro del marco histórico y de aplicarlo a la historia de la Iglesia.

Es importante observar que el esquema de la escuela tópica va más allá de los límites que rodean los juicios de los sellos, las trompetas y las copas. En el Apocalipsis hay un orden estricto. Los sellos son rotos o abiertos uno por uno. Las trompetas suenan en su orden y las copas son derramadas de la misma manera. Hendriksen hace de las primeras cuatro trompetas, cuatro tipos de juicios a través de desastres naturales: Los que afectan a la tierra (primera trompeta), los que afectan al mar (segunda trompeta), los que afectan a los ríos (tercera trompeta) y los que afectan al firmamento (cuarta trompeta).[34] Pero Hendriksen no puede afirmar que dichos juicios hayan ocurrido en la presente dispensación de manera sucesiva tal como lo describe el relato bíblico. No es difícil observar las distintas manipulaciones y alegorizaciones que Hendriksen hace para llegar a sus conclusiones. Ciertamente, esa hermenéutica no hace justicia ni al texto ni al mensaje del Apocalipsis.

La escuela futurista

Esta escuela de interpretación enseña que, comenzando con el capítulo cuatro, el Apocalipsis describe una revelación de la consumación de las edades. Los futuristas entienden que sólo los capítulos 1—3 tratan el período de la presente dispensación; los capítulos 4—19 contienen la semana setenta de Daniel, es decir, el tiempo de los siete años de la gran tribulación; el capítulo 20 tiene que ver con el reinado milenial de Cristo en la tierra; y los capítulos 21—22 describen el estado eterno.

La escuela futurista entiende que el tema central del Apocalipsis es la segunda venida en gloria del Señor Jesucristo. Esa Segunda Venida será literal, corporal, visible, judicial y gloriosa, pero además será precedida de juicios traumáticos desencadenados por la mano de Dios sobre el reino satánico y sobre la humanidad incrédula.

Los futuristas reconocen la presencia de símbolos y del uso de lenguaje figurado en el Apocalipsis, pero procuran utilizar una hermenéutica normal o natural para interpretar dicho libro. La escuela futurista rechaza la alegorización o la espiritualización como métodos para interpretar la profecía bíblica. De manera que entienden que los acontecimientos predichos en el Apocalipsis se han de cumplir de manera normal.

Además, la escuela futurista interpreta que el Apocalipsis tiene que ver con el cumplimiento de las profecías de Daniel 2, 7 y, en particular, 9:27, y también del sermón profético de Mateo 24. Concretamente, se destaca el hecho de que en Mateo 24 Jesucristo relacionó un número considerable de señales con su segunda venida y con el fin de la edad presente. Las señales mencionadas por el Señor en Mateo 24 guardan una gran semejanza con los juicios de los sellos, las trompetas y las copas mencionados en el Apocalipsis. John Walvoord lo explica así:

> De modo que los diferentes juicios de Dios son realmente derramados en la tierra tal como aparecen en los sellos, las trompetas y las copas. El capítulo 13 se considera como una profecía del Imperio Mundial futuro con sus cabezas política y religiosa representadas por las dos bestias de este capítulo. La ramera del capítulo 17 es la forma final de la iglesia en apostasía. De manera similar, todos los otros acontecimientos del Apocalipsis se relacionan con el clímax de la historia contenido en la segunda venida de Cristo.[35]

Tanto el libro de Daniel como Mateo 24, Zacarías 14 y muchos otros pasajes del Antiguo Testamento, afirman que habrá una persecución futura, escatológica, de la nación de Israel. Por ejemplo, Daniel 12:1 declara: «En aquel tiempo se levantará

Miguel, el gran príncipe que está de parte de los hijos de tu pueblo; y será tiempo de angustia, cual nunca fue desde que hubo gente hasta entonces; pero en aquel tiempo será libertado tu pueblo, todos los que se hallen escritos en el libro.» El Señor Jesucristo relacionó la aparición de la abominación desoladora (Dn. 9:27; 11:31; 12:11) con los acontecimientos que tendrán lugar inmediatamente antes de su Segunda Venida.

No debe negarse que hay una correspondencia manifiesta entre la bestia que surge del mar (Ap. 13:1) y que domina el escenario mundial, descrito en Apocalipsis 11—19, como dictador de las naciones, y la cuarta bestia de Daniel 7:19-27 de la que surge el Anticristo. Ningún acontecimiento acaecido hasta el día de hoy puede decirse que haya cumplido los juicios descritos en el Apocalipsis. Nunca ha ocurrido nada comparable a los juicios terribles que aparecen en el Apocalipsis ni las resurrecciones que se mencionan en dicho libro.

Quienes no comparten la postura futurista objetan que dicha escuela roba a la iglesia primitiva del consuelo práctico que el mensaje del Apocalipsis tenía para ella y para las generaciones subsiguientes de cristianos. Así opinan Leon Morris[36], Ray Summers,[37] José Grau,[38] William Hendriksen,[39] Robert H. Mounce,[40] William Milligan[41] y otros.

Pero la impugnación de que la interpretación futurista del Apocalipsis despoja tanto a la iglesia primitiva como a los cristianos de épocas sucesivas del consuelo práctico de dicho libro no es un juicio acertado. Los futuristas no niegan que los cristianos primitivos fueron bendecidos a través de la lectura y el estudio del Apocalipsis ni que lo mismo suceda a los cristianos de hoy. Como afirma Walvoord:

> La cuestión es que hay porciones del Apocalipsis que pueden ser apreciadas y entendidas ahora. Otras porciones no serán entendidas hasta que se cumplan. Sin embargo, el tenor general del libro, incluso en las secciones no cumplidas, es la seguridad de que a la postre Dios triunfará, los santos serán bendecidos y el pecado será juzgado. Usar el argumento de que el libro tiene que ser entendido completamente por la primera generación de cristianos como una refutación de la postura futurista no es razonable ni es apoyado por el estudio de la profecía en la Escritura en general.[42]

La afirmación de que todo pasaje bíblico debió ser comprendido por la generación que lo recibió en primer lugar no puede sostenerse ante trozos de la Biblia como Isaías 53, Joel 2:28-32; Ezequiel 37; 2 Tesalonicenses 2:1-2; 2 Pedro 3:10-13. Lo cierto es que muchas de las profecías bíblicas tienen que ver con el futuro lejano. Si bien es cierto que el pueblo de Dios halló consuelo en la lectura y el estudio de esas profecías, no es menos cierto que muchos de esos pasajes no fueron plenamente comprendidos ni se cumplieron en los tiempos de quienes primero los recibieron y leyeron.

El apóstol Juan declara que fue transportado en espíritu y colocado en medio de una situación que llama «el día del Señor» (1:10). Esa frase se usa en el Antiguo Testamento con referencia a una intervención sobrenatural de Dios (véanse Jl. 2:1, 11, 31; 3:14; Am. 5:18, 20; Is. 2:12; 13:6, 9; Ez. 13:5; 30:3) y en el Nuevo Testamento se usa con referencia a los acontecimientos finales (Hch. 2:20; 1 Ts. 5:2; 2 Ts. 2:2; 2 P. 3:10). De modo que el Apocalipsis tiene que ver de manera primordial con acontecimientos relacionados con el «día de Jehová» (día del Señor) de los que el suceso principal y central es el regreso glorioso de Cristo como el Soberano Rey de reyes y Señor de señores.

La escuela futurista, sin tener que apelar a la alegorización ni a la espiritualización del lenguaje simbólico utilizado en el Apocalipsis, proporciona un acercamiento a la interpretación de dicho libro que produce una comprensión armoniosa de las profecías tanto del Antiguo como del Nuevo Testamento tales como Daniel 2:31-45; 7:19-29; 8:23-25; 9:24, 26, 27; Mateo 24—25; 2 Tesalonicenses 2:1-12; Romanos 11:25-29; y otras.

La escuela futurista de interpretación del Apocalipsis no posee la solución a todos los problemas que surgen en el estudio del libro de Apocalipsis, pero tomada en su totalidad es la que ofrece un enfoque más objetivo y claro del mensaje de dicho libro. El Apocalipsis es la piedra angular con la que Dios pone fin a su revelación escrita. Su mensaje es fundamentalmente escatológico, porque su tema gira alrededor de la realidad de la segunda venida de Cristo a la tierra y de los acontecimientos que precederán, acompañarán y seguirán a un hecho tan singular. Eso no milita en contra de que todo cristiano debe aprovecharse de la bendición y del consuelo que se derivan del estudio de este libro tan significativo.

El Apocalipsis llama a los creyentes de cualquier época a adorar a Dios en espíritu y en verdad, reconocer la soberanía de Dios, agradecer la obra salvadora de Cristo, dar testimonio de la gracia de Dios en el mundo, ser fieles al Señor aun en medio de las pruebas y las dificultades de la vida, aguardar con paciencia la gloriosa venida de Cristo a la tierra. Esas y otras verdades están evidentes en el Apocalipsis y cualquier cristiano puede aprovecharse de ellas.

La escuela idealista o simbólica

Según los promotores de esta escuela, el Apocalipsis representa el eterno conflicto entre el bien y el mal en cada siglo o época, pero no debe tomarse con referencia a ningún suceso en concreto, «sino como una expresión de aquellos principios fundamentales sobre los que Dios actúa a través de la historia».[43] Los idealistas entienden que el Apocalipsis expresa una filosofía de la historia que presenta al cristianismo como una fuerza triunfante sobre Satanás y el mal.

La escuela idealista se ve obligada a utilizar el método alegórico de interpretación para intentar dar validez a sus conclusiones. Los idealistas pretenden «contextualizar» el Apocalipsis. Es decir, desean interpretar el texto a la luz de alguna situación sociopolítica contemporánea. El resultado es un alejamiento de los principios controlantes que proporcionan una hermenéutica normal, gramático-histórica, literal. Un autor resume el problema fundamental de la escuela idealista de la siguiente manera:

> Es correcta en atribuir a Dios ciertos principios de acción que gobiernan sus tratos con el mundo en cada época, pero es manifiestamente inadecuada cuando niega la naturaleza profética del Apocalipsis. El cumplimiento de acontecimientos predichos en el libro, en particular el regreso personal de Jesucristo a la tierra, no se encuentra en un ciclo repetitivo que caracteriza a cada generación, sino que será en un punto futuro un hecho histórico en el sentido más pleno de la palabra.[44]

Es evidente que los idealistas se concentran más en interpretar el texto del Apocalipsis a la luz de alguna situación cultural o sociopolítica que en interpretar dicha realidad a la luz del texto bíblico. Quizá el afán por hacer frente a los problemas de la vida contemporánea, tales como la opresión y la injusticia social, ha hecho que los idealistas hayan pasado por alto la importancia de interpretar el texto bíblico dentro de su ambiente histórico, gramatical y literario, tomando en cuenta el ambiente histórico del autor y su intención al escribir su libro. El error fundamental de la escuela idealista radica en el hecho de que su hermenéutica alegórica le conduce a negar cualquier cumplimiento histórico concreto del Apocalipsis. Los idealistas no ven la necesidad de una consumación del proceso histórico.[45]

RESUMEN

Debido al carácter complejo, las diferencias de opinión tocante a la naturaleza del reino de Dios y a la disparidad de criterios con respecto a los principios de hermenéutica que deben aplicarse, han surgido varias escuelas de interpretación del Apocalipsis.

La escuela crítica, usando criterios racionalistas, rechaza la inspiración y la canonicidad del Apocalipsis. Esta escuela cree que el libro es producto de la mente humana de su autor y no de la revelación dada por el Espíritu Santo. La escuela alegórica intenta encontrar el significado del Apocalipsis en el valor recóndito de las palabras. Esta escuela se desentiende de lo histórico y literal para buscar el significado espiritual y a veces misterioso del libro. La escuela preterista considera que el Apocalipsis tiene que ver con el Imperio Romano, particularmente en el tiempo entre Nerón y Constantino. Creen que Nerón era el Anticristo. Los preteristas afirman que el Apocalipsis (con la excepción de los dos últimos capítulos) se cumplió en los días de Juan o no mucho después.

La escuela o escuelas históricas cree que el Apocalipsis presenta un panorama de la historia de la Iglesia entre la primera y la segunda venida de Cristo. Según esta escuela, la Iglesia constituye el centro de la profecía del Apocalipsis. La escuela tópica o cíclica es muy parecida a la histórica, pues considera la mayor parte del Apocalipsis como una descripción de la historia de la Iglesia, pero se diferencia de la escuela histórica en que ve sólo un grupo de tendencias paralelas profetizadas.

Por último, la escuela futurista enseña que el mensaje del Apocalipsis se centra en la revelación personal, gloriosa, literal y judicial de Cristo (1:1). El libro, además, trata de los acontecimientos que ocurrirán inmediatamente antes, durante y después de la aparición gloriosa de Cristo. De modo que la escuela futurista entiende que el Apocalipsis es preeminentemente escatológico y, por lo tanto, considera que los capítulos 4 al 22 aún no se han cumplido, pero que tendrán un cumplimiento literal.

Debe decirse que, con la excepción de la escuela crítica, hay algo de verdad en las demás escuelas de interpretación. Sin embargo, la escuela futurista hace mayor justicia a la enseñanza profética, tanto del Antiguo como del Nuevo Testamento. Por supuesto que en todas las escuelas que consideran que el Apocalipsis es Palabra de Dios, hay expositores serios y piadosos quienes creen y predican con fidelidad las Escrituras. Es importante respetar a quienes sostienen una postura diferente y nunca ridiculizar o despreciar a quienes pudieran tener un punto de vista diferente al nuestro.

LA TEOLOGÍA DEL APOCALIPSIS

El libro del Apocalipsis pone de manifiesto su unidad con el Nuevo Testamento y con el resto de las Escrituras a través de su congruencia doctrinal. Aunque sobresalen la escatología y la cristología, el Apocalipsis abarca una amplia gama de las enseñanzas teológicas de la Biblia.

Doctrina de Dios: La doctrina de la Trinidad sobresale en el Apocalipsis, pero al mismo tiempo hay un énfasis en la unidad esencial de Dios. Juan desea «gracia y paz» a sus lectores: «del que es y que era y que ha de venir», es decir, Dios el

Padre; «de los siete espíritus que están delante del trono», esto es del Espíritu Santo; «y de Jesucristo el testigo fiel», es decir, de nuestro Señor Jesucristo (1:4, 5).

Además, Dios es visto como el Soberano Creador (4:11) quien es digno de recibir «la gloria y la honra y el poder», tanto por ser el Creador como el Sustentador providencial del universo (véase también 10:6). También Dios es visto como el Rey y Juez del universo. En Apocalipsis 4:2, Juan ve «en el trono a uno sentado» lleno de majestad y gloria (4:3-5). Ese que está sentado en el trono es adorado, servido y temido (véase 5:1; 7:15). Él es quien hace nuevas todas las cosas (21:5) y de su trono fluye la bendición como «un río limpio de agua de vida» (22:1). Hay que añadir que Dios es reconocido como el «Todopoderoso» (*ho pantokrátor*). En todo el Nuevo Testamento, este vocablo sólo se encuentra en el Apocalipsis y destaca el poder soberano de Dios (véase 4:8; 11:17; 15:3; 16:7, 14; 19:6, 15).

El Apocalipsis también destaca la gloria de Dios (véase 4:11; 7:12; 19:2). Dios es glorificado por los que están alrededor de su trono, quienes le adoran de día y de noche. En Apocalipsis 15:8, «el templo se llenó de humo por la gloria de Dios» (véase 1 R. 8:10, 11). En 14:7, el ángel «que tenía el evangelio eterno» vuela por toda la tierra y llama a todos a temer a Dios y darle gloria. La Nueva Jerusalén tiene la gloria de Dios (21:11) y no tiene necesidad de sol ni de luna «porque la gloria de Dios la ilumina» (21:23).

La santidad de Dios: La santidad es esencialmente un atributo de Dios. Significa que Dios posee perfección absoluta en todos sus detalles. Él está completamente separado del mal tanto en su persona como en el trato con sus criaturas. En Apocalipsis 4:8 dice que los cuatro seres vivientes «no cesaban día y noche de decir: Santo, santo, santo es el Señor Dios Todopoderoso, el que era, el que es, y el que ha de venir». En 6:10 se habla de Dios como «Señor, santo y verdadero». En 15:4 dice: «pues sólo tú eres santo.» y en 16:5 se le designa como «el Santo» (*ho hósios*), es decir, «el Puro» o «el Santo». Es importante observar que el libro del Apocalipsis presenta el mismo concepto de la santidad de Dios que aparece en el Antiguo Testamento (véanse Is. 6:3; Lv. 11:44, 45).

La justicia de Dios: Esta característica de Dios se relaciona estrechamente con su santidad. Significa que todos los actos de Dios armonizan perfectamente con su santidad. En el Apocalipsis, la justicia de Dios se pone de manifiesto en sus juicios (15:4; 16:5). Según 16:7, sus «juicios son verdaderos y justos». En 19:11, el Señor Jesucristo no sólo es «Fiel y Verdadero» sino que también es Aquel que «con justicia juzga y pelea», y en 15:3 se afirma que los caminos del Señor Dios Todopoderoso son «justos y verdaderos».

Dios y su relación con el mundo: El Apocalipsis presenta de manera enfática a Dios como el Soberano, Todopoderoso y Creador del universo (véase 1:8; 4:8; 11:17; 15:3; 16:7, 14; 19:6, 15; 21:22). El vocablo Todopoderoso sugiere el hecho de que todas las cosas en el universo dependen de Él. Dios es el Creador de todas las cosas y por su voluntad todas las cosas existen (4:11). El Apocalipsis pone de manifiesto que la enseñanza de Dios como creador no es cuestión sólo de unos pocos capítulos en el libro de Génesis. Además, el apocalipsis refuta el concepto evolucionista del origen del universo (5:13). El mundo que ahora está en un estado de rebeldía contra Dios será sometido bajo su autoridad cuando los reinos del mundo sean hechos de nuestro Señor y de su Cristo y Él reine por los siglos de los siglos (11:15).

Cristología en el Apocalipsis: El libro del Apocalipsis es «la revelación de Jesucristo» y, por lo tanto, un tratado eminentemente cristológico. El libro tiene que ver con la manifestación del Cristo glorificado en contraste con su humilde presentación al mundo en su primera venida. Puesto que el énfasis recae sobre el Señor glorioso y resucitado, hay poco respecto a su humanidad en el Apocalipsis. No obstante, es visto como a «uno semejante al Hijo del Hombre» (1:13, cp. Dn. 7:13). La mención de su muerte (1:7, 18) y el hecho de que es «la raíz de David» y el «Cordero como inmolado» (5:5, 6), son claras referencias a su humanidad.

El peso de la enseñanza cristológica del Apocalipsis recae, sin embargo, sobre el tema de la Deidad de Cristo. Él declara: «Yo soy el Alfa y la Omega, principio y fin, dice el Señor, el que es y que era y que ha de venir, el Todopoderoso» (1:8). Él es «el Hijo de Dios» (2:18) que significa que participa de la misma sustancia con el Padre. Según Apocalipsis 3:7, Él es «...el Santo, el Verdadero, el que tiene la llave de David, el que abre y ninguno cierra, y cierra y ninguno abre». En este versículo, Cristo se identifica como «el Santo» en sentido absoluto y «el Verdadero», también en sentido absoluto, algo que sólo Dios puede reclamar para sí. Por lo menos, en cuatro ocasiones se le atribuye a Cristo el título de Señor (1:8; 11:8; 17:14; 19:16). En las últimas dos referencias se dice que Él es «Rey de reyes y Señor de señores». Tal afirmación pone de manifiesto que es el Rey Mesías victorioso sobre todos sus enemigos.

El Apocalipsis tiene mucho que decir tocante a la resurrección de Cristo. En 1:5, Él es «el primogénito de los muertos». En 1:18 se describe como «el que vivo, y estuve muerto;... Y tengo las llaves de la muerte y del Hades». Donald Guthrie, vice rector del *London Bible College*, dice:

> El triunfo final del Cordero en este libro muestra la consumación final del Cristo resucitado, es decir, el juicio final de aquel que tenía el poder de la muerte (el diablo, 20:2, 10) y la destrucción decisiva de la Muerte y el Hades (20:14).[46]

Ya se ha mencionado que el tema central del Apocalipsis gira alrededor de la persona del Cristo resucitado y glorificado. Él es tanto «el León de la tribu de Judá» (5:5) como el «Cordero» que está en medio del trono y de los cuatro seres vivientes y en medio de los ancianos (5:6). Él recibe la misma alabanza, honra, gloria y poder que el que está sentado en el trono (5:13). Él es «Fiel y Verdadero» (19:11), «el Verbo de Dios» (19:13) y el «Rey de reyes y Señor de señores» (19:16). Es la lumbrera que ilumina la ciudad celestial (21:23) y su trono junto con el del Padre estará en la Ciudad Santa (22:3).

Doctrina de la salvación: La obra salvadora de Cristo se enseña con claridad en el Apocalipsis. En 1:5 se menciona el hecho de que Él «nos lavó de nuestros pecados con su sangre». Se habla de Él como el Cordero 29 veces en el Apocalipsis. En 5:6 se menciona que «estaba en pie un Cordero» y luego dice «como inmolado». Esas dos expresiones describen la muerte y la resurrección de Cristo por nuestros pecados.

El Apocalipsis termina con una de las más maravillosas invitaciones que un ser humano pudiera recibir: «Y el Espíritu y la Esposa dicen: Ven. Y el que oye, diga: Ven. Y el que tiene sed, venga; y el que quiera, tome del agua de la vida gratuitamente» (22:17). Este versículo está en plena consonancia con el resto de la Biblia en cuanto a que la salvación es un regalo de Dios para todo aquel que pone su fe en Jesucristo. No hay méritos humanos, ni religión, ni liturgia capaz de conseguir el favor de Dios. Los únicos méritos válidos son los de Jesucristo.

Doctrinas del hombre y del pecado: Estas dos doctrinas también aparecen en el Apocalipsis. El hombre como tal es ubicado dentro de «todo lo creado» (5:13) y se le clasifica como «morador de la tierra». La frase «los que moran en la tierra» (*tôn katoikoúntôn epi tês gês*) aparece varias veces en el Apocalipsis (véase 3:10; 6:10; 8:13) y describe a un ser que mental, material y emocionalmente está arraigado en la tierra. El hombre aparece en su rebeldía manifiesta contra Dios, aun cuando se ve seriamente afectado por los justos juicios de Dios (9:18-21; 16:9, 21). La doctrina de la depravación total del hombre se revela en el Apocalipsis como en ningún otro libro de la Biblia.

Doctrina de las Escrituras: Aunque no aparece ninguna cita directa del Antiguo Testamento en el Apocalipsis, es sorprendente observar que de los 404 versículos que componen el libro, hay 278 que contienen alusiones a las Escrituras veterotestamentarias. Puede decirse que todo el libro pone de manifiesto que su autor estaba bien compenetrado con las Escrituras hebreas.

En todo momento el autor da a entender que está escribiendo por mandato divino. Escribe todo lo que Dios le revela. En el capítulo 10, el librito, que sin duda simboliza la revelación de Dios, es comido por el autor, y amarga su vientre pero endulza su paladar. Por último, como profeta afirma escribir palabras «fieles y verdaderas» (22:6).

Doctrina de los ángeles: El ministerio de los ángeles es muy importante en el Apocalipsis. Son usados como mensajeros para comunicar el mensaje apocalíptico a Juan. También aparecen en las escenas celestiales de los capítulos 4 y 5. Son quienes tocan las siete trompetas del juicio en los capítulos 8 al 11 y los que derraman las copas en los capítulos 15 al 16. Ningún otro libro de la Biblia muestra una actividad angelical mayor que el Apocalipsis.

Doctrina de la Iglesia: El Apocalipsis históricamente va dirigido a siete iglesias o asambleas locales situadas en el Asia Menor, hoy Turquía. Los capítulos 2 y 3 contienen enseñanzas prácticas, éticas y exhortativas dirigidas a las iglesias.

Es importante observar que en el capítulo 1 del Apocalipsis, el Señor se revela como el que está «en medio de los siete candeleros» (1:13). Esos candeleros representan las siete iglesias (1:10), en medio de las cuales el Señor «anda» (*ho peripatôn*). El participio usado transmite la idea de caminar como un centinela que patrulla algo que está bajo su cuidado.

Donald Guthrie observa lo siguiente:

> La mayor contribución que el libro del Apocalipsis hace a nuestro entendimiento de la Iglesia está en la esfera de la adoración. Hay muchos pasajes de naturaleza litúrgica que comunican una forma de adoración celestial, los cuales bien pudieron servir de modelo para la adoración en la Iglesia.[47]

Otro detalle de interés, es el hecho de que el vocablo «iglesia» (*ekklesía*) no se menciona después del capítulo 3 del Apocalipsis hasta que aparece en la forma de la esposa del Cordero en 19:7, 8. Concretamente, el sustantivo *«ekklesía»* reaparece en 22:16. La ausencia de dicho vocablo de los pasajes 4 al 18 que tratan específicamente de la gran tribulación, ha dado pie a que los futuristas enseñen que la Iglesia como tal no estará presente en la tierra durante ese traumático tiempo. Aunque a través del Apocalipsis la palabra «santos» aparece con bastante frecuencia, se entiende que es un vocablo general que se refiere a los redimidos de todas las edades y no una referencia a la Iglesia como cuerpo de Cristo.[48]

Doctrina de Satanás: La enseñanza respecto a Satanás, su ministerio y su reino inicuo, aparece repetidas veces en el Apocalipsis. El sustantivo Satanás significa «adversario». Dicho sustantivo aparece en 2:9, 13, 24; 3:9; 12:9; y 20:2, 7. Además, Juan usa el vocablo diablo, que significa «acusador», en 2:10; 12:9, 12; y 20:10. También utiliza las figuras «dragón» en 12:3; 13:2; 20:2; y «serpiente antigua» en 12:9, 14, 15; y 20:2.

Otra probable referencia a Satanás aparece en 9:11. Allí se usan los vocablos «Abadón» y «Apolión», que significan «destructor». En el mismo versículo se menciona que es el «ángel del abismo» y el rey de las criaturas grotescas y mortíferas que atormentan a la humanidad por un período de cinco meses (9:4, 5). Dos actividades más atribuidas a Satanás son las de: (1) Engañar al mundo entero (12:9); y (2) acusar a los creyentes delante de Dios día y noche (12:10). El Anticristo escatológico que ha de actuar durante la tribulación recibirá su poder del dragón, es decir, del mismo Satanás (13:2).

En Apocalipsis 20:1-10 se enseña que Satanás y su reino serán derrotados de manera total. El Rey de reyes y Señor de señores triunfará de manera absoluta. El falso reino satánico, reino de tinieblas y de maldad, será destruido para siempre.

Doctrina de las últimas cosas: El libro del Apocalipsis es fundamentalmente escatológico. Sin dejar de hablar a los cristianos de todas las épocas, sin perder su carácter práctico para los creyentes de los primeros siglos y tiempos posteriores, el Apocalipsis es un libro consumador. Su contenido y su mensaje tienen que ver de forma fundamental con los acontecimientos relacionados de manera directa con la venida en gloria de Cristo a la tierra y con el establecimiento del nuevo orden mundial que el Señor traerá con la manifestación en la historia de su reino de paz y de justicia.

La segunda venida en gloria de Cristo será personal, corporal, visible, gloriosa y judicial (véanse Ap. 1:7, 8; 11:15-19; 14:14-20; 15:3, 4; 17:14; 19:11-21). La manifestación de Jesucristo pondrá fin a los tiempos de los gentiles (Dn. 2, 7) y los reinos del mundo vendrán a ser del Señor y de su Cristo, quien reinará por los siglos de los siglos (Ap. 11:15).

Aunque en Apocalipsis 20 se repite el hecho de que el Señor reinará mil años, debe entenderse que esos mil años se refieren al aspecto terrenal e histórico del reinado del Mesías. Él es rey eterno y como tal, su reino no tiene fin. Pero hay un aspecto terrenal de su reinado en el que su gloria y sus atributos se manifestarán dentro de la estructura del tiempo.

El Apocalipsis presta especial atención a los juicios que precederán la venida de Cristo. Esos juicios guardan relación especial con la nación de Israel y con los gentiles que han rechazado el mensaje de la gracia de Dios (véase Ap. 6—12). También da atención al ministerio del hombre de pecado, es decir, el Anticristo (Ap. 13) y al juicio de su reino de tinieblas (Ap. 16). De igual manera, hay un enfoque dramático de la destrucción del sistema de pecado simbolizado por Babilonia (Ap. 17—18).

Como se ha observado antes, el Apocalipsis culmina con la venida victoriosa de Cristo (Ap. 19), el establecimiento de su reino glorioso (Ap. 20) y la creación de nuevos cielos y nueva tierra (Ap. 21—22), que concluye con una majestuosa y breve descripción de la vida en la eternidad. Prácticamente todos los temas proféticos reciben atención en el libro del Apocalipsis: Los juicios, los galardones, la resurrección para vida, la resurrección para condenación, el juicio final, el castigo eterno, la Jerusalén celestial, el estado de condenación eterna para los inicuos y el disfrute de la vida eterna para los redimidos. En resumen, que el libro del Apocalipsis es la sección escatológica del Nuevo Testamento por excelencia.

LA PREDICACIÓN DEL APOCALIPSIS

Aunque no es una tarea fácil, la predicación expositiva del Apocalipsis debe constituir un reto y una meta para todo pastor. Este libro se debe exponer con sobriedad, claridad y paciencia, tanto desde el aspecto doctrinal como práctico.

Como se ha dicho con anterioridad de manera reiterada, el Apocalipsis tiene mucho que ver con la persona de Cristo: Su muerte, su resurrección, su relación con la Iglesia, su gloria presente, su segunda venida, su gloria mesiánica y su gloria eterna.

Debe reconocerse sin ambages que el libro tiene mucho que decirle a la iglesia local. Las cartas a las siete iglesias en los capítulos 2 y 3 proporcionan un material expositivo de un valor incalculable y de gran actualidad. Los factores doctrinales, prácticos y éticos, al igual que los reconocimientos, las reprensiones, el llamado al arrepentimiento y las promesas de bendiciones, constituyen una fuente riquísima de material expositivo que el pastor sabio y prudente debe aprovechar. Pero sin duda, la totalidad del libro debe ser expuesto sistemáticamente a la iglesia. Cada capítulo revela el desarrollo del plan de Dios hasta el día de la gran consumación de todas las cosas.

No se debe pasar por alto el hecho de que el Apocalipsis presenta un ambiente de conflicto: El reino glorioso de Dios en conflicto con el reino fraudulento y malvado de Satanás; los santos ángeles de Dios contra los demonios agentes del diablo; los santos que heredarán la tierra contra los hombres arraigados en la tierra que siguen la idolatría; el dragón (Satanás) que persigue la simiente de la mujer (la nación de Israel); los reyes de la tierra encabezados por el Anticristo hacen la guerra al Cristo victorioso. Estos y otros antagonismos aparecen a través del Apocalipsis.

El libro es fundamentalmente profético y escatológico, es decir, tiene que ver con la consumación de los planes y propósitos de Dios. Enseña que la victoria final es del Señor y Él establecerá el mejor de los mundos. Todas sus promesas se cumplirán y su propósito original para con el hombre se realizará plenamente.

El predicador y expositor del Apocalipsis debe esforzarse por ser congruente en su exposición. Debe seguir una hermenéutica normal, natural, histórico-cultural y gramatical que tome en cuenta el uso del lenguaje figurado y los símbolos utilizados en el Apocalipsis y los interprete siguiendo las normas gramaticales y literarias dentro del contexto del libro.

Por último, el expositor del Apocalipsis debe tener en cuenta de que este libro tiene que ver con el cumplimiento específico de profecías veterotestamentarias. De manera que debe familiarizarse con dichas profecías. Un conocimiento del Pentateuco, las profecías de Isaías, Daniel, Ezequiel, Zacarías, Joel y otros es indispensable para una exposición adecuada del Apocalipsis.

RESUMEN Y CONCLUSIÓN

El libro del Apocalipsis ocupa un lugar especial en el canon de las Sagradas Escrituras. Con él se concluye la revelación escrita que Dios ha dado a su pueblo. Este libro aporta la respuesta final a la pregunta: «¿Quién es en realidad el Soberano del universo?». Es cierto que el Apocalipsis está repleto de lenguaje figurado y de símbolos propios de la literatura apocalíptica. Sin embargo, no se debe interpretar como alegórico, espiritual o simbólico. El Apocalipsis comunica su mensaje con eficacia y congruencia cuando se interpreta de manera normal o natural, y se toma en consideración las figuras literarias dentro de su ambiente histórico, cultural, teológico y literario. El Apocalipsis es un libro profético (1:1-3) y consumador. Concierne de forma primordial a la segunda venida de Cristo en gloria y a los acontecimientos que le preceden de manera inmediata, los que acompañan su venida y los que ocurren inmediatamente después. Este libro enseña que Jesucristo es el Soberano, Rey de reyes y Señor de señores (19:16).

Si bien es cierto que ha existido una larga controversia tocante a la paternidad literaria del Apocalipsis, partiendo de los tiempos de Dionisio de Alejandría (mediados del siglo III d.C.), también es cierto que la escuela conservadora reconoce al apóstol Juan como el autor de dicho libro.

El Apocalipsis ha estado sujeto a diferentes interpretaciones. Al ser un libro apocalíptico su contenido se expresa mediante símbolos y una extensa variedad de figuras de dicción. Hay quienes han optado por alegorizar muchos de los pasajes del Apocalipsis. Lo más sensato, sin embargo, es interpretarlo de manera normal o natural por tomar en cuenta el ambiente literario del libro. Las figuras literarias no deben interpretarse de manera figurada ni los símbolos deben entenderse de forma simbólica, sino que el significado de ellos debe obtenerse del empleo de una hermenéutica gramático-histórico-cultural. El intérprete tiene la responsabilidad de desentrañar el mensaje del Apocalipsis contestando la pregunta: ¿Qué es lo que el autor original pretendió decir cuando escribió este libro?

El Apocalipsis no es un libro de curiosidades. Es el libro con el que culmina la revelación escrita de Dios. El Apocalipsis pone de manifiesto cómo Dios ha de consumar su plan soberano respecto a su creación y a sus criaturas. El libro es, por encima de todo, la revelación de Jesucristo. Es el descorrer del velo para que el Mesías sea visto en toda su gloria. Además, el Apocalipsis cubre casi toda la gama de las doctrinas cristianas: Teología propia, cristología, soteriología, eclesiología, angeleología, hamartiología, bibliología, antropología y por supuesto, escatología. El Apocalipsis es, sin duda, un libro de suma importancia para la Iglesia y para el mundo hoy.

NOTAS

1. Véanse Philip Schaff, *History of the Christian Church*, vol. II (Grand Rapids: Eerdmans Publishing Co., 1970), pp. 861-864; Henry C. Thiessen, *Introduction to the New Testament*, p. 318.
2. Véase Donald Guthrie, *New Testament Introduction* (Downers Grove: Intervarsity Press, 1979) pp. 934-936.
3. *Ibid.*, p. 940.
4. Henry C. Thiessen, *Introduction to the New Testament*, p. 320.
5. Donald Guthrie, *op. cit.*, p. 936.
6. Véase Donald Guthrie, *New Testament Introduction*, pp. 935-949, para una excelente discusión del tema.
7. *Diálogos*, LXXXI.
8. *Contra los herejes*, IV 20:11; IV 30:4; V 26:1.
9. Everett Harrison, *Introducción al Nuevo Testamento*, p. 453.
10. Alfred Wikenhauser y Josef Schmid, *Introducción al Nuevo Testamento*, p. 963.
11. Henry C. Thiessen, *op. cit.*, p. 317. Véase también Alfred Wikenhauser y Josef Schmid, *Introducción al Nuevo Testamento*, p. 958.
12. Philip Schaff, *History of the Christian Church*, vol. I, pp. 834-837.
13. José M. Martínez, *Hermenéutica bíblica*, p. 524.
14. H. B. Swete, *Commentary on Revelation*, p. LIX.
15. E. W. Bullinger, *Figures of Speech Used in the Bible*, p. 769.
16. D. S. Russell, *The Method and Message of Jewish Apocalyptic*, p. 122.

17. John F. Walvoord, *The Revelation of Jesus Christ*, pp. 26-30.
18. Swete, *op. cit.*, pp. CXXXI-CXXXIX.
19. *Ibid.*, p. CXXV.
20. *Ibid.*
21. Walvoord, *op. cit.*, p. 28.
22. José Grau, *Estudios sobre Apocalipsis*, p. 26.
23. Robert H. Mounce, «The Book of Revelation»: *The New International Commentary of the New Testament*, p. 40.
24. Gary Cohen, *Understanding Revelation*, pp. 24, 25.
25. Ray Summers, *Digno es el Cordero*.
26. William Hendriksen, *Más que vencedores*.
27. Walvoord, *op. cit.*, p. 18.
28. José Grau, *op. cit.*, p. 57.
29. *Ibid.*, p. 60.
30. *Ibid.*, p. 64.
31. Walvoord, *op. cit.*, p. 19.
32. Grau, *op. cit.*, p. 60.
33. Hendriksen, *op. cit.*, p. 36.
34. *Ibid.*, pp. 141-143.
35. Walvoord, *Revelation*, p. 21.
36. Leon Morris, *op. cit.*, p. 16.
37. Ray Summers, *op. cit.*, p. 7.
38. José Grau, *op. cit.*, pp. 53-57.
39. William Hendriksen, *op. cit.*, pp. 1-20.
40. Robert H. Mounce, «The Book of Revelation», pp. 42, 43.
41. William Milligan, *Lectures on the Apocalypse*, pp. 135-139.
42. Walvoord, *op. cit.*, p. 21.
43. Mounce, «Revelation», p. 43.
44. Robert L. Thomas, *Revelation 1—7: An Exegetical Commentary*, p. 31.
45. Mounce, «Revelation», p. 43.
46. Donald Guthrie, *New Testament Theology*, p. 389.
47. *Ibid.*, p. 786.
48. Véase Walvoord, *op. cit.*, p. 33.

2

La revelación del Cristo glorificado (1:1-20)

INTRODUCCIÓN

El libro del Apocalipsis cierra el canon de las Sagradas Escrituras y culmina la revelación escrita dada por Dios a los hombres. El mensaje del Apocalipsis confirma la certeza del cumplimiento de todas las promesas de Dios. Por eso este libro es *la revelación de Jesucristo*. Nuestro Señor es revelado en el resplandor de su gloria como el ejecutor de los pactos y las promesas de Dios. Él es el Soberano, el Jehová del Antiguo Testamento, el Rey de reyes y el Señor de señores. Esa es la visión majestuosa que el apóstol Juan, autor humano del Apocalipsis, tuvo en el primer capítulo de su libro.

PREÁMBULO DEL MENSAJE (1:1-8)

Bosquejo

1. **La revelación dada por Dios (1:1, 2)**
   1.1. El autor (1:1*a*)
   1.2. El contenido (1:1*b*)
   1.3. El método (1:1*c*)
   1.4. El testimonio (1:2)
2. **La promesa de bendición (1:3)**
3. **La salutación a los lectores originales (1:4-7)**
   3.1. De Dios el Padre (1:4*a*)
   3.2. De Dios el Espíritu Santo (1:4*b*)
   3.3. De Dios el Hijo (1:5-7)
      3.3.1. Su persona (1:5*a*)
      3.3.2. Su obra (1:5b, 6*a*)
      3.3.3. Su alabanza (1:6*b*)
      3.3.4. Su venida en gloria (1:7)
4. **La confirmación del cumplimiento de la promesa (1:8)**
5. **Resumen**

1:1

«La revelación de Jesucristo» es la frase con la que abre el Apocalipsis. No hay artículo determinado en el texto griego, de modo que la frase dice: «revelación de Jesucristo». El sustantivo **«revelación»** (*apokalypsis*), es singular y por lo tanto, habla de unidad. Dicho vocablo sugiere la idea de «desvelar», «descorrer las cortinas», «poner a la vista», «quitar la cubierta». De modo que el mensaje que se comunica no es una alegoría ni una espiritualización de la realidad, puesto que esto sólo conseguiría *esconder* y no *revelar* el contenido de dicho mensaje. El autor humano realiza la función de profeta y utiliza lenguaje profético dentro de la historia profética para dar a conocer de manera literal la voluntad de Dios. Aquí se trata de la revelación **«de Jesucristo»**. Esta no es una revelación «tocante a Jesucristo», sino una revelación «originada por Jesucristo». Jesucristo es el sujeto de la revelación. Es Él quien da a conocer el contenido del Apocalipsis, puesto que es el *gran Revelador*, tanto de los planes y propósitos de Dios, como del mismo Dios (Jn. 1:18). El Apocalipsis es, por lo tanto, la revelación dada por Jesucristo tocante a su segunda venida en gloria y de los acontecimientos que precederán y seguirán a dicho suceso.[1]

«Que Dios le dio.» La referencia es, sin duda, a Dios el Padre. Jesucristo ha dado a conocer a los hombres cómo es Dios (He. 1:1), pero Juan se refiere aquí concretamente al contenido del Apocalipsis. Dios el Padre es, en última instancia, el responsable de la revelación que Jesucristo ha de entregar al ángel para que éste, a su vez, la entregue al apóstol Juan. El Padre es el gran Revelador y el Hijo es el agente directo que da a conocer esa revelación (véase Mt. 11:25).

«Para manifestar a sus siervos.» Esta frase sugiere el propósito de la revelación. El verbo **«manifestar»**, significa «mostrar», «exhibir». Es el mismo vocablo usado en Juan 14:8-9, donde uno de los discípulos dijo al Señor: «... muéstranos el Padre, y nos basta.» Jesucristo es responsable de hacer visible lo que ha permanecido oculto en Dios. En primer lugar, el Señor revela su Persona gloriosa tal como ha de aparecer cuando regrese a la tierra la segunda vez. Luego pone de manifiesto los acontecimientos relacionados con su venida.

El mensaje del Apocalipsis va dirigido a **«los siervos»** de Dios. Los siervos o «esclavos» de Dios son personas sujetas a su Palabra y ocupados en los intereses del Soberano. Con la excepción de los capítulos 2 y 3, al parecer el resto del Apocalipsis está dirigido a los creyentes identificados como «sus siervos», probablemente porque están dispuestos a obedecer el contenido del mensaje del libro.

«Las cosas que deben suceder pronto.» Esta frase es de suma importancia para el estudio del Apocalipsis. El libro tiene que ver con acontecimientos que necesariamente tendrán lugar. El vocablo traducido **«deben»** (*deî*) es un verbo impersonal que señala una necesidad que yace en la naturaleza del caso[2] y que destaca una obligación moral. Las profecías reveladas en el Apocalipsis *necesariamente* han de cumplirse de manera cabal y literal. El cumplimiento seguro de «estas cosas» no tiene que ver con las exigencias de un destino ciego, sino con «el seguro cumplimiento del propósito de Dios revelado por los profetas».[3]

Los acontecimientos profetizados en el Apocalipsis han de suceder **«pronto»** (*táchei*). Este adverbio procede de la misma raíz que el sustantivo *tacómetro*, el instrumento para medir la velocidad. El vocablo «pronto» no significa que los acontecimientos mencionados ocurrirán en tiempos de Juan o poco después, sino que cuando dichos sucesos tengan lugar acontecerán con una celeridad sorprendente. De manera que la expresión «pronto» no tiene que ver con la fecha de lo que ha de ocurrir, sino con la velocidad de ejecución de los acontecimientos cuando estos comiencen a suceder.[4] Algunos entienden que el término «pronto» apunta a la inminencia de los acontecimientos predichos en el Apocalipsis. Dicha opinión se fundamenta en la creencia de que una de las enseñanzas principales del Apocalipsis se relaciona con la cercanía del cumplimiento de sus profecías.[5]

Quizá el caso del juez injusto y la viuda (Lc. 18:1-8) ofrece una buena ilustración del uso del adverbio «pronto». El juez injusto demoró le ejecución del juicio por un tiempo (18:4), pero llegó el día en que actuó un tanto presionado por las circunstancias (18:5). Pero Dios no actúa de esa manera. Él obra en justicia, responde al clamor de sus escogidos, realiza su juicio «pronto» (rápida ejecución), y actúa en conformidad con su plan eterno. Los juicios futuros de Dios guardan relación directa con la segunda venida de Cristo a la tierra (Lc. 18:8).

«Y la declaró enviándola por medio de su ángel a su siervo Juan.» El verbo **«declaró»** (*eséimanen*) es el aoristo indicativo, voz activa de *seimaíno*, que significa «mostrar algo mediante el uso de alguna señal».[6] En el evangelio según Juan, los milagros de Jesús se denominan «señales» (*seimeiôn*).[7] Si bien es cierto que el Señor utiliza símbolos para comunicar el mensaje del Apocalipsis al apóstol Juan, no por esto el libro debe interpretarse de manera simbólica o no literal. El Apocalipsis debe interpretarse siguiendo una hermenéutica normal, gramatical, histórica, ambiental, tomando en cuenta el uso del lenguaje figurado, pero dando a cada figura el significado generalmente aceptado dentro de la cultura y el ambiente literario del libro. Las «señales» usadas en el Apocalipsis no sólo se circunscriben al ámbito de símbolos, sino que también hay expresiones y acontecimientos que tienen la finalidad no sólo de *declarar* sino, además, de *aclarar* el contenido de lo que se desea comunicar. El propósito divino de que el lector comprenda el mensaje del Apocalipsis sólo se consigue mediante el empleo del método de interpretación conocido como histórico-gramatical-cultural-normal-contextual. La utilización de cualquier otro método impediría que se consiguiera entender de manera adecuada el propósito y el mensaje del libro.

«Por medio de su ángel» (*dià toû angélou autoû*). El ministerio de los ángeles es sobresaliente en el libro del Apocalipsis. Debe recordarse que los ángeles también tuvieron un ministerio muy activo en el Antiguo Testamento, en los evangelios y en el libro de Hechos. El escritor de la Epístola a los Hebreos dice de los ángeles: «¿No son todos espíritus ministradores, enviados para servicio a favor de los que serán herederos de la salvación?» (He. 1:14). Los ángeles realizan una labor importante en los juicios providenciales descritos en el Apocalipsis, particularmente con relación a la nación de Israel.

«A su siervo Juan.» El vocablo **«siervo»** (*doûlos*) significa «alguien que voluntariamente se somete a la autoridad de otro». Dicha expresión aparece antes en este versículo y probablemente se refiere a los apóstoles y profetas del Nuevo Testamento. El «siervo» sugiere alguien que está moral y espiritualmente calificado para ser el primer recipiente humano de esta profecía.

1:2

«Que ha dado testimonio de la palabra de Dios.» El apóstol Juan, como fiel profeta de Dios (véase Dt. 18:20-22), da testimonio leal de la palabra de Dios y del testimonio de Jesucristo. Debe observarse que en el texto griego no hay conjunción («y») en la última frase del versículo 2. La frase dice en realidad: «Todas las cosas que vio.» Dicha expresión abarca las dos cosas concretas mencionadas en el pasaje, es decir: (1) La palabra de Dios; y (2) el testimonio de Jesucristo. Todo lo que le fue revelado a Juan tocante a esos dos temas, el apóstol lo escribió fielmente bajo la dirección del Espíritu Santo.

1:3

«Bienaventurado» (*makários*). Es el mismo vocablo que aparece repetidas veces en el Sermón del Monte (Mt. 5), y que se usa aquí para expresar una promesa de bendición. Dicho término aparece otras seis veces en el Apocalipsis (véase 14:13; 16:15; 19:9; 20:6; 22:7, 14). La bendición o bienaventuranza es doble: (1) **«el que lee»**, se refiere a la lectura pública, en voz alta; y (2) **«los que oyen»**, se refiere al auditorio o congregación que escucha la lectura. Pero el *leer* y el *oír* no son suficientes. La prueba radica en guardar todas «las cosas en ella escritas». El texto sugiere la existencia de un solo grupo que oye y guarda el mensaje que escucha.

«Las palabras de esta profecía» se refiere a la palabra canónica escrita por el hombre de Dios, autorizado para escribir bajo la dirección del Espíritu Santo. Nótese que Juan designa la naturaleza de lo que escribe como profecía. Además, debe recordarse que la literatura apocalíptica no es sólo profética, sino también escatológica, es decir, su temática principal concierne a las cosas que han de ocurrir en los postreros tiempos.

«Las cosas en ella escritas.» Esta frase destaca la autoridad permanente de la palabra de Dios. «Las cosas escritas» (*ta gegramména*) es el participio pasivo, tiempo perfecto del verbo *gráfo*, que significa «escribir». El tiempo perfecto sugiere la permanencia y la autoridad del documento. «La palabra de Dios que vive y permanece para siempre» (1 P. 1:23).

«Porque el tiempo está cerca.» El término **«porque»** (*gàr*) es explicativo e introduce la razón de la bienaventuranza. **«El tiempo»** (*ho kairós*) se refiere a una medida definida y concreta de tiempo. Tiene que ver con un período de tiempo con sus características peculiares (como primavera o verano). La referencia aquí es, sin duda, al hecho de que el tiempo del fin está cerca. El día en que Dios intervendrá judicialmente en los asuntos del hombre para poner fin a la historia tal como la conocemos ahora y establecer su reino glorioso de paz y justicia.

1:4

El **«Juan»** que se dirige **«a las siete iglesias que están en Asia»** no pudo ser otro que el apóstol Juan, el hijo de Zebedeo y hermano de Jacobo. El apóstol Juan era sobradamente conocido entre las iglesias del Asia Menor y en especial en Éfeso, puesto que allí ministró la Palabra por varios años. La historia de los primeros siglos de la Iglesia atestigua a favor del ministerio amplio de Juan en el Asia Menor.[8]

«Gracia y paz a vosotros.» Juan utiliza el saludo acostumbrado por los cristianos de su tiempo. Ese saludo fue usado por Pablo en casi todas sus cartas y por Pedro en sus dos epístolas. Probablemente se corresponde con el *hesed* y el *shalom* («gracia y paz») de los hebreos. Esos dos vocablos expresan el deseo del autor de que sus lectores reciban la abundancia del favor de Dios. «Gracia» es el favor de Dios derramado sobre los pecadores que merecen exactamente lo contrario. «Paz» es el resultado de la nueva relación del pecador que ha sido reconciliado con Dios mediante la fe en Jesucristo (Ro. 5:1).

La gracia y la paz deseadas por el apóstol Juan a sus lectores tienen una procedencia (*apó*, «de») trinitaria.[9] Los apóstoles creían en la triunidad de Dios, es decir, en un solo Dios que existe en tres personas. Jesucristo dijo: «Yo y el Padre uno somos» (Jn. 10:30). El texto griego apoya la traducción: «Yo y el Padre una cosa somos». La referencia, sin duda, es al hecho de que el Padre y el Hijo son de la misma sustancia o esencia.

El saludo de Juan, en primer lugar, procede del Padre (1:4b), descrito como el **«que es y que era y que ha de venir»**. La descripción se corresponde con lo que el Antiguo Testamento enseña tocante a Jehová, es decir, el autoexistente, inmutable Dios guardador del pacto (Éx. 3:14; 6:3). Debe observarse la expresión **«y que ha de venir»** (*kaí ho erchómenos*). El autor usa el participio presente, voz media de *érchomai*, que literalmente significa «y el que viene» o «y el que está viniendo». El uso del presente con idea de futuro da a la frase una fuerza de inminencia. Es como si se dijera: «Aquel que está en camino puede llegar en cualquier momento.»[10]

En segundo lugar, el saludo también procede del Espíritu Santo. La expresión **«y de los siete espíritus que están delante de su trono»** no parece referirse a seres angelicales, como proponen algunos comentaristas.[11] Los ángeles no son dispensadores de «gracia y paz». Además, parecería extraño que Juan colocara una bendición procedente de siete ángeles entre el Padre y el Hijo. Lo más normal es que la expresión **«los siete espíritus»** sea una referencia al Espíritu Santo en la perfección de sus diversas actividades (Is. 11:2), en su capacidad de llenar plenamente las necesidades de las siete iglesias.[12] Pero más probable aún es el hecho de que Juan use la imagen literaria de Zacarías 4:1-10. El profeta Zacarías (4:2-10), al igual que el apóstol Juan, presenta un cuadro estupendo de la actividad del Espíritu Santo en el mundo. «Las siete lámparas» de Zacarías 4:2, al igual que «los siete espíritus» de Apocalipsis 1:4, representan al Espíritu Santo en su plenitud, obrando en el mundo en anticipación de una intervención soberana de Dios.

«Que están delante de su trono.» Parece ser que el Espíritu Santo ocupa una posición administrativa en una capacidad judicial. En el Apocalipsis, el Espíritu Santo se revela como el Espíritu de juicio.

1:5

Por último, el saludo apostólico procede también del Señor Jesucristo. Obsérvese que Juan sitúa la referencia al Señor Jesucristo en último lugar. La igualdad esencial de las personas de la Trinidad permite que el orden de referencia se cambie sin incurrir en ningún error teológico. El orden se cambia para permitir dar cierto énfasis a la Segunda Persona de la Trinidad que, de otra manera, tendría que ser interrumpido.[13] La persona de Cristo recibe una triple exaltación (1:5a):

1. Como *profeta*: Él es **«el testigo fiel»**. Esta frase contempla el ministerio de Cristo cuando estuvo en la tierra (véanse Jn. 7:7; 18:37; 1 Ti. 6:13). Este aspecto de la persona de Cristo constituye una garantía indirecta de la veracidad de esta revelación que procede de Él.

2. Como *sacerdote*: Él es **«el primogénito de los muertos»**. El ministerio sumosacerdotal de Cristo comienza con su resurrección y exaltación a la diestra del Padre. El vocablo «primogénito» (*protótokos*) sugiere la idea de prioridad en cuando a rango. Cristo es «el primogénito de los muertos» en el sentido de que es el «jefe», «cabeza» o «autoridad máxima» en lo que concierne a la resurrección de los muertos. Nadie resucita de los muertos si Cristo no da la orden (véase Jn. 6:35-40, 44). Como el Salvador resucitado que tiene vida en sí mismo, Cristo es preeminente en su ministerio presente en el cielo.

3. Como *Rey-Mesías*: Él es **«el soberano de los reyes de la tierra»**. La expresión «el soberano» (*ho árchôn*) significa «el gobernador», «el regidor». En su segunda venida, Cristo de manera literal será «el regidor de los reyes de la tierra» (véanse Sal. 2:8-12; 89:27; Ap. 11:15; 19:11-16). Es evidente que en

el presente Cristo no opera como «el soberano de los reyes de la tierra». Esa es una función que aguarda su Segunda Venida con poder y gloria a la tierra. Cuando el Mesías Jesucristo venga por segunda vez cumplirá la promesa hecha por Dios al rey David: «...Y será afirmada tu casa y tu reino para siempre delante de tu rostro, y tu trono será estable eternamente...» (2 S. 7:16; véanse también Lc. 1:30-33; Sal. 89:4).

La obra de Cristo es igualmente reconocida (1:5*b*, 6):

1. La obra presente: **«Al que nos amó.»** Una mejor lectura del texto griego dice: «al que nos ama.» El amor de Cristo por los suyos es una realidad presente y continua, como lo indica el uso del participio presente. «Ese amor es un *amor presente*, y con una fuerza tan poderosa en este momento como cuando entregó a Jesús a los horrores que lo desbordaron en la cruz.»[14]
2. La obra pasada: **«Nos lavó de nuestros pecados con su sangre.»** El texto griego sugiere la lectura «nos soltó o nos libró de nuestros pecados por su sangre». Esta frase contempla el acontecimiento de la cruz. La sangre derramada por Cristo en la cruz, su sacrificio expiatorio y sustituto, fue el instrumento divino que ha obtenido la liberación del pecador que ha puesto su fe en Cristo (véanse Ro. 3:24-26; Is. 53:5).

1:6

La obra de Cristo ha producido un resultado permanente en beneficio de los redimidos y Juan la resume con la frase: **«Y nos hizo reyes y sacerdotes para Dios, su Padre»** (1:6*a*). Literalmente en el texto griego dice: «Y nos hizo un reino, sacerdotes para Dios, su Padre.» Esta cláusula presenta dos ideas. La primera tiene que ver con lo que Cristo ha hecho por sus redimidos *colectivamente* («un reino»). La segunda presenta lo que ha hecho por los creyentes *individualmente* («sacerdotes para Dios, su Padre»).

Los redimidos de Cristo, como *un grupo completo*, constituyen una esfera donde la autoridad moral y espiritual de Dios prevalece. En ese sentido constituyen «un reino» (véase Col. 1:13). Además, los redimidos de Cristo, como *individuos*, funcionan como sacerdotes que ministran delante de Dios continuamente (véanse Ap. 3:10; 20:6; 1 P. 2:5, 9). Los creyentes son, por lo tanto, «un reino de súbditos con acceso sacerdotal directo ante Dios».[15]

El versículo 6 concluye con la doxología dirigida a Cristo: **«a él sea gloria e imperio por los siglos de los siglos. Amén.»** La expresión **«a él»** (*autó*) es enfática, pues aparece al comienzo de la frase. Además, está en el caso dativo, que concuerda con la frase que inicia la doxología: «Al que nos ama». De manera que es a Jesucristo a quien el apóstol Juan hace objeto de «gloria e imperio» o mejor, «gloria y fortaleza».[16]

La expresión **«por los siglos de los siglos»** conjuga una idea muy singular. El vocablo «tiempo» (*oión*) es pluralizado y traducido «siglos» (*aiônas*) y luego se le añade la forma plural del mismo vocablo. De esa manera podría traducirse: «por las edades de las edades», «por las edades sin fin» o «por los siglos de los siglos». Dicha frase «expresa la duración sin límites de la merecida gloria y fortaleza que son atribuidas a Jesucristo».[17] La doxología concluye con un rotundo **«amén»**, que significa «así sea», «que permanezca así». El término «amén» denota aprobación de algo positivo que se ha expresado. El apóstol Juan sella con un enfático «amén» la realidad de todo lo que ha dicho respecto a la persona y la obra del Señor Jesucristo.

1:7

Juan alaba al Señor también por su obra futura con relación a su segunda venida. La Segunda Venida de Cristo a la tierra ocupa un lugar central en la revelación bíblica. Ese acontecimiento pondrá de manifiesto la absoluta soberanía de Dios sobre la tierra. En Apocalipsis 1:7 se establece el tema central del libro. El contenido de este libro, en su totalidad, gira alrededor del hecho singular de la segunda venida en gloria de Cristo a la tierra.

El apóstol Juan combina dos declaraciones proféticas que aparecen en el Antiguo Testamento. La primera se encuentra en Daniel 7:13, donde el profeta «miraba ... y he aquí con las nubes del cielo venía uno como un hijo de hombre». La segunda aparece en Zacarías 12:10, donde el vidente contempla una visión de la intervención futura de Dios en la nación de Israel: «Y derramaré sobre la casa de David, y sobre los moradores de Jerusalén, espíritu de gracia y de oración; y mirarán a mí, a quien traspasaron, y llorarán como se llora por hijo unigénito, afligiéndose por él como quien se aflige por el primogénito.»

«He aquí que viene con las nubes.» De esta manera sencilla pero enfática, Juan anuncia el acontecimiento de la segunda venida de Cristo. La expresión **«he aquí»** (*idoú*) es una partícula demostrativa que funciona como instrumento para llamar la atención al lector o al oyente respecto a lo que se va a decir (véase Ap. 9:12; 11:14; 16:15; 22:7).

«Que viene» (*érchetai*), mejor «él viene». Este verbo es el presente indicativo, voz media de *érchomai*. Aunque está en presente, tiene función de futuro o presente profético.[18]

La frase **«con las nubes»,** como ya se ha indicado, es tomada del Antiguo Testamento, donde dicho fenómeno se asocia de forma común con la presencia de Dios (véanse Éx. 13:21; 16:10; Dn. 7:13; también Mt. 17:5 y Hch. 1:9). Pudiera ser que las mencionadas nubes no sean las comunes que aparecen en el firmamento cada día, sino más bien nubes sobrenaturales asociadas con la inmediata presencia de Dios como la que aparece en Éxodo 13:21, 22.

De cualquier manera, la venida de Cristo se anuncia en los evangelios y en el Apocalipsis como cumplimiento de la profecía veterotestamentaria y en consonancia con la promesa hecha por el mismo Señor Jesucristo (véanse Mt. 24:30; 26:64; Mr. 13:26; 14:62; Lc. 21:27). La venida en gloria de Cristo, según Mateo 24:29, tendrá lugar «inmediatamente después de la tribulación de aquellos días». Dicho acontecimiento será precedido por un período de juicio que afectará a toda la humanidad (véase Mt. 24:1-28). La verdad fundamental del texto es insoslayable: Él «viene con las nubes», es decir, con majestad y gloria. Él viene de un modo diferente de como vino la primera vez.

La segunda afirmación que Juan hace en 1:7 es: **«Y todo ojo le verá.»** Esta frase es tomada de Zacarías 12:10-12, en cuyo entorno se describe el arrepentimiento futuro de la nación de Israel, y tanto Jerusalén como la nación serán restauradas y elevadas a un lugar de honor.[19]

Cuando el Señor vino la primera vez, lo vieron unos pocos seres humanos. En su segunda venida, por el contrario, «todo ojo le verá». Eso significa que el acontecimiento del regreso en gloria de Jesucristo será un suceso de alcance universal. Es necesario, sin embargo, aclarar el significado de «todo ojo». ¿A quiénes concretamente se refiere? La respuesta a dicha pregunta se encuentra en el hecho de que la cláusula «y los que le traspasaron» es explicativa. Esta expresión aclara el significado de la frase anterior. Lo que Juan intenta decir pudiera expresarse del modo siguiente: «Todo ojo le verá, es decir, aquellos que le traspasaron.»

Juan se refiere a una clase de personas dentro del círculo total de la raza humana. Dentro de esa clase hay judíos y gentiles. Ciertamente, las mismas personas que crucificaron al Señor no estarán vivas en la tierra para contemplar su segunda venida, pero la clase y raza de personas que ejecutaron aquel terrible acto sí lo estarán y sus ojos contemplarán la venida del Rey de reyes.[20]

«Y todos los linajes de la tierra harán lamentación por él.» Mejor sería: «y todas las tribus de la tierra lamentarán sobre él.» Esta cláusula pudiera referirse a la nación de Israel que en los postreros días se convertirá a Dios y reconocerá a Jesús como su Mesías. De ser así, la expresión «tribus» se referiría a las tribus de Israel, «la tierra» sería la tierra prometida a Abraham, el lamento sería el llanto de arrepentimiento del remanente que ha sido salvo y la frase «sobre él» es una referencia al Mesías que es reconocido y recibido como tal por el remanente.

Sin embargo, igual validez parece tener la interpretación de que Juan contempla a las naciones de la tierra en su totalidad. El hecho de que Cristo viene a la tierra por segunda vez a establecer su soberanía sobre toda la humanidad y que regirá las naciones con vara de hierro (Ap. 19:15) parece indicar que la referencia tiene que ver con la humanidad en general y no sólo con la nación de Israel (véase Ap. 14:6-7; 15:4). El lamento mencionado en 1:7, por lo tanto, tendría que ver con la desesperación y la ansiedad que inundarán el corazón de quienes, por haber rechazado a Cristo, sufrirán una pérdida irreparable (véase Is. 2:19).

Ambas interpretaciones, la que ve en 1:7 una referencia a la manifestación futura del Mesías a la nación de Israel y la que entiende que es una referencia a la segunda venida de Cristo con respecto a la humanidad en general, tienen apoyo bíblico. No obstante, el peso de la evidencia en el entorno del mismo libro del Apocalipsis parece favorecer la segunda posibilidad.

«Sí, amén». El vocablo griego *nai* («sí»), se usa para indicar asentimiento o ratificación de algo con lo que se está plenamente de acuerdo. «Amén» es un término que tiene un origen hebreo y que significa «así sea» o «lo apruebo en mi corazón». De modo que la combinación de ambos vocablos otorga un énfasis especial a la declaración del versículo 7.

1:8

El versículo 8 constituye el testimonio solemne y el sello inalterable de lo que se ha expresado antes.

«Yo soy el Alfa y la Omega, principio y fin, dice el Señor.» Algunos entienden que el sujeto en el versículo 8 es Dios Padre.[21] Pero el ambiente del libro del Apocalipsis en general y del capítulo 1 en particular, dan a entender que la referencia es a la persona de Jesucristo. Cristo es el centro de atención tanto del capítulo primero como de todo el libro del Apocalipsis.

Alfa es la primera letra del alfabeto griego y omega es la última. El comentarista Henry Barclay Swete afirma lo siguiente:

> El libro [Apocalipsis], dirigido a lectores griegos, usa la primera y la última letra del alfabeto griego, pero sin duda hay una referencia al uso judío de alef, tau ... los símbolos alef, tau incluyen las letras intermedias y representan la totalidad del alfabeto; y muy correctamente representaban la Shekinah ... La frase se considera no sólo como una expresión de eternidad, sino también de infinitud, la vida sin límite que lo abarca todo y al mismo tiempo, lo trasciende todo.[22]

Tanto el Padre como el Hijo pueden decir: «Yo soy el Alfa y la Omega, principio y fin.» Ambos son coiguales, consubstanciales y coeternos. Ambos poseen los mismos atributos y la misma gloria. No obstante, la expresión «yo soy» (*egô eimí*) la usó el Señor Jesucristo en el Evangelio según San Juan para referirse a sí mismo (véase Jn. 6:35; 8:12; 10:9, 11; 11:25; 14:6; 15:1).

«Dice el Señor.» La lectura en el texto griego es: «Dice el Señor Dios.» Esta expresión destaca la soberanía de Dios tal como lo atestigua la frase que sigue: «El que es y que era y que ha de venir, el Todopoderoso.» **«El que es y que era y que ha de venir»** es el Señor Dios, el soberano, aquel que se autodenomina el «Todopoderoso» (*pantokrátôr*), es decir, «el que tiene en sus manos todas las cosas». En Apocalipsis 1:8 se resume la enseñanza y el gran tema del libro: ¿cómo se propone Dios establecer su autoridad sobre la tierra?[23]

La autoridad divina se establecerá dentro del tiempo, la historia y en medio de los hombres cuando el Señor Jesucristo venga con poder y gloria para tomar su reino mesiánico e implantar su paz y su justicia en este mundo. Él lo hará porque es el Señor Dios, el eterno, el soberano, el Todopoderoso. Nadie podrá resistir su poder ni su autoridad, y su reino será por los siglos de los siglos.

Resumen

Los ocho primeros versículos del Apocalipsis presentan el tema central de todo lo que sigue. El Apocalipsis es la *revelación* de la persona gloriosa de Jesucristo. El libro es una profecía revelada en lenguaje apocalíptico de carácter escatológico. El contenido debe *leerse* en voz alta para que los creyentes lo escuchen, *ser explicado* para que lo entiendan y *ser obedecido* para que reciban las bendiciones prometidas por Dios.

Las tres personas de la Trinidad están implicadas en todo lo que acontece a través del Apocalipsis, pero hay un énfasis notable en la persona del Señor Jesucristo, porque el libro concierne a su revelación en gloria.

Este párrafo concluye con una afirmación contundente de la realidad de la segunda venida de Cristo, y declara que será un acontecimiento: (1) Literal; (2) visible; (3) universal; (4) judicial; y (5) glorioso. Por último, hay un solemne reconocimiento de la eternidad, la soberanía, la autoexistencia y la autosuficiencia de Cristo. Los atributos reconocidos en Cristo son los mismos que posee Dios Padre. Por lo tanto, Jesucristo es reconocido como el Dios Todopoderoso. Él tiene en sus manos todas las cosas, sostiene y controla su creación como Dios soberano de ella.

La visión del Cristo glorificado: Omnipotente y Juez universal (1:9-20)

Bosquejo

1. **La explicación dada por Juan (1:9-11)**
    1.1. Identificación de Juan como autor del Apocalipsis (1:9*a*)
    1.2. Circunstancias de Juan cuando recibió la revelación (1:9*b*, 10)
    1.3. La orden dada a Juan de escribir la revelación (1:11)
2. **La revelación del Cristo glorificado (1:12-16)**
    2.1. Los siete candeleros (1:12)
    2.2. La visión del Hijo del Hombre (1:13*a*)
    2.3. La descripción de la visión (1:13*b*-16)
3. **La interpretación de la visión (1:17-20)**
    3.1. La identificación del sujeto de la visión (1:1-18)
    3.2. La instrucción tocante a la visión (1:19)
    3.3. La explicación de la visión (1:20)

En los versículos 1 al 8 del capítulo primero, Juan ha escrito tocante a la naturaleza del Apocalipsis. Este libro tiene que ver con la revelación de la persona de Cristo. Su contenido es profético y más aún, escatológico. El apóstol da fiel testimonio de todo lo que Dios le revela. Seguidamente, saluda a sus lectores y les desea gracia y paz en nombre de la Trinidad. Al final, Juan se concentra en la persona de Cristo. Después de todo, Él es el tema central del libro.

En la segunda parte del capítulo, Juan recibe la visión del Cristo glorificado. El apóstol explica cuándo, dónde y cómo recibió la revelación (1:9-11). Luego describe las características del Cristo glorificado (1:12-16) y por último, con la ayuda del mismo Señor, Juan escribe el significado de la visión que ha tenido (1:17-20). Obsérvese que, como es característico en la literatura apocalíptica, el escritor humano no tiene que especular con la interpretación de la visión. No necesita ni espiritualizar ni alegorizar el significado de lo que ha visto. Hay un intérprete celestial, en este caso el mismo Señor, que le declara qué significan los símbolos que ha visto. El estudiante del Apocalipsis no debe olvidar que aunque el mensaje del libro se comunica mediante el uso de símbolos y visiones, el Apocalipsis no es un libro simbólico, ni su contenido se debe espiritualizar. Como se ha expresado en la introducción, el Apocalipsis debe interpretarse por medio del uso de una hermenéutica normal, histórico-gramatical, cultural y ambiental. Además, es importante tomar en cuenta el uso de las figuras de dicción y dar a dichas figuras el significado normal, generalmente reconocido y aceptado por la cultura que las usa.

1:9

«Yo Juan, vuestro hermano, y copartícipe vuestro en la tribulación, en el reino y en la paciencia de Jesucristo.» El autor presenta a los lectores sus «cartas credenciales». Es evidente que los lectores sabían con toda certeza quién les escribía. **«Hermano, y copartícipe»** (*adelphós kaì synkoinônós*) son dos sustantivos que expresan tanto intimidad como humildad. Dichos vocablos expresan que «él estaba unido por lazos de vida espiritual y relación familiar. Por lo tanto, era copartícipe (participante en común) con ellos en su tiempo de tribulación».[24]

Juan da el testimonio de un testigo responsable, cuyas palabras transmiten el peso de la autoridad. Al mismo tiempo, se identifica plenamente con sus lectores «en la tribulación, en el reino y en la paciencia de Jesucristo». En el texto griego hay un solo artículo determinado, lo que une los tres sustantivos estrechamente. De forma literal dice: «En la tribulación, reino y paciencia por Jesús.» «Tribulación» (*thlípsei*), «reino» (*basileía*) y «paciencia» (*hypomonê*) están íntimamente ligados y forman la esfera de comunión entre Juan y sus lectores.[25]

La **«tribulación»** aludida aquí se refiere a los sufrimientos que el cristiano experimenta en el mundo (véase Jn. 16:33). El hijo de Dios vive en un mundo que es hostil tanto al evangelio como a su ética, y tiene que enfrentarse a todo tipo de oposición en anticipación a su entrada final en el reino del Mesías (véanse Hch. 14:22; Ro. 8:17).

La referencia aquí no es a la tribulación escatológica que precederá a la venida en gloria del Mesías (véase Mt. 24:29). La tribulación de los días postreros será el juicio de Dios tanto para la nación de Israel por haber rechazado al Mesías como para el mundo incrédulo que rechaza el evangelio de la gracia de Dios. El creyente, por su parte, ha sido librado de la ira venidera (1 Ts. 5:9) y del juicio futuro (Jn. 5:24; Ro. 8:1). La tribulación futura no será, como creen algunos, «solamente la intensificación de lo que la iglesia ha sufrido a través de toda su historia».[26] Cristo mismo afirmó que la tribulación de los postreros días será algo sin parangón en la historia de la humanidad (véase Mt. 24:21).

«El reino» (*basileía*) tiene que ver con el reino del Mesías. Ese reino vendrá en su plenitud cuando Cristo venga por segunda vez. Los reinos del mundo serán suyos (Ap. 11:15) y Él reinará por los siglos de los siglos (véanse Dn. 2:44; 7:14; Ap. 5:10; 20:1-10). El reino, por lo tanto, se refiere «al período venidero de bendiciones mesiánicas».[27] Todo creyente anticipa entrar en ese reino y disfrutar de sus bendiciones.[28] Los apóstoles estaban conscientes de que durante la era presente los cristianos experimentarían pruebas y tribulaciones producto del rechazo del evangelio por parte de los incrédulos. Pero al mismo tiempo, estaban persuadidos de que les aguardaba una amplia y generosa entrada en el reino glorioso del Mesías (véanse 1:11; Hch. 14:22; 2 Ti. 2:12a; Ro. 8:18).

El tercer sustantivo que usa Juan es **«paciencia»** (*hypomonê*), que significa «resistencia o aguante bajo el peso de la prueba». Es una cualidad constantemente conectada con la vida cristiana.[29] El término «paciencia» connota la esperanza de fe que resulta en resistencia y fortaleza.[30] «El orden de los tres [tribulación, reino y paciencia] es instructivo. Puesto que el presente es un tiempo de tribulación y el reino un período futuro de bendición, los creyentes deben entretanto ejercer esa clase de resistencia paciente que fue ejemplificada por Jesús.»[31]

La expresión **«de Jesucristo»** (*en Iêsou*) debe leerse, literalmente «en Jesús» o «por medio de Jesús». El Señor Jesús es tanto la esfera como el instrumento que hace posible la coparticipación de Juan con sus lectores. El creyente está «en Cristo», porque el Espíritu Santo le ha colocado allí y Cristo es quien hace posible la comunión entre los creyentes.

«Estaba en la isla llamada Patmos.» La tribulación era real en la experiencia de Juan. El apóstol había sido exiliado a la isla de Patmos por orden del emperador Domiciano por el año 95 d.C. Patmos es una pequeña isla rocosa de unos 14 km. de largo por cerca de 3,5 km. de ancho y 24 km. de circunferencia, situada justo al sur de la costa de la actual Turquía. En aquellas circunstancias, al parecer negativas, Juan estuvo en íntima comunión con Dios y desde allí escribió el libro con el que culmina la revelación divina. Desde allí Juan podía pensar y reflexionar en la condición de las siete iglesias a las que el libro se dirigió originalmente.

Debido a su situación geográfica y a su topografía, el gobierno romano utilizaba la isla de Patmos como un sitio ideal para desterrar a los criminales y obligarlos a trabajar en las minas que allí había[32]. Tal vez por esa razón Juan expresa el motivo de su destierro. El apóstol no estaba en Patmos por ser un malhechor, sino **«por causa de la palabra de Dios y el testimonio de Jesucristo».** La expresión «por causa de» es la traducción de la preposición griega *dià*, que se usa con un sustantivo en el caso acusativo para expresar causa. Es decir, Juan no había ido allí a predicar la palabra de Dios y a dar testimonio de Jesucristo, sino porque estaba predicando y dando testimonio de su fe en Asia Menor y en especial en Éfeso.

1:10, 11

«Yo estaba en el Espíritu en el día del Señor.» Hay quienes opinan que esta frase se refiere al hecho de que Juan recibió la visión del Apocalipsis durante el primer día de la semana, es decir, el domingo.[33] La frase literalmente dice: «Yo vine a estar en el espíritu en el día del Señor.» Sin duda, Juan experimentó un éxtasis similar al de Pedro en Hechos 10:10. La expresión «en el Espíritu» es difícil de interpretar, puesto que el texto apoya tanto la posibilidad de que se refiera al Espíritu Santo como al espíritu humano de Juan. El entorno del texto en esta situación particular favorece que la referencia sea al espíritu de Juan. Es decir, el apóstol experimentó un éxtasis similar al de Pedro en Hechos 10 o al de Pablo en 2 Corintios 12, durante el cual Dios puso a Juan en una situación en la que contempló los cuadros proféticos que luego describe en el Apocalipsis.

La frase **«en el día del Señor»** parece referirse más bien al sentido veterotestamentario de dicha expresión (véanse Am. 5:18; Jl. 2:1, 2; 2:11, 31; 3:14; Is. 2:12; 13:6, 9; Zac. 14:1). La misma fórmula se usa en el Nuevo Testamento con relación a acontecimientos escatológicos (véanse Hch. 2:20; 1 Ts. 5:2; 2 Ts. 2:2; 2 P. 3:10).[34] La expresión «día del Señor» no se usó para referirse al domingo, sino hasta después que el Nuevo Testamento se escribió. La manera normal de designar el domingo en el Nuevo Testamento es «el primer día de la semana» (véanse Jn. 20:1, 19; Hch. 20:7; 1 Co. 16:2). Debe observarse, además, que la expresión «del Señor» es la traducción del vocablo *kyriakê*, un adjetivo que significa «imperial» o día marcado por la soberanía real de Cristo.[35]

En resumen, el versículo 10 parece enseñar que cuando Juan estaba en Patmos, Dios le hizo experimentar un éxtasis. Él transportó espiritualmente al apóstol y lo puso en una situación donde contempló las escenas de lo que ha de ocurrir durante el período de tiempo que en el Antiguo Testamento se llama «el día de Jehová» y en el Nuevo, «el día del Señor».

«Y oí detrás de mí una gran voz como de trompeta.» La primera experiencia de Juan después de ser colocado «en el día del Señor» fue oír una gran voz que el apóstol compara con el sonido de una trompeta. El sonido de la trompeta habla de solemnidad. «La gran voz» es para convocar a quienes la oyen. El tema de la convocatoria es de suma importancia, puesto que se trata nada menos que de «el día del Señor» (véase Jl. 2:1, 15; 3:16), el día de la gran intervención de Dios en la historia de la humanidad.

Quien habla con «gran voz» se identifica como **«el Alfa y la Omega, el primero y el último».** Tal persona no puede ser otro sino el mismo Señor Jesucristo (véase 1:8, 17). El Señor manda a Juan a escribir la visión **«en un libro»,** o sea, en un rollo. La orden es urgente, como lo indica la forma verbal (aoristo imperativo). El mandato del Señor es estricto. Juan debía escribir sólo lo que le era revelado y además, debía enviar lo escrito a siete iglesias o congregaciones concretas localizadas en el Asia Menor. Las siete congregaciones eran, evidentemente, representativas de las asambleas cristianas de la región, puesto que también había iglesias en Hierápolis, Colosas y Tralles. En los capítulos 2 y 3 del Apocalipsis cada una de las siete iglesias se describe y a cada una de ellas el Señor dirige una carta en particular. De modo que el Señor envía un mensaje individual a cada asamblea además del mensaje total del contenido del Apocalipsis.

Los versículos 12 al 20 contienen una descripción con siete aspectos del Cristo glorificado. En el Apocalipsis, Cristo es contemplado como el Juez real. En primer lugar, se le contempla en su juicio de la iglesia (1:12—3:22). Puesto que las siete iglesias se componen de quienes profesan ser cristianos, muchos de los cuales no sólo son inconversos sino también apóstatas herejes, este juicio incluye el dictamen divino de la cristiandad malvada que culminará en el tiempo de la tribulación. Desde el capítulo 4 en adelante, el Apocalipsis presenta el juicio de Israel y el de los gentiles durante la *semana setenta* de Daniel.

1:12

En este versículo, Juan usa la figura literaria llamada metonimia de efecto. De forma concreta emplea «la acción o el efecto por la persona que produce el efecto o por el autor de la misma».[36] Juan dice: **«Y me volví para ver la voz que hablaba**

conmigo.» El sustantivo «la voz» se usa en lugar del pronombre «al» (a + el) o «aquel». En vez de ver a una persona, Juan vio «siete candeleros de oro». En el tabernáculo del Antiguo Testamento había un candelero de oro de siete brazos (véanse Éx. 25:31-37; 37:17-24; He. 9:2). En el templo edificado por Salomón había «cinco candeleros de oro purísimo a la mano derecha, y otros cinco a la izquierda, frente al lugar santísimo» (1 R. 7:49). En su visión, el apóstol vio siete candeleros individuales que según 1:20 simbolizan las siete iglesias mencionadas en 1:11. La función principal de un candelero es alumbrar. En el Antiguo Testamento, Israel tenía la responsabilidad de ser luz a las naciones paganas, pero fracasó en su cometido y en lugar de luz produjo tinieblas.

La Iglesia, como cuerpo de Cristo, y las asambleas locales como las mencionadas en Apocalipsis 1:11, tienen la responsabilidad y la misión de ser luces en el mundo. El Señor Jesucristo dijo a sus discípulos: «Vosotros sois la luz del mundo; una ciudad asentada sobre un monte no se puede esconder. Ni se enciende una luz y se pone debajo de un almud, sino sobre el candelero, y alumbra a todos los que están en casa. Así alumbre vuestra luz delante de los hombres, para que vean vuestras buenas obras, y glorifiquen a vuestro Padre que está en los cielos» (Mt. 5:14-16). De modo que los siete candeleros representan a las siete iglesias y al mismo tiempo, simbolizan la misión encomendada a dichas iglesias de ser luz y testimonio para la gloria de Dios en el mundo.

1:13

«Y en medio de los siete candeleros, a uno semejante al Hijo del Hombre.» El verbo de esta oración hay que tomarlo del versículo 12. Juan dice: «...vi siete candeleros de oro, y [vi] en medio de los siete candeleros, a uno semejante al Hijo del Hombre.» El uso del adjetivo **«semejante»** (*hómoion*) muestra que la descripción no se limita a la humanidad de Cristo, sino que incluye su exaltación posterior a su resurrección, su gloria y su deidad. Sin duda, el apóstol Juan recordaba las palabras de Daniel 7:13, donde el profeta Daniel declara: «Miraba yo en la visión de la noche, y he aquí con las nubes del cielo venía uno como un hijo de hombre...» (véase también Mr. 13:26). El personaje que Daniel vio es el mismo contemplado por Juan. En el texto griego no hay artículo determinado delante de la expresión **«Hijo del Hombre»**. La ausencia del artículo manifiesta que el énfasis es cualitativo. Lo que el apóstol ha de describir es el carácter y los atributos de Cristo, no su cuerpo físico. El perfil que Juan hace de Cristo es más bien ético, espiritual y moral; algo sumamente importante pues no hay ningún cuadro de Cristo en los evangelios. Cristo tiene todo derecho a juzgar porque Él es el Hijo del Hombre, el representante perfecto de sus semejantes (véanse He. 2:5-9; Jn. 5:25-27).[37]

«Vestido de una ropa que llegaba hasta los pies, y ceñido por el pecho con un cinto de oro.» El Señor está vestido con un traje de gala que alcanza hasta sus pies. No está ceñido por la cintura para el servicio, sino más bien «está vestido con el traje de sacerdote y de juez... es el aspecto del sacerdote, no en servicios sacerdotales, sino en *carácter* judicial».[38] El vestido que alcanza hasta los pies del Señor habla de su dignidad real y de su carácter como sacerdote y juez.

1:14

«Su cabeza y sus cabellos eran blancos como blanca lana, como nieve.» La descripción de la cabeza y los cabellos del Señor se corresponde con las palabras de Daniel 7:9. Los calificativos «como blanca lana» y «como nieve» sugieren la deslumbrante pureza de la eterna sabiduría de nuestro Dios.

«Sus ojos como llama de fuego.» La idea de esta frase se relaciona con el carácter escudriñador y penetrante de su santidad, redarguyendo y consumiendo a sus enemigos (véanse Dn. 10:6; Ap. 2:18; Sal. 11:4; también Ap. 19:12).

1:15

«Y sus pies semejantes al bronce bruñido, refulgente como en un horno.» El apóstol describe los pies del Señor como de bronce fino y brillante que ha sido calentado en un horno. El vocablo «refulgente» transmite la idea de que el bronce arde y resplandece como si aún estuviera en un crisol. El blanco y refulgente color del bronce sugiere que nunca muere y que su juicio consumidor es irresistible. Esos pies de juicio aplastarán a los malvados y los convertirán en ceniza cuando venga por segunda vez con poder y gloria (Mal. 4:3).

«Y su voz como estruendo de muchas aguas.» El símil usado para describir la voz del Señor sugiere autoridad. Habla de una majestuosidad desbordante que va más allá del poder de control del hombre. El término «estruendo» habla del rugiente sonido de un furioso juicio (véanse Sal. 93:3, 4; Ez. 43:2; Am. 1:2).

1:16

«Tenía en su diestra siete estrellas.» El verbo **«tenía»** es en realidad el gerundio, voz activa de *écho*, y debe traducirse «teniendo». La idea de dicho gerundio es, en primer lugar, que Cristo ejerce autoridad absoluta y constante al igual que completo control sobre las siete estrellas. Al mismo tiempo, el Señor mantiene un tierno cuidado y una protección constante sobre los suyos. La frase preposicional **«en su diestra»** sugiere, por lo tanto, *preservación*, *posesión* y *control*. La mano derecha es el lugar de autoridad real y privilegio (véanse Sal. 110:1; Ef. 1:20; He. 1:3, 13). Las «siete estrellas», según 1:20, son individuos sobre quienes el Señor ha delegado autoridad y sobre quienes Cristo ejerce control.

«De su boca salía una espada aguda de dos filos.» El vocablo **«espada»** (*rhomfalía*) se refiere a la espada larga diseñada en Tracia y que era casi del tamaño de un hombre de estatura normal. Los **«dos filos»** hablan de su eficacia judicial contra el enemigo. La figura muestra la capacidad del Señor de ejecutar a sus enemigos sencillamente con la palabra de su boca (véanse Mt. 25:41; Lc. 12:46; Jn. 12:48; Ap. 19:15). La lección principal resultante de esta parte de la descripción se centra en la autoridad judicial de Cristo. Combina la fuerza de un guerrero que derrota a sus enemigos en batalla y el pronunciamiento de su veredicto de juicio sobre ellos.[39]

«Y su rostro era como el sol cuando resplandece en su fuerza.» El rostro del Señor aparece ante Juan en su gloria divina, en toda su refulgencia. La primera vez que vino, cuando nació en Belén, los hombres lo vieron «sin atractivo para que le deseemos» (Is. 53:2). El rostro de su gloria estaba velado por su humillación. Ahora aparece «como el sol cuando resplandece en su fuerza», sin velo, sin eclipse, en su gloria celestial (véanse Mt. 17:2; 2 Co. 4:4; Hch. 26:13).

En resumen, hay un contraste muy destacado entre el Cristo que aparece en los evangelios y el que aparece en el Apocalipsis. El Cristo de los evangelios se manifiesta en ternura y amor, el varón de dolores que es humillado y blasfemado, su gloria está velada y muere por el pecado del hombre. En el Apocalipsis, por el contrario, aparece en poder y juicio, Él es el Anciano de días, se revela como el sol cuando brilla con toda su fuerza y aparece como el Guerrero divino, el Vencedor, el Deslumbrante, el Rey de reyes y Señor de señores.

1:17, 18

«Cuando le vi, caí como muerto a sus pies.» Igual que el profeta Daniel cuando tuvo la visión del Señor (Dn. 10), Juan también cayó al suelo como muerto a los pies del Cristo glorificado. El apóstol demuestra un verdadero aprecio hacia la gloria y la santidad del Señor. Nadie puede comparecer delante del Señor en su propia fuerza. Tanto la actitud de Daniel en el Antiguo Testamento como la de Juan en el Nuevo deben alertar al creyente contra las pretensiones fraudulentas de quienes hoy día afirman haber visto al Señor.

«Y él puso su diestra sobre mí, diciéndome: No temas.» Esta frase expresa la compasión del Señor hacia su siervo Juan. Cristo disipa el temor del corazón de quien pone su confianza en Él. El verbo precedido de la negativa «no temas» significa literalmente, «deja de temer». Lo que sugiere que la actitud de Juan era de un autojuicio. Su corazón se llenó de temor al ver al Cristo glorificado, hasta el punto que pensaba que moriría de inmediato.

«Yo soy el primero y el último.» Esa misma frase se usa en el Antiguo Testamento tocante a Jehová (véase Is. 41:4; 44:6; 48:12). El temor de Juan desaparece cuando el Todopoderoso Dios eterno (primero y último) se manifiesta a él como el Salvador misericordioso, o sea, **«el que vivo, y estuve muerto»**, quien en su esencia es el eterno, el que vive para siempre. Obsérvese la expresión «y estuve muerto» (*kaì egenómen nekrós*), que literalmente significa «y vine a estar muerto». La muerte del Señor es una realidad histórica. Él murió en un momento concreto de la historia, pero resucitó de entre los muertos y ahora es el que vive «por los siglos de los siglos», es decir, eternamente.

«Y tengo las llaves de la muerte y del Hades.» La muerte y resurrección de Cristo han hecho inoperante el poder de Satanás. Con su muerte y resurrección, Cristo derrotó al pecado, a la muerte y al mismo Satanás (véase He. 2:14, 15). «Las llaves» habla de autoridad. Cristo, por lo tanto, tiene autoridad sobre la muerte y sobre la vida. «Nadie puede morir sin permiso divino, aunque se encuentre afligido por Satanás, en pruebas y dificultades. Porque tiene autoridad sobre el Hades, Cristo es soberano sobre la vida venidera.»[40]

1:19

«Escribe las cosas que has visto, y las que son, y las que han de ser después de estas.» La versión Reina-Valera 1960 omite la conjunción *oûn*, que significa «entonces» o «por lo tanto». Dicha conjunción es importante, pues sirve de enlace entre la revelación que Juan ha recibido del Cristo glorificado y la orden que el Señor le da para que escriba el mensaje del Apocalipsis. Recuérdese que Juan ha sido fortalecido por el Señor después de haber caído al suelo «como muerto» a causa de la visión del Cristo glorioso. De modo que es mejor la traducción completa del texto: «Por lo tanto, escribe las cosas que has visto, y las que son, y las que han de ser después de estas.»

Este versículo divide el libro del Apocalipsis en tres partes:

1. **«Las cosas que has visto»** se refiere a la visión del Cristo glorificado, contemplado y descrito por Juan en el capítulo uno. Aunque la visión se expresa en tiempo pasado en lo que concierne a la experiencia de Juan, no debe considerarse como cumplida en lo que respecta a la profecía de este libro. Al contrario, la visión de Cristo como Juez es fundamental y preparatoria en el desarrollo del Apocalipsis. Representa la obra de Cristo en las dos divisiones restantes del libro, donde Él juzga la cristiandad infiel y después a los judíos y a los gentiles en la tribulación.

2. **«Las [cosas] que son»** o que tienen su existencia ahora, es decir, la edad presente de la Iglesia constituye la segunda división del libro. Esta segunda parte abarca los capítulos 2 y 3 del Apocalipsis.

3. **«Las [cosas] que han de ser después de estas»** es la tercera y última división del Apocalipsis. Estas serán las cosas que han de suceder después de la era presente de la Iglesia. Concretamente, esa tercera división tiene que ver con el cumplimiento de «el día del Señor», que comienza con los juicios de la gran tribulación o la semana setenta de Daniel. La tercera división comprende los capítulos 4 al 22 del Apocalipsis.

1:20

Muchas de las figuras y símbolos del Apocalipsis son interpretados por el Señor mismo o por algún mensajero celestial designado para hacerlo. En este texto aparece la interpretación inspirada de los elementos simbólicos mencionados en el capítulo primero.

«El misterio» (*ho mystérion*) no significa algo misterioso, sino que se refiere a algo escondido del conocimiento humano hasta que es revelado en la Biblia.

«Las siete estrellas que has visto en mi diestra» son identificadas como los «ángeles de las siete iglesias». Según el texto griego, las estrellas no están «en» la diestra del Señor, sino «sobre» (*epí*) la misma. De modo que el énfasis no está *en la seguridad*, sino *en la relación*. El vocablo **«ángeles»** significa «mensajeros» y contiene dos ideas: (1) Representar a otro; y (2) ejecutar autoridad delegada por otro. Probablemente por eso se usa la figura de **«estrellas»,** puesto que como tales: (1) Brillan por Dios; y (2) han sido designados para ministrar en una esfera de servicio concreto. Los mensajeros o «ángeles» parecen ser personas designadas por la iglesia local para recibir comunicaciones, aunque no se sabe con exactitud la identidad o el oficio de dichas personas.

«Los siete candeleros.» El texto griego resalta esta frase y la expresa así: «Los candeleros son siete.» Los candeleros son luminares o portadores de luz (véase Fil. 2:15). El candelero no produce ni genera luz, sino que la transporta. Las iglesias o asambleas locales deben ser portadoras de la luz del evangelio de la gracia de Dios. Cristo es la luz (Jn. 8:12) que debe alumbrar a través de las iglesias del Señor.

Resumen y conclusión

El primer capítulo del Apocalipsis descorre las cortinas de la revelación divina para descubrir ante los ojos del lector la persona gloriosa del Señor Jesucristo. Él ha hecho visible al mismo Dios. Jesucristo es visto, en primer lugar, con relación a las otras dos personas de la Trinidad. Luego hay una doxología que exalta tanto a la persona como a la obra de Jesucristo y afirma de manera contundente la realidad de su segunda venida. Él es el Soberano del universo, el Todopoderoso, Aquel que tiene control absoluto de todas las cosas.

Juan es transportado en espíritu y colocado en una situación donde pudo contemplar las acontecimientos que tendrán lugar en la época conocida como «el día de Jehová» o «día del Señor». El Todopoderoso se manifiesta delante de Juan lleno de majestad y gloria. Se identifica como «uno semejante al Hijo del Hombre», una referencia, sin duda, al personaje celestial de Daniel 7:13. Juan describe al Cristo glorificado de la cabeza a los pies. La visión es tan majestuosa e imponente que el apóstol queda deslumbrado y cae al suelo como muerto, hasta que es confortado y restaurado por el Señor. El capítulo uno del Apocalipsis destaca la gloria de Cristo, su majestad y su soberanía. Hay un contraste muy marcado entre el Cristo de los evangelios y el que aparece en el Apocalipsis 1. Los evangelios presentan al Cristo que vino para servir, no para ser servido (Mr. 10:45). El capítulo uno del Apocalipsis presenta al Cristo digno de toda adoración, el Juez del universo delante de quien toda rodilla se doblará.

NOTAS

1. Robert L. Thomas, *Revelation 1—7*, p. 52.
2. Véase Joseph Henry Thayer, *Greek—English Lexicon*, pp. 126, 127.
3. Henry Barclay Swete, *Commentary on Revelation,* p. 2.
4. Véase John Walvoord, *The Revelation of Jesus Christ*, p. 35.
5. Véase Robert L. Thomas, *op. cit.*, p. 55.
6. Véase Rienecker, *A Linguistic Key*, vol. 2, p. 465.
7. Véase Jn. 2:11, 23; 3:2; 4:54; 6:26.
8. Thomas, *op. cit.*, p. 64.
9. El cristianismo es una fe *trinitaria*. Sin la Trinidad no puede haber cristianismo. El cristiano cree en un solo Dios, vivo y verdadero. El es uno porque sólo hay una esencia o sustancia divina. Sin embargo, esa realidad eterna, esa sustancia o esencia divina existe por toda la eternidad en tres personas: Padre, Hijo y Espíritu Santo. Estas tres personas son co iguales (poseen los mismos atributos y participan de la misma gloria), co sustanciales (participan de la misma sustancia) y co eternos (coexisten de eternidad a eternidad). El cristiano verdadero es *monoteísta* (cree en un solo Dios), pero es trinitario porque cree en un Dios que existe en tres personas. Debe observarse la repetición de la preposición «de» (*apó*). Es decir, que la fuente de procedencia de la *gracia* y la *paz* es tanto el Padre como el Hijo y el Espíritu Santo. Ese hecho apoya, sin duda, la igualdad de las personas de la Trinidad.
10. Thomas, *op. cit.*, p. 64.
11. Véase Walvoord, *op. cit.*, p. 37.
12. Para una excelente discusión de esta cuestión, véase Thomas, *Revelation 1—7: An Exegetical Commentary*, pp. 66-68.
13. Véase William R. Newell, *Revelation: Chapter-by-Chapter*, pp. 11-13. También Thomas, *op. cit.*, pp. 69-73.
14. J. A. Seiss, *The Apocalypse,* p. 28.
15. Thomas, *op. cit.*, p. 72.
16. El vocablo griego *krátos* significa «fuerza», «fortaleza», «poder», «dominio» (véanse Ef. 1:19; 6:10; Col. 1:11; Ap. 5:13).
17. Thomas, *op. cit.*, p. 72. El sustantivo «gloria» (*dóxa*), se encuentra en los siguientes pasajes del Apocalipsis: 1:6; 4:9, 11; 5:12, 13; 7:12; 11:13; 14:7; 15:8; 16:9; 18:1; 19:2; 21:11, 23, 24, 26. Dicho vocablo sugiere «brillo», «esplendor», «refulgencia». Cuando se usa con relación a Dios, «gloria» denota su manifestación de modo que pueda ser conocido por sus criaturas.
18. Véase A.T. Robertson, *Word Pictures in the New Testament*, vol. VI, p. 287. Para el uso del presente profético, véase también Juan 14:3 y Apocalipsis 5:10.
19. Véase Thomas, *Revelation 1—7*, p. 77.
20. *Ibid.*, p. 78. Véase también Juan 19:37.
21. Véase William R. Newell, *Revelation: Chapter-by-Chapter*, pp. 18-20.
22. Henry B. Swete, *op. cit.*, pp. 10, 11. Aunque Swete atribuye la frase a la persona de Dios Padre, su comentario tocante al significado de la expresión «alfa y omega» es excelente.

23. Véase el uso del vocablo «Todopoderoso» (*pantokrátor*) en Ap. 4:8; 11:17; 15:3; 16:7, 14; 19:6, 15; 21:22).

24. John F. Walvoord, *The Revelation of Jesus Christ*, p. 41.

25. Véase Thomas, *Revelation 1—7*, p. 85.

26. George E. Ladd, *A Commentary on the Revelation of John*, p. 30.

27. Robert H. Mounce, «The Book of Revelation», *The New International Commentary on the New Testament*, p. 75.

28. Véase Thomas, *Revelation 1—7*, p. 87.

29. *Ibid.*, p. 87.

30. Walvoord, *op. cit.*, p. 41.

31. Mounce, p. 75.

32. Véase Merrill F. Unger, *Unger's Bible Dictionary*, p. 830.

33. Para una excelente discusión del asunto, véase Thomas, *op. cit.*, pp. 90, 91.

34. El «día del Señor» o «día de Jehová» escatológico es un período de tiempo que incluye los siguientes acontecimientos: (1) Los juicios de la gran tribulación; (2) la segunda venida en gloria de Cristo; (3) el establecimiento del reino glorioso del Mesías; y (4) la creación de los nuevos cielos y nueva tierra.

35. Es importante observar en 1 Corintios 4:3, donde la Reina-Valera 1960 traduce la frase *anthrôpinês hêmeras* como «tribunal humano». Dicha frase significa literalmente «día del hombre» y contrasta con «el día del Señor». El hombre tiene su día ahora, ya que Dios permite que el hombre actúe por su cuenta ahora. Cuando «el día del Señor» comience, Dios intervendrá soberanamente en los asuntos de este mundo y tomará control absoluto de todas las cosas.

36. Véase Ethelbert W. Bullinger, *Figures of Speech Used in the Bible*, p. 560.

37. Debe observarse que la expresión «Hijo del Hombre» en Juan 5:27 no va acompañada del artículo determinado.

38. William R. Newell, *op. cit.*, p. 26.

39. Thomas, *op. cit.*, p. 104.

40. Walvoord, *op. cit.*, p. 47.

3

Las cosas que son: Las cartas a las iglesias de Éfeso, Esmirna, Pérgamo y Tiatira (2:1-29)

Introducción

En Apocalipsis 1:19 se declara el bosquejo inspirado del libro. El Señor mismo hizo esa división cuando le ordenó a Juan que escribiera: (1) Las cosas que has visto (1:1-20); (2) las cosas que son (2:1—3:22); y (3) las cosas que han de ser después de estas (4:1—22:21).

Los capítulos 2 y 3 se conocen, de forma general, como «las cartas a las siete iglesias», pero como dice Joseph A. Seiss: «Estas no son tanto mensajes de un Señor ausente como juicios de un Juez presente, ocupado en el acto solemne de inspección y decisión.»[1] Las siete iglesias eran literalmente asambleas históricas que existían en tiempos de Juan y con las que probablemente el apóstol trabajó como pastor itinerante. Al mismo tiempo, dichas asambleas eran representativas y abarcaban todas las demás congregaciones locales en cualquier parte y en cualquier época. Las siete iglesias mencionadas en Apocalipsis 2 y 3 eran muestras de la totalidad del cuerpo de Cristo.

Sin embargo, no debe olvidarse ni minimizarse el hecho de que los mensajes fueron dirigidos a congregaciones locales concretas, en consideración a la condición particular de cada una de ellas, para motivarlas a una vida espiritual saludable delante de Dios y de los hombres, y para alentarlas a corregir las cosas defectuosas que prevalecían en la mayoría de ellas.

Cada una de las cartas consta de siete partes: (1) Una dedicatoria; (2) una descripción del Señor en consonancia con la visión en 1:12-16; (3) una expresión de aprobación; (4) una denuncia; (5) una exhortación; (6) una advertencia de disciplina (excepto Esmirna); y (7) una promesa al vencedor.

Algunos estudiosos del Apocalipsis opinan que además de las innegables implicaciones locales de los mensajes, hay también una relación histórica en la aplicación de los mismos. Un buen número de intérpretes opina que los siete mensajes representan siete grandes períodos en la historia de la iglesia.[2] La carta dirigida a la iglesia de Éfeso representa el período apostólico; la de Esmirna representa el tiempo de las persecuciones; la de Pérgamo habla de la corrupción de la Iglesia; Tiatira simboliza el auge y supremacía del catolicismo; Sardis representa la era de la reforma; Filadelfia describe el período de énfasis misionero y evangelístico; y Laodicea representa el período de la apostasía de la Iglesia.

Aunque esa interpretación que ve en las cartas a las siete iglesias un cuadro del desarrollo histórico de la Iglesia cristiana tiene sus méritos, es preferible tomar dichos mensajes como comunicaciones dirigidas primordialmente a siete congregaciones locales históricas. Al mismo tiempo, dichas iglesias de manera simultánea representan condiciones que existían en aquellos tiempos y que han estado presentes en todos los períodos de la historia de la Iglesia hasta hoy día.

En resumen, hay una triple aplicación de las siete cartas. En primer lugar, hay una aplicación directa a las iglesias a las que originalmente se les dirigió (Éfeso, Esmirna, Pérgamo, Tiatira, Sardis, Filadelfia y Laodicea). En segundo lugar, hay una aplicación universal a todas las congregaciones existentes a través de los siglos y hasta la edad presente en consonancia con su condición respectiva. Por último, hay una aplicación personal al corazón del lector hecha por el Espíritu Santo en su ministerio presente en la iglesia local. Parece no ser del todo correcto seccionar las cartas y hacer que se correspondan exclusivamente con períodos particulares de la historia de la Iglesia. Un serio peligro de dicha práctica es que muchas iglesias que se enorgullecen de ser como la iglesia de Filadelfia de los postreros días, pudieran parecerse más a la de Éfeso o a la de Sardis o incluso ser peor.

EL MENSAJE A LA IGLESIA DE ÉFESO (2:1-7)

Bosquejo

1. **La dedicatoria (2:1a)**
2. **La descripción del Señor (2:1b)**
   2.1. Como sustentador de sus siervos
   2.2. Como vigilante de las iglesias
3. **La aprobación (2:2, 3)**
   3.1. Por el celo en el obrar (2:2a)
   3.2. Por la pureza doctrinal (2:2b)
   3.3. Por resistir en medio de la prueba (2:3)
4. **La denuncia por el abandono del primer amor (2:4)**
5. **La exhortación (2:5a)**
   5.1. A recordar su estado pasado
   5.2. Al arrepentimiento
   5.3. A hacer las primeras obras
6. **La advertencia y el reconocimiento (2:5b, 6)**
   6.1. La advertencia a terminar el testimonio (2:5b)
   6.2. El reconocimiento del repudio a los nicolaítas (2:6)
7. **La promesa al vencedor (2:7)**

NOTAS EXEGÉTICAS Y COMENTARIOS

2:1

«Escribe al ángel de la iglesia en Éfeso.» El imperativo **«escribe»** sugiere que esta parte del Apocalipsis fue dictada por el Señor al apóstol de la misma manera que Dios dictó a Moisés los Diez Mandamientos.

La primera de las siete cartas se dirige a la iglesia de **«Éfeso»**. Hay por lo menos dos razones en cuanto al porqué Éfeso fue seleccionada en primer lugar: (1) Era la ciudad más importante en el Asia Menor, tanto comercial (por su gran puerto) como políticamente (por tener la mayor población). Además, allí estaba el templo dedicado a la gran diosa Diana. Dicho templo era una de las siete maravillas del mundo antiguo; (2) era la sede principal del ministerio del apóstol Juan y donde pasó cerca de la mitad de su vida. La iglesia de Éfeso la fundó el apóstol Pablo (véase Hch. 19) entre los años 50—55 d.C. En ella Pablo ministró durante más de tres años. La carta a la iglesia de Éfeso que Cristo ordena a Juan escribir fue enviada entre 40 a 50 años después de la fundación de dicha iglesia. Es evidente que las profecías de Pablo tocante a la entrada en Éfeso de falsos maestros se cumplieron literalmente (véanse Hch. 20:29, 30; Ap. 2:2, 6).

En el año 431 d.C. tuvo lugar el concilio de Éfeso. En aquella ocasión, los líderes de la cristiandad se reunieron en dicha ciudad por mandato imperial para combatir la enseñanza de Nestorio tocante a la persona de Cristo. Nestorio era el obispo de Constantinopla. Se opuso a la expresión «madre de Dios» respecto a María. Prefería llamarla «madre de Cristo». A Nestorio se le acusó de dividir la persona de Cristo y fue depuesto por decreto del concilio de Éfeso.[3]

«Al ángel.» El vocablo griego *ángelos* significa mensajero. Dicho término describe a «un embajador enviado para llevar un mensaje.[4] El sustantivo «ángel» se usa para identificar a algún ser celestial enviado por Dios (véanse Mt. 1:20; Lc. 1:11, 26, 28). El mismo vocablo, sin embargo, se usa en el Nuevo Testamento tocante a hombres (véanse Mt. 11:10; Lc. 9:52; Stg. 2:25). Probablemente, los ángeles de las siete iglesias es una referencia a los pastores que representaban a las congregaciones. Como dice Walvoord: «Es debidamente entendido aquí como una referencia a mensajeros humanos a esas siete iglesias. Esos mensajeros eran probablemente los pastores de dichas iglesias o profetas a través de quienes el mensaje se entregó a la congregación».[5] Los «mensajeros» o «ángeles» representaban las iglesias no como líderes únicos o pastores monárquicos, sino como sobreveedores de las congregaciones. Es por esto que las cartas se dirigen al representante de la congregación, no directamente a la congregación como tal.[6]

«El que tiene las siete estrellas en su diestra.» La expresión «el que tiene» (*ho kratôn*) es el participio presente, voz activa de *kratéo*, que significa «tener poder sobre», «sostener», «sostener firmemente». El presente sugiere acción continua. De manera que Cristo se identifica como aquel que «sostiene firmemente» en su diestra las siete estrellas, es decir, los ángeles o mensajeros de las iglesias.

«El que anda en medio de los siete candeleros de oro.» El verbo «anda» (*ho peripatôn*) es el participio presente de *peripatéo* que sugiere un movimiento constante. La idea de este participio con el artículo determinado describe la figura de alguien que se mueve vigilante y ejerce control sobre las iglesias. La descripción destaca la autoridad de Cristo sobre la iglesia de Éfeso. Al parecer, las circunstancias de la iglesia de Éfeso necesitaban la manifestación de la autoridad del Señor y al mismo tiempo, su protección. Ambas necesidades quedan plenamente satisfechas a través de Jesucristo (véase Lv. 26:12).

2:2

«Yo conozco tus obras, y tu arduo trabajo y paciencia.» El verbo «conocer» (*oîda*) no es un conocer experimental, sino que es el conocimiento de la omnisciencia divina; es decir, conocimiento completo y total (véase 2:9, 13, 19; 3:1, 8, 15).

«Tus obras» (*tà érga sou*) se refiere al trabajo o esfuerzo de los creyentes de Éfeso, que consistía en «arduo trabajo» (*tòn kópon*), que significa «trabajo esforzado». Este vocablo implica «no un simple trabajo, sino realizar un esfuerzo que produce agotamiento».[7]

«Y paciencia» (*tèn hypomonén*). Este término expresa paciencia con relación a las circunstancias mientras que su sinónimo «longanimidad» (*makrothymía*) es «paciencia respecto a personas».[8] Paciencia o resistencia en medio de las circunstancias es una cualidad cristiana de alta estima y que cuando se practica, redunda en un beneficio enriquecedor en el creyente (véanse Ro. 5:3, 4; Stg. 1:3, 4).

El esfuerzo de los efesios no se limitaba a lo físico, sino que se extendía al celo por la pureza doctrinal y práctica: (1) **«No puedes soportar a los malos»**; (2) **«has probado a los que se dicen ser apóstoles, y no lo son, y los has hallado mentirosos»**; y (3) «aborreces las obras de los nicolaítas» (v. 6*a*).

El verbo **«soportar»** significa «aguantar una carga». Los efesios no toleraban el peso de la carga de los falsos maestros quienes, evidentemente, «eran una carga muy pesada».[9] Esos maestros herejes o falsos apóstoles fueron «probados» (*epeírasas*), con el propósito de determinar la calidad y modo de pensar de ellos. El resultado de la prueba fue que se les halló mentirosos. Eso sugiere que los líderes de Éfeso tenían el suficiente conocimiento y discernimiento espiritual para emitir tal veredicto. Entre los falsos maestros estaban los nicolaítas (v. 6). Este grupo era de origen incierto, pero es evidente que era influyente. Pudieron ser discípulos de los judaizantes o gnósticos itinerantes.[10] De cualquier manera, su doctrina fue repudiada por la iglesia de Éfeso.

2:3

«Y has sufrido, y has tenido paciencia, y has trabajado arduamente por amor de mi nombre.» Una mejor traducción del texto sería: «Y tienes paciencia, y has llevado la carga a causa de mi nombre y has trabajado hasta el agotamiento.» El Señor reconoce esas características de la iglesia de Éfeso y añade que, a pesar del gran esfuerzo realizado en medio de las pruebas, **no has desmayado»** (*ou kekopíakes*). Este verbo es el tiempo perfecto, voz activa de *kopiáo*. El tiempo perfecto sugiere una acción completada con resultados permanentes. Los efesios estaban firmes en su actitud de fidelidad al Señor. El desmayar no formaba parte de su actitud mental.

Quizá en Éfeso faltaba el fervor de la fe. Se habla de *obras* pero no se menciona la fe. Se menciona *esfuerzo* hasta el cansancio, pero no se dice nada del amor. Se destaca la *paciencia*, pero no hay referencia a la esperanza. La asamblea de Éfeso tenía el conocimiento teológico y la disposición práctica, pero parece haber perdido la perspectiva espiritual.

2:4

«Pero tengo contra ti, que has dejado tu primer amor.» Esta fuerte censura de parte del Señor es un tanto abrupta. El texto no aclara si se refiere al amor a Cristo o al amor entre los creyentes.[11] La expresión **«has dejado»** (*aphêkes*) es el aoristo, voz activa de *aphíemi* y se refiere a un abandono definido y triste. El aoristo señala a un momento concreto, específico, en la vida de la asamblea de Éfeso. La idea es: «Abandonaste tu primer amor.» Robertson señala: «Ese primer amor, prueba de la nueva vida en Cristo (1 Jn. 3:13ss), se había enfriado a pesar de la pureza doctrinal. Habían permanecido ortodoxos, pero se habían vuelto desamorados en parte a causa de las controversias con los nicolaítas.»[12] El escritor catalán José Grau hace un excelente comentario tocante a la situación de Éfeso: «La rutina cede a la espontaneidad; los conceptos tópicos, frases, suplantan a Cristo mismo. La obra de Dios cobra más importancia que el Dios de la obra; la Iglesia de Cristo, que el Cristo de la Iglesia. ¿Cómo es posible? A veces el enfriamiento es apenas perceptible.

Un proceso lento. Mucho trabajo, falta de tiempo, pocas atenciones, poca oración, etc.» [13]

El creyente puede abandonar su amor hacia el Señor, pero el amor del Señor nunca se aleja del creyente (Ro. 8:35-39). Cristo no nos ama por lo que somos, sino pese a lo que somos. El amor con el que Dios ama al creyente es verdaderamente asombroso (1 Jn. 3:1).

2:5

«Recuerda que por tanto, de dónde has caído, y arrepiéntete, y haz las primeras obras.» Esta exhortación es enfática. El verbo **«recuerda»** (*mnemóneue*) es el presente imperativo, voz activa y sugiere una acción continua, es decir, «continúa recordando» o «no dejes de recordar». El mandato es a mirar al pasado y recordar el lugar donde habían estado. La historia pone de manifiesto que la iglesia de Éfeso tuvo ricos privilegios. Por allí pasaron los mejores predicadores y maestros de la época, tales como Apolos, Timoteo, Aquila y Priscila, el mismo apóstol Juan y Pablo, quien invirtió más de tres años ministrando la Palabra de Dios en aquella congregación.[14] La distancia de la caída era considerable. De un devoto servicio de amor a un nivel más bajo de irreprochable ortodoxia; una frialdad regular que hacía que la congregación fuera esplendorosamente ineficaz.

«Arrepiéntete» (*metanóeson*) es el aoristo imperativo, voz activa que denota urgencia, es decir, «arrepiéntete de inmediato». El mandato es a «recordar con urgencia la relación amorosa que sostuvo en el pasado y a realizar una ruptura completa con el presente estilo de vida».[15] Además, la asamblea debía dar marcha atrás y «hacer las primeras obras», es decir, las obras motivadas por el amor a Cristo en lugar de seguir anclados en la fría ortodoxia.

«Pues si no» es una condición elíptica en la que el verbo no se expresa. La idea es: «Pues si no te arrepientes.» La advertencia del Señor es **«vendré pronto a ti»** (*érchomai soi*). El verbo en el texto griego es un presente futurístico que sugiere inminencia, es decir, «vendré a ti en cualquier momento» (véase Jn. 14:2, 3).

La frase «vendré pronto a ti, y quitaré tu candelero de su lugar» se ha interpretado de diferentes maneras por los estudiosos del Apocalipsis. Hay quienes entienden que se refiere a un juicio especial sobre la iglesia de Éfeso que ya tuvo su cumplimiento.[16] La iglesia de Éfeso se mantuvo activa durante varios siglos, pero su testimonio se enfrió y a la postre, fue removido. Algunos piensan, por lo tanto, que la frase no es una referencia a la *parusía*, sino a una visitación inmediata para un juicio preliminar.[17]

Si se tiene en cuenta el contexto general del Apocalipsis, es sensato tomar la frase **«vendré pronto a ti, y quitaré tu candelero de su lugar»** como una referencia a la venida escatológica de Cristo. Después de todo, ese es el tema central del libro. Robert L. Thomas, en su cuidadoso estudio del Apocalipsis, observa que Juan utiliza un modelo semita de expresión.[18] Por ejemplo, la expresión literal de Mateo 18:21*b* es: «Señor, ¿cuántas veces perdonaré a mi hermano que peque contra mí?» El sentido del versículo, sin embargo, es: «¿Cuántas veces, *cuando mi hermano peque contra mí*, lo perdonaré?» Ese modelo semita, al parecer, es el que Juan usa en la frase bajo estudio. La expresión literal es: «Pero si no te arrepientes, vendré a ti y quitaré tu candelero de su lugar, si no te hubieres arrepentido.» El sentido natural de la frase es: «Si no te arrepientes, *cuando yo venga*, quitaré tu candelero de su lugar, si no te hubieses arrepentido antes de la venida [cuando quiera que esto ocurra].»[19]

La remoción del candelero pudiera referirse al hecho de que, en su venida, el

Señor ha de librar al remanente creyente de la iglesia de Éfeso de los juicios de la tribulación, mientras que el remanente inconverso de dicha iglesia tendrá que pasar por la hora de la prueba que vendrá sobre el mundo entero (Ap. 3:10). La iglesia de Éfeso había sido bien enseñada por una pléyade de maestros de la Palabra de Dios. Muchos de los miembros de la congregación habían sido fieles evangelistas y misioneros del Señor. Con el decursar de los años, sin embargo, la congregación había dejado su primer amor. El Señor les advierte del peligro que corrían si no se arrepentían cuanto antes. Concretamente, aquellos que sólo profesaban haber creído, pero que no habían nacido de nuevo y por lo tanto, no tenían ninguna relación espiritual con Cristo, no formarían parte de la Esposa del Cordero y se quedarían en la tierra. Esos no tendrían testimonio que dar al mundo y por lo tanto, no tendrían candelero.

2:6

Junto a la advertencia hay un reconocimiento del celo de la congregación de Éfeso. Este reconocimiento sirve para mitigar la severidad de la advertencia y para demostrar que el Señor no pierde ninguna oportunidad para manifestar su gracia.

«Que aborreces» (*hóti miséis*). Aborrecer el mal es una contrapartida parcial de amar lo bueno (véase Ro. 12:9). **«Las obras de los nicolaítas»**, es decir, «las prácticas de los nicolaítas». Aquí no se censura la doctrina sino la praxis de aquel grupo (véase 2:15). El Señor también odia o aborrece la misma práctica. De modo que el aborrecer de los efesios era de origen divino, ya que se identificaba con lo que el mismo Dios repudia y que parece relacionarse con la elevación de una clase sobre otra dentro de la iglesia. El origen de los nicolaítas es oscuro. Se han sugerido dos soluciones: (1) La solución tradicional la ofrecieron Ireneo e Hipólito, quienes atribuyen la fundación de la secta a Nicolás, el prosélito de Antioquía (Hch. 6:5), pero no presentan pruebas. Es posible, sin embargo, que un grupo gnóstico posterior implicado en la fundación de dicha secta haya usado el nombre de Nicolás. (2) Una segunda sugerencia tiene que ver con la etimología del nombre «nicolaítas». El vocablo griego *níke* significa «victoria» o «conquista» y *laós* significa «pueblo». De manera que «nicolaítas» significa «los que han conquistado al pueblo». Si la secta hacía honor a su hombre, entonces era un movimiento que exaltaba a los clérigos por encima de los laicos. La expresión más completa de esa práctica se encuentra con posterioridad en el episcopado y el papado.

2:7

«El que tiene oído, oiga lo que el Espíritu dice a las iglesias.» Obsérvese que hay, en primer lugar, una promesa individual. Había en la iglesia de Éfeso individuos que tenían sensibilidad espiritual para escuchar y distinguir la voz del Espíritu Santo. En segundo lugar, hay una aplicación universal. El mensaje para la iglesia de Éfeso debe ser escuchado por todas las demás congregaciones, puesto que las mismas verdades son aplicables cuando existen las mismas condiciones.

«Al que venciere» (*tôi nikôti*). ¿A quién se refiere esta frase? ¿Quién es el vencedor? En Apocalipsis 21:7, 8, el vencedor se contrasta con el que se pierde, es decir, «los cobardes e incrédulos, los abominables y homicidas». En 1 Juan 5:4, el vencer se atribuye al acto de la fe salvífica y libra para siempre al creyente de los errores del sistema mundial. Según 1 Juan 2:14, vencer se iguala con la derrota de Satanás a través de la Palabra de Dios que habita en el creyente. En Juan 16:33 se expresa que el creyente vence en virtud del triunfo de Cristo sobre el mundo. En 1 Corintios 15:44, el creyente vence la muerte en la primera resurrección cuando

Cristo venga. En Romanos 8:37, el creyente es más que vencedor en Cristo sobre todo lo que intente separarle del amor de Dios.

En conclusión, la designación de *vencedor* se aplica no sólo a algunos, sino a todos los verdaderos creyentes. Las cartas van dirigidas a siete iglesias de carácter mixto con creyentes e inconversos entre sus rangos. Por consiguiente, hay amenazas de juicio contra quienes sólo profesan creer en contraste con las promesas de bendición para quienes genuinamente son hijos de Dios. Tanto el castigo como los galardones son autorizados y otorgados por el mismo Señor Jesucristo como el Juez y Árbitro que discierne entre la falsa profesión y la realidad. Una prueba de que el vencedor se refiere a todo creyente se observa, por ejemplo, en el hecho de que todos los salvos tienen acceso a los frutos de la vida eterna (2:7). El creyente nunca está en peligro de sufrir la muerte segunda (2:11).

«Le daré a comer del árbol de la vida, el cual está en medio del paraíso de Dios.» Esta frase habla de la gracia de Dios. **«Le daré»** (*dôsê autôi*) sugiere un regalo hecho por decisión propia y como un acto de buena voluntad. **«A comer»** sugiere una relación íntima (véase Jn. 6:51-59). «Del árbol de la vida» es una designación que «recuerda Génesis 2:9 y 3:22 y anticipa Apocalipsis 22:2, 14.»[20] El pecado vedó al hombre el acceso al árbol de la vida, pero el creyente recupera el disfrute de dicho árbol en virtud de vencer el mal en Cristo, en lugar de ser vencido por el mal como ocurrió en el huerto del Edén (Gn. 3:22). Una nota de interés es el hecho de que la palabra **«árbol»** (*xylon*) es el mismo vocablo que se usa en el Nuevo Testamento para designar la cruz de Cristo. Fue en el *madero* o *árbol* de la cruz donde Cristo llevó nuestra maldición para que nosotros podamos recibir la bendición de la vida eterna (véanse Hch. 5:30; 10:39; 13:29; Gá. 3:13; 1 P. 2:24).

«El cual está en medio del paraíso de Dios.» El vocablo «paraíso» (*paradeísoi*) describe un huerto u oasis oriental, utilizado para el placer y el bienestar de los monarcas de la antigüedad. Aquí se refiere a «la habitación de Dios, un hogar permanente de los redimidos de Cristo. Lo que originalmente era un huerto de gozo ha tomado la connotación de los nuevos cielos y la nueva tierra».[21]

Resumen

La primera de las siete cartas se dirige a la iglesia de Éfeso. La asamblea de Éfeso era notoria por su impulso hacia Dios, su fervor y su celo doctrinal. Esta congregación, evidentemente, fue una iglesia misionera durante toda una generación y se destacó en el Asia Menor. Pero a pesar de todos los privilegios, la iglesia de Éfeso *abandonó* su primer amor. El Señor, en su gracia y misericordia, reconoce las virtudes de la congregación y le advierte de la necesidad de regresar a su relación original con Dios. El mensaje a la iglesia de Éfeso es de vital importancia para la iglesia hoy. Hay muchas congregaciones con las mismas características. Tienen celo doctrinal, trabajan arduamente, pero sufren un enfriamiento espiritual que afecta su vida diaria.

El mensaje a la iglesia de Esmirna (2:8-11)

Bosquejo

1. **La dedicatoria (2:8*a*)**
2. **La descripción del Señor (2:8*b*)**
   2.1. Como el Eterno soberano
   2.2. Como el Vencedor de la muerte
3. **La aprobación (2:9)**
4. **La exhortación (2:10)**
5. **La promesa (2:11)**

Notas exegéticas y comentarios

2:8

«Y escribe el angel de la iglesia de Esmirna.» La ciudad de **«Esmirna»**, situada a 56 km. al norte de Éfeso, fue fundada por griegos aeólicos en el siglo xii a.C. y aún hoy se observan rastros de construcciones ciclópeas de las épocas remotas de la ciudad. Los griegos iónicos tomaron control de Esmirna al comienzo del siglo vii y posteriormente la ciudad cayó bajo el control del reino de Lidia. En el siglo iv, en tiempos de Alejandro Magno, Esmirna tuvo un estupendo auge económico debido al comercio, tanto con el oriente como con el occidente. Esa prosperidad movió a Alejandro a ordenar su reconstrucción. La responsabilidad de la tarea recayó sobre Lisímaco, uno de los generales de Alejandro. La reconstrucción se efectuó en un sitio al suroeste de la antigua ciudad. La nueva ciudad fue protegida con excelentes murallas.

Durante el Imperio Romano, Esmirna alcanzó su apogeo hasta el punto de llegar a rivalizar con Éfeso y Pérgamo por la preeminencia en el Asia Menor. La belleza de sus edificios públicos y la singularidad de sus amplias y bien pavimentadas calles hicieron que fuera conocida por el sobrenombre de «La Dorada». Esmirna poseía una escuela de medicina e imprimía su propia moneda. Además, según la tradición, fue el lugar de nacimiento del poeta griego Homero.[22]

Por su excelente situación geográfica, junto a una de las bahías más estratégicas del mundo, por su belleza y su gran actividad económica, Esmirna ocupaba un lugar estratégicamente importante en el Asia Menor. Era en realidad «el adorno de Asia». El vocablo Esmirna significa «mirra». En tiempos del Nuevo Testamento tenía una población de cerca de 200.000 habitantes. En aquella rica ciudad nació y creció una pequeña congregación cristiana. No se sabe con exactitud cuándo y quién fundó la iglesia de Esmirna. Es probable que se debiera a la actividad evangelística y misionera de la iglesia de Éfeso, en particular durante el tiempo en que Pablo ministraba en la ciudad adoradora de Diana. Uno de los miembros principales de la iglesia de Esmirna y quizás el anciano-pastor de la congregación, fue Policarpo, amigo personal y discípulo del apóstol Juan. Policarpo fue condenado a muerte por el año 156 d.C. por rechazar negar su fe en la persona de Cristo. Esmirna fue, por lo tanto, una iglesia sufriente. Mientras que la ciudad de Esmirna era materialmente rica pero espiritualmente pobre, la iglesia cristiana en Esmirna era materialmente pobre pero espiritualmente rica. De modo que fue a esa pequeña congregación (desde el punto de vista numérico) necesitada materialmente, a la que el Señor dirige una de las siete cartas (2:8*a*).

«El primero y el postrero, el que estuvo muerto y vivió, dice esto.» Esta imagen del Señor es muy apropiada para dar ánimo a quienes estaban bajo amenaza de sufrimientos y muerte. La expresión «el primero y el postrero» sugiere la eternidad del Señor. Jesucristo se identifica con una iglesia sufriente como quien sufrió el trauma de la muerte, pero venció de manera contundente. «El que estuvo muerto y vivió» sugiere que aun cuando los creyentes pudieran sufrir muerte, vivirían de nuevo en virtud de la resurrección de Cristo (véanse Jn. 14:19; Ap. 1:18; 2 Ti. 2:8).

2:9

«Yo conozco tus obras, y tu tribulación, y tu pobreza.» Los mejores manuscritos omiten la expresión «tus obras». La lectura correcta debe ser: «Yo conozco tu tribulación y tu pobreza.» El Señor se identifica con los sufrimientos de aquella pequeña congregación y declara que conoce con conocimiento divino las tribulaciones por las que atraviesan. Las pruebas y tribulaciones tienen varios propósitos en la vida del creyente:

1. Hacer que buenos cristianos sean mejores.
2. Disciplinar a cristianos que se han apartado.
3. Manifestar el poder guardador y la gracia de Dios.
4. Dar al cristiano la oportunidad de tener comunión en los sufrimientos de Cristo (Col. 1:24).
5. Derrotar a Satanás en su propio juego.

El sustantivo **«tribulación»** (*thlîpsin*) «significa un asedio, presión, cualquier cosa que carga el espíritu».[23] El Señor conocía el asedio y la presión a que los creyentes en Esmirna eran sometidos por los enemigos del cristianismo. Pero además, conocía **«la pobreza»** (*ptocheían*), es decir, la humillante y deplorable estrechez material de los creyentes de Esmirna. No se sabe con certeza cuál era la causa de la pobreza de los cristianos de Esmirna, pero sí parece que se relacionaba con su identificación con la fe cristiana. El ambiente de antagonismo hacia la fe cristiana que evidentemente existía en Esmirna «hacía difícil que un creyente pudiera ganarse la vida y de ahí que estuvieran económicamente destituidos».[24]

A pesar de la abyecta pobreza de los cristianos de Esmirna, el Señor les dice: **«Pero tú eres rico.»** La riqueza del creyente es fundamentalmente espiritual (véanse Stg. 2:5; 2 Co. 6:10). El vocablo **«pero»** (*allá*) indica un contraste destacado. La frase en sí es enfática, puesto que de forma literal dice: «pero rico tú eres.» Los seres humanos miden la riqueza con el criterio del valor de los bienes materiales que una persona posee. El criterio divino es diferente. Se puede ser rico materialmente y pobre delante de Dios. También se puede ser pobre en la tierra y rico con respecto al cielo (véanse Lc. 16:19-31; Mt. 6:19-21).

Un escritor del siglo pasado comenta tocante a las riquezas del cristiano de la manera siguiente:

> Procuremos, por encima de todo, esas riquezas: si nuestra bolsa es pobre, podemos ser ricos en el alma; si sólo tenemos una migaja de pan en la mesa, podemos tener una herencia gloriosa; si ante los ojos del mundo estamos entre los pobres, delante de Aquel que es el Primero y el Postrero, podemos ser ricos, porque tenemos las inescrutables riquezas del Señor Jesucristo.[25]

«Y la blasfemia de los que se dicen ser judíos, y no lo son, sino sinagoga de Satanás.» La oposición de los judíos a la fe cristiana es de sobra conocida. El testimonio de los evangelios, el libro de Hechos y algunas de las epístolas paulinas demuestra el antagonismo de los líderes de la nación de Israel contra Cristo y sus seguidores. El vocablo **«blasfemia»** puede significar «calumnia» o «vituperio». Aunque el mismo término se usa respecto a hablar mal contra Dios, aquí parece referirse a las calumnias que se levantaban contra los cristianos. Las calumnias o falsas acusaciones provenían de gente de raza judía, primordialmente porque Cristo es la piedra de tropiezo para el israelita (véanse Mt. 21:42-44; Ro. 9:30-33). «El antagonismo contra los creyentes hacía que los judíos actuasen como delatores delante de las autoridades romanas.»[26]

La expresión **«se dicen ser judíos»,** por lo tanto, pudiera ser una referencia a: (1) Judíos de raza antagónicos al evangelio (Hch. 18:6) quienes, sin embargo, no eran verdaderos hijos espirituales de Abraham (Ro. 2:28, 29); o (2) con más probabilidad, personas con tendencias judaizantes que se oponían a los verdaderos cristianos (Hch. 15:1-11; Gá. 2:11-21; Fil. 3:2). Uno se pregunta si esa no era una manera de evadir la persecución de las autoridades romanas, las cuales extendían una tolerancia limitada a la sinagoga, pero consideraban la iglesia cristiana como una religión ilícita.[27]

Juan llama a los susodichos judíos **«sinagoga de Satanás»**, es decir, «lugar de reunión del adversario». Satanás es el enemigo de Dios y por consiguiente, es el adversario de los que aman y obedecen a Dios (1 P. 5:8). Los que blasfemaban de los cristianos eran personas dominadas por el diablo cuyo propósito era erradicar el testimonio cristiano de Esmirna.

2:10

«No temas en nada lo que vas a padecer.» En esta frase el Señor exhorta a los creyentes a «dejar de temer» a pesar de los inminentes sufrimientos que les sobrevendrían. El Señor nunca esconde de los suyos el costo del servicio y el testimonio cristiano (véanse Mt. 5:10-12; 16:24, 25; Hch. 9:16; Fil. 1:29).

«He aquí, el diablo echará a algunos de vosotros en la cárcel.» Los cristianos de Esmirna estaban a punto de padecer a causa de las instigaciones de Satanás. El vocablo **«diablo»** significa «acusador», «calumniador». El enemigo de Dios haría uso de sus instrumentos —hombres inicuos— para acusar a los cristianos delante de las autoridades romanas. Los cristianos eran acusados de ser desleales al emperador porque adoraban al Rey Jesús. También se les acusaba de ser ateos, porque adoraban a un solo Dios, en contraste con los romanos que eran politeístas. Además, se les acusaba de inmoralidad, porque celebraban *ágapes* o fiestas de amor cristiano a las que no se permitía la entrada de los inconversos.

«Para que seáis probados» indica el propósito de ser echados en la cárcel. El verbo «seáis probados» (*peirasthête*) está en la voz pasiva y no expresa la identidad del agente que ejecuta la prueba. Sin duda, la voluntad permisiva de Dios juega un papel importante en las pruebas de los creyentes. En este caso, aunque Satanás actúa de instigador para que los cristianos sean falsamente acusados, no puede negarse que Dios de manera soberana supervisa y controla lo que ocurre. Tal como sucedió con Sadrac, Mesac y Abeg-nego en Daniel 3, debió ocurrir con los creyentes de Esmirna.

«Y tendréis tribulación por diez días.» Hay quienes alegorizan la expresión «diez días» y afirman que significa diez diferentes persecuciones imperiales.[28] Debe observarse, sin embargo, que el texto no habla de diez persecuciones, sino de una sola. Además, el sustantivo «días» debe tomarse en el sentido literal. Por supuesto, la frase tampoco se refiere a la tribulación escatológica que ha de preceder a la venida de Cristo en gloria. La interpretación más sensata es la que da a la expresión **«diez días»** (*hemerôn déka*) su sentido más normal. Dicha frase está en el caso genitivo de tiempo, indicando no que la persecución duraría diez días, sino que ocurriría dentro de ese espacio de tiempo. La duración no es lo importante, sino los acontecimientos que tendrían lugar dentro de ese espacio de tiempo.

«Sé fiel hasta la muerte, y yo te daré la corona de la vida.» El verbo **«sé»** (*gínou*) es el presente imperativo, voz media y sugiere la idea de continuidad: «continúa siendo fiel (incluso) hasta el punto de la muerte (violenta).» La promesa del Señor es: «Y yo te daré la corona de la vida.» El Señor se refiere a un galardón o premio. «La corona de la vida» no es la vida misma. Recuérdese que la vida eterna es un regalo de Dios que se recibe sólo mediante la fe en Jesucristo (véanse Jn. 6:47; Ro. 6:23; 1 Jn. 5:12). La corona de la vida parece ser el galardón que el Señor dará a los creyentes que padecen martirio. La palabra **«corona»** (*stéphanos*) se refiere al collar de laurel con el que se premiaba al ganador de las competencias atléticas tan populares en Esmirna. Las competencias sugieren agonía y conflicto para los participantes. La promesa de «la corona de la vida» sugiere, además, que habrá grados de remuneración en el cielo. Cristo, como Juez y como el poderoso Conquistador de la muerte, está eminentemente calificado para otorgar tales galardones.

2:11

La carta a la iglesia de Esmirna termina con una promesa. En primer lugar hay una llamada de exhortación, semejante a la que aparece en 2:7. La aplicación es tanto individual como colectiva. **«Aquel individuo que tiene oído, oiga...»**, es decir, quien esté dispuesto a prestar atención al mensaje de manera personal. **«Lo que el Espíritu dice a las iglesias»**, o sea, no sólo a la iglesia de Esmirna, sino a todas las asambleas cristianas en general.

La promesa al vencedor es la siguiente: **«No sufrirá daño de la segunda muerte.»** La expresión «no sufrirá» es enfática. En el texto griego hay una doble negativa que generalmente se traduce al castellano como «nunca», «jamás» (véase Jn. 10:28). El verbo **«sufrirá daño»** es el aoristo subjuntivo, voz pasiva del verbo *adikéo*, que significa «actuar injustamente». Aquí significa «lesionar físicamente o hacer daño a alguien» (véase 6:6; 7:2, 3; 9:4, 10, 19; 11:5). De modo que el Señor promete al vencedor, de la manera más enfática posible, que «nunca sufrirá daño» concretamente **«de la segunda muerte»**. Esa última expresión es también enfática y pudiera traducirse de la manera siguiente: «de la muerte, es decir, la segunda.» La Biblia habla de una muerte física o terrenal (Mt. 10:28) y una muerte eterna (Ap. 20:6). La muerte eterna es «la segunda muerte», que significa la separación eterna entre la persona y Dios. La segunda muerte tiene lugar en el lago de fuego (Ap. 20:14, 15).

Resumen

La iglesia de Esmirna era pequeña en número y pobre en recursos materiales, a pesar de encontrarse en un ambiente de opulencia económica y de esplendor sociopolítico. Los creyentes de Esmirna eran perseguidos y acusados ante las autoridades romanas por un grupo de judíos a quienes Juan describe como sinagoga de Satanás.

A pesar de las limitaciones y las dificultades, los cristianos de Esmirna tenían recursos espirituales con los que hacían frente a los enemigos del cristianismo. La iglesia de Esmirna no claudicó en medio de las persecuciones que al parecer fueron severas, ya que en el año 138 d.C. uno de sus líderes principales, Policarpo, murió en la hoguera.

La asamblea de Esmirna proporciona un ejemplo digno de imitarse. Hay en el mundo hoy día congregaciones que luchan por sobrevivir en medio de limitaciones y estrecheces semejantes a las que existieron en Esmirna. Hay congregaciones que tienen que enfrentarse hoy día al paganismo moderno, al agnosticismo y al fanatismo religioso. Todavía hay en el mundo de hoy lugares donde el testimonio cristiano se paga con la propia vida. La promesa del Señor a la iglesia de Esmirna: «Sé fiel hasta la muerte, y yo te daré la corona de la vida» tiene vigencia para el creyente hoy.

El mensaje a la iglesia de Pérgamo (2:12-17)

Bosquejo

1. **El destinatario (2:12a)**
2. **La descripción del Señor (2:12b)**
3. **El reconocimiento (2:13)**

4. **La acusación (2:14, 15)**
5. **La exhortación (2:16a)**
6. **La advertencia (2:16b)**
7. **La promesa (2:17)**

NOTAS EXEGÉTICAS Y COMENTARIOS

2:12

«Y escribe al ángel de la iglesia en Pérgamo.» La ciudad de Pérgamo, situada a 88 km. al norte de Esmirna, fue fundada por colonos griegos, aunque probablemente hubo un asentamiento en el mismo sitio contemporáneo con el establecimiento de Troya. El vocablo **«Pérgamo»** significa «matrimonio consumado». Esta ciudad llegó a ser la principal de la provincia de Misia. Uno de los generales de Alejandro Magno, Lisímaco, trasladó su fortuna de 9.000 talentos de oro a Pérgamo y nombró a su lugarteniente, Filetaero, como guardián de dicha fortuna.

Filetaero fue el fundador de la dinastía de los attálidos. Bajo la mencionada dinastía, Pérgamo prosperó en gran manera. Según Ramsey, Pérgamo era una «ciudad real», una «ciudad de autoridad». Uno de los attálidos, Eumenes II (197-159 a.C.) agrandó y embelleció la ciudad. Además construyó una biblioteca que albergaba 200.000 volúmenes. El vocablo castellano «pergamino» tiene sus raíces en Pérgamo, puesto que allí se comenzó a producir dicho artículo como material de escritura.

Pérgamo era una ciudad religiosa. En ella había más cultos y templos que en Éfeso. Entre otros, se adoraba allí al dios Esculapio, deidad de la terapéutica, cuyo símbolo era una serpiente, aborrecido por los cristianos. En la acrópolis de Pérgamo se encontraba un enorme altar en forma de trono dedicado a Zeus. Pérgamo fue la primera ciudad en el Asia que construyó un templo dedicado a la adoración de Augusto César. Además, se adoraba a Dionisio, el dios de la fertilidad, y a la diosa Atenea, guardiana y patrona de la ciudad de Atenas. El culto a Asklepio, deidad asociada con la sanidad, era importante en Pérgamo.

«El que tiene la espada aguda de dos filos dice esto.» El Señor se identifica con firme y penetrante severidad. La frase es muy enfática. El artículo determinado se repite tres veces y se pudiera traducir: «Esto dice el que tiene *la* espada, *la* aguda, *la* de dos filos.» La repetición del artículo tiene el propósito de aislar cada una de esas características.[29] El sustantivo **«espada»** es *rhomphalía*, la espada de gran tamaño fabricada en Tracia. La espada sugiere la palabra de Cristo, activa en disciplina gubernamental. La iglesia de Pérgamo ha desertado de las filas del Señor y se ha sometido al control de la autoridad terrenal que un día será aplastada bajo el poder del Rey de reyes. Pérgamo, como iglesia, estaba implicada en un estado de bigamia espiritual (2 Co. 6:14-16). He aquí una lección importante: Cuando la iglesia no hace uso de la espada del Espíritu —la Palabra de Dios— en autojuicio, entonces Cristo vendrá y la usará por sí mismo en juicio divino contra la iglesia.

2:13

«Yo conozco tus obras, y dónde moras, donde está el trono de Satanás.» El texto griego omite la expresión **«tus obras, y»**. Por lo que la lectura sería: «Yo conozco dónde moras, donde está el trono de Satanás.» El verbo **«moras»** significa tener una residencia permanente. Dicho verbo se usa en el Apocalipsis en un sentido moral. En repetidas ocasiones se usa para describir a quienes tienen su mente y corazón arraigados en la tierra y no demuestran interés alguno en las cosas de Dios (véase Ap. 3:10; 6:10; 8:13; 11:10; 12:12; 14:6).

Es cuestionable y censurable que la iglesia estuviera firmemente enraizada en el lugar donde estaba el «trono de Satanás». La característica de la iglesia es, más bien, la de ser peregrina en este mundo (véanse 1 P. 1:1, 17; 2:11; He. 11:9). La ciudadanía o morada permanente del creyente está en el reino del Señor (véanse Fil. 3:20; Col. 1:13).

«El trono de Satanás» se refiere a un trono de gobierno, tanto ejecutivo como judicial. Satanás es el gobernador del sistema mundial y el dios de este presente siglo malo (véanse Mt. 4:8, 9; Lc. 4:6; 2 Co. 4:4). A causa del pecado, Dios ha permitido que el mundo presente esté sometido a la autoridad de Satanás. El mundo venidero, que será inaugurado por el Mesías en su segunda venida, estará bajo la potestad del Rey de reyes.

Pero surge una pregunta importante: ¿cómo es que el trono de Satanás aparece situado en Pérgamo? El comentarista William R. Newell[30] dice que Pérgamo era, en un sentido peculiar, el trono de Satanás. Entre otros títulos, Pérgamo tenía el de ser «guardián principal del templo» en Asia. En ese renglón, Pérgamo manifestaba su suprema importancia como una capital del paganismo. Prueba de esto es que cuando el culto de la magia babilónica fue expulsado de Babilonia, sus promotores buscaron y encontraron refugio en Pérgamo. Cuando en el año 133 a.C. el rey de Pérgamo Attalo III legó su reino a Roma, el título del sumo sacerdote de la magia de Pérgamo era «El principal constructor de puentes». La idea tras este título era que dicho sumo sacerdote salvaba el golfo existente entre los mortales y dios.

«Pero retienes mi nombre, y no has negado mi fe.» En vista de lo dicho antes, el Señor pronuncia un doble reconocimiento a la congregación en Pérgamo: (1) «Sostienes con firmeza mi nombre» y lo que esto implica; y (2) «no has negado mi fe», es decir, «no te has retractado de confesar que crees en mí». Los paganos presionaban a los creyentes y los perseguían para que públicamente negaran que creían en Cristo. Los cristianos en Pérgamo se habían mantenido firmes en su fe y continuaban confesando que Cristo es el Señor.

«Ni aun en los días en que Antipas mi testigo fiel fue muerto entre vosotros, donde mora Satanás.» No hay ningún dato histórico tocante a la identidad de Antipas. El nombre significa «contra todo» y el Señor lo describe como «mi testigo fiel». «Al parecer, Antipas era parte de la resistencia a la presión imperial ejercida sobre los cristianos para que comprometieran su lealtad a Cristo.»[31] Antipas pagó con su vida su lealtad al Señor, y Cristo no se olvidó de su nombre. La frase «donde mora Satanás» identifica el lugar del martirio de Antipas. Sin duda, fue Pérgamo.

2:14, 15

El Señor reprocha a la iglesia de Pérgamo por tolerar en su seno dos sistemas de falsa doctrina odiados por Cristo. El verbo **«tienes»** (*écheis*) sugiere la idea de «tener en poder», y por lo tanto, poder controlar y corregir. Satanás hace uso de toda su capacidad y astucia en Pérgamo. No sólo causa la muerte de creyentes, sino que también se introduce a través de la falsa doctrina.

«Los que retienen la doctrina de Balaam.» «Retener» significa «sujetar con fuerza». La historia de Balaam se registra en Números 22 al 25. Este profeta se sometió a la presión de los reyes de Madián y Moab, quienes procuraban la destrucción de Israel. Durante un período prolongado de tiempo, Balaam **«enseñaba»** (tiempo imperfecto) a Balac a poner tropiezo ante los hijos de Israel. Las trampas consistían en hacer creer a los israelitas que su *andar* era correcto siempre y cuando la doctrina fuera sana. Balaam enseñaba que no era incorrecto **«comer cosas sacrificadas a los ídolos ni cometer fornicación».** Evidentemente, en Pérgamo había quienes enseñaban la misma doctrina que enseñó Balaam y que afectaba decisivamente la vida de la congregación (véase 1 Co. 10:19-22, 28).

El segundo reproche del Señor es la presencia de los **«nicolaítas»** en la congregación de Pérgamo. Como se mencionó en otro lugar (2:6), los nicolaítas eran un grupo de origen desconocido, probablemente semignóstico, que se caracterizaba por su práctica libertina y su antinomianismo. No sería incorrecto pensar que la doctrina de Balaam y la de los nicolaítas no eran antagónicas, sino que se complementaban la una a la otra. Por eso podían coexistir dentro de la iglesia de Pérgamo. La entrada de la mundanalidad en la asamblea de Pérgamo amenazaba a la congregación con tener que enfrentar el juicio de Dios de la manera que lo enfrentó Israel en el desierto.

2:16

«Por tanto, arrepiéntete» (*metanóeison oûn*). Sobre la base del reproche expresado anteriormente, el Señor exige un arrepentimiento inmediato de parte de la iglesia de Pérgamo. El aoristo imperativo del verbo «arrepiéntete» sugiere una acción urgente como resultado de la represión del versículo anterior. «Pues si no» (*ei dè méi*) es una expresión elíptica, es decir, el verbo es entendido tácitamente. La idea completa es: «Pues si no te arrepientes.» El descuido de parte de la congregación a obedecer el mandato de un arrepentimiento inmediato acarrearía el juicio del Señor.

«Vendré a ti pronto» (*érchomaí soi tachy*). El verbo «vendré» (*érchomaí*) está en el presente de indicativo, pero es correcto traducirlo como futuro, pues es un presente profético (véase Jn. 14:3). Esta frase ha dado lugar a una discusión respecto a si se trata de una venida especial de Cristo con el fin de juzgar a la iglesia de Pérgamo[32] o si, por el contrario, la referencia es a la venida escatológica del Señor.[33] La postura más congruente es la que asume que la referencia es a la segunda venida en gloria de Cristo. Recuerde que ese es el tema central del Apocalipsis (véase Ap. 1:4, 7, 8; 2:5, 16; 3:11; 4:8; 16:15; 22:7, 12, 20). Además, la frase «vengo pronto» (*érchomaí tachy*) se usa frecuentemente en el Apocalipsis con referencia a la segunda venida de Cristo (véase Ap. 3:11; 22:7, 12, 20). También la expresión: «Pelearé contra ellos con la espada de mi boca» sugiere que el texto habla de la venida del Señor a juzgar a los malvados, no a una venida especial sólo para la iglesia de Pérgamo.[34]

«A ti» (*soi*) sugiere, por un lado, la responsabilidad personal del líder de la congregación de guiar de forma adecuada a la asamblea. Pero por otro lado, también coloca la responsabilidad sobre la asamblea, pues el anciano-pastor como líder representa a la totalidad de la congregación. En el caso de la iglesia de Pérgamo, es evidente que la asamblea como un todo toleraba la presencia de los balaamitas y los nicolaítas en el seno de la congregación. Ambos grupos poseían y enseñaban una doctrina y una ética que eran repudiadas por el Señor.

«Y pelearé contra ellos con la espada de mi boca.» El verbo «pelearé» (*poleméisô*) significa «realizar una campaña bélica» o «una guerra total». Cristo interviene como «guerrero divino» en defensa de su pueblo (véase Éx. 15:3). «La espada de mi boca» se refiere a la palabra que pronuncia sentencia judicial contra los maestros herejes.[35]

2:17

«Al que venciere, daré a comer del maná escondido.» Esta frase contiene la primera de tres promesas que el Señor hace «al que venciere». «El maná escondido» parece referirse al hecho de que el creyente puede apropiarse del sustento espiritual a través de la comunión con Cristo. El maná es una referencia al mismo Señor

Jesucristo (véanse Éx. 16:32-34; He. 9:4; Jn. 6:31-51). Ahora Cristo está «escondido» detrás del velo en el lugar santísimo (véanse He. 9:24-28; Col. 3:3), pero será revelado cuando venga por los suyos (véanse Fil. 3:20, 21; 1 Jn. 3:1-3).

«Y le daré una piedrecita blanca.» La segunda promesa del Señor es dar una piedrecita blanca que, evidentemente, significa una señal de privilegio y favor peculiar. Hay algunas teorías tocante al significado de la «piedrecita blanca»: Richard C. Trench opina que se refiere al Urim y Tumim grabada con el tetragrámaton (las cuatro letras hebreas que deletrean el nombre YAVÉ). Hay quienes piensan que se refiere a Cristo (Sal. 118:22; Is. 28:16). El problema con esa teoría es que el vocablo griego *psêphos* es una piedra de tamaño pequeño («piedrecita») y es poco probable que se refiera a Cristo. Una tercera sugerencia es que se refiere a la piedra de cuenta o piedra usada para votar (véase Hch. 26:10). Quienes sostienen esta teoría la aplican al poder judicial de los santos en conjunción con Cristo. Los santos juzgarán ángeles (1 Co. 6:23). El color blanco se asocia con la santidad recibida a través de Cristo. Lo más probable es que la «piedrecita blanca» deriva su significado de la manera como los habitantes del Imperio Romano eran admitidos gratuitamente a los espectáculos. Se les entregaban un trozo de pan y una entrada gratis con la forma de una «piedrecita blanca». También se acostumbraba a premiar a los ganadores en las competencias con el mismo regalo para que pudieran entrar a los actos de celebración. La «piedrecita blanca» pudiera ser una figura para indicar que el creyente tendrá entrada libre en la gran fiesta de celebración relacionada con la segunda venida de Cristo.

La tercera promesa hecha por el Señor al vencedor es darle **«un nombre nuevo»**. Este será una muestra de intimidad y afecto tierno para quien lo recibe. «El cual ninguno conoce sino aquel que lo recibe.» Ese nombre nuevo de intimidad y comunión entrañable es usado por el Señor Jesucristo y sólo es conocido por el creyente en comunión personal con Él. El nombre indica la condición de los redimidos tal como es entendida y apreciada por Cristo.

RESUMEN

Aunque la iglesia de Pérgamo estaba «casada» con el mundo e implicada en prácticas que desagradaban al Señor, la misericordia de Dios obra y extiende un llamado al arrepentimiento a toda la congregación. Si bien es cierto que el Señor se dirige a la iglesia y la advierte del juicio que podía venir sobre ella, no es menos cierto que hay tres hermosas promesas para el vencedor: Sustento espiritual, favor especial y comunión íntima

El mismo llamado que el Señor hizo a la iglesia de Pérgamo, lo hace a las congregaciones de fines del siglo xx. También hoy existen muchas asambleas cristianas en las que hay deficiencias tanto doctrinales como prácticas y necesitan regresar a una comunión íntima con Cristo.

EL MENSAJE A LA IGLESIA DE TIATIRA (2:18-29)

Bosquejo

1. **Los destinatarios (2:18a)**
2. **La identificación de Jesucristo (2:18b)**
   2.1. Su deidad: Hijo de Dios
   2.2. El Juez soberano: Ojos como llama de fuego
   2.3. El Vencedor: Pies semejantes al bronce bruñido
3. **El reconocimiento (2:19)**
   3.1. El reconocimiento de cualidades espirituales (2:19a)
   3.2. El reconocimiento de servicio (2:19b)

4. **La acusación (2:20, 21)**
   4.1. La tolerancia de la doctrina de Jezabel (2:20*a*)
   4.2. La tolerancia de la práctica de Jezabel (2:20*b*)
   4.3. La dureza de Jezabel (2:21)
5. **La advertencia (2:22, 23)**
   5.1. La ejecución de la advertencia (2:22)
   5.2. El efecto de la advertencia (2:23)
6. **La exhortación (2:24, 25)**
7. **La promesa al vencedor (2:26-29)**
   7.1. El privilegio de participar en el ejercicio de autoridad sobre las naciones (2:26, 27)
   7.2. El privilegio de poseer la estrella de la mañana (2:28)
   7.3. El llamado a oír la voz del Espíritu Santo (2:29)

NOTAS EXEGÉTICAS Y COMENTARIOS

2:18

«**Y escribe al ángel de la iglesia en Tiatira.**» La ciudad de Tiatira estaba situada a unos 64 km. al sureste de Pérgamo. Fue restablecida por Seleuco Nicator (301—281 a.C.) y formó parte del imperio de Alejandro Magno. En un principio fue establecida como una base militar y disputada por Pérgamo y por Sardis. Su importancia como base militar desapareció con el auge del Imperio Romano. Posteriormente, Tiatira se convirtió en una rica ciudad comercial, debido primordialmente a su situación geográfica. Llegó a ser un oasis de la cultura griega en un desierto oriental. Tiatira era la ciudad natal de Lidia, la vendedora de púrpura mencionada en Hechos 16:14. El nombre «Tiatira» significa «sacrificio continuo». No se sabe si dicho nombre tenía connotación religiosa. Lo que sí se sabe es que el dios pagano Apolo era la deidad principal y que era un centro de actividad de los nicolaítas.[36]

«**El Hijo de Dios.**» Esta frase constituye una afirmación de la Deidad de Cristo (Jn. 20:31). Jesucristo es Hijo de Dios en el sentido de que posee la misma esencia o sustancia que el Padre. En lo que respecta a su origen, Cristo nunca fue engendrado. Él es coigual, consubstancial y coeterno con el Padre. La expresión que aparece en Salmo 2:7 y que dice: «Mi hijo eres tú; yo te engendré hoy» se refiere a la resurrección de Cristo para ser entronizado como Rey-Mesías (véase Hch. 13:30-33). La identificación de Cristo como «el Hijo de Dios» sugiere la soberanía de Dios en un sitio donde una mujer quería apoderarse del control. Además, pone de manifiesto la soberanía y el carácter sobrenatural de Cristo para contrarrestar la oposición satánica.

«**El que tiene ojos como llama de fuego.**» El carácter penetrante de los ojos de Cristo sugiere su soberanía. Sus ojos penetran las profundidades del engaño satánico (2:24), escudriñan el corazón y la mente de los hombres y fulminarán a sus adversarios cuando regrese con poder y gloria (Ap. 19:12).

«**Pies semejantes al bronce bruñido.**» El bronce es una aleación de metales que resalta por su dureza (véase Mi. 4:13) y en este caso, posee un brillo deslumbrante. El simbolismo parece describir al Señor como el que viene victorioso, en juicio invencible y dispuesto a someter bajo su autoridad a todos sus enemigos. Ese es el Cristo que habla a la iglesia de Tiatira y a todas las otras congregaciones.

2:19

«**Yo conozco tus obras, y amor, y fe, y servicio, y tu paciencia.**» Observe la repetición de la conjunción «**y**» (*kaì*). Esa es una figura literaria que tiene por finalidad concentrar la atención del lector en cada uno de los sustantivos que componen la frase. La iglesia de Tiatira recibe el reconocimiento del Señor por poseer y, evidentemente, practicar el fruto del Espíritu. Debe notarse, además, que en el texto griego cada uno de los sustantivos va acompañado del artículo determinado. El artículo tiene la función de destacar la identidad del sustantivo. Las obras de los creyentes de Tiatira eran motivadas por «el amor», originado por «la fe», dinamizadas por «el servicio» y ejecutadas con «la paciencia». El cuadro es estupendo y digno de ser imitado.

«Y que tus obras postreras son más que las primeras.» Los creyentes de Tiatira habían ido a más en cuanto a las cosas que hacían para Dios. Muchas congregaciones comienzan con un nivel alto de servicio que con el tiempo disminuye. Los creyentes de Tiatira llevaban a cabo un servicio incansable que aumentaba en lugar de disminuir. Tal vez la debilidad de los cristianos en Tiatira era que sus obras carecían de un sólido fundamento bíblico y a la postre, sufrieron los embates de una mujer malvada.

2:20

«Pero tengo unas pocas cosas contra ti.» El texto griego omite la expresión «unas pocas cosas» y sólo dice: «Pero tengo contra ti.» La alabanza del versículo 19 queda opacada por la censura del versículo 20.

«Que toleras que esa mujer Jezabel.» El verbo **«toleras»** indica acción continua y constituye una falta más grave que el «tienes» de 2:14 contra Pérgamo. «Toleras» es lo opuesto de «aborreces» (2:6) que describe la actitud de los efesios contra los nicolaítas. La identidad de **«Jezabel»** no es fácil de determinar. Las sugerencias más comunes son:

1. Hay quienes entienden que es un término alegórico, usado simbólicamente para designar a un grupo. Es difícil armonizar dicha postura con el uso del singular «cama» (v. 22). Si Jezabel representa a un grupo: ¿Quiénes son «los que con ella adulteran»? (plural). La interpretación alegórica no resiste la prueba exegética.

2. Otros opinan que se refiere a una mujer literal, la esposa del mensajero o pastor de la iglesia (el término **«mujer»** también significa «esposa»). De ser así, el matrimonio del pastor no podía ser más desafortunado. Si bien es cierto que «mujer» podía significar «esposa», la interpretación normal y natural del texto no parece concederle ese significado.

3. Todavía hay otros que piensan que Jezabel era una mujer literal, pero no la esposa del mensajero o pastor de la iglesia. Esta mujer tenía influencia y notoriedad en la iglesia hasta el punto de ser capaz de arrastrar por el mal camino a un sector considerable de la congregación. Si su nombre real era Jezabel o no es algo de importancia secundaria. Tal vez el uso del apelativo Jezabel se debe a que se desea recordar la vida e influencia que tuvo en la nación de Israel la Jezabel de los tiempos del profeta Elías, la esposa del rey Acab.

«Que se dice profetisa, enseñe y seduzca a mis siervos.» Los pecados de Jezabel eran importantes. En primer lugar, se autoproclamaba profetisa, es decir, alguien que recibía mensaje directamente de Dios para comunicarlo a la asamblea. Jezabel se vanagloriaba de poseer un nuevo mensaje divino. El mandato del Señor a la iglesia era que retuviera lo que ya tenía (2:25). La pretensión de Jezabel era en lo absoluto falsa, seguramente producto del engaño satánico.

La segunda falta grave de Jezabel fue pretender convertirse en la maestra de la congregación, incluso la que enseñaba a los siervos del Señor. «*Didáskei*» («enseñe») particulariza la función del liderazgo de Jezabel a la enseñanza, un papel eclesiástico vedado mucho antes a las mujeres por Pablo (1 Ti. 2:12).[37]

Por último, Jezabel se dedicaba a seducir a los siervos del Señor **«a fornicar y a comer cosas sacrificadas a los ídolos».** La expresión «mis siervos» (*emoûs doúlous*) significa «esclavos de voluntad propia», es decir, no eran asalariados sino que se habían comprometido a obedecer a Dios hasta la muerte. La trama de Jezabel era hacer que los siervos de Dios se desviaran en dos aspectos: (1) Cometer fornicación, tanto en el sentido espiritual como físico. El adulterio espiritual de la falsa religión conduce inevitablemente al pecado de la misma inmoralidad física (véase 1 R. 18:19); (2) **«comer cosas sacrificadas a los ídolos.»** Se acostumbraba a vender en la carnicería la carne de animales que previamente habían sido ofrecidos a los ídolos (véase 1 Co. 8:1-13). Aunque Pablo afirma que «un ídolo nada es en el mundo, y que no hay más que un Dios» (1 Co. 8:4), también afirma que «lo que los gentiles sacrifican, a los demonios lo sacrifican» (1 Co. 10:20). De manera que no es de dudarse que la instigación de Jezabel resultaba en que los siervos de Dios comieran cosas sacrificadas a los ídolos tenía mucho que ver con la apostasía y con las prácticas satánicas.[38]

2:21

«Y le he dado tiempo para que se arrepienta, pero no quiere arrepentirse de su fornicación.» La expresión **«le he dado»** sugiere la extensión de la maravillosa gracia de Dios. **«Tiempo para que se arrepienta.»** El arrepentimiento se dirige a Jezabel, no a la iglesia. Jezabel, sin embargo, se muestra incorregible. Se niega a cambiar de rumbo. El texto dice: «Y no quiere o no desea arrepentirse», es decir, no desea cambiar de manera de pensar ni de actuar. El tiempo presente del verbo «no quiere» sugiere que Jezabel no mostraba ninguna disposición hacia el arrepentimiento (véanse Mt. 23:37; Jn. 5:39, 40) y por lo tanto, tendría que afrontar las consecuencias (Ro. 2:5).

2:22, 23

«He aquí, yo la arrojo en cama, y en gran tribulación a los que con ella adulteran.» Estas frases declaran la ejecución de la amenaza pronunciada por el Señor contra Jezabel y sus aliados. El tiempo presente del verbo **«yo la arrojo»** pudiera tener función de futuro, es decir, «yo la arrojaré». Obsérvese que es el mismo Señor quien ejecuta el juicio contra Jezabel. El vocablo **«cama»** (*klínen*) sugiere la cama de un enfermo, no el lecho de adulterio. Jezabel y sus cómplices serían arrojados en lecho de angustia y aflicción en lugar de permitirles reposar en un sofá de pecado. Probablemente la idea es que Dios la entregaría para que fuera destruida por su propia locura y fatuidad (véase Ro. 1:24-26). Algunos entienden que el «arrojar en cama» pudiera significar perdición eterna en el infierno, puesto que con toda probabilidad Jezabel no era una creyente genuina.[39] El severo juicio anunciado incluye el ser arrojada **«en gran tribulación»** (*thlîpsin megalên*). La ausencia del artículo determinado destaca la naturaleza o la esencia del significado de la expresión «gran tribulación». Es como si el Señor dijera: «Yo la arrojaré hacia una situación tal cuya característica es de gran tribulación». Es probable, pues, que el versículo 22 marque una transición: (1) De fornicación física a fornicación espiritual; y (2) de enfermedad física a gran tribulación.

Por último, debe notarse que el castigo recae en tres personas o grupos: (1) Jezabel como cerebro principal de la situación; (2) los incautos que cometieron adulterio con ella; y (3) la descendencia de Jezabel: «Y a sus hijos heriré de muerte» (2:23*a*).

La ejecución de la amenaza debía producir efectos concretos: **«Y todas las iglesias sabrán que yo soy el que escudriña la mente y el corazón.»** La expresión «todas las iglesias» sugiere que las siete iglesias representan la totalidad de la Iglesia. No *tipifican*, sino *representan*, puesto que ellas ya forman parte de la Iglesia.

«Sabrán» (*gnósontai*) es el futuro ingresivo, voz media, de *ginósko*. Esta forma verbal pudiera traducirse: «De sí mismos llegarán a conocer.» El conocimiento mencionado aquí es el de la experiencia, es decir, «de sí mismos llegarán a conocer por experiencia». El juicio de Dios sobre Jezabel, sus cómplices y sus hijos sería de tal naturaleza que las iglesias sabrían por experiencia que lo ocurrido era por la mano de Dios.

«Escudriña» es un participio en tiempo presente que sugiere acción continua. Dicho vocablo significa «seguir la pista», «investigar». El contexto griego dice que Dios «escudriña riñones y corazón». Los riñones (*nephroùs*) eran considerados como el asiento de las emociones mientras que el corazón lo era de la inteligencia o de la voluntad[40] (véanse Jer. 17:10; Pr. 4:23). El Señor que tiene «ojos como llama de fuego» penetra hasta escudriñar tanto el centro moral como el espiritual del hombre. Su juicio es incisivo y completo.

«Y os daré a cada uno según vuestras obras.» Las obras no se relacionan ni con la salvación ni con la perdición de una persona (véanse Jn. 3:18; Ef. 2:8-9). Pero las obras tienen relación con el grado de condenación que el inconverso ha de recibir (véase Ro. 2:6). Además, el juicio de Dios es individual (Ro. 14:12). Él dará «a cada uno», es decir, la responsabilidad delante de Dios es personal. No obstante, debe recordarse que Dios siempre se acuerda de ejercer su misericordia incluso en medio del juicio.

2:24, 25

En los versículos 24 y 25, el Señor hace una exhortación a los creyentes en Tiatira. En el texto griego la frase **«y a los demás que están en Tiatira»** está en aposición y debe leerse así: «Pero a vosotros, es decir, a los demás que están en Tiatira.» En Tiatira había un remanente de verdaderos creyentes que se había mantenido fiel al Señor a pesar de la influencia de Jezabel y sus seguidores. Dios nunca se queda sin testigos (Ro. 11:2-5).

«A cuantos no tienen esa doctrina», es decir, la doctrina de Jezabel. Esta es una aplicación a los creyentes de *todas* las iglesias. La expresión «esa doctrina» es enfática. En el texto griego dice: «la doctrina esa». «La doctrina esa» era tremendamente dañina para la iglesia de Tiatira, como para cualquier otra congregación.

«Y no han conocido lo que ellos llaman las profundidades de Satanás.» Se refiere a los que no han seguido a Jezabel y «no han conocido» por experiencia las profundidades de la doctrina de aquella malvada mujer.

«Las profundidades de Satanás —dice Mounce—, pudiera ser una referencia a la creencia de que para apreciar plenamente la gracia de Dios uno primero tiene que zambullirse en las profundidades del mal. El gnosticismo posterior se vanagloriaba de que era precisamente mediante la entrada en los dominios de Satanás que los creyentes pueden aprender los límites de su poder y salir victoriosos.»[41] Es posible que Jezabel y sus seguidores constituían un grupo pregnóstico que practicaba la aflicción al cuerpo mediante indulgencias satánicas carnales o que tal vez consideraba que el exponerse al pecado constituía una señal de poseer una inteligencia superior.

«No os impondré otra carga» es una demostración de la inconmensurable gracia de Dios (véase Hch. 15:28, 29). De la misma manera que el concilio de Jerusalén exhortó a los creyentes gentiles a apartarse de la inmoralidad y la idolatría, así también el Señor exhorta a los creyentes de Tiatira a hacer lo mismo y no les impone ninguna otra carga. Además, el Señor exhorta al remanente de creyentes a retener con firmeza lo que tenían, es decir, que continuaran dando testimonio de su fe en Cristo sin claudicar.

«Hasta que yo venga» es una referencia a la segunda venida de Cristo. El acontecimiento de la segunda venida constituye el más pujante estímulo para que el creyente dé testimonio de su fe en el Señor en un mundo donde las tinieblas satánicas se espesan más cada día.

2:26

«Al que venciere y guardare mis obras hasta el fin, yo le daré autoridad sobre las naciones.» Obsérvese que «vencer» en este versículo se asocia con *atesorar* y *valorar* lo que el Señor llama «mis obras» en lugar de sacrificarlas en homenaje a las obras malignas de Jezabel (véase 2:22). Seguramente las obras de Jezabel son las que se enumeran en 2:20.

«Hasta el fin» probablemente se refiere a la venida del Señor en gloria (véase 2:25). El cristiano es responsable de mantener una vida de fidelidad y obediencia al Señor hasta que Él venga por segunda vez a la tierra o hasta que Dios lo llame a su presencia.

«Yo le daré autoridad sobre las naciones.» Sin lugar a duda, hay aquí una referencia a la victoria del Mesías sobre sus enemigos, profetizada en el Salmo 2:8, 9. El Señor promete *dar* (*dósó*) al vencedor, es decir al creyente, «potestad» o «autoridad» (*exousían*) «sobre las naciones». «Que los seguidores del Mesías participarán en su gobierno escatológico es un tema profético familiar (véase 1:6; 12:5; 19:15) ... Esta promesa es la primera referencia definitiva en el Apocalipsis al futuro reino milenial que Jesús ha de establecer cuando regrese a la tierra.»[42]

En resumen, el vencedor en 2:26 es una referencia a todo cristiano genuino que, a su vez, es aquel que guarda las obras del Señor hasta el fin. Debe recordarse que el hombre no es salvo por obras, pero sí para buenas obras (Ef. 2:10). Como galardón por su fidelidad, el Señor promete «dar» al vencedor autoridad o potestad sobre las naciones. Esa promesa tendrá su cumplimiento cuando el Mesías establezca su reinado glorioso en la tierra cuando regrese con poder y majestad (Mt. 19:28; Dn. 7:14, 18).

2:27

«Y las regirá con vara de hierro.» El verbo **«regirá»** (*poimaneî*) se traduce en algunos pasajes como «pastorear» (véanse Mt. 2:6 donde la Reina-Valera 1960 usa «apacentará»; Hch. 20:28; 1 P. 5:2; Ap. 7:17, donde el mismo vocablo se traduce «pastoreará»). Sin embargo, la idea en Apocalipsis 2:27; 12:5 y 19:15 es más bien la de gobernar o regir.[43] Sin duda, el uso de dicho verbo en Apocalipsis 2:27 guarda relación directa con el Salmo 2:8, 9. En el Salmo 2:9, hablando de los poderes gentiles en la tierra, dice: «Los quebrantarás con vara de hierro; como vasija de alfarero los desmenuzarás.» Cuando Cristo vino a la tierra la primera vez lo hizo como «el buen pastor» y como tal, dio su vida por las ovejas. Su segunda venida será diferente. No viene para salvar, sino para juzgar. No esgrime la vara de pastor, sino la de juez. Las naciones rebeldes «serán quebradas como vaso de alfarero» (2:27) por la vara del que viene como Rey de reyes y Señor de señores y «el vencedor se unirá a Cristo para destruir las naciones que se oponen a Él».[44]

El símil **«y serán quebradas como vaso de alfarero»** describe una acción violenta. El verbo «serán quebradas» es el presente indicativo, voz pasiva, de *syntríbo*, que significa «estrellar», «hacer añicos», «triturar». Las naciones rebeldes se comparan con el frágil barro de la tierra que será completamente pulverizado por el poder irresistible del Mesías triunfante.

«Como yo también la he recibido de mi Padre.» La fuente de poder del Rey-Mesías se origina en el Padre celestial, quien ha dado al Hijo toda autoridad para juzgar (Jn. 5:22; Sal. 2:7, 8). La expresión «he recibido» es un tiempo perfecto que indica una acción completada cuyos resultados perduran. La autoridad que el Hijo posee permanentemente es la misma que Él ha derramado sobre el vencedor que compartirá con el Rey-Mesías la victoria sobre las naciones rebeldes.

2:28

«Y le daré la estrella de la mañana.» Algunos expositores entienden que «la estrella de la mañana» mencionada aquí se refiere a la misma persona de Cristo.[45] Quienes así piensan se apoyan primordialmente en el hecho de que Jesús se identifica a sí mismo como «...la estrella resplandeciente de la mañana» (Ap. 22:16).

Quizá sea mejor, sin embargo, entender dicha frase como una referencia a la gloria de los redimidos en el reino mesiánico. La estrella de la mañana se caracteriza por su brillante resplandor que la distingue de los demás astros del firmamento. Hay una promesa del Señor en Daniel 12:3 que tiene una proyección similar: «Los entendidos resplandecerán como el resplandor del firmamento; y los que enseñan la justicia a la multitud, como las estrellas a perpetua eternidad.» La misma idea surge en el Evangelio según San Mateo, donde dice: «Entonces los justos resplandecerán como el sol en el reino de su Padre» (Mt. 13:43). Ambos versículos contemplan la realidad del reinado glorioso del Mesías. De modo que «es preferible entender que la estrella de la mañana es la promesa de que en el reino mesiánico los justos han de brillar como estrellas».[46] De ser así, habría aquí un gran contraste. Los redimidos del Señor han sido ignorados, despreciados y perseguidos por el mundo. En el mundo venidero la gloria de los redimidos se manifestará universalmente y brillarán con la gloria que proviene del Señor Jesucristo (véase Col. 3:4).

2:29

«El que tiene oído, oiga lo que el Espíritu dice a las iglesias.» Este mismo llamado aparece en las cartas a las tres iglesias anteriores (Éfeso, Esmirna y Pérgamo). En el caso de Tiatira, el llamado a *oír* aparece después de la promesa dada al vencedor. Tal vez ese cambio en el orden sugiera que la situación en aquella congregación era tan deplorable que sólo el vencedor prestaría atención a dicho llamado, mientras que el resto de la asamblea de Tiatira tendría que enfrentarse al juicio del Señor.

RESUMEN

La iglesia de Tiatira poseía ciertas excelencias envidiables, tales como amor, fe, servicio y paciencia. Era una congregación que había crecido en la *cantidad* de sus obras aunque, evidentemente, no en la *calidad* de las mismas. Es reprochada por la tolerancia moral y por la falta de celo espiritual. La congregación de Tiatira había dado cabida en su seno al error teológico, a la falsedad eclesial y a la idolatría. Todo eso había desembocado en prácticas repudiables.

La apostasía practicada en Tiatira era capitaneada por una mujer (o mujeres) que, al parecer, estaba implicada en actividades de ocultismo. El Señor hace un llamado al arrepentimiento a los culpables de aquella confusión y les advierte del juicio inminente que les sobrevendría si se negaban a arrepentirse. Dentro de la iglesia de Tiatira el Señor tenía un remanente fiel al que le promete ricas bendiciones como recompensa por su fidelidad. Entre esas bendiciones está la de disfrutar de la gloria de su reino mesiánico.

El mensaje a la iglesia de Tiatira constituye un llamado a todas las congregaciones cristianas, incluso las de hoy día, a mantener tanto la limpieza doctrinal como la fidelidad práctica al Señor Jesucristo. El mensaje del Señor no es sólo eclesial, sino también personal. El vencedor será remunerado y bendecido mientras que el rebelde será castigado.

NOTAS

1. Joseph A. Seiss, *The Apocalypse*, p. 149.
2. Véase John F. Walvoord, *The Revelation of Jesus Christ*, p. 52.
3. Véase Justo L. González, *Historia del pensamiento cristiano* (Buenos Aires: Methopress, 1965), pp. 358-373.
4. Thomas, *Revelation 1—7*, p. 127.
5. Walvoord, *op. cit.*, p. 53.
6. Thomas, *op. cit.*
7. Rienecker, *A Linguistic Key*, vol. 2, p. 469.
8. Thomas, *op. cit.*, p. 134.
9. A.T. Robertson, *Word Pictures*, p. 298.
10. Los falsos maestros son calificados como «malos» (*kakoús*) en el sentido de ser inservibles. En Apocalipsis 2:3 se refiere a falsos profesantes de la fe cristiana que no viven en conformidad con la fe que profesan.
11. Véase Leon Morris, «Revelation», *Tyndale New Testament Commentaries*, p. 60.
12. A.T. Robertson, *op. cit.*, vol. VI, p. 299.
13. José Grau, *Estudios sobre Apocalipsis*, p. 88.
14. Véase Hechos 19:8; 20:31.
15. Robert H. Mounce, «The Book of Revelation», *The New International Commentary of the New Testament*, p. 88.
16. Véase John F. Walvoord, *The Revelation of Jesus Christ*, p. 57.
17. Robert H. Mounce, «The Book of Revelation», p. 89.
18. Roberto L. Thomas, «The "Comings" of Christ in Revelation 2—3», *The Master's Seminary Journal* (otoño, 1996), p. 163.
19. *Ibid.*
20. Thomas, *op. cit.*, p. 153.
21. *Ibid.*
22. Véase Merrill F. Unger, *Archeology and the New Testament*, pp. 280, 281.
23. W.E. Vine, *Expository Dictionary of New Testament Words*, pp. 40, 41.
24. Mounce, «The Book of Revelation», p. 92.
25. John Cumming, *The Cities of the Nations Fell*, p. 146.
26. Mounce, «The Book of Revelation», p. 83.
27. Es posible que la frase «se dicen ser judíos» se refiera a gentiles que habían pasado por el rito de la circuncisión y, por lo tanto, habían abrazado el judaísmo, pero rechazaban e incluso perseguían a los verdaderos cristianos.
28. Véase William R. Newell, *Revelation: Chapter-by-Chapter*, p. 46.
29. Véase A.T. Robertson, *Word Pictures*, vol. VI, p. 304.

30. Véase William R. Newell, *Revelation: Chapter-by-Chapter*, p. 48.
31. Thomas, *Revelation 1-7*, p. 186.
32. Véase William R. Newell, *Revelation: Chapter-by-Chapter*, p. 51.
33. Véase Robert H. Mounce, «The Book of Revelation», p. 99.
34. Véase Robert L. Thomas, «The "Comings" of Christ in Revelation 2—3», *The Master's Seminary Journal*, (otoño, 1996), p. 165. Thomas sugiere que Apocalipsis 2:16 podría traducirse así: «Por tanto arrepiéntete; de no hacerlo [i.e., si no te has arrepentido con anterioridad], *cuando venga a ti pronto*, pelearé contra ellos con la espada de mi boca.»
35. La metáfora de la «espada» (*rhomphaía*) se usa varias veces en el Apocalipsis (véase 1:16; 2:12, 16; 6:8; 19:15, 21).
36. Robertson, *op. cit.*, vol. VI, p. 308.
37. Thomas, *op. cit.*, p. 215.
38. Véase la excelente discusión de José Grau, *Estudios sobre el Apocalipsis*, pp. 116-119.
39. Véase Thomas, *Revelation 1-7*, pp. 218, 219.
40. Véase Rienecker, *A Linguistic Key*, p. 472.
41. Robert H. Mounce, «The Book of Revelation», pp. 105, 106.
42. Thomas, *Revelation 1—7*, p. 233.
43. Véase Joseph Henry Thayer, *Greek Lexicon of the New Testament*, p. 527.
44. Thomas, *op. cit.*, p. 233.
45. Véanse Walvoord, *The Revelation of Jesus Christ,* p. 77; A.T. Robertson, *Word Pictures*, vol. VI, p. 312; y José Grau, *Estudios sobre Apocalipsis*, p. 124.
46. Thomas, *op. cit.*, p. 235.

4

Las cosas que son: Las cartas a las iglesias de Sardis, Filadelfia y Laodicea (3:1-22)

INTRODUCCIÓN

El capítulo 3 del Apocalipsis contiene las cartas dirigidas a Sardis, Filadelfia y Laodicea. Cada una de estas congregaciones poseía características que han perdurado y en algunos casos, han aumentado a través de los siglos. Los que creen que las siete iglesias son siete períodos o etapas de la historia de la Iglesia de principio a fin, encuentran serias dificultades a la hora de interpretar y aplicar el contenido de cada una de las cartas. Como ya se ha sugerido, es mejor entender las siete cartas en su sentido literal o histórico. Tocante a la aplicación, sin embargo, se sugiere que las siete iglesias señalan a siete condiciones que han existido simultáneamente a través de la historia de la Iglesia.

EL MENSAJE A LA IGLESIA DE SARDIS (3:1-6)

Bosquejo

1. **El destinatario (3:1*a*)**
2. **La descripción del Señor (3:1*b*)**
3. **La acusación (3:1*c*, 2)**
4. **La exhortación (3:2, 3*a*)**
5. **La advertencia (3:3*b*)**
6. **El reconocimiento (3:4*a*)**
7. **La promesa (3:4*b*-6)**

NOTAS EXEGÉTICAS Y COMENTARIOS

3:1

«Escribe al ángel de la iglesia en Sardis.» Por el siglo vi antes de Cristo, Sardis era una de las ciudades más poderosas del mundo conocido.[1] Hasta el año 549 a.C. fue la capital del reino de Lidia. Sardis estaba estratégicamente situada de modo que sus habitantes se sentían seguros, considerando la ciudad inexpugnable al ataque de ejércitos enemigos. Sin embargo, Sardis fue capturada por los persas en el año 549 a.C., destruida por los jónicos en el año 501 a.C. y conquistada por Alejandro Magno en el año 334 a.C.[2] Sardis llegó a ser famosa por su riqueza material. A mediados del siglo VI antes de Cristo, y bajo el liderazgo del rey Croeso, Sardis alcanzó el apogeo de su fama. El proverbio «tan rico como Croeso» se hizo famoso en el mundo antiguo. Una descripción de la ciudad reza así:

Sardis, la metrópoli de la región de Lidia, en Asia Menor, está situada cerca del monte Tmolous, entre 48 y 52 km. al este de Esmirna. Era célebre por su gran opulencia y por el voluptuoso y corrupto comportamiento de sus habitantes. Considerables ruinas dan testimonio del antiguo esplendor de la que fue célebre capital de Croeso y de los reyes de Lidia.[3]

Sardis era, además, un centro para la adoración de la diosa Cibeles, otro nombre para la diosa Artemisa.[4] Dicha diosa pagana era asociada con la fertilidad y era invocada por las mujeres a la hora del alumbramiento.[5]

La ciudad de Sardis era también el punto de encuentro del sistema de caminos de la antigüedad y un centro de producción de lana y tintes. En medio de la opulencia de Sardis estaba la congregación a la que va dirigida la carta que contiene la mayor reprensión, exceptuando la de Laodicea.

«El que tiene los siete espíritus de Dios, y las siete estrellas, dice esto.» La expresión **«el que tiene»** (*ho échôn*) es un participio presente, voz activa y sugiere acción continua además de control y dirección. **«Los siete espíritus»** es una referencia a la plenitud del Espíritu Santo. Dicha expresión habla de la plenitud de capacitación y de vida inherentes en el Espíritu y que están a la disposición de la iglesia de Sardis a pesar de su condición de mortandad espiritual. El genitivo **«de Dios»** sugiere la doctrina de la procesión del Espíritu, es decir, de la relación eterna entre las tres personas de la Trinidad.

El Señor Jesucristo también tiene control sobre «las siete estrellas», es decir, los mensajeros de las iglesias (véase 1:16, 20). La mención de **«las siete estrellas»** apunta al hecho de que el Señor tiene control sobre las siete iglesias y las hace estrictamente responsables de responder ante una provisión espiritual tan abundante. Como señala Thomas:

> Su constante control no se limita a los mensajeros, representados en las estrellas, sino que se extiende a través de ellos a toda la iglesia. Él quiere asegurarse de que los candeleros en cada comunidad están brillando tan intensamente como deben. Sardis representa una situación donde la iglesia ciertamente no emitía luz espiritual como debía hacerlo.[6]

La iglesia de Sardis atravesaba una profunda crisis espiritual. En realidad, pudiera decirse que estaba espiritualmente muerta o agonizando. Sólo el Señor, a través del Espíritu Santo, podía reavivar aquella congregación y sacarla de su letargo y decadencia.

«Yo conozco tus obras.» Esta frase apunta a la omnisciencia del Señor. Él tiene un conocimiento absoluto y perfecto de todas las cosas. Nada (pasado, presente o futuro) se esconde de Él.

«Que tienes nombre de que vives, y estás muerto.» Es probable que esta declaración refleje la condición misma de los habitantes de Sardis. Cuando el Apocalipsis se escribió ya la gloria y la fama de la ciudad de Sardis habían pasado a la historia. Es probable que los habitantes de aquella ciudad continuaran manteniendo el orgullo de la gloria pasada sin tomar en cuenta de que vivían en una situación diferente.

El Señor pronuncia una cuádruple acusación contra la congregación de Sardis:

1. En primer lugar, Sardis tenía una *falsa reputación de vida*. Un **«nombre de que vives»** sugiere que quienes contemplaban la congregación de Sardis deducían que era una congregación cuyos signos vitales eran aceptables. Tal vez, era una asamblea que vibraba con actividades, predicaciones, programas y conferencias, pero en lo que concernía a Cristo estaba tan muerta como un cementerio. La realidad en Sardis era más bien de muerte espiritual no en el sentido de aniquilación o de cese de la existencia, sino de un estado de impotencia, incapacidad e inhabilitación (véanse Ro. 4:19; He. 11:12). La frase es enfática en el texto griego: «Que un nombre tienes de que vives, pero muerto estás.» La congregación de Sardis sólo vivía en apariencia, pero en realidad, en lo que a Dios se refiere, estaba muerta.

2. La segunda acusación contra Sardis es: **«No he hallado tus obras perfectas delante de Dios»** (3:2). Obsérvese el tiempo perfecto del verbo *hallar*. El Señor ha buscado pero «no ha hallado» las obras de los creyentes de Sardis **«perfectas»** (*plepleroména*). El vocablo «perfectas» es el participio perfecto, voz pasiva con función de predicado del verbo *pleróo*, que significa «llenar», «cumplir», «ser llenado». La idea se expresa por A.T. Robertson del modo siguiente: «Sus obras no se conformaban con el criterio de Dios.»[7] Las obras de los creyentes de Sardis estaban faltas de aprobación divina porque, evidentemente, no eran generadas por una fe genuina. Lo que se reprocha no es la cantidad sino la calidad de las obras de aquella congregación.

3. La tercera acusación tiene que ver con la debilidad intrínseca de la vida espiritual de la congregación. El Señor manda que la congregación afirme **«las otras cosas que están para morir»** (3:2). Incluso el más leve vestigio de vida que quedaba en Sardis estaba a punto de morir. «Los valores que aún permanecían continuaban declinando cuando Jesús pronunció este mandamiento ... Los tiempos verbales los describen como algo que estaba a punto de morir en el pasado y continuaba el proceso hasta el presente, con la inminente posibilidad de perder la última señal de vida.»[8]

4. Por último, el Señor acusa a la congregación de tener sólo «unas pocas personas ... que no han manchado sus vestiduras». Lo terrible del caso es que sólo una ínfima minoría de los creyentes de Sardis llevaban una vida de separación del paganismo y del mundo. «La iglesia tenía una reputación de estar viva (v. 1), pero sólo algunos de sus miembros vivían en consonancia con esa reputación. La mayoría de sus miembros era una contradicción de lo que ellos como iglesia pretendían ser.»[9]

3:2, 3a

Estos versículos contienen una quíntupla *exhortación* de parte del Señor para la asamblea de Sardis y para todos los creyentes, incluso a los de hoy día. Es importante observar los tiempos verbales en cada exhortación. De ellos es posible derivar el énfasis que el Señor da a cada acción que los creyentes debían emprender.

1. **«Sé vigilante»** (*gínou gregorôn*). En esta primera exhortación, el Señor combina un presente imperativo, voz media, con un participio presente, voz activa. Esta combinación verbal produce un imperativo perifrástico. La idea es: «Por vuestro propio bien, volveos vigilantes» o «demostrad por vosotros mismos ser vigilantes». La exhortación es a que despierten de su anestesia espiritual y continúen vigilando. Tal vez la mencionada exhortación tenga una connotación histórica. Las veces que los habitantes de Sardis sucumbieron

bajo sus enemigos se debió principalmente al descuido de sus guardias. La situación geográfica privilegiada de la ciudad hizo que sus vigilantes descuidaran sus responsabilidades. Fue así que Sardis cayó en poder de Ciro el Grande en el año 549 a.C. y posteriormente en manos de Antíoco el Grande en el año 195 a.C.[10] Del mismo modo, tanto los creyentes de Sardis como los de hoy, cometen el grave error de dejar de vigilar al enemigo. Tal actitud puede producir calamidad espiritual lamentable. Una vigilancia constante de los enemigos que asedian al creyente es el mejor antídoto para la seguridad espiritual.

2. **«Y afirma las otras cosas que están para morir.»** El verbo **«afirma»** (*stéirison*) es el aoristo imperativo, voz activa de *steirídso*, que significa «hacer firme», «fortalecer». Esta forma verbal sugiere la urgencia de la acción. Los creyentes de Sardis debían actuar de manera decidida y con toda urgencia. **«Las otras cosas»** (*tà loipá*), mejor «las cosas que restan», pudiera parafrasearse como «aquello que sobrevive». En el texto griego es un plural neutro que contempla de manera colectiva tanto a cosas como a individuos que dentro de la comunidad cristiana de Sardis pudieran retener trazas de verdadera piedad. Las referidas cosas o individuos habían estado a punto de morir en el pasado y continuaban a la deriva, corriendo el peligro de languidecer por completo como el cuerpo que es invadido por una enfermedad o la planta que es atacada por una plaga.[11]

Las dos exhortaciones anteriores se deben a que el Señor ha escudriñado las obras de los creyentes de Sardis y no las ha hallado perfectas delante de Él. Evidentemente, las obras de aquellos creyentes no eran producto de la fe, sino de la carne y por lo tanto, no contenían la calidad que agrada a Dios.

3:3

3. **«Acuérdate, pues, de lo que has recibido y oído.»** Esta es la tercera exhortación. El verbo **«acuérdate»** (*mneimónene*) es el presente imperativo, voz activa. El presente sugiere una acción continua: «continúa recordando.» El texto griego dice literalmente: «recuerda, por lo tanto, cómo has recibido y oído.» La exhortación es, sin duda, un llamado a persistir en lo fundamental. Los creyentes de Sardis habían recibido el evangelio por la fe, pero no habían persistido en desarrollarse espiritualmente por la fe. Ese descuido había producido el olvido de la necesidad de mantener una relación personal con el Señor (véanse Ro. 10:17: 1 Co. 4:7: Gá. 5:7; Col. 2:6). Los verbos **«has recibido»** (*eíleiphas*) y **«oído»** (*eíkousas*) deben observarse cuidadosamente. El primero es un tiempo perfecto y sugiere una acción completa con resultados perdurables. El segundo es un aoristo indicativo que señala al acontecimiento histórico cuando los creyentes de Sardis oyeron el evangelio que generó en sus vidas la fe que depositaron en Cristo. El creyente ha recibido el regalo de la salvación por la fe en Cristo y el sello de la presencia del Espíritu Santo sobre la misma base. Recordar constantemente tanto el regalo de la gracia recibido por la fe en Cristo como las instrucciones recibidas tocante a la práctica de la fe, debe ser una asignatura prioritaria en la vida de todo creyente.

4. **«Y guárdalo»** (*kaì téirei*) es el presente imperativo, voz activa de *teiréo*, que significa «guardar», «vigilar», «mantener». El tiempo presente sugiere acción continua: «sigue guardando.» La referencia parece ser a las cosas o

personas que aún estaban vivas en Sardis. Es decir, «cosas» de valor espiritual y «personas» con sensibilidad e inclinación hacia las cosas de Dios. Ese testimonio debía persistir si se quería evitar el juicio de Dios.

5. **«Y arrepiéntete»** (*kaì metanóeison*). Este verbo es el aoristo imperativo, voz activa, y sugiere la realización de una acción urgente. Equivale a decir: «arrepiéntete de inmediato.» El verbo «arrepentirse» (*metanoéo*) significa un cambio de manera de pensar acompañado de un cambio de comportamiento. Los creyentes de Sardis tenían la necesidad urgente de arrepentirse de la manera como habían utilizado la riqueza espiritual que habían recibido a través del evangelio de la gracia y la instrucción de la Palabra. El arrepentimiento al que se les llama no era un simple reconocimiento de que estaban haciendo mal, sino a llevar a cabo un cambio de rumbo que los acercara a Dios.

3:3b

«Pues si no velas, vendré sobre ti como ladrón, y no sabrás a qué hora vendré sobre ti.» Con esas solemnes palabras, el Señor advierte a la congregación de Sardis del peligro al que se abocaban. La expresión «si no velas» es una condicional de tercera clase en la que se usa el modo subjuntivo que contempla la condición como posible. La cláusula contiene una seria advertencia a los lectores.[12] La advertencia pudiera parafrasearse así: «Por lo tanto, si verdaderamente no te despiertas de inmediato, vendré como un ladrón, y no serás capaz de reconocer qué clase de hora será cuando vendré a ti.» El estupor espiritual los haría insensibles al obrar de Dios.

«Vendré sobre ti como ladrón» (*héixo hos klépteis*). El texto griego dice: «Vendré como ladrón.» Esta expresión denota sorpresa. Este símil se usa repetidas veces en el Nuevo Testamento con referencia a la segunda venida de Cristo (véanse Mt. 24:43; Lc. 12:39; 1 Ts. 5:2; 2 P. 3:10; Ap. 16:15). La advertencia es sumamente enfática, como lo indica la frase siguiente: «Y no sabrás a qué hora vendré sobre ti.»

«No» es enfático en el texto griego, ya que se usa la doble negativa *ou mei*, que significa «nunca», «jamás», «en manera alguna». El verbo **«sabrás»** es el aoristo subjuntivo que al ir precedido de la doble negativa destaca de manera enfática que algo no va a ocurrir.[13] La frase pudiera expresarse así: «Vendré como ladrón y *jamás* sabrás qué clase de hora será.» Quienes están desprovistos de vida espiritual por no haber confiado en Jesucristo serán rotundamente sorprendidos por la segunda venida de Cristo. La referencia no parece ser a un juicio especial sobre la iglesia de Sardis, sino a la segunda venida judicial y gloriosa de Jesucristo. Esta tomará por sorpresa a los inicuos que han rechazado a Cristo como Salvador, ya sea o no que estén dentro de una congregación local como la de Sardis.

3:4a

«Pero tienes unas pocas personas en Sardis que no han manchado sus vestiduras.» «Pero» (*allà*) destaca un contraste fuerte con lo dicho anteriormente. Cierto que era una minoría, pero había un remanente fiel de Sardis que no había contaminado sus vestiduras, es decir, andaba en santidad delante del Señor. «El lenguaje hace recordar la inscripción hallada en el Asia Menor, proclamando que las vestiduras manchadas descalificaban al adorador y deshonraban al dios.»[14] Pero el mérito del remanente fiel de Sardis era que «en los días de contaminación general éste se había mantenido puro».[15] Muy poco se conoce de la historia de la iglesia de Sardis, pero durante la segunda mitad del siglo segundo hubo un hombre conocido como Melitón, obispo de Sardis, que sobresalió en todo el Asia Menor como un dedicado siervo de Dios. Melitón se distinguió también como teólogo y escritor brillante. Su influencia es reconocida por el historiador Eusebio de Cesarea[16] y por Tertuliano, quien lo admiró por su genio elegante y elocuente.[17] Sin duda, Melitón, aunque vivió después que el Apocalipsis se escribió, puede clasificarse como alguien de Sardis que no manchó sus vestiduras.

3:4*b*

Comenzando en la mitad del versículo 4, hay una lista de tres promesas concretas que el Señor hace al remanente fiel de Sardis.

(1) **«Y andarán conmigo en vestiduras blancas, porque son dignas.»** El verbo **«andarán»** o «caminarán» es el futuro indicativo, voz activa y sugiere una realidad que tendrá su seguro cumplimiento. La frase expresa comunión íntima y personal («conmigo»). La expresión **«en vestiduras blancas»** habla de la pureza y la santidad que Dios exige para que alguien entre en su presencia. «Debido al rechazo de contaminar sus vestiduras mientras se hallaban bajo gran presión cultural, Cristo sustituirá sus vestidos humanos no manchados con otros que son blancos por criterio divino.»[18] El remanente fiel experimentará la perpetuidad de su antigua vida de separación terrenal y de comunión con el Señor, y andará en perfecta comunión con Cristo en su reino. «La anticipación de vestir tales vestidos y disfrutar de la compañía personal de Cristo proporciona un amplio incentivo para la fidelidad continua de los pocos de Sardis que se mantenían firmes frente al oleaje de apatía que se había apoderado de la mayoría de la iglesia.»[19]

«Porque son dignas» (*hóti áxioí eisin*). Esta frase no se refiere a dignidad absoluta. Todo ser humano es indigno de las bendiciones de Dios. Hay, sin embargo, una dignidad relativa que se atribuye a los santos en Cristo (véanse Lc. 20:35; Ef. 4:1; Fil. 1:27; Col. 1:10; 1 Ts. 2:12; 2 Ts. 1:5).[20] El creyente no posee méritos personales que lo capaciten para agradar a Dios por sí mismo. El cristiano tiene que apelar a los méritos de Cristo puesto que sólo Él es digno delante del Padre celestial.

3:5

«El que venciere será vestido de vestiduras blancas.» Esto podría ser una repetición por razón de énfasis o una ampliación de la promesa del versículo 4. El vencedor será revestido de vestiduras blancas como una exhibición de festividad (Ec. 9:8) y de victoria final (Ap. 7:14; 19:14). Es, además, un galardón adecuado para quienes rechazaron la corrupción de Sardis y un reconocimiento público de fidelidad a Cristo.

3:5*b*

«Y no borraré su nombre del libro de la vida.» Esta solemne declaración expresa la segunda promesa del Señor al remanente fiel de Sardis. La promesa es enfática. El vocablo **«no»** es la traducción de la doble negación *ou mèi* que puede traducirse como «nunca», «jamás», «de ninguna manera». El verbo **«borraré»** (*exaleípso*) es el futuro indicativo, voz activa de *exaleípho*, que significa «eliminar», «borrar». Rienecker explica lo siguiente:

> En el Antiguo Testamento el libro de la vida era el registro de todos los que tenían ciudadanía en la comunidad teocrática de Israel. La idea también era común en el mundo secular y todas las ciudades griegas y romanas de aquellos tiempos mantenían una lista de ciudadanos en conformidad con su clase o tribus, en la que los nuevos ciudadanos eran inscritos y de la que

ciudadanos indignos eran borrados ... La promesa aquí es positiva de que los nombres de éstos de ninguna manera serán borrados del libro de la vida.[21]

Por supuesto, no se trata de nombres que sólo *profesaban* tener vida, sino que en realidad la *poseían*. Hay quienes ven aquí la posibilidad de la pérdida de la salvación. Tal enseñanza, sin embargo, no aparece por ningún sitio en la Biblia. Hay más de 150 pasajes bíblicos que de manera definitiva enseñan la seguridad de la salvación de quien ha puesto su fe en Cristo. Recuérdese que toda doctrina debe tener fundamento bíblico y no ser producto de la experiencia humana. Pasajes tales como Juan 5:24; 10:27-29; Romanos 8:1; Filipenses 1:6 y muchos otros enseñan de manera enfática la seguridad de la salvación de aquel que en realidad ha confiado en Cristo como Salvador personal.

En el Antiguo Testamento (Éx. 32:32), Moisés pidió a Dios que quitase su nombre del libro de la vida («tu libro que has escrito»), pero la petición le fue denegada. Igualmente, Pablo en Romanos 9:3 deseaba ser anatema con tal que su pueblo fuera salvo. Lo que Pablo deseaba era imposible, porque la salvación es un hecho irreversible como el nacimiento físico (véanse Ro. 11:29; Fil. 1:6).

En los tiempos antiguos, los nombres de quienes morían físicamente eran borrados de las listas o registros de las ciudades. Las autoridades sólo mantenían en el padrón a ciudadanos vivos. De la misma manera en el libro de la vida sólo permanecen inscritos los nombres de quienes tienen vida espiritual por haber puesto su fe y confianza en la persona de Jesucristo (1 Jn. 5:1). El creyente en Cristo tiene la absoluta garantía de la Palabra del Señor. Él promete: «Y no borraré su nombre del libro de la vida.»

Hay una tercera promesa del Señor al remanente fiel: **«Y confesaré su nombre delante de mi Padre, y delante de sus ángeles.»** El verbo «confesaré» (*homologéiso*) es el futuro indicativo, voz activa de *homologéo*, que significa «confesar», «reconocer», «estar de acuerdo». El Señor Jesucristo dijo: «A cualquiera, pues, que me confiese delante de los hombres, yo también le confesaré delante de mi Padre que está en los cielos» (Mt. 10:32). Es probable que, presionados por el ambiente religioso-cultural, muchos en Sardis se avergonzaban de dar testimonio de su fe en Cristo. Al remanente fiel que no temía exaltar a Cristo, el Señor le promete que le confesará en el cielo: «Delante de mi Padre, y delante de sus ángeles.» La confesión debe significar el reconocimiento de que pertenecen a Cristo y por lo tanto, han sido hecho aptos para participar de su gloria eterna (Col. 1:12).

3:6

Al igual que en las cartas anteriores, el Señor hace un solemne llamado al individuo: **«El que tiene oído, oiga lo que el Espíritu dice a las iglesias.»** En última instancia, la responsabilidad es siempre personal. Una congregación nunca será mejor de lo que lo sean los miembros que la componen. El Espíritu habla a las iglesias a través del apóstol, pero el mensaje es personal para cada uno de los componentes de la asamblea y para nosotros hoy día.

RESUMEN

La iglesia de Sardis era culpable de una sorprendente aridez espiritual. Al parecer, la congregación había caído en la complacencia personal y había abandonado la responsabilidad de testificar de Cristo. La asamblea había estado languideciendo por varios años, tal vez décadas. Se asemejaba a una lámpara a punto de terminársele el combustible y por lo tanto, «estaba para morir».

Es probable que la mayoría de los miembros sólo profesaba ser cristianos, pero no había nacido de nuevo. Sin embargo, había un remanente que, aunque pequeño, era fiel al Señor. A quienes sólo profesaban ser cristianos, el Señor les advierte de las consecuencias de permanecer en la condición en la que se encontraban y les conmina a actuar con prontitud.

El remanente fiel, por el contrario, recibe promesas maravillosas: (1) Serán vestidos con vestiduras blancas (símbolo de la condición perpetua de santidad); (2) andarán con el Señor (descripción de una comunión eterna con Cristo); (3) sus nombres no serán borrados del libro de la vida (confirmación de la salvación eterna que recibieron por la fe en Cristo); y (4) sus nombres serán confesados delante del Padre y de los ángeles (reconocimiento de la fidelidad y el servicio desplegados para el Señor en situaciones difíciles).

Las iglesias de hoy día y los cristianos como individuos deben prestar oído al mensaje del Señor a la iglesia de Sardis. Hoy, como entonces, las iglesias necesitan ser vigilantes y fortalecer las cosas que quedan. Es necesario advertir que no basta con tener el nombre inscrito en el libro o registro de una iglesia aquí en la tierra. Lo verdaderamente importante es tener la certeza de que, por la fe en la persona del Señor Jesucristo, nuestro nombre ha sido inscrito en el libro de la vida.

EL MENSAJE A LA IGLESIA DE FILADELFIA (3:7-13)

Bosquejo

1. **El destinatario (3:7a)**
2. **La descripción del Señor (3:7b)**
   2.1. Su deidad
   2.2. Su humanidad
3. **La aprobación del Señor (3:8-10)**
4. **La advertencia del Señor (3:11)**
5. **La promesa y la invitación del Señor (3:12, 13)**
6. **La exhortación (3:13)**

NOTAS EXEGÉTICAS Y COMENTARIOS

3:7a

«Escribe al ángel de la iglesia en Filadelfia.» La ciudad de Filadelfia «estaba ubicada en el valle del río Cógamo, cerca del paso que conduce a la principal ruta de comercio desde el río Meander al valle del Hermus, una amplia planicie junto al monte Tmolo».[22] Fue fundada por el rey Attalo II en el año 189 a.C. De modo que cuando el Apocalipsis se escribió, Filadelfia era una ciudad relativamente joven. Situada a unos 56 km. al este de Sardis y a 158 de Esmirna, esta ciudad era víctima de constantes y devastadores terremotos.

El nombre Filadelfia significa «amor fraternal» en honor a su fundador, Attalo II, quien había recibido ese epíteto debido a que mantenía una relación muy estrecha con su hermano Eumenes II, rey de Lidia.[23] La Filadelfia del Nuevo Testamento fue reedificada por el emperador Tiberio después de haber sido destruida por uno de los frecuentes terremotos que la azotaron. Aunque la ciudad permaneció relativamente pequeña, en el siglo primero adquirió importancia por su gran actividad comercial.[24] Por la magnificencia de sus edificios públicos y sus templos, llegó a ser conocida como «la pequeña Atenas».

No se sabe ni cuándo ni cómo comenzó la iglesia cristiana en aquella ciudad. Se especula que, al igual que otras congregaciones en la región, su comienzo se debió al esfuerzo misionero de la iglesia de Éfeso, particularmente durante los tres años del ministerio de Pablo en aquella ciudad. Hoy día, la ciudad de Filadelfia existe con el nombre de Allah-Shehr, es decir, «la ciudad de Dios». A pesar de la persecución de los turcos, la Iglesia Ortodoxa Griega ha logrado mantener activa allí una congregación hasta hoy día.

3:7b

«Esto dice el Santo, el Verdadero.» Esta frase expresa dos atributos personales de Cristo. El Señor Jesucristo es **«el Santo»** (*ho hágios*) en el sentido más absoluto de la palabra. El sustantivo *hágios* significa «separado», «apartado». El uso del artículo determinado destaca la identificación de la persona: Él es el Santo (véanse Is. 6:3; 43:3, 14, 15; 45:11; 40:25; Hch. 2:27). En contraste con la santidad superficial de los judaizantes (3:9) se levanta la absoluta santidad de Jesucristo.

«El Verdadero» (*ho aleithinós*) en el sentido de ser genuino. Cristo es la perfecta realización del ideal divino en contraste con el falso sustituto de los legalistas. «Cuando somos confrontados por Cristo, nos enfrentamos no a la sombra de un bosquejo de la verdad, sino con la verdad misma.»[25]

«El que tiene la llave de David, el que abre y ninguno cierra, y cierra y ninguno abre.» Cristo es el Mesías heredero del trono de David. Repetidas veces en el Nuevo Testamento se presenta a Cristo como la simiente de David (Mt. 1:1; 21:9; Ro. 1:3; 2 Ti. 2:7; Ap. 5:5; 22:16). Como el Rey-Mesías, Cristo tiene control absoluto e indiscutible mayordomía sobre su reino. **«La llave»** era llevada sobre los hombros para demostrar que quien la llevaba poseía absoluta autoridad en la administración de las bendiciones y las posesiones (Is. 22:22-25). Él es **«el que abre»** porque es el único capaz y digno de dar entrada. Él es **«el que cierra»**, porque sólo Él puede excluir de su dominio.[26] La expresión **«de David»** sugiere el reino mesiánico, es decir, el reinado de gloria y paz que el Mesías inaugurará cuando venga la segunda vez a la tierra. Cristo posee autoridad davídica genuina en contraste con los miserables impostores judaicos quienes se vanagloriaban de excomulgar a los verdaderos creyentes de todas las bendiciones (3:9). Cristo, por el contrario, quien en su humanidad resucitada sigue siendo el verdadero heredero davídico (2 Ti. 2:8), abre de par en par las puertas del reino milenial a los humildes creyentes que han confiado en Él como su único y suficiente Salvador.

3:8

«Yo conozco tus obras.» Se refiere al conocimiento íntimo y sobrenatural del Señor. La frase expresa una declaración general sin especificar a qué obras se refiere. No se menciona ninguna crítica, aunque las obras están expuestas a la omnisciencia del Señor. Es importante recordar que, si bien es verdad que las obras no son la acumulación de méritos para la salvación, sí guardan relación con las bendiciones terrenales y con los galardones que Dios dará a los redimidos.

«He puesto delante de ti una puerta abierta, la cual nadie puede cerrar» (*dédôka enôpión sou thyran eineoigménein hèin oudeìs dynatai kleîsai autéin*). El verbo **«he puesto»** (*dédôka*) es el perfecto indicativo, voz activa de *dídômi*, que significa «yo doy». El perfecto sugiere una acción completada con resultados perdurables. El texto dice literalmente: «Yo he dado.» Dicha expresión señala a un regalo de la gracia del Señor. Equivale a decir: «He derramado un don permanente.» La calidad de las obras de los creyentes de Filadelfia fue premiada por la gracia divina mediante la aprobación para mayores oportunidades.

El regalo del Señor a los de Filadelfia consistía en: **«Una puerta que ha sido abierta y que permanece abierta.»**[27] La puerta abierta tiene que ver con la oportunidad para predicar el evangelio a pesar de la oposición de los enemigos de la fe cristiana o quizá con la amplia entrada en el reino del Mesías. La puerta tenía que ser abierta sobrenaturalmente por Cristo, debido a que la oposición satánica intentaba cerrarla de inmediato. Satanás usa agentes inicuos (1 Co. 16:9); la prisión (Col. 4:3); maquinaciones (2:2, 11, 12); y a los mismos demonios para intentar apagar la llama del testimonio cristiano (Ef. 6:12, 13). Los cristianos de Filadelfia podían aprovechar la puerta abierta llevando el evangelio a las regiones de Misia, Lidia y Frigia. La iglesia cristiana hoy día puede llevar el mensaje a todos los rincones de la tierra haciendo uso adecuado de las oportunidades y los medios modernos que Dios ha provisto. Quizá lo que está ausente hoy en muchas congregaciones es el celo evangelístico y la visión misionera. El Señor da tres razones en cuanto al porqué la iglesia de Filadelfia es digna de reconocimiento:

1. **«Tienes poca fuerza.»** En la superficie esta frase podría tomarse como una crítica, pero el entorno del pasaje parece indicar que es una demostración de aprecio. Es probable que la congregación tuviese poca influencia entre los ciudadanos de Filadelfia, pero sus obras eran irreprensibles. Tal vez los creyentes de Filadelfia pertenecían a la clase proletaria, sin poder político ni económico, pero guardaban un excelente testimonio.

2. **«Has guardado mi palabra.»** El verbo «has guardado» (*eteíreisás*) es el aoristo primero, modo indicativo, voz activa de *teiréo*. El aoristo contempla el hecho histórico y el modo indicativo destaca la realidad del hecho. Los creyentes de Filadelfia habían demostrado lealtad hacia la Palabra de Dios a pesar de las dificultades. Las circunstancias no les habían hecho alterar el contenido del mensaje.

3. **«Y no has negado mi nombre»** (*ouk eirneíso tò ónomá mou*). El verbo «has negado» (*eirnéiso*) es el aoristo indicativo, voz media de *arnéomai*. El aoristo se refiere a un momento concreto en el pasado cuando, probablemente, los creyentes de Filadelfia fueron conminados a negar su relación con Cristo[28]. En una situación específica de prueba, los cristianos de Filadelfia se mantuvieron firmes y fieles en sus convicciones.

3:9

«He aquí, yo entrego de la sinagoga de Satanás a los que se dicen ser judíos y no lo son, sino que mienten.» La expresión **«he aquí»** (*idoù*) se usa para llamar la atención a la acción divina contra los judaizantes que perseguían a los cristianos. **«Yo entrego»** (*didô*), mejor «yo doy». Este verbo describe la sorprendente sujeción de los incorregibles opositores judaizantes por la gracia soberana de Dios. Quienes antes eran blasfemos (2:9) ahora han sido doblegados (3:9). El verdadero judío no sólo lo es físicamente, sino que debe serlo también espiritualmente (Ro. 2:28, 29). El judío genuino es aquel que tiene la fe de Abraham. El verdadero hijo de Abraham no persigue ni al Mesías ni a sus seguidores (Jn. 8:39-47).

«He aquí, yo haré que vengan y se postren a tus pies, y reconozcan que yo te he amado.» Los judíos perseguidores de los cristianos tendrían que hacer algo que, en realidad, ellos repudiaban: Rendir homenaje a los gentiles. Obsérvese, sin embargo, que lo hacen por intervención divina: **«He aquí»** (*idoù*) aparece por tercera vez (vv. 8-9) como llamada de atención de algo que Dios hace. **«Yo haré que vengan y se postren a tus pies»** es un cuadro que presenta al enemigo inclinándose delante de su conquistador (véanse Éx. 11:8; Is. 49:23; 60:14). El Señor no dice cuándo ocurrirá que los judíos adoren a los pies de los cristianos y reconozcan que les ha amado. Es de suponer que tal acontecimiento ocurra con la conversión de judíos a la fe cristiana y, por lo tanto, vengan a formar parte de la Iglesia, cuerpo de Cristo. Es ahora, en esta dispensación, cuando el judío es enseñado por los gentiles cómo acercarse a Dios. En el reino glorioso del Mesías, cuando Israel sea restaurada a su lugar de privilegio, será el judío quien enseñará al gentil (Is. 60:1-16).

«Y reconozcan que yo te he amado» (*kaì gnôsin hóti egò eigápeisá se*). El judío daba por sentado que Dios no podía amar a los gentiles. Creía que Dios era sólo Dios de los judíos. Los gentiles eran pecadores y por lo tanto, indignos del amor de Dios. **«Reconozcan»** es el segundo aoristo subjuntivo, voz activa de *ginósko*, que significa «conocer por experiencia». El tiempo aoristo destaca el acontecimiento histórico. El modo subjuntivo realiza una función de futuro. «En el Nuevo Testamento el subjuntivo se usa con mayor frecuencia que el futuro indicativo.»[29] Aquí es una continuación de la cláusula de propósito que comienza con el «que» (*hína*) que aparece en el medio del versículo 9 («que vengan»). El judío que ha perseguido y blasfemado a los cristianos aquí en la tierra, un día tendrá que reconocer que el Señor «ha amado» al gentil (Ap. 1:5).

3:10

«Por cuanto has guardado la palabra de mi paciencia» (*hóti etéireisas tòn lógon teis hypomonêis mou*). El Señor reconoce y congratula a los creyentes de Filadelfia por haber sido fieles en medio de las pruebas y dificultades. El verbo «has guardado» (*etéireisas*) es el aoristo indicativo, voz activa («guardaste»), que apunta a una situación histórica concreta. El sustantivo «paciencia» (*hypomonêis*) significa «resistencia», «aguante» y describe a quien no claudica cuando está en medio del fuego de la prueba.

La promesa del Señor se expresa así: **«Yo también te guardaré de la hora de la prueba que ha de venir sobre el mundo entero.»** La importancia del contenido de esta promesa no debe ser minimizada. Su comprensión tiene que tomar en cuenta una adecuada exégesis del texto que conduzca a una hermenéutica congruente con el pasaje en particular y con el argumento del mismo libro de Apocalipsis.

El texto castellano de la Reina-Valera 1960 no destaca el énfasis del **«yo también»** (*kagó*). Su uso aquí sugiere reciprocidad y su traducción sería: «yo también por mi parte.» En el contexto de Apocalipsis 3:10 se podría expresar así: «Porque has guardado la palabra de mi paciencia, yo, a su vez, te guardaré...[30]» Ahora bien, la promesa del Señor se extiende a «la hora de la prueba que ha de venir sobre el mundo entero». ¿Qué significa esa frase? La respuesta a esa pregunta es de vital importancia.

Curiosamente José Grau omite toda discusión de dicho texto y sólo se limita a citar el versículo.[31] Leon Morris, por su parte, se circunscribe a decir que «podría significar "guardarte de atravesar la prueba" o "guardarte justo a través de la prueba"», aunque luego añade: «Esta es una prueba completa porque *probará a aquellos que moran en la tierra*, que parece significar todos los habitantes de la tierra.»[32] Otra opinión generalizada es la que expresa el reconocido teólogo y comentarista George E. Ladd.[33] Este escritor ubica **«la hora de la prueba»** dentro de los tiempos escatológicos que precederán al regreso glorioso de Cristo. La identifica con la gran tribulación de los últimos días, pero sitúa la Iglesia dentro de ese período y afirma que ella sufrirá las persecuciones del Anticristo. Es desconcertante, sin embargo, que Ladd no explica satisfactoriamente el hecho de que el texto declara que esa «hora de la prueba» tiene como propósito «probar a los que moran sobre la tierra». Es decir, la prueba referida en el pasaje no está diseñada para la Iglesia sino, evidentemente, para el mundo inicuo.

Otra cuestión importante que necesita aclararse es el significado de la preposición **«de»** (*ek*) que aparece en la expresión «te libraré de...» (*se teiréiso ek*).[34] Hay quienes piensan que dicha frase se refiere a «preservar a través de» o «mientras se atraviesa por» la hora de la prueba. Otros, sin embargo, entienden que la referencia es a una liberación que consiste en remover del escenario de los sufrimientos antes que «la hora de la prueba» comience.

Quienes entienden que el versículo se refiere a una preservación «a través de» la prueba, insisten en que la Iglesia pasará por la gran tribulación y por lo general, intentan interpretar el significado de *ek* («de») sobre la base de Juan 17:15 y Santiago 1:27. Pero de inmediato se confrontan serias dificultades.

En primer lugar, en Juan 17:15, la petición del Señor es que los discípulos sean preservados del mal mientras que en Apocalipsis 3:10, pide que sean guardados de un período de tiempo durante el cual Dios ha de derramar su juicio sobre la tierra. En Apocalipsis 3:10 la petición del Señor es sumamente enfática. Él *no* pide que los creyentes sean librados de la prueba, sino que lo sean de *la hora* misma de la prueba, es decir, del tiempo en que los juicios de Dios sobre la humanidad inicua se harán efectivos. Los creyentes no son «sacados de la hora de la prueba» sino «librados de» o «mantenidos fuera de» la hora de la prueba. Si un entrenador de fútbol le dice a un jugador que lo va a dejar fuera del partido, dicho jugador debe entender que no va a jugar en ningún momento. Pero si le dice que lo va a sacar del partido, el jugador correctamente entiende que en algún momento estará jugando hasta que sea sacado del partido. La promesa del Señor claramente afirma que los que han confiado en Cristo quedarán por completo fuera de la hora de la prueba, cuyo objetivo es probar a los moradores de la tierra.

Se ha argumentado que la preposición griega *ek* («de») en muchos casos toma el significado de «fuera de en medio» (véanse Gá. 1:8; Ap. 7:14). Si bien es cierto que dicha preposición en algunos casos podría significar «fuera de en medio de», debe observarse que en Apocalipsis 7:14 el verbo usado con dicha preposición es un verbo de acción (*érchomai*) que requiere el uso de la preposición *ek* («estos son los que han salido de [ek] la gran tribulación...»). En el caso de Apocalipsis 3:10, el verbo «guardaré» (*teiréiso*) no exige el uso de dicha preposición a menos que el escritor tuviese la intención deliberada de indicar que quiere decir «librar de» o «mantener fuera de». Si el autor hubiese querido decir «librar de en medio de» hubiese usado la preposición griega *en* y si hubiese querido decir «librar a través de» la preposición *dia* habría dado mayor claridad a la expresión.[35]

Una interpretación normal del pasaje conduce a la conclusión de que «la hora de la prueba» (*teis hóras toû peirasmoû*) se refiere a ese período de juicio y tribulación que precede al establecimiento del reino mesiánico. Dicho período se menciona en Daniel 12, Mateo 24, Marcos 13 y 2 Tesalonicenses 2, y abarca los capítulos 6 al 19 del Apocalipsis. La hora de la prueba se refiere, sin duda, a la septuagésima semana de la profecía de Daniel (9:27) por las siguientes razones:

1. Afectará al mundo entero. El texto dice: **«Que ha de venir sobre el mundo entero»** (*têis melloúseis érchesthai epì teis oikouméneis hóleis*). Es decir, actuará sobre toda la tierra habitada (*oikouméneis hóleis*). Esa gran tribulación será universal (Mt. 24:14, 21). Afectará a todos los seres humanos (Mt. 24:22) y será un período único, puesto que si no fuese acortado nadie sobreviviría. Tal cosa jamás ha ocurrido en la tierra hasta el día de hoy.

2. Dicha tribulación tiene como propósito **«probar a los que moran sobre la tierra».** El verbo «probar» (*peirásai*) es el aoristo primero, modo infinitivo, voz activa de *peirádso*, y sugiere propósito. La expresión «los que moran

sobre la tierra» es una frase cliché, usada en el Apocalipsis repetidas veces (véase Ap. 6:10; 8:13; 11:10; 12:12; 14:6) y se refiere a los que no poseen ciudadanía celestial. Sus hogares, corazones, honor, ilusiones y esperanza están totalmente centrados en la tierra. Éstos constituyen una clase particular de gente que serán dejadas en la tierra y que sufrirán la ira divina.

La promesa de ser removidos de la tierra antes que comience la hora de la prueba debió de servir de aliento y consuelo a los creyentes de Filadelfia. Ellos habían guardado la palabra de la paciencia del Señor, habían sido fieles en su compromiso cristiano. Si lo que les esperaba a cambio era ser preservados mientras pasaban por una tribulación sin precedentes, eso no hubiese significado ningún consuelo para ellos. Recuérdese que «la hora de la prueba» afectará al mundo entero sin excepción. Incluso los convertidos durante la gran tribulación sufrirán físicamente hasta el punto de que muchos de ellos morirán por dar testimonio de su fe (véase Ap. 6:9-11; 7:14; 13:7). Walvoord escribe:

> El punto de vista que opta por la remoción de la escena es satisfactorio también porque proporciona un significado adecuado de *la hora* de la prueba, un período de tiempo durante el cual existe la prueba. Si la promesa concerniese a la prueba misma, la liberación concebiblemente podría ser parcial, pero la promesa es considerablemente fortalecida al referirse al período mismo. De manera que la expresión se enuncia de la manera más enfática posible, al efecto de que la iglesia de Filadelfia sería librada de ese período.[36]

¿Por qué es la Iglesia guardada de la hora de la prueba? Obsérvese que la promesa del Señor es: «Porque has guardado la palabra de mi paciencia, yo, a su vez, te guardaré de la hora de la prueba...» (texto griego). Es cierto que la Iglesia no está exenta de tribulación, pero su tribulación es presente (véase Jn. 15:18-21; 16:33). Debido a que la iglesia *ahora* sufre y padece por causa de Cristo, esa es una razón primordial de por qué no tendrá que sufrir los juicios de la *futura* gran tribulación. Como se ha observado antes, la única vez que aparece en el Nuevo Testamento una frase similar es en Juan 17:15: «No ruego que los quites del mundo, sino que los guardes del mal.» En este versículo, sin embargo, el Señor pide que sus discípulos sean guardados fuera del alcance de la extensa influencia del enemigo. Él no pide solamente que sean librados de los asaltos externos del maligno, sino que sean librados de reposar o dormirse dentro de su dominio. Cristo *no pide* que sean removidos de la escena de la actividad satánica.

En resumen, Apocalipsis 3:10 enseña que habrá un período de tribulación futura sin precedentes que el texto llama «la hora de la prueba». Esa tribulación no será algo local, sino que afectará al mundo entero. Además, dicha tribulación tiene como objeto primordial «probar a los moradores de la tierra». La frase «los moradores de la tierra» tiene una connotación espiritual. Se refiere a personas que están tan arraigadas en cuestiones terrenales que no tienen ningún interés en la venida de Cristo y, por lo tanto, son objeto de la ira de Dios.

El texto enseña que la Iglesia será librada no a través de la prueba, sino que lo será de la hora misma de la prueba; es decir, la Iglesia será removida antes que los juicios correspondientes a la septuagésima semana de Daniel tengan su comienzo.

¿Quién será el beneficiario de la promesa? Robert Thomas hace la siguiente observación:

El amplio alcance de esta promesa significaba que los cristianos filadelfianos triunfarían no sólo sobre la burla y las intrigas de sus inmediatos adversarios judíos, sino también sobre los más amplios enemigos paganos. Debido a que este período de tribulación precederá inmediatamente la venida del Señor a la tierra con poder y gran gloria (Mt. 24:29, 30), y debido a que la generación a la que Juan escribió estas palabras hace mucho tiempo que desapareció, la representación de Filadelfia no sólo de las otras seis iglesias del Asia, sino también la iglesia universal a través de la era presente es evidente.[37]

3:11

«He aquí, yo vengo pronto» (*érchomai tachy*). En el texto griego sólo dice: «Vengo pronto.» La misma frase aparece en Apocalipsis 2:16; 22:7, 12, 20 (véase también 1:7). El tiempo presente del verbo y el adverbio *tachy* («pronto») sugieren un acontecimiento rápido e inesperado, no necesariamente inmediato.[38] La declaración tiene que ver con el suceso del rapto de la Iglesia y al igual que en 2:25, constituye una exhortación a asirse de la esperanza que es propia del cristiano. La verdadera iglesia tiene que resistir sólo hasta el día del rapto, mientras que la falsa iglesia tiene que sufrir los juicios de la gran tribulación.

«Retén lo que tienes, para que ninguno tome tu corona.» Lo que tenemos *ahora* constituye nuestra corona en el *futuro*. Pablo escribió: «Porque ¿cuál es nuestra esperanza, o gozo, o corona de que me gloríe? ¿No lo sois vosotros, delante de nuestro Señor Jesucristo, en su venida?» (1 Ts. 2:19). El cristiano no pierde la salvación, pero sí puede perder su galardón. **«La corona»** (*stéphanon*) era un collar de laurel que se entregaba al vencedor. «Para que ninguno tome tu corona.» Esta frase no sugiere que la corona o galardón podía ser robado, sino que se podía perder legalmente como el atleta que llega a la meta pero es descalificado por haber quebrantado alguna norma de la competencia. Los creyentes de Filadelfia igual que los de hoy día son exhortados a «asirse firmemente» (*krátei*) de las riquezas espirituales que Dios ha derramado sobre ellos hasta el día en que estén en la presencia del Señor.

3:12

«Al que venciere», es decir, «el vencedor» o todo aquel que ha nacido de nuevo por la fe en Cristo. **«Yo le haré columna en el templo de mi Dios.»** El sustantivo «columna» (*stylon*) o «pilar» sugiere estabilidad y permanencia.[39] Un candelero puede ser removido de su lugar, pero un pilar no. «En el templo de mi Dios», mejor «en el santuario de mi Dios». La preposición «en» (*en*) sugiere un lugar dentro del santuario y del lugar santísimo, no afuera como parte del pórtico o de la entrada (véase como contraste 1 R. 7:21). **«Y nunca más saldrá de allí.»** Esta frase es enfática. «Nunca» es la doble negativa *ou mei*, que significa «jamás», «bajo ninguna circunstancia».[40] El creyente no tendrá ningún deseo de salir de la presencia de Dios, tal como una columna no desea abandonar el edificio donde está colocada. ¡No habrá más separación! (Ro. 8:35-39).

«Y escribiré sobre él el nombre de mi Dios, y el nombre de la ciudad de mi Dios, la nueva Jerusalén, la cual desciende del cielo, de mi Dios, y mi nombre nuevo.» Obsérvese la triple repetición del sustantivo «nombre» (*ónoma*) que aquí sugiere identificación y pertenencia. También se repite tres veces la expresión «mi Dios» (*toû theoû mou*), que destaca identificación en una relación única con Cristo, y porque el creyente está «en Cristo» puede disfrutar de esa relación. El texto sugiere tres cosas nuevas de las que el cristiano podrá disfrutar:

1. Un nuevo concepto de Dios: **«Escribiré sobre él el nombre de mi Dios»,** es decir, todo lo que el nombre de Dios representa, como es conocido por Cristo, será nuestro. Dios el Creador con relación a la nueva creación (2 Co. 5:17; Ap. 21:5-7).
2. Una nueva ciudadanía: **«Y el nombre de la ciudad de mi Dios.»** La nueva comunidad a la que el cristiano pertenece está en el cielo (véanse Fil. 3:20; He. 12:18-24; Gá. 4:21-31; Ap. 21:1). La sede de nuestra ciudadanía existe a causa de las cosas que están en el cielo. **«La nueva Jerusalén»** contrasta con la Jerusalén terrenal. El calificativo «nueva» no forma parte del nombre propio *Nueva Jerusalén.* El vocablo «nueva» (*kainêis*) significa «fresca», «flamante», a diferencia de la vieja y desgastada Jerusalén terrenal. «La cual desciende del cielo» en bendición y soberanía. **«De mi Dios»,** es decir, de su originador y creador. Todos los privilegios celestiales de la ciudadanía representados por el nombre que es otorgado como un acto de gracia serán nuestros.
3. Una nueva comunión con Cristo en su venida consumadora: **«y mi nombre nuevo»** que aún no ha sido revelado. «El nombre nuevo de Cristo simboliza la plena revelación de su carácter prometido al vencedor en la segunda venida de Cristo.»[41] Como vencedores, todos los frutos de victoria representados por la triunfante venida de Cristo serán manifestados como nuestros (Col. 3:4; 1 Jn. 3:2).

3:13

«El que tiene oído» es la aplicación personal del mensaje. El individuo siempre es responsable delante de Dios. **«Oiga lo que el Espíritu dice a las iglesias.»** El contenido de la carta a la iglesia de Filadelfia se debía dar a conocer a las demás iglesias. Además, hay un alcance todavía más amplio. Cada uno de los mensajes a las iglesias tiene validez y vigencia para las iglesias de hoy día. El mensaje, aunque concretamente dirigido a iglesias históricas, trasciende las barreras del tiempo y llega a nosotros con la misma fuerza con que fue dado al principio.

RESUMEN

La iglesia de Filadelfia era, al parecer, pequeña tanto en número como en influencia. A pesar de eso, Cristo le anuncia que ha puesto delante de ella una puerta abierta. La puerta podría ser la de amplia entrada en el reino del Mesías o la de la oportunidad para que continuase dando testimonio a pesar de la oposición de los judaizantes.

También el Señor le promete que mediante el rapto sería librada de la hora de la prueba, es decir, de los juicios escatológicos diseñados para la humanidad rebelde e incrédula que está apegada a las cosas terrenales. Además, el Señor promete al vencedor que disfrutará de una íntima comunión con Él en la Nueva Jerusalén. Hay una exhortación final a prestar oído al mensaje. «El reto a todos los que oyen hoy es a recibir a Cristo como Salvador y habiéndolo recibido, dar fiel testimonio del Señor. Esto confirmará su salvación y su posesión de la vida eterna con Dios.»[42]

EL MENSAJE A LA IGLESIA DE LAODICEA (3:14-22)

Bosquejo

1. **La dedicatoria (3:14a)**
2. **La descripción del Señor (3:14b)**
   2.1. La firmeza de su carácter
   2.2. La fidelidad de su proclamación
   2.3. La preeminencia de su persona
3. **La denuncia basada en la evaluación (3:15, 16)**
4. **La condenación por la autosuficiencia (3:17)**
5. **La exhortación a la recapacitación (3:18)**
6. **La advertencia a encarar la disciplina (3:19)**
7. **La promesa al remanente fiel (3:20, 21)**
8. **El llamado a escuchar la voz del Espíritu (3:22)**

3:14

«**Y escribe al ángel de la iglesia en Laodicea.**» La ciudad de Laodicea fue fundada por Antíoco II (261-246 a.C.) y nombrada así en honor a su esposa. Laodicea fue establecida como una base militar para proteger la frontera norte del reino de Antíoco.[43] La ciudad estaba situada en el valle del río Lico a 80 km. al sureste de Filadelfia, cerca de Colosas y Hierápolis, y a 192 al este-sureste de Esmirna. Laodicea era favorecida, además, por su cercanía a dos importantes rutas comerciales imperiales. Una de las rutas partía de Éfeso y la costa del mar Egeo y terminaba en la meseta de Anatolia. La otra se iniciaba en la capital provincial en Pérgamo, continuaba hacia el sur hasta el Mediterráneo, terminando en Atalía en la región de Panfilia.[44]

Durante el Imperio Romano, Laodicea llegó a ser la ciudad más rica de Frigia. Bendecida con la tierra fértil del valle del río Lico, Laodicea era poseedora de ricos pastos para la crianza de ovejas. Haciendo uso de cruces cuidadosos, los ganaderos de Laodicea lograron conseguir la producción de una lana negra, suave y brillante cuya comercialización estaba en gran demanda.

Laodicea era poseedora de una escuela de medicina que había sido establecida en conexión con el templo de Men Carou (una deidad asociada con la sanidad). Los maestros de dicha escuela llegaron a producir un ungüento con propiedades para curar enfermedades de los oídos y un colirio para las enfermedades de la vista. Quizá el principal problema de la ciudad yacía en el abastecimiento del agua. El precioso líquido era suplido desde una fuente situada a casi 10 km. de distancia, en Denizli.[45] La riqueza de Laodicea llegó a tal punto que fue capaz de soportar el costo de reedificar la ciudad después de ser destruida por un terremoto sin necesidad de apelar al subsidio de Roma.

La iglesia de Laodicea fue, probablemente, establecida por algún discípulo de Pablo, tal vez Epafras, cuando el Apóstol ministraba en Éfeso. La Biblia no registra que dicha iglesia sufriese persecución, graves herejías ni que tuviese algún gran adversario. Tampoco se cita a un remanente, pero sí se menciona la tibieza general y la indiferencia espiritual de dicha congregación. La carga a Laodicea termina con una interrogante implícita: ¿hay en este congregación a lo menos un sólo individuo dispuesto a oír?

«**He aquí el Amén, el testigo fiel y verdadero, el principio de la creación de Dios, dice esto.**» Con esta frase saturada de enseñanza, Cristo se presenta a sí mismo a la iglesia de Laodicea. Cristo es el ejemplo perfecto de esas virtudes tan conspicuamente ausentes en Laodicea. Las características de Cristo enunciadas en el texto se pueden resumir así:

1. Firme en su propósito: Cristo es **«el Amén»** (*ho Amêin*). Aunque dicho vocablo aparece repetidas veces en los evangelios como una llamada de atención («de cierto, de cierto...»), aquí se usa como un nombre propio acompañado del artículo determinado. Cristo es el Amén a sus propias promesas. De ahí que sus promesas sean fijas, firmes, inconmovibles y de rígido cumplimiento.

2. Fiel en su proclamación: **«El testigo fiel y verdadero.»** Como testigo, Cristo es: (a) *fiel* en cuanto a su constancia, es decir, no falla en la ejecución de su testimonio; y (b) *verdadero* o genuino en cuanto a su contenido. Él hace exactamente lo que ha prometido hacer.

3. Preeminente en su posición: **«El principio de la creación de Dios»** (*hei archèi teîs ktíseôs toû theoû*). Cristo no es la primera de las criaturas, como creían los arrianos y como creen y enseñan los testigos de Jehová y los mormones hoy día, «sino que es la fuente de origen de la creación a través de quien Dios obra»[46] (Col. 1:15, 16; Jn. 1:3; He. 1:2). Cristo es la Causa, Cabeza y Centro del universo. Esta descripción personal de Cristo constituye una censura del egocentrismo de los creyentes de Laodicea. Viene el día en que todo será redimido en conformidad con la voluntad del Gran Originador. En el reino mesiánico todo será gobernado por Cristo como el Dios de la creación, Señor de las huestes celestiales, el postrer Adán, el Hijo del Hombre, la simiente de Abraham, el Heredero de todo, el profeta como Moisés, el Hijo de Dios, Cabeza de la Iglesia, el Rey mesiánico que reinará en triunfo davídico y con una gloria infinitamente mayor que la de Salomón. Las ilusorias y transitorias riquezas de Laodicea no son dignas de compararse con todos los tesoros de la sabiduría y del conocimiento escondidos en Cristo (Col. 2:3).

3:15

«Yo conozco tus obras, que ni eres frío ni caliente.» El conocimiento sobrenatural de Cristo penetra hasta lo más profundo y escudriña las obras de los creyentes de Laodicea. La inútil tibieza de aquella asamblea no escapa del escrutinio del Señor. El veredicto del Señor es que los de Laodicea no eran ni fríos ni calientes. No eran **«fríos»** (como el hielo) para que pudieran reconocer su profunda necesidad. Tampoco eran **«calientes»** (hirvientes) de manera que estuviesen en consonancia con el criterio de Cristo.

3:16

El calificativo de **«tibio»** (*chliaròs*) sugiere que hubo un tiempo en que los creyentes eran calientes, pero ahora se habían enfriado. Los tibios manantiales cercanos a Hierápolis eran claramente visibles desde Laodicea. Esos manantiales no proporcionaban ni agua potable ni aguas termales con propiedades terapéuticas. «Tibio», por lo tanto, sugiere sin uso adecuado, sin eficacia. En el versículo 15, el Señor dice: «¡Ojalá fueses frío o caliente!» (*eîs èi óphelon psychròs eîs èi zestós*), es decir, «desearía que frío fueses o caliente». El deseo del Señor respecto a los creyentes de Laodicea manifiesta su compasión y contrariedad por lo que podrían haber sido. La advertencia del Señor es: **«Pero por cuanto eres tibio ... te vomitaré de mi boca»,** mejor «estoy a punto de vomitarte de mi boca». Esta acción sugiere «rechazo con disgusto extremo».[47]

3:17

«Porque tú dices.» Lo que hoy se llamaría «la autoestima» de los creyentes de Laodicea era totalmente desproporcionada. La frase es una especie de autofelicitación («tú dices»). Los de Sardis tenían un nombre o una reputación delante de los demás, pero los de Laodicea manifestaban una vanagloria basada totalmente en su propia autoestima.

«Yo soy rico, y me he enriquecido, y de ninguna cosa tengo necesidad.» Esta es una manifiesta declaración de autosuficiencia. La frase es enfática: «soy rico, he obtenido riquezas y continúo siendo rico.» Esta cláusula equivale a decir: «me he enriquecido mediante mi propio esfuerzo.» Los de Laodicea confiaban en sus propios méritos. Laodicea era una pobre rica iglesia: abundaba en intelectualidad, estética, organización, programas, propiedades, números, obras de justicia, pero espiritualmente estaba en bancarrota. Laodicea había confundido la ruina con la riqueza, la retrogresión con la revitalización. La autosuficiencia de los creyentes de Laodicea se hace más conspicua en la frase: «Y de ninguna cosa tengo necesidad.» Esta triste declaración parece excluir hasta al Señor, quien tiene que quedar fuera y llamar a la puerta.

«Y no sabes que tú eres un desventurado, miserable, pobre, ciego y desnudo.» Así se expresa la valoración que el Señor hace de aquella congregación. «No sabes» (*ouk oîdas*), ni siquiera en teoría, sugiere que los de Laodicea no tenían percepción ni discernimiento espiritual. «Tú eres», es decir, «tú mismo eres». Una enfática acusación que indica la culpabilidad del acusado.

El **«desventurado, miserable, pobre, ciego y desnudo.»** La Reina-Valera 1960 omite el artículo determinado de manera inexplicable. Dicho artículo es importante. Se usa un sólo artículo, pero gramaticalmente su función se asocia con los cinco calificativos, indicando que los cinco adjetivos se aplican a una misma persona («tú eres el desventurado-miserable-pobre-ciego-desnudo»).

La iglesia de Laodicea era desventurada y miserable (un objeto de lástima) debido a una triple condición: (1) Pobre: Espiritualmente en bancarrota, como un mendigo que nada tiene; (2) ciego: Irremediablemente incapaz de ver su propia condición; y (3) desnudo: Sin un mínimo de genuina vestidura espiritual.

3:18

«Por tanto, yo te aconsejo que de mí compres oro refinado en fuego.» En el texto griego no aparece la expresión «por tanto». El verbo **«aconsejo»** (*symbouleúô*) es el presente indicativo, voz activa.[48] El Señor no da un mandamiento, sino que hace una oferta de gracia. Con una perspectiva de las cosas tan terriblemente distorsionadas, la iglesia de Laodicea necesitaba ser corregida. Para una ciudad sagaz, calculadora y mercantil, el Señor usa el método más adecuado.

«Que de mí compres» (*agorásai par' emoû*). El verbo **«compres»** (*agorásai*) es el aoristo primero, voz activa de *agorádso* (de *ágora*, que significa «mercado»). El aoristo infinitivo sugiere una acto realizado con urgencia. En realidad, Laodicea estaba en bancarrota y por lo tanto, no podía comprar nada. Pero no era una cuestión de dinero. Las cosas mencionadas en el versículo son imposibles de adquirir con dinero (véase Is. 55:1, «sin dinero y sin precio»). El precio que Laodicea debía pagar era el abandono de su estado de complacencia y egocentrismo. La exhortación es «que de mí compres». **«De mí»** pone de manifiesto el hecho de que Cristo era la única esperanza para aquella congregación. La respuesta al crítico problema espiritual en los de Laodicea y en cualquier otra congregación, es restablecer la correcta conexión con Cristo.

La iglesia de Laodicea necesitaba adquirir tres cosas del Señor:[49]

1. **«Oro refinado en fuego»,** fresco, sacado del crisol, sin oportunidad para haberse contaminado y sin sufrir deterioro. Tal vez haya aquí una referencia a la fe (véanse Stg. 2:5; 1 P. 1:7). La raíz de la pobreza de Laodicea yacía en su confianza propia. Sólo la fe en Cristo podía enriquecer la vida de aquella congregación. Obsérvese la cláusula de propósito: «para que seas rico» (*hína ploutéiseis*). La verdadera riqueza es la que se acumula en el cielo (véanse Mt. 6:19-21; Fil. 3:7, 8).
2. **«Y vestiduras blancas para vestirte, y que no se descubra la vergüenza de tu desnudez.»** El más probable significado de las vestiduras blancas parece ser la justicia de Cristo imputada al creyente, que resulta en una santidad práctica.[50] El verbo «vestirte» (*peribálei*) es el aoristo subjuntivo, voz media de *peribállo*, que significa «cubrirse alrededor». El propósito es «que no se descubra la vergüenza de tu desnudez», con miras a la segunda venida de Cristo. Las vestiduras blancas contrastan con los abrigos hechos con lana negra de manufactura común en Laodicea.
3. **«Y unge tus ojos con colirio, para que veas.»** El colirio era un producto medicinal vendido en la escuela de medicina de Laodicea. Lo que el Señor ofrece a la iglesia de Laodicea, sin embargo, era el discernimiento espiritual a través de la unción del Espíritu Santo (1 Jn. 2:20-27) para poder enjuiciar debidamente su condición tal como Cristo la ve.

3:19

«Yo reprendo y castigo a todos los que amo» (*egô hósous eàn filô elégcho kaì paideúo*), literalmente, «yo, a cuantos amo, reprendo y disciplino» (véanse Pr. 3:12; He. 12:6). He aquí la obligación del amor: El padre que ama a su hijo de verdad, no vacila en reprenderlo y castigarlo si es necesario para que regrese al camino correcto.

El verbo **«amo»** en este caso es *philéo* y no *agapáo*. No es fácil determinar por qué el Señor prefiere el uso de *philéo* en esta situación. Thomas ofrece una explicación razonable y exegéticamente congruente:

> *Phileo* es un amor de afecto personal que es enteramente consonante con la severidad de la disciplina asociada con el amor de Dios. Es más humano y más emocional que *agapáo* ... y tiene menos profundidad ... Dicho vocablo probablemente es seleccionado aquí para mostrar que a pesar de la pobre actitud de la iglesia hacia Él, todavía el Señor tiene un sentimiento de afecto hacia ella. La sorprendente selección de este término emocional viene como una tierna e inesperada manifestación de amor hacia quienes lo merecen menos entre las siete iglesias...[51]

Dios aplica acción disciplinaria cuando sus hijos la necesitan. La disciplina puede ser en forma de *reprensión* («yo reprendo», *elégcho*) con el resultante reconocimiento de culpa. También puede manifestarse como **«castigo»** (*paideúo*). El verbo «castigar» (*paideúo*) significa «entrenar niños», «castigar», «corregir».

El resultado esperado por el Señor se expresa así: **«Sé, pues, celoso, y arrepiéntete.»** **«Sé celoso»** (*zéileue*) es el presente imperativo, voz activa. El presente sugiere una acción continua («sé constantemente celoso»). Por otro lado, el verbo **«arrepiéntete»** (*metanóeison*) es el aoristo primero ingresivo, modo imperativo, voz activa de *metanoéo*. El aoristo imperativo sugiere acción urgente, el aspecto ingresivo del aoristo contempla el comienzo de la acción. La frase completa podría expresarse así: «Comienza a arrepentirte de inmediato y de ahí en adelante sé continuamente celoso.»

3:20

«He aquí, yo estoy a la puerta y llamo» (*idoù hésteika epì tèin thyran kaì kroúo*). El verbo traducido **«yo estoy»** (*hésteika*) es el perfecto indicativo, voz activa de *hísteimi*, que significa «colocar», «estar de pie». La frase podría traducirse: «He aquí he tomado mi posición frente a la puerta y estoy llamando.» La expresión «he aquí» es una llamada de atención para contemplar algo poco común o maravilloso: ¡un Rey aguarda en espera de un mendigo!

Cristo hace dos cosas: (1) Llama (tiempo presente), con el deseo de una comunión continua; y (2) habla: **«Si alguno oye mi voz.»** Su voz, evidentemente, expresa su deseo de entrar en una iglesia que se ha engreído y se cree tan autosuficiente que ha decidido que no necesita a Cristo. Algunos entienden que la figura de Cristo junto a la puerta apunta a la cercanía de su segunda venida. De manera que a la luz de ese acontecimiento escatológico Él llama con insistencia para tener comunión con aquel que oye su voz y abre la puerta antes que sea demasiado tarde. A quien oye su voz y abre la puerta, Cristo le ofrece lo siguiente:

1. **«Entraré a él»** (*eisleúsomai pròs autòn*). Obsérvese que Cristo entra en aquel que *oye* su voz y *abre* la puerta. Aquí puede reconocerse la enseñanza bíblica tocante a la responsabilidad humana. Cierto que la Biblia enseña la soberanía de Dios, pero con igual énfasis enseña la responsabilidad del hombre. «Dios no toma por asalto el bastión del corazón humano.»[52] Nótese que la invitación se dirige a cada congregante de Laodicea: «Si alguno oye mi voz y abre la puerta.» Esa es la condición que el Señor establece. Si eso ocurre, Cristo promete: «Entraré a él» (futuro indicativo, voz media). Cristo garantiza entrar por sí mismo en aquel que le abre la puerta.

2. **«Y cenaré con él.»** Esta figura señala a un acto de comunión. «En las tierras orientales compartir en común una comida era indicio de un lazo fuerte de afecto y comunión.»[53] La comunión que el creyente puede tener con Cristo aquí en la tierra se perfeccionará en el reino glorioso del Mesías. Allí habrá perfecta comunión con el Señor en intimidad y santidad. Obsérvese el futuro indicativo, voz activa, «cenaré». Esta promesa se cumplirá si se cumple la condición de oír su voz y abrir la puerta.

3. **«Y él conmigo»** (*kaì autòs met' emoû*). En el reino del Mesías habrá una grandiosa cena de comunión, tal como Cristo lo anunció: «Para que comáis y bebáis a mi mesa en mi reino, y os sentéis en tronos juzgando a las doce tribus de Israel» (Lc. 22:30). Cristo presidirá la mesa de comunión en el reino como lo hizo en el aposento alto (Mt. 26:20-29) y habrá una mutua relación y disfrute personal: «Cenaré con él y él conmigo.» «Este mutuo intercambio de camaradería describe la cercanía final de Cristo en el futuro.»[54] Debe destacarse, por último, que participar con Cristo en esa cena de comunión es un resultado de la gracia soberana de Dios. Nadie posee méritos propios para estar presente en esa gran cena. Sólo quienes han puesto su confianza en Cristo y se han acogido a su obra salvadora son declarados aptos para participar: «Bienaventurados los que son llamados a la cena de las bodas del Cordero» (Ap. 19:9).

3:21

«Al que venciere, le daré que se siente conmigo en mi trono.» Esta es una gloriosa promesa. No sólo eleva al creyente de la pobreza a la riqueza, sino que le otorga el rango de realeza. El creyente tiene la expectativa de reinar junto con Cristo (véase 2 Ti. 2:12*a*). La expresión **«conmigo»** (*met' emoû*) sugiere comunión. **«En mi trono»** se refiere al trono mesiánico. Los tronos orientales eran una especie de diván o sofá ancho donde el monarca se sentaba con las piernas cruzadas y en el que había espacio para más de una persona. El trono de Cristo («mi trono») es una referencia al trono mesiánico prometido por Dios al rey David en Segundo Samuel 7:17 (véase Lc. 1:30-33). «La diferenciación entre el trono de Cristo y el trono del Padre no es sencillamente retórica. Esta provee para diferentes aspectos del programa futuro de Dios (véase 1 Co. 15:24-28) al reconocer la consumación final en la tierra del reino de Cristo a su regreso. Su trono es aquel del que Él es heredero como hijo de David (véanse Sal. 122:5; Ez. 43:7; Lc. 1:32). Él lo ha de ocupar cuando vuelva en su gloria (Lc. 1:32; Dn. 7:13, 14; Mt. 25:31; Hch. 2:30; He. 2:5-8; Ap. 20:4). La ocupación del trono de David por Cristo es uno de los énfasis principales del Apocalipsis desde el principio hasta el final (véase 1:5, 7; 22:16).»[55] El vencedor tendrá la dicha de sentarse con Cristo en su trono.[56]

«Así como yo he vencido, y me he sentado con mi Padre en su trono.» El verbo **«he vencido»** (*eníkeisa*) es un aoristo histórico y enfoca la victoria de Cristo tanto en la cruz como en su resurrección. En su muerte y su resurrección, Cristo venció al pecado, a la muerte y al diablo. Su victoria fue rotunda y definitiva. **«Me he sentado»** (*ekáthisa*) también es un aoristo histórico («he tomado mi asiento»). Su obra fue perfectamente acabada y por lo tanto, ascendió al cielo, a la presencia del Padre para ser exaltado al lugar de honor (Ef. 1:20; He. 1:3; 8:1; 12:2) y sentarse con el Padre en su trono.

3:22

«El que tiene oído, oiga lo que el Espíritu dice a las iglesias.» Con estas palabras termina el mensaje a cada una de las siete iglesias. Lo que el Espíritu dice a las iglesias, también lo dice al creyente como individuo.

RESUMEN Y CONCLUSIÓN

Los capítulos 2 y 3 del Apocalipsis constituyen una unidad dentro de la estructura del libro, aunque deben interpretarse y ser comprendidos a la luz del mensaje total del Apocalipsis.

Las siete cartas son mensajes dirigidos a siete iglesias históricas que existían en el Asia Menor y en las que Juan el Apóstol tuvo un amplio ministerio. Dichas iglesias, además, representaban siete condiciones que han existido simultáneamente en cada siglo de la historia de la iglesia. Las cartas contienen, por lo tanto, exhortaciones, advertencias, recriminaciones y reconocimientos que pueden y deben aplicarse a las iglesias de hoy día.

No debe perderse de vista, sin embargo, que el mensaje central del Apocalipsis gira alrededor de la segunda venida de Cristo y la consumación de su reinado glorioso. Ese reinado será inaugurado personalmente por el Rey-Mesías en su segunda venida. Antes de su venida corporal y visible, tendrá lugar el cumplimiento de la septuagésima semana del profeta Daniel (9:27). Esa semana de años se identifica con la gran tribulación o juicios escatológicos que afectarán al mundo entero (Mt. 24:21; Ap. 3:10). El Señor promete librar a su iglesia de la hora misma de la prueba. Esa liberación no será una protección a través de la prueba, sino una liberación que consistirá en sacar a la iglesia de la tierra antes que esos juicios tengan lugar. El propósito de la tribulación es someter a prueba al mundo incrédulo, no a la iglesia (véanse Ap. 3:10; 1 Ts. 5:9). La esperanza de los redimidos es estar en la presencia del Señor y disfrutar de comunión plena con Él sin obstáculos de ninguna clase que interfieran con esa relación. El Señor promete que el vencedor se sentará con Él en su trono. Su trono tiene que ver con el dominio que Cristo ejercerá como Rey-

Mesías cuando regrese la segunda vez a la tierra. Él reinará como Rey de reyes y Señor de señores, exhibiendo dentro del tiempo y de la historia la plenitud de sus atributos que estuvieron velados cuando vino a este mundo la primera vez.

NOTAS

1. Robert H. Mounce, «The Book of Revelation», p. 108.
2. Merrill F. Unger, *Archeology and the New Testament*, p. 282.
3. John Cumming, *The Cities of the Nations Fell*, pp. 155, 156.
4. La misma deidad era adorada en Éfeso con el nombre de Diana (Hch. 19:35).
5. E.M. Blaiklock, «Artemis», *The Zondervan Pictorial Encyclopedia of the Bible* (Grand Rapids: Zondervan, 1975), vol. 1, p. 341.
6. Thomas, *Revelation 1—7*, pp. 244, 245.
7. A.T. Robertson, *Word Pictures*, vol. VI, p. 314.
8. Thomas, *op. cit.*, p. 249.
9. *Ibid*, p. 255.
10. *Ibid*, p. 249; Rienecker, *A Linguistic Key*, vol. 2, p. 473.
11. Véase Albert Barnes, *Barnes' Notes on the New Testament*, p. 1565.
12. «En la condicional de tercera clase, el orador considera que la condición expresada en la prótasis tiene la posibilidad (o incluso la probabilidad) de volverse realidad. Por lo tanto, usa *eán* o *án* y el modo subjuntivo en la prótasis. En la apódosis se usa tanto el presente, el futuro como el aoristo indicativo ... La declaración en la apódosis se hace realidad sólo cuando las condicionales expresadas en la prótasis se cumplen» (James A. Brooks y Carlton L. Winbery, *Syntax of New Testament Greek*, p. 183).
13. *Ibid.*, p. 119.
14. Rienecker, *A Linguistic Key*, vol. 2, p. 473.
15. H.B. Swete, *Commentary on Revelation*, p. 251.
16. Eusebio, *Historia eclesiástica*, IV, p. 26.
17. Véase Philip Schaff, *History of the Christian Church*, vol. 2, p. 737.
18. Thomas, *Revelation 1—7*, p. 257.
19. *Ibid*, p. 257.
20. Véase Swete, *Commentary on Revelation,* p. 51.
21. Rienecker, *A Linguistic Key,* p. 474.
22. E.M. Blaiklock, «Philadelphia», *The Zondervan Pictorial Encyclopedia of the Bible*, vol. IV, pp. 753, 754.
23. Merrill F. Unger, *Archeology and the New Testament,* p. 284.
24. *Ibid*, p. 285.
25. Thomas, *Revelation 1—7*, p. 273.
26. La frase «el que abre y ninguno cierra, y cierra y ninguno abre» destaca la soberanía de Jesucristo. Cuando Él abre nadie puede cerrar y cuando cierra nadie puede abrir. El vocablo «ninguno» (*oudeìso*) tiene función de sustantivo y significa «nadie», «ninguno en absoluto». El señorío de Cristo es uno de los temas centrales del Apocalipsis.
27. Esa es la fuerza del participio perfecto, voz pasiva *eineoigménein* del verbo *anoígo*, que significa «yo abro». El tiempo perfecto sugiere una condición continua y permanente.
28. El tiempo aoristo aquí realiza la función del tiempo perfecto. Tal cosa ocurre en el N. T. (véanse Mr. 5:35; Jn. 8:52).
29. Véase Ernest De Witt Burton, *Syntax of the Moods and Tenses in the New Testament Greek*, p. 88.

30. Véase William F. Arndt y F. Wilbur Gingrich, *A Greek Lexicon of the New Testament and other Early Christian Literature*, p. 387.
31. Véase José Grau, *Estudios sobre Apocalipsis*, p. 133.
32. Leon Morris, «Revelation», *Tyndale New Testament Commentaries*, p. 80.
33. Véase George E. Ladd, *A Commentary on the Revelation of John*, p. 82.
34. Para una buena consideración de este asunto véase Thomas, *Revelation 1—7*, pp. 284-288.
35. *Ibid*, pp. 285, 286.
36. Véase Walvoord, *The Revelation of Jesus Christ*, pp. 86, 87.
37. Thomas, *op. cit.*, p. 289.
38. Véase Walvoord, *The Revelation of Jesus Christ*, p. 87.
39. Robert Mounce, «The Book of Revelation», p. 120.
40. Obsérvese el uso de la doble negativa *ou mei* en conexión con el aoristo subjuntivo (*exélthei*). Aquí el aoristo subjuntivo asume la función de un futuro indicativo enfático (véase Burton, *Syntax of the Moods and Tenses*, p. 78).
41. Thomas, *op. cit.*, p. 293.
42. Walvoord, *op. cit.*, p. 89.
43. Véase Merrill F. Unger, *Archeology and the New Testament*, p. 267.
44 Véase Robert Mounce, «The Book of Revelation», pp. 122, 123.
45. *Ibid*, p. 123.
46. A.T. Robertson, *Word Pictures*, vol. VI, p. 321.
47. *Ibid.*
48. El presente indicativo expresa aquí una acción continua y podría traducirse «te estoy aconsejando». El aoristo infinitivo que sigue completa la idea de la urgencia de la acción. Podría expresarse así: «Te estoy aconsejando que de inmediato compres de mí oro refinado en fuego.» El texto refleja la inagotable gracia de Cristo.
49. Apocalipsis 3:18 contiene una estructura gramatical a la que debe prestársele una atención especial. El sujeto de la oración es el Señor Jesucristo. El verbo principal «aconsejo» (*synbouleúo*) seguido de tres complementos con el verbo «comprar» (*agorásai*). La estructura de la oración es la siguiente: Te aconsejo (1) comprar de mí oro refinado en fuego *para* que seas rico; (2) [comprar] vestiduras blancas *para* vestirte y [para] que no se manifieste la vergüenza de tu desnudez; y (3) [comprar] colirio *para* ungir tus ojos *para* que veas. El versículo revela la inconmensurable gracia del Señor hacia una iglesia que se consideraba autosuficiente, pero que atravesaba una condición espiritual deplorable.
50. Véase Thomas, *Revelation 1—7*, p. 314.
51. *Ibid*, p. 319.
52. Robert Mounce, *op. cit.*, p. 129.
53. *Ibid.*
54. Thomas, *op. cit.*, p. 324.
55. *Ibid*, p. 325.
56. Debe destacarse que el término «trono» no se refiere a una butaca real en el sentido físico del vocablo, sino que se refiere a «la dignidad y al poder soberano y supremo en David como rey». Cristo ocupará el trono de David no en el sentido de sentarse en la misma silla o butaca real en la que se sentó David, sino en el sentido de que poseerá la dignidad y ejercerá el poder soberano inherentes en el pacto davídico.

5

Las cosas que han de ser después de estas: El trono y el rollo (4:1—5:14)

INTRODUCCIÓN

El libro del Apocalipsis comienza con la visión del Cristo glorificado (1:9-18). Dicha visión constituye una especie de preludio que introduce las cartas o mensajes a las siete iglesias del Asia Menor (2:1—3:22). De igual manera, la visión del trono y el rollo en los capítulos 4 y 5 es preparatorio de las cosas que han de ocurrir en la tierra posteriormente.

La visión del trono del Dios Creador del universo y del rollo sellado con siete sellos destaca un cuadro de juicio. La escena que aparece en los capítulos 4 y 5 está claramente relacionada con Daniel 7:9-14, 22-27, pero Apocalipsis 4—5 la presenta desde la perspectiva de la iglesia, mientras que Daniel 7 la presenta desde la óptica de Israel.

Apocalipsis 4—5 descorre el telón del escenario celestial y permite que Juan contemple el glorioso cuadro de la preparación divina para la intervención del Dios Soberano en los asuntos del hombre. Los capítulos 4 y 5 son preparatorios para el comienzo del «día de Jehová» o «día del Señor». El hombre ha tenido su día. La humanidad ha vivido de espaldas a Dios y en rebeldía contra su Creador. El ser humano ha actuado como si Dios no se preocupase ni interviniese en la historia. El humanismo secular y filosófico proclama que Dios no es necesario para el progreso humano. El hombre, dicen los humanistas, puede vivir sin Dios. Pero la Palabra de Dios enseña sin ambages que Dios es indispensable. Él es Señor de la historia y soberano de la humanidad. El aspecto final de la respuesta a la pregunta: «¿Quién es de verdad el soberano del universo?» se pone de manifiesto en Apocalipsis 4—5.

Bosquejo

1. **El trono del Señor Dios Todopoderoso (4:1-11)**
   - 1.1. La visión del trono, el Soberano y los veinticuatro ancianos (4:1-5)
   - 1.2. La visión de los cuatro seres vivientes (4:6-8)
   - 1.3. La visión de la adoración del Soberano (4:9-11)

NOTAS EXEGÉTICAS Y COMENTARIOS

4:1

«Después de esto miré, y he aquí una puerta abierta en el cielo» (*metà taûta eîdon, kaì idoù thyra eineoigménei ei en tôi ouranôi*), mejor «después de estas cosas vi y he aquí una puerta que había sido abierta y permanecía abierta en el cielo». La expresión «después de estas cosas» tiene que ver con el contenido de los capítulos 2 y 3, es decir, después de las cuestiones relacionadas con las iglesias.[1] **«Miré, y he aquí.»** El verbo «miré» (*eîdon*) es el aoristo segundo, modo indicativo, voz activa de *horáo*, que significa «ver», «mirar». El aoristo sugiere una acción puntual y el modo indicativo señala la realidad del acontecimiento. «He aquí» (*idoù*) es una exclamación enfática usada para llamar la atención. Juan ha estado tratando con cuestiones que suceden en la tierra. Ahora, en los capítulos 4, 5, el escenario descrito es celestial. **«Una puerta abierta en el cielo»** (*thyra eineoigméne en toî ouranôi*). La expresión «abierta» es un participio perfecto, voz pasiva. El tiempo perfecto sugiere una acción completada con resultados permanentes. Dicho participio sugiere que «la puerta ha sido abierta y dejada así para la llegada de Juan»[2]. No se menciona en el texto ni cómo ni cuándo la puerta fue abierta, pero el hecho es incuestionable. La puerta abierta permite la entrada personal de Juan para recibir la revelación que aparece en la escena celestial.[3]

«Y la primera voz que oí, como de trompeta, hablando conmigo.» Seguramente se refiere a **«la voz»** mencionada en 1:10. De ser así, la referencia es al Señor Jesucristo (véase Ap. 1:11-18). La voz es la de una persona, pero el efecto es el de una trompeta. La trompeta se usaba: (1) Para anunciar convocatorias públicas (Neh. 4:20); (2) para preparar un juicio (Jl. 2:1); y (3) para producir reverencia y temor (Éx. 19:16). El sonido de la trompeta se usa aquí metafóricamente para destacar la autoridad de la voz del Señor Soberano que habla con Juan. La expresión **«hablando conmigo»** (*laloúseis met' emoû*) sugiere un mensaje o instrucción dirigido personalmente a Juan.

«Sube acá, y yo te mostraré las cosas que sucederán después de estas» (*anába hôde, keì deíxo soi hà deî genésthai metà tauta*). El verbo **«sube»** (*anába*) es el segundo aoristo imperativo, voz activa de *anabaíno*. Esta forma verbal sugiere acción urgente. El apóstol recibe un mandato urgente de subir y, evidentemente, entrar por la puerta que le ha sido abierta en el cielo con el fin de recibir la revelación de parte del Señor. El verbo **«mostraré»** (*deíxo*) es el futuro indicativo, voz activa de *deíknumi*, que significa «mostrar», «exhibir». El comentarista Robert L. Thomas observa:

> La promesa de *deíxo soi* («yo te mostraré») es en ejecución del plan de Dios el Padre al otorgar a Cristo la responsabilidad de transmitir el *apokálypsis* («revelación») a las iglesias (véase *deîxai* [«mostrar»], 1:1). Su acción, que cumple esta promesa, comienza en Apocalipsis 6:1, donde el Cordero inicia el proceso de romper los sellos del rollo sellado con siete sellos.[4]

El Señor promete mostrar a Juan «las cosas que sucederán después de estas». El texto griego dice: «las cosas que necesariamente sucederán después de estas.» Esa declaración pone de relieve el hecho de la certeza del cumplimiento, y no habrá acción humana ni fuerza satánica que pueda impedirlo.

«Las cosas que necesariamente sucederán después de estas» completa la tercera división del bosquejo del libro que aparece en Apocalipsis 1:19. La referencia es a los acontecimientos que se describen en el resto del Apocalipsis, es decir, 4:1-22:21. En esos capítulos se describe lo relacionado con *el día del Señor*, que abarca los juicios de la gran tribulación, la venida en gloria del Rey-Mesías, el reino mesiánico y la creación de los nuevos cielos y la nueva tierra.[5]

4:2

«Y al instante yo estaba en el Espíritu» (*enthéôs egenómein en pneúmati*), mejor «inmediatamente me hallé yo mismo en espíritu». El texto griego omite la conjunción «y» lo que hace que la frase sea más dramática. También debe notarse que aunque la Reina-Valera 1960 sugiere que **«en el Espíritu»** se refiere al Espíritu Santo, es mejor tomar la expresión *en pneúmati* como una alusión al espíritu de Juan. Tal como sucede en Apocalipsis 1:10, Juan es transportado espiritualmente hasta el mismo cielo, donde pudo contemplar las cosas que le fueron reveladas. Experimentó un segundo éxtasis que le permitió ser trasladado en su espíritu para recibir la visión que le fue dada. «No existe fundamento para descubrir en este lugar un rapto de la iglesia.»[6]

«Y he aquí, un trono establecido en el cielo, y en el trono, uno sentado.» «He aquí» (*idoù*) es una interjección que se repite varias veces a través del Apocalipsis para llamar la atención respecto a una intervención divina o para señalar algún acontecimiento importante (véase 1:7, 18; 2:10, 22; 3:8, 9, 14, 20; 4:1, 2).

«Un trono establecido en el cielo.» El sustantivo **«trono»** (*thrónos*) se usa 45 veces en el Apocalipsis. Aunque dicho vocablo tiene varios usos en la literatura clásica, aquí parece referirse a un trono de juicio o al estrado de un juez. Representa la absoluta soberanía de Dios[7] y al hecho de que el Juez y Señor del universo está a punto de intervenir en la historia de la humanidad. El trono de la gracia se transformará en el trono de juicio.

Obsérvese que el trono está **«establecido en el cielo»** (*ékeito en toi ouranôi*). El verbo **«establecido»** (*ékeito*) es el imperfecto indicativo, voz media de *kêimai* y debe traducirse «estaba colocado», «estaba siendo puesto» o «estaba en pie». En cualquier caso, la idea es que el mencionado trono es colocado o introducido en ese momento porque antes no estaba allí. El trono es *preparado* para juicio (véase Sal. 9:7; también Dn. 7:9 donde se usa el plural «tronos»). La septuagésima semana de Daniel (Dn. 9:27) se corresponde con los juicios de la Gran Tribulación (véase Mt. 24). La preparación de la escena de esos juicios tiene lugar en los capítulos 4 y 5 del Apocalipsis. El trono fue establecido **«en el cielo»**, porque el Dios del cielo está a punto de manifestar su soberanía en la tierra (véase Dn. 2:44).

«Y en el trono, uno sentado» (*kaì epì tòn thrónon kathéimenos*). La expresión **«sentado»** (*kathéimenos*) es el participio presente, voz media de *kátheimai*, que significa «sentarse». El tiempo presente sugiere una acción en progreso que podría expresarse así: «Y en el trono, uno [que estaba] en el acto de sentarse» o «y en el trono, uno [que estaba] sentándose». Juan no hace ningún esfuerzo por describir concretamente o identificar dicha persona, sino que utiliza un símil para recalcar el efecto general de su percepción de aquel sentado sobre el trono. Thomas observa lo siguiente:

La combinación de *kathéimenos* («sentándose») y la preposición *epí* («sobre») frecuentemente designa a Dios a través del libro. La postura de estar sentado denota la actividad de reinar, no de descansar o del cese de la función sacerdotal como en Hebreos 1:3; 10:12; 12:2.[8]

Pero lo más probable es que la expresión «sentándose sobre el trono» apunte al hecho de que Dios, como juez del universo, da comienzo a los juicios escatológicos profetizados en las Escrituras. El cuadro es el de un juez que entra en la corte judicial y toma su sitio en el estrado real porque el juicio va a comenzar.

4:3

«Y el aspecto del que estaba sentado era semejante a piedra de jaspe y de cornalina.» Las piedras preciosas mencionadas («jaspe y cornalina») simbolizan las deslumbrantes glorias, atributos, excelencias y perfecciones de Dios el Padre. El **«jaspe»** posiblemente se refiere al diamante y destaca el lustre brillante de luz blanca que describe la pureza de la gloria y la santidad de Dios (véase Ap. 21:11). El sustantivo **«cornalina»** en el texto griego es *sardíoi* o sardónica, es decir, una ágata de color rojo fuego o rojo sangre, que podría sugerir una expresión de la justicia y la ira de Dios. Las palabras de William Hendriksen son muy apropiadas al comentar este texto:

> Lo que el apóstol describe no es a Dios mismo, sino su fulgor, su esplendor, porque a Él no se le puede describir (Éx. 20:4). En la visión se le representa como rodeado del lustre resplandeciente del diamante, claro como cristal, blanco, consumidor, simbolizando la santidad de Dios ..., y con el carmesí del sardio, color como de sangre, indicando que este santo carácter de Jehová se expresa por medio de los juicios.[9]

«Y había alrededor del trono un arco iris, semejante en aspecto a la esmeralda.» El arco iris es un recordatorio del pacto de Dios con Noé (Gn. 9:15-16). Quizá sea una manera de traer a la memoria que Dios es misericordioso aun en medio del juicio. El arco iris parece ser un círculo completo alrededor del trono, semejante a una aureola luminosa. La **«esmeralda»** es de color verde y posee la cualidad de atemperar el deslumbrante brillo del jaspe de majestad y el fulgurante rojo de la cornalina de juicio.

Resumiendo, aunque Dios aparece sentado sobre un trono de juicio, manifiesta un estado de tranquilidad perfecta y majestad inefable, radiante en la refulgencia de sus infinitas perfecciones. El juicio de Dios es determinado por lo que Él es en sí mismo, condicionado por la luz y las perfecciones de su propio carácter. El arco iris, como se ha observado, evoca el pacto de Dios con Noé (Gn. 9:9-17). En Génesis 9, sin embargo, el arco iris aparece después del juicio de Dios sobre la humanidad, mientras que en Apocalipsis 4 lo precede como garantía de que no habrá una destrucción total de la civilización (véase Mt. 24:22). ¡En medio de la ira, Dios se acuerda de tener misericordia!

4:4

«Y alrededor del trono había veinticuatro tronos.» Es de suponerse que el trono de Dios sobresale por encima de los veinticuatro tronos mencionados en este versículo. Estos veinticuatro tronos están situados «alrededor» (*kyklóthen*) del trono de Dios, probablemente doce a cada lado o, más probable aún, en otro círculo más allá de la aureola de esmeralda.

«Y vi sentados en los tronos a veinticuatro ancianos.» El vocablo «sentados» (*katheiménous*) es el participio presente, voz media de *kátheimai*. Esta forma verbal es descriptiva. Juan vio a los veinticuatro ancianos mientras tomaban sus asientos en los mencionados tronos, ejerciendo conjuntamente con Dios el Padre autoridad judicial delegada y formando parte del tribunal o consejo real.

«Vestidos de ropas blancas, con coronas de oro en sus cabezas.» El término **«vestidos»** (*peribebleiménous*) es el participio presente, voz pasiva de *peribállo*, que significa «estar vestido». El tiempo perfecto sugiere una condición permanente. Las **«ropas blancas»** sugieren la pureza de su carácter en el juicio. Las «coronas de oro» (*stephánous chrysoûs*) podría referirse tanto a la victoria obtenida por los que las llevan como a la condición de realeza. El vocablo *stéphanos* aparece ocho veces en el Apocalipsis y generalmente indica la corona de un vencedor. Dicho vocablo, sin embargo, también puede referirse a una corona real.[10] Hay otro sustantivo griego *diádeima*, que significa «corona real». Este sustantivo representa autoridad real más concretamente que *stéphanos*. No obstante, en el contexto de Apocalipsis 4, parece ser más consonante interpretar *stéphanos* como emblema de realeza en lugar de otorgarle el significado común de «corona de un vencedor».

Una cuestión que se ha discutido por los comentaristas concierne a la identidad de los veinticuatro ancianos. ¿Quiénes son los mencionados ancianos o *prebytérous*? El vocablo «anciano» o *presbyteros* se usa para indicar una persona de edad avanzada (véanse Hch. 2:17; 1 Ti. 5:1), y también para referirse a alguien que ocupa una posición oficial sin tener en cuenta la edad, pero sí la madurez (véanse Mt. 16:21; Hch. 4:5, 23; 14:23; 1 Ti. 5:17). La identificación de los veinticuatro ancianos en Apocalipsis 4:4, sin embargo, no es una tarea fácil. El texto no aclara por qué su número es veinticuatro ni por qué se les clasifica como ancianos.[11]

Algunos expositores opinan que son hombres, mientras otros dicen que son ángeles. Los que entienden que son hombres se dividen en tres grupos: (1) Los que creen que representan a la iglesia; (2) los que dicen que representan a los redimidos de Israel; y (3) los que opinan que representan a ambos grupos.

Quienes entienden que los veinticuatro ancianos representan a ángeles también se agrupan en tres bandos: (1) Los que creen que representan a órdenes sacerdotales del Antiguo Testamento; (2) los que piensan que simbolizan a los fieles de todos los siglos; y (3) los que interpretan que representan una clase especial de ángeles.[12]

Argumentos a favor de la iglesia

1. Quienes entienden que los ancianos representan a la Iglesia, se apoyan en Apocalipsis 5:9, 10, donde los veinticuatro ancianos junto con los cuatro seres vivientes alaban al Cordero «y cantaban un nuevo cántico diciendo: Digno eres de tomar el libro y de abrir sus sellos; porque tú fuiste inmolado, y con tu sangre nos has redimido para Dios, de todo linaje y lengua y pueblo y nación; y nos has hecho para nuestro Dios reyes y sacerdotes, y reinaremos sobre la tierra». Dicen que los ancianos son redimidos por el uso del pronombre «nos» («nos has redimido») en 5:9. También el uso de «nos» en 5:10 y la frase final: «Y reinaremos sobre la tierra.» Sin embargo, esa lectura del texto sólo es apoyada por la mitad de los manuscritos existentes.

La lectura del texto crítico de Apocalipsis 5:9, 10 conduce a una interpretación diferente del pasaje: «Y cantaban un cántico nuevo: Eres digno de recibir el documento y abrir sus sellos, porque fuiste inmolado, y con tu sangre compraste para Dios [gente] de toda tribu, lengua, pueblo y nación, y los hiciste reino de sacerdotes para nuestro Dios, y reinarán sobre la tierra.» Según el texto crítico, los veinticuatro ancianos conjuntamente con los cuatro seres vivientes alaban al Cordero por lo que ha hecho por otros, no por lo que ha hecho por ellos.

2. También se argumenta que las ropas blancas sugieren las justicias de la iglesia. Debe recordarse que los ángeles también aparecen vestidos con ropas blancas (véanse Jn. 20:12; Hch. 1:10; Ap. 6:11). Además los mártires de la tribulación también visten de blanco (Ap. 6:11; 7:9, 13). De modo que las ropas blancas no son exclusivas de los redimidos de la iglesia.

3. Se argumenta que las coronas son los galardones de la iglesia delante del tribunal de Cristo. Sin embargo, las coronas de los veinticuatro ancianos parecen indicar más bien el derecho de ejecutar juicio sobre la base de algún tipo de victoria. También podría ser que las coronas «denoten la dignidad de quienes están asociados con el trono de Dios (véanse 1 R. 22:19; Sal. 89:7)».[13]

John Walvoord opina que los ancianos no pueden ser ángeles ni pueden representar a Israel, ya que ninguno de los dos, al llegar al capítulo 4, aún ha sido juzgado ni galardonado. Para Walvoord, sólo la iglesia califica para ser representada por los veinticuatro ancianos en Apocalipsis 4:4.[14] Quienes entienden que los ancianos simbolizan la iglesia tienen que contender con las siguientes objeciones:

1. Una cuestión hermenéutica: El texto da a entender que se habla de 24 ancianos en el sentido literal del vocablo.

2. Si los 24 ancianos son simbólicos, también tendrían que serlo los cuatro seres vivientes mencionados en el versículo 6.

3. El contexto no da a entender que los 24 ancianos sean un grupo simbólico. Obsérvese que en 5:5 y en 7:13 un anciano actúa de manera individual y no el grupo colectivamente.

4. Nótese, también, que en 7:14 Juan contesta la pregunta de uno de los ancianos en particular («Señor, tú lo sabes»).

Sugerencia en cuanto a quiénes podrían ser los ancianos mencionados en 4:4

1. Los veinticuatro ancianos mencionados en Apocalipsis 4:4 son los mismos mencionados en 4:10; 5:8; 11:16 y 19:4.

2. Son veinticuatro individuos o seres que habitan en los cielos (7:11).

3. Probablemente sean seres celestiales que, por su posición, reciben la clasificación de ancianos. Como ya se ha observado, el vocablo «anciano» (*presbyteros*) es un término que denota un oficio de gobierno, es decir, se refiere a uno que gobierna (véanse 1 Ti. 5:17; Éx. 3:16; 18:13-26; 24:9; 1 S. 8:4). Los ancianos celestiales están muy por encima de los ángeles comunes. Estos están sentados mientras que los otros ángeles permanecen de pie. Son gobernadores sobre el resto de la creación, porque la anteceden en tiempo y sobre los ángeles debido a su madurez espiritual.

4. Su responsabilidad es el ejercicio de supervisión en el ámbito celestial bajo la autoridad del Señor Dios Todopoderoso. Están sentados en tronos como demostración de su posición (véase Col. 1:16; también Dn. 4:13, 17, 23; 10:13). La Biblia da a entender la existencia de rangos dentro de las huestes celestiales.

5. El contexto presenta un cuadro de la organización de la autoridad celestial. Allí están todos los poderes o autoridades para la ejecución de juicio quienes, al echar sus coronas a los pies del León de la tribu de Judá, reconocen su derecho supremo para juzgar (Jn. 5:22, 27). Los ancianos gobiernan sobre los ángeles y a través de ellos gobiernan la tierra. Los capítulos 4 y 5 del Apocalipsis presentan la crisis final: Los reinos del sistema mundial están a punto de llegar a ser los reinos de Dios y su Mesías, parcialmente mediante la intervención angelical (Ap. 11:15) y dirigidos por los ancianos y los cuatro seres vivientes quienes están sujetos a la autoridad de Cristo.

4:5

«**Y del trono salían relámpagos y truenos y voces.**» La expresión «del trono» (*ek toû thrónou*) significa «fuera del mismo trono», es decir, directamente fuera del sitio del gobierno divino. El verbo «**salían**» (*ekporeúontai*) es el presente indicativo, voz media de *ekporeúomai*. El presente sugiere una acción continua. La idea puede expresarse así: «Y del mismo trono proceden relámpagos y truenos y voces.»

La escena presagia el inminente juicio. Una vez más, puede observarse que el trono mencionado aquí no es «el trono de la gracia» de Hebreos 4:16, sino el trono o estrado judicial. Nótese la aparición de: (1) «**Relámpagos**» que aterrorizan (véanse Éx. 19:16; Ez. 1:13); (2) «**truenos**» señal de la ira judicial (véanse Éx. 9:23, 28; 1 S. 7:10; 12:17, 18; Sal. 29:3); y (3) «**voces**», sonidos y ecos de voces que les acompañan. Durante este período que tiene que ver con la septuagésima semana de Daniel 9:27, el trono de Dios es un lugar de juicio y sentencias de juicios. Una vez que ese tiempo se cumpla, el trono de Dios será un lugar de bendición (véase Ap. 22:1).

«**Y delante del trono ardían siete lámparas de fuego, las cuales son los siete espíritus de Dios.**» Esta frase pone de manifiesto una segunda actividad que transcurre delante del trono, es decir, en el lugar más preeminente del cuadro contemplado por Juan. Las «**siete lámparas**» son en realidad «siete antorchas» (*heptà lampádes*) de las que se usan para el exterior. El vocablo «**ardían**» en realidad es el participio presente, voz pasiva con función de gerundio, *kaiómenai*, que debe traducirse «ardiendo». La forma de gerundio es descriptiva y expresa una acción continua. Juan vio siete antorchas de fuego ardiendo delante del trono con llama brillante y continua. El apóstol identifica dichas siete antorchas con «**los siete espíritus de Dios**». Sin duda, la referencia es al Espíritu Santo, quien también aparece en la perfección de su ira como miembro incuestionable del tribunal celestial. En ese tribunal celestial está la santísima Trinidad, asistida por los veinticuatro ancianos y los cuatro seres vivientes listos para ejecutar los juicios decretados por Dios con el fin de purificar la creación y preparar la tierra para el reinado glorioso del Mesías.

4:6

«**Y delante del trono había como un mar de vidrio semejante al cristal.**» Es evidente que Juan encuentra dificultad para describir el entorno del trono. Primeramente dice que delante del trono había algo así como un mar de vidrio o cristal. Sin duda, la figura usada en la comparación trasciende la capacidad humana para describirla.

También es difícil determinar el significado de la figura del «**mar**». Podría referirse a un pavimento de vidrio que se asemeja a la superficie del agua. Tal vez sea algo semejante al «embaldosado de zafiro» mencionado en Éxodo 24:10 (véase también Ez. 1:26). Otra sugerencia es que se refiera a la realidad sobrenatural en el cielo que se corresponde con la fuente del tabernáculo (Éx. 40:7) o el mar de bronce del templo de Salomón (1 R. 7:23-26). Obsérvese la frase «**delante del trono**». Tal como en el Antiguo Testamento ningún sacerdote entraba en el tabernáculo sin antes pasar por la fuente de la purificación, así tampoco hay acercamiento al trono sin pasar antes por el mar. Debe notarse, sin embargo, que no se menciona aquí agua. Eso significa que la purificación ha ocurrido con anterioridad. El cristal mencionado no es un espejo que refleja las imperfecciones, sino que es transparente, de modo que permite ver sin restricción.

Cualquiera de las dos sugerencias que se acepte permite concluir que el cuadro presenta una realidad fija y permanente de la santidad como requisito indispensable para entrar en la presencia de Dios. Sólo quienes se han acogido a los méritos de

Cristo y han sido limpiados de sus pecados pueden ser recubiertos de la justicia y la santidad que les permite entrar en la misma presencia de Dios.

«Y junto al trono, y alrededor del trono, cuatro seres vivientes llenos de ojos delante y detrás.» Ha habido mucha especulación tocante a la identificación de los **«cuatro seres vivientes»** (*téssara zôia*).[15] Los cuatro seres vivientes estaban estacionados alrededor del trono. Podría ser que uno estuviese delante (en el medio), uno a cada lado y el otro detrás. Estos seres vivientes son *zoe*, es decir, entes que poseen el principio de la vida que los hace adaptarse a la inmediata presencia del Dios viviente y, por lo tanto, están en armonía activa con el Creador.

La primera característica que Juan observa es que los cuatro seres vivientes estaban **«llenos de ojos delante y detrás».** El vocablo **«llenos»** (*gémonta*) es el participio presente, voz activa de *gémo*, que significa «estar lleno». Esta expresión sugiere la idea de algo *completo*. la frase «delante y detrás» habla de facultad comprensiva o extensa. En el versículo 8*b* dice: «...y alrededor y por dentro estaban llenos de ojos...» Esta expresión sugiere tanto el conocimiento intrínseco o subjetivo como el conocimiento objetivo de los cuatro seres vivientes. Los **«ojos»** sugiere conciencia, vigilancia y discernimiento no sólo en lo intrínseco, sino también en la vigorización espiritual que sustenta la creación.

4:7

«El primer ser viviente era semejante a un león; el segundo era semejante a un becerro; el tercero tenía rostro como de hombre; y el cuarto era semejante a un águila volando.» Obsérvese que los cuatro seres vivientes poseen características propias. Dichas características permiten apreciar que cada uno de ellos es superior en su clase. Nótese, además, que sólo en el caso del tercero la característica personal se limita a su rostro:

1. León: Habla de fuerza (Pr. 30:30); ira (Pr. 19:12); majestad y realeza (2 Cr. 9:18-19).
2. Becerro: Sugiere vitalidad, sacrificio, resistencia, trabajo.
3. Hombre: Destaca personalidad, inteligencia, sensibilidad, voluntad, capacidad para ejercer autoridad.
4. Águila: Destaca visión permanente, vuelo ágil y elevado (Is. 40:31), juicio celestial (Dt. 28:49; Jer. 4:13; Os. 8:1; Hab. 1:8).

4:8*a*

«Y los cuatro seres vivientes tenían cada uno seis alas.» Podría haber alguna relación entre estos cuatro seres vivientes y los mencionados en Ezequiel 1:16, pero no deben ser los mismos. Los seres vivientes de Ezequiel 1:16 tienen cuatro alas mientras que los de Apocalipsis 4:6-9 tienen seis. El texto no dice nada tocante a la función de sus alas. Se puede conjeturar, sin embargo, que son emblemas del continuo servicio que rinden a Dios, particularmente en lo que respecta a la adoración.

Hay quienes intentan espiritualizar el significado de los cuatro seres vivientes, pero tal acercamiento es indeseable e innecesario.[16] Quizá lo más sensato sea entender que los cuatro seres vivientes pertenecen a una clasificación de seres vivientes semejantes a los querubines mencionados en Ezequiel 10:15, 20, pero con características diferentes: los de Ezequiel tiene cuatro alas, mientras que los de Apocalipsis tienen seis; Los de Ezequiel tienen cuatro rostros, mientras que los de Apocalipsis sólo tienen uno; en Ezequiel aparecen con ojos en las ruedas, pero en Apocalipsis sólo en sus cuerpos; en Ezequiel parece ser que los seres vivientes sirven de apoyo al trono, mientras que en Apocalipsis están alrededor del trono.

También podría ser que tanto los cuatro seres vivientes de Ezequiel como los de Apocalipsis pertenezcan a la misma clasificación de seres vivientes, pero con pequeñas variaciones dentro del orden mismo de los querubines. Obsérvese que algunas de las características de los seres vivientes en Apocalipsis 4 son similares a la de los serafines (por ejemplo, el mismo número de alas, Is. 6:2). Como contraste, sin embargo, debe recordarse que los serafines se asocian con la santidad del pueblo de Dios y la purificación (Is. 6), mientras que los querubines se relacionan con el gobierno y con la santidad judicial de Dios. No obstante a todo lo dicho, no es posible dogmatizar tocante a este asunto, particularmente si se toma en cuenta el hecho de la existencia de miríadas de ángeles y nuestro limitado conocimiento de ellos. Probablemente el resumen de Robert Mounce tocante a esta cuestión sea el más esclarecedor:

> Una interpretación congruente con toda la visión del recinto real demanda que entendamos los seres vivientes como un orden elevado de seres angelicales quienes como guardianes inmediatos del trono guían al ejército celestial en adoración y alabanza a Dios.[17]

Resumiendo, la función general de los querubines es proteger, cubrir y guardar el lugar de la inmediata manifestación de la presencia de Dios. Están particularmente activos en juicio contra cualquier cosa que sea contraria a dicha presencia (véanse Gn. 3:24; Éx. 25:18; 1 R. 6:25-35; Sal. 80:1; 99:1; Is. 37:16). Los querubines poseen mucha más autoridad que los ángeles comunes. Los querubines son los encargados de ordenar el comienzo del juicio (Ap. 6:1; 3, 5, 7) y son ellos quienes entregan las siete copas de la ira de Dios a los siete ángeles (Ap. 15:7).

4:8*b*

«Y no cesaban día y noche de decir: Santo, santo, santo es el Señor Dios Todopoderoso, el que era, el que es, y el que ha de venir.» He aquí una expresión de adoración sobrenatural. Los cuatro seres vivientes están concentrados en rendir alabanza incesante al Señor Dios Todopoderoso. Su actividad consiste en santificar al Soberano, autoexistente, único Dios. Hay un gran parecido con la alabanza de Isaías 6:3, aunque también hay algunas diferencias:

1. **«Santo, santo, santo.»** Igual que la alabanza en Isaías 6, puesto que el Dios tres veces santo permanece inmutable en su esencia. Dios está perfecta y eternamente separado del pecado.
2. **«Señor Dios Todopoderoso»** (*kyrios ho theòs ho pantokrátôr*), literalmente, «Señor el Dios el Todopoderoso». En Isaías 6:3 sólo dice «Jehová de los ejércitos». Pero en Apocalipsis se destaca el hecho de la soberanía de Dios, puesto que se enfoca su juicio sobre la creación. El vocablo «Todopoderoso» (*pantokrátôr*) sustituye a «ejércitos», puesto que la omnipotencia de Dios es revelada en los juicios totales sobre los malvados.
3. En lugar de la frase «toda la tierra está llena de su gloria» de Isaías 6:3, en Apocalipsis 4:8 dice: **«el que era, el que es, y el que ha de venir.»** La tierra está llena de violencia y de iniquidad y «el Señor Dios Todopoderoso» viene para ejecutar sus juicios y preparar la tierra para que pueda ser llena de su gloria.

Obsérvese el uso del concepto veterotestamentario de Jehová, el autoexistente Dios guardador del pacto:

1. **«El que era»** (*ho eîn*). Expresión enfática colocada al principio de la oración.

Recalca la inmutabilidad del Creador. El propósito original de la creación, glorificar a Dios, permanece inalterable.

2. **«El que es»** (*kaì ho ón*). Destaca que el Dios inmutable no es afectado en lo más mínimo por la rebelión pecaminosa de la creación.

3. **«Y el que ha de venir»** (*kaì ho erchómenos*), literalmente «y el que viene.» Sugiere el despliegue de la próxima manifestación de Dios en juicio y la liberación de la creación de la corrupción a la libertad gloriosa de los hijos de Dios (Ro. 8:21).

En los versículos 9 al 11, los cuatro seres vivientes dirigen la alabanza a la que se unen los veinticuatro ancianos. Ambos grupos exaltan y adoran al Señor Dios Todopoderoso. Los veinticuatro ancianos elevan un cántico de gloria, reconociendo la dignidad del Señor.

4:9

«Y siempre que aquellos seres vivientes dan gloria y honra y acción de gracias al que está sentado en el trono, al que vive por los siglos de los siglos.» El adverbio **«siempre»** (*hótan*), seguido del verbo **«dan»** (*dósousin*), que es el futuro indicativo, voz activa de *dídômi*, proporciona la idea de continuidad: «Todas las veces que dan» o «tan frecuentemente» como los cuatro seres se disponen para dar gloria, los veinticuatro ancianos «se postran» (*pesoûntai*) en adoración a Dios. Obsérvese que ambos verbos («dan» y «postran») están en el tiempo futuro de indicativo. Quizá el cuadro sugiera dos acciones simultáneas sincronizadas. La primera es la señal para que comience la segunda. En todo caso, la acción de los cuatro seres vivientes tiene precedencia sobre la de los ancianos.

La adoración de los cuatro seres vivientes tiene un cuádruple aspecto:

1. **«Dan gloria.»** Es decir, confiesan la suma total de los atributos, excelencias y perfecciones de Dios. Él es digno de adoración por ser quién es.

2. **«Dan honor.»** O sea, rinden respeto, reverencia y temor reverencial debido a su gloria.

3. **«Dan gracias.»** Es decir, gratitud por los dones de la gracia manifestados en la providencia y en la creación. Dan gracias también en aprecio por los beneficios divinos y alaban a Dios por su bondad en dar. Debe observarse que la alabanza de los ancianos tiene que ver primordialmente con la dignidad de Dios como Creador para tomar su gran poder en juicio. Hay, por lo tanto, un contraste entre la alabanza de los cuatro seres vivientes y la de los veinticuatro ancianos.

4. Dan reconocimiento **«al que vive por los siglos de los siglos»** (*toî zônti eis toùs aiônas tôn aiônôn*). En el transcurso de la alabanza, los cuatro seres vivientes reconocen su inferioridad delante de Aquel quien es autosuficiente y de quien ellos derivan su vida. La eternidad de Dios es contrastada con la temporalidad de las criaturas.

4:10

«Los veinticuatro ancianos se postran delante del que está sentado en el trono, y adoran al que vive por lo siglos de los siglos, y echan sus coronas delante del trono.» Los veinticuatro ancianos abandonan sus tronos para postrarse delante del trono del Soberano, y confiesan su condición de criaturas delante del «que vive por los siglos de los siglos». Los ancianos también «echan sus coronas delante del trono» como señal de sumisión delante de Aquel que es Rey de reyes y Señor de señores.

4:11

«Señor, digno eres de recibir la gloria y la honra y el poder; porque tú creaste todas las cosas, y por tu voluntad existen y fueron creadas.» En el texto griego aparece una lectura algo diferente: «Digno eres, el Señor y el Dios nuestro, de recibir la gloria y la honra y el poder porque tú creaste todas las cosas y por causa de tu voluntad fueron y fueron creadas.» Obsérvese, en primer lugar, la causa por la cual los ancianos ofrecen adoración inteligente al Señor Soberano: «Porque tú creaste todas las cosas.» Dios es responsable de la creación en todos sus aspectos. El apóstol Juan declara que el Verbo es el creador de todo lo que ha sido creado (Jn. 1:1-3). Pablo hace la misma afirmación (Col. 1:15, 16; véase también He. 1:3). Nótense los siguientes aspectos:

1. El plan de Dios es total: «Todas las cosas.»
2. El propósito supremo: «Por tu voluntad.»
3. La potencialidad: Todas las cosas «fueron» o «vinieron a existir». Una probable referencia a la existencia potencial de todas las cosas en la mente y el propósito de Dios.
4. El poder: «Fueron creadas» (*ektístheisan*) es el aoristo primero, voz pasiva de *ktídso* («crear»). El aoristo contempla la realidad histórica del acontecimiento de la creación. Además, sugiere que la creación no tuvo lugar a través de un largo proceso de millones de años, sino mediante el acto sobrenatural e instantáneo ejecutado por la palabra potente del Dios Creador.

RESUMEN

El capítulo cuatro de Apocalipsis presenta la sublime visión del trono glorioso del Señor Soberano Juez del universo. El trono es el estrado de un juez que está preparado para ejecutar su juicio. En este caso particular, se refiere a los juicios relacionados con la septuagésima semana del profeta Daniel. El apóstol Juan pudo contemplar el aspecto del glorioso personaje que estaba sentado en el trono. Para poder describirlo, Juan tiene que usar una serie de símiles tales como «piedra de jaspe» y «cornalina».

El trono mismo está rodeado de un arco iris semejante a una esmeralda. Luego Juan ve a veinticuatro ancianos sentados en tronos y vestidos con ropas blancas. Muchos piensan que esos veinticuatro ancianos son hombres glorificados que representan, tal vez, a los santos de todas las edades, a los santos del Antiguo Testamento o quizá sólo a los santos de la dispensación de la iglesia. Sin embargo, parece más probable que dichos ancianos sean un grupo de seres angelicales de alto rango que comparten con el Señor la responsabilidad de ejecutar juicios.

Delante del trono hay un mar de vidrio que podría representar la transparencia de los juicios de Dios o el hecho de que Dios demanda santidad para que alguien se acerque a su presencia. Allí están también cuatro seres vivientes o querubines. Estos son seres especiales encargados de dirigir la alabanza y la adoración al que está sentado en el trono. De manera sincronizada, los veinticuatro ancianos siguen a los cuatro seres vivientes y adoran a Aquel que es digno de recibir toda la honra y la alabanza por ser el Creador de todo lo creado y el Soberano absoluto del universo.

5:1

«Y vi en la mano derecha del que estaba sentado en el trono un libro escrito por dentro y por fuera, sellado con siete sellos.» Si el foco de atención en el capítulo 4 tiene que ver con el trono, en el capítulo 5 lo es el libro escrito por dentro y por fuera, que en realidad es un rollo tal como solía usarse en tiempos antiguos.

La conjunción «y» (*kaì*) establece un nexo con el contenido del capítulo cuatro, donde aparece una escena de juicio. En el capítulo 5 aparece la figura del Cordero, quien es declarado digno de abrir o desenrollar el rollo que contiene los juicios de toda la tierra. El tema del capítulo 4 es el *trono* y el del capítulo 5 es el *Cordero*.[18]

«Y vi» (*kaì eîdon*) se repite en los versículos 2, 6 y 11. Dicha fórmula se usa para introducir diferentes escenas del relato del capítulo. La preposición «en» (*epì*) significa «sobre», es decir, sencillamente descansando o reposando sobre la diestra del que estaba sentado en el trono, plenamente disponible para cualquiera que esté calificado para tomarlo. Hasta ese preciso momento, sólo el Padre tiene jurisdicción y autoridad sobre «los tiempos y las sazones» de los acontecimientos (Hch. 1:7).

«Un libro escrito por dentro y por fuera, sellado con siete sellos.» Se refiere a un rollo de papiro que contiene *todo el consejo de Dios*, tal como lo sugiere el hecho de estar escrito **«por dentro y por fuera»**, o sea, por delante y por detrás (de ambos lados). El vocablo **«escrito»** (*gegramménon*) es el participio perfecto, voz pasiva. «El tiempo perfecto indica la acción completa y se usaba frecuentemente con referencia a documentos legales autoritativos cuya autoridad continúa.»[19] Se han hecho varias sugerencias con el fin de explicar el contenido del rollo.[20] Hay quienes creen que representa el libro del nuevo pacto y lo relacionan con la inauguración del reino que será establecido en Apocalipsis 20. Otros creen que el rollo es un testamento o última voluntad que garantiza que Dios ha reservado la herencia para los santos. También hay quienes sugieren que el rollo representa al libro de la vida del Cordero, tan señalado a través del Apocalipsis. Otros opinan que el libro o rollo representa el plan divino de la redención profetizado en el Antiguo Testamento y cumplido en el Nuevo Testamento. Otra sugerencia es la que entiende que el rollo representa el título de propiedad o escritura que certifica al derecho de Cristo sobre el universo.

El contenido del rollo pone al descubierto los acontecimientos que conducen o desembocan en la inauguración del reinado glorioso del Mesías. La segunda venida de Cristo para establecer su reino y su soberanía en la tierra será precedida de los juicios de la septuagésima semana de Daniel, es decir, la gran tribulación (Dn. 9:27; Mt. 24). Después de los terribles juicios de la gran tribulación, Cristo tomará posesión de la tierra como Señor y Rey. Los derechos de Cristo sobre la tierra son establecidos incluso antes de romper el primero de los sellos. El derecho de Cristo se basa sobre su obra redentora (Ap. 5:9); sobre su carácter como creador de todo (Col. 1:16); y sobre su autoridad como el Hijo del Hombre (Sal. 8:3-6; He. 2:5-9). Debe recordarse, sin embargo, que a causa de la caída la creación está bajo maldición. Es propio, por lo tanto, que el derecho redentor de Cristo reciba prioridad lógica por encima de sus otros derechos. Para quienes rechazan la redención que Él ofrece, sólo les aguarda la ira contenida en el rollo.

Resumiendo, el rollo contiene los juicios divinos que sobrevendrán a la tierra y que culminarán con la segunda venida de Cristo en gloria. Walter Scott lo describe así:

Contiene la historia del futuro, y nos proporciona los pasos sucesivos necesarios para la inauguración del reino universal de Cristo. Dios está a punto de traer otra vez a su Primogénito al mundo en medio de la aclamación de los ángeles (He. 1:6), y el rollo sellado siete veces manifiesta *cómo* esto ha de suceder. El contenido del libro abarca el período desde que se rompe el primer sello (cap. 6) hasta el final del reinado y el comienzo del estado eterno (11:18).[21]

Es importante recordar que existe una estrecha relación entre los capítulos 4 y 5 del Apocalipsis. Como se ha observado ya, el capítulo 4 presenta una visión del Dios soberano sentado en su trono de juicio preparado para llevar a cabo la consumación de su propósito eterno con relación a su creación. El capítulo 5 centra su atención en el rollo sellado que está en la mano derecha del que está sentado en el trono y en el Cordero que se dispone a romper los sellos. Cuando el Cordero rompe los sellos del rollo, no sólo hay una manifestación del contenido del rollo, sino, más bien, una activación de dicho contenido que desencadena los acontecimientos que culminan con el establecimiento del reino glorioso del Mesías.[22]

«Sellado con siete sellos» (*katesphragisménon spharagîsin heptá*). El vocablo «sellado» (*katesphragisménon*) es el participio perfecto, voz pasiva de *katasphragídso*. El prefijo *kata* enfatiza o intensifica el significado de dicho verbo. Una mejor traducción sería: «Habiendo sido sellado completa y seguramente.» Los siete sellos podrían referirse al hecho de que cada uno de los sellos oculta el contenido de las diferentes porciones del rollo. De modo que se hace necesario romper cada sello para develar el contenido de cada segmento. Además, los siete sellos sugieren el carácter secreto del contenido del rollo (véase Is. 29:11). Thomas lo explica así:

> El sello en un rollo lo mantenía cerrado. Simboliza un acontecimiento aún escondido en el misterio, pero decretado divinamente. Tal imagen literaria es prestada de Isaías 29:11, 12 ... El sello era una impronta generalmente hecha en barro, cera o algún otro material blando, que impedía que una persona no autorizada tuviese acceso a su contenido. El uso de siete sellos destaca la profundidad de los misterios escritos dentro.[23]

De cualquier manera que se vea, la estructura del rollo está fuera de lo común. No obstante, si todo su contenido se halla dentro de los siete sellos, entonces los siete sellos deben extenderse hasta el final del rollo. La cronología, por lo tanto, se asemeja a un telescopio: Las trompetas proceden del séptimo sello y las copas surgen de la séptima trompeta.

5:2

«Y vi un ángel fuerte que pregonaba a gran voz.» El texto no dice nada tocante a la identidad del ángel mencionado aquí. Evidentemente, el énfasis está en su función, no en su identificación. Su función es la de un heraldo o pregonero de la corte celestial. Se describe como **«fuerte»** (*ischyròn*), es decir, capacitado para ejecutar una tremenda responsabilidad. Su voz es **«grande»** (*megálei*), capaz de alcanzar todo el universo. Este ángel fuerte se dispone a realizar una solemne y contundente proclamación.

«¿Quién es digno de abrir el libro y desatar sus sellos?» La pregunta del ángel fuerte implica un reto de gran magnitud. El vocablo **«digno»** (*áxios*) incluye cualidades espirituales y morales. Según A. T. Robertson, se trata de alguien «digno en rango y carácter (véase Jn. 1:27) así como en habilidad».[24] La búsqueda es de alguien que reúna los requisitos morales y espirituales que le permitan desenrollar el pergamino y desatar sus sellos con el fin de activar su contenido. Sólo alguien con dignidad propia está calificado para abrir el libro y desatar sus sellos.[25] La voz potente y penetrante del ángel fuerte, como la de un minucioso escudriñador, recorre todos los rincones del universo sin encontrar a nadie que califique para la singular tarea de poner al descubierto los traumáticos acontecimientos contenidos en el rollo perfectamente sellado.[26]

5:3

«Y ninguno, ni en el cielo ni en la tierra ni debajo de la tierra, podía abrir el libro, ni aun mirarlo.» La pregunta del ángel produce consternación en los tres grandes ámbitos de la creación (véase Fil. 2:10). **«Y ninguno»** (*kaì oudeìs*), es decir, *nadie* dentro del ramo de todo lo creado, es hallado. **«Ni en el cielo»** sugiere que los ángeles no cumplen los requisitos. Los ángeles no tienen nada en común con el mundo de los seres humanos. Ni el arcángel Miguel, cuyo nombre significa «¿quién es como Dios?», ni el ángel Gabriel, que significa «el poder de Dios», poseen las cualidades requeridas para abrir el rollo y romper sus sellos.

«Ni en la tierra» señala al hecho de que nadie entre los hombres es hallado. La raza humana está bajo juicio y maldición y, por lo tanto, completamente descalificada para producir a alguien capaz de llevar a cabo el acto de romper los sellos.

«Ni debajo de la tierra» es probable que se refiera al Hades o Seol. Señala al bajo mundo y debe identificarse aquí como el lugar donde habitan los espíritus de quienes han muerto sin Cristo y también podría incluir la presencia de demonios.[27]

«[Ninguno] podía abrir el libro, ni aun mirarlo.» Al finalizar la búsqueda, el apóstol Juan llega a la conclusión de que no se ha hallado a nadie ni moral ni espiritualmente capaz de «abrir el libro, ni aun mirarlo». Si se toma en cuenta de que el rollo contiene los consejos eternos y los juicios divinos con los que Dios ha de poner fin a esta etapa presente de la historia, entonces puede comprenderse el porqué nadie puede abrir el rollo ni mirar su contenido. Sólo Jesucristo tiene toda autoridad en el cielo y en la tierra (Mt. 28:18). Cristo es quien tiene autoridad para juzgar (Jn. 5:22, 27; véase también Hch. 17:30, 31). Sólo aquel que es digno de romper los sellos con que el rollo está sellado está calificado para mirar, es decir, ejecutar el contenido del rollo. El rollo sellado contiene los juicios y las conmociones descritas por Cristo en Mateo 24, que son las mismas de la semana setenta de Daniel. El Cristo glorificado es el único digno para iniciar, ejecutar y concluir dichos juicios.

5:4

«Y lloraba yo mucho, porque no se había hallado a ninguno digno de abrir el libro, ni de leerlo, ni de mirarlo.» El apóstol Juan expresa su reacción ante la incapacidad de encontrar a alguien digno de abrir el rollo y romper sus sellos. El verbo **«lloraba»** (*éklaion*) es el imperfecto indicativo, voz activa de *klaío*, que significa «llorar audiblemente», «lamentarse en voz alta». La idea del verbo es muy descriptiva y podría expresarse así: «Comencé a llorar en voz alta y continué sollozando...» Juan no lloraba por lástima de sí mismo, sino porque pensaba que el rollo de la visión permanecería sellado para siempre. «A menos que los sellos sean rotos y el rollo del destino desenrollado, el plan de Dios para el universo será frustrado. De ahí que el vidente rompa en llanto incontrolado ... Lloraba ante la posibilidad de que la acción final y decisiva de Dios fuese pospuesta indefinidamente.»[28] La cuestión es del todo clara. Si el rollo no es abierto mediante la rotura de sus siete sellos, el plan de Dios respecto a la tierra y la humanidad no podría cumplirse, pero el rollo sólo podía ser abierto por alguien que fuese digno tanto moral como espiritualmente. El hecho de no hallar a nadie con las cualidades requeridas provocó el llanto incontrolable de Juan. El lamento del apóstol es una elocuente demostración del estado caído del hombre y de su ruina espiritual. La indignidad del hombre no le permite ni siquiera mirar el contenido del rollo. El único digno es el Cristo glorificado, el Rey-Mesías, el soberano del universo.

5:5

«Y uno de los ancianos me dijo: No llores.» Uno de entre los ancianos habló al apóstol Juan. Este anciano es uno de los veinticuatro seres angelicales que rodean el trono del juez celestial (Ap. 4:4, 10). El apóstol recibe la orden de dejar de llorar (*mèi klaîe*) y centrar su atención en el majestuoso **«León de la tribu de Judá».** Esa designación señala a la profecía pronunciada por Jacob en Génesis 49:9, 10: «Cachorro de león, Judá; de la presa subiste, hijo mío. Se encorvó, se echó como león, así como león viejo: ¿quién lo despertará? No será quitado el cetro de Judá, ni el legislador de entre sus pies, hasta que venga Siloh; y a él se congregarán los pueblos.» La frase «León de la tribu de Judá» es un anuncio de que viene el día en que Cristo, el Cordero, asumirá el carácter de León con relación a Israel. Como León de la tribu de Judá, el Mesías aplastará a todos los enemigos de su pueblo.

«La raíz de David» es un título que, igual que el anterior, mira al Antiguo Testamento (véase Is. 11:1-5; también Ro. 15:12 y Ap. 22:16). Cristo, como «la raíz de David», posee todos los derechos al reino mesiánico y de Él emana toda la gloria real que será exhibida cuando se siente en el trono de David y reine sobre la casa de Jacob (Lc. 1:32, 33). Cleon Rogers, Jr. hace la siguiente observación:

> La figura del león, que denota fuerza, coraje, majestad, apariencia de temor y excelencia intelectual, es un bien conocido símbolo aplicado al Mesías. Este es el Gobernador político nacional de la tribu de Judá, el Mesías, el hijo de David (Gn. 49:9). La otra designación en Apocalipsis 5:5 de aquel que es digno de abrir el libro es «la raíz de David» (*hei hrídsa Davíd*). Esta es una referencia obvia a Isaías 11:1, 10 (véase Is. 53:2), y se refiere a los humildes comienzos del Mesías, quien regirá sobre el reino de David. La «raíz» (*shereh, hrídsa*) sugiere el tocón de un árbol que ha sido cortado, del cual se desarrolla una «raíz» que a la postre de nuevo se convierte en un árbol. La connotación aquí es que la nación de Israel ha sido «cortada», pero ahora hay uno de la dinastía de David que tiene el derecho de reinar y el «árbol» florecerá otra vez.[29]

Dios concertó un pacto con David (2 S. 7) y le prometió que «su casa» y «su reino» serían afirmados para siempre y que «su trono» sería eternamente estable. Dios ha de cumplir su promesa de manera literal cuando el Rey-Mesías, la raíz de David, venga con poder y gloria para ocupar el trono de David, su padre.

«Ha vencido para abrir el libro y desatar sus siete sellos.» El verbo «ha vencido» (*eníkeisen*) es el aoristo indicativo, voz activa de *nikáo*, que significa «obtener victoria», «ser victorioso», «vencer». La forma verbal contempla la realidad de un hecho histórico: «Él venció.»[30] Probablemente se refiere a la victoria de su muerte y su resurrección. Cristo derrotó al diablo, al pecado y a la muerte. Su rotunda victoria le da el derecho de ser el juez absoluto del mundo. Al mismo tiempo, su victoria ha removido todas las barreras para que fluya la gracia divina y se cumpla el propósito misericordioso de Dios, tanto para Israel como para los gentiles en la tierra.

5:6

«Y miré, y vi que en medio del trono y de los cuatro seres vivientes, y en medio de los ancianos, estaba en pie un Cordero como inmolado, que tenía siete cuernos, y siete ojos, los cuales son los siete espíritus de Dios enviados por toda la tierra.» La escena debió causar una profunda sorpresa al apóstol Juan. De seguro esperaba ver a un poderoso, majestuoso, soberano y feroz león, sin embargo, su vista tropezó con un humilde, tierno y manso Cordero Salvador. Juan esperaba ver al Rey de la conquista, pero se encontró con la más humilde de las criaturas.

El vocablo **«Cordero»** (*arníon*) no es el que por lo general se utiliza en el griego para referirse a esa especie.[31] En el Apocalipsis, sin embargo, se usa *arníon* 29 veces. Dicho vocablo pone de manifiesto las características siguientes:

1. *Arníon* es un diminutivo que sugiere la ternura del Padre hacia el Hijo. Jesucristo, como el Cordero de Dios, se sometió perfecta e incondicionalmente a la voluntad del Padre.

2. En segundo lugar, *arníon* denota la manera como el Mesías ha obtenido la soberanía sobre la tierra. «Lo débil de Dios es más fuerte que los hombres» (1 Co. 1:25).

3. *Arníon* se opone diametralmente a *theríon* («bestia», Ap. 13:1). La bestia representa la fuerza física dinamizada por el poder satánico. *Arníon* contempla al Cristo que ha triunfado sobre la muerte y todas las fuerzas del mal mediante su sacrificio y su gloriosa resurrección.

El simbolismo contempla la obra presente de Cristo (Hch. 7:56), al igual que su futuro reinado cuando reclame todos los reinos de este mundo (Ap. 11:15). En lo que respecta a su obra pasada, Cristo está sentado a la diestra de la majestad en las alturas (véase He. 1:3). Su obra de redención ha sido totalmente terminada. Su ministerio intercesor y sumosacerdotal están realizándose en la sesión presente del ministerio de Cristo. El reinado mesiánico aguarda su culminación cuando Cristo regrese a la tierra con poder y gloria (Mt. 19:28). La figura del cordero denota, además, de qué manera obtuvo soberanía sobre la tierra. Fue mediante un débil sacrificio, algo totalmente inesperado por los hombres (1 Co. 1:25; 2:7-9).

«Como inmolado» habla del sacrificio realizado en la cruz del Calvario. El vocablo «inmolado» (*esphagménon*) es el participio perfecto, voz pasiva en función de predicado de *sphádso*, que significa «matar», «matar un sacrificio». El tiempo perfecto sugiere una acción completada con resultados permanentes. En la encarnación, Dios puso su sello en la humanidad, pero en el Cristo resucitado los resultados de su encarnación y redención dejan su impronta sobre la deidad eternamente. El Cordero fue ofrecido en sacrificio por el pecado del mundo, pero resucitó gloriosamente de entre los muertos y es el soberano de cielos y tierra.

La expresión **«en pie»** (*hesteikòs*) es el participio perfecto, voz activa de *hísteimi*. El tiempo perfecto sugiere una acción completada con resultados permanentes. Dicho participio «describe al cordero como de pie en su posición viviente natural. Él no está muerto. Aunque ha sido inmolado permanece erguido y vivo en esta escena celestial».[32] El cuadro del Cordero «en pie como inmolado» simboliza la muerte y la resurrección de Cristo. «Esta nueva figura describe una muerte sacrificial y conecta al Mesías con el cordero pascual del Antiguo Testamento (Éx. 12:51; Is. 53:7; Jn. 1:29, 36; Hch. 8:32; 1 P. 1:19). Aquí Juan une al real Mesías davídico del Antiguo Testamento con el Siervo sufriente de Isaías (Is. 42-53). Ambos temas proféticos convergen en Jesús de Nazaret, el verdadero Mesías.»[33]

«Que tenía siete cuernos, y siete ojos.» El número siete sugiere perfección. Los cuernos hablan de fortaleza y poder (véanse Nm. 23:22; Dt. 33:17; 1 S. 2:1, 10; 2 S. 22:3; Sal. 75:5, 10; 89:17, 24; 92:10; 112:9).[34] La figura de los siete cuernos, por lo tanto, apunta a la omnipotencia del Cordero. Él es el Todopoderoso que, en su humillación propia, fue crucificado, pero que está «en pie» porque resucitó de entre los muertos y vive por los siglos de los siglos.

«Y siete ojos, los cuales son los siete espíritus de Dios enviados por toda la tierra.» Los siete ojos del Cordero sugieren plenitud de inteligencia y sabiduría. El Cordero no sólo es omnipotente, sino que, además, es omnisciente. Tiene absoluto y total conocimiento de todo lo que ocurre en el universo y, al mismo tiempo, tiene completo control de todos los acontecimientos que transcurren.

Los «siete ojos ... son los siete espíritus de Dios.» Eso significa que el Espíritu Santo, la Tercera Persona de la Trinidad, ha de tener un ministerio de intensa actividad durante los días finales de la historia presente. La expresión «los siete espíritus» significa la presencia del Espíritu Santo en su plenitud. El Espíritu Santo será enviado por toda la tierra como el agente ejecutor del plan consumador del omnipotente Cordero.

Resumiendo, Apocalipsis 5:1-6 presenta un cuadro maravilloso de la dignidad del Cordero, Cristo Jesús. Él es el León de la tribu de Judá, la raíz de David, el Vencedor, quien tiene el derecho absoluto para desenrollar el rollo de los juicios y romper sus siete sellos. Su dignidad guarda relación directa con el hecho de que fue inmolado por los pecados del mundo y resucitó triunfante de entre los muertos.

5:7

«Y vino, y tomó el libro de la mano derecha del que estaba sentado en el trono.» Este versículo describe la entrega del rollo de los juicios al Cordero Jesucristo. El que está sentado en el trono es Dios el Padre, quien, a su vez, sostiene el rollo en su diestra. El Señor Jesucristo, designado como el Cordero, es quien viene y toma el rollo. El primer verbo, **«vino»**, está en el tiempo aoristo, mientras que el segundo verbo **«tomó»**, es un perfecto dramático usado para describir la conmovedora escena del traspaso del rollo de la mano del Padre a la del Hijo.[35] ¡El Cordero inmolado y resucitado es digno de tomar el rollo!

El acto de tomar el rollo es muy significativo. El rollo que está sobre la diestra del Padre contiene todos los juicios futuros con los que Dios ha de consumar la historia tal como la conocemos ahora, con miras a inaugurar la etapa gloriosa del reino del Mesías. El hecho de que el Cordero recibe o toma el rollo, sugiere que es Él quien ejecuta los juicios contenidos en los sellos y que se corresponden con lo que ocurrirá durante la septuagésima semana del profeta Daniel (véanse Dn. 9:27; 12:1, 2; Mt. 24:3-30).

5:8

«Y cuando hubo tomado el libro.» El simple hecho de tomar el rollo (no el de abrirlo) produce un triple brote de alabanza de parte de los rangos angelicales. En primer lugar, la alabanza procede de **«los cuatro seres vivientes y los veinticuatro ancianos»** (véase Ap. 4:4-11). Estos seres angelicales del más elevado rango reconocen la dignidad del Cordero y su deidad, puesto que se **«postraron delante»** de Él, en adoración y sometimiento. El verbo «postraron» (*épesan*) es el aoristo indicativo de *pípto*, que significa «caer al suelo». Los ángeles del más elevado rango «caen al suelo» en adoración y respeto delante de la presencia del Cordero.

Cada uno (*hékastos*) de los que «caen al suelo» en adoración tenía un arpa y una copa de oro llena de incienso. Es probable que incluya tanto a los cuatro seres vivientes como a los veinticuatro ancianos, aunque podría limitarse sólo a los 24 ancianos. Los instrumentos usados en la adoración son:

1. Las **«arpas»** (*kitháran*). Era un instrumento parecido a la lira o, tal vez, a la guitarra. Dicho instrumento sugiere regocijo y victoria (véanse 1 Cr. 25:1, 6; 2 Cr. 29:25; Sal. 71:22; 92:3; 149:3). También se relaciona con profecía (véanse 1 S. 10:5; 1 Cr. 25:3; Sal. 49:4).

2. Las **«copas de oro»** (*phiálas chrysâs*) eran, probablemente, vasijas de tamaño mediano semejante a un tazón o dulcera (Zac. 14:20). El cuadro presentado se asemeja al tabernáculo y al templo del Antiguo Testamento. Los tazones o copas de oro están **«llenas de incienso»** (*gemoúsas thymiamátôn*), es decir, llenas del olor del incienso que es quemado en el acto de adoración. El humo del incienso quemado simboliza **«las oraciones de los santos»** (véanse Sal. 141:2; Lc. 1:10).

Los santos referidos aquí no parecen ser los santos en general, sino más bien el conjunto de aquellos que sufren martirio durante las persecuciones de la gran tribulación. Los llamados Salmos Imprecatorios son particularmente apropiados para el uso de ellos, puesto que oran por su propia liberación y por la destrucción de sus enemigos. Los santos tanto del Antiguo Testamento como de la iglesia ya están en la presencia de Dios en el cielo. Aquellos cuyas oraciones son simbolizadas por el humo del incienso son los que han sufrido las persecuciones del Anticristo y han sido muertos por dar testimonio de su fe en el Mesías (véase Ap. 6:9-11; 12:17; 13:7-10). Evidentemente, los veinticuatro ancianos son quienes ofrecen el perfume del incienso que simboliza las oraciones de los santos como una demostración de simpatía e identificación con las aspiraciones de los santos, quienes sufren los embates de la tribulación en la tierra.[36]

5:9

«Y cantaban un nuevo cántico, diciendo:» El verbo **«cantaban»** (*ádousin*) es el presente indicativo, voz activa de *aidó*. El tiempo presente tiene una función histórica y debe traducirse como un pretérito imperfecto para que concuerde con la expresión «se postraron» del versículo 8. Es probable que este coro celestial esté compuesto de los cuatro seres vivientes y los veinticuatro ancianos. Son ellos quienes caen al suelo en adoración al Cordero y ahora unen sus voces para darle alabanza y reconocimiento.[37] El canto expresa alegría, gozo y adoración. Tanto en el Antiguo como en el Nuevo Testamento se enseña que la adoración a Dios expresada a través de la música y la canción adquiere un carácter sublime y magnífico.[38] Respecto al nuevo cántico, Thomas hace la siguiente observación:

El **«nuevo cántico»** (*odèn kainèn*) cantado por este coro celestial era originalmente un canto de alabanza inspirado por la gratitud por nuevas misericordias. Un canto de esa naturaleza se menciona seis veces en los Salmos (Sal. 33:3; 40:3; 96:1, 98:1; 144:9; 149:1), pero en el «nuevo cántico» de Isaías 42:10 las palabras tienen un contenido pleno, correspondiéndose con el sentido más profundo de las «cosas nuevas» en Isaías 42:9. Ese sentido más profundo es que, sin perder de vista la grandeza de las glorias de las cosas pasadas, estas serán opacas en comparación con el esplendor de las cosas futuras.[39]

El cántico es nuevo (*kainèn*) no en sentido de tiempo «sino que es nuevo en cuanto a forma o cualidad, de diferente naturaleza de lo que es contrastado como viejo».[40] En el contexto, el cántico es nuevo porque es cantado por seres angelicales y porque el contenido en sí es nuevo. Además, el cántico es dedicado en honor de un gran acontecimiento, es decir, la apertura de los siete sellos con que se inauguran los juicios que preceden el comienzo del reinado glorioso del Mesías. Además, el nuevo cántico desvela nueva revelación respecto a la dignidad del Cordero.

«Digno eres de tomar el libro y de abrir sus sellos.» Así comienza la alabanza cantada por las 28 voces compuestas de los cuatro seres vivientes y los veinticuatro ancianos. El vocablo **«digno»** (*áxios*) es el mismo que aparece en 4:11. El Cordero comparte la dignidad del Padre porque él es Dios y, por lo tanto, es *digno* de recibir la adoración debida a su persona.[41] Sin embargo, la dignidad proclamada aquí se relaciona no tanto con su ser esencial como con la magnífica obra de redención efectuada por el Cordero. Mediante su sacrificio expiatorio, el Cordero ha provisto el pago completo del rescate necesario para librar al pecador de su esclavitud. El cántico, pues, reconoce que el Cordero ha provisto salvación de la siguiente manera:

1. **«Porque tú fuiste inmolado»** (*hòti esphágeis*). El verbo «fuiste inmolado» es el aoristo indicativo, voz pasiva de *sphádso*, que significa «inmolar», «cortar la garganta», «sesgar el cuello». La función verbal señala a un hecho histórico ocurrido de manera concreta (véanse 5:6, 9, 12; 13:8; Is. 53:7)[42].

2. **«Y con tu sangre nos has redimido para Dios.»** Los mejores manuscritos dicen «y con tu sangre has redimido para Dios».[43] Lo más probable es que la declaración sea general y enfatice la provisión de la salvación en sentido universal en lugar de destacar las personas implicadas. El verbo «has redimido» (*eigórasas*) es el aoristo indicativo, voz activa de *agorádso*, que significa «comprar en el mercado», «redimir». En el Nuevo Testamento, tanto Pablo como Pedro usan dicho verbo con referencia a la salvación, considerándola como una compra (véanse 1 Co. 6:20; 7:23; Gá. 3:13; 4:5; 2 P. 2:1; 1 P. 1:18, 19). Debe recordarse que el mismo Señor Jesucristo afirmó que había venido «para dar su vida en rescate por muchos» (Mr. 10:45).

«Para Dios» indica para ser de Él, es decir, para su beneficio. La persona para cuyo beneficio la compra fue hecha no es otro sino Dios mismo, como lo indica (*toî theoî*) «para Dios»[44]. El precio pagado lo expresa la frase «con tu sangre» (*en toî haímatí sou*) o «por medio de tu sangre» (véase 1:5). La sangre representa la muerte sustitutoria del Cordero. El precio pagado por el rescate fue su propia sangre (véanse Ef. 1:6; Hch. 20:28).

«De todo linaje y lengua y pueblo y nación» (*ek páseis phyleîs kaì glósseis kaì laoû kaì éthnous*). Los súbditos espirituales para la esfera de soberanía del Cordero-Redentor son tomados de cada tribu y lengua y pueblo y nación de la tierra. «La expresión es partitiva, es decir, sólo una parte del número total en realidad disfruta de los beneficios de esa muerte. Los beneficios de la obra redentora de Cristo tienen que ser apropiados por medio de la fe en Él... Gente de todo linaje, lengua, raza y orientación política está representada en esta amplia compañía de los beneficiarios de la redención de Cristo.»[45]

5:10

«Y nos has hecho para nuestro Dios reyes y sacerdotes, y reinaremos sobre la tierra.» Los mejores manuscritos presentan la siguiente lectura: «Y has hecho para nuestro Dios un reino y sacerdotes, y reinarán sobre la tierra.» Esta lectura armoniza mejor con el contexto y es preferible a la de la Reina-Valera 1960. Los redimidos del Cordero se han hecho un reino para Dios. El verbo **«has hecho»** (*epoíeisas*) es el aoristo indicativo, voz activa de *poiéo*, que significa «hacer». El tiempo aoristo tiene aquí una función profética, anticipando el resultado final de la acción.[46] «Como posesión de Dios, los redimidos no serán meramente pueblo de Dios sobre quien Él reina, sino que también compartirán el gobierno de Dios en el reino milenial venidero (véase 1 Co. 4:8; 6:3)».[47]

Además de ser un reino, los redimidos son **«sacerdotes»** para Dios. Como tales, los redimidos sirven a Dios y tienen libre e inmediato acceso en su presencia. Es un tributo a la gracia de Dios que hombres pecadores y rebeldes de entre todas las naciones, tribus y lenguas hayan sido redimidos, perdonados, justificados y santificados para hacer de ellos un reino y sacerdotes para Dios (véase Ap. 1:6; 20:6). A esto, sólo puede decirse: ¡Gracias a Dios por su don inefable!

«Y reinaremos sobre la tierra» o mejor «y reinarán sobre la tierra». Los redimidos por el Cordero participarán del reinado glorioso del Mesías en la tierra y disfrutarán de las bendiciones que el Señor ha de derramar sobre ellos de manera abundante. La referencia no es al reino espiritual presente de los creyentes, sino al reino escatológico que el Mesías inaugurará con su gloriosa segunda venida (véase Ap. 20:4; 22:5).[48] La meta de la historia es el establecimiento del reinado glorioso del Mesías. Dicho reino se caracterizará por la existencia continua de paz, justicia y santidad. Será un tiempo en que toda la tierra estará llena del conocimiento del Señor (Is. 11:9: Hab. 2:14). Dios cumplirá su propósito original tocante a la tierra y tocante al hombre (véanse Sal. 8; He. 2:5-9). Debe recordarse que el reinado del Mesías será eterno (Dn. 2:44; 7:13, 14; Ap. 11:15), pero ese reino eterno tendrá un prólogo histórico que durará mil años durante el cual la gloria del Mesías se manifestará en todo su esplendor y será reconocido entre los hombres como Rey de reyes y Señor de señores.

5:11

«Y miré, y oí la voz de muchos ángeles alrededor del trono, y de los seres vivientes, y de los ancianos; y su número era millones de millones.» Este versículo introduce la segunda expresión de alabanza de parte de las «huestes celestiales». La expresión **«y miré»** (*kaì eîdon*) indica que Juan contempla una escena diferente de la anterior. Juan escucha la voz de muchos ángeles que forman un amplio círculo **«alrededor»** (*kyklor*) del trono pero, evidentemente, alejados del círculo de los cuatro seres vivientes y los veinticuatro ancianos. El número de los ángeles que el apóstol vio alrededor del trono es incalculable. El texto griego dice que eran: **«muchos ángeles»** (*angélôn pollôn*) y que su número era «diez mil de diez mil y miles de miles» (*myriádes myriádôn kaì chiliádes chiliádôn*). Sin duda, esta es una manera de expresar el hecho de que es imposible determinar el número del ejército angelical.

5:12

«Que decían a gran voz: El Cordero que fue inmolado es digno de tomar el poder, las riquezas, la sabiduría, la fortaleza, la honra, la gloria y la alabanza.» La alabanza angelical es imposible de describir. El texto no dice que los ángeles cantaron, sólo dice que **«decían a gran voz»** (*légontes phonêi megálen*). Al unísono, la celebración ensordecedora del coro angelical proclama la dignidad del Cordero-Redentor. «El canto de los seres vivientes y de los ancianos expresa la obra de Cristo en su muerte; ahora los ángeles cantan de las posesiones de Cristo en su gloria.»[49] Evidentemente, los ángeles se regocijan con la obra del Cordero y toman parte activa en la alabanza de su dignidad y proclaman a gran voz: «Digno es el Cordero, el que fue inmolado» (texto griego).[50] Seguidamente, los ángeles pronuncian siete adscripciones atribuidas al Cordero. Las cuatro primeras (poder, riquezas, sabiduría y fortaleza) son cualidades que el Cordero posee y por las que es digno de ser alabado.[51] Las tres restantes son atribuidas al Cordero en alabanza que son propias de su persona (honor, gloria y alabanza).

En el texto griego hay sólo un artículo determinado al principio de las siete adscripciones. Dicha forma gramatical ata, por así decir, los mencionados reconocimientos como si formasen una cadena indestructible. El Cordero es digno de «recibir» (*labeîn*) el poder — y riquezas — y sabiduría — y fortaleza — y honra — y gloria — y alabanza.[52] Es importante dar consideración, aun cuando sea brevemente, a cada una de las siete adscripciones dadas al Cordero.

«Poder» (*dynamin*). Este vocablo significa «poder dinámico», «poder inherente». *Dynamis* comporta la idea de poder tanto físico como moral. El Cordero-Redentor es digno de «recibir» el poder que es suyo, puesto que lo posee de forma inherente por ser quien es: El Todopoderoso y vencedor sobre todos sus enemigos.

«Riquezas» (*ploûton*). En su encarnación, Cristo se vació a sí mismo (Fil. 2:7), condescendió hasta las esferas más bajas delante de los hombres. «Se hizo pobre, siendo rico» (2 Co. 8:9). El Cordero-Redentor posee riquezas inagotables tanto en el ámbito espiritual como en el físico. Él ha derramado y derramará de sus riquezas sobre sus redimidos.

«Sabiduría» (*sophían*). «Su *sophían* designa el atributo de Dios que se demuestra a sí mismo en la creación consciente y deliberada y en el gobierno del mundo, señalando límites y metas en la ejecución de su voluntad y la estructuración del destino. Establece el gobierno de justicia en la tierra y es el poder moral que protege y efectúa el progreso de la historia universal.»[53]

«Fortaleza» (*ischyn*). Este vocablo se usaba en la literatura clásica para denotar la fuerza y el poder poseído por seres vivientes o por cosas.[54] El uso que recibe en el Nuevo Testamento es muy similar al de la literatura clásica. En Apocalipsis 5:12, los ángeles atribuyen «fortaleza» al «Cordero que fue inmolado». Por lo general, el cordero es considerado como una criatura débil y frágil. El Cordero-Redentor posee «fortaleza» inherente en su Persona divina. Él demostró esa fortaleza al llevar sobre sí la carga del pecado del mundo y resucitando de entre los muertos (véase Ef. 1:19). Al final de la historia, la demostrará cuando destruya a todos sus enemigos (véase Ap. 19:15).

«Honra» (*timèin*). El Señor Jesucristo dijo: «Porque el Padre a nadie juzga, sino que todo juicio dio al Hijo, para que todos honren al Hijo como honran al Padre. El que no honra al Hijo no honra al Padre que le envió» (Jn. 5:22, 23). La «honra» es propia de Cristo porque Él es Dios. Dios el Hijo es digno de la misma honra que Dios el Padre. Una de las razones teológicas que demanda el establecimiento del reino mesiánico es la necesidad de que el Mesías sea honrado en medio de los hombres dentro del tiempo y de la historia. Tal como fue históricamente humillado, será históricamente honrado (Fil. 2:5-11).

«Gloria» (*dóxan*). En la Biblia, «gloria (*dóxa*) es una cualidad que pertenece a Dios y es reconocida por el hombre solamente en respuesta a Él».[55] Jesucristo es la efulgencia de la gloria de Dios (He. 1:3), pero cuando se encarnó esa gloria fue velada. Sólo en raras ocasiones su gloria fue vista por los hombres (véanse Jn. 1:14; Mt. 17:1-5; 2 P. 1:17). Él es digno de recibir gloria y, en realidad, la ha de recibir cuando venga para inaugurar su reino de paz y justicia (Mt. 24:30).

«Alabanza» (*eulogían*). Este vocablo procede del verbo *eulogéo*, que significa «hablar bien» en el sentido de «dar alabanza». Él es digno de recibir *alabanza* como expresión de gratitud por todos los beneficios y bendiciones que ha derramado sobre los hombres, particularmente sobre sus redimidos.

5:13

Hay una *tercera manifestación de alabanza*, dirigida «al que está sentado en el trono, y al Cordero». El texto lo expresa así: **«Y a todo lo creado que está en el cielo, y sobre la tierra, y debajo de la tierra, y en el mar, y a todas las cosas que**

en ellos hay, oí decir....» Esta cuádruple alabanza constituye un glorioso y estupendo clímax al cuadro de adoración que aparece en los capítulos 4, 5 del Apocalipsis.

Todos los seres conscientes del universo se unen para dar alabanza y rendir homenaje tanto a Dios el Padre como a Dios el Hijo (simbolizado por el Cordero). Obsérvese que hay una cuádruple división de la creación y todos los seres vivientes e inteligentes de cada uno de esos ámbitos honran al Padre y al Hijo por igual. Tal acción debe considerarse como una prueba de la absoluta deidad de Cristo.

«Al que está sentado en el trono, y al Cordero, sea la alabanza, la honra, la gloria y el poder, por los siglos de los siglos.» Esta maravillosa frase es enfática. Gramaticalmente hay un polisíndeton, es decir, la repetición de la conjunción copulativa «y». Pero, además, el artículo determinado acompaña a cada uno de los sustantivos. La conjunción se repite para que el lector dé atención a cada sustantivo y el artículo determinado obliga a individualizar cada componente de la doxología. La perfección del plan diseñado por el que está sentado en el trono y ejecutado por el Cordero es de una magnitud tal que no puede hacer menos que producir una alabanza que implique a todos los seres inteligentes de la creación. Obsérvese, además, el énfasis especial al hecho de que la exaltación del Cordero no es sólo por el milenio, sino que dura «por los siglos de los siglos» (*eis toùs aiônas tôn aiónôn*), es decir, por toda la eternidad.

5:14

«Los cuatro seres vivientes decían: Amén; y los veinticuatro ancianos se postraron sobre sus rostros y adoraron al que vive por los siglos de los siglos.» Los cuatro seres vivientes, como superiores a todos los otros seres creados, apropiadamente ponen el sello de aprobación en la alabanza de la creación.

El verbo **«decían»** (*élegon*) es el imperfecto indicativo, voz activa de *légo*. Esa forma verbal podría traducirse: «decían continuamente», «repetían una y otra vez». Los cuatro seres vivientes fueron quienes iniciaron la alabanza delante del trono celestial y ahora no cesan de repetir «Amén».[56] El **«Amén»** de los cuatro seres vivientes sirve de señal a los veinticuatro ancianos para postrarse en adoración delante del que está sentado en el trono (Dios Padre) y del Cordero (Dios Hijo). Obsérvese que los ancianos no pronuncian palabra alguna. Su adoración es sobrecogedoramente solemne. ¡Es una adoración que no necesita palabras! «Simbólicamente reconocen su completa sujeción a ellos [Dios el Padre y el Cordero] y procuran exaltarles en alabanza y adoración.»[57]

RESUMEN Y CONCLUSIÓN

El capítulo 5 del Apocalipsis presenta la visión del rollo que contiene la totalidad de la revelación de la intervención final de Dios en los días finales de la consumación de la historia. El rollo está en la diestra de Dios el Padre. El rollo tiene que ver con juicios y es el Hijo quien tiene la responsabilidad de ejecutar juicios tanto en el ámbito terrestre como en el cósmico. Es por ello que nadie puede romper los sellos que impiden la lectura del contenido del rollo.

Sólo el «León de la tribu de Judá», «la raíz de David», es decir, el Mesías, es digno de romper los sellos con los que el rollo está sellado. Él es el Cordero, o sea, el sacrificio perfecto ofrecido por el pecado del mundo. Él murió y resucitó de entre los muertos y vive por los siglos de los siglos. Él toma el rollo de la mano del Padre porque el Cordero tiene la potestad para juzgar. El hecho de que el Cordero asume su responsabilidad de Juez Supremo del universo produce un triple brote de alabanza. La primera procede de los seres angelicales del mayor rango (los cuatro seres vivientes y los veinticuatro ancianos). La segunda la pronuncian las miríadas de ángeles que forman un amplio círculo alrededor del trono celestial. Finalmente, hay una tercera alabanza por la totalidad de las criaturas racionales del universo.

El Cordero es alabado por su perfecta obra expiatoria, por haber redimido para Dios un pueblo extraído de entre todos los diferentes grupos étnicos de la tierra, por haber constituido un reino y sacerdotes para Dios, y por el hecho de que los redimidos reinarán con Él sobre la tierra.

Incuestionablemente, los creyentes de hoy día pueden y deben proclamar las verdades gloriosas contenidas en los capítulos 4 y 5 del Apocalipsis. La certeza del cumplimiento de los propósitos de Dios a pesar de que el mundo ignore al Dios soberano debe producir un singular consuelo en el corazón de todo cristiano. Cristo ha de ser alabado por la totalidad de los seres racionales del universo (Ap. 5:13; Fil. 2:11). Mientras llega ese día, la Iglesia cristiana debe enseñar y vivir de manera que el Cordero-Redentor-Mesías sea alabado en el mundo presente.

NOTAS

1. Véase el uso de *metà taûta* («después de estas cosas») en 7:9; 15:5; 18:1; 19:1. En cada caso, el apóstol introduce una nueva visión o un nuevo cuadro profético.
2. Robert L. Mounce, «The Book of Revelation», *The New International Commentary on the New Testament*, p. 133, nota 2.
3. Contrástese «la puerta abierta» con la declaración de Mateo 3:16 y Apocalipsis 19:11. En estos dos pasajes se dice que «los cielos fueron abiertos» (Mt. 3:16) y «vi el cielo abierto» (Ap. 19:11). La connotación es que «los cielos abiertos» permiten una manifestación pública a los que están afuera, mientras que «la puerta abierta» permite que sólo Juan vea la visión.
4. Robert L. Thomas, *Revelation 1—7: An Exegetical Commentary*, p. 337.
5. Apocalipsis 4:1 no es una descripción del rapto de la iglesia. Tomarlo así equivaldría a alegorizar la personalidad del apóstol Juan. El rapto de la iglesia como tal es omitido por completo de la proyección profética del Apocalipsis, aunque dicho acontecimiento se menciona en Apocalipsis 2:25 y 3:10, 11. Lógicamente el rapto debe ocurrir entre los capítulos 3 y 4. «Esto armoniza con el hecho de que el libro como un todo no se ocupa primordialmente con el programa de Dios para la iglesia. En su lugar su objetivo primordial es presentar los acontecimientos que conducen y culminan con la segunda venida de Cristo y el reino profético y el estado eterno que a la postre le seguirá» (véase John F. Walvoord, *The Revelation of Jesus Christ*, p. 103).
6. Mounce, «The Book of Revelation», p. 134. La Biblia enseña que la iglesia será arrebatada antes de que ocurra la gran tribulación (véase 1 Ts. 4:13-5:11), pero no es correcto exegéticamente forzar dicha enseñanza en este pasaje de Apocalipsis 4:1, 2 (véase Walvoord, *The Revelation of Jesus Christ*, p. 103).
7. *Ibid.*
8. Thomas, *op. cit.*, p. 340.
9. William Hendriksen, *Más que vencedores*, p. 98.
10. Véase C. J. Hemer, «Crown, Sceptre, Rod», *The New International Dictionary of New Testament Theology*, vol. I, pp. 405, 406.
11. La frase «veinticuatro ancianos» aparece en Apocalipsis 4:4, 10; 5:8; 11:16; 19:4. Hay otros pasajes donde sólo aparece el sustantivo «ancianos» aunque es evidente que se refiere al mismo grupo (véase Ap. 5:5, 6, 11, 14 [en el texto griego]; 7:11, 13; 14:3).
12. Véase A.T. Robertson, *Word Pictures,* vol. VI, p. 327; Thomas, *Revelation 1—7*, pp. 344, 345; George E. Ladd, *A Commentary on the Revelation of John*, pp. 73-75.

13. Thomas, *op. cit.*, p. 345.
14. Véase Walvoord, *The Revelation of Jesus Christ,* p. 106.
15. Para una explicación concisa de la discusión, véase Robert H. Mounce, «The Book of Revelation», p. 137.
16. Ironside dice que «representan los atributos del Dios vivo» (véase Harry A. Ironside, *Notas sobre el Apocalipsis* [Guatemala: Imprenta Centroamericana, s.f.], p. 56). José Grau dice que representan a toda la creación que rinde «adoración a la divina majestad» (véase José Grau, *Estudios sobre Apocalipsis,* p. 146). H.B. Swete dice que «las cuatro formas sugieren lo más noble, lo más fuerte, lo más sabio y lo más ágil en la naturaleza viviente» (véase H. B. Swete, *Commentary on Revelation,* p. 71). Expositores antiguos tales como Ireneo y San Agustín, interpretaban que los cuatro seres vivientes simbolizaban los cuatro evangelios (véase M. R. Vincent, *Word Studies in the New Testament,* vol. I, p. 602). El exégeta Bengel dice: «Los cuatro seres vivientes son los símbolos celestiales de la creación» (véase John Albert Bengel, *New Testament Word Studies,* vol. 2, p. 866).
17. Robert L. Mounce, «The Book of Revelation», p. 138.
18. El vocablo «trono» aparece 27 veces en el Apocalipsis, mientras que «cordero» se usa 28 veces. Ambos sustantivos constituyen temas centrales en el libro.
19. Rienecker, *A Linguistic Key,* vol. 2, p. 478.
20. Para un excelente resumen de las distintas sugerencias, véase Robert Thomas, *Revelation 1—7,* pp. 376-379.
21. Walter Scott, *Exposition of the Revelation of Jesus Christ,* pp. 131, 132.
22. La historia, tal como la conocemos, llegará a su consumación cuando se cumpla todo lo que está contenido en el rollo. Después dará comienzo una nueva etapa de la historia que se caracterizará por *paz, justicia y santidad.* Habrá un despliegue de la gloria de Dios y toda la tierra estará llena del conocimiento de Jehová (Hab. 2:14).
23. Thomas, *Revelation 1—7,* p. 380.
24. A.T. Robertson, *op. cit.,* vol. VI, p. 333.
25. Véase Kittim Silva, *Apocalipsis: La revelación de Jesucristo,* p. 64.
26. Lo más probable es que la expresión «y desatar sus sellos» sea una frase epexegética, es decir, una manera de ampliar lo dicho anteriormente. De modo que se expresaría así: «...de abrir el libro, es decir, desatar sus sellos.»
27. Véase Thomas, *Revelation 1—7,* pp. 384, 385.
28. Robert H. Mounce, «The Book of Revelation», p. 144.
29. Cleon L. Rogers Jr., «The Davidic Covenant in Acts-Revelation», *Bibliotheca Sacra,* enero-marzo1994, p. 83.
30. En este versículo se destaca la victoria de Cristo. El verbo «él venció» aparece al principio de la oración gramatical. El orden sintáctico ha sido alterado por razones de énfasis.
31. En el Nuevo Testamento se usa *ho amnós* con referencia a Cristo en Juan 1:29, 36; Hechos 8:32; 1 Pedro 1:19 (véase también Is. 53:7).
32. Thomas, *op. cit.,* p. 391.
33. Alan F. Johnson, «Revelation», *The Expositor's Bible Commentary,* ed. Frank E. Gaebelein, vol. 12, p. 468.
34. El sustantivo hebreo *kehren* («cuerno») es traducido en la Reina-Valera 1960 como «poder», «poderío», «fortaleza». Los traductores de dicha versión castellana han captado correctamente el simbolismo de dicho vocablo.
35. El perfecto dramático usado aquí (*eíleiphen*) y traducido «tomó» realiza la

función de un altamente dramático presente histórico y puede traducirse «ha tomado» (véase Rienecker, *A Linguistic Key,* vol. 2; p. 479).

36. Véase John F. Walvoord, *The Revelation of Jesus Christ,* p. 117. También Alan F. Johnson, «Revelation», *The Expositor's Bible Commentary,* p. 469.

37. Thomas, *op. cit.*, p. 399.

38. En el Antiguo Testamento resaltan los cánticos que aparecen en Éxodo 15, Deuteronomio 32 y en los Salmos. También el Nuevo Testamento enseña la importancia del canto en Efesios 5:19 y Colosenses 3:16.

39. Thomas, *op. cit.*, p. 399.

40. *Vine's Complete Expository Dictionary of Old and New Testament Words*, p. 431.

41. E.B. Caird, «The Revelation of Saint John», *Black's New Testament Commentary*, p. 76.

42. El mismo verbo se usa en Ap. 6:9 y 18:24 con referencia a la muerte de los mártires.

43. El Códice Alef es el único de los manuscritos reconocidos que contiene el pronombre «nos» como objeto del verbo «redimiste». Sin embargo, muchos reconocen que Alef es menos confiable en el libro del Apocalipsis.

44. Thomas, *op. cit.*. 400.

45. *Ibid.*, p. 401.

46. A.T. Robertson, *Word Pictures,* vol. VI, p. 336.

47. Thomas, *op. cit.,* p. 402.

48. Aunque en algunos manuscritos aparece la forma presente «reinamos» (*basileúousin*), la referencia sigue siendo futura, puesto que el verbo en presente tiene una función futurística o profética (véase, A. T. Robertson, *Word Pictures,* vol. VI, p. 335; también, Robert H. Mounce, «The Book of Revelation», *The New International Commentary of the New Testament,* p. 149).

49. William Barclay, *The Revelation of John,* vol. 1, p. 179.

50. El término «digno» (*axiós*) aparece primero en el texto griego porque esa es la verdad que se desea enfatizar. También se repite el artículo determinado con el sustantivo «Cordero» y con el participio «inmolado».

51. Robert H. Mounce, «The Book of Revelation», p. 150.

52. Debe observarse el uso de la figura de dicción llamada «polisíndeton», es decir, la repetición de la conjunción copulativa «y». Esta figura llama al lector a detenerse y considerar por separado cada una de las características que establecen la dignidad del Cordero [véase E. W. Bullinger, *Commentary on Revelation*, p. 244].

53. Thomas, *op. cit.,* p. 405.

54. *The New International Dictionary of New Testament Theology,* vol. 3, p. 712.

55. *Ibid.*, vol. 2, p. 44.

56. El vocablo «amén» se usa 10 veces en el Apocalipsis (1:6, 7, 18; 3:14; 5:14; 7:12 [2]; 19:4; 22:20, 21). «La palabra hebrea '*amen,* tomada en préstamo del arameo, significa 'ciertamente'. Es una fórmula solemne de la que se servía ya el israelita en los tiempos del Antiguo Testamento para hacer suya una doxología, un juramento, una bendición, una maldición o una imprecación. Se trata, sin excepción, de la respuesta de asentimiento que alguien da a las palabras de otro. Así ocurre también en 1 Corintios 14:16; Segunda Corintios 1:20; Apocalipsis 5:14; 7:12; 19:4; 22:20» (Joachin Jeremías, *Teología del Nuevo Testamento,* vol. I, [Salamanca: Ediciones Sígueme, 1974] p. 50).

57. Thomas, *op. cit.*, p. 409.

Los siete sellos de juicios (6:1-17)

NATURALEZA DE LA GRAN TRIBULACIÓN

El Apocalipsis es el libro que revela la consumación del plan de Dios. El Todopoderoso se propone establecer su soberanía sobre la tierra. Esa soberanía ha sido desafiada por los hombres, pero será inaugurada de manera objetiva y final cuando el Señor Jesucristo regrese a la tierra con poder y gloria. Según el mismo Señor profetizó en Mateo 24:21-29, su segunda venida será precedida por un período de *gran tribulación*. Dicha tribulación será un período de juicios sin precedentes con los que dará comienzo lo que tanto el Antiguo como el Nuevo Testamento designan como el *día del Señor*.[1]

El Señor Jesucristo asoció los acontecimientos relacionados con su segunda venida con las profecías de Daniel (véase Mt. 24:15 cp. Dn. 9:27; 11:31; 12:11). En Daniel

129

9:24, Dios reveló al profeta que: «Setenta semanas están determinadas sobre tu pueblo y sobre tu santa ciudad, para terminar la prevaricación, y poner fin al pecado, y expiar la iniquidad, para traer la justicia perdurable, y sellar la visión y la profecía, y ungir al Santo de los santos.» Las setenta semanas mencionadas en el texto son semanas de años, es decir, equivalen a 490 años.[2] De esos 490 años, 483 se han cumplido ya. La semana (de años) 69 se agotó el día en que el Señor se ofreció a la nación de Israel como el Mesías prometido en el Antiguo Testamento e hizo su entrada en Jerusalén, cabalgando sobre el pollino de asno (Mt. 21:1-11). La semana que aún falta por cumplirse (Dn. 9:27) se corresponde con los siete años de la tribulación escatológica con la que ha de iniciarse el «día de Jehová».

El cumplimiento de la septuagésima semana de Daniel 9:27 guarda una relación especial con la nación de Israel por ser la culminación de las setenta semanas que deben agotarse en su totalidad para que se cumplan en Israel los seis propósitos de Dios que se mencionan en Daniel 9:24. Durante esos siete años de tribulación, la nación de Israel sufrirá las persecuciones del Anticristo. El profeta Jeremías lo describe así: «¡Ah, cuán grande es aquel día! tanto, que no hay otro semejante a él; tiempo de angustia para Jacob; pero de ella será librado» (Jer. 30:7). La gran tribulación será un tiempo de juicios sin precedentes para la nación de Israel (Dn. 12:2), pero en ese tiempo Dios salvará al remanente en el que hará cumplir las promesas hechas a los patriarcas (véanse Ez. 37:15-28; Am. 9:11-15; Sof. 3:8-20; Ro. 11:25-29).

Las naciones gentiles, por su parte, sufrirán el derramamiento de la ira de Dios (Ap. 3:10; 6:12-17; Zac. 14:3). La gran tribulación tendrá un alcance universal y va dirigida contra la humanidad rebelde que ha despreciado la gracia de Dios y la oferta de salvación mediante la fe en Cristo. El libro del Apocalipsis describe a partir del capítulo 6 hasta el 19 tanto el alcance global como las devastaciones producidas por los juicios sin precedentes de la gran tribulación. Como se señalará más adelante, lo terrible e inexplicable es que la humanidad se niega a arrepentirse a pesar de la severidad de los juicios y, por el contrario, continúa su funesto desafío a la autoridad de Dios.

Las Escrituras enseñan que la Iglesia verdadera, es decir, el conjunto de todos los que han puesto su fe en Jesucristo, será librada de la hora misma de la prueba (Ap. 3:10). La promesa del Señor a los suyos es llevarlos a la casa del Padre (Jn. 14:1-3). Pablo afirma que: «No nos ha puesto Dios para ira, sino para alcanzar salvación por medio de nuestro Señor Jesucristo» (1 Ts. 5:9). También dice Pablo que Jesús «nos libra de la ira venidera» (1 Ts. 1:10).[3]

Propósito de la gran tribulación

Es de vital importancia observar y no perder de vista el propósito de la gran tribulación. La Biblia enseña que la gran tribulación guarda relación directa con el propósito de Dios de establecer su soberanía y su reino dentro del tiempo y de la historia entre los hombres. La humanidad ha mantenido un estado de rebeldía contra Dios a través de la historia. La intervención de Dios en la historia para establecer su reino es designada tanto en el Antiguo como en el Nuevo Testamento como «el día de Jehová» en su aspecto escatológico. El día de Jehová escatológico comienza con el derramamiento de la ira del Soberano que afectará al mundo entero y que tiene como fin «probar a los que moran sobre la tierra» (Ap. 3:10) y ejecutar la consumación de este siglo, es decir, de la historia tal como es conocida por los hombres (Mt. 24:3-29).

La gran tribulación también tiene el propósito de preparar a Israel para la venida del Mesías. La semana setenta de Daniel (Dn. 9:27) agotará el período de 490 años designados por Dios para el pueblo y la ciudad de Daniel. Cuando la totalidad de las setenta semanas se hayan cumplido, Dios ejecutará las seis promesas hechas al pueblo de Israel (Dn. 9:24). La nación de Israel sufrirá las persecuciones del Anticristo o falso mesías, pero Dios salvará al remanente en el cual cumplirá las promesas hechas a los patriarcas (véanse Jer. 30:8—31:40; Ez. 20:33-44; 34:1-31; 36:1-38). Dios purgará a la nación de Israel, matará a los rebeldes, pero salvará un remanente en medio del cual el Mesías reinará (véanse Dn. 12:1-4; Is. 59:20, 21; Ro. 11:25-29).

Finalmente la gran tribulación tiene como objeto juzgar dentro de la historia y en el tiempo la rebeldía de los hombres. El Dios soberano puso en mano de los hombres el gobierno de las naciones. Desde los días de Nabucodonosor y hasta que el Señor venga por segunda vez, la humanidad vive dentro de «los tiempos de los gentiles» (Lc. 21:24). Las naciones gentiles, sin embargo, han desafiado la autoridad de Dios y no reconocen su soberanía. La gran mayoría de los gentiles ha rechazado la oferta de salvación a través del evangelio de la gracia de Dios. En los días finales de la historia, los gentiles organizarán una gran rebelión contra Dios con el fin de impedir que el Mesías reine sobre la tierra (véase Sal. 2), pero Dios los juzgará y terminará con dicha rebelión. Durante la gran tribulación, la humanidad gentil irá en pos del Anticristo y adorará a Satanás. El Cordero derramará su ira sobre ellos y los vencerá (Ap. 6:15-17).

Resumiendo, la gran tribulación es un período de tiempo que durará siete años y que equivale a la septuagésima semana de Daniel (9:27). Durante esos siete años Dios intervendrá en los asuntos de la humanidad. El Soberano derramará su ira sobre las naciones y consumará su plan para con sus criaturas.

Durante esos siete años, Satanás hará un último intento de usurpar el reino al Mesías. Será durante el período de la gran tribulación cuando el reino falso de Satanás tendrá su más amplia manifestación sobre la tierra. El maligno pretendrá implantar su dominio y ejercer su soberanía entre los hombres. A través del Anticristo, Satanás organizará su guerra. Perseguirá e intentará aniquilar a la simiente de Abraham, pero el Señor Jesucristo matará al Anticristo con la espada que sale de su boca y con el resplandor de su venida (2 Ts. 2:8). Las naciones gentiles, por su parte, sufrirán el derramamiento de la ira de Dios (Ap. 19:15).

La gran tribulación, por lo tanto, no guarda relación con la Iglesia. La Iglesia será librada de la ira venidera mediante resurrección, transformación y traslado a la casa del Padre antes que llegue el día de la ira (véanse Ro. 5:9; 1 Ts. 4:16-18).

El capítulo 6 del Apocalipsis pone de manifiesto el hecho de que el Cordero es digno de «tomar el libro [rollo] y de abrir sus sellos» (5:9). Como se ha observado en otro sitio, el rollo contiene la consumación del plan y del propósito de Dios para la humanidad. Sólo el Cordero es digno de ejecutar el juicio de Dios, porque con su sacrificio perfecto ha satisfecho todas las demandas de la justicia y la santidad de Dios. Los juicios contenidos en el rollo son un secreto de tal naturaleza que sólo el Cordero está capacitado para revelarlo.

Notas exegéticas y comentarios

6:1

«Vi cuando el Cordero abrió uno de los sellos, y oí a uno de los cuatro seres vivientes decir como con voz de trueno: Ven y mira.» El abrir o romper los sellos que ocultan el contenido del rollo ocurre en el cielo, pero los acontecimientos que tienen lugar como resultado de abrir cada sello se suceden en la tierra. La expresión **«uno de los sellos»** significa «el primero de los sellos». El **«Cordero»**, es decir, el

Cristo glorificado es quien ejecuta el acto de abrir dicho sello, pero la orden de iniciar el acontecimiento que resulta del mencionado acto la da uno de los cuatro seres vivientes. La figura **«como con voz de trueno»** es un símil que representa un mandato enfático con firmeza y autoridad. Los mejores manuscritos del Nuevo Testamento sólo contienen el verbo **«ven»** (*érchou*), omitiendo **«y mira»** tanto en 6:1 como en 6:3, 5 y 7.[4] El verbo «ven» (*érchou*) es el presente imperativo, voz activa de *érchomai*. Dicha forma verbal expresa un mandato o una convocación. La orden, evidentemente, no es dada a Juan sino al jinete que cabalga el caballo blanco. La orden dada es para que dicho jinete se manifieste en el escenario de la historia, es decir, que salga a cumplir su cometido. La orden, indiscutiblemente, procede del trono celestial a través de uno de los cuatro seres vivientes. Tal hecho muestra el absoluto control divino de todo lo que ocurre en la tierra. Los juicios de la tribulación son ejecutados por la voluntad soberana del Cordero.

6:2

    «Y miré, y he aquí un caballo blanco; y el que lo montaba tenía un arco; y le fue dada una corona, y salió venciendo, y para vencer.» La identificación del personaje que cabalga el caballo blanco mencionado en este versículo ha sido tema de amplia discusión. Existen por los menos nueve sugerencias tocante a la identidad del jinete que cabalga el **«caballo blanco».**[5] Las opiniones son tan variadas que abarcan desde el emperador romano hasta el mensaje del evangelio o la Palabra de Dios en general. Las interpretaciones más populares, sin embargo, han sido las que identifican a dicho personaje con Cristo y la que lo identifica con el falso Mesías o el Anticristo.

    La identificación de dicho jinete con el Cristo adolece de serias deficiencias. La única similitud es que tanto el jinete de Apocalipsis 6:2 como el Cristo victorioso de Apocalipsis 19:11-16 cabalgan sobre un caballo blanco. Sería muy extraño que el Cordero que rompe el sello fuese al mismo tiempo el jinete revelado con la apertura de dicho sello.

    Debe observarse, además, que el jinete de Apocalipsis 6:2 obedece la orden dada por uno de los cuatro seres vivientes. Sería totalmente improcedente que el Cristo glorificado y Soberano sobre toda la creación recibiese órdenes de una de sus criaturas, por muy elevada en rango que ésta sea. También debe notarse que al personaje de Apocalipsis 6:2 le fue dada una **«corona»** (*stéphanos*) de victoria, mientras que Cristo posee muchas coronas o diademas propias de su dignidad como Rey de reyes y Señor de señores. A todo lo dicho hay que añadir el hecho de que Apocalipsis 6:2 no es el tiempo correcto para que el Mesías victorioso cabalgue al frente de sus huestes. Según Mateo 24:30, la señal de la venida del Hijo del Hombre es el último acontecimiento en la serie de sucesos que pone fin a la gran tribulación.

    Hay expositores que afirman que el jinete de Apocalipsis 6:2 simboliza el evangelio.[6] Si bien es cierto que en Mateo 24:14 se anuncia que «será predicado este evangelio del reino en todo el mundo», no parece haber correspondencia alguna entre el personaje de Apocalipsis 6:2 y el evangelio de la gracia de Dios. Debe tenerse en cuenta de que los cuatro jinetes mencionados en Apocalipsis 6:2-8 están íntimamente relacionados. Lo cierto es que el evangelio de la gracia se ha predicado a través de toda la dispensación de la Iglesia, de modo que resultaría extraño que se mencionase como algo nuevo al principio de la gran tribulación. Tampoco parece correcto identificar al jinete de Apocalipsis 6:2 con el evangelio del reino, puesto que la predicación del evangelio del reino no es lo que da comienzo al cumplimiento de la semana setenta de Daniel.

La postura más correcta es la que identifica al jinete del caballo blanco (Ap. 6:2) con un falso Cristo o pseudomesías. Los sellos de Apocalipsis 6 concuerdan con las señales de la fase inicial de la septuagésima semana de Daniel, tal como se describe en Mateo 24:5-8, y que Cristo denominó como «principio de dolores» (Mt. 24:8). La primera señal mencionada en Mateo 24:5 es la aparición de falsos cristos. En Apocalipsis 19:11-16 se describe la segunda venida de Cristo como la de un general triunfante y victorioso. El jinete de Apocalipsis 6:2 aparece con un perfecto disfraz y confunde a muchos, haciéndoles creer que es el verdadero Cristo.

En su excelente comentario, Robert L. Thomas, profesor de Nuevo Testamento del «Master's Seminary», dice lo siguiente:

> No obstante, identificarlo [el jinete de Apocalipsis 6:2] como el mismo dictador mundial no es totalmente correcto. Este jinete, como los otros tres, no es un individuo, sino una personificación de un movimiento creciente o fuerza que entrará en acción durante ese período futuro. Cristo habló de muchos impostores. Estos aunarán sus esfuerzos en un plan concertado para quitar a Cristo de su trono. La bestia que surge del mar (Ap. 13:1-8) será parte de ese movimiento y en su escalada a la cúspide, pero en el tiempo señalado por el primer sello, no se habrá alzado para ser el personaje preeminente de ese movimiento. En el comienzo mismo de ese período, llamado «principio de dolores», él será uno entre muchos impostores que constituyen esa fuerza anticristiana de la que el primer jinete es un emblema.[7]

Algunos expositores han generalizado el simbolismo del jinete de Apocalipsis 6:2, diciendo que significa conquista militar. Dichos expositores apelan al militarismo que ha existido en el mundo durante algunas etapas de la historia para apoyar dicha interpretación.[8] José Grau sigue esa línea de interpretación cuando dice:

> Es un guerrero. El caballo blanco y la corona indican victoria. No sólo venció, sino que el propósito único de su vida era vencer (venciendo y para vencer). El espíritu militarista que ha dado hombres como Napoleón, Hitler, etc. Para la imagen del arco véanse Is. 41:2; Jer. 49:35; 51:3, 56. Cuando Dios destruye los arcos quiebra el poder militar (Sal. 46:9; Ez. 39:3; Os. 1:5); el mismo lenguaje para poner fin a las guerras (Zac. 9:10). El arco incluso se asocia a Dios mismo, cuando se le describe como victorioso sobre sus enemigos, a la manera de un guerrero (Lm. 2:4; 3:12; Hab. 3:9).[9]

Esta interpretación adolece de varios defectos. El primero de ellos es que se aparta del contexto del Apocalipsis hermenéuticamente. Asociar al jinete de Apocalipsis 6:2 con el militarismo encarnado por Napoleón o Hitler no tiene justificación hermenéutica. Además, dicha interpretación es extremadamente general y contribuye poco o nada a la comprensión del mensaje profético del Apocalipsis. La historia debe interpretarse a la luz de la Biblia y no la Biblia a la luz de la historia.

En resumen, el jinete que cabalga el caballo blanco en Apocalipsis 6:2 se ha interpretado como «la proclamación del evangelio de Cristo en todo el mundo».[10] Otros espiritualizan el texto y afirman que se refiere a las conquistas militares. Los que relacionan Apocalipsis 6:2 con el militarismo utilizan pasajes del Antiguo Testamento (véanse Is. 41:2; Jer. 49:35; 51:3, 56; Sal. 46:9; Ez. 39:3) que no tienen nada que ver directamente con Apocalipsis 6:2.[11] Hay, además, quienes identifican al jinete de Apocalipsis 6:2 como el Cristo victorioso que posteriormente aparece en Apocalipsis 19:11-16.[12] La postura que mejor armoniza con el mensaje y el propósito del libro del Apocalipsis es la que identifica al jinete de Apocalipsis 6:2, conjuntamente con los otros tres de los versículos siguientes, como la personificación de un movimiento creciente o una fuerza que entrará en acción durante los días de la gran tribulación (Mt. 24:5-8, 24) y que a la postre culminará con la manifestación del gran impostor o Anticristo a quien Satanás otorgará «su poder y su trono, y grande autoridad» (Ap. 13:2).[13] Es innegable que los cuatro jinetes del pasaje (Ap. 6:2-8) se relacionan entre sí directamente. Cualquier interpretación que se haga del texto debe tener en cuenta dicha relación.

«Tenía un arco» (*échon tóxon*). El hecho de que sólo se mencione el arco sin referencia alguna a flechas ha dado lugar a especulaciones entre los comentaristas. Hay quienes consideran el arco como un recordatorio de la derrota sufrida por los romanos a manos de los partos en el año 62 d.C. en el valle del Tigris.[14] El contexto, sin embargo, señala hacia acontecimientos que tendrán lugar hacia el final de los tiempos y no a algo ocurrido en el pasado ni en el desarrollo de acontecimientos repetidos en distintas etapas de la historia.

El simbolismo del arco sin la mención de flechas sugiere que el jinete de Apocalipsis 6:2 es capaz de llevar a cabo conquistas incruentas.[15] «Es mejor tomar la ausencia de flechas de la descripción como símbolo de una victoria incruenta. El arco indica que hay amenaza de guerra, pero esta no es consumada porque la victoria es obtenida por medios pacíficos.»[16] El jinete de Apocalipsis 6:2 encarna a alguien que es capaz de conseguir paz sin derramamiento de sangre. Esa habilidad consigue que dicho personaje inicie su carrera como un agente benefactor de la humanidad.

«Y le fue dada una corona.» El verbo traducido **«fue dada»** (*edóthei*) es el primer aoristo, modo indicativo, voz pasiva de *dídômi*. El aoristo señala a un hecho concreto. El modo indicativo sugiere la realidad histórica del acontecimiento y la voz pasiva indica que el sujeto recibe la acción del verbo. La frase contrasta el hecho de que el jinete tiene un arco pero la corona le es conferida sobrenaturalmente. La **«corona»** (*stéphanos*) se refiere a la que se le daba a un triunfador. En el texto, evidentemente, tiene que ver con el hecho de que al jinete se le otorga el poder para hacer guerra, conquistar y gobernar con autoridad.[17]

«Y salió venciendo, y para vencer» (*kaì exèilthen nikôn kaì hína nikéisei*), mejor «y salió conquistando y para poder conquistar». El participio **«venciendo»** (*nikôn*) destaca el carácter o la actitud de dicho personaje. La expresión **«y para vencer»** o «para poder conquistar» pone de manifiesto su propósito de efectuar una conquista completa. Hay un marcado contraste entre el Cristo verdadero y el jinete de Apocalipsis 6:2. El Cristo verdadero ha vencido mediante su muerte y su resurrección. Él ha conquistado la muerte, el pecado y al mismo Satanás. Está coronado con muchas diademas y tiene toda autoridad para ejecutar juicio sobre todos sus enemigos. El jinete de Apocalipsis 6:2 sólo sale al escenario de la historia cuando recibe la orden de uno de los cuatro seres vivientes. Lleva una corona que le ha sido otorgada y sale conquistando y con el propósito de conquistar. ¡Cristo ya ha vencido! Él viene a juzgar a los rebeldes y a establecer su reino de paz y de justicia. La victoria del Mesías es completa y final, mientras que la victoria del jinete de Apocalipsis 6:2 es parcial y temporal.

6:3

«Cuando abrió el segundo sello, oí al segundo ser viviente, que decía: Ven y mira.» De la misma manera que con la apertura del primer sello, el Cordero es quien efectúa la acción de romper o desatar dicho sello y el segundo de los cuatro seres vivientes pronuncia la orden al jinete que cabalga el segundo caballo. La orden, según el texto griego, es: «**ven**» (*érchou*). Como ya se ha observado, dicha orden significa: «¡manifiéstate!» o «¡sal fuera!»

6:4

«Y salió otro caballo, bermejo; y al que lo montaba le fue dado poder de quitar de la tierra la paz, y que se matasen unos a otros; y se le dio una gran espada.» Es importante no perder de vista el hecho de que las profecías del Apocalipsis señalan hacia la culminación del propósito eterno de Dios hacia la humanidad. También debe recordarse que en el discurso del monte de los Olivos y en contestación a la pregunta de los discípulos: «Dinos, ¿cuándo serán estas cosas, y qué señal habrá de tu venida, y del fin del siglo?» (Mt. 24:3), Cristo respondió: «Y oiréis de guerras y rumores de guerras... Porque se levantará nación contra nación y reino contra reino...» (Mt. 24:6, 7). Es decir que, evidentemente, existe una relación estrecha entre la profecía de Mateo 24:6, 7 y la acción efectuada por el jinete de Apocalipsis 6:4.

La misión del jinete que cabalga el caballo bermejo es **«quitar de la tierra la paz»** con la finalidad de que los seres humanos **«se matasen unos a otros»**. Estos no serán acontecimientos locales, sino que tendrán lugar en toda la faz de la tierra. El color **«bermejo»** (*pyrrós*) del caballo significa «rojo fuego» y probablemente destaca el derramamiento de sangre que tendrá lugar cuando la paz sea quitada de la tierra. Obsérvese que el «quitar la paz» es un poder que «le es dado» (*edóthei autôi*). El único que pudo haberle otorgado dicha autoridad es el Dios Soberano. Es Dios quien controla las acciones y los acontecimientos que tienen lugar durante los años de la tribulación escatológica. Recuérdese que toda autoridad procede de Aquel que está sentado en el trono.

El caballo bermejo es **«otro»** (*állos*) de la misma clase que el primero. Es decir, que el primero y el segundo sello están estrechamente relacionados. El color rojo o bermejo sugiere la existencia de guerra (véase Mt. 24:6). El acto de «quitar la paz» produce un descontrol total entre los seres humanos que se «masacran unos a otros» (*alléilous spháxousin*). Esta expresión sugiere una pérdida absoluta de la compasión hacia el prójimo. «La tensión constante entre las naciones y las ambiciones de los hombres tienen su clímax en este período antes de la venida de Cristo.»[18] La «paz» (*eiréinein*) que es quitada es la que los hombres intentan producir e imponer. Cuando Cristo venga, establecerá la paz perdurable, la cual nadie podrá quitar ni alterar.

El jinete del caballo «bermejo» o «rojo fuego» usa la **«gran espada»** que le es dada para ejercer su autoridad. La «gran espada» (*máchaira megálei*) puede referirse tanto a una espada larga como la que usaban los soldados romanos cuando salían a la batalla como a la daga que se llevaba enfundada a la cintura. La imagen literaria tanto del caballo rojizo como de la espada apunta a la violencia y al derramamiento de sangre que caracterizarán las actuaciones de los hombres en los días que precederán la venida de Cristo.[19]

6:5

«Cuando abrió el tercer sello, oí al tercer ser viviente, que decía: Ven y mira. Y miré, y he aquí un caballo negro; y el que lo montaba tenía una balanza en la mano.» Un tercer jinete aparece cabalgando un **«caballo negro»** (*mélas*) tan pronto el tercer sello es roto y el tercer ser viviente da la orden de **«ven»** (*érchou*). El color negro del caballo sugiere la existencia de una hambre severa que afectará a las naciones de la tierra.[20] La hambruna que vendrá será el resultado natural de la guerra o guerras que sucederán cuando el jinete de Apocalipsis 6:4 quite la paz de la tierra. William Barclay hace la siguiente observación:

> Nos ayudará para entender la idea tras este pasaje si recordamos que Juan no está relatando el fin de las cosas, sino las señales de acontecimientos que preceden el fin. De modo que aquí el caballo negro y su jinete representan el hambre, una hambre muy severa que causa grandes estragos, pero que no es lo bastante desesperada para matar. Hay trigo, pero a un precio prohibitivo; y el aceite y el vino no son afectados.[21]

Es importante tener en cuenta de que los acontecimientos de Apocalipsis 6 se corresponden con lo que Cristo llama «principio de dolores» (Mt. 24:8). Dentro de esos acontecimientos, el Señor profetizó que habrá «hambres» (*limoi*) entre las naciones.

El jinete que cabalga el caballo negro **tenía una balanza en la mano**, es decir, dicho jinete tiene control de todo lo que se coloca en la balanza. La idea de la figura es «control». Evidentemente, la escasez de alimentos que produce la hambruna tendrá como resultado un estricto control de los artículos de primera necesidad.

6:6

«Y oí una voz de en medio de los cuatro seres vivientes, que decía: Dos libras de trigo por un denario, y seis libras de cebada por un denario; pero no dañes el aceite ni el vino.» El texto griego dice: **«Y oí como una voz...».** La voz que Juan oyó procedía de «en medio de los cuatro seres vivientes», es decir, del mismo trono de Dios. La sugerencia es que Dios tiene control de todas las cosas que suceden. Los juicios de la septuagésima semana de Daniel tendrán lugar bajo el riguroso control divino. Es Dios quien ordena el acontecimiento del hambre que tendrá lugar en la tierra en preparación de los terribles acontecimientos de los días finales.

«Dos libras de trigo por un denario, y seis libras de cebada por un denario.» Las cantidades mencionadas sólo bastaban para satisfacer la dieta de un esclavo o la de un jornalero para un día. El «denario» era el sueldo promedio de un trabajador por un día de jornal (véase Mt. 20:2). Dicho sueldo sería insuficiente para proveer para el sostenimiento de una familia de tamaño medio. La figura del **«trigo»**, la **«cebada»** y el **«denario»** sugiere que un padre de familia tendrá que optar por el alimento más barato para dar a su familia un mínimo de alimentación. A la luz del hecho de que a través de la historia se han sucedido muchos períodos de hambre de carácter literal (véanse 2 R. 6:25; 7:1; Hch. 11:28), no hay ninguna razón de peso para intentar espiritualizar o alegorizar la hambruna sugerida en Apocalipsis 6:6. Lo más prudente exegéticamente es entender que ese versículo será el cumplimiento de lo profetizado por Cristo en Mateo 24:7.

«Pero no dañes el aceite ni el vino.» El jinete que cabalga el caballo negro recibe la orden de no dañar el aceite y el vino. El verbo **«dañar»** (*adikéiseis*) es el aoristo subjuntivo, voz activa de *adikéo*, que significa «hacer daño», «lesionar». Dicho verbo va precedido de la partícula negativa *mei* («no»). El aoristo es ingresivo y podría traducirse «no comiences a hacer daño». El **«aceite»** y el **«vino»** eran artículos pertenecientes a la clase pudiente. De manera que el texto sugiere que, aunque habrá abundancia de aceite y vino, habrá una gran escasez del alimento más necesario para el hombre tal como el pan. ¡Evidentemente, el juicio de Dios comenzará golpeando al hombre donde más le duele, a saber, el estómago!

6:7, 8

«Cuando abrió el cuarto sello, oí la voz del cuarto ser viviente, que decía: Ven y mira. Miré, y he aquí un caballo amarillo, y el que lo montaba tenía por nombre Muerte, y el Hades le seguía; y le fue dada potestad sobre la cuarta parte de la tierra, para matar con espada, con hambre, con mortandad, y con las fieras de la tierra.»

Como resultado de romper o desatar el cuarto sello, Juan escucha la orden dada por el cuarto ser viviente: **«Ven.»** En obediencia a dicha convocación, aparece en el escenario un caballo de color pálido (*chlôrós*). El vocablo *chlôrós* significa «verde amarillento, el verde claro de una planta o la palidez de una persona enferma en contraste con la apariencia de alguien saludable».[22]

El jinete que cabalga sobre el caballo de color enfermizo lleva por nombre **«Muerte»** (*thánatos*), **«y el Hades le seguía».** Muerte y Hades son compañeros inseparables. La muerte es un rudo segador que va talando sus víctimas que, a su vez, son recogidas y almacenadas por el pozo del Hades. La muerte física en sí no constituye una vía de escape de la tribulación.[23]

«Y le fue dada potestad» (*kaì edóthei autoîs exousía*). Esta frase sugiere que la «potestad» o «autoridad» (*exousía*) que ejerce el cuarto jinete la recibe del mismo Dios. El juicio ejecutado es terrible pero parcial: Afecta a la cuarta parte de los habitantes de la tierra. Posteriormente, bajo los juicios de las trompetas, la tercera parte del resto de la humanidad será directamente afectada (véase Ap. 8:7-10, 12; 9:18). El juicio divino es ejecutado mediante cuatro instrumentos diferentes (véase Ez. 14:21):

1. **«Con espada»** (*en rhomphaíai*). Esta era una espada de largo alcance y de hoja ancha, fabricada en Tracia y usada por las tribus bárbaras en combate.
2. **«Con hambre»** probablemente causada por la gran escasez de alimentos de consumo diario.
3. **«Con mortandad»** (*en thanátoi*) o pestilencia. La guerra y el hambre producirán plagas que el hombre no será capaz de atajar. E. W. Bullinger hace la siguiente observación: «Aunque el vocablo griego que se usa aquí es *thánatos* ("muerte"), es puesto, por metonimia, como el efecto de la causa que la produce, la cual es pestilencia.»[24]
4. **«Con las fieras de la tierra.»** La preposición «con» (*hypo*) se usa con el genitivo y debe traducirse «por» o «por medio de» y sugiere que las «fieras» o «bestias» mencionadas son instrumentos de Dios. Dios ha usado en el pasado una variedad de animales: (a) Langostas (Éx. 10); (b) serpientes ardientes (Nm. 21:6); c) avispas (Éx. 23:28; Jos. 24:12); d) leones (2 R. 17:25), e) osos (2 R. 2:24); f) diversas plagas de insectos (Jl. 1:4). El aumento de las fieras es el resultado de la tierra despoblada.

He aquí una gran paradoja. Dios creó los animales del campo para que sirviesen al hombre. Todas las bestias del campo deben estar sometidas bajo la autoridad del hombre (véase Sal. 8:5-8). Pero en los postreros tiempos, el hombre sufrirá la amenaza e incluso la muerte a causa de las fieras de la tierra.

6:9

«Cuando abrió el quinto sello, vi bajo el altar las almas de los que habían sido muertos por causa de la palabra de Dios y por el testimonio que tenían.» El escenario del quinto sello es el cielo, en contraste con los cuatro primeros sellos que tienen que ver con acontecimientos que ocurren en la tierra. El apóstol Juan vio bajo el altar **«las almas de los que habían sido muertos...»**. El altar debe referirse al del incienso.[25] La expresión **«las almas»** (*tàs psychàs*) debe tomarse como «las vidas» o «las personas». La referencia debe de ser «a personas que han creído en Cristo durante los primeros meses de la tribulación, mientras los juicios de los primeros cuatro sellos eran ejecutados».[26] En conformidad con el Antiguo Testamento (Éx. 29:12; Lv. 4:7; 5:9), Juan ve a estos mártires «debajo del altar», tal como la sangre de los sacrificios era derramada debajo del altar.

La razón por la que **«habían sido muertos»** (*sphagménôn*), es decir, degollados, es doble: (1) Por causa de la palabra de Dios; y (2) por el testimonio que tenían. Estos mártires eran obedientes a la palabra de Dios y daban testimonio de su fe a pesar de las persecuciones (véase Mt. 24:9).

Hay quienes opinan que los santos mártires que se mencionan aquí son los cristianos que han sufrido martirio a través de las generaciones de la existencia de la iglesia.[27] Pero debe observarse que la actitud de los mártires de la iglesia es diferente de la que aparece en Apocalipsis 6:9-11. Esteban pidió al Señor que no tomase en cuenta el pecado que sus verdugos cometían contra él (Hch. 7:60). Pablo escribió poco antes de su muerte: «...ya estoy para ser sacrificado... He peleado la buena batalla, he acabado la carrera, he guardado la fe» (2 Ti. 4:6, 7). Después del rapto de la Iglesia, el evangelio del reino será predicado en todas las naciones del mundo (Mt. 24:14). Ese testimonio producirá el fruto de la conversión de muchos. Esos convertidos serán perseguidos por dar testimonio de su fe en Cristo y un número grande de ellos sufrirá martirio. John F. Walvoord, hace la siguiente observación:

> Siendo que los mártires piden venganza sobre aquellos que moran en la tierra, es evidente que sus perseguidores aún están vivos. Su grito pidiendo un juicio justo está en consonancia con la petición del salmista, suplicando a Dios que vindique su santidad y justicia, haciendo frente a la injusticia y a la opresión que caracteriza a la raza humana.[28]

Si bien es cierto que los cristianos han sido perseguidos y martirizados en muchas naciones de la tierra, también es cierto que esas persecuciones no han tenido un carácter universal. Además, los cristianos perseguidos no han clamado a Dios por venganza sino que, más bien, han orado por sus perseguidores. Como ya se ha observado, lo más prudente es entender que se trata de creyentes que sufren persecuciones y mueren durante los años de la septuagésima semana de Daniel, es decir, en el tiempo de la gran tribulación.

6:10

«Y clamaban a gran voz, diciendo: ¿Hasta cuándo, Señor, santo y verdadero, no juzgas y vengas nuestra sangre en los que moran en la tierra?» Obsérvese que estas personas están conscientes delante de Dios.[29] «Gritan a gran voz» (*ékraxan phôneî megálei*) al estilo de los Salmos Imprecatorios (véase Sal. 35, 52, 58, 59, 69, 83, 109, 137, 140), los mártires piden a Dios que les haga justicia y que dé su merecido castigo a quienes les han perseguido. Se refieren a Dios llamándole **«Señor»** (*ho despóteis*). Este vocablo sugiere soberanía, majestad, poder. Dios el Soberano tiene control absoluto sobre todas las cosas.[30] Además, Dios es reconocido como «santo y verdadero». Esos dos atributos de Dios cobran aquí un significado muy importante por cuanto el tema tratado es el juicio de Dios sobre los inicuos. El Señor soberano siempre juzga sobre la base de su santidad y en conformidad con la verdad de su Palabra.[31]

Los santos mártires claman diciendo: **«¿Hasta cuándo?»** La pregunta no cuestiona si Dios ha de ejecutar juicio o no. La preocupación de ellos se relaciona con la duración del tiempo que ha de transcurrir hasta que la justicia de Dios sea consumada (véase Sal. 13:1, 2: 35:17; 74:9, 10; 79:5; 89:6; 94:1-3). Dios puede dilatar su juicio, pero lo ejecutará con seguridad y justicia.

«No juzgas y vengas nuestra sangre» (*ou kúneis kai ékdikeis ti hâima heimôn*). El juicio de los inicuos es seguro (Hch. 17:30, 31; Ro. 2:16). Juzgar requiere discriminación y evaluación. «Vengar» (*ekdikéo*) tiene que ver con la justa retribución que el maligno merece.[32] Los santos mártires claman que Dios dé la merecida retribución a quienes han derramado la sangre de los siervos de Cristo (véanse Ap. 19:2; Dt. 32:43).

«En los que moran en la tierra» (*ek tôn katoikoúntôn epì teîs gêis*), «es una frase que designa a la humanidad en su actitud hostil hacia Dios (véase Ap. 3:10; 8:13; 11:10; 13:8, 12; 17:2, 8). Son los oponentes acérrimos de los siervos de Dios. Son gente maligna que no tienen otra morada sino la tierra y no desean ningún otro lugar»[33].

6:11

«Y se les dieron vestiduras blancas, y se les dijo que descansasen todavía un poco de tiempo, hasta que se completara el número de sus consiervos y sus hermanos, que también habían de ser muertos como ellos.» Los santos mártires reciben «un galardón de gracia»[34] en la forma de vestiduras reales que les cubrían hasta sus pies como muestra de la justicia de su causa. Además, se les asegura que su petición será contestada después que se complete el número de los mártires. Se les informa, además, que deben descansar «todavía un poco de tiempo». Los mártires descansan en el sentido de que disfrutan de las bendiciones en la presencia de Dios. La espera podría parecer larga desde la óptica de los mortales, pero respecto a Dios es un tiempo tan breve que es imposible computarlo.

«Hasta que se completara el número de sus consiervos y sus hermanos, que también habían de ser muertos.» Esta frase da a entender que habrá un segundo grupo de mártires. Este segundo grupo recibe la designación de **«consiervos»** (*syndouloi*) y **«hermanos»** (*adelphoì*). El primer grupo de mártires sufre durante la primera mitad de la gran tribulación a causa de su testimonio (Mt. 24:9), mientras que el segundo grupo padece por negarse a someterse a la bestia y adorar su imagen durante los años finales de la tribulación. El verbo **«completara»** (*pleirôthôsin*) es el primer aoristo subjuntivo, voz pasiva de *pleróo*, que significa «llenar», «cumplir».[35] La idea de la frase es que Dios ha preordenado un número específico de siervos suyos que serán mártires durante los años de la tribulación. Aquí no se habla del número de los redimidos sino del de los mártires que sufrirán durante las persecuciones de los últimos tiempos.[36]

Los dos grupos únicamente los separa el factor tiempo. La realidad es que a la postre forman *un solo* grupo que constituirá los mártires de la tribulación. Esto ocurrirá una vez que el número de ellos sea completado. Aunque el hombre no sea capaz de explicarlo, hay un propósito divino en el sufrimiento de los hijos de Dios. Lo confortante es que Dios tiene absoluto control de todos los acontecimientos y que la muerte de sus santos es siempre preciosa delante de sus ojos (Sal. 116:15).

6:12

«Miré cuando abrió el sexto sello, y he aquí hubo un gran terremoto; y el sol se puso negro como tela de cilicio, y la luna se volvió toda como sangre.» La apertura del sexto sello revela acontecimientos cósmicos aterradores. Las convulsiones celestiales que suceden producen confusión y caos entre los hombres. Prácticamente todos los comentaristas relacionan Apocalipsis 6:12-17 con Mateo 24:3-30.[37]

El discurso de Cristo en Mateo 24 habla de acontecimientos literales que tendrán lugar en la tierra en los días en que Dios derramará su ira judicialmente sobre los inicuos. De modo que los sucesos descritos en Apocalipsis 6:12-17 se deben tomar con la misma literalidad que los descritos en Mateo 24. Algunos expositores, sin embargo, optan por espiritualizar el pasaje y darle un carácter simbólico.[38] Tal hermenéutica no es requerida por el texto de Apocalipsis 6:12-17. Si bien es cierto que algunos profetas del Antiguo Testamento utilizan figuras de catástrofes tales como terremotos y conmociones cósmicas para anunciar el mensaje profético (véanse Is. 34:2-4; Hag. 2:21, 22), ese no parece ser el caso de Apocalipsis 6:12-17 ni de Mateo 24:3-30. Lo que en el Antiguo Testamento es simbólico y descriptivo en Apocalipsis 6:12-17 es histórico y literal.

Los acontecimientos producidos por la apertura del sexto sello probablemente tienen lugar al final mismo de la *primera mitad* de la semana setenta de Daniel. Es cierto que habrá juicios de naturaleza semejante al final mismo de la gran tribulación y justo antes de la segunda venida de Cristo (véanse Jl. 2:30, 31; Hch. 2:19-21; Mt. 24:29, 30; Mr. 13:24-26; Lc. 21:25-28), pero también es verdad que hay un grupo paralelo de señales sobrenaturales en la primera mitad de la tribulación. Mateo 24:7-8 definitivamente menciona terremotos con los que comienza el «principio de dolores» (véanse Mt. 24:7, 8; Lc. 21:11; Ap. 6:12). Obsérvese que en el quinto sello los mártires de la tribulación son ejecutados en la primera mitad de la tribulación y el sexto sello está estrechamente relacionado con el quinto. Puede concluirse, por lo tanto, que los sucesos del sexto sello tendrán lugar al final de la primera mitad de la semana setenta de Daniel.

Los acontecimientos del sexto sello comienzan con un *seismòs*, es decir, un «terremoto» sin precedentes. Nunca habrá ocurrido un temblor cuya severidad sólo será sobrepasada por otro que ha de ocurrir al final de la tribulación (véase 16:18). El texto griego lo describe como «un gran terremoto» (*seismòs mégas*). Nada semejante habrá ocurrido hasta entonces. Los habitantes de la tierra se llenarán de terror, pero ni aun así reconocen su necesidad de Dios (véase Hag. 2:6, 7).

Después del terremoto habrá señales en el firmamento que el hombre no había contemplado antes: (1) **«El sol se puso negro como tela de cilicio.»** La expresión «tela de cilicio» significa «tela de pelo de cabras». El pelo negro de las cabras se usaba para fabricar tela. La tela en sí, además de su color, se asociaba con la tristeza, la desesperación y la muerte; (2) **«y la luna se volvió toda como sangre.»** La totalidad de la superficie lunar adquirirá un color rojizo semejante a la sangre (véase Jl. 2:31). Este raro eclipse total de la luna servirá también para aumentar la perplejidad de la humanidad (véase Lc. 21:25, 26).

6:13

«Y las estrellas del cielo cayeron sobre la tierra, como la higuera deja caer sus higos cuando es sacudida por un fuerte viento.» Habrá un tercer acontecimiento cósmico que, sin duda, producirá profunda preocupación en la sociedad humana. El texto castellano dice: «Las estrellas del cielo cayeron sobre la tierra.» El vocablo **«estrellas»** (*astéres*) «puede referirse a cuerpos astrales de mayor tamaño, como el sol, pero su significado no se limita a éste. Su significado es lo bastante amplio para incluir objetos menores que circulan a través del espacio de tiempo en tiempo».[39] Juan compara el fenómeno con la caída de higos verdes que brotan en las higueras demasiado tarde para madurarse antes del invierno y, por lo tanto, caen cuando el fuerte viento sacude la higuera.

6:14

«Y el cielo se desvaneció como un pergamino que se enrolla; y todo monte y toda isla se removió de su lugar.» Este versículo describe la cuarta conmoción cósmica que resulta de la apertura del sexto sello. El verbo **«desvaneció»** (*apechôrísthei*) es el aoristo indicativo, voz pasiva de *apochorídso*, que significa «quebrar», «romper», «separar en dos». «El cielo fue roto y separado en dos partes como un rollo que se enrolla.» La mano poderosa de Dios parte el cielo como si fuera una hoja de papel. Además, las montañas y las islas son removidas de los lugares donde acostumbraban estar. Todos estos sucesos producen una gran consternación en la sociedad humana. Dicha consternación es una clara evidencia de que lo que el pasaje describe son hechos reales que no se deben espiritualizar ni alegorizar.

En síntesis, la creación natural será fuertemente sacudida por la intervención sobrenatural de su Creador. Tanto el firmamento como la misma tierra serán escenario de acontecimientos conmovedores. Es probable que Dios use actividades volcánicas extensas que sacudirán la tierra y afectarán a un sinnúmero de habitantes. El hombre debe alzar sus ojos al Dios del cielo en arrepentimiento y reconocimiento de la absoluta soberanía del Creador.

6:15

«Y los reyes de la tierra, y los grandes, los ricos, los capitanes, los poderosos, y todo siervo y todo libre, se escondieron en las cuevas y entre las peñas de los montes.»

En lugar de manifestar arrepentimiento, los habitantes de la tierra de todos los estratos sociales se llenan de pánico. Allí están tanto los poderosos como débiles, los influyentes como los parias. Se incluyen las diferentes clases sociales y los gobernantes: (1) **«reyes»** o emperadores; (2) **«grandes»** (*megistânes*) o magistrados (funcionarios civiles en autoridad); (3) **«capitanes»** (*chilíarchos*) o cabezas de mil soldados o tribunos. «Dicho vocablo se usaba con referencia a los tribunos sin tener en cuenta cuántos soldados comandaban;»[40] y (4) **«poderosos»** (*ploúsioi*), es decir, los ricos o plutócratas. Pero, además de estas clases privilegiadas, se incluye también las grandes masas compuestas de «siervos» o «esclavos» y «libres». Obsérvese que ni la riqueza ni la pobreza otorgan al hombre una etiqueta de piedad. La reacción de la humanidad no es mirar al cielo para pedir a Dios perdón y salvación. Por el contrario, procuran esconderse en las cuevas y entre las peñas en busca de autoliberación (véase Is. 2:10-19). Lo paradójico es que esas cuevas y peñas serán sacudidas hasta ser derribadas por el fuerte terremoto que tendrá lugar en ese tiempo de juicio.

6:16, 17

«Y decían a los montes y a las peñas: Caed sobre nosotros, y escondednos del rostro de aquel que está sentado sobre el trono, y de la ira del Cordero; porque el gran día de su ira ha llegado; ¿y quién podrá sostenerse en pie?»

Los versículos 16 y 17 expresan la reacción de los hombres frente al juicio divino. Frente a una calamidad de tal magnitud era de esperarse que los hombres se humillaran delante de Dios. Pero no es así. Los hombres una vez más optan por clamar a las piedras mudas, a objetos inanimados, a sus ídolos, pidiendo socorro y ayuda.[41] La petición de los hombres a las cuevas y a las peñas es enfática: **«Caed»,**

«escondednos». Ambos verbos (*pésete* y *krypsate*) son aoristos imperativos, voz activa que sugieren una acción urgente. Es como si dijesen: «Caed sobre nosotros *ya* y escondednos *inmediatamente*» (véase Os. 10:8).

«Del rostro de aquel que está sentado sobre el trono, y de la ira del Cordero» (*apo prosôpou toû katheiménou epì toû thrónou kaì apò têis orgêis toû arníou*). La súplica de los hombres se relaciona con su deseo de huir de la presencia de Dios. «Lo que los hombres temen más no es la muerte, sino la manifiesta presencia de Dios. Hay una profunda verdad psicológica en la afirmación de Génesis 3:8 ... El Apocalipsis provee el mismo deseo de escabullirse de la presencia de Dios en la última generación de la humanidad que el Génesis atribuye a los padres de la raza. pero habrá entonces una fuente de terror adicional: El fin trae con la revelación de Dios "la ira del Cordero".»[42]

La solicitud de los hombres es para ser escondidos **«del rostro»,** es decir, de la presencia misma del que está sentado sobre el trono. Recuérdese que el trono es el estrado de un juez. Dios está actuando como el gran Juez de la tierra (véase Gn. 18:25; He. 12:23; Sal. 98:9; Is. 66:16). También piden ser escondidos «de la ira del Cordero». El vocablo **«ira»** (*orgéi*) se refiere aquí a la indignación divina frente a la rebelión humana. «La ira de Dios ... traerá consigo finalmente el juicio en el que Dios recompensará a los temerosos de su nombre. Pero en el mismo juicio serán arruinados aquellos que arruinan la tierra (véase Ap. 11:18 cp. 6:16, donde se habla de la "ira del Cordero" que juzga).»[43]

«La ira del Cordero» se manifestará en la plenitud de su poder, simbolizado por sus «siete cuernos» (Ap. 5:6). Los hombres temerán entonces «la ira del Cordero» después de haber rechazado su belleza y su gracia abundante. El escritor José Grau lo expresa con elocuencia y precisión: «¿Quién hubiera pensado que era posible hablar de la *ira del Cordero*? ¿No es el Cordero el más manso de los animales? Es la ira del amor, del amor despreciado, pisoteado una y mil veces, a pesar de haber llegado hasta lo sumo del sacrificio por nosotros.»[44] La dureza del corazón humano se pone de manifiesto una vez más. En lugar de esconderse *en el Cordero*, intentan esconderse *de* Él, el único que puede salvarles (Jn. 1:29). Obsérvese que los hombres están conscientes de la realidad de lo que está ocurriendo, pero se niegan a reconocer al único Dios vivo y verdadero.

«Porque el gran día de su ira ha llegado; ¿y quién podrá sostenerse en pie?» Esta frase es enfática y sobrecogedora. El texto griego dice: «Porque llegó el día, el grande de su ira, ¿y quién es capaz de mantenerse en pie?» Esta es la reacción producida por el engaño del pánico de los inicuos. **«El gran día de su ira»** (véanse Jl. 2:11, 31; Sof. 1:14, 15, 18; 2:3) «llegó» (*eîlthen*). El verbo es el aoristo indicativo, que señala a un acontecimiento histórico, es decir, destaca el punto de llegada. «Los hombres ven la llegada de este día [o del tiempo] al menos tan temprano como las conmociones cósmicas que caracterizan el sexto sello (6:12-14), pero después de reflexionar probablemente reconocen que ya se estaba efectuando con la muerte de la cuarta parte de la población (6:7, 8), la hambruna mundial (6:5, 6), y la guerra global (6:3, 4). La rápida secuencia de todos estos acontecimientos no puede eludir la atención pública, pero la luz de su verdadera explicación no penetra en la conciencia humana hasta la llegada de los severos fenómenos del sexto sello.»[45]

Escritores, filósofos, literatos, sociólogos, historiadores y religiosos, tanto en el pasado como contemporáneos han vaticinado el fin del mundo. La humanidad, sin embargo, se encoge de hombros, demostrando su indiferencia y despreocupación. El mundo secular muchas veces se burla y desdeña a quienes creen en el relato bíblico tocante a los acontecimientos de los últimos tiempos. La indiferencia humana de los últimos tiempos es comparable a la de los días en que Dios juzgó a la humanidad mediante el Diluvio (véase Mt. 24:37-39). La respuesta a la pregunta: **«¿Y quién podrá sostenerse en pie?»** tiene como respuesta: ¡Nadie! El único sostén del pecador es la gracia de Dios manifestada en la persona de Cristo. El hombre que ha rechazado a Cristo está asentado sobre la arena y se hundirá en la condenación eterna. Sólo quienes han confiado en Cristo poseen la vida eterna y la sólida esperanza de vivir por toda la eternidad en la casa del Padre.

RESUMEN Y CONCLUSIÓN

El capítulo seis del Apocalipsis revela el comienzo de la semana número setenta de Daniel (9:27). Los sucesos revelados en Apocalipsis 6 se corresponden con la profecía del sermón del Monte de los Olivos (Mt. 24:3-30). Hay quienes pretenden espiritualizar el contenido de este capítulo. Se sugiere que los sucesos del sexto sello son tan abarcadores que tienen que espiritualizarse. Sin embargo, transferir el significado de dichos hechos a otro ramo contribuye muy poco a la búsqueda de una explicación adecuada del pasaje. Si todas las plagas en el ámbito natural son espiritualizadas, ¿qué ocurrirá con las profecías tocante al mismo tema dadas por los profetas del Antiguo Testamento y por el mismo Señor Jesucristo? Si los violentos acontecimientos ocurridos en el ámbito del mundo físico dentro de la revelación del sexto sello son solamente simbólicos, ¿qué explicación se daría al hecho de que los hombres buscan refugio en las cuevas y en las peñas?

Lo más prudente es que el estudioso del Apocalipsis en particular y de las profecías bíblicas en general parta desde una sólida exégesis del contenido del material bíblico. Es imprescindible, además, la utilización de una hermenéutica congruente. Si bien es cierto que no se debe minimizar el uso constante de símbolos y de figuras de dicción a través del Apocalipsis, también es cierto que la interpretación literal de esos géneros literarios dentro de su ambiente y dándole a cada figura el sentido pretendido por el autor y universalmente aceptado dentro de la cultura y de la literatura en la que el Apocalipsis fue escrito, constituye el mejor acercamiento a la comprensión del mensaje que Dios reveló al apóstol Juan.

NOTAS

1. El *día del Señor* o el *día de Jehová* escatológico es un período de tiempo que comienza con la gran tribulación y termina con la creación de los nuevos cielos y la nueva tierra. De modo que incluye los acontecimientos relacionados con la Segunda Venida de Cristo a la tierra y el establecimiento del reino mesiánico. El día de Jehová, por lo tanto, incluye tanto juicios como bendiciones relacionados con la intervención divina de los últimos tiempos, cuando la soberanía de Dios será establecida para siempre en todo el universo. En el Antiguo Testamento muchas veces se mencionan expresiones tales como «aquel día», «el día», «aquel tiempo», que equivalen al *día de Jehová* (véanse Is. 4:2; Jer. 30:7, 8; 31:1; Jl. 3:1, 18; Sof. 3:9, 11, 16). También en el Nuevo Testamento hay varias referencias al «día del Señor». Todas ellas se asocian con los acontecimientos relacionados con la Segunda Venida de Cristo (véanse 1 Ts. 5:2, 3; 2 Ts. 2:1-3; 2 P. 3:10; Ap. 1:10).
2. Véase Evis L. Carballosa, *Daniel y el reino mesiánico*, pp. 190-224.
3. Hay expositores que sostienen que la Iglesia será librada o protegida «a través de la prueba», es decir, que la Iglesia pasará por la gran tribulación pero que Dios la guardará para que no sufra la ira (véase Robert H. Mounce, «The Book of Revelation», p. 119). La promesa de Dios, sin embargo, es que

guardará la Iglesia *de la hora misma de la prueba* (Ap. 3:10). La promesa no es la de guardar de la prueba (la tribulación), sino la de guardar de «la hora de la prueba», es decir, del período de tiempo durante el cual la prueba existe (véase Robert Thomas, *Revelation 1—7*, pp. 283-288).

4. Véase William Barclay, *The Revelation of John,* vol. 2, p. 1.
5. Para una discusión amplia tocante a las sugerencias de la identidad del personaje que cabalga el caballo blanco en 6:2, véase Robert L. Thomas, *Revelation 1— 7*, pp. 420-424. Véase también Robert H. Mounce, «The Book of Revelation», *The New International Commentary of the New Testament*, pp. 153, 154; y J. Massyngberde Ford, «Revelation» *The Anchor Bible*, pp. 104-106.
6. Véase George E. Ladd, *A Commentay on the Revelation of John*, p. 99.
7. Robert L. Thomas, *Revelation 1—7*, p. 422.
8. Véase William Barclay, *The Revelation of John,* vol. 2, pp. 3, 4; H. B. Swete, *Commentary on Revelation,* p. 86.
9. José Grau, *Estudios sobre Apocalipsis,* pp. 161, 162.
10. George Eldon Ladd, *op. cit.*, p. 99.
11. Véanse William Barclay, *The Revelation of John,* vol. 2, p. 4; José Grau, *Estudios sobre Apocalipsis,* pp. 161, 162.
12. Véase Zane C. Hodges, «The First Horseman of the Apocalypse», *Bibliotheca Sacra*, octubre 1962, pp. 324-334.
13. Véanse Robert L. Thomas, *Revelation 1—7*, p. 422; John F. Walvoord, *The Revelation of Jesus Christ,* pp. 125-128; E.W. Bullinger, *Commentary on Revelation*, pp. 252-254.
14. Véase M. Eugene Boring, «Revelation», *Interpretation: A Bible Commentary for Teaching and Preaching*, p. 122.
15. Véase Arno C. Gaebelein, «James-Revelation», *The Annotated Bible*, vol. IX, p. 226.
16. Robert Thomas, *op. cit.*, p. 423.
17. G.B. Caird, quien fuera decano y profesor de exégesis de las Sagradas Escrituras en la Universidad de Oxford dice: «Juan usa este vocablo [*edóthe*] tres veces con referencia a un regalo de la gracia de Dios, que armoniza con su propósito redentor (6:11; 12:14; 19:8); pero más frecuentemente lo usa respecto del permiso divino otorgado a los poderes malignos para llevar a cabo sus malvadas obras: los habitantes del abismo (9:1, 3, 5), la bestia que sale del mar (13:5, 7) y el falso profeta. Los cuatro usos en el presente pasaje tienen que ser todos homogéneos, y no debe haber duda alguna a qué clase éstos pertenecen» (véase George Bradford Caird, «The Revelation of Saint John», *Black's New Testament Commentary*, p. 81).
18. John F. Walvoord, *The Revelation of Jesus Christ,* pp. 128, 129.
19. Véanse William Barclay, *The Revelation of John,* vol. 2; pp. 5, 6; Robert H. Mounce, «The Book of Revelation», pp. 154, 155.
20. Para un ejemplo bíblico de una situación extensa de hambre, véase Lamentaciones 4:5-8; 5:10; Job 30:30.
21. William Barclay, *op. cit.,* vol. 2, p. 6.
22. Alan F. Johnson, «Revelation», *The Expositor's Bible Commentary*, vol. 12, p. 474.
23. Muerte y Hades se mencionan juntas en varios pasajes de las Escrituras (véanse Ap. 1:18; 6:8; 20:13; 1 Co. 15:55; Is. 28:18).
24. E.W. Bullinger, *Commentary on Revelation*, p. 259.
25. Algunos expositores identifican el altar como el del holocausto, pero el contexto

parece armonizar mejor con la idea del altar del incienso. «La identificación de éste con el altar de oro del incienso es más probable. A través del libro el altar celestial está relacionado con la ejecución de juicio por la que los santos oran, y las oraciones de los santos pidiendo juicio son simbolizadas por el incienso (véase 5:8; 8:3-4). El desarrollo del contexto del Apocalipsis es una consideración lo bastante fuerte para exigir un altar y sólo uno en el cielo... el altar del incienso» (véase Robert Thomas, *Revelation 1—7*, pp. 442, 443; véase también José Grau, *Estudios sobre Apocalipsis*, p. 164).

26. Charles C. Ryrie, *Apocalipsis*, pp. 52, 53. La mención de que «se les dieron vestiduras blancas» (v. 11) sugiere que dichos mártires podrían tener un cuerpo, puesto que es difícil concebir que se vista a alguien que no posee cuerpo. Probablemente, dichos santos posean un cuerpo temporal en espera del cuerpo glorificado (véase 2 Co. 5:1-8).

27. Véase G.E. Ladd, *A Commentary on the Revelation*, pp. 103, 104.

28. John F. Walvoord, *op. cit.*, p. 134.

29. La doctrina de que el alma del que muere duerme en el sepulcro junto con su cuerpo es totalmente falsa y carece de todo fundamento bíblico. Los mártires mencionados en este pasaje están en comunicación con el Señor, están conscientes el uno del otro puesto que hablan de «nuestra sangre». Además muestran poseer emociones, sensibilidad, deseos y sentido del tiempo, ya que claman «¿hasta cuándo?» Otra observación es que estos seres están descansando en la presencia del Señor. No están en tormentos ni en nada parecido al purgatorio.

30. A.T. Robertson observa que el vocablo *despóteis* («Señor») es aplicado a Dios el Padre en Lucas 2:29 y Hechos 4:24 y a Cristo en Judas 4 y 2 Pedro 2:1. En el Apocalipsis sólo aparece en 6:10 (véase A.T. Robertson, *Word Pictures*, vol. 6, p. 344).

31. Dios es reconocido como «santo», es decir, incapaz de cometer alguna negligencia pecaminosa o de demora en la ejecución de su juicio, y «verdadero», es decir, firmemente fiel a sus promesas pactadas (véase Sal. 89:35).

32. Para una consideración del uso del vocablo *ekdikéo*, véase *The New International Dictionary of New Testament Theology*, vol. 3, Colin Brown, editor, pp. 92-97.

33. Robert L. Thomas, *Revelation 1—7*, p. 446.

34. *Ibid.*

35. El aoristo subjuntivo se usa con función de futuro. El aoristo sugiere una acción puntual o histórica. Dicha forma verbal sustituye el futuro indicativo por el hecho de que este último señalaría una acción continua o durativa en el futuro, mientras que el aoristo subjuntivo destaca un acontecimiento futuro pero una acción puntual en un momento concreto de la historia.

36. Véase José Grau, *Estudios sobre Apocalipsis*, p. 165.

37. E.W. Bullinger dice: «Nadie puede leer Mateo 24:30 con Apocalipsis 6:12-17 sin ver que hablan del mismo acontecimiento» (véase *Commentary on Revelation*, p. 273). Véanse además, William Barclay, *The Revelation of John*, vol. 2, p. 14; John F. Walvorrd, *The Revelation of Jesus Christ*, p. 137.

38. Véase George E. Ladd, *A Commentary on the Revelation of John*, pp. 106, 107.

39. Robert L. Thomas, *op. cit.*, pp. 453, 454.

40. Fritz Rienecker, *Linguistic Key to the Greek New Testament*, vol. 2, p. 482.

41. Véase W.A. Criswell, *Expository Sermons on Revelation*, vol. 3, pp. 129-133.

42. Henry Barclay Swete, *Commentary on Revelation*, pp. 94, 95.
43. Véase Lochar Caenen, Erich Beyreuther, Hans Bieterhand, *Diccionario teológico del Nuevo Testamento*, vol. II (Salamanca: Ediciones Sígueme, 1980), pp. 360, 361.
44. José Grau, *Estudios sobre el Apocalipsis*, pp. 165, 166.
45. Robert L. Thomas, *op. cit.*, pp. 457, 458.

7

Los 144.000 sellados, los redimidos de la tribulación y el séptimo sello (7:1—8:1)

Muchos expositores consideran el capítulo 7 del Apocalipsis como un interludio o paréntesis entre el sexto y el séptimo sello.[1] Si bien es cierto que las visiones descritas en el capítulo siete «constituyen una pausa en la progresión cronológica que ocurre con la apertura de los sellos»,[2] este capítulo «forma una parte integral del movimiento del libro».[3] El capítulo siete del Apocalipsis constituye una respuesta enfática a la pregunta con la que concluye el capítulo seis: «Porque el gran día de su ira ha llegado; ¿y quién podrá sostenerse en pie?» (6:17).

La pregunta, en realidad, significa: «¿Podrá alguien ser salvo cuando Dios derrame su ira sobre los habitantes de la tierra?» John F. Walvoord hace la siguiente observación:

> Con frecuencia se ha preguntado: ¿Será alguien salvo después del rapto? Las Escrituras claramente indican que una gran multitud compuesta de judíos y gentiles confiará en el Señor después que la iglesia sea llevada a la gloria. Aunque los hijos de Dios que vivan en la tierra en ese tiempo serán trasladados cuando Cristo venga por su iglesia, inmediatamente se levantará un testimonio del nombre de Cristo a través de nuevos convertidos de entre judíos y gentiles. Aunque ellos nunca se describen por el término «iglesia», estos son constantemente llamados «santos», es decir, aquellos que han sido apartados como santos para Dios y salvados a través del sacrificio de Cristo.[4]

Las dos visiones que aparecen en el capítulo 7 del Apocalipsis expresan de manera elocuente que Dios jamás se olvida de ejercer su misericordia. A pesar de la impiedad de los hombres, la gracia salvadora de Dios se extiende como un manto de amor para acoger a todo aquel que cree en la persona de Cristo. Apocalipsis 7 pone de manifiesto, además, la soberanía de Dios, quien escoge y sella a sus siervos y salva, mediante la sangre del Cordero, a quienes ponen su fe en Él.

Después de haberse demostrado en el capítulo 7 que, en efecto, habrá personas salvadas durante los años de juicio de la gran tribulación tanto de entre los judíos como de entre los gentiles, el apóstol Juan reanuda la secuencia de los juicios de los sellos en 8:1. El séptimo sello contiene la segunda serie de juicios que se manifiestan con el penetrante sonido de siete trompetas. Esta segunda serie de juicios comprende casi la totalidad de la segunda mitad de la tribulación y son mucho más severos que los anteriores.

Bosquejo

1. **Los 144.000 sellados de las tribus de los hijos de Israel (7:1-8)**
2. **Los redimidos de la tribulación (7:9-17)**
3. **La apertura del séptimo sello (8:1)**
4. **Resumen y conclusión**

NOTAS EXEGÉTICAS Y COMENTARIOS

7:1

«Después de esto vi a cuatro ángeles en pie sobre los cuatro ángulos de la tierra, que detenían los cuatro vientos de la tierra, para que no soplase viento alguno sobre la tierra, ni sobre el mar, ni sobre ningún árbol.»

La expresión **«después de esto»** (*metà toûto*) seguida del verbo **«vi»** (*eîdon*) indica que el apóstol contempla una nueva visión.[5] Juan contempla a «cuatro ángeles en pie sobre los cuatro ángulos de la tierra». La expresión **«los cuatro ángulos de la tierra»** es una figura que significa «los cuatro puntos cardinales». Juan no creía que la tierra era plana y rectangular, sino que utiliza una expresión común en su día. La idea de la frase es que los mencionados ángeles ejercen control sobre la totalidad de la superficie terráquea.

La tarea asignada a los cuatro ángeles es la de detener los cuatro vientos de la tierra «para que no soplase viento alguno sobre la tierra, ni sobre el mar, ni sobre ningún árbol». El vocablo **«detenían»** (*kratoûntas*) es el participio presente, voz activa de *kratéo*, que significa «sujetar firmemente», «detener». El participio presente sugiere una acción continua. «En cada uno de los cuatro puntos del compás uno de los cuatro vientos es mantenido prisionero por un ángel que controla sus movimientos.»[6]

El propósito de detener los vientos es **«para que no sople viento alguno...»** (*hína méi pnéei ámenos*). Esta cláusula negativa de propósito combina el uso de *hína méi* más el presente subjuntivo, voz activa de *pnéo* y podría traducirse: «para que el viento no siga soplando.»[7] Varias veces en el Antiguo Testamento se asocia el batir de «los cuatro vientos» con una intervención judicial de Dios (véanse Jer. 49:36-38; Os. 13:15; Dn. 7:2; Is. 40:22-24). Es probable, por lo tanto, que la tarea de los ángeles sea detener la manifestación del juicio divino hasta que los siervos de Dios que han de ministrar durante la tribulación hayan sido sellados. Dios en su soberana voluntad ha escogido el utilizar ángeles para ejecutar su plan.[8]

«Sobre la tierra, ni sobre el mar, ni sobre ningún árbol.» Los sustantivos «tierra», «mar» y «árbol» deben entenderse en su sentido literal. La naturaleza no experimentará los embates del juicio divino hasta que Dios haya apartado a los escogidos que serán sellados por orden expresa del Señor.

7:2, 3

«Vi también a otro ángel que subía de donde sale el sol, y tenía el sello del Dios vivo; y clamó a gran voz a los cuatro ángeles, a quienes se les había dado poder de hacer daño a la tierra y al mar, diciendo: No hagáis daño a la tierra, ni al mar, ni a los árboles, hasta que hayamos sellado en sus frentes a los siervos de nuestro Dios.»

El ángel protagonista en los versículos 2 y 3 se describe como **«otro ángel»** (*állon ággelon*), es decir, «otro» de la misma clase de los anteriores.[9] La misión de este ángel es la de detener la acción de los cuatro ángeles que ejercen potestad sobre los vientos. El texto dice que el ángel procede del oriente y que **«tenía el sello del Dios vivo»** (*échonta sphragîda theoû zôntos*). El sello en cuestión «probablemente una especie de anillo como el que usaban los reyes orientales para autenticar y proteger documentos oficiales».[10] El sello portado por el ángel se describe como «el sello del Dios vivo».[11] El Dios vivo es el Creador y Dueño de todas las cosas. Como soberano del universo está a punto de intervenir en juicio sobre la humanidad. Antes de hacerlo, pone su sello de protección en sus siervos y de ese modo los identifica como su propiedad. El texto no aclara en qué consiste el sello que recibirán los siervos del Dios viviente ni dónde lo recibirán. Apocalipsis 14:1, sin embargo, revela que el sello será el nombre del Cordero y del Padre celestial. Dice, además, que dicho sello será colocado en la frente de cada uno de los sellados (7:3). Los redimidos son propiedad del Señor. El sello de Dios los identifica como sus siervos con carácter inviolable.

El ángel designado para detener la acción de los cuatro ángeles de destrucción **«clamó a gran voz»** (*ékraxen phônêi megálei*), es decir, comenzó a clamar con grito de urgencia, diciendo: «No hagáis daño a la tierra, ni al mar, ni a los árboles, hasta que hayamos sellado en sus frentes a los siervos de nuestro Dios.» La expresión **«no hagáis daño»** (*méi adikéiseite*) es una «prohibición con *mei* [no] y el aoristo subjuntivo ingresivo, voz activa de *adikéo*, no comenzar a dañar».[12]

Los cuatro ángeles con autoridad para hacer daño a la tierra, al mar y a los árboles deben esperar **«hasta»** (*áchri*) que los siervos de Dios sean sellados en sus frentes. El verbo **«hayamos sellado»** (*sphragísômen*) es el aoristo subjuntivo, voz activa de *sphragídso*, que significa «sellar». El aoristo subjuntivo en este caso hace la función de una cláusula temporal de acción indefinida con idea de futuro.[13] Con frecuencia, los escritores del Nueva Testamento sustituyen el futuro indicativo y en su lugar usan el aoristo subjuntivo. El aoristo subjuntivo hace la función de futuro pero enfatiza una acción puntual que no se repite.

Evidentemente, el acto de sellar a los siervos de Dios es efectuado por un número indeterminado de ángeles, como sugiere la forma plural del verbo («hayamos sellado»). Los esclavos o siervos de Dios son sellados para ser protegidos de los juicios divinos que han de venir sobre los enemigos de Dios.[14] Ciertamente que el Anticristo y sus seguidores perseguirán a los santos de la tribulación y muchos de ellos sufrirán martirio a manos de los enemigos de Cristo. El sello de Dios protege a los siervos de Dios tal como la sangre del cordero pascual sirvió de protección a los israelitas para que no fuesen destruidos por el ángel de la muerte (Éx. 12). Así como los sacerdotes y los profetas fieles a Dios fueron sellados y librados de la destrucción que se avecinaba sobre Jerusalén en tiempos de Ezequiel (9:4-6), así los esclavos de Dios serán sellados y librados de los juicios divinos de la tribulación. Los esclavos de Dios, sin embargo, sufrirán a manos del Anticristo, puesto que a éste «se le permitió hacer guerra contra los santos, y vencerlos» (Ap. 13:7*a*).[15]

7:4-8

«Y oí el número de los sellados: ciento cuarenta y cuatro mil sellados de todas las tribus de los hijos de Israel. De la tribu de Judá, doce mil sellados. De la tribu de Rubén, doce mil sellados. De la tribu de Gad, doce mil sellados. De la tribu de Aser, doce mil sellados. De la tribu de Neftalí, doce mil sellados. De la tribu de Manasés, doce mil sellados. De la tribu de Simeón, doce mil sellados. De la tribu de Leví, doce mil sellados. De la tribu de Isacar, doce mil sellados. De la tribu de Zabulón, doce mil sellados. De la tribu de José, doce mil sellados. De la tribu de Benjamín, doce mil sellados.»

Ha habido una larga discusión tocante a la identificación de los 144.000 sellados. Juan afirma que oyó el número de los sellados y afirma que fueron 144.000. Dice, además, que pertenecían a las doce tribus de los hijos de Israel. Aun así, se continúa discutiendo respecto a si lo que Juan dice es simbólico o literal.

Hay comentaristas que interpretan el número 144.000 como simbólico.[16] Quienes así piensan se basan en el hecho de que consideran imposible tomar dicha cifra literalmente. Dicen que el número 144.000 simplemente representa una gran cantidad de personas. Un comentarista afirma que:

> El número 144.000 es usado como teología simbólica, no como matemática literal ... Una multitud de 144.000 tiene como propósito transmitir la impresión de una vasta multitud imposible de contar (precisamente lo mismo que en 7:9).[17]

Lo sorprendente de esa afirmación es que en el mismo pasaje y en el mismo entorno, el apóstol Juan menciona una cifra concreta (144.000), un número concreto de tribus judías (12) y una cantidad específica de sellados de cada tribu (12.000). Posteriormente en 7:9, cuando se refiere a la gran multitud, afirma que era imposible de contar. Es decir, cuando el escritor bíblico, guiado por el Espíritu, se refiere a una multitud de cuenta indefinida por ser numéricamente vasta lo dice con toda claridad, de modo que el lector no tenga duda de lo que lee. Por otro lado, cuando es guiado a comunicar una cantidad concreta de personas, no existe razón exegética que obligue al intérprete a entender que dicha cifra es simbólica. El texto da a entender que la cantidad de 144.000 debe entenderse como una cifra literal. Juan dice que él oyó **«el número de los sellados: ciento cuarenta y cuatro mil de todas las tribus de los hijos de Israel»** (Ap. 7:4).

Algunos expositores entienden no sólo que el número 144.000 es simbólico, sino que se refiere a la iglesia que ha de pasar por la gran tribulación: «Se refiere a esa generación de creyentes fieles que está a punto de entrar en el período turbulento final que indica el final de la historia humana.[18] El citado escritor entiende que el número 144.000 es simbólico, mientras que el texto da a entender que dicha cifra es literal. Además, dice que la referencia es a la Iglesia, es decir, el Israel espiritual. Las Escrituras, sin embargo, *nunca* identifican a Israel con la Iglesia. Ningún pasaje de las Escrituras, propiamente interpretado, utiliza el sustantivo Israel para referirse a la iglesia.

Los 144.000 mencionados en Apocalipsis 7:4-8 no es el número total de los creyentes en Cristo durante los últimos tiempos. Tampoco son ellos el número total de judíos que serán salvos durante la tribulación. Los 144.000 constituyen «solamente un grupo especial de aquellos que son apartados con el propósito de dar testimonio a un mundo rebelde».[19] Ese grupo de israelitas es sellado con el fin de que sea protegido no de las persecuciones del Anticristo sino de los juicios que Dios ha de derramar sobre la tierra. Esa protección permitirá que los 144.000 proclamen el evangelio del reino durante la tribulación.[20]

Se ha objetado con bastante énfasis y se han ofrecido múltiples explicaciones respecto a las irregularidades que aparecen en la lista de los nombres de las tribus en los versículos 5 al 8. Entre las principales impugnaciones está el hecho de que Judá aparece primero, aunque era el cuarto hijo de Jacob. Se ha especulado mucho respecto a la omisión tanto de Dan como de Efraín. También se ha discutido el porqué de la inclusión de José y Manasés. Las respuestas a esas preguntas abarcan un espectro amplio de opiniones. Como siempre, hay quienes usan el argumento de que el pasaje se refiere al Israel espiritual, es decir, la Iglesia.[21] Para otros, el arreglo de las doce tribus, con la exclusión de Dan y Efraín y la inclusión de Manasés y José, debe tomarse como un simple simbolismo.[22] Incluso hay quienes atribuyen las irregularidades de la lista a un problema textual.[23]

La explicación del porqué Judá encabeza la lista es casi universalmente reconocida. La gran mayoría de los expositores acepta el hecho de que se debe a que Cristo procede de dicha tribu.[24] Muchos apelan correctamente a la profecía de Génesis 49:10 y al hecho de que en Apocalipsis 5:5 el Cordero es identificado como «el León de la tribu de Judá». Es de interés observar que un buen número de expositores que espiritualiza la cifra 144.000, diciendo que significa un número indeterminado de personas y que las tribus de los hijos de Israel se refiere a la Iglesia, no ponga ningún reparo en interpretar literalmente la profecía de Génesis 49:10 y adjudicar la mención de Judá en la cabeza de la lista al hecho de que esa tribu dio el Mesías al mundo.

Además de la lista inicial que aparece en Génesis 29:32—35:18, a través del Antiguo Testamento hay otras 19 listas con los nombres de las tribus de los hijos de Israel. Un detalle importante que debe destacarse es que dichas listas difieren la una de la otra y que todas ellas, a su vez, se diferencian de la lista de Apocalipsis 7:5-8.[25]

Otra de las diferencias notorias de la relación de las tribus en Apocalipsis 7:5-8 es la ausencia de la tribu de Dan. La mayoría de los comentaristas concuerda en que la ausencia de Dan se debe a que dicha tribu se hizo infame a causa de la práctica de la idolatría. Hay numerosas citas en el Antiguo Testamento que atestiguan acerca de las prácticas idolátricas de la tribu de Dan (véanse Jue. 18:1-31; 1 R. 12:28-30).[26] También se ha sugerido, siguiendo una tradición tomada de Ireneo, que la razón de la omisión de Dan se debe a que el Anticristo procederá de dicha tribu.[27] Esta opinión es tanto novedosa como escasa en apoyo exegético. Lo más probable es que el Anticristo sea un gentil que encabezará la confederación de naciones que resultará del avivamiento del antiguo Imperio Romano (véanse Dn. 9:26; 11:36-45; Ap. 13:1-18; 17:11-14).

Si bien es cierto que todas las tribus de Israel, de un modo u otro, estuvieron implicadas en la idolatría, la tribu de Dan llegó al colmo de dicha abominable práctica, de modo que Dios soberanamente la excluye de la protección dada al resto de las tribus durante el terrible período de tribulación. No obstante, como muestra de la gracia de Dios, Dan será incluida en la futura distribución de la tierra (Ez. 48:1, 32).[28]

Otra irregularidad en la lista es la ausencia de Efraín. Este patriarca fue el segundo hijo de José. Su nombre significa «doblemente fructífero» y nació durante los siete años de abundancia en Egipto. Junto con su hermano mayor, Manasés, fue adoptado por su abuelo Jacob y recibió de él la bendición mayor (véase Gn. 48). De modo que, al adoptar a Manasés y a Efraín, Jacob dio a José una doble bendición. A lo largo de la historia de la nación de Israel, Efraín llegó a ocupar un lugar preeminente. Llegó a ser cabeza del sector oeste del campamento alrededor del tabernáculo con el apoyo de Manasés y Benjamín (Nm. 2:18-24). Entre los líderes preeminentes de la tribu de Efraín estaba Josué, quien posteriormente reemplazó a Moisés y a la postre condujo al pueblo a la tierra prometida.[29]

Durante el período de los jueces, el centro religioso de Israel era Silo, en el territorio de Efraín (véanse Jos. 18:1; 22:12; Jue. 18:31; 21:29; 1 S. 1:3, 9, 24; 2:14; 3:21). Allí se erigió el tabernáculo donde permaneció hasta que el Arca del Pacto fue secuestrada por los filisteos. Sin embargo, la tribu de Efraín también se prostituyó con la idolatría (véanse Jue. 17:13; 1 R. 12:25-29; Os. 4:17; 5:3-5). Es probable, no obstante, que la principal razón de la omisión de Efraín de la lista de Apocalipsis 7:5-8 fue causada por su deserción de la casa de David (véase 2 S. 2:9).[30] No es de dudarse que, en su misericordia, Dios optase por incluir a Efraín en la tribu de José, aunque no hay una explicación rotunda del porqué Manasés aparece clasificado conjuntamente con José. Como ya se ha observado, Manasés y Efraín eran los hijos de José adoptados por Jacob antes de morir (Gn. 48:5, 6). Ambos recibieron heredad con los demás patriarcas. En la lista de Apocalipsis 7:5-8, Dios en su soberanía escoge incluir tanto a José como a Manasés y dejar fuera a Efraín. Tal decisión corresponde a Dios, quien es el que escoge y ordena que sean sellados en sus frentes aquellos que son sus «esclavos» (*doúloi*).

Resumiendo, Apocalipsis 7:1-8 presenta la escena del acto de sellar a 144.000 israelitas, 12.000 de cada una de las tribus de los hijos de Israel. Hay quienes entienden que tanto el número (144.000) como la nacionalidad de los sellados (israelitas) deben ser espiritualizados. Eso haría que la cifra (144.000) fuese un número indeterminado de personas y que los llamados israelitas fuesen el Israel espiritual, es decir, la Iglesia.

No existe razón exegética de fuerza para espiritualizar ambas cosas. Por el contrario, una interpretación normal del texto es preferible, puesto que otorga al pasaje un significado armonioso con el argumento del Apocalipsis y con el tenor general de las Escrituras. Ningún pasaje de la Biblia propiamente interpretado permite que el sustantivo Israel se use para designar a otra cosa que no sea los descendientes de Abraham a través de Isaac y Jacob.

Si bien es cierto que la lista de las tribus en Apocalipsis 7:5-8 presenta varias irregularidades, también es cierto que en el Antiguo Testamento hay unas 19 listas de dichas tribus que difieren la una de la otra. No es correcto intentar manipular el pasaje de Apocalipsis 7:1-8 para adaptarlo a algún concepto teológico. Lo más prudente es tomar el texto en su sentido llano, normal, gramático-histórico dentro de su entorno o contexto y permitir que el pasaje diga lo que su autor original quiso decir cuando lo escribió.

LOS REDIMIDOS DE LA TRIBULACIÓN

La segunda mitad del capítulo (7:9-17) contiene la visión de los que son redimidos durante los años de la gran tribulación. El capítulo presenta un destacado contraste. Por un lado, el apóstol Juan afirma ver cuatro ángeles que detienen los vientos de la tierra. Luego ve a otro ángel que viene del oriente con el sello del Dios vivo. Dicho ángel procede a sellar a 144.000 escogidos de entre las 12 tribus de los hijos de Israel. Esos 144.000 son llamados siervos o esclavos (*doúloi*) de Dios. Los 144.000 sellados están en la tierra y constituyen un grupo seleccionado y comisionado para efectuar la labor de anunciar el evangelio del reino durante la segunda mitad de la gran tribulación. Probablemente, como resultado del trabajo de los 144.000 muchos llegan a conocer a Cristo en medio de los terribles juicios de la tribulación.

Por otro lado, Juan contempla la presencia de una multitud innumerable. Esta multitud procedente de todos los grupos étnicos y lingüísticos de la tierra está en la presencia de Dios en el cielo. En el pasaje bajo consideración, Juan explica la identidad de la gran multitud y la razón del porqué está en la presencia de Dios.

Notas exegéticas y comentarios

7:9, 10

«Después de esto miré, y he aquí una gran multitud, la cual nadie podía contar, de todas naciones y tribus y pueblos y lenguas, que estaban delante del trono y en la presencia del Cordero, vestidos de ropas blancas, y con palmas en las manos; y clamaban a gran voz, diciendo: La salvación pertenece a nuestro Dios que está sentado en el trono, y al Cordero.»

La frase **«después de esto miré»** (*metà taûta eîdon*) sugiere que el apóstol se refiere a una visión distinta de la anterior. Esta segunda visión no es simultánea con la de 7:1-8, sino que la sigue. La visión de los 144.000 sellados es diferente de la de la gran multitud. Los dos grupos son distintos y se hallan en lugares diferentes. El primer grupo está formado por los sellados de las doce tribus de Israel. Estos están en la tierra y su ministerio tiene que ver con el anuncio del evangelio durante los años finales de la gran tribulación. El segundo grupo lo constituye una multitud cuyo número sólo es conocido por Dios. Estos proceden de entre todos los grupos étnicos de la tierra, pero ya están en el cielo, alabando a Dios porque han recibido salvación por la fe en la persona y en la obra de Cristo.

El texto dice que estaban de pie (*hestôtes*) **«delante del trono y en la presencia del Cordero».** El cuadro descrito se asemeja al que aparece en los capítulos 4—5 del Apocalipsis. Dicha escena es, incuestionablemente, celestial. Los componentes de la gran multitud están **«vestidos de ropas blancas»** (*peribebleiménous stolàs leukás*). El vocablo «vestidos» (*peribebleiménous*) es el participio perfecto, voz pasiva de *peribállo* que significa «vestir». El tiempo perfecto sugiere una acción completada y la voz pasiva indica que el sujeto recibe la acción. Los componentes de la multitud fueron vestidos con ropaje relacionado «tanto con victoria como con la justicia obtenida a través de la muerte de Cristo».[31] De igual manera llevaban **«palmas en las manos»,** una señal de gozo y festividad.

A semejanza de una gran coral, proclamaban como si se escuchase una sola voz, diciendo: **«La salvación pertenece a nuestro Dios que está sentado en el trono, y al Cordero.»** La gran multitud da testimonio del hecho de que la salvación o liberación de que disfrutan es totalmente la obra de Dios. El ser humano no contribuye absolutamente nada a la obra de la salvación. La salvación es un regalo producto de la gracia de Dios, basado sobre los méritos de Cristo y sólo se recibe mediante la fe en la persona del Salvador.[32] «La nota principal de la alabanza es *hei sôteiría* [la salvación]... quienes la proclaman han experimentado la gran liberación (v. 14) que le atribuyen a Dios y al Cordero: ... El grito *hei soteiría toî theoî kaì toî arníoi* [la salvación a Dios y al Cordero] es equivalente a atribuir a ambos el título de *sôtéir* [Salvador], tan libremente dado por las ciudades leales y fanáticas de Asia a los Emperadores, pero que a los ojos de los cristianos pertenece solamente a Dios y a su Cristo.»[33]

7:11, 12

«Y todos los ángeles estaban en pie alrededor del trono, y de los ancianos y de los cuatro seres vivientes; y se postraron sobre sus rostros delante del trono, y adoraron a Dios, diciendo: Amén. La bendición y la gloria y la sabiduría y la acción de gracias y la honra y el poder y la fortaleza, sean a nuestro Dios por los siglos de los siglos. Amén.»

El cuadro es majestuoso y estupendo a la vez. Hay una santa convocación delante del trono. Allí están **«todos los ángeles»** (*pántes hoi ággeloi*), formando un gran círculo (*kykloi*) alrededor del trono y «gozándose en la salvación de los hombres»[34] como en Lucas 15:7, 10. El trono está en el mismo centro del cuadro. Cerca del trono están los cuatro seres vivientes. Luego, formando un círculo concéntrico, están los veinticuatro ancianos. Luego, en un círculo exterior, más alejados del trono y de pie, se encuentran los ángeles. Seguidamente, rodeando al trono de igual manera, se halla la gran multitud.

Los ángeles **«se postraron sobre sus rostros delante del trono, y adoraron a Dios, diciendo: Amén...»** Es decir, reconocen la majestad, la soberanía y la santidad de Dios. Los ángeles reconocen su pequeñez delante de Dios y lo demuestran cayendo sobre sus rostros y adorando al Soberano Creador de todo. A continuación, los ángeles adscriben a Dios alabanza. A Él y sólo a Él pertenecen de manera perfecta «la *bendición* y la *gloria* y la *sabiduría* y la *acción de gracias* y la *honra* y el *poder* y la *fortaleza* por los siglos de los siglos. Amén». Esta escena contrasta con la rebeldía de los habitantes de la tierra. Esa rebeldía terminará cuando la voluntad de Dios sea hecha en la tierra como en el cielo y coincidirá con la manifestación gloriosa de Jesucristo, el Rey de reyes y Señor de señores.

7:13-15

«Entonces uno de los ancianos habló, diciéndome: Estos que están vestidos de ropas blancas, ¿quiénes son, y de dónde han venido? Yo le dije: Señor, tú lo sabes. Y él me dijo: Estos son los que han salido de la gran tribulación, y han lavado sus ropas, y las han emblanquecido en la sangre del Cordero. Por esto están delante del trono de Dios, y le sirven día y noche en su templo; y el que está sentado sobre el trono extenderá su tabernáculo sobre ellos.»

El verbo **«habló»** (*apekríthê*) literalmente significa «contestó». Dicha forma es el aoristo pasivo (deponente) de *apokrínomai*. Aunque esta es la única vez que se usa en el Apocalipsis, es de uso común en los evangelios. Casi siempre seguido de *légo* («decir»).[35] Uno de los ancianos formula una pregunta concerniente a la identidad y la procedencia de la multitud innumerable vestida de blanco que rodea el trono. La presencia de tan grande multitud ataviada con ropas blancas y con palmas en las manos, dando alabanzas y pronunciando gloria y honra a Dios y al Cordero debió de haber causado una tremenda impresión en el apóstol Juan.

El apóstol responde a la pregunta del anciano con la expresión: **«Señor, tú lo sabes...»** (*kyrié mou, sù oîdas*).[36] Dicha afirmación equivale a decir: «Señor mío, no sé la respuesta.» La respuesta de Juan es, a su vez, «una confesión de ignorancia y una apelación por información».[37]

El ser celestial de inmediato da la información procurada por Juan: **«Y él me dijo: Estos son los que han salido de la gran tribulación, y han lavado sus ropas, y las han emblanquecido en la sangre del Cordero.»** La respuesta del anciano explica el porqué Juan no reconocía ni la identidad ni el origen de la multitud. «Pudo haber sido el período de tiempo del cual los participantes fueron extraídos, la tribulación futura. Quienes aparecen en la visión aún no han vivido en la tierra para permitir que Juan los hubiera conocido.»[38]

Una observación importante es el hecho de que la expresión **«los que han salido»** (*hoi erchómenoi*) es el participio presente, nominativo, plural de *érchomai*. Algunos expositores toman el participio *hoi erchómenoi* en su función sustantiva y hacen que dicho participio adquiera un uso atemporal en cuyo caso la traducción sería: «Los que están vestidos de ropas blancas son tales personas como las que salen de la gran tribulación.»[39] Más probable, sin embargo, parece ser el énfasis verbal del participio en el que se destaca la acción continua del mismo.[40] El comentario de Thomas al respecto es excelente:

> La fuerza normal del tiempo presente es mostrar acción continua. El estilo semítico de la construcción de la declaración favorece permitir ese sentido aquí. El cambio a los verbos finitos *éplynan* («han lavado») y *eleúkanan* («han emblanquecido») hace recordar el uso frecuente de un participio hebreo o un infinitivo seguido de verbos finitos (por ejemplo Jer. 23:32; Am. 5:7). El mismo semitismo se ha señalado anteriormente en el Apocalipsis (1:5, 6; 2:20). El paralelismo del participio con los verbos finitos sirve para enfatizar la fuerza durativa de su tiempo presente: «Esos que están en el proceso de salir.» Debido a que es sencillamente parte de la pregunta del anciano estimular la curiosidad de Juan, el aoristo *êilthon* («han venido») de 7:13 no implica necesariamente que su número está completo y niega la idea de que aún están llegando.[41]

La **«gran tribulación»** (*teîs thlípseôs teîs megáleis*) mencionada en este pasaje es la tribulación escatológica que precederá a la venida en gloria de nuestro Señor Jesucristo. El texto es enfático puesto que dice literalmente «la tribulación la grande». Será un período de siete años equivalentes a la septuagésima semana de la que habló el profeta Daniel (9:27). Es el período de tiempo al que se refirió el Señor en Mateo 24:21, cuando dijo: «Porque habrá entonces gran tribulación, cual no la ha habido desde el principio del mundo hasta ahora, ni la habrá.» Dicho período es también equivalente a lo que en Apocalipsis 3:10 llama: «...la hora de la prueba que ha de venir sobre el mundo entero, para probar a los que moran sobre la tierra.» San Pablo se refiere a la misma cuestión y la compara con «los dolores a la mujer encinta» (1 Ts. 5:3).

José Grau pierde de vista el contexto del pasaje cuando escribe:

> Vienen de la «tribulación». La vida es tribulación para la iglesia que permanece fiel. «Han salido» no significa que han escapado de ella, sino que vienen de ella, después de haberla sufrido. De la gran tribulación surge el pueblo de Dios.[42]

Lo cierto es que el pasaje no está hablando de las tribulaciones generales que el pueblo de Dios ha sufrido a través de la historia. Como reconoce el comentarista Robert H. Mounce:

> El uso del artículo determinado en la frase «la gran tribulación» indica que el ángel se refiere primordialmente a esa serie final de juicios que ocurrirán inmediatamente antes del fin. Es la hora de la prueba que ha de venir sobre el mundo entero (3:10).[43]

Tampoco es correcto identificar a la multitud innumerable vestida de ropas blancas con la Iglesia cristiana. Si fuera la Iglesia, de cierto Juan habría reconocido a muchos de ellos, cosa que no es capaz de hacer. Lo más normal, en consecuencia con el texto, es entender que los componentes de aquella gran multitud son personas que han conocido el evangelio después que la Iglesia ha sido removida de la tierra, principalmente a través del testimonio de los 144.000 sellados. Aunque la gran tribulación será un período de intensos y severos juicios, Dios, en su gracia, permite que muchos sean salvos tal como lo evidencia la gran multitud de Apocalipsis 7:9-17. La mayoría de esos que serán salvos durante la tribulación sufrirán las persecuciones organizadas y ordenadas por los enemigos de Dios. Los tres años y medio finales del período de siete años serán extremadamente críticos para los habitantes de la tierra. Esos serán los años cuando el Anticristo estará en el cenit de su carrera y cuando las persecuciones de los santos de la tribulación serán más intensas.

> Juan contempla la salida de aquella multitud del gran conflicto justamente antes que el maltrato de los santos se vuelva peor bajo el liderazgo de la bestia que sale del mar (véase Ap. 13:7). Los ve saliendo «de» (*ek*) la gran tribulación. Ya han sufrido en cierta medida, pero serán librados de los peores tiempos de angustia que sufrirán los que sobreviven la primera mitad de la semana.[44]

La fe en la persona y la obra de Cristo es lo que ha hecho posible que la gran multitud esté en la presencia de Dios. Una vez más se cumplen las palabras de Cristo: «...nadie viene al Padre, sino por mí» (Jn. 14:6). Todos los componentes de la gran multitud «han lavado sus ropas, y las han emblanquecido en la sangre del Cordero» (Ap. 7:14).

El texto de la Reina-Valera 1960 dice que los santos **«han lavado»** (*éplynan*) sus ropas y las **«han emblanquecido»** (*eleúkanan*) **«en la sangre del Cordero».** El trasfondo bíblico de lavar los vestidos como señal de purificación aparece en Éxodo 19:10,14. También en el Nuevo Testamento en pasajes tales como 1 Juan 1:9; Hebreos 9:14, 22. Tal vez una observación adicional ayude a comprender más concretamente el significado del pasaje bajo estudio: Las ropas de los santos fueron lavadas y emblanquecidas «por» (*en*) la sangre del Cordero más que «en» la sangre del Cordero. Como observa Mounce:

> La idea de emblanquecer los vestidos mediante el lavarlos en sangre es una sorprendente paradoja. Es el sacrificio del Cordero en la cruz lo que provee vestidos blancos para los santos. El acto de ellos de lavar sus vestidos no es una obra meritoria, sino una manera de describir la fe.[45]

El apóstol Juan vio a los que «estaban saliendo» de «la tribulación, es decir, la grande» y hacían su entrada en la presencia de Dios y del Cordero. Antes de abandonar la tierra cada uno de ellos había puesto su fe en el Mesías y, como resultado, «lavaron sus ropas y las emblanquecieron por la sangre del Cordero». La figura de «lavar» y «emblanquecer las ropas» tiene que ver con la salvación espiritual de aquellos individuos. Debe observarse el hecho de que el fundamento de la salvación es siempre el mismo, es decir, el sacrificio del Cordero de Dios, Cristo Jesús. También el medio a través del cual la salvación se recibe es invariable, o sea, la fe personal en Jesucristo. La Biblia no enseña ni reconoce otro medio para la salvación del pecador.

7:15-17

«Por esto están delante del trono de Dios, y le sirven día y noche en su templo; y el que está sentado sobre el trono extenderá su tabernáculo sobre ellos. Ya no tendrán hambre ni sed, y el sol no caerá más sobre ellos, ni calor alguno; porque

el Cordero que está en medio del trono los pastoreará, y los guiará a fuentes de aguas de vida; y Dios enjugará toda lágrima de los ojos de ellos.» La expresión «por esto» (*dià toûtó*) señala la razón por la cual los componentes de la gran multitud «están delante del trono de Dios». Pablo dice en Romanos 3:24, 25: «Siendo justificados gratuitamente por su gracia, mediante la redención que es en Cristo Jesús, a quien Dios puso como propiciación por medio de la fe en su sangre, para manifestar su justicia, a causa de haber pasado por alto, en su paciencia, los pecados pasados.» Sobre la base de la fe en la persona de Cristo, cada uno de ellos recibió la limpieza espiritual: «sus vestidos fueron lavados y emblanquecidos», es decir, fueron declarados justos y santificados por la fe en el sacrificio del Mesías-Salvador.

Los componentes de la gran multitud no están ociosos delante del trono, sino que realizan una actividad de «servicio» continuo (*latreúousin*) a Dios en alabanza y adoración.[46] John F. Walvoord hace la siguiente observación:

> Se les describe como que están delante del trono de Dios, es decir, en el lugar de preeminencia y honor. Su privilegio especial es adicionalmente definido como sirviendo al Señor día y noche en su templo. Esa expresión es altamente significativa, porque indica que el cielo no es sólo un lugar de descanso de los trabajos terrenales, sino también un lugar de servicio privilegiado. Quienes han servido bien en la tierra tendrán un ministerio en el cielo.[47]

La continuidad del servicio de adoración a Dios es sugerida tanto por el tiempo presente del verbo «sirven» (*latreúousin*) como por la expresión «día y noche». Además, debe observarse que el lugar de la adoración es el «templo» (*naôi*), lo cual sugiere un acto de servicio sacerdotal de adoración espiritual.[48]

Es importante destacar en esta coyuntura que no existe contradicción entre este versículo (7:15) y Apocalipsis 21:22, donde dice: «Y no vi en ella templo; porque el Señor Dios Todopoderoso es el templo de ella, y el Cordero.» En la Jerusalén celestial no habrá un edificio designado como templo (*náos*) tal como existía en la Jerusalén terrenal. El santuario o templo (*náos*) será la inconmensurable totalidad del cielo. La presencia de Dios Todopoderoso en su plenitud (Padre, Hijo y Espíritu Santo) lo llenará todo de manera que no habrá necesidad de que exista en el cielo un lugar determinado designado como templo.

Este pasaje termina con una lista de bendiciones que serán derramadas sobre los componentes de la gran multitud. Todos los verbos mencionados con relación a esas bendiciones están en el modo indicativo y, por lo tanto, destacan la realidad del acontecimiento:

1. **«El que está sentado sobre el trono extenderá su tabernáculo sobre ellos»**, literalmente: «El que está sentado sobre el trono "tabernaculará" sobre ellos.» La idea de dicha expresión tiene que ver con la presencia de Dios tanto en protección como en comunión sobre los suyos (véase Lv. 26:11, 12).

2. **«No tendrán hambre ni sed.»** Quizá en vista al hecho de quienes allí están han tenido que sufrir las limitaciones y persecuciones producidas contra ellos por los enemigos de Dios. Mientras estuvieron en la tierra, fueron sometidos al acoso de hombres inicuos. Ahora, en la presencia de Dios, tienen la garantía de que no sufrirán «hambre ni sed».

3. **«El sol no caerá más sobre ellos, ni calor alguno.»** Esta frase presenta un

ambiente de desierto. El calor abrasador del desierto llamado *siroco* era una experiencia común a los habitantes del medio oriente. Probablemente un número considerable de la gran multitud sufrirá las persecuciones descritas en Mateo 24:15-21. Muchos de ellos tendrán que huir al desierto donde literalmente sufrirán el daño físico del siroco. En la presencia del Señor, todos ellos serán librados para siempre de esos daños físicos.

El versículo 17 proporciona la explicación del porqué de las bendiciones mencionadas anteriormente. El vocablo **«porque»** (*hóti*) introduce la explicación:

1. **«El Cordero que está en medio del trono los pastoreará.»** Todas las bendiciones que los redimidos de Dios reciben tienen que pasar a través del Cordero. En este caso, el Cordero está delante del trono, ocupando el lugar de mediador en la presencia del Padre y ejerciendo la función pastoral (véanse Sal. 23; Jn. 10:11, 14; He. 13:20; 1 P. 5:2-4). Obsérvese que la función pastoral del Cordero hacia su pueblo expresa cuidado y ternura.

2. **«Los guiará a fuentes de agua viva.»** Generalmente el cordero es un animal que necesita ser guiado a las fuentes de agua. Aquí, sin embargo, el cuadro es totalmente distinto. El Cordero es el Mesías, el Salvador de su pueblo. Como Cordero-Pastor, Él guía a su pueblo con ternura y mansedumbre. La expresión «fuentes de agua viva», sugiere bendición. A la mujer samaritana, Cristo le prometió «agua viva» (Jn. 4:10). También ofreció a los que creen en Él «ríos de agua viva» (Jn. 7:38). Quienes creen en Cristo no tendrán sed jamás (Jn. 6:35). Esas promesas del Señor tendrán un cumplimiento literal y final en su presencia.

3. **«Dios enjugará toda lágrima de los ojos de ellos.»** Literalmente «Dios enjugará cada lágrima...». Es decir, no habrá más tristeza, ni luto, ni lamento, ni endecha. Los componentes de la gran multitud han pasado por la experiencia de la tribulación, que seguramente ha significado sufrir muchas pruebas a manos de los aborrecedores de Dios. Ahora, en la presencia de Dios, el llanto se transforma en risa, alegría y gozo perpetuo.

La apertura del séptimo sello

8:1

«Cuando abrió el séptimo sello, se hizo silencio en el cielo como por media hora.» Los juicios de la septuagésima semana de Daniel se desarrollan en tres series consecutivas. Cada serie aumenta la intensidad y la severidad de los juicios. Con los acontecimientos de los seis primeros sellos, se agotan los tres años y medio del total de siete que durará la gran tribulación. Con la apertura del séptimo sello se inicia la segunda mitad de dicho período de juicios. El séptimo sello pone de manifiesto los juicios de las siete trompetas que abarcan la mayor parte de la segunda mitad de la tribulación. Como se verá más adelante, la séptima trompeta dará lugar a la revelación de los juicios de las siete copas. Es así que, como observa John Walvoord, «el séptimo sello es obviamente el acontecimiento más importante hasta este punto».[49]

«Cuando abrió el séptimo sello» (*kaì hótan éinoixein teìn sphragída teìn ebdómein*), literalmente, «y cuando abrió el sello, es decir, el séptimo». El adverbio **«cuando»** (*hótan*) «no se usa aquí con sentido indefinido ("cuando sea"), sino como es común en el koiné; escritores usaron este vocablo con el aoristo indicativo para referirse a un hecho concreto».[50] El verbo **«abrió»** (*éinoixen*) es el aoristo indicativo, voz activa de *anoígo*, que significa «abrir», «romper un sello». El aoristo indicativo señala una realidad concreta, algo que ocurre en un momento concreto. El Cordero abrió o rompió el séptimo y último sello que pone de manifiesto el contenido final del rollo de juicios.

«Se hizo silencio en el cielo como por media hora» (*egéneto sigeì en toî ouranoî hôs heimíoron*). El verbo «se hizo» (*egéneto*) es el aoristo indicativo, voz media de *gínomai*. Esta es una forma verbal un tanto difícil de traducir al castellano. La mayoría de las versiones traduce **«se hizo»**. La frase podría expresarse así: «Hubo silencio...», «siguió un silencio...», «se produjo un silencio...». Un autor sugiere que es «el silencio de la expectación».[51] La apertura de los seis sellos anteriores es seguida de alguna expresión verbal, pero la del séptimo sello es seguida de «un silencio que no se puede sentir. Uno casi no se atreve a respirar. Todo movimiento en el cielo se detiene. Toda alabanza y adoración cesa. Hay quietud, una vasta calma de intensidad silenciosa».[52]

El venerable comentarista de pasadas generaciones, Henry Barclay Swete, observa lo siguiente:

> El cielo, hasta entonces resonante con voces, ahora guarda silencio: ni anciano ni ángel ofrece una palabra de explicación (5:5; 7:13); no hay ni coro de alabanza ni grito de adoración (4:8,11; 5:9ss; 12ss; 7:10, 12);... no hay truenos procedentes del trono (4:5). Este silencio no significa un cese del obrar divino, sino una suspensión temporal de la revelación.[53]

El súbito **«silencio»** de aproximadamente (*hôs*, «como») media hora presagia que algo sorprendente está a punto de ocurrir.[54] Como ya se ha observado anteriormente, la apertura del séptimo sello pone de manifiesto los terribles juicios contenidos en las siete trompetas. El séptimo sello es en sí equivalente a las siete trompetas.[55]

Algunos expositores entienden que el propósito de la media hora de silencio es para que Dios escuche las alabanzas de su pueblo o para que Dios atienda los gritos de sus siervos que piden liberación y justicia (6:10).[56] Sin embargo, es más probable, como sugiere Robert Mounce, que:

> El silencio no es ni un símbolo de descanso eterno ni una precaución necesaria para que Dios oiga las oraciones de los santos sufrientes. Es una pausa dramática que hace que sean aún más impresionantes los juicios que están a punto de caer sobre la tierra.[57]

No cabe duda que el silencio de cerca de media hora es sobrecogedor y conmovedor. Hasta ese momento se han escuchado voces, alabanzas, cánticos, música e incluso truenos en el cielo. Pero, de pronto, ocurre un silencio absoluto. Es probable que ese profundo e inaudito silencio se relacione estrechamente con las palabras de Habacuc 2:20: «Mas Jehová está en su santo templo; calle delante de él toda la tierra» (véanse también Sof. 1:7, 8; Zac. 2:13).

RESUMEN Y CONCLUSIÓN

El capítulo 7 del Apocalipsis presenta dos cuadros maravillosos de lo que Dios ha de hacer en los postreros días. El primero (7:1-8) presenta el sellamiento de 144.000 israelitas. Doce mil de cada una de las tribus de los hijos de Israel. Ese acontecimiento tendrá lugar después que la Iglesia haya sido arrebatada.

Los 144.000 serán israelitas, hombres y vírgenes (hombres que no han contraído matrimonio). El número 144.000 debe entenderse como una cifra literal. Dichos israelitas serán usados por Dios para proclamar el evangelio del reino, particularmente durante la segunda mitad de la septuagésima semana de Daniel (9:27). Ese período de tiempo será el que Cristo mencionó en Mateo 24:21 y lo describió como el de una tribulación sin precedentes.

El segundo cuadro del capítulo 7 del Apocalipsis es el que describe la presencia de una multitud innumerable con vestidos blancos y palmas en las manos que está alrededor del trono de Dios en el cielo. Dicha multitud no representa a los santos del Antiguo Testamento, ni a los santos de todas las generaciones, sino a aquellos que han conocido a Cristo durante el período de los juicios de la tribulación. Esa multitud innumerable no es la Iglesia, ya que Juan mismo es incapaz de identificar a sus componentes. Dios se acuerda de su gracia en medio del juicio y permite que en los tiempos más difíciles de la historia de la humanidad el evangelio sea proclamado y personas de todas las etnias y razas de la tierra puedan recibir el perdón de los pecados y el regalo de la vida eterna.

Apocalipsis 8:1 reanuda la secuencia de la apertura de los sellos. Aquí se revela la apertura del séptimo y último de los sellos. Este último sello consiste de los juicios de las siete trompetas que abarcan la mayor parte de la segunda mitad de la gran tribulación. Como se verá posteriormente, la séptima trompeta es el anuncio de la segunda venida en gloria del Rey-Mesías, Cristo Jesús. Pero esa séptima trompeta consiste, además, en los juicios de las siete copas. Estos últimos juicios ocurrirán simultáneamente con el acontecimiento de la segunda venida de Cristo.

La media hora de silencio celestial presagia la conmovedora y traumática intervención divina mediante los juicios de las trompetas y, a la postre, los juicios de las copas. Esos juicios consumarán la ira de Dios. No es de sorprenderse, pues, que tenga lugar un silencio tan solemne y conmovedor.

NOTAS

1. Véase Alan F. Johnson, «Revelation», *The Expositor's Bible Commentary*, p. 477; M. Eugene Boring, «Revelation», *Interpretation: A Bible Commentary for Teaching and Preaching*, p. 127; Robert H. Mounce, «The Book of Revelation», *The New International Commentary on the New Testament*, p. 164; José Grau, *Estudios sobre Apocalipsis*, p. 166; Leon Morris, «Revelation», *Tyndale New Testament Commentaries*, p. 112; Charles C. Ryrie, *Apocalipsis*, p. 49.
2. Robert L. Thomas, *Revelation 1—7*, p. 462.
3. *Ibid.*
4. John F. Walvoord, *The Revelation of Jesus Christ*, p. 139.
5. Véase Thomas, *Revelation 1—7*, pp. 462-463.
6. *Ibid.*, p. 465.
7. Véase A. T. Robertson, *Word Pictures in the New Testament*, vol. VI, p. 348.
8. Véase Charles C. Ryrie, *Apocalipsis*, pp. 50, 51.
9. Hay quienes espiritualizan al mencionado ángel y lo identifican con Elías el profeta, con un arcángel, con el Espíritu Santo e incluso con el mismo Cristo (véase Leon Morris, *Revelation*, p. 113; Thomas, *Revelation 1—7*, p. 467).
10. Robert H. Mounce, «The Book of Revelation», p. 167.
11. El título «Dios viviente» se usa tanto en el Antiguo Testamento (Dt. 5:26; Jos. 3:10; 2 R. 19:4, 16) como en el Nuevo Testamento (Mt. 16:16; 26:63; Hch. 14:15; Ro. 9:26; 1 Ts. 1:9). «El uso de *zôntos* con *theoû* destaca la vida eterna de Dios (1:18; 10:6; 15:7) en contraste con los efímeros dioses paganos» (A.T. Robertson, *Word Pictures*, vol. VI, p. 349).

12. A.T. Robertson, *op. cit.,* vol. VI, p. 349. «El aoristo subjuntivo prohíbe la acción como un simple acontecimiento con referencia a la acción como un todo o en su iniciación, y se usa más frecuentemente cuando la acción aún no ha comenzado» (Burton, *Syntax of the Moods and Tenses*, p. 75).

13. *Ibid.*

14. Se ha especulado respecto a la naturaleza del sello que será puesto en las frentes de los siervos de Dios. Hay quienes piensan que se refiere al bautismo, tomando como referencia la letra hebrea tau (t) que era la «marca» o «señal» colocada en la frente de los sellados en Ezequiel 9:4-6. Según esa opinión la «t» se asemeja a la cruz que, a su vez, simboliza el bautismo. Ese punto de vista, sin embargo, es demasiado remoto y ajeno al texto. La Biblia no revela nada tocante a la naturaleza misma del sello. Teológicamente, el sello sugiere propiedad y seguridad. Para una interesante discusión de la naturaleza del sello, véase J. Massyngberde Ford, «Revelation», *The Anchor Bible,* pp. 116, 117.

15. «El lenguaje del sellamiento tendría el efecto de asegurar al pueblo de Dios de su especial preocupación y plan para ellos. Aun cuando tengan que enfrentarse a la persecución y al martirio a manos de la bestia, pueden estar seguros de que ninguna plaga de Dios les tocará sino que estarán en su presencia para siempre, porque ellos son propiedad de Él» (Alan F. Johnson, «Revelation», *The Expositor's Bible Commentary,* p. 479).

16. Véanse Robert H. Mounce, The Book of Revelation», p. 168; G.B. Caird, *The Revelation of Saint John,* pp. 94, 95; M. Eugene Boring, «Revelation», p. 129; José Grau, *Estudios sobre Apocalipsis,* pp. 167-169; George E. Ladd, *A Commentary on the Revelation of John*, pp. 113-116.

17. M. Eugene Boring, *op. cit.*, p. 130.

18. Robert H. Mounce, *op. cit.*, p. 168. El mismo apela a pasajes tales como Mateo 19:28; Lucas 22:30; Romanos 2:29; Gálatas 6:16; Santiago 1:1 y 1 Pedro 2:9 para intentar demostrar que la Iglesia es el nuevo Israel. Según este autor, en Romanos 2:29, Pablo dice que «el creyente en Cristo es el verdadero judío». Dicho autor, sin embargo, manipula el texto según su persuasión teológica. Lo que Pablo dice en el citado pasaje es que un judío sin Cristo, es decir, un hijo de Abraham que no reconoce a Cristo como su Mesías, está incompleto y por lo tanto, no es un verdadero judío. Pablo en ningún modo dice que un gentil se transforma en un verdadero judío cuando cree en Cristo.

19. Robert L. Thomas, *Ibid.*, pp. 474, 475.

20. El comentario de José Grau al respecto deja mucho que desear cuando dice: «Interpretación simbólica es de obligada hermenéutica ... Por el estilo mismo del libro ... Por la combinación de 12 x 12 x 10 x 100 (ministerio, Iglesia, completo) ... Por el número redondo de salvos de cada tribu (12.000). ¡Qué casualidad! ¿Igual número de redimidos de cada tribu? No puede ser literal, tiene que tratarse de una cifra convencional» (*op. cit.,* p. 168). Uno de los errores hermenéuticos de Grau es el de concluir que los 144.000 sellados son simbólicos del número total de redimidos, en lugar de verlo como un grupo comisionado para una tarea especial durante el período de la tribulación.

21. George E. Ladd, *op. cit.*, pp. 114-116.

22. José Grau, *op. cit.*, p. 168.

23. Véase G.B. Caird, *The Revelation of Saint John,* p. 98.

24. Véase Henry Barclay Swete, *Commentary on Revelation,* p. 98; William Barclay, *The Revelation of John,* vol. 2, p. 25; Leon Morris, «Revelation», p.

115; Robert H. Mounce, «The Book of Revelation», p. 169.

25. Véase Robert L. Thomas, *Revelation 1—7*, p. 479.
26. Véase Alan F. Johnson, «Revelation», pp. 482, 483; E. W. Bullinger, *Commentary on Revelation,* pp. 283, 284; William Barclay, *The Revelation of John,* p. 25.
27. Véase Henry Barclay Swete, *Commentary on Revelation,* p. 98.
28. Véase Robert L. Thomas, *Revelation 1—7*, p. 481.
29. Véase Samuel J. Shultz, «Ephraim», *The Zondervan Pictorial Encyclopedia of the Bible,* vol. 2, pp. 333-335.
30. Robert L. Thomas, *Revelation 1—7*, p. 481.
31. *Ibid.,* p. 488.
32. Hay quienes entienden que el sustantivo «la salvación» (*hei sôteiría*) se usa en este contexto con el sentido de «victoria», tal como dicho vocablo se usa en Apocalipsis 12:10 y 19:1. De ser así, la gran multitud atribuye a Dios y al Cordero la victoria que han conseguido, habiendo sido sacados de la gran tribulación (véase Robert L. Thomas, *Revelation 1—7*, p. 490).
33. Henry Barclay Swete, *op. cit.,* p. 101.
34. A.T. Robertson, *Word Pictures in the New Testament,* vol. VI, pp. 351, 352.
35. Dicha construcción es un hebraísmo usado tanto en los sinópticos como en el evangelio de Juan (véanse Jn. 1:26; 12:23; Mt. 25:45; 12:38; 22:1; Mr. 10:24; 15:9; Lc. 3:16).
36. Juan llama al anciano «señor mío» (*kyrié mou*) como una manifestación de respeto y de reconocimiento de la superioridad de la persona con quien habla.
37. Henry Barclay Swete, *op. cit.,* p. 102.
38. Robert L. Thomas, *op. cit.,* p. 495.
39. Henry Barclay Swete, *op. cit.,* p. 102.
40. Véase A.T. Robertson, *Word Pictures,* vol. VI, p. 352.
41. Robert L. Thomas, *Ibid.,* pp. 495, 496.
42. José Grau, *op. cit.,* p. 171.
43. Robert H. Mounce, «The Book of Revelation», p. 173.
44. Robert L. Thomas, *op. cit.,* p. 497.
45. Robert H. Mounce, *op. cit.,* p. 174.
46. Alan F. Johnson, «Revelation», p. 487.
47. John F. Walvoord, *The Revelation of Jesus Christ,* p. 148.
48. Robert L. Thomas, *op. cit.,* p. 499.
49. John F. Walvoord, *op. cit.,* p. 150.
50. Rienecker, *A Linguistic Key,* p. 484. Véase también Burton, *Syntax of Moods and Tenses,* p. 125; F. Blass y A. Debrunner, *A Greek Grammar of the New Testament and Other Early Christian Literature* (Chicago: University Press, 1967), p. 193.
51. E.W. Bullinger, *Commentary on Revelation,* p. 294.
52. W.A. Criswell, *Expository Sermons on Revelation,* vol. 3, p. 161.
53. Henry Barclay Swete, *op. cit.,* p. 106.
54. Véase John F. Walvoord, *The Revelation of Jesus Christ,* p. 151.
55. *Ibid.,* p. 150.
56. Véase Alan F. Johnson, «Revelation», p. 488.
57. Robert H. Mounce, «The Book of Revelation», p. 179.

8

Los juicios de las siete trompetas (8:2-13)

INTRODUCCIÓN

La segunda serie de juicios profetizada en el Apocalipsis se relaciona con la ruptura del séptimo sello. Este sello consiste de la revelación de las siete trompetas de juicio. El dramático silencio que tiene lugar cuando el Cordero abre o rompe el séptimo sello presagia la severidad de los juicios que están aún por venir. La rigurosidad de dichos juicios se acrecienta hasta culminar con la consumación de la ira de Dios patentizada mediante el derramamiento de las siete copas postreras. El fallecido George Bradford Caird, quien fuera profesor de exégesis de las Sagradas Escrituras en la Universidad de Oxford, ha escrito lo siguiente:

> De modo que es incuestionable que en su descripción de los sellos, las trompetas y las copas Juan deliberadamente presenta un crescendo de juicio divino; puesto que los jinetes destruyen una cuarta parte de la tierra, los trompetistas una tercera y las copas introducen las últimas plagas que traen destrucción total.[1]

Dios ha sido paciente con el hombre. Le ha hablado constantemente a través de los profetas, la historia, las Sagradas Escrituras y el mensaje glorioso del evangelio de la gracia de Dios. El ser humano, sin embargo, ha mostrado su rebeldía e indiferencia y ha rechazado la oferta del Señor que promete perdón y vida eterna a todo aquel que cree en Jesucristo. La intervención judicial de Dios pondrá fin al desafío de los hombres y culminará en la manifestación del reinado glorioso del Mesías.

Bosquejo

1. **Los juicios (8:2-6)**
    1.1. La entrega de las siete trompetas (8:2)
    1.2. El altar de oro, el incensario y las oraciones de los santos (8:3, 4)
    1.3. El incensario arrojado a la tierra (8:5)

NOTAS Y COMENTARIOS

8:2

«**Y vi a los siete ángeles que estaban en pie ante Dios; y se les dieron siete trompetas.**» Después que hubo transcurrido el sobrecogedor silencio de como media hora, Juan vio «**a los siete ángeles que estaban en pie ante Dios**» (*toùs heptà aggélous hoì enópion toû theoû hestéikasin*). Debe observarse el artículo determinado «los» (*toùs*), que identifica a estos ángeles como seres específicamente designados para servir en la presencia de Dios.[2] El ministerio de los ángeles es una de las características más sobresalientes del Apocalipsis. Pero, además, a través de la Biblia los ángeles son usados por Dios tanto para defender al pueblo del Señor (Éx. 23:20, 23; 33:2) como para juzgar a los enemigos de Dios (Gn. 19:1-29; Ap. 8:2—9:21; 16:1-21). Los ángeles también dirigen la adoración celestial dedicada a Dios (Ap. 5:11, 12) y acompañarán al Señor Jesucristo en su segunda venida a la tierra (Mt. 25:31). Además, los ángeles realizan un ministerio en favor de creyentes (He. 1:14).

Los siete ángeles mencionados en 8:2 tienen el privilegio particular de servir en la inmediata presencia de Dios, como lo sugiere la frase: «...que estaban en pie ante Dios» (*hoì enópion toû theoû hestéikasin*), literalmente «los que en la presencia de Dios están de pie». Los mencionados ángeles, evidentemente, ministran sin interrupción en la presencia de Dios.

El reconocido expositor escocés William Barclay, dice:

> Que ellos eran llamados los ángeles de la presencia significa dos cosas. Primero, gozaban de un honor especial. En una corte oriental sólo los cortesanos más favorecidos tenían el derecho de estar siempre en la presencia del rey; ser un cortesano de la presencia era un alto honor. Segundo, aunque estar en la presencia del rey era un alto honor, aún más significaba la preparación inmediata para ser despachado en servicio.[3]

En síntesis, los siete ángeles presentados en 8:2 son seres de alto rango (arcángeles) que están más cerca del trono y que sirven delante de Dios continuamente. Estos ángeles son los que se aprestan a ejecutar los juicios relacionados con la segunda mitad de la tribulación.

«**Y se les dieron siete trompetas**» (*kaì edótheisan autoîs heptà sálpigges*). Los siete ángeles de la presencia reciben sendas trompetas cuyo sonido ha de desatar sobre la tierra y sus habitantes juicios sin precedentes. A través de la historia bíblica, la trompeta se ha usado en una variedad de circunstancias y por razones diferentes.[4] La ciudad de Jericó vio derribarse sus murallas tras el toque de trompetas (Jos. 6); el acceso al trono de un nuevo rey era celebrado mediante el toque de trompeta (1 R. 1:34, 39). El sonido de la trompeta también podría significar un llamado a la nación de Israel al arrepentimiento delante de Dios (Jer. 4:5; 6:1; Ez.

33:3-9; Jl. 2:1, 15). Otro uso de la trompeta era para convocar al pueblo de Israel para la celebración de las fiestas de Jehová (Nm. 10:10; Lv. 23:24).

Las trompetas de Apocalipsis 8 se relacionan con la ira escatológica de Dios. El día de Jehová comienza con los juicios de la tribulación de los días postreros profetizada por Sofonías 1:14-18 y por Joel 2:1-11. Esos juicios tienen que ver con la manera como Dios va a implantar su soberanía en la tierra. Es Dios quien da las trompetas a los siete ángeles[5] y es Él quien da la orden para que dichos ángeles comiencen a tocar las trompetas de modo que los juicios que cada una de ellas acarrea tengan lugar. Los juicios de las trompetas sugieren que el Dios Soberano actuará con la fuerza de su poder con miras a implantar su soberanía en su creación, particularmente entre la humanidad rebelde.

8:3-5

«Otro ángel vino entonces y se paró ante el altar, con un incensario de oro; y se le dio mucho incienso para añadirlo a las oraciones de todos los santos, sobre el altar de oro que estaba delante del trono. Y de la mano del ángel subió a la presencia de Dios el humo del incienso con las oraciones de los santos. Y el ángel tomó el incensario, y lo llenó del fuego del altar, y lo arrojó a la tierra; y hubo truenos, y voces, y relámpagos, y un terremoto.»

La expresión **«otro ángel»** (*állos ággelos*) sugiere que es uno diferente de los mencionados en el versículo 2.[6] La frase **«vino entonces y se paró ante el altar»** (*eîlthen kaì estáthei epì toû thysiasteiríou*) podría traducirse: «...vino y tomó su lugar sobre al altar». El texto no identifica para nada al ángel aquí mencionado, pero sí da a entender que es un agente divino que realiza labores sacerdotales. Algunos expositores creen que el referido ángel es una personificación del Señor Jesucristo.[7] Si bien es cierto que Cristo aparece en el Antiguo Testamento como el Ángel de Jehová, no es menos cierto que después de la encarnación el Señor no aparece más como el Ángel de Jehová. Es cuestionable que el Señor aparezca en el Apocalipsis simplemente como «otro ángel». Robert H. Mounce, comenta lo siguiente al respecto:

> Es improbable que el ángel sea tomado como representante de Cristo en su obra intercesoria como Sumo Sacerdote. ¿Se introduciría la figura central del Apocalipsis con un título tan indefinido? En 7:2 es «otro ángel» quien sella a los siervos de Dios contra inminente persecución.[8]

Identificar al llamado «otro ángel» con el Señor Jesucristo es especular con el texto bíblico más allá de lo permitido. Lo más sensato es entender que el pasaje se refiere a un ser angelical a quien se le ha dado autoridad de ejercer funciones sacerdotales. No existe ninguna razón exegética ni teológica que impida que un ángel realice las funciones descritas en el pasaje.[9]

«El altar» (*toû thysiasteiríou*) mencionado aquí parece el mismo mencionado en Apocalipsis 6:9, es decir, el altar de oro del incienso y el mismo que se identifica como «el altar de oro» (*tò thysiastéirion tò chrysoûn*) al final del versículo. Es más probable que aquí se contemple solamente un altar, el altar de oro del incienso (Éx. 30:1-10; 2 R. 6:22; He. 9:4).[10] El ángel ocupa su lugar sobre el altar, portando un incensario de oro. Recibe, además, **«mucho incienso»** con el propósito de añadirlo a las oraciones de los santos. Dicho incienso debe ser ofrecido concretamente «sobre el altar de oro que estaba delante del trono».[11] Mounce observa que: «El ángel se describe como ofreciendo las oraciones de los santos de manera muy similar como los sacerdotes en el templo de Jerusalén tomaban los carbones ardientes del altar del sacrificio y los transportaban dentro del Lugar Santo hasta el altar de oro del incienso (véase Lc. 1:19).»[12]

«Para añadirlo a las oraciones de todos los santos» (*hína dósei toîs proseuchaîs tôn hagíôn pántôn*). Esta es una cláusula subfinal en la que se usa la partícula *hína* («para») y un verbo en el futuro indicativo, voz activa.[13] El futuro indicativo sugiere una realidad en la que la acción es lineal o continua. El incienso y las oraciones de todos los santos suben continuamente hasta la misma presencia de Dios. Recuérdese que Dios está sentado en su trono de juicio y está a punto de consumar su ira sobre los moradores de la tierra. Los santos de todas las generaciones elevan sus peticiones al mismo trono de Dios, pidiendo que el plan eterno de Dios llegue a su consumación.

El incienso simboliza, pues, «las oraciones de todos los santos». Como observa G.B. Caird:

> Debe notarse que estas oraciones no proceden sólo de los mártires, como en el caso de 6:9, sino de *todo el pueblo de Dios*. Dios derrama algunas cosas sobre los hombres ya sea o no que las pidan, ya sea que reconozcan el don o no (Mt. 5:45). Pero Él retiene algunos dones hasta que los hombres oran.[14]

En el Antiguo Testamento, el salmista asemeja su oración al incienso que asciende en la presencia de Dios (Sal. 141:1-2) y ruega al Señor que le libere de sus perseguidores. Asimismo, en Apocalipsis 8:3-5, las oraciones de los santos suben a la presencia de Dios juntas con el humo del incienso del incensario que está en la mano del ángel. El ángel, a su vez, **«tomó»** (*eíleiphen*) el incensario y lo **«llenó»** (*egémisen*) del fuego del altar y lo **«lanzó»** (*ébalen*) hacia la tierra.[15] He aquí un recordatorio de la destrucción de Sodoma y Gomorra (Gn. 19:24). También trae a la memoria el juicio de Dios sobre la Jerusalén terrenal (Ez. 10:2). El fuego del juicio de Dios caerá sobre la humanidad inicua en respuesta a las oraciones de todos los santos. El fuego divino consumirá y destruirá todo aquello sobre lo cual caerá.[16]

«Y hubo truenos, y voces, y relámpagos, y un terremoto.»[17] Esta frase declara la respuesta divina a las oraciones de los santos. Dios dio a conocer su presencia a Moisés y a la nación de Israel en el Monte Sinaí a través de truenos, relámpagos, una espesa nube y el sonido de bocina muy fuerte (Éx. 19:16). La presencia de Dios en el monte Sinaí hizo exclamar a Moisés: «Estoy espantado y temblando» (He. 12:21). Dios contesta a sus santos, dándoles a conocer la realidad de su presencia. Él es el Dios del trueno y no los ídolos vacíos. Las **«voces»** ponen de manifiesto que Dios habla y comunica su mensaje. Los **«relámpagos»** generalmente preceden a los truenos. La venida de Cristo en gloria será señalizada con un relámpago que cruzará los cielos de este a oeste (Mt. 24:27, 30) y vendrá acompañada de «grandes voces». Dios sacudirá los cimientos mismos de la tierra en la forma de un seísmo o terremoto, probablemente para advertir a la humanidad que se acerca el fin.

Resumiendo, la apertura del séptimo sello equivale a la manifestación de los juicios contenidos en las siete trompetas que han sido entregadas a siete ángeles. Antes de la ejecución de los juicios de las trompetas, Juan contempla a otro ángel que ha tomado su lugar sobre el altar del incienso. Este ángel realiza funciones sacerdotales. Como tal, lleva un incensario de oro lleno de mucho incienso. El incienso simboliza las oraciones de todos los santos o, quizá, sólo acompaña a las oraciones que el pueblo de Dios eleva al Soberano, pidiéndole que realice la consumación de su plan y de su justo castigo a los inicuos y rebeldes moradores de la tierra. Dios, evidentemente, escucha y contesta las oraciones de su pueblo.

En un final dramático de la escena, Juan describe que el ángel ha tomado el incensario, lo llena del fuego del altar y lo lanza hacia la tierra. La secuela de esa acción es la aparición de truenos, voces, relámpagos y un terremoto. El Dios Soberano hace sentir su presencia y su poder en medio de su pueblo al que viene a librar de la mano de sus enemigos.

8:6

«Y los siete ángeles que tenían las siete trompetas se dispusieron a tocarlas» (*kaì hoi heptà ággeloi hoi échontes tàs heptà sálpiggas heitoímasan hautoùs hína salpísôsin*). Después que las oraciones de todos los santos fueron elevadas a la presencia de Dios y después que el Señor Soberano indicó a través de señales concretas que había escuchado dichas oraciones, los siete ángeles «alzaron sus instrumentos en preparación para comenzar a tocarlos».[18] El texto sugiere que Juan contempló cómo los siete ángeles levantaron las trompetas, las acercaron a sus labios y se dispusieron a tocarlas. Las cuatro primeras trompetas, al igual que los cuatro primeros sellos, guardan una relación estrecha. Sus efectos traen juicio sobre la naturaleza.[19]

8:7

«El primer ángel tocó la trompeta, y hubo granizo y fuego mezclados con sangre, que fueron lanzados sobre la tierra; y la tercera parte de los árboles se quemó, y se quemó toda la hierba verde.»
Los comentaristas del Apocalipsis discuten sobre si los juicios de los sellos, las trompetas y las copas son paralelos o consecutivos.[20] Si bien es cierto que hay acontecimientos en las tres series de juicios que parecen ser paralelos, existen suficientes diferencias entre las tres series que ofrecen una base sólida para tomar los juicios de los sellos, las trompetas y las copas como consecutivos y no como paralelos.

La totalidad de los juicios está contenida en el rollo sellado con siete sellos. Los primeros seis sellos abarcan un período de tiempo equivalente a la mitad de la septuagésima semana de Daniel. Esos tres años y medio constituyen lo que Cristo llamó en Mateo 24:8 «principio de dolores». El séptimo sello consiste de las siete trompetas de juicio. Esta segunda serie es más severa que todo lo ocurrido con anterioridad. La severidad e intensidad de los juicios llevan un crescendo. La séptima trompeta es el anuncio de la segunda venida de Cristo en gloria a la tierra, pero, al mismo tiempo, dicha trompeta equivale a los juicios de las copas o de la consumación de la ira de Dios.

Cuando el primero de los siete ángeles tocó la trompeta, súbitamente hubo granizo y fuego simultáneamente. Estos, además, fueron mezclados en sangre. Este terrible juicio trae a la memoria lo que Dios hizo en Egipto (Éx. 9:23-26) cuando sacó a su pueblo de la esclavitud faraónica. La combinación de granizo y fuego, mezclados en sangre, fue lanzada a la tierra. La resultante de dicho juicio se expresa así: «Y la tercera parte de los árboles se quemó, y se quemó toda la hierba verde.»[21] A pesar de los efectos terribles de estos juicios, es evidente que la humanidad rebelde hace caso omiso de todo lo que ocurre. De la misma manera que el faraón egipcio, el hombre opta por endurecer su corazón. Robert H. Mounce observa lo siguiente:

> Las plagas de las trompetas son dirigidas contra un mundo empecinado en su hostilidad hacia Dios. A medida que aumenta la intensidad de los juicios, también aumenta la vehemencia con la que el hombre se niega a arrepentirse

(9:20, 21; 16:9, 11, 21). Pero los juicios de las trompetas no son finales. Afectan una porción significativa de la tierra, pero no toda (la expresión «la tercera parte» se usa doce veces en los versículos 7 al 12). El propósito no es tanto la retribución como guiar a los hombres al arrepentimiento. Como el atalaya y su trompeta en Ezequiel 33, estos advierten a la humanidad del peligro inminente.[22]

Los juicios de Dios sobre Egipto que culminaron en la liberación de la descendencia de Abraham de aquella nación fueron actos literales de Dios. Ninguno de ellos fue simbólico. Del mismo modo, los juicios que resultan de los toques de las trompetas en Apocalipsis 8:7—11:19 serán hechos literales. El Dios soberano intervendrá con poder, justicia y santidad con miras a derrotar a todos sus enemigos y establecer su reino de paz y justicia en la tierra.

8:8, 9

«El segundo ángel tocó la trompeta, y como una gran montaña ardiendo en fuego fue precipitada en el mar; y la tercera parte del mar se convirtió en sangre. Y murió la tercera parte de los seres vivientes que estaban en el mar, y la tercera parte de las naves fue destruida.» El sonido de la primera trompeta produjo la destrucción de la tercera parte de la vegetación de la tierra. La vegetación es importante, entre otras cosas, para la producción de oxígeno, algo sin lo cual es imposible sostener la vida física. La vegetación es importante también para mantener el equilibrio de la temperatura. De modo que la primera trompeta produce juicios que afectan aspectos vitales para el hombre.

La segunda trompeta también evoca el juicio de Egipto en los días de Moisés (Éx. 7:20, 21). En esta primera plaga egipcia, Dios hirió a la fuente de la vida para los habitantes de aquella nación. Los egipcios creían que el Nilo era el dador de la vida, porque en la llanura que se extiende a ambos lados de sus márgenes se cosechaban los granos que alimentaban a la nación. Para los egipcios el Nilo era un dios.

En los tiempos escatológicos, Dios herirá el mar, una de las fuentes de sustento más importantes para el hombre. Dice Juan que algo parecido a una gran montaña ardiendo en fuego **«fue precipitada»** (*ebléithei*) en el mar. El resultado inmediato de esa acción hace que la tercera parte del mar se convierta en sangre. La vida marina es igualmente afectada puesto que muere **«la tercera parte de los seres vivientes que estaban en el mar».** Otra secuela de ese juicio es la destrucción de la tercera parte de las naves, debido a la turbulencia causada al convertirse la tercera parte del mar en sangre.[23] Obsérvese que, como en el caso de la primera trompeta, el área afectada es la tercera parte del mar, de los peces y de las naves. Juan se refiere a cosas concretas que son juzgadas por Dios. Hay quienes han intentado alegorizar el significado de los juicios aquí descritos, pero el resultado ha sido interpretaciones superficiales y sin control exegético ni hermenéutico.[24] Lo más sensato, como se ha reiterado a través de este estudio, es mantener una hermenéutica congruente, basada en el texto bíblico y que sigue el método histórico, gramático-cultural y contextual de cada pasaje. Generalmente, cuando hay algo que no debe tomarse en sentido estrictamente literal, el autor del Apocalipsis lo hace saber. Por ejemplo en 8:8 dice que «como una gran montaña ardiendo en fuego fue precipitada en el mar». Juan quiere que el lector entienda que lo que fue precipitado en el mar no fue una montaña, sino algo semejante a una montaña, tal vez en volumen.

8:10, 11

«El tercer ángel tocó la trompeta, y cayó del cielo una gran estrella, ardiendo como una antorcha, y cayó sobre la tercera parte de los ríos, y sobre las fuentes de las aguas. Y el nombre de la estrella es Ajenjo. Y la tercera parte de las aguas se convirtió en ajenjo; y muchos hombres murieron a causa de esas aguas, porque se hicieron amargas.»

El tercer objeto de juicio divino es las fuentes de aguas frescas. Ríos, manantiales, pantanos, lagos, es decir, las aguas que el hombre utiliza tanto para sus necesidades personales como para sus regadíos son afectadas parcialmente. El instrumento divino usado es **«una gran estrella, ardiendo como una gran antorcha».** Hay quienes sugieren la posibilidad de que la gran estrella se refiera a un ángel.[25] Una vez más, no parece ser necesario alegorizar el texto. Por el contrario, una interpretación normal le da un mejor sentido. Si bien es cierto que en algunos casos el sustantivo **«estrella»** se usa en el Apocalipsis con referencia a seres angelicales (véase 1:20; 9:1; 12:4), en cada uno de esos casos, el contexto pone de manifiesto lo correcto de dicha interpretación.

La estrella aludida en el pasaje lleva por nombre **«Ajenjo»** y tiene la propiedad de dar al agua un sabor amargo. Como resultado de la contaminación de las aguas **«muchos hombres»** (*polloì tôn anthrópon*), es decir, un número considerable de seres humanos sufre los dolores de la muerte física. Con respecto al ajenjo, William Barclay dice:

> Ajenjo es un nombre general para la clase de plantas conocidas como *artemisia*, cuya característica es el sabor amargo. No son realmente venenosas en el sentido de ser mortales, aunque son nocivas, pero los israelitas detestaban su amargor. El ajenjo era el fruto de la idolatría (Dt. 29:17, 18). Dios advirtió a su pueblo a través de Jeremías que les daría a comer ajenjo y aguas de hiel para beber (Jer. 9:14-15; 23:15). El ajenjo siempre representó la amargura del juicio de Dios para el desobediente.[26]

El ajenjo en el Antiguo Testamento era una planta literal que producía un sabor literalmente amargo en el agua. En Éxodo 15:23, 24, Dios hizo que las aguas amargas de Mara se transformasen en aguas dulces que el pueblo pudo beber. En los postreros días, la mano poderosa de Dios hará que sea al inverso. A través de la estrella llamada Ajenjo, Dios convertirá las aguas dulces en amargas como parte de su juicio sobre la humanidad incrédula y desafiante.

8:12, 13

«El cuarto ángel tocó la trompeta, y fue herida la tercera parte del sol, y la tercera parte de la luna, y la tercera parte de las estrellas, para que se oscureciese la tercera parte de ellos, y no hubiese luz en la tercera parte del día, y asimismo de la noche. Y miré, y oí a un ángel volar por en medio del cielo, diciendo a gran voz: ¡Ay, ay, ay, de los que moran en la tierra, a causa de los otros toques de trompeta que están para sonar los tres ángeles!»

Los juicios relacionados con la cuarta trompeta afectan a la tercera parte del firmamento, particularmente la que tiene que ver de manera directa con la vida del hombre en la tierra. La décima plaga de Egipto afectó al sol (Éx. 10:21-23). Los egipcios adoraban al sol, entre otros dioses. El Dios soberano demostró que los dioses de Egipto no tenían poder en sí mismos. El Dios Omnipotente juzgó al Nilo, al faraón, la rana, al escarabajo, al sol y a la luna, todos ellos adorados por los egipcios y reconocidos como sus dioses.

En medio de la tribulación escatológica, Dios herirá parcialmente los cuerpos astrales de manera que no habrá luz durante la tercera parte del día. La falta de luz solar afectará la tierra y sus habitantes y también la luna que refleja la luz del sol. La falta de energía en la luna también afectará a las mareas. Todo eso causará serios inconvenientes en la vida cotidiana de los seres humanos que vivan en la tierra.

El versículo 13 expresa una firme advertencia a los seres humanos respecto a las dificultades que aún les sobrevendrán. Juan dice que oyó **«a un ángel volar por en medio del cielo...»** Los mejores manuscritos dicen «un águila» en lugar de «un ángel».[27] De cualquier manera, lo importante en este caso es el contenido del mensaje comunicado. Ya sea «un águila» o «un ángel», el mensaje es una seria advertencia con el fin de prevenir a los seres humanos respecto a los juicios que vendrán cuando las tres restantes trompetas emitan su penetrante sonido. J. Massyngberde Ford, quien enseña Nuevo Testamento en la Universidad de Notre Dame en Indiana, dice:

> En el versículo 13, el vidente relata su visión de un águila solitaria o un buitre proyectada contra el cielo, ya sea «en el meridiano» o «el cenit», donde está el sol a mediodía (véase 14:6; 19:17). El curso del águila puede verse por todos. El grito del águila es una triple repetición de ¡ay!, dando a entender las tres últimas plagas que serán anunciadas por las trompetas. Debe tenerse presente el chirrido penetrante de un águila. Los tres restantes ayes, a diferencia de aquellos proclamados por las cuatro primeras trompetas, que parecen golpear directamente a la naturaleza inanimada, van dirigidas a la humanidad, «los que moran en la tierra».[28]

La observación de Ford es de suma importancia. Los juicios de las primeras cuatro trompetas afectan principalmente a la naturaleza, aunque como resultado del juicio de la tercera trompeta mueren «muchos hombres». Las tres últimas trompetas, sin embargo, desencadenarán juicios dirigidos concretamente a aquellos designados como «los que moran en la tierra».

La frase **«los que moran en la tierra»** (*toùs katoikoûntas epì teîs geîs*) se usa repetidas veces a través del Apocalipsis (véase 3:10; 6:10; 8:13; 11:10; 12:12; 14:6). Es evidente que Juan desea distinguir a un sector de la humanidad que se caracteriza por su apego al sistema mundial gobernado y promovido por Satanás. Son personas que carecen de interés alguno por las cosas espirituales y se niegan a someterse a la voluntad de Dios.

> Lo que Juan quiere decir es que, a diferencia de los cristianos, cuya ciudadanía está en el cielo (Fil. 3:20), y quienes han reconocido que aquí no tienen ciudad permanente, sino que son extranjeros en un peregrinaje a través de la tierra (He. 11:13; 13:14), sus oponentes están en casa en el presente orden mundial, hombres de visión terrenal, confiados en la seguridad terrenal, incapaces de mirar más allá de las cosas que se ven y que son temporales. Por consiguiente, cuando Juan habla tocante a hacer temblar la tierra, está pensando no tanto de la disolución del universo físico como de esa tierra que es el hogar espiritual de hombres terrenales.[29]

«Los moradores de la tierra» son personas sin interés hacia el reino del Mesías. No tienen la más mínima intención de someterse a la voluntad de Dios. Su mente, emociones, esfuerzo y meta final están centrados en la tierra. No desean que Cristo venga con poder y gloria. Desean llevar la vida de espaldas a Dios e independientemente del Soberano del universo. Su apego es a una tierra donde el hombre reine sin tener que dar cuentas a Dios.

Resumen y conclusión

El capítulo 8 del Apocalipsis pone de manifiesto la apertura del séptimo sello. El séptimo sello revela el resto del contenido de los juicios contenidos en el rollo que el Cordero ha tomado de la mano derecha del que está sentado en el trono.

El séptimo sello consiste de siete trompetas de juicio. Con ellas da comienzo la segunda mitad de la septuagésima semana de la profecía de Daniel (9:27). Las primeras cuatro trompetas desatan juicios que afectan a la tercera parte de los árboles, la hierba verde, el mar, los peces, las naves, las aguas potables, el sol, la luna y las estrellas.

Antes de los toques de las trompetas, las oraciones de los santos son elevadas al mismo trono de Dios. Los santos oran pidiendo a Dios que intervenga judicialmente y que ponga fin a los desmanes de los hombres. Dios contesta las oraciones de su pueblo y hace sentir su presencia mediante truenos, voces, relámpagos y un terremoto. Los seres humanos han sido advertidos a lo largo de los siglos respecto a la intervención divina, pero muchos no han querido prestar atención a la advertencia.

Dios ha hablado y sigue hablando a los hombres. Hoy día lo hace primordialmente a través del mensaje del evangelio de la gracia de Dios. El evangelio sigue siendo el poder de Dios para salvación a todo aquel que cree, ya sea judío o gentil.

Incluso a través de los juicios de la Gran Tribulación, la gracia de Dios sigue activa y operante. La promesa de Cristo de dar vida eterna a todo aquel que cree en Él (Jn. 6:47) estará vigente en medio del colapso que la civilización humana sufrirá en los postreros días.

Notas

1. George Bradford Caird, *Black's New Testament Commentary,* «The Revelation of Saint John», p. 104.
2. El libro pseudoepigráfico de Primero Enoc 20:2-8 menciona los nombres de los siete arcángeles como Uriel, Rafael, Ragüel, Miguel, Saracuael, Gabriel y Remiel. Otro de los libros deuterocanónicos habla de Rafael, donde dicho ser se identifica así: «Yo soy Rafael, uno de los siete ángeles que asisten y entran ante la gloria del Señor» (Tobías 12:15). Entre los libros canónicos sólo se menciona por nombre a dos de los ángeles: Gabriel, quien en Lucas 1:19 dice: «...Yo soy Gabriel, que estoy delante de Dios»; y Miguel, llamado «uno de los principales príncipes» (Dn. 10:13). Véase también Daniel 12:1; Apocalipsis 12:7 y Daniel 9:21. El sustantivo «ángel» aparece 175 veces en el N. T.; de ellas 67 pertenecen al Apocalipsis.
3. William Barclay, *The Revelation of John,* vol. 2, pp. 41, 42.
4. Para una exposición del uso de la trompeta en las Escrituras, véase G.B. Caird, «The Revelation of Saint John», pp. 107-111; M. J. Harris, «Trumpet», *The New International Dictionary of New Testament Theology*, vol. 3, pp. 873, 874.
5. Según Rienecker, el verbo «se les dieron» (*edótheisan autoîs*) es el aoristo indicativo, voz pasiva de *dídômi* y es «el pasivo teológico, indicando que es Dios quien da» (*A Linguistic Key*, vol. 2, p. 484).
6. Véase A.T. Robertson, *Word Pictures,* vol. 6, p. 356. También Robert H. Mounce, «The Book of Revelation», p. 181.
7. Véase John F. Walvoord, *The Revelation of Jesus Christ,* p. 152.

8. Robert H. Mounce, *op. cit.*, p. 180.
9. Véase Charles C. Ryrie, *Apocalipsis,* p. 56. Véase además William R. Newell, quien comenta: «Este ángel no es Cristo, quien es el Cordero que abre los sellos y dirige el proceso del juicio. El hecho de que este ángel esté junto al altar, y tenga incienso, ha guiado a muchos, en su gran celo por el Gran Sumo Sacerdote, a olvidar la visión del Señor en el capítulo 1 como Juez, vestido con el atavío de Juez, no con el de sacerdote» (*The Book of Revelation*, p. 121).
10. Robert H. Mounce, *op. cit.*, p. 181.
11. El texto griego es enfático, dice: «sobre el altar el de oro que está delante del trono.»
12. Robert H. Mounce, *op. cit.*, p. 181.
13. Véase A.T. Robertson, *op. cit.,* vol. VI, p. 357.
14. G.B. Caird, «The Revelation of Saint John», p. 107.
15. Obsérvese los tres verbos usados para describir las acciones del ángel. «Tomó» (*eíleiphen*) es un perfecto dramático con la función de un presente dramático altamente descriptivo («Y el ángel ha tomado...»). El segundo verbo, «llenó» (*egémisen*) es el aoristo indicativo, voz activa de *gimídso*, que significa «llenar». Finalmente, «arrojó» o «lanzó» (*ébalen*) también es el aoristo indicativo, voz activa de *bállo*. Ambos aoristos destacan una acción concreta que ocurre en un momento específico de tiempo.
16. Véase E.W. Bullinger, *Commentary on Revelation,* p. 298.
17. Obsérvese el uso de la figura llamada polisíndeton, es decir, la repetición de la conjunción «y» (*kaí*). Esta figura se usa cuando se desea que el lector se detenga y reflexione sobre cada uno de los sustantivos usados.
18. Robert H. Mounce, *op. cit.*, p. 183.
19. Henry Barclay Swete, *op. cit.*, p. 110.
20. Para una buena discusión tocante a los dos puntos de vista (juicios paralelos o consecutivos), véase Alan F. Johnson, «Revelation», pp. 490, 491.
21. El verbo «quemó» (*katekáei*) es el aoristo indicativo, voz pasiva de *katakaío*, que significa «quemar». Este verbo es un vocablo compuesto de *katá* + *kaío*. El prefijo *katá* aumenta la intensidad de la acción del verbo. De modo que no es simplemente «quemar», sino «quemar por completo», «quemar hasta las cenizas».
22. Robert H. Mounce, *op. cit.*, p. 184.
23. Véase Henry Barclay Swete, *op. cit.*, pp. 111, 112.
24. Para una síntesis de las diferentes interpretaciones alegóricas de este pasaje, véase E.W. Bullinger, *op. cit.,* pp. 308-310.
25. Véase Alan F. Johnson, «Revelation», p. 492. También G.B. Caird, «The Revelation of Saint John», p. 115.
26. William Barclay, *The Revelation of John,* p. 44.
27. Para una explicación del problema textual, véase Bruce M. Metzger, *A Textual Commentary on the Greek New Testament* (Londres: United Bible Societies, 1975), p. 741.
28. J. Massyngberde Ford, «Revelation», pp. 139, 140.
29. G. B. Caird, *op. cit.*, pp. 88, 89.

9

Los juicios de las siete trompetas (continuación) (9:1-21)

INTRODUCCIÓN

El libro del Apocalipsis concierne a la revelación de Jesucristo, es decir, su manifestación visible, corporal, literal y judicial. Su segunda venida a la tierra será precedida de los juicios contenidos en el rollo sellado con siete sellos. Cristo es el único digno de romper los sellos que guardan el contenido del rollo. De modo que Él es quien revela y ordena que se ejecuten los juicios que destruirán el reino de tinieblas para que haga su entrada el reino de paz, justicia, santidad y gloria del Mesías.

Los juicios están divididos en tres series consecutivas: Los sellos, las trompetas y las copas. Las siete copas están contenidas en la séptima trompeta y las siete trompetas constituyen el séptimo sello. De manera que el rollo contiene la totalidad de los juicios.

El capítulo 8 trata de la apertura del séptimo sello que a su vez da paso a los juicios de las siete trompetas. Las primeras cuatro trompetas ejecutan juicios parciales sobre la naturaleza. La vegetación, el mar, los peces, las aguas potables y el firmamento sufren los embates de los juicios de las cuatro primeras trompetas. Las tres últimas trompetas afectan directamente al hombre. Estos juicios aumentan en intensidad hasta culminar en un dramático crescendo con la venida personal de Cristo a la tierra.

Bosquejo

1. **Las quinta trompeta (9:1-12)**
   1.1. La apertura del pozo del abismo (9:1, 2)
   1.2. El contenido del pozo del abismo (9:3)
   1.3. Los efectos causados en los hombres (9:4-6)
   1.4. La descripción de los habitantes del pozo del abismo (9:7-11)
   1.5. El anuncio de la venida de dos ayes adicionales (9:12)
2. **La sexta trompeta (9:13-21)**
   2.1. La orden de desatar a los cuatro ángeles del Éufrates (9:13-15)

NOTAS Y COMENTARIOS

9:1

«**El quinto ángel tocó la trompeta, y vi una estrella que cayó del cielo a la tierra; y se le dio la llave del pozo del abismo.**» El toque de la quinta trompeta trae consigo la apertura «del pozo del abismo» (*toû phréatos teîs abyssou*) de donde salen unas criaturas de aspecto aterrador y con capacidad mortífera. Juan vio «**una estrella**» (*astéra*). Es evidente, en este caso, que el sustantivo «estrella» se usa para designar a un ser inteligente como ocurre en 1:20 (véase Job 38:7). La expresión «**que cayó del cielo a la tierra**» no significa que Juan vio la estrella en el momento de caer. La forma verbal «cayó» (*peptokáta*) es el participio perfecto, voz activa de *pípto*, que significa «caer». Este tiempo verbal es un perfecto dramático.[1] La fuerza de dicho tiempo verbal pone de manifiesto que «el vidente no vio una estrella en el acto de caer del cielo a la tierra, sino a una estrella que ya había caído».[2]

La frase «**y se le dio la llave del pozo del abismo**» ayuda a entender que la mencionada «estrella» representa a una criatura a la que «se le dio» (*edóthei autô*) cierta autoridad. El verbo «dio» (*edótheî*) es el aoristo indicativo, voz pasiva de *dídômi*, que significa «dar». La voz pasiva aquí tiene una función teológica, indicando que es Dios aquel que da.[3]

«**La llave del pozo del abismo**» (*hei kleìs toû phreátos teî abyssou*) sugiere que el personaje que la recibe tiene autoridad delegada para abrir el lugar llamado «pozo del abismo». En el versículo 11, se le identifica como el «rey» de las criaturas que habitan en el pozo del abismo y se le llama «ángel del abismo». Además, dice que en hebreo se llama Abadón y en griego Apolión. Ambos vocablos significan *destructor*.

«**El pozo del abismo**» es una expresión que requiere atención. El sustantivo «**pozo**» (*phréar*) significa «un agujero profundo en el suelo», «un paso largo y estrecho hundido en la tierra». Según Ford, «en los rollos de Qumran el vocablo hebreo *sht*, «hoyo», de la raíz *sht*, que significa «ir a la ruina», se usa varias veces y puede ser equivalente a *phréar* aquí.[4] El vocablo «**abismo**» (*abyssou*) significa, literalmente, «profundidad insondable».[5] La idea tras dicho vocablo, al parecer, se relaciona con la existencia de un mundo subterráneo o «bajo mundo» espiritual.

Hay quienes ven en la expresión «pozo del abismo» cierta conexión con las mitologías babilónicas de la creación[6]. Aunque hay puntos de coincidencia entre los relatos de la mitología babilónica y el que aparece en el libro del Génesis, las diferencias son abismales. La mitología babilónica es politeísta y grotesca, mientras que el relato del Génesis es estrictamente monoteísta, sensato y congruente.[7]

> Las historias babilónicas de la creación están impregnadas de un crudo politeísmo. Hablan no sólo de generaciones sucesivas de dioses y diosas procedentes de Apsû y Tiâmat, todos ellos necesitados de nutrición física, puesto que todos consistían tanto de materia como de espíritu, sino que también hablan de diferentes creadores.[8]

El relato mitológico babilónico de la creación se llama *Enuma Elish* («cuando en lo alto»). Este poema épico presenta, en su primera parte, un relato de cómo era el universo antes de los acontecimientos que culminaron con su creación por el dios Marduk. Según el relato, no había cielo ni tierra. Sólo existía un caos acuoso compuesto de la mezcla de las aguas de Apsu o abismo de agua dulce; Tiamat, o el océano de agua salada; y Mummu, quien podría representar un conglomerado de nubes y rocío.[9]

El relato bíblico en Génesis 1:1—2:3 presenta un cuadro distinto. En primer lugar, recalca la realidad de un Dios creador y soberano. No existen personajes míticos en el relato del Génesis. Sólo Dios existe antes de la creación. En Génesis 1:2 dice: «Y la tierra estaba desordenada y vacía, y las tinieblas estaban sobre la faz del abismo [*tehôm*], y el Espíritu de Dios se movía sobre la faz de las aguas.»

Hay quienes creen que el vocablo bíblico «abismo» (*tehôn*) se corresponde con Tiamat del relato babilónico.[10] Tiamat, sin embargo, designa a una persona mientras que *tehôm* nunca se usa en el Antiguo Testamento con esa función. «En el Antiguo Testamento, *tehôm* sólo se usa para designar el abismo, el mar, el océano, o cualquier otra masa grande de agua...»[11] En el Antiguo Testamento el vocablo *tehôm* se traduce «abismo» en Génesis 1:2; Salmo 33:7 y 107:26. Es necesario, sin embargo, aclarar que el vocablo «abismo» (*abyssos*) aparece 25 veces en el texto griego del Antiguo Testamento conocido como la Septuaginta. La mayoría de las veces es la traducción del vocablo hebreo *tehôm*. En Génesis 1:2, «abismo» significa «el mar original», mientras que en el Salmo 47:7, adquiere el significado de «aguas profundas» o «mar insondable»; en el Salmo 71:20, sin embargo, significa «el mundo o esfera de los muertos». En la tradición hebrea, particularmente la que surge en el período intertestamentario, se le asocia con «el diluvio original y con el interior de la tierra, donde se encuentran cuerpos que causan inmundicia. El abismo también adquirió el significado de la prisión de los espíritus caídos...».[12]

El término «abismo» (*abyssos*) se usa en el Nuevo Testamento para designar: (1) La habitación de los muertos (Ro. 10:7); (2) la habitación de los demonios (Lc. 8:31); (3) la prisión donde Satanás es retenido por mil años (Ap. 20:3); y (4) la habitación de la Bestia (Ap. 11:7; 17:8); y (5) el reino de Abadón (Ap. 9:11).[13] El pozo del abismo está habitado por criaturas de aspecto aterrorizador. Dichas criaturas, evidentemente, guardan cierta organización, puesto que «tienen por rey sobre ellos al ángel del abismo...» (Ap. 9:11). John F. Walvoord, quien fuera rector del Seminario Teológico de Dallas, observa lo siguiente:

> La palabra griega (*abyssos*) aparece siete veces en el Apocalipsis (9:1, 2, 11; 11:7; 17:8; 20:1, 3) ... de estas referencias, puede concluirse que el pozo del abismo no es sino el lugar de detención de los ángeles malignos. Es allí donde el mismo Satanás es confinado por mil años durante el reinado de Cristo en la tierra.[14]

Debe recordarse, sin embargo, que el pozo del abismo es sólo un lugar temporal de «detención» de los ángeles malignos, su rey y el mismo Satanás. La Palabra de Dios declara que todos ellos e incluso la bestia o Anticristo y su portavoz, es decir, el falso profeta, serán confinados eternamente en el lago que arde en fuego y azufre (véanse Mt. 25:41; Ap. 20:10).

9:2

«Y abrió el pozo del abismo, y subió humo del pozo como humo de un gran horno; y se oscureció el sol y el aire por el humo del pozo.» El ángel simbolizado por la estrella del versículo 1 **«abrió»** (*éinoixen*) el pozo del abismo. Hizo uso de la autoridad que le había sido delegada para poner al descubierto el misterio del pozo insondable. **«Y subió humo del pozo como humo de un gran horno»** (*kaí anébei kapnòs ek toû phréatos hos kapnòs kamínou megáleis*). El tiempo aoristo de indicativo tanto en el verbo «abrió» (*éinoixen*), como en «subió» (*anébei*) sugiere un acto concreto e histórico. El denso humo que asciende del pozo se describe por Juan mediante un símil: **«...como humo de un gran horno...»**[15] Evidentemente, el pozo del abismo es un lugar donde hay fuego como lo demuestra el humo que sale de éste.[16] El humo espeso que sale del pozo del abismo produce oscuridad en el sol y en el aire, produciendo, como es de esperarse, contaminación del ambiente. Robert H. Mounce comenta:

> Las densas nubes de humo que ascienden del abismo traen a la memoria la escena del descenso de Dios sobre el monte Sinaí. Éxodo 19:18 dice que el humo de la montaña se alzó «como el humo de un horno». Al subir el humo, hace que el sol se oculte y se oscurezca la atmósfera de la tierra.[17]

La diferencia, sin embargo, estriba en el hecho de que el humo que se levanta del pozo del abismo es un humo infernal que surge del sitio donde habitan seres diabólicos que están a punto de ser sueltos con el fin de atormentar a los hombres que persisten en su rebeldía y desafían orgullosamente la autoridad de Dios.

9:3-5

«Y del humo salieron langostas sobre la tierra; y se les dio poder, como tienen poder los escorpiones de la tierra. Y se les mandó que no dañasen a la hierba de la tierra, ni a cosa verde alguna, ni a ningún árbol, sino solamente a los hombres que no tuviesen el sello de Dios en sus frentes. Y les fue dado, no que los matasen, sino que los atormentasen cinco meses; y su tormento era como tormento de escorpión cuando hiere al hombre.»

A medida que el humo salía del pozo del abismo, también salía un ejército de langostas. El verbo **«salieron»** (*exûlthon*) es el aoristo indicativo, voz activa de *exérchomai*, que significa «salir fuera». La presencia de langostas era común en el entorno del medio oriente. Las referidas langostas (*akrídes*) «eran insectos ortópteros, saltadores que se reproducen copiosamente y llegan a constituir verdaderas plagas para la agricultura».[18] El carácter voraz y destructor de las plagas de langostas que con cierta frecuencia atacaban los sembrados de los países del medio oriente sirve de marco histórico para el pasaje bajo consideración. Juan dice que **«salieron langostas sobre la tierra»**, mejor «salieron langostas hacia la tierra». Evidentemente, la idea trasciende el territorio de algunos países y se extiende, más bien, por la superficie del planeta, puesto que los juicios que aquí se contemplan han de afectar globalmente a los hombres «que no tuviesen el sello de Dios en sus frentes».

En el Antiguo Testamento, la plaga de langostas enviada por Dios contra el faraón egipcio (Éx. 10:12-20) fue tan severa que obligó al monarca a pedir perdón (Éx. 10:16, 17). También en el libro de Joel se relata acerca de la plaga de los destructores insectos que acabarían con toda la vegetación (Jl. 1:4-7). «Una plaga de langostas era vista como un castigo por el pecado.»[19]

Las langostas de Apocalipsis 9 no parecen ser insectos comunes. En realidad se diferencian de las de Éxodo 10 y las de Joel 1 o las de cualquier otra plaga similar ocurrida en el pasado. Estas langostas son revestidas de **«poder»** o «autoridad» (*exousía*) de manera similar al poder o autoridad que tienen los escorpiones de la tierra. Obsérvese que la «autoridad» que estas criaturas poseen **se les dio** (*edóthei* *autoîs*). Dios tiene absoluto control de todas las cosas que ocurren a través del drama del Apocalipsis.

Debe observarse que las langostas de Apocalipsis 9 no se comportan como tales sino, más bien, como escorpiones infernales. Swete observa lo siguiente:

La picada venenosa del escorpión es proverbial tanto en el Antiguo como en el Nuevo Testamento (Ez. 2:6; Lc. 11:12). El escorpión ocupa su lugar con la serpiente y otras criaturas hostiles al hombre, y con ellas simboliza las fuerzas del mal espiritual que están activas en el mundo.[20]

El entorno del pasaje parece indicar que las langostas con características de escorpión mencionadas en estos versículos, en realidad, son criaturas sobrenaturales que han estado preservadas en el pozo del abismo y destinadas para entrar en acción en tiempos escatológicos. El uso de las figuras «langosta» y «escorpión» se debe a que ambos animales eran sobradamente conocidos en el oriente medio por su carácter destructor y dañino para la vida del hombre. Además, como se ha reiterado a través de este estudio, la utilización de figuras de dicción tiene como uno de sus objetos principales hacer que conceptos abstractos se expresen de manera concreta y facilitar de esa manera su comprensión. No es prudente intentar alegorizar o espiritualizar estas figuras.

El Apocalipsis pone de manifiesto el hecho de que, en los postreros días, sucederán acontecimientos insólitos. Cosas que la humanidad jamás había imaginado tendrán lugar. Entre esas cosas estará la aflicción que un número considerable de seres humanos sufrirá a manos de estas criaturas diabólicas descritas como langostas pero con poder o autoridad de escorpión.

Una de las cosas sorprendentes es el hecho de que dichas criaturas reciben la orden, seguramente de parte de Dios, de «que no dañasen a la hierba de la tierra, ni a cosa verde alguna, ni a ningún árbol». Las plagas de langostas precisamente atacaban a la vegetación (Éx. 10:12-15). Es concretamente lo verde lo que es vedado a estas terribles criaturas de Apocalipsis 9.

«Sino solamente a los hombres que no tuviesen el sello de Dios en sus frentes.» El radio de acción de las langostas con autoridad de escorpión es limitado a los hombres que no tienen el sello de Dios en sus frentes. De modo que no podían hacer daño a los redimidos de la tribulación, particularmente a los 144.000 sellados. Los que no tienen el sello de Dios en sus frentes son los adoradores de la Bestia. Ellos han perseguido y afligido a los seguidores de Cristo. Ahora Dios les da su justa retribución.

Obsérvese una vez más el actuar soberano de Dios. La frase **«y les fue dado»** (*kaì edóthei autoîs*) expresa una función teológica. Es Dios quien ordena la limitación de la autoridad demoniaca de las langostas. Estas atormentarán a los hombres por un período de cinco meses sin llevarlos a la muerte. El apóstol subraya que **«su tormento era como tormento de escorpión cuando hiere al hombre».** Por lo general, la picada de un escorpión es extremadamente dolorosa, aunque podría no ser mortal. La ponzoña y el veneno que inyecta causan inflamación y severa molestia. Esa realidad histórica es generalmente conocida. El texto bíblico captura esa realidad y dice que el tormento de las criaturas diabólicas sobre los hombres «era *como* [*hòs*] tormento de escorpión cuando hiere al hombre». Ese tormento tendrá lugar por un período de **«cinco meses».** Ese era el tiempo de la vida de las langostas. Tal vez por eso se menciona ese espacio de tiempo. No existe razón exegética ni teológica para que esa cifra no sea tomada literalmente. Alegorizarla o espiritualizarla resultaría en una pérdida lamentable de la fuerza del pasaje.

Durante esos cinco meses de «tormento» (*basanismós*) o castigo, los afectados tienen la oportunidad de arrepentirse y ser salvos mediante la fe en Cristo. «La plaga no es un acto de crueldad caprichosa, sino un indicio absoluto de que la maldad no puede continuar indefinidamente sin recibir la retribución divina.»[21] Los hombres que experimentan el castigo causado por las langostas con características de escorpión, evidentemente, endurecen el corazón y neciamente rechazan los beneficios de la gracia de Dios.

9:6

«Y en aquellos días los hombres buscarán la muerte, pero no la hallarán; y ansiarán morir, pero la muerte huirá de ellos.»

A través de los siglos, la muerte ha sido el terror de la humanidad. El hombre, por lo general, ha hecho todo lo posible por alargar sus años en la tierra. La muerte ha sido y sigue siendo un verdadero aguijón para el ser humano. La expresión **«y en aquellos días»** es enfática. Podría traducirse «y precisamente en los días aquellos». Se refiere, concretamente, a los cinco meses de angustia mencionados en el versículo 5. Durante ese tiempo los hombres buscarán ansiosamente la muerte, pero **«no la hallarán»** (*ou mèi euréisousin autón*). La doble negativa *ou mèi* significa «nunca», «jamás». Los dos verbos «buscarán» (*zeitéisousin*) y «hallarán» (*euréisousin*) son el futuro indicativo, voz activa. El futuro indicativo sugiere una acción continua y real en el futuro. Los hombres, continuamente buscarán quitarse la vida por el medio que sea, pero no tendrán éxito. Hay aquí una gran paradoja. Los mismos que persiguieron a los creyentes y los llevaron al martirio, ahora anhelan morir, pero la muerte se escapa de ellos y los abandona para que experimenten en sus propias carnes los sufrimientos de los que son merecedores.

La expresión **«y ansiarán morir»** (*keì epithyméisousin apothaneîn*) está formada de dos verbos. El primero es el futuro indicativo, voz activa de *epithyméo*, que significa «ansiar», «desear con vehemencia», «anhelar». Pablo usa el sustantivo afín a ese verbo (*ephithymía*) para expresar su deseo de morir para estar con Cristo. Los hombres de Apocalipsis 9:6 anhelan morir sencillamente porque piensan que de esa manera se acabarán los sufrimientos que experimentan.[22] La gran diferencia es que la muerte para Pablo significaba partir de este mundo para estar en la presencia de Cristo. Para los hombres de Apocalipsis 9:6 la muerte significaría la entrada en la esfera de las tinieblas eternas donde es el lloro y el crujir de dientes (Mt. 25:30).

9:7-11

«El aspecto de las langostas era semejante a caballos preparados para la guerra; en las cabezas tenían como coronas de oro; sus caras eran como caras humanas; tenían cabello como cabello de mujer; sus dientes eran como de leones; tenían corazas como corazas de hierro; el ruido de sus alas era como el estruendo de muchos carros de caballos corriendo a la batalla; tenían colas como de escorpiones, y también aguijones; y en sus colas tenían poder para dañar a los hombres durante cinco meses. Y tienen por rey sobre ellos al ángel del abismo, cuyo nombre en hebreo es Abadón, y en griego, Apolión.»

Obsérvese que en este pasaje Juan usa seis veces el término **«como»** (*hôs*) y tres veces (en el texto griego) **«semejante»** (*homois*). Eso significa que el apóstol está usando la figura de dicción llamada símil para describir la visión que tiene delante porque, evidentemente, de otro modo no podría hacerlo.

En primer lugar, el escritor compara las langostas con un ejército montado preparado para iniciar una guerra, es decir, marchar disciplinadamente y erguidos.

Sus cabezas estaban adornadas con algo así como **«coronas»** (*stéphanoi*) hechas de algo semejante (*hómoioi*) al oro. Los rostros de estas criaturas eran como los de los seres humanos. Estas criaturas, además, poseen cabello como de mujer y dientes como los de un león. Si bien es cierto que hay algún simbolismo en la descripción que Juan hace de estas criaturas infernales, es importante no dar rienda suelta a la imaginación a la hora de interpretar el significado de las figuras. Las coronas como de oro podrían sugerir la intención de estos seres de conquistar mientras les sea permitido. El hecho de tener rostros como de hombre habla de que no se está describiendo a seres irracionales sino a criaturas inteligentes. Ahora bien, el hecho de que posean cabello como de mujer no parece sugerir sensualidad, como opinan algunos.[23] Parece improbable que criaturas tan grotescas cuya actividad principal es afligir a los seres humanos durante un período de cinco meses se caractericen por su sensualidad.

Los dientes como de leones sugieren la capacidad voraz y fiera de estas criaturas. Las **«corazas como corazas de hierro»** sugiere que estos demonios hacen acto de presencia en la tierra como un ejército invencible y preparado para el combate. El ruido de sus alas es intimidante, puesto que se asemeja al **«estruendo de muchos carros de caballos corriendo a la batalla».** La parte posterior de estas criaturas se describe como **«colas como de escorpiones».** Sus colas están provistas de aguijones y con ellas torturan a los hombres por un período de cinco meses.

Finalmente, Juan señala el hecho de que al frente de ese ejército diabólico viene su rey, es decir, el **«ángel del abismo».** Ese hecho revela con claridad que le apóstol no se ha referido a una plaga natural de langostas como las que atacaban los cultivos de las naciones del Oriente Medio. El escritor sagrado describe, más bien, a un ejército sobrenatural compuesto de criaturas infernales que ha habitado el lugar llamado «el pozo del abismo». Su comandante lleva por nombre Abadón en hebreo y Apolión en griego. El sustantivo **«Abadón»** se usa en el Antiguo Testamento en Job 26:6; 28:22; 31:12; Proverbios 15:11 y Salmo 88:11, y significa «destrucción».[24] El equivalente en griego es **«Apolión»,** que es el participio presente, voz activa, masculino y singular de *apollúo*, y significa «destructor».[25] Hay quienes asocian el vocablo Apolión con el dios pagano Apolo.[26] Pero cualquiera que sea el origen de su forma griega, el propósito del doble nombre es asegurar que el lector, ya sea que conozca o no algo de hebreo, entienda de qué Juan está hablando cuando posteriormente menciona a «los que destruyen la tierra» (Ap. 11:18).[27] Durante el período de la tribulación, los hombres se entregan abiertamente a la adoración de Satanás. Lo triste es que la humanidad adora al mismo que la destruye y la sumerge en la más densa oscuridad.

9:12

«El primer ay pasó; he aquí, vienen aún dos ayes después de esto.» Este versículo marca el final de los acontecimientos que transcurren durante los juicios de la quinta trompeta, pero, al mismo tiempo, también señala el comienzo de las aflicciones relacionadas con la sexta trompeta. Como se ha observado con anterioridad, los juicios de las trompetas despliegan un crescendo tanto en su alcance como en su intensidad y culminan con el anuncio de la segunda venida de Cristo en gloria que, a su vez, viene acompañada de los juicios de las copas con los que se consuma la ira de Dios. La severidad de los juicios del primer **«ay»** debería advertir a «los moradores de la tierra» tocante a la rigurosidad de las dos restantes. Al parecer, la humanidad estará totalmente despreocupada e indiferente respecto a los efectos de dichos juicios tal como lo profetizó el Señor Jesucristo (véase Mt. 24:37-39).[28]

9:13-16

«**El sexto ángel tocó la trompeta, y oí una voz de entre los cuatro cuernos del altar de oro que estaba delante de Dios, diciendo al sexto ángel que tenía la trompeta: Desata a los cuatro ángeles que están atados junto al gran río Éufrates. Y fueron desatados los cuatro ángeles que estaban preparados para la hora, día, mes y año, a fin de matar a la tercera parte de los hombres. Y el número de los ejércitos de los jinetes era doscientos millones. Yo oí su número.**»

El toque de la trompeta por el sexto ángel precede a una solitaria voz que se escucha entre los cuatro cuernos del altar de oro.[29] El «**altar de oro**» (*toû thysiasteiríou toû chrysoû*) debe referirse al mismo mencionado en 8:3. Los «**cuernos del altar**» eran simbólicos del poder de Dios.[30] Esta es la última vez que se menciona dicho altar en el Apocalipsis.[31] John F. Walvoord comenta lo siguiente:

> En 8:3, este altar es el lugar donde se ofrece el incienso con las oraciones de los santos. Aquí en su mención final en el libro del Apocalipsis, se relaciona con el juicio de la sexta trompeta. La implicación es que este juicio igual que los anteriores es parcialmente una respuesta a las oraciones de los santos perseguidos en la tierra y un anticipo de la respuesta divina y la preparación para su liberación.[32]

El texto dice de dónde procede la voz, pero no dice quién la ejecuta. Hay quienes piensan que «una voz» que se escucha es la plegaria unificada de los santos que constantemente se asocia con el altar (Ap. 6:9-11; 8:3, 4).[33] Tampoco parece ser Dios quien emite la voz en 9:13. Lo más prudente, por lo tanto, es entender que la voz procede del ángel que en Apocalipsis 8:3 aparece de pie ante el altar.[34] Debe tenerse presente que, a través del Apocalipsis, hay una extraordinaria actividad angelical. Los ángeles son agentes ejecutores de la voluntad de Dios. La mayoría de los juicios del Apocalipsis son efectuados por medio de ángeles.

La localización exacta del altar de oro es «**delante de Dios**» (*toû enópion toû theoû*). En el texto griego la frase es enfática. La voz procede «fuera de [en medio] de los cuernos del altar el de oro el que está delante de Dios». La frase sugiere que el juicio que está a punto de emitirse, como todos los demás, procede del Dios soberano quien ha descubierto su brazo con el fin de mostrar su autoridad delante de la humanidad rebelde. El altar que fuera lugar de reconciliación ahora es el sitio desde donde se emite la orden de juicio.[35]

9:14

La voz que habla «de en medio de los cuatro cuernos del altar de oro» (v. 13) da una orden al sexto ángel que tenía la trompeta: «**Desata a los cuatro ángeles que están atados junto al gran río Éufrates.**» El verbo «**desata**» (*lyson*) es el aoristo imperativo, voz activa de *lúo*. El aoristo imperativo tiene la función de acción urgente, pero, además, es un aoristo ingresivo que contempla la acción en su comienzo y podría traducirse «deja ir de inmediato», «suelta en seguida».

La frase «**los cuatro ángeles**» (*toùs téssaras aggélous*) identifica de manera concreta a cuatro seres angelicales, aunque no se dan más detalles tocante a ellos. Tampoco se dice la razón de por qué «**están atados junto al gran río Éufrates**». Los cuatro ángeles mencionados aquí no son los mismos que aparecen en Apocalipsis 7:1. Los cuatro ángeles de Apocalipsis 9:14 parecen ser cuatro ángeles malignos que son sueltos por la orden dada por la sexta trompeta con el fin de ejecutar los juicios descritos en este pasaje.

Probablemente, el hecho de estar atados junto al gran río Éufrates se deba a que la visión del pasaje tiene que ver con la invasión organizada por los reyes del oriente[36] (véase Ap. 16:12). El Éufrates es una de las fronteras de la tierra que Dios dio a Abraham (Gn. 15:18), «y es el río que los enemigos de Dios cruzarán antes del último conflicto que tendrá lugar previamente al Milenio (Ap. 16:12)».[37] El Éufrates era también la frontera oriental del Imperio Romano y, en el Antiguo Testamento, constituía la línea divisoria entre la nación de Israel y sus enemigos en oriente, es decir, Asiria y Babilonia. Fue junto al Éufrates, en la famosa batalla de Carquemis, que Nabucodonosor derrotó primero a los asirios y luego a los egipcios en el año 605 a.C.[38] Será precisamente de las márgenes del Éufrates de donde partirá la gran invasión que culminará en la gran batalla del Armagedón.

9:15

«Y fueron desatados los cuatro ángeles que estaban preparados para la hora, día, mes y año, a fin de matar a la tercera parte de los hombres.» El sexto ángel cumplió de inmediato la orden recibida. Los cuatro ángeles que estaban retenidos junto al río Éufrates «fueron desatados» (*elytheisan*). El texto griego es enfático. La frase usada podría traducirse así: «Los cuatro ángeles, es decir, los que están preparados para la hora y día y mes y año para que matasen a la tercera parte de los hombres.»[39]

Los cuatro ángeles mencionados en el texto, evidentemente, son los jefes o capitanes del gran ejército de seres malignos designados para matar a la tercera parte de los seres humanos. El texto dice que esos cuatro ángeles **«estaban preparados»** (*hoi heitoimasménoi*). La forma verbal (*heitoimasménoi*) es el participio perfecto, voz pasiva de *hetoimádso*, que significa «preparar». De manera que los cuatro ángeles malignos «habían sido preparados» para cumplir el propósito de Dios. Recuérdese que en el capítulo 9, con el sonido de la quinta trompeta, un ángel maligno abre el pozo del abismo que permite la salida de una plaga de langostas diabólicas que atormentan a la humanidad por cinco meses. Ahora en 9:15-21, cuatro ángeles infernales son desatados para que entren en acción, pero quien determina cuándo deben actuar es el Dios soberano. Los juicios descritos en el Apocalipsis constituyen una parte esencial del plan eterno de Dios para con su creación con miras al establecimiento de su soberanía en la tierra.

La frase **«a fin de matar a la tercera parte de los hombres»** sugiere propósito. El verbo «matar» en el griego es *apokteínosin*, que podría ser presente o aoristo del modo subjuntivo y está precedido de la partícula *hína* («para») que indica propósito. Las langostas infernales de Apocalipsis 9:5 tenían el propósito de atormentar a los hombres que no tuviesen el sello de Dios en sus frentes. Los cuatro ángeles de Apocalipsis 9:14, 15 están en un estado de preparación para una ocasión concreta y reciben la orden de matar a la tercera parte de los hombres.

Muchos se asombran cuando leen que Dios ordena la muerte de una cantidad tan grande de seres humanos. Hay quienes lo juzgan como un acto de crueldad o de falta de misericordia de parte de Dios. Tal enjuiciamiento se debe a que los hombres pasan por alto el hecho de que Dios ha sido misericordioso y clemente con el hombre. Su gracia ha sido abundante y su oferta de salvación por la fe en Cristo ha sido ofrecida a través del Evangelio a toda la humanidad. El hombre, sin embargo, se ha negado a acogerse a los beneficios del amor de Dios. Ha rechazado la luz y, por lo tanto, ha escogido permanecer en las tinieblas. El comentario de Walvoord respecto a este juicio es apropiado:

El juicio descrito aquí, el de matar a la tercera parte de los hombres, es uno de los más devastadores de los mencionados en cualquier parte del libro del Apocalipsis antes de la segunda venida [de Cristo]. Anteriormente en el cuarto sello, una cuarta parte de la población terrenal es muerta. Aquí una tercera parte adicional es marcada para la muerte. Sólo estos dos juicios resultan en la muerte de la mitad de la población mundial, y está claro que además de estos juicios hay una amplia destrucción de la vida humana en otros juicios divinos contenidos en los sellos, las trompetas y las copas. Nunca desde los días de Noé ha habido una proporción tan substancial de la población de la tierra bajo el justo juicio de Dios.[40]

Aunque Apocalipsis 9:15 no especifica quiénes son los hombres que mueren como resultado del juicio de la sexta trompeta, es lógico deducir que los afectados serán los clasificados en 8:13 como «los que moran en la tierra». Es decir, esos seres humanos que viven en la tierra totalmente indiferentes y, en muchos casos, hostiles al Evangelio de la gracia de Dios. Son personas que buscan sus propios intereses. Sus mentes y emociones están enraizados en la tierra. No tienen tiempo para Dios. Su actividad religiosa es la idolatría y sus corazones son insensibles a toda verdad espiritual. Cuando el hombre rechaza la gracia de Dios, la única posibilidad abierta delante de él es enfrentarse al juicio venidero (véase Ro. 2:4, 5).

9:16

«Y el número de los ejércitos de los jinetes era doscientos millones. Yo oí su número.» De manera un tanto brusca, el apóstol Juan presenta ante sus lectores una descripción de los ejecutores del juicio relacionado con la sexta trompeta. Juan no da ninguna explicación tocante al origen de «los ejércitos de los jinetes» mencionados en este versículo. «Los cuatro ángeles, una vez liberados, se convierten en una inmensa fuerza de caballería.»[41] El relato ofrecido por el apóstol sugiere que existe una relación directa e íntima entre los cuatro ángeles y el sorprendente ejército de doscientos millones de jinetes. Podría ser que cada uno de los ángeles comanda un ejército y de ahí el uso del plural «ejércitos» (*tôn strateumáton*). De modo que los cuatro ejércitos unidos totalizan la tremenda fuerza militar de doscientos millones.[42]

Es difícil determinar la naturaleza de **«los ejércitos».** Hay expositores que los identifican con seres humanos.[43] Otros, sin embargo, entienden que son seres infernales o demonios.[44] Un estudio del entorno del pasaje y de las actividades de dichos ejércitos inclinan la balanza en favor de que se trata de seres sobrenaturales y no de seres humanos. El versículo 17 apoya la convicción de que se trata de seres sobrenaturales. El hecho de que tanto los caballos como los jinetes «tenían corazas de fuego, de zafiro y de azufre». Además, «las cabezas de los caballos eran *como* cabezas de leones; y de su boca salían fuego, humo y azufre». Esa descripción es más apropiada de seres sobrenaturales.

Otro tema de discusión ha sido la literalidad o no del número **«doscientos millones»** (*dismyriádes myriádôn*), literalmente, «veinte mil de diez mil». Muchos expositores dan por sentado que dicha cifra no puede ser literal.[45] Hay comentaristas, sin embargo, que no ven ninguna dificultad en tomar la mencionada cifra con carácter literal.[46] Dos factores importantes favorecen la literalidad de la cifra «doscientos millones»: (1) El hecho de que se trata de ejércitos compuestos de seres sobrenaturales; y (2) la afirmación categórica del escritor bíblico cuando dice: **«Yo oí su número»** (*eíkousa ton arithmòn autôn*). A través del Apocalipsis, cuando Juan ha sido guiado a hablar de una cifra indefinida lo ha hecho con toda candidez (véase

5:11; 7:9). De modo que pudo haber hecho lo mismo en este caso. Pero el apóstol no sólo menciona la cifra de doscientos millones, sino que seguidamente la ratifica, afirmando que oyó el número de los ejércitos como parte de la revelación recibida.

9:17

En este versículo Juan destaca una vez más la veracidad de su testimonio. El apóstol fielmente expresa: **«Así vi en visión los caballos y a sus jinetes»** (*kaì houtôs eîdon toùs híppous en teî horásei kaì toùs katheiménous ep' autôn*), literalmente, «y de esta manera vi los caballos en la visión y sus jinetes sobre ellos». No sólo expresa la realidad de lo que vio (*eîdon*, tiempo aoristo, modo indicativo), sino que también describe la manera cómo lo contempló («de esta manera», *houtôs*). El escritor declara que los caballos y quienes cabalgaban sobre ellos:[47] (1) **«Tenían corazas de fuego, de zafiro y azufre»**; (2) **«las cabezas de los caballos eran como cabezas de leones»**; y (3) **«de su boca salían fuego, humo y azufre»**. La primera descripción, probablemente, se refiera al color de las corazas y no al material del que estaban hechas.[48] La segunda característica mencionada apunta al carácter feroz de los ejércitos infernales. Thomas señala que «la semejanza de la cabeza de los caballos a la de leones sugiere que el ejército combina la velocidad de los caballos con la apariencia majestuosa de los leones. Los leones en otros pasajes del Apocalipsis manifiestan terror (su rugido en 10:3), ferocidad (sus dientes en 9:8) y capacidad para destruir (su boca en 13:2). Aquí parece destacarse su preeminencia.[49]

La visión que Juan describe en este versículo parece no dejar duda de que los ejércitos capitaneados por los cuatro ángeles son demonios que entran en acción de manera violenta contra los habitantes de la tierra. La ferocidad con la que actúan dichos seres infernales hace pensar que sólo la intervención divina es capaz de limitar la destrucción que causan.

9:18

«Por estas tres plagas fue muerta la tercera parte de los hombres; por el fuego, el humo y el azufre que salían de su boca.»

El sustantivo **«plagas»** (*pleigôn*) significa «azotes», «heridas», «calamidades».[50] Este vocablo es aplicado aquí a la triple acción destructiva de los ejércitos infernales. Dicho término se deriva del verbo *plésso*, que aparece en Lucas 10:30 (traducido «hiriéndole»). En el Apocalipsis aparece en 9:18, 20; 11:6; 13:3; 15:1, 6, 8; 16:19, 21; 18:4, 8; 21:9; 22:18. En la Septuaginta, se usa en Éxodo 11:1 con referencia a las plagas de Egipto.[51] En este versículo las «plagas» destructivas y mortíferas son el fuego, el humo y el azufre.[52] El efecto final de estas tres plagas es la muerte de **la tercera parte de los hombres** (*apektántheisan tò tríton tôn anthrópôn*). La referencia es, sin dudas, a la tercera parte de los seres humanos que viven en la tierra durante la segunda mitad de la tribulación. La segunda parte del versículo es enfática. Nótese la repetición del artículo determinado en la frase: **«por *el* fuego, *el* humo y *el* azufre que salían de su boca»** (mejor, «sus bocas»). Alan F. Johnson hace el siguiente comentario:

> Pero el énfasis aquí (vv. 16-19) está en su total carácter demoníaco, extremadamente cruel y desafiante, que no muestra misericordia hacia hombre, mujer o niño. Estos demonios podrían también manifestarse en pestilencias, epidemias o catástrofes al igual que como ejércitos. Eso explicaría el uso de «plagas» para describir esas turbas infernales (versículos 18 y 20, también 11:6; 16:9, 21).[53]

Tanto el verbo **«fue muerta»** (*apektántheisan*) como la naturaleza misma de las plagas («el fuego, el humo y el azufre») sugieren que se trata de muerte física experimentada por un sector considerable de la humanidad. El hecho de que «el fuego, el humo y el azufre» salgan de la boca de los jinetes infernales no es razón para alegorizar el significado del texto.[54] Una interpretación normal del pasaje es tanto deseable como armoniosa con el ambiente del texto. Debe entenderse, pues, que tanto el fuego como el humo y el azufre literalmente salen de las bocas de los seres infernales que Juan describe.

9:19

«Pues el poder de los caballos estaba en su boca y en sus colas; porque sus colas, semejantes a serpientes, tenían cabezas, y con ellas dañaban.» El apóstol Juan amplía la descripción de los ejércitos diabólicos que como resultado del toque de la sexta trompeta atormentan y matan a una tercera parte de los moradores de la tierra. Dice que **«el poder de los caballos estaba en su boca y en sus colas».** El vocablo «poder» (*exousía*) significa «autoridad». Los ejércitos infernales han sido dotados de autoridad para ejecutar sus maléficos actos contra la humanidad incrédula. Juan explica el porqué del carácter destructor de las mencionadas criaturas diciendo: **«Porque sus colas, semejantes a serpientes, tenían cabezas, y con ellas dañaban.»** Es decir, los caballos no sólo habían daño mediante el fuego, el humo y el azufre procedente de sus bocas, sino que también sus colas poseen capacidades dañinas, puesto que actúan semejantes a serpientes que literalmente hacen daño con sus bocas.

9:20, 21

«Y los otros hombres que no fueron muertos con estas plagas, ni aun así se arrepintieron de las obras de sus manos, ni dejaron de adorar a los demonios, y a las imágenes de oro, de plata, de bronce, de piedra y de madera, las cuales no pueden ver, ni oír, ni andar; y no se arrepintieron de sus homicidios, ni de sus hechicerías, ni de su fornicación, ni de sus hurtos.»

El párrafo final del capítulo 9 constituye un resumen triste y elocuente de lo que ha sido la vida del hombre en la tierra. Desde los días de Noé hasta nuestra generación, la mayoría de los seres humanos han vivido de espaldas a Dios. Esa indiferencia espiritual se agudizará en los postreros días hasta el punto de que, a pesar de los sufrimientos y la muerte causada por ejércitos infernales, los hombres se negarán obstinadamente a someterse a Dios y acogerse a su gracia salvadora. «Sería de esperar que en medio de todo este sufrimiento los hombres acudieran a Dios y clamaran pidiendo misericordia.»[55] Pero el hombre prefiere morir en sus pecados y no pedir perdón a Dios por ellos.

El apóstol Juan es concreto cuando dice: **«Y los otros hombres que no fueron muertos con estas plagas»** (*kaì hoi loipoì tôn anthrópôn, hoi ouk apektántheisan en taîs pleigâis toútais*), literalmente, «y el resto de los hombres, los que no fueron muertos por estas plagas». Es decir, los sobrevivientes de las plagas de fuego, humo y azufre mencionados en los versículos 17 y 18. También los que no murieron como resultado de la aflicción producida por las colas semejantes a serpientes de los caballos infernales.

La actitud de los sobrevivientes se expresa así: **«ni aun así se arrepintieron de las obras de sus manos»,** es decir, permanecieron endurecidos y desafiantes respecto a Dios. Robert L. Thomas comenta lo siguiente:

De manera absoluta se negaron a cambiar su conducta, su credo o sus actitudes hacia Dios, que al parecer era lo menos que podían hacer a la luz de lo que el mundo ha acabado de experimentar.[56]

Los sobrevivientes de las plagas producidas como resultado del toque de la sexta trompeta no mostraron la más leve inclinación de cambiar de manera de pensar y de actitud, sino que siguieron haciendo lo que habían practicado durante toda su vida. La expresión **«las obras de sus manos»** significa idolatría,[57] algo absolutamente abominable delante de Dios.

En lugar de arrepentirse, los sobrevivientes **«ni dejaron de adorar a los demonios, y a las imágenes de oro, de plata, de bronce, de piedra y de madera, las cuales no pueden ver, ni oír, ni andar».** El resto de la humanidad se rinde en adoración de los mismos seres diabólicos que causan su muerte y su ruina total. Satanás y sus demonios son los promotores de la idolatría en el mundo (1 Co. 10:19, 20). De modo que adorar ídolos equivale a adorar al mismo Satanás. Las imágenes que los hombres adoran están hechas de materiales diversos. Tal vez haya aquí una sugerencia de que la idolatría está esparcida entre seres humanos de todos los niveles sociales y no sólo entre los pobres e ignorantes. Lo que sí es común a todos los ídolos es su absoluta incapacidad para actuar. No son capaces de ver, ni oír, ni andar. Lo completamente sorprendente es que los hombres abandonen al Dios vivo y verdadero y opten por servir, seguir y adorar a objetos inanimados.

En su ceguera espiritual, la humanidad que sobrevive las calamidades de la tribulación se empecina en continuar en sus **«homicidios»** (*tôn phónôn*). El homicidio es un pecado contra la humanidad, y tiene que ver con matar a un semejante que está indefenso, es decir, matarlo a traición o por la espalda. En segundo lugar, el hombre continúa en sus **«hechicerías»** (*tôn pharmákôn*). Este pecado incluye la práctica de la magia, la hechicería, el uso de las drogas con fines esotéricos y religiosos. Además, los sobrevivientes persisten en su **«fornicación»** (*porneías*), es decir, la práctica de la inmoralidad. Aunque de los cuatro pecados mencionados en este versículo este es el único que aparece en singular, eso no significa que esta clase de pecado es menos frecuente que los otros, sino que simplemente se resumen muchos actos en uno solo.[58]

Finalmente, los hombres no se arrepienten de sus **«hurtos»** (*klemmátôn*). Hurtar es sustraer algo que pertenece a otra persona. Este es un pecado muy común en la sociedad moderna a todos los niveles. Tanto hurta el pobre como el rico. Ese pecado ha de persistir hasta el mismo final de la civilización humana. Debe observarse que el pecado de la idolatría es contra Dios. Los pecados mencionados en este versículo (homicidios, hechicerías, fornicación y hurtos) son fundamentalmente pecados contra la humanidad, aunque cada pecado ofende a Dios.

RESUMEN Y CONCLUSIÓN

Los capítulos 8 y 9 del Apocalipsis ponen de manifiesto los juicios relacionados con las primeras seis trompetas. Los primeros cuatro juicios afectan directamente a la naturaleza. La vegetación, el mar y las criaturas que viven en él, los ríos y las fuentes de agua potable. El sol, la luna y las estrellas también son afectados. Evidentemente, Dios desea llamar la atención de la humanidad, ya que sólo una tercera parte de la naturaleza padece las consecuencias de sus juicios.

Los juicios asociados con las trompetas progresan en una especie de crescendo. La intensidad y la extensión de dichos juicios aumentan a medida que se realiza cada toque de trompeta.

El capítulo 9 desvela los juicios de la quinta y la sexta trompetas. Con la quinta trompeta se abre el pozo del abismo. De allí sale una invasión de langostas infernales que atormentan a la humanidad durante cinco meses. En su desesperación, los hombres buscan la muerte pero no logran morir. La descripción dada por Juan no da lugar a dudas. Se trata de una invasión demoniaca. El jefe de dicha invasión es el ángel del abismo cuyo nombre es Abadón en hebreo y Apolión en griego, es decir, el destructor. Tanto él como su ejército son especialistas en destruir.

La sexta trompeta descubre la actuación de cuatro ángeles que han estado preparados para entrar en acción al frente de ejércitos cuyo número es doscientos millones. Tanto los jinetes como los caballos sobre los que cabalgan emiten a través de sus bocas fuego, humo y azufre. Como resultado de esas plagas, una tercera parte de los habitantes de la tierra muere. A pesar de todas esas calamidades, los seres humanos persisten en sus pecados. La idolatría y el satanismo continúan a un ritmo acelerado.

Los sobrevivientes de los mencionados juicios no sólo actúan contra Dios, sino que también lo hacen contra sus propios semejantes. Practican el homicidio, es decir, asesinan a sus propios semejantes. Continúan en sus hechicerías, o sea, utilizan drogas con fines esotéricos y para actos de brujería. No abandonan la inmoralidad ni los hurtos, sino que persisten en ellos.

El texto da a entender que estos juicios van encaminados a llamar al hombre al arrepentimiento. Dos veces, sin embargo, se destaca el hecho de la dureza del corazón del ser humano. En el versículo 20 dice: «ni aun así se arrepintieron de las obras de sus manos» y en el versículo 21: «Y no se arrepintieron.» El rechazo de la luz deja al hombre en las más densas e impenetrables tinieblas espirituales.

Notas

1. «Es una aplicación retórica del tiempo perfecto. Siendo que el tiempo perfecto representa un estado existente, se le puede usar para el propósito de describir un hecho en una manera extraordinariamente vívida y realista» (véase H. E. Dana y Julius R. Mantey, *Manual de gramática del Nuevo Testamento* [El Paso: Casa Bautista de Publicaciones, 1979], p. 196).
2. J. Massyngberde Ford, «Revelation», p. 143.
3. Fritz Rienecker, *A Linguistic Key,* pp. 485, 486.
4. J. Massyngberde Ford, *op. cit.*, p. 143.
5. *Ibid.*
6. Véase G.B. Caird, «The Revelation of Saint John», pp. 118, 119; también J. M. Ford, «Revelation», pp. 147-149.
7. Véase Alexander Heidel, *The Babylonian Genesis*, pp. 89-101.
8. *Ibid.*, p. 95.
9. Véase S.H. Hocke, *Babylonian and Assyrian Religion*, pp. 60, 61.
10. Véase Gerald A. Larne, *Ancient Myth and Modern Man*, p. 53.
11. Alexander Heidel, *The Babylonian Genesis*, p. 99.
12. H. Bietenhard, «Hell, Abyss, Hades, Gehenna, Lower Regions», *The New International Dictionary of New Testament Theology*, vol. 2, p. 205.
13. Véase William F. Arndt y F. Wilbur Gingrich, *A Greek-English Lexicon of the New Testament and other Early Christian Literature*, p. 2.
14. John F. Walvoord, *The Revelation of Jesus Christ,* p. 159.
15. La partícula comparativa «como» (*hôs*) y su equivalente «semejantes» (hómoioi), aparecen en Apocalipsis 9 un total de 12 veces. La escena es tan difícil de comunicar con vocabulario normal que Juan se ve obligado a apelar a la figura de dicción llamada símil.

16. Véase E.W. Bullinger, *Commentary on Revelation*, p. 316.
17. Robert H. Mounce, *op. cit.*, p. 193.
18. Véase Samuel Vila y Santiago Escuain, *Diccionario bíblico ilustrado*, p. 659.
19. J. Massyngberde Ford, *op. cit.*, p. 148
20. Henry Barclay Swete, *Commentary on Revelation*, pp. 115, 116.
21. Robert H. Mounce, *op. cit.*, p. 195.
22. E.W. Bullinger hace un comentario interesante respecto de la actitud de los hombres en aquellos días: «La muerte será escogida en vez de la vida por el resto de los que quedan de esta familia maligna. No se revela cómo ese deseo será impedido; podría ser parte del resultado del tormento. Esta característica de la plaga demuestra que tiene que ser futura y literal: porque no ha existido período de la historia que se conozca donde un estado de cosas semejantes haya durado cinco meses. Siempre han habido casos aislados donde algunos hombres han buscado la muerte (1 R. 19:4), pero aquí será algo universal» (E.W. Bullinger, *op. cit.*, p. 320).
23. Véase José Grau, *Estudios sobre Apocalipsis*, p. 178.
24. Véase *Unger's Bible Dictionary*, p. 2.
25. Véase A. T. Robertson, *Word Pictures*, vol. VI, p. 365. Según Robertson: «no está del todo claro si por Apolión Juan quiere decir "muerte" o "Satanás".» (*Ibid.*)
26. Véase J. Massyngberde Ford, «Revelation», p. 152. «[El ángel del abismo] es el cabeza militar de las fuerzas de las tinieblas.» (*Ibid.*)
27. G.B. Caird, «The Revelation of Saint John», p. 120.
28. El versículo 12 es enfático en el texto griego. Literalmente dice: «El ay, el primero, pasó; he aquí viene [*érchetai*, singular] todavía dos ayes después de estas cosas [*metà taûta*].» Ambos verbos («pasó» y «viene») están en el modo indicativo y apuntan a acontecimientos históricos. Los juicios relacionados con el primer ay son tan reales como los relacionados con los otros dos ayes.
29. En el texto griego, este párrafo comienza con la conjunción «y» (*kaì*) que enlaza este trozo del capítulo con el párrafo anterior.
30. J. Massyngberde Ford, *op. cit.*, p. 145.
31. John, F. Walvoord, *op. cit.*, p. 164.
32. *Ibid.*
33. Véase Robert L. Thomas, *Revelation 8—22: An Exegetical Commentary*, p. 42.
34. *Ibid.* En su análisis, Thomas rechaza la sugerencia de que la voz podría ser la del Mesías, o la de las oraciones de los santos o la de Dios el Padre, y admite que lo más congruente es tomarla como la voz del ángel mencionado en Apocalipsis 8:3.
35. J. Massyngberde Ford, «Revelation», p. 145.
36. John F. Walvoord, *op. cit.*, p. 164.
37. Véase Robert L. Thomas, *op. cit.*, p. 43.
38. Véase Eugene H. Merrill, *Kingdom of Priests* (Grand Rapids: Baker Book House, 1987), p. 441.
39. En el texto griego se repite el artículo determinado «los» (*hoi*): «Los cuatro ángeles ... los que están preparados.» También el artículo determinado que aparece con la expresión «la hora» gobierna a cada uno de los sustantivos siguientes («día y mes y año»). Robert L. Thomas hace la siguiente observación: «[El uso de] un artículo que gobierna los cuatro sustantivos muestra que lo importante no es la duración, sino que la ocasión de cada una de las

designaciones de tiempo es la misma: la hora señalada ocurre en el día señalado en el mes señalado y en el año señalado. Los cuatro ángeles esperan la señal de que esta hora ha llegado» (Robert L. Thomas, *Revelation 8—22*, p. 44). Véase también E.W. Bullinger, *Commentary on Revelation,* p. 329.

40. John F. Walvoord, *The Revelation of Jesus Christ,* p. 165.

41. Robert L. Thomas, *op. cit.,* p. 45.

42. *Ibid.*

43. John F. Walvoord, *op. cit.,* pp. 166, 167; Leon Morris, «Revelation», p. 134.

44. Véanse Alan F. Johnson, «Revelation», p. 494; William R. Newell, *Revelation: Chapter-by-Chapter,* p. 133; E.W. Bullinger, *Commentary on Revelation,* p. 331; Robert L. Thomas, *op. cit.,* p. 46.

45. Véanse Robert H. Mounce, «The Book of Revelation», p. 201; Henry Barclay Swete, *Commentary on Revelation,* p. 122; J. Massyngberde Ford, «Revelation», p. 153; George Eldon Ladd, *A Commentary on the Revelation of John,* p. 137; José Grau, *Estudios sobre Apocalipsis,* p. 180.

46. Véanse Leon Morris, «Revelation», p. 134; John F. Walvoord, *The Revelation of Jesus Christ,* p. 166; Robert L. Thomas, *Revelation 8—22,* pp. 46, 47; E.W. Bullinger, *Ibid.,* pp. 331, 332; William R. Newell, *Revelation: Chapter-by-Chapter,* p. 133.

47. Es posible que el gerundio *échontas* («tenían», mejor «teniendo») modifique sólo a «los caballos». Sin embargo, parece ser mejor tomarlo en conexión con los dos sustantivos («los caballos» y «los jinetes»). Véase Robert L. Thomas, *Revelation 8—22,* p. 47.

48. Véase J. Massyngberde Ford, «Revelation», p. 154.

49. Robert L. Thomas, *op. cit.,* p. 48.

50. Véase William F. Arndt y F. Wilbur Gingrich, *A Greek-English Lexicon of the New Testament and Other Early Christitn Literature* (Chicago: The University of Chicago Press, 1963), p. 674.

51. Véase A.T. Robertson, *Word Pictures,* vol. VI, p. 368.

52. Véase Leon Morris, *op. cit.,* pp. 134, 135.

53. Alan F. Johnson, «Revelation», pp. 494, 495.

54. Por el hecho de que el fuego, el humo y el azufre salen de las bocas de las criaturas infernales, algunos expositores alegorizan el pasaje, diciendo que habla del poder de la palabra. Tal interpretación es innecesaria y pierde de vista el entorno mismo del pasaje. Véase José Grau, *Estudios sobre Apocalipsis,* p. 180.

55. Charles C. Ryrie, *Apocalipsis,* p. 66.

56. Robert L. Thomas, *op. cit.,* p. 52.

57. *Ibid.*

58. Véase Leon Morris, *op. cit.,* p. 136.

10
Acontecimientos preparatorios de la séptima trompeta (10:1—11:14)

INTRODUCCIÓN

El trozo que comprende Apocalipsis 10:1—11:14 describe los sucesos que tendrán lugar antes que suene la séptima trompeta. Este interludio es similar al que aparece en 7:1-17. La visión descrita en 10:1—11:14 es preparatoria para la consumación final que tendrá como punto culminante la venida en gloria del Señor Jesucristo.

Bosquejo

1. **Acontecimientos relacionados con la visión del ángel y el librito (10:1-11)**
    1.1. La visión y descripción del ángel fuerte (10:1-4)
    1.2. La visión del ángel fuerte (10:5-7)
    1.3. La comisión dada a Juan (10:8-11)
2. **El ministerio de los dos testigos (11:1-14)**
    2.1. La orden de medir el templo (11:1, 2)
    2.2. El ministerio de los dos testigos (11:3-6)
    2.3. La muerte de los dos testigos (11:7-10)
    2.4. La resurrección de los dos testigos (11:11, 12)
    2.5. Juicios relacionados con el segundo ay (11:13, 14)
3. **Resumen y conclusión**

NOTAS EXEGÉTICAS Y COMENTARIOS
10:1

«Vi descender del cielo a otro ángel fuerte, envuelto en una nube, con el arco iris sobre su cabeza; y su rostro era como el sol, y sus pies como columnas de fuego.»

La transición entre los hechos que ocurren al final de la sexta trompeta y los que ocurrirán como resultado de la séptima trompeta comienza con la visión de «otro ángel fuerte». El vocablo traducido **«descender»** es, en realidad, el participio presente, voz activa de *katabaínô* con función de gerundio. Esta forma verbal «describe el proceso del descenso como en 20:1 (véase 3:2)».[1] Al parecer, Juan contempló en visión al ángel en el acto de descender «del cielo» (*ek toû ouranoû*). Eso significa que el escenario en esta visión cambia del cielo a la tierra.[2]

189

El apóstol Juan identifica al personaje de la visión como «otro ángel fuerte» (*állon ággelon ischyrôn*). Hay quienes creen que el mencionado ángel podría ser Miguel el arcángel (Dn. 12:1).[3] Otros piensan que es el mismo Señor. Ford dice lo siguiente:

> A través de la nube, el arco iris, su rostro como el sol, sus pies y su voz como el trueno, el ángel refleja el carácter de Dios. Es probablemente, el Ángel del Pacto, identificado algunas veces con Jehová. Podría ser también el Príncipe de las Luces.[4]

Si bien es cierto que el ser angelical que Juan vio descender del cielo posee características semejantes a las que se le atribuyen al Señor Jesucristo (véase Ap. 1:7-16), no es menos cierto que en el Nuevo Testamento, y particularmente en el Apocalipsis, Cristo nunca es designado como un ángel. En su excelente comentario, Robert L. Thomas dice:

> Lo que absolutamente prohíbe identificar a este ángel con Cristo es el juramento hecho por el ángel en 10:5, 6, algo que nunca hubiese podido salir de los labios de la segunda persona de la Trinidad.[5]

Una exégesis normal del texto debe dar atención a la frase «otro ángel fuerte». El vocablo «otro» (*állon*) generalmente significa «otro de la misma clase».[6] En Apocalipsis 5:2 se menciona la presencia de «un ángel fuerte». Probablemente el «otro ángel fuerte» mencionado en 10:1 se refiere al hecho de que este ángel pertenece a la «misma clase» o al mismo rango que el mencionado en 5:2. El vocablo «fuerte» (*ischyròn*) sugiere «fortaleza física» o «poder para actuar».[7] La descripción que Juan hace tocante a la apariencia del ángel fuerte es absolutamente deslumbrante:

1. **«Envuelto en una nube»** (*peribebleiménon nephélein*). La forma verbal «envuelto» (*peribebleiménon*) es participio perfecto, voz pasiva de *períbállo*, que significa «envolver», «estar vestido». Dicho vocablo se usaba para describir «la colocación de un vallado alrededor de una ciudad».[8] En el contexto de 10:1 «indica que el ángel estaba rodeado por una nube»,[9] señalando la dignidad de su misión.

La aparición de seres celestiales rodeados de nubes es común en pasajes con connotaciones escatológicas tanto en el Antiguo como en el Nuevo Testamento (véanse Sal. 104:3; Dn. 7:13; Is. 19:1; Hch. 1:9; Ap. 1:7; 10:1; 14:14; también 1 Ts. 4:17 y Ap. 11:12). El hecho de estar cubierto con una nube no sólo refuerza la dignidad angelical sino que, además, «demuestra que su misión se relaciona con juicio. De las otras veinte veces que el vocablo *nephélei* ("nube") aparece en el Nuevo Testamento, nueve de ellas están conectadas con escenas de juicio (véanse Mt. 24:30; 26:24; Mr. 13:26; 14:62; Lc. 21:27; Ap. 1:7; 14:14-16). Este contexto cae dentro de esa categoría debido a la función del ángel con relación a los juicios de las trompetas pasados y futuros».[10]

2. **«Con el arco iris sobre su cabeza»** (*kaì hei îris epì tèin kephalèin autoû*), literalmente, «y el arco iris sobre su cabeza». El arco iris trae a la memoria el pacto de Dios con Noé (Gn. 9:8-17). Dios manifestó su gracia y prometió no volver a destruir la tierra mediante un diluvio. Como señal de la fidelidad de su promesa, el Señor dio el arco iris. El ángel fuerte de Apocalipsis 10:1 desciende a la tierra a cumplir una misión de juicio, pero muestra sobre su cabeza la señal del arco iris como recordatorio de la promesa divina de misericordia.[11]

3. **«Y su rostro era como el sol»** (*kaì tò prósôpon autoû hôs ho héilios*). Esta frase describe la singular gloria exhibida por el ángel fuerte. La descripción de este ser se asemeja a la que aparece en Daniel 10:6. Allí el profeta contempló a un ser celestial del que dice: «Su cuerpo era como berilo, y su rostro parecía un relámpago, y sus ojos como antorcha de fuego, y sus brazos y sus pies como de color de bronce bruñido, y el sonido de sus palabras como el estruendo de una multitud.» Evidentemente, Dios ha investido a los ángeles de una gloria celestial cuyo resplandor sólo puede ser entendido mediante el uso de una figura de dicción (véanse Lc. 2:9; 9:26; Ap. 18:1).[12]

4. **«Y sus pies como columnas de fuego»** (*kaì hoi pódes autoû hôs styloi pyrós*). Sin duda, los «pies» (*pódes*) incluye también las piernas. El pie es simbólico de fuerza y poder.[13] Colocar el pie sobre alguien significa haberle conquistado, tal como Josué ordenó que sus príncipes hicieran con los reyes de los amorreos. Cuando el Señor Jesucristo regrese a la tierra con poder y gloria, aplastará a todos sus enemigos y sus pies se afirmarán sobre el monte de los Olivos (Zac. 14:3).[14] El ángel poderoso descrito en Apocalipsis 10:1 posee también gran autoridad y se dispone a revelar a Juan lo que Dios se dispone a hacer en el desarrollo de su plan.

10:2, 3

«Tenía en su mano un librito abierto; y puso su pie derecho sobre el mar, y el izquierdo sobre la tierra; y clamó a gran voz, como ruge un león; y cuando hubo clamado, siete truenos emitieron sus voces.»

El vocablo **«librito»** (*biblarídion*) es el diminutivo de *biblíon* y se refiere a un rollo de tamaño pequeño. Este rollo pequeño no puede ser el mismo de Apocalipsis 5:1. El rollo de Apocalipsis 5:1 está *sobre* la diestra del que está sentado en el trono, mientras que el rollo pequeño está *en* la mano del ángel fuerte. El rollo de Apocalipsis 5:1 está escrito por dentro y por fuera y sellado con siete sellos, pero el rollo pequeño de Apocalipsis 10:2 está abierto. El rollo de Apocalipsis 5:1 es denominado *biblíon*, mientras que el de Apocalipsis 10:2 es clasificado como *biblarídion*.

Hay quienes opinan que el contenido del rollo pequeño es una prolepsis del reinado del Anticristo. Dicen, además, que el rollo de Apocalipsis 5:1 abarca los capítulos 6 al 9 del Apocalipsis mientras que el rollo pequeño limita su contenido a los acontecimientos narrados en Apocalipsis 11:1-13.[15]

Lo cierto es, como afirma Walvoord, que «el contenido del rollo pequeño no es revelado en ningún sitio en el Apocalipsis, pero parece representar en esta visión la autorización escrita dada al ángel para ejecutar su misión».[16] A esto hay que añadir lo siguiente: (1) El rollo pequeño debe contener una porción del rollo de Apocalipsis 5:1; (2) cualquiera que sea el contenido del rollo pequeño, éste debe extenderse hasta el mismo fin, puesto que su revelación contiene el anuncio de la consumación del misterio de Dios (10:7); y (3) el rollo pequeño también contiene una reiteración de la comisión profética del apóstol Juan.[17]

Debe observarse también que el rollo pequeño está **«abierto»** (*eineôigménon*). Esta forma verbal es el participio perfecto, voz pasiva de *anoígo* y sugiere que el rollo «ha sido abierto y permanece abierto». El pequeño rollo abierto «significa los consejos de Dios revelados».[18] Dios revela al apóstol Juan exactamente lo que ha de hacer en la consumación de su plan eterno. El contenido de esa revelación tiene que ver con juicios y, por lo tanto, es amargo en el vientre de Juan, pero por ser la palabra de Dios es dulce a su paladar (Sal. 19:7-10).

«Y puso su pie derecho sobre el mar, y el izquierdo sobre la tierra.» La postura del ángel sugiere que ocupa una posición de control sobre la totalidad del planeta tierra. Debe recordarse que al concluir los juicios relacionados con la sexta trompeta, los sobrevivientes continúan desafiando a Dios. El ángel fuerte no sólo ocupa una posición de control sobre la tierra, sino que, además, es portador de un mensaje universal[19]. Dicho mensaje tiene que ver con el hecho de que Dios está a punto de realizar la consumación de su plan con la humanidad (Ap. 10:6).

«Y clamó a gran voz, como ruge un león» (*kaì ékroxen phônêi megálei hósper léôn mykâtai*). La expresión «gran voz» es muy frecuente en el Apocalipsis (véase 1:10; 5:2, 12; 6:10; 7:2, 10; 8:13; 14:7, 9, 15; 18:2). La voz alta «proporciona un énfasis especial a un individuo o a lo que se dice».[20] El vocablo «ruge» (*mykâtai*) es el presente indicativo, voz media de *mykáomai*, que significa «rugir». Dicho vocablo es onomatopéyico, es decir, imita el sonido producido por el león cuando ruge. «Describe una voz que no sólo es de volumen alto sino extremadamente profunda y que no transmite necesariamente palabras en sí.»[21] Eso no significa que la comunicación del ángel era ininteligible. Todo lo contrario. El mensaje del ángel anuncia definitivamente que la paciencia de Dios ha llegado a su límite y que «el misterio de Dios» está a punto de consumarse.

«Y cuando hubo clamado, siete truenos emitieron sus voces.» El texto griego dice: «Y cuando clamó, los siete truenos emitieron sus propias voces.» La voz del ángel fuerte es diferente de la de los siete truenos. Evidentemente, los truenos emiten voces que expresan palabras comprensibles para el apóstol Juan. Obsérvese que Juan se dispone a escribir lo que ha oído, pero se le ordena que no lo haga (10:4). Es probable que «los siete truenos» se refiera a la voz de Dios quien habla desde los cielos en su ira (véase Sal. 29; Am. 1:2). El mensaje debe ser entendido por Juan para que, a su vez, lo comunique a los hombres.

10:4

«Cuando los siete truenos hubieron emitido sus voces, yo iba a escribir; pero oí una voz del cielo que me decía: Sella las cosas que los siete truenos han dicho, y no las escribas.» El texto griego dice: «Y cuando los siete truenos hablaron, yo estaba a punto de escribir; y oí una voz del cielo diciendo: Sella las cosas que los siete truenos hablaron, y no las escribas.»

Al parecer, Juan comprendió el mensaje emitido por la voz de los siete truenos, ya que estaba a punto de escribir lo que había escuchado. El apóstol, sin embargo, escuchó una orden celestial que le dijo que no escribiera lo que había oído. Evidentemente, la **«voz del cielo»** que Juan escuchó tenía que ver con la comisión que Dios le dio a él personalmente.

> Aunque el propósito principal de la visión dada a Juan era capacitarlo a escribir el libro del Apocalipsis y de ese modo pasar revelación divina a la iglesia, en este caso la revelación es para los oídos y los ojos de Juan solamente, y no se le permite revelar lo que ha oído. Esto ilustra el principio divino de que si bien Dios ha revelado mucho, también hay secretos que Dios no ha querido revelar al hombre en este tiempo.[22]

Hay otros ejemplos en la Biblia en los que hombres de Dios recibieron mensajes del Señor que no comunicaron a sus contemporáneos. Daniel, por ejemplo, sólo relató «lo principal del asunto», es decir, un resumen de lo que Dios le reveló tocante a los tiempos de los gentiles. También Pablo «fue arrebatado al paraíso, donde oyó palabras inefables» que Dios no le permitió comunicar a otras personas (2 Co. 12:4). También en esto se pone de manifiesto el hecho de que Dios es soberano sobre todas las cosas.

10:5

«Y el ángel que vi en pie sobre el mar y sobre la tierra, levantó su mano al cielo.» Por supuesto que este es el mismo ángel fuerte mencionado en 10:1. Este majestuoso ser **«levantó su mano»,** es decir, su brazo completo al cielo. La postura del ángel fuerte es semejante a la del ángel mencionado en Daniel 12:7, donde dice: «...el cual alzó su diestra y su siniestra al cielo, y juró por el que vive por los siglos...» Leon J. Wood, quien fuera profesor de Antiguo Testamento en el «Grand Rapids Baptist Bible Seminary», ha escrito lo siguiente al respecto:

> El gesto de alzar la mano hacia el cielo transmite el propósito de mostrar solemnidad e importancia por un juramento que está a punto de expresarse (véanse Gn. 14:22; Dt. 32:40).[23]

Debe observarse, además, que el ángel fuerte reconoce la grandeza y la soberanía de Dios. También reconoce que Dios es el creador de todo y, por lo tanto, es el dueño absoluto del Universo. En contraste con la rebeldía consuetudinaria de los hombres hacia Dios, el ángel fuerte junto con las miríadas de seres angelicales obedecen y sirven al Dios vivo y verdadero.

10:6

«Y juró por el que vive por los siglos de los siglos, que creó el cielo y las cosas que están en él, y la tierra y las cosas que están en ella, y el mar y las cosas que están en él, que el tiempo no sería más.» El juramento del ángel es en gran manera solemne. El significado del juramento es la garantía de que lo que se promete tendrá un cumplimiento seguro. La certeza del cumplimiento del contenido del rollo pequeño descansa sobre la soberanía de Aquel que tiene vida en sí mismo, el Dios suficiente por sí mismo y que no depende de nadie y todo depende de Él.

Él es el Creador de todas las cosas. Él creó el cielo y todo lo que en él hay. La tierra y el mar y todo lo que habita en ellos. San Pablo dice de Cristo que «en él fueron creadas todas las cosas, las que hay en los cielos y las que hay en la tierra, visibles e invisibles; sean tronos, sean dominios, sean principados, sean potestades; todo fue creado por medio de él y para él» (Col. 1:16).

El Dios Creador tiene un plan específico y un propósito concreto para el mundo que ha creado. A pesar de la entrada del pecado y de la desobediencia de sus criaturas, Dios no ha cambiado ni su plan ni su propósito. El libro del Apocalipsis revela la manera estupenda cómo Dios ha de consumar su maravilloso plan.

Obsérvese que el ángel fuerte atribuye a Dios la creación de todas las cosas. Tal atribución concuerda con la enseñanza de las Escrituras (véanse Gn. 1:1; Sal. 21:2; 33:6; 146:6; Is. 45:28; Jn. 1:1-3; Hch. 14:15; He. 11:3; Ap. 4:11). El orden, el diseño y el propósito del universo apuntan al hecho de que hubo una inteligencia y una mano todopoderosa detrás de la creación del cosmos. El mundo no es producto del azar, ni de una gran explosión cósmica, sino de un sabio diseño producido por el Dios eterno que vive por los siglos de los siglos.

«Que el tiempo no sería más» (*hóti chrónos aukéti éstai*), es decir, «que no habrá más dilación».[24] Respecto a esta frase, Leon Morris comenta:

> El contenido del juramento es «que el tiempo no sería más». Esta traducción se ha hecho sobre la base de un punto de vista que asume que en la vida venidera no existirá tal cosa como el tiempo. La humanidad vivirá en un gran presente eterno. El tiempo dará paso a la eternidad. Cualquier verdad

que entrañe ese punto de vista, eso no es lo que el ángel está diciendo en este contexto. El significado es, como aparece en la mayoría de las traducciones, «que no habrá más dilación». El ángel solemnemente jura que los acontecimientos de los que habla tendrán lugar con certeza y premura cuando el séptimo ángel toque la trompeta.[25]

Si bien es cierto que el vocablo *chrónos* generalmente significa «tiempo», en el contexto de Apocalipsis 10:6 ese significado carece de sentido. Además de Leon Morris, hay un buen número de comentaristas que optan por el significado de «dilación».[26] La frase es una declaración solemne. A través del emisario angelical, Dios anuncia que está a punto de consumar su plan con relación a la humanidad. El significado de la frase «que no habrá más dilación o demora» es el siguiente:

Que el tiempo ya está para cumplirse; y la ejecución de la venganza final no debe posponerse más.[27]

A través de muchas generaciones, Dios ha manifestado su gracia y ha extendido su misericordia hacia el hombre pecador. Dios ha ofrecido su salvación sobre la base de la fe en el sacrificio de Cristo. El único requisito que Dios ha puesto es que el hombre sinceramente reciba por la fe el regalo de la salvación. Muchos se han acogido a la gracia salvadora de Dios y han pasado de muerte a vida. Otros, sin embargo, han escogido el camino de muerte y hasta el final continúan desafiando a Dios. Para estos últimos viene el día en que «no habrá más dilación». La ira de Dios será derramada sobre ellos. Dios dará respuesta al «¿hasta cuándo?» preguntado por los mártires cuyas almas reposan bajo el altar (Ap. 6:9-11). Llegará el día en que Dios dirá que no habrá más dilación. Cuando llegue ese día, el Señor soberano aplastará de una vez y por todas a quienes viven en rebeldía contra Él. El Todopoderoso pondrá en claro que sólo Él es el soberano del universo.

10:7

«Sino que en los días de la voz del séptimo ángel, cuando él comience a tocar la trompeta, el misterio de Dios se consumará, como él lo anunció a sus siervos los profetas.» Este versículo comienza con la partícula adversativa enfática *allá* («sino que»). Dicho término corrobora lo que ya se ha expresado tocante al hecho de que la frase «que el tiempo no sería más» no significa la terminación del tiempo como tal, sino más bien el hecho de que no habrá más demora en lo que respecta a la consumación del plan eterno de Dios.

Obsérvese que el ángel fuerte afirma **«que en los días de la voz del séptimo ángel...».** Esa frase refuerza lo dicho anteriormente. Como ha escrito E.W. Bullinger:

«En los días» es una expresión notable; y denota que los días comienzan con su toque [de la trompeta], que se revela en las siete plagas finales de las siete copas. Estas completarán los juicios que hasta entonces Dios ha mantenido en secreto.[28]

Nótese, además, que el sustantivo **«días»** (*heimérai*) no va acompañado de un dígito. Eso podría significar que se refiere a un espacio de tiempo. El texto, sin embargo, sugiere la idea de simultaneidad. O sea, que en el tiempo en que el séptimo ángel haga sonar la séptima trompeta, simultáneamente con dicha acción el misterio de Dios se consumará. La frase podría traducirse así: «En los días del sonido [de la trompeta] del séptimo ángel, cuando él sonará...» El sonido de la séptima trompeta, por lo tanto, produce la consumación del misterio de Dios.

«Se consumará» (*etelésthei*) es el aoristo indicativo, voz pasiva de *teléô*, que significa «completar», «llegar a la meta». Esta forma verbal es un aoristo profético que «implica el uso del tiempo aoristo para indicar un acontecimiento que en realidad aún no ha sucedido, pero cuya certeza de que ocurrirá es tal que se describe como si ya hubiera ocurrido».[29]

Lo que se «completará» o «consumará» (*etelésthei*) es **«el misterio de Dios»** (*tò mystéirion toû theoû*). Un misterio es algo que se conoce sólo mediante revelación divina (véase Ef. 3:1-10). En el contexto del Apocalipsis, el misterio mencionado en 8:7 tiene que ver con el todo incluyente propósito de Dios con relación a la historia de la humanidad. Como lo expresa William Newell:

Esta expresión, «el *misterio* de Dios», en este ambiente parece indicar todos los consejos y tratos de Dios dados a conocer por Él *a* y *a través* de los profetas del Antiguo Testamento, tocante a sus transacciones gubernamentales con los hombres en la tierra siempre con miras al establecimiento del reino en las manos de Cristo.[30]

Si bien es cierto que el tema del reino de Dios está presente en prácticamente todos los libros de las Sagradas Escrituras, también es cierto que los detalles tocante al cómo y al cuándo del establecimiento de dicho reino han permanecido escondidos en Dios y, por lo tanto, constituyen un misterio que sólo Dios puede revelar. La revelación de ese misterio coincide con el toque de la séptima trompeta. Dios mismo cumplirá o completará el misterio.[31] El Mesías vendrá con poder y gloria para establecer su reino de paz, justicia y santidad. Los redimidos disfrutarán de las bendiciones del reino, la tierra será llena del conocimiento del Señor y todos los enemigos de Dios serán derrotados.

«Como él lo anunció a sus siervos los profetas.» Las profecías de las Escrituras tendrán un cumplimiento seguro. Tal como Dios proclamó las buenas noticias (*eueiggélisen*) a sus propios siervos los profetas, así se consumará su palabra. Nótese que los profetas, tanto los del Antiguo como los del Nuevo Testamento, son «siervos» o «esclavos» (*doúlous*) de Dios. Ellos hablaron y escribieron bajo la dirección del Espíritu Santo y comunicaron a los hombres el mensaje de Dios. Los profetas recibieron «las buenas nuevas» de parte de Dios y fielmente proclamaron el mensaje muchas veces bajo una fuerte presión de oposición tanto de parte de las autoridades civiles como de parte del pueblo en general.

En los días próximos a la consumación del misterio de Dios, el Señor levantará siervos y predicadores para que proclamen las buenas noticias de que el reino está a punto de ser establecido y, por lo tanto, es necesario que haya un nuevo nacimiento porque «el que no naciere de nuevo no puede ver el reino de Dios» (Jn. 3:3, 5).

10:8

«La voz que oí del cielo habló otra vez conmigo, y dijo: Ve y toma el librito que está abierto en la mano del ángel que está en pie sobre el mar y sobre la tierra.» La voz que Juan escucha es probablemente la del Padre celestial o la del Señor Jesucristo. También es probable que sea la misma voz que en el versículo 4 ordenó al apóstol a no escribir las palabras emitidas por los siete truenos.[32] Por tercera vez, se menciona el hecho de que el ángel fuerte «está en pie sobre el mar y sobre la tierra», es decir, este ángel posee autoridad sobre la totalidad del planeta.[33]

La voz ordena a Juan que se acerque al ángel fuerte y tome de su mano el rollo pequeño. Es probable que Juan sintiese temor de acercarse al ángel y, por lo tanto, necesitaba escuchar la orden divina.[34] El rollo pequeño, abierto y sin sellar, sugiere que la revelación de su contenido es de aplicación inmediata y de gran importancia para el ministerio del apóstol.

10:9

«Y fui al ángel, diciéndole que me diese el librito. Y él me dijo: Toma, y cómelo; y te amargará el vientre, pero en tu boca será dulce como la miel.»

La frase **«y fui al ángel»** (*kaì apêiltha prôs tòn ággelon*) sugiere la inmediata obediencia del apóstol Juan al mandato recibido. «Diciéndole que me diese el librito» (*legôn autôi doûnaí moi tò biblarídion*). El gerundio **«diciéndole»** (*legôn*), en este entorno, adquiere la fuerza de una *orden* o *requerimiento* (véanse Ap. 13:14 y Hch. 21:21).[35] El ángel respondió la solicitud de Juan, diciéndole: «Toma y cómelo; y te amargará el vientre, pero en tu boca será dulce como la miel.» Los dos verbos, **«toma»** (*lábe*) y **«come»** (*katáphage*) son aoristos imperativos efectivos. La idea de estas formas verbales es que el ángel dice a Juan: «Toma [el rollo] con el fin de que te lo comas.»[36] Debe observarse que el verbo «come» (*katáphage*) es compuesto. El prefijo *kata* recalca la acción de modo que el ángel dice a Juan: «Toma [el rollo] y cómelo o digiérelo completamente.» El apóstol es hecho responsable de la completa asimilación del contenido del rollo. Como fiel predicador y testigo de Dios, el apóstol tiene la responsabilidad de hacer que la palabra de Dios afecte su propia persona antes de comunicarla a otros (véase Ez. 3:1-3).

El efecto del contenido del rollo es doble. En primer lugar produciría un sabor amargo en el vientre de Juan. El sabor amargo apunta al hecho de que el mensaje que Juan tiene que proclamar a los moradores de la tierra anuncia el juicio inminente que se cierne sobre ellos a causa de su rebeldía y desobediencia. La humanidad que ha rechazado la oferta de la gracia de Dios no tiene otra expectación sino la de los juicios divinos que han de preceder al establecimiento del reino del Mesías. Por supuesto que para el apóstol Juan comunicar un mensaje de juicios de la magnitud de los que tendrán lugar simultáneamente con la venida en gloria del Mesías era algo que produciría una reacción amarga en sus entrañas.

Por otro lado, el mensaje del rollo pequeño también concierne al hecho de que el reino del Mesías será establecido con la manifestación visible del Rey de reyes y Señor de señores (Ap. 11:15; 19:11-16). El rollo pequeño contiene la revelación de los detalles de la consumación del plan eterno de Dios. La dulzura que el profeta experimenta en su boca sugiere su íntima satisfacción al confirmar la veracidad y exactitud del cumplimiento de las promesas de Dios respecto al establecimiento del reino.

10:10, 11

«Entonces tomé el librito de la mano del ángel, y lo comí; y era dulce a mi boca como la miel, pero cuando lo hube comido, amargó mi vientre. Y él me dijo: Es necesario que profetices otra vez sobre muchos pueblos, naciones, lenguas y reyes.»

Como fiel profeta de Dios, Juan cumple cabalmente las instrucciones que ha recibido: Toma el rollo de la mano del ángel y lo come en su totalidad (*katéphagon*). Al comerlo, el apóstol saborea la dulzura de dicho rollo.[37] **«Pero cuando lo hube comido»** (*kaì hóte éphagon autò*). Obsérvese el uso del aoristo efectivo (*éphagon*), traducido «hube comido». Esta forma verbal sugiere que se ha obtenido la finalidad de la acción del verbo. Juan literalmente comió el rollo pequeño y al hacerlo experimentó tanto la dulzura de éste en su boca como la amargura en su vientre. Probablemente, la amargura que el apóstol experimentó en sus propias entrañas ilustra el pesar que ha de embargar su alma al tener que anunciar tanto para Israel como para los gentiles las pruebas por las que tendrán que pasar. Qué duda cabe que la mayor amargura de Juan es producto del hecho de saber que la humanidad permanecerá en su incredulidad a pesar de la severidad de la intervención divina.

«Y él me dijo.» En el texto griego dice: «Y ellos me dijeron» (*kaì légousín moi*). Si bien es cierto que el sujeto de verbo podría ser compuesto, es decir, «ellos» equivaldría a la voz celestial más la del ángel, parece ser mejor «tomar la expresión como un plural indefinido o el equivalente del pasivo indefinido: 'Se me dijo'».[38]

«Es necesario» (*deî*) se refiere a una necesidad lógica debido a las circunstancias existentes.[39] Pero, además, el apóstol es comisionado por Dios mismo para la continuación de la labor profética.

La frase «que profetices otra vez» sugiere que Juan no recibe una nueva comisión sino que, evidentemente, en esta etapa de su ministerio profético era necesario renovar su comisión profética.[40] El apóstol Juan recibió su delegación original en Apocalipsis 1:19. La decisión divina de volver a comisionar al apóstol Juan podría explicarse por el hecho de que «las profecías del resto del libro contrastan con las que han precedido en que son más pesadas que las anteriores».[41]

La renovada comisión ordena al apóstol que profetice otra vez (*pálin propheiteûsai*). Esta segunda etapa profética tiene que ver con la sección que comienza a partir de Apocalipsis 11:15 y se extiende hasta el final del libro. El vocablo **«sobre»** (*epì*) debiera traducirse en este caso «concerniente a». El mensaje profético de Juan es concerniente a **«muchos pueblos, naciones, lenguas y reyes».** El vocablo «muchos» (*polloîs*) sugiere a la amplitud del «campo misionero» con que el apóstol tiene que tratar. Los sustantivos «pueblos» (*laoîs*), «naciones» (*éthnesin*), «lenguas» (*glóssais*) y «reyes» (*basileûsen*) sugiere que el auditorio objeto del ministerio de Juan es a la vez varado y complejo. Tanto en lo social, como en lo cultural y lo étnico, el apóstol confronta una tarea que requiere de un poder sobrenatural para poder ejecutarla. Lo sorprendente es que en medio de toda la confusión que existirá en los postreros días, todavía Dios envía su mensaje profético a todos los estratos de la sociedad humana.

Resumen

Antes que suene la séptima y última trompeta de juicio, Dios envía un ángel fuerte a la tierra con autoridad delegada sobre todo el planeta. Dicho ángel anuncia que Dios no dilatará más la consumación de su plan eterno, particularmente en lo que concierne al establecimiento del reino glorioso del Mesías.

Anuncia, además, que simultáneamente con el toque de la séptima trompeta Dios dará cumplimiento cabal a lo que los profetas del Antiguo Testamento habían anunciado (Dn. 12:7). El misterio de Dios concierne al hecho de que Dios pondrá de manifiesto que Él y sólo Él es el soberano del Universo.

El ángel fuerte tiene en su mano un rollo pequeño que contiene los detalles de lo que Dios va a hacer en la parte final de los postreros días. Esa revelación es dada a Juan, quien es vuelto a comisionar para que profetice a lo largo y ancho de la tierra. Los días postreros serán difíciles tanto para la nación de Israel, que experimentará las persecuciones del Anticristo, como para el mundo incrédulo, que experimentará el derramamiento de la ira de Dios. Aun cuando la rebeldía humana llega a su cenit, Dios no se queda sin testimonio en el mundo.

Hay una segunda parte en el interludio que aparece entre la sexta y la séptima trompetas. La primera parte es la revelación del ángel fuerte con un rollo pequeño en una de sus manos, anunciando que no habría más dilación respecto a la revelación del resto de los planes de Dios con relación a la consumación de todas las cosas. La segunda parte del interludio trata de la presencia y del ministerio de dos testigos, especialmente escogidos por Dios para llevar a cabo un ministerio profético que durará 1.260 días, es decir, los tres años y medio finales de la septuagésima semana de Daniel. Este trozo del Apocalipsis (11:1-14) es, por lo tanto, la continuación del interludio que comienza en 10:1. Como el resto del Apocalipsis, esta sección debe interpretarse de manera normal o natural, siguiendo los principios de hermenéutica gramatical, histórico, cultural que toma en cuenta el uso de figuras de dicción.

NOTAS EXEGÉTICAS Y COMENTARIOS

11:1

«Entonces me fue dada una caña semejante a una vara de medir, y se me dijo: Levántate, y mide el templo de Dios, y el altar, y a los que adoran en él.» En el texto griego, el vocablo **«entonces»** es la simple conjunción copulativa *kaì*, que significa «y». Esta conjunción establece el nexo entre el capítulo 10 y el contenido de 11:1-13. El apóstol dice que se le dio **una caña semejante a una vara de medir**. Dicha «caña» (*kálamos*) era una planta común que crecía junto al río Jordán.[42] John F. Walvoord observa:

> Esta caña crece comúnmente junto al río Jordán y, debido a su peso liviano, constituye una buena vara de medir.[43]

La caña que Juan recibió tenía el aspecto de «una vara de medir» (*hrábdoi*). Este objeto también podía usarse para que una persona se apoyase al andar.[44] **«Y se me dijo»** (*légôn*), literalmente, «diciendo». Juan no identifica a la persona que le dio la caña ni la que habló con él. Es probable que haya sido el ángel fuerte del capítulo 10 quien haya entregado la vara a Juan y haya hablado con él. El espectador pasivo se convierte en agente activo.

El apóstol recibe una orden concreta: **«Levántate, y mide el templo de Dios, y el altar, y a los que adoran en él»** (*égeire kaì métreison tòn naòn toû theoû kaì tò thysiastéiron kaì toùs proskynoûntes en autoî*). Hay quienes prefieren alegorizar este versículo y, a la postre, todo el capítulo 11 del Apocalipsis, un autor dice:

> Medir el templo es una manera simbólica de declarar su preservación... Para Juan, la preservación simbolizada por la medida no era seguridad contra los sufrimientos físicos y la muerte, sino contra el peligro espiritual.[45]

Por supuesto que las profecías tanto del Antiguo como del Nuevo Testamento se caracterizan, entre otras cosas, por la utilización de símbolos o figuras como medio eficaz de comunicación. Por ejemplo, las coyundas y los yugos que Jeremías hizo y envió a Edom, Moab, Amón y Tiro eran símbolos de la opresión de los babilonios (Jer. 27); los nombres de los hijos de Isaías (Is. 7:3; 8:3) simbolizaban tanto el cautiverio como la restauración de Israel. Dios ordenó a Isaías que anduviese «desnudo y descalzo» (Is. 20:2-5) por las calles de Jerusalén como símbolo del cautiverio de Egipto en Asiria. En todos esos casos, el simbolismo es obvio pero siempre basado en una realidad histórica.

No parece sensato, sin embargo, en este contexto espiritualizar las expresiones «el templo de Dios», «el altar» y «los que adoran en él». Tampoco parece congruente con el ambiente del capítulo entender que la medida del templo de Dios es simbólico de la preservación del peligro.[46] Debe tenerse en cuenta de que en los postreros tiempos, particularmente durante la tribulación, Jerusalén estará bajo dominio gentil (véase Lc. 21:24). Como ha ocurrido en el pasado, así volverá a ocurrir en los días en que se cumpla lo que está profetizado en la semana setenta de Daniel. Los gentiles en tiempos de Nabucodonosor, Antíoco Epífanes IV y Tito el romano profanaron el templo de Dios en Jerusalén.

En este contexto, **«el templo de Dios»** (*naón toû theoû*) se refiere particularmente al santuario, es decir, al lugar santo y al lugar santísimo. **«El altar»** (*to thysiastéirion*), probablemente se refiera al altar de bronce que estaba situado en el atrio fuera del santuario. Sólo a los sacerdotes les estaba permitido entrar en el santuario donde estaba el altar de oro usado para quemar el incienso. Quienes no eran sacerdotes tenían acceso al altar de bronce donde ofrecían sus sacrificios.

«Y a los que adoran en él» (*kaì toûs proskynoûntas en autoî*). Hay quienes identifican este grupo con la iglesia.[47] Sin embargo, el pasaje armoniza mejor con la postura de que se refiere a «una representación de un futuro remanente santo en Israel que adorará a Dios en el templo reconstruido».[48]

La tendencia de muchos expositores es espiritualizar el significado de «el templo de Dios», haciéndolo significar la iglesia. «Jerusalén» equivale a «la sociedad humana organizada sin Dios y opuesta a Él.»[49] «Los que adoran» son considerados como «el pueblo de Dios en su capacidad como una comunidad adoradora».[50]

Esa hermenéutica alegórica pierde de vista el entorno general del Apocalipsis y el contexto particular de los capítulos 10 y 11. Debe tenerse presente que el tema central del Apocalipsis es la revelación en gloria de Jesucristo con miras a establecer su reino de paz, justicia y santidad. El Apocalipsis revela cómo Dios se propone establecer su soberanía en la tierra. El contenido de este libro tiene que ver, pues, con los acontecimientos que preceden inmediatamente a la venida en gloria de Cristo, los que son simultáneos con dicha venida y los que siguen al regreso del Señor Jesucristo. Si se pierde de vista esa realidad o si no se le da prioridad en la exposición de este libro, el expositor se ha alejado de la intención del autor original del Apocalipsis. Como ha escrito Robert L. Thomas:

> La interpretación figurada fracasa por varias razones, sin embargo. El templo como el lugar de habitación de Dios no está a la vista aquí. Es el templo judío en Jerusalén, lo cual es un cuadro muy inadecuado de la iglesia que es primordialmente gentil... Además, el atrio exterior y toda la ciudad serán hollados por los gentiles (11:2), lo que significa que el templo y el atrio de los gentiles y la ciudad santa pone de manifiesto incuestionablemente que la discusión en este lugar es sobre terreno judío. Pero lo más obvio de todo es la falacia lógica de que si el santuario representa la iglesia de la comunidad mesiánica, ¿quiénes son los adoradores que son medidos junto al santuario y el altar? ... La interpretación no literal es terriblemente incongruente y autocontradictoria. Además, esta explicación figurada resulta en un esfuerzo perdido para identificar el atrio exterior y la ciudad santa en 11:2.[51]

Resumiendo, una interpretación normal de Apocalipsis 11:1 debe poner cuidado en interpretar dicho texto dentro de su ambiente. Obsérvese que el capítulo 10 termina con la recomisión dada a Juan de que profetice «otra vez sobre muchos pueblos, naciones, lenguas y reyes». Poco después en 11:2 dice que el patio o atrio que está fuera del templo ha sido entregado a los gentiles. Entre esos dos pasajes se encuentra el contenido de Apocalipsis 11:1. Allí el tema concierne al remanente israelita de los últimos tiempos. Ese remanente ha puesto su fe en el Mesías y, por lo tanto, goza del favor de Dios. Como remanente creyente, adoran a Dios y le rinden culto en el templo que será construido con ese propósito en los tiempos difíciles de la tribulación. El templo mencionado en este versículo es el mismo que será profanado por el Anticristo según 2 Tesalonicenses 2:4 y Daniel 9:27; 12:11. Apocalipsis 11:1, tomado en su contexto, enseña que en los tiempos de la más terrible apostasía y de las persecuciones más crueles habrá un remanente de la simiente de Abraham que pondrá su fe en el Mesías y disfrutará del favor de Dios.

11:2

«Pero el patio que está fuera del templo déjalo aparte, y no lo midas, porque ha sido entregado a los gentiles; y ellos hollarán la ciudad santa cuarenta y dos meses»

«El patio que está fuera del templo» se refiere al patio exterior situado fuera del santuario, aunque estaba ubicado dentro del templo (*hierón*) mismo. Según Swete, «en el templo de Herodes el patio interior estaba dividido en tres espacios, desde el último de ellos al patio exterior estaba separado por una barrera... que no podía ser traspasada por los gentiles».[52] El patio interior estaba vedado a los gentiles, pero no así el exterior.[53]

«Déjalo aparte» (*ékbale éxothen*), literalmente, «échalo fuera». Esa fue la orden que Juan recibió. El apóstol no debía medir el patio exterior porque ha sido entregado por Dios a los gentiles. El verbo «déjalo» (*ékbale*) es el aoristo imperativo, voz activa de *bállô*, que significa «tirar fuera», «lanzar fuera». Dicho vocablo se usa en este contexto con el sentido de *excluir*.[54] Es decir, el patio exterior es excluido aunque dicho patio formaba parte del área del templo (*hierón*). La razón de la exclusión es: **«porque ha sido entregado a los gentiles.»** El apóstol no sólo recibe la orden de «excluir» el patio exterior, sino que también se le ordena no medirlo. La expresión **«no lo midas»** es un mandamiento negativo. El verbo «midas» (*metréiseis*) es el aoristo subjuntivo, voz activa de *metréo*, que significa «medir». El aoristo subjuntivo sugiere una prohibición absoluta y podría traducirse: «Ni pienses medirlo.» El profesor Robert L. Thomas señala lo siguiente:

> La [conjunción] causal *hóti* («porque») revela que el patio exterior ha caído en manos de los gentiles, y ellos controlarán y profanarán la ciudad santa durante cuarenta y dos meses.[55]

Es decir, que por un período de cuarenta y dos meses o de tres años y medio los gentiles tendrán control del patio exterior y de la ciudad santa. Pero, ¿quiénes son los gentiles mencionados en este versículo? El sustantivo **«gentil»** debe tomarse aquí en su significado normal o natural, es decir, aquellos que racialmente no son descendientes de Israel y, por lo tanto, contrastan con el pueblo judío. Los gentiles se opondrán al remanente judío que en los postreros días alzará sus ojos y reconocerá a Jesucristo como el Mesías prometido por Dios. Durante cuarenta y dos meses el remanente judío sufrirá la opresión y la persecución de parte de los gentiles. Esa opresión gentil será rota y eliminada cuando el Mesías regrese con poder y gloria (Is. 59:20; Ro. 11:26).

En cuanto al significado de la expresión **«la santa ciudad»** (*tèin pólin tèin hagían*), «en este contexto tiene que referirse a la ciudad judía, tal como el patio exterior del templo se refiere a la fe y a la adoración de los judíos».[56] Alegorizar el significado de «la santa ciudad» y transferirlo a la iglesia es puramente subjetivo e innecesario.[57] Tampoco es congruente con el pasaje decir que la ciudad representa «al mundo fuera de la iglesia».[58] La interpretación consonante con el mensaje del Apocalipsis es la que da a la expresión «la ciudad santa» el significado normal, es decir, el de la ciudad de Jerusalén. Decir que dicha designación no es apta debido a la apostasía de la nación de Israel y de su capital es pasar por alto que tanto en el Antiguo como en el Nuevo Testamento a Jerusalén se le llama «la ciudad santa» a pesar de que sus habitantes estaban viviendo en rebeldía contra Dios (véanse Neh. 11:2; Is. 48:2; 52:1; Dn. 9:24; Mt. 4:5; 27:53).

Si bien es cierto que en Apocalipsis 21:2 y 22:19 la expresión «la santa ciudad» se refiere a la Jerusalén celestial, la nueva ciudad que desciende del cielo, también es cierto que la nueva Jerusalén es parte de la nueva creación (véase Ap. 21:1, 5). En Apocalipsis 11:2, 8 el tema tiene que ver con la Jerusalén terrenal. Las palabras de Cristo tocante a la existencia de la ciudad de Jerusalén en los días finales son incontrovertibles: «...y Jerusalén será hollada por los gentiles, hasta que los tiempos de los gentiles se cumplan» (Lc. 21:24*b*). La ciudad de Jerusalén ha sido destruida en más de una ocasión, pero permanecerá hasta el final de los tiempos para que se cumpla todo lo que acerca de ella está escrito.[59] Los gentiles **«hollarán»** (*patéisousin*), es decir, «pisotearán» la ciudad santa durante **«cuarenta y dos meses».** Para aquellos que entienden que las cifras usadas en el Apocalipsis son simbólicas, la cantidad de tiempo designada como «cuarenta y dos meses» es espiritualizada o alegorizada. Es decir, no se refiere a una cantidad concreta de tiempo, sino que es una cifra emblemática.[60] Un estudio cuidadoso y desapasionado del Apocalipsis, sin embargo, pone de manifiesto que la mayoría, por no decir todas, de las cifras usadas en este libro tienen sentido cuando se toman literalmente.

La aplicación de una hermenéutica normal en el entorno mismo del Apocalipsis conduce a la conclusión de que los 42 meses en 11:2 se refiere a un período de tiempo literal de tres años y medio. Esos 42 meses se corresponden con los «mil doscientos sesenta días» mencionados en 11:2 y en 12:6. También puede decirse que los 42 meses de 11:2 se corresponden con la expresión «un tiempo, y tiempos, y la mitad de un tiempo» mencionada en Apocalipsis 12:14 (véase además Dn. 7:25; 12:7) y con los 42 meses en Apocalipsis 13:5.

Los 42 meses en Apocalipsis 11:2 y en 13:5 al igual que los 1.260 días de 11:3 y 12:6 equivalen a la segunda mitad de la septuagésima semana de Daniel 9:27. Esa semana de años es igual a los siete años de tribulación que precederán a la segunda venida de Cristo a la tierra. Los tres años y medio finales, es decir, la segunda mitad de esa semana de años, será un período de intensa persecución contra la simiente física de Abraham, particularmente el remanente fiel que habrá puesto su fe en el Mesías. El profeta Jeremías llama ese período: «...tiempo de angustia para Jacob...» (Jer. 30:7). El Señor Jesucristo se refirió al mismo período de tiempo diciendo: «Porque habrá entonces gran tribulación, cual no la ha habido desde el principio del mundo hasta ahora, ni la habrá» (Mt. 24:21). Durante esos 42 meses (tres años y medio), Dios permite que los gentiles ejerzan control sobre la ciudad de Jerusalén. El dominio gentil sobre la ciudad santa se describe mediante el verbo «hollarán» (*patéisousin*), es decir, «la pisotearán con desprecio o desdén» (Lc. 21:24).[61]

Debe recordarse que la septuagésima semana de Daniel 9:27 es el período de siete años durante el cual el Anticristo hace prevalecer o fuerza un pacto con «los muchos», es decir, la mayoría de la nación de Israel. Tres años y medio después de haber concertado dicho pacto, el Anticristo mismo rompe el pacto y Jerusalén es presa del dominio gentil. Ese es el tiempo de 42 meses cuando los gentiles tienen control de la ciudad santa y el Anticristo, a quien Daniel llama la abominación desoladora (9:27; 11:31; 12:11; véase además Mt. 24:15), hará acto de presencia en Jerusalén y exigirá ser adorado. Si las profecías bíblicas tienen el significado que la Biblia les otorga y si su cumplimiento es cierto como lo afirma la Palabra de Dios, entonces es necesario que haya un ente nacional llamado Israel, una ciudad terrenal en la tierra prometida a Abraham llamada Jerusalén y un templo con características reconocidas como tal, ya que, según 2 Tesalonicenses 2:4, el hombre de pecado, o sea, el Anticristo se sentará en el templo de Dios como Dios, haciéndose pasar por Dios.

11:3

«Y daré a mis dos testigos que profeticen por mil doscientos sesenta días, vestidos de cilicio.» El texto griego dice: «Y daré a los dos testigos míos.» El sujeto del verbo podría ser Dios el Padre, el Señor Jesucristo o el ángel fuerte de Apocalipsis 10:1, quien habla en lugar de Dios. Lo que sí está claro en el texto es que se refiere a dos testigos concretos, como lo demuestra la presencia del artículo determinado «los» (*toîs*) delante del sustantivo «testigos» (*mártysin*).[62]

La intervención divina queda patentizada de manera dramática por el cambio de la tercera a la primera persona: **«Y [yo] daré a mis dos testigos»** expresa un acto soberano de Dios. El propósito divino de dar a los dos testigos es «que profeticen por mil doscientos sesenta días». La construcción gramatical refleja el uso de un hebraísmo. Los dos verbos: «daré» y «profeticen», en el texto griego, son futuros de indicativo que es una manera hebraica de expresar propósito. La frase podría expresarse así: «Y yo daré a mis dos testigos para que profeticen por mil doscientos sesenta días.»[63]

La identificación de los dos testigos ha sido tema de discusión entre los estudiosos del Apocalipsis. Unos sugieren que los testigos simbolizan la iglesia. Robert H. Mounce dice:

> Parece más aceptable, sin embargo, entender que no son dos individuos, sino un símbolo de la iglesia que testifica en los últimos días tumultuosos antes del final de la edad.[64]

Quienes interpretan los dos testigos como símbolos de la iglesia argumentan que se les designa como «candeleros» (11:4), igual que a la iglesia en Apocalipsis 1:20. También señalan como poco probable que la bestia haga guerra contra solamente dos individuos (Ap. 11:7). Finalmente, observan que la muerte de los dos testigos es contemplada por los habitantes de la tierra, algo impensable, dicen, si sólo se tratase de dos individuos.[65]

Hay otros para los que los dos testigos son Enoc y Elías, o Enoc y Moisés, o, quizá Elías y Moisés.[66] En realidad, el problema de la identificación de los dos testigos es más bien teológico y no una cuestión de exégesis bíblica.

Los que creen que uno de los testigos es Enoc apelan al texto de Hebreos 9:27, donde dice: «Y de la manera que está establecido para los hombres que mueran una sola vez...» Pero en ese versículo el vocablo «hombres» es genérico, significa «seres humanos». No se refiere a cada hombre individualmente. Además, en el rapto de la Iglesia miles (o tal vez millones) serán arrebatados sin experimentar la muerte (1 Co. 15:51; 1 Ts. 4:17).

Hay quienes opinan que Elías el profeta tiene que ser uno de los dos testigos. El

Antiguo Testamento predice que Elías vendrá antes que venga el día de Jehová (véase Mal. 3:1-6; 4:1-6). Algunos dicen que Juan el Bautista era Elías; pero Juan mismo negó serlo (Jn. 1:19). Además, Juan no cumple las profecías del Antiguo Testamento, que aguardan un futuro cumplimiento. Cristo enseñó que si el pueblo de Israel hubiese recibido a Juan, su ministerio habría sido aceptado como el cumplimiento de la venida de Elías, pero los israelitas rechazaron a Juan (Mt. 11:13, 14) y, por lo tanto, Elías aún tiene que venir.

Se ha sugerido también que Moisés será uno de los dos testigos de Apocalipsis 11:3. Los que así piensan, apelan al testimonio de Moisés en Deuteronomio 18:15-19 y lo relacionan con Juan 1:25, donde se habla de «el profeta», entendiendo que tal designación se refiere a Moisés. Se señala, además, que Moisés y Elías aparecen juntos en el monte de la transfiguración (Mt. 17:3). La experiencia de la transfiguración es un cuadro de poder y de la venida del reino glorioso del Mesías. También se apela al hecho de que el cuerpo de Moisés no fue sepultado de la manera normal (Dt. 34:5, 6). Dios enterró a Moisés «y ninguno conoce el lugar de su sepultura hasta hoy» (Dt. 34:6). Otro argumento usado es el hecho de que los juicios causados por los testigos (Ap. 11:6) son semejantes a los que ocurrieron en Egipto en los días de Moisés (Éx. 7:20).

Resumiendo, después de analizar todas las sugerencias, debe concluirse que cualquier identificación que se efectúe sólo se basa en inferencias. La Biblia no dice quiénes serán los dos testigos. Lo que sí se puede afirmar exegéticamente es que los dos testigos serán dos individuos escogidos y dotados por Dios para realizar un ministerio especial durante los días críticos de la segunda mitad de la septuagésima semana de Daniel 9:27. Si la tesis de que los dos testigos son Elías y Moisés es correcta, mucho más importante son las lecciones que pueden aprenderse del carácter de su ministerio. Moisés ministró en un tiempo en que Israel se encontraba en un estado de miseria y esclavitud. Elías profetizó cuando el baalismo satánico reinaba supremo en Israel y el número de los verdaderos creyentes se redujo a un grupo de 7.000 fieles.

Los dos testigos de Apocalipsis 11:3-6 también desarrollarán sus ministerios en tiempos críticos de la vida de la nación de Israel y del mundo en general. Al igual que ocurrió con Moisés y Elías, estos dos testigos serán instrumentos divinos para ejecutar la voluntad de Dios. Moisés se enfrentó al Faraón de Egipto en el nombre de Dios y lleno del poder del Señor. Elías se enfrentó al rey Acab y a los profetas de Baal. Si Moisés y Elías fueron individuos reales e históricos, no existe razón exegética sobre la cual basar la hipótesis de que los dos testigos de Apocalipsis 11 son personajes simbólicos que representan a la iglesia, ya sea en todo o en parte.

El ministerio de los dos testigos durará **«mil doscientos sesenta días».** Ese período de tiempo se corresponde con los 42 meses durante los cuales la ciudad de Jerusalén será pisoteada por los gentiles (Ap. 11:2). Es probable que el ministerio de los dos testigos y el dominio gentil sobre la ciudad de Jerusalén coincidan.[67] Aunque hay quienes creen que el mencionado período de tiempo se refiere a la primera mitad de la tribulación,[68] parece ser más congruente entender que la referencia es a la segunda mitad de esos siete años. Será durante los tres años y medio finales cuando el Anticristo ejercerá dominio sobre la ciudad de Jerusalén. Será en el medio de la semana de años que «un príncipe que ha de venir» (Dn. 9:26) quebrantará su pacto con la nación de Israel (Dn. 9:27). Eso sucederá cuando el Anticristo ha llegado al cenit de su carrera. Pablo dice lo siguiente respecto al Anticristo: «El cual se opone y se levanta contra todo lo que se llama Dios o es objeto de culto; tanto que se sienta en el templo de Dios como Dios, haciéndose pasar por Dios» (2 Ts. 2:4).

Como era típico de los profetas del Antiguo Testamento en tiempo de crisis, los dos testigos aparecerán **«vestidos de cilicio»** (véanse Is. 20:2; 22:12; Jer. 4:8; Zac. 13:3). El cilicio era una tela áspera hecha de pelo de cabras. Su color negro se prestaba para señalar luto o endecha. «Ocasionalmente los profetas a veces lo llevaban como símbolo del arrepentimiento que predicaban.»[69] Los dos testigos de Apocalipsis 11:3 están vestidos de cilicio como señal de la necesidad de arrepentimiento de parte de aquellos a quienes dirigen su testimonio. Pero, además, «señala su lamento causado por la condición de la santa ciudad y la prevalente maldad que existe alrededor de ellos».[70]

11:4

«Estos testigos[71] **son los dos olivos, y los dos candeleros que están en pie delante del Dios de la tierra.»** El profeta Zacarías contempló en visión «un candelabro todo de oro» (Zac. 4:2). Encima del candelabro había un depósito que alimentaba de aceite, a través de siete tubos, a las siete lámparas. Zacarías vio, además, «dos olivos, el uno a la derecha del depósito, y el otro a su izquierda» (4:3). Dichos olivos tienen la virtud de verter «aceite como oro» «por medio de dos tubos de oro». El aceite, sin duda, alimenta las lámparas para que den luz. En los días de Zacarías, los dos olivos representaban a Zorobabel y a Josué. Estos dos hombres representaban el oficio de rey y el de sacerdote. Ambos individuos, Zorobabel y Josué, vivieron en los días del regreso de Israel del cautiverio babilónico. «Su responsabilidad era dirigir la nación bajo Dios en sus asuntos civiles y espirituales para que ésta pudiera ser un testigo adecuado y eficaz a las naciones de la tierra.»[72]

El ministerio de Zorobabel y Josué tenía por objeto hacer que la nación de Israel fuese restaurada a la tierra que Dios prometió a los patriarcas. La misión de los dos testigos de Apocalipsis 11:3, 4 tendrá un objetivo semejante. La figura de los **«dos olivos»** es usada para destacar el carácter del ministerio profético de los dos testigos. El olivo es simbólico del poder del Espíritu Santo. La referencia hecha al pasaje de Zacarías 4, sin duda, subraya el hecho de que el Espíritu Santo tiene una participación vital en el desarrollo de la misión de los dos testigos (véase Zac. 4:6).

Debe observarse también el hecho de que los dos testigos son designados no sólo como «los dos olivos», sino, además, como **«los dos candeleros que están en pie delante del Dios de la tierra».** Ambas metáforas son muy significativas. Los dos testigos serán dotados del poder sobrenatural del Espíritu Santo, desarrollarán el ministerio de alumbrar cual candeleros puestos por Dios para proveer luz espiritual en medio de las tinieblas satánicas que caracterizará el tiempo que dure su ministerio. El testimonio de los dos testigos «no surge por habilidad humana, sino en el poder de Dios».[73] Tal como Zorobabel y Josué fueron llenos del poder del Espíritu Santo para que pudiesen llevar a cabo la obra de la restauración del templo y del culto a Jehová, así los dos testigos serán espiritualmente enriquecidos y dotados de un poder tal vez aún mayor que los capacitará para hacer frente a los ataques más enconados y perversos de los enemigos de Dios. El hecho de que los dos testigos «están en pie delante del Dios de la tierra» apunta hacia la fidelidad del servicio que realizarán. La expresión **«están en pie»** (*hestôtes*) es el participio perfecto, voz activa de *hístemi*. Esta forma verbal sugiere la constancia y la firmeza del ministerio de los dos profetas. La frase **«el Dios de la tierra»** apunta hacia la expresión paralela de Zacarías 4:14, donde el profeta afirma que Josué y Zorobabel (las dos ramas de olivo) «son los dos ungidos que están delante del Señor de toda la tierra». «El Señor de toda la tierra» y «el Dios de la tierra» es una descripción del Rey-Mesías que viene con poder y gloria para establecer su reino de paz y justicia. Los dos testigos dan testimonio de que él es el soberano de toda la tierra y quien quiera entrar en su reino tiene que reconocerlo como único Salvador.

11:5

«Si alguno quiere dañarlos, sale fuego de la boca de ellos, y devora a sus enemigos; y si alguno quiere hacerles daño, debe morir él de la misma manera.» Los dos profetas de Dios serán investidos de poderes sobrenaturales. La frase **«si alguno quiere dañarlos»** (*eí tis autoùs thélei adikéisai*) expresa una condición que asume la realidad de lo que se manifiesta (obsérvese el uso de la partícula *ei* seguida del verbo *thélei* que está en el modo indicativo). El significado de la frase es que habrá quienes intentarán hacerles daño mientras no hayan terminado el ministerio que les ha sido encomendado por Dios.[74] Cualquier deseo manifiesto de agredirles producirá la muerte a quien lo intente. En el caso del profeta Elías (2 R. 1:10), el fuego descendió del cielo y consumió a quienes procuraban la vida del profeta. En el caso de los dos testigos, el fuego sale de sus bocas, algo que seguramente causará asombro a muchos. El verbo **«devora»** (*katesthíei*), es el presente indicativo, voz activa de *katesthío*, que significa «consumir por completo». El efecto del fuego que sale de la boca de los dos testigos será instantáneo y asombroso.

Debe observarse el cambio de modo verbal en la segunda parte del versículo: **«Y si alguno quiere hacerles daño»** (*kaì eí tis theléisei autoùs adikeîsai*). En este caso el verbo «quiere» (*theléisei*) está en el modo subjuntivo, tiempo aoristo. Dicha frase expresa una condicional menos probable. La razón de dicho cambio se debe a que tal vez haya una creciente vacilación de parte de los enemigos de hacer daño a los dos testigos. Quizá, de alguna manera, la muerte de algunos de los opositores sea la causa de la vacilación de otros. La frase: **«debe morir él de la misma manera»** (*hoútôs deî autòn apoktanthêinai*) literalmente significa «así es necesario que él muera» o «así es necesario que él sea matado». El verbo «ser muerto» (*apoktanthêinai*) es un aoristo infinitivo, voz pasiva y sugiere una acción inmediata. Dios juzgará en el acto a quien intente dañar a los dos testigos.

11:6

«Estos tienen poder para cerrar el cielo, a fin de que no llueva en los días de su profecía; y tienen poder sobre las aguas para convertirlas en sangre, y para herir la tierra con toda plaga, cuantas veces quieran.» Si la primera parte del ministerio de los dos testigos recuerda los tiempos de Elías, la segunda parte trae a la memoria el ministerio de Moisés. Elías profetizó durante el reinado del rey Acab. En esa época la nación de Israel vivía en apostasía y abierta rebeldía. Elías se enfrentó con valentía a los profetas de Baal y desafió al mismo rey Acab (véase 1 R. 17—18). Fue Elías quien anunció al rey que por tres años y medio no llovería en la nación de Israel. Los dos testigos de Apocalipsis 11 ejercerán un poder como el que tuvo Elías. También ellos tendrán el poder para **«cerrar el cielo, a fin de que no llueva en los días de su profecía»**. El poder sobrenatural de los dos testigos abarca todo el tiempo que dure su ministerio profético, es decir, tres años y medio.

Además, los dos testigos **«tienen poder sobre las aguas para convertirlas en sangre»**. Moisés fue dotado de un poder semejante, sólo que en el caso de los dos testigos éstos pueden «herir la tierra con toda plaga, cuantas veces quieran». Dios dio a Moisés el poder de herir las aguas del Nilo y las fuentes de agua potable de Egipto (Éx. 7:17-21). Ese hecho, es de esperarse, produjo gran aflicción entre los egipcios. De igual manera, los dos testigos de Apocalipsis 11 tendrán el poder para convertir las aguas en sangre y para causar la presencia de diversas plagas sobre la tierra. A pesar de todo lo que los testigos serán capaces de hacer, tal como sucedió en los días de Elías y Moisés, los hombres inicuos seguirán con sus corazones endurecidos y no se arrepentirán de sus pecados.

En resumen, Dios otorgará a los dos testigos poderes especiales. En primer lugar, les dará poder para cerrar los cielos de modo que no llueva durante tres años y medio (véase el caso de Elías en 1 Reyes 17:1, Lucas 4:25 y Santiago 5:17). En segundo lugar, tendrán el poder para convertir las aguas en sangre (véase lo que Moisés hizo en Egipto, Éx. 7:20). Finalmente, los dos testigos podrán herir la tierra con plagas diversas, cuantas veces quieran. En el caso tanto de Elías como de Moisés ambos actuaban sólo bajo dirección divina. No debe pensarse, sin embargo, que los dos testigos actuarán caprichosamente. Recuérdese que estarán vestidos de cilicio, que simboliza luto. Su ministerio es una prueba de la gracia de Dios, quien muestra su misericordia en medio del juicio, llamando a los hombres al arrepentimiento.

11:7

«**Cuando hayan acabado su testimonio, la bestia que sube del abismo hará guerra contra ellos, y los vencerá y los matará.**» La expresión «**cuando hayan acabado**» (*hótan telésôsin*) denota un tiempo futuro determinado.[75] Los dos testigos completarán la tarea que les fue asignada soberanamente por Dios. Hasta que no lleven su testimonio al destino establecido por Dios, los testigos son inmortales y nadie les puede dañar.

Después que hayan acabado su testimonio «**la bestia que sube del abismo hará guerra contra ellos, y los vencerá y los matará**». Esta es la primera vez que el apóstol Juan menciona a «la bestia» (*to theiríon*). Sin duda, es una referencia al Anticristo de los postreros días. El vocablo es muy apropiado para describir a dicho personaje. Como observa el profesor Thomas:

> *Theiríon* es un término que designa a un animal de presa, uno que posee un apetito voraz, un carnívoro semejante a un león o a una pantera. Describe a un ser sutil de violencia irracional que actúa según su propia cruel naturaleza.[76]

El apóstol declara el origen de la bestia cuando dice «**que sube del abismo**». Su lugar de procedencia es el mismo caos o «abismo». De allí procede el ejército de seres infernales descrito en Apocalipsis 9. De manera que la bestia no sólo es un ser feroz en cuanto a su naturaleza, sino que, además, su origen es demoniaco e infernal. La bestia será un individuo especialmente capacitado por el mismo Satanás, quien aparecerá en el escenario de la historia de manera inconspicua pero, a la postre, se engrandecerá y ejercerá hegemonía sobre los pueblos de la tierra, particularmente durante la segunda mitad de la gran tribulación.[77]

La bestia «**hará guerra**», es decir, lanzará una campaña de exterminio completo contra los dos testigos.[78] Es probable que el aparente éxito obtenido sobre los dos testigos constituya una de las causas principales de la popularidad del Anticristo. La humanidad inicua aplaudirá la victoria de la bestia y lo reconocerá como un héroe y líder a quien seguir. Los verbos «**vencerá**» (*nikéisei*) y «**matará**» (*apoktenêi*) son futuros de indicativo y expresan la realidad del acontecimiento. Ambos verbos apuntan al cumplimiento de la profecía de Daniel 7:21. Los moradores de la tierra consideraban a los dos testigos como sus enemigos públicos, puesto que habían sido afligidos por el ministerio de éstos. Ahora reconocen al Anticristo como amigo y rey sobre ellos por haber derrotado a los dos testigos.

11:8

«Y sus cadáveres estarán en la plaza de la gran ciudad que en sentido espiritual se llama Sodoma y Egipto, donde también nuestro Señor fue crucificado.» La bestia y sus seguidores desean demostrar que su victoria sobre los dos testigos es rotunda. De ahí que permitan (o quizá ordenen) que los cadáveres de los profetas sean públicamente exhibidos como prueba de desprecio y venganza contra ellos. «La peor humillación perpetrada contra una persona en aquella cultura era dejarla insepulta después de la muerte.»[79]

Los cadáveres de los dos testigos serán expuestos **«en la plaza de la gran ciudad que en sentido espiritual se llama Sodoma y Egipto».** Algunos expositores alegorizan este trozo del versículo y se niegan a admitir que la referencia sea a una ciudad concreta. Un ejemplo de ese tipo de interpretación es Leon Morris, quien dice:

> La «gran ciudad» es toda ciudad y ninguna ciudad. Es el hombre civilizado en una comunidad organizada.[80]

Tal alegorización, sin embargo, es del todo innecesaria. El ministerio de los dos testigos, como el pasaje claramente demuestra, tiene lugar en Jerusalén.[81] Además, el texto afirma que los sustantivos Sodoma y Egipto se usan para describir la condición espiritual de «la gran ciudad», pero que la referencia es al sitio «donde también nuestro Señor fue crucificado».

La metáfora de **«Sodoma y Egipto»** es apropiada si se tiene en cuenta de que Sodoma apunta a lo más profundo de la degradación moral (véanse Gn. 18:20; Dt. 32:30-33; Is. 1:9, 10; Jer. 23:1; Ez. 16:46, 53), mientras que Egipto, en la mente judía, es sinónimo de opresión inmisericorde y esclavitud despiadada. El uso de dicha metáfora indica que los habitantes de Jerusalén han sobrepasado el colmo de la iniquidad y la soberbia. No hay fundamento exegético que apoye otro significado que no sea la ciudad de Jerusalén. Fue allí donde el Señor Jesucristo fue crucificado. También allí estará el templo de los postreros días. Además, será en la ciudad de Jerusalén donde los dos testigos realizarán su ministerio. Debe añadirse, también, que el Anticristo se apoderará de dicha ciudad y por tres años y medio intentará hacer que todo el mundo lo adore. Como se ha señalado en repetidas ocasiones, una interpretación normal del Apocalipsis es, sin duda, la más adecuada. La ciudad descrita en Apocalipsis 11:8 no es otra sino la ciudad de Jerusalén.

11:9

«Y los de los pueblos, tribus, lenguas y naciones verán sus cadáveres por tres días y medio, y no permitirán que sean sepultados.» La profanación de los cadáveres[82] de los dos testigos es efectuada por un conglomerado humano descrito como **«pueblos»**, **«tribus»**, **«lenguas»** y **«naciones»**. Evidentemente, la referencia es a los gentiles que ejercerán dominio sobre la ciudad de Jerusalén durante la segunda mitad de la tribulación. Los **«tres días y medio»** mencionados tienen que ver con el tiempo que dura la profanación de los cadáveres de los dos testigos y no guardan relación alguna con los tres años y medio que dura la segunda mitad de la tribulación.

La humanidad inicua tratará con increíble menosprecio a los siervos de Dios. Harán que sus cuerpos sean exhibidos en una plaza pública, al descubierto, sometiéndoles al grado máximo de humillación. Henry Barclay Swete hace la siguiente observación:

El deleite de los espectadores es representado de modo tanto diabólico como infantil; no sólo dejan los cuerpos sin enterrar, sino que se niegan a permitir que los amigos de los mártires los entierren. Además, celebran su victoria proclamando día de fiesta y enviándose regalos.[83]

El texto griego sugiere que habrá una representación de los habitantes de la tierra (*ek tôn laôn kaì phylôn kaì glôsôn kaì ethnôn*) presente en la ciudad de Jerusalén que por un período de tres días y medio desfilarán frente a los cadáveres de los dos testigos.[84] En un acto de ignominia, «los moradores de la tierra» «no permiten» (*ouk aphíousin*) que los cadáveres de los dos siervos de Dios reposen debidamente en una tumba. Sin duda, los moradores de la tierra creen haber alcanzado una decisiva victoria sobre sus enemigos.

11:10

«Y los moradores de la tierra se regocijarán sobre ellos y se alegrarán, y se enviarán regalos unos a otros; porque estos dos profetas habían atormentado a los moradores de la tierra.» Probablemente, la expresión **«los moradores de la tierra»** incluye a gente que vive fuera de Jerusalén.[85] La celebración a causa de la muerte de los dos testigos tendrá un carácter mundial. Obsérvese los verbos usados para describir la festividad organizada por «los moradores de la tierra»: (1) **«Se regocijarán»** (*chaírousin*), que es el presente indicativo, voz activa de *chairô*, que significa «gozarse», «regocijarse». El tiempo presente sugiere una acción continua y el modo indicativo señala la realidad de dicha acción. Los habitantes de la tierra permanecerán en un estado de regocijo durante el tiempo que contemplan los cadáveres de los dos testigos. (2) **«Se alegrarán»** (*euphraínontai*), es el presente indicativo, voz media de *euphraínô*. Este verbo expresa el estado mental y emocional de la gente que disfruta al comprobar que los dos profetas están muertos. La muerte de los dos testigos produce en los habitantes de la tierra «un entusiasmo jubiloso por el cese de la actividad de los dos profetas».[86] (3) **«Y se enviarán regalos unos a otros»** (*kaì dôra pénpsousin alleílois*). La perversidad de los enemigos de Dios y de sus siervos llegará a tal extremo que se congratulan unos a otros mediante el envío de regalos (*dôra*) como demostración de su incontenible alegría por la muerte de los dos testigos.

La humanidad inicua piensa que la destrucción de los dos testigos ha puesto fin a uno de los problemas más serios que tenían delante, ya que aquellos dos siervos de Dios les atormentaban (*ebasónisan*) al denunciar sus pecados. Como señala Walvoord:

Un profeta justo es siempre un tormento para una generación perversa. Los dos testigos son un obstáculo para la iniquidad, la incredulidad y el poder satánico prevaleciente en aquel tiempo.[87]

Los hombres perversos celebran efusivamente la muerte de los dos testigos. Piensan que han obtenido una rotunda victoria, incluso sobre el mismo Dios. De cierto ignoran que el Dios del cielo tiene control absoluto sobre todas las cosas y que nadie puede impedir el desarrollo de su plan y el cumplimiento de su voluntad.

11:11

«Pero después de tres días y medio entró en ellos el espíritu de vida enviado por Dios, y se levantaron sobre sus pies, y cayó gran temor sobre los que los vieron» La alegría de los habitantes de la tierra fue de corta duración porque

«después de tres días y medio» (*metà tàs treîs heiméras kaì héimisy*)[88] el Dios del cielo intervino soberanamente e hizo que el espíritu de vida que procede de Dios entrase en los dos testigos. Apocalipsis 11:11 trae a la memoria la profecía de Ezequiel 37:10: «Y profeticé como me había mandado, y entró espíritu en ellos, y vivieron, y estuvieron sobre sus pies; un ejército grande en extremo.» En Ezequiel 37, el profeta tuvo la visión de los huesos secos que reciben vida cuando el Espíritu de Dios sopla sobre ellos. De esa misma manera, Dios soplará espíritu de vida en los cuerpos de los dos testigos y estos serán vivificados.

Obsérvese el verbo **«entró»** (*eiseîlthen*). Este es el segundo aoristo, modo indicativo, voz activa de *eisérchomai*. El tiempo aoristo sugiere una acción puntual y el modo indicativo señala la realidad de dicha acción. En el versículo anterior, Juan usa dos verbos en tiempo presente (regocijan y alegran) y uno en futuro (enviarán). Aquí, sin embargo, usa el tiempo aoristo, sugiriendo que «la profecía se ha convertido en realidad».[89] El apóstol Juan destaca el hecho de que los dos testigos **«se levantaron sobre sus pies»** (*ésteisan epì toùs pódas autôn*) como evidencia de que estaban vivos. La reacción de la humanidad se expresa de manera dramática: **«Y cayó gran temor sobre los que los vieron.»** Es de suponerse que la resurrección de los dos testigos tiene lugar a la vista de la gente. Van a la plaza a contemplar dos cadáveres pero, de pronto, inesperadamente, los cuerpos de los dos testigos comienzan a levantarse sobre sus pies y los que lo vieron se llenan de pánico y de terror. Seguramente todos son sorprendidos por aquel acontecimiento insólito e inesperado. Pensaban que la muerte de los dos testigos a manos de la bestia (11:7) sería el fin de aquellos dos profetas que habían causado tormento con sus predicaciones a los moradores de la tierra. Los dos testigos habían sido asesinados para hacerlos callar, pero ahora la humanidad carece de recursos contra ellos.[90] Evidentemente, no todos verán a los dos testigos levantarse sobre sus pies, pero todos los que contemplen dicha escena experimentarán un profundo e indescriptible pánico.

11:12

«Y oyeron una gran voz del cielo, que les decía: Subid acá. Y subieron al cielo en una nube; y sus enemigos los vieron.» La voz de los testigos había sido silenciada en la tierra, pero Dios habla desde el cielo con voz potente e inconfundible. La voz de Dios les ordena diciendo: **«Subid acá»** (*anábate hôde*). El verbo «subid» (*anábate*) es el aoristo imperativo, voz activa de *anabaíno*, que significa «subir». El aoristo imperativo sugiere una acción rápida y urgente. La ascensión de los dos testigos, sin embargo, ocurre a la vista de sus enemigos. Es un espectáculo público que todo el que quisiera podía verlo. La resurrección y posterior ascensión de los dos testigos es la reivindicación de que tanto el ministerio que realizaban como sus propias personas tienen de manera incuestionable el sello de la aprobación divina.

Ya en el Antiguo Testamento hombres como Enoc y Elías fueron llevados por Dios al cielo (véanse Gn. 5:24; 2 R. 2:11). En el Nuevo Testamento, se narra la ascensión del Señor Jesucristo (Hch. 1). También en 1 Tesalonicenses 4:17, se menciona el acontecimiento del rapto de todos los que están en Cristo para ser trasladados a la gloria antes que comiencen los juicios de la gran tribulación.[91] El ascenso de los dos testigos (Ap. 11:12), será visto por sus enemigos, es decir, aquellos que se opusieron a su ministerio y luego celebraron la muerte de ellos mediante señales de alegría manifiesta. Es posible que la gente oiga la voz de Dios, ordenando a los testigos a subir al cielo. Pero, aunque no la escuchen, sí verán el acto dramático de la ascensión de ellos y quedarán asombrados y perplejos.

11:13

«En aquella hora hubo un gran terremoto, y la décima parte de la ciudad se derrumbó, y por el terremoto murieron en número de siete mil hombres; y los demás se aterrorizaron, y dieron gloria al Dios del cielo.»

La expresión **«en aquella hora»** (*en ekeínei tei hórai*),[92] sin duda se refiere al acontecimiento de la resurrección de los dos testigos y su ascensión a la presencia de Dios. Este suceso trae a la memoria el hecho de que hubo un terremoto el día de la crucifixión del Señor (véase Mt. 27:50-54). También, la Biblia predice que habrá un gran terremoto que coincidirá con la Segunda Venida de Cristo a la tierra (véanse Ez. 38:19, 20; Zac. 14:4, 5). El fuerte terremoto derrumbará la décima parte de la ciudad (Jerusalén). Eso sólo será un juicio parcial y preliminar. Además, como resultado del terremoto, muere un total de siete mil personas. El texto griego dice «nombres de personas» (*onómata anthrópôn*). Esta expresión podría sugerir el hecho de que Dios divinamente selecciona a los que padecen esta catástrofe por ser los principales instigadores de la oposición contra los dos testigos.

Un resultado significativo de lo que ha de acontecer es el hecho de que el resto de las personas (*hoi loipoì*), es decir, los demás habitantes de la ciudad, se llenan de pánico (*émphoboi egénonto*). La expresión **«se aterrorizaron»** que aparece en la Reina-Valera 1960, según el texto griego, sugiere un cambio brusco de actitud. Sienten una intensa consternación y un profundo temor. Es probable que la dramática situación por la que han de atravesar en los postreros días lleve a muchos a un sincero arrepentimiento de sus pecados y a experimentar el nuevo nacimiento por la fe en el Mesías. La frase **«y dieron gloria al Dios del cielo»** (*kaì édokan dóxan toî theoî toû ouranoû*) sugiere un reconocimiento de la soberanía de Dios.[93] Es factible, pues, que ante la tremenda crisis causada por la intervención sobrenatural de Dios, muchos seres humanos se vuelvan a Él y, por la fe, acepten la salvación que el Mesías da a todo aquel que cree (Jn. 6:47).

La expresión el **«Dios del cielo»** es una fórmula usada en el Antiguo Testamento con el fin de distinguir al Dios verdadero y separarlo de los dioses paganos. Los habitantes de Jerusalén serán conmovidos tanto por la resurrección y ascensión de los dos testigos como por el terremoto y sus secuelas, hasta el punto de diferenciar al «Dios del cielo» de los dioses paganos. Si bien es posible que los sobrevivientes del terremoto genuinamente se arrepientan y busquen la salvación, existe la duda de que una humanidad endurecida por el pecado y en flagrante rebeldía contra Dios pudiese cambiar tan radicalmente. No obstante, la gracia de Dios siempre sobreabunda donde el pecado abunda (Ro. 5:20*b*).

11:14

«El segundo ay pasó; he aquí, el tercer ay viene pronto.» En Apocalipsis 8:13, un ángel proclama a gran voz, diciendo: «¡Ay, ay, ay, de los que moran en la tierra, a causa de los otros toques de trompeta que están para sonar los tres ángeles!» Esos toques de trompeta anuncian juicios extremadamente severos contra los moradores de la tierra que hacen de la iniquidad sus prácticas habituales. El primero de los tres terribles ayes tiene que ver con los acontecimientos narrados en Apocalipsis 9:1-11. El segundo ay aparece relacionado con el toque de la sexta trompeta y los sucesos descritos en Apocalipsis 9:13-21. El trozo comprendido entre Apocalipsis 10:1 al 11:14 es una especie de interludio entre la sexta y la séptima trompetas. De modo que exegéticamente el segundo ay termina en Apocalipsis 9:21.

En Apocalipsis 11:14, se anuncia que el segundo ay ya ha pasado (9:13-21), pero, además, se advierte que el tercero y último de los ayes **«viene pronto»** (*érchetai tachy*). El verbo «viene» (*érchetai*) es el presente indicativo, voz activa de *érchomai*. Este verbo se usa aquí con función de futuro. El tiempo presente sugiere la inminencia de la acción y el modo indicativo la realidad de la misma. El adverbio «pronto» (*tachy*) señala la velocidad de la ejecución de la acción a partir de su comienzo.

Debe tenerse presente que la séptima y última trompeta contiene los juicios de las siete copas. Esos juicios acompañarán la segunda venida de Cristo a la tierra. Dichos juicios se caracterizarán por su severidad y fulminante ejecución. Con ellos se consumará la ira de Dios.

RESUMEN Y CONCLUSIÓN

En este capítulo se ha dado consideración a los juicios de las siete trompetas. Esta es la segunda serie de juicios que ha de afectar a los moradores de la tierra. Habrá en los postreros días una generación de hombres y mujeres entregados a la adoración del mismo Satanás. Serán personas sin inclinación alguna hacia el Dios soberano. Dios utilizará a los mismos demonios para juzgar a esa generación de incrédulos. A pesar de esos juicios y sus consecuencias, los moradores de la tierra continúan en su idolatría y no se arrepienten de sus pecados (Ap. 9:20, 21).

Entre los acontecimientos de la sexta y de la séptima trompetas hay un interludio que abarca desde Apocalipsis 8:1 al 11:14. En ese trozo, Dios anuncia que no habrá más dilación de sus juicios (8:6). A pesar de la intervención judicial de Dios, su gracia y misericordia no disminuyen. En 10:11, el Señor ordena a Juan a seguir profetizando a las naciones de la tierra. El ministerio profético en este caso tiene que ver con el anuncio de la inminente venida del reino y la necesidad del arrepentimiento y la fe en el Mesías para poder entrar en este reino.

También Dios ordena la presencia de dos testigos en la ciudad de Jerusalén. Aunque no se identifica el nombre de dichos testigos, sí se da a entender algo de la naturaleza de sus ministerios. Esos dos hombres harán señales y milagros semejantes a los efectuados por Moisés en Egipto y por Elías en tiempos de Acab. El ministerio de dichos testigos dura tres años y medio. Cuando acaban la tarea que Dios les encomienda, sufren martirio a manos del Anticristo. Los moradores de la tierra festejan la muerte de los testigos y asumen que los siervos de Dios han sido vencidos. Sin embargo, Dios los restaura a la vida y los traslada al cielo. Simultáneamente con el ascenso al cielo de los dos testigos tiene lugar un terremoto que destruye la décima parte de la ciudad de Jerusalén y causa la muerte a siete mil personas. Los sobrevivientes se ven forzados a dar gloria al Dios del cielo. Aunque podría ser una expresión de arrepentimiento genuino, es posible que sólo sea un acto superficial sin significado salvador de clase alguna. Lo que sí es evidente es que el Dios del cielo, soberano sobre todas las cosas, ha de consumar su plan eterno tal como lo anuncia su Palabra.

NOTAS

1. A.T. Robertson, *Word Pictures,* vol. VI, p. 370.
2. Véase Robert L. Thomas, *Revelation 8—22,* p. 59.
3. Alan F. Johnson, «Revelation», p. 497.
4. J. Massyngberde Ford, «Revelation», p. 163.
5. Robert L. Thomas, *op. cit.*, p. 60.
6. El vocablo griego *éteros* se usa para indicar «otro de una clase diferente».
7. Véase G. Braumann, «Strength, Force, Horn, Violence, Power», *The New International Dictionary of New Testament Theology*, vol. 3, pp. 711-718.

8. J. Massyngberde Ford, *op. cit.*, p. 157.
9. *Ibid.*, p. 158.
10. Robert L. Thomas, *Ibid.*, p. 61.
11. G.B. Caird, «The Revelation of Saint John», *Black's New Testament Commentaries*, p. 125.
12. Juan usa la figura de dicción llamada símil cuando dice que el rostro del ángel fuerte era «como el sol». El ser humano está familiarizado con el resplandor deslumbrante del llamado «astro rey».
13. J. Massyngberde Ford, *op. cit.*, p. 162.
14. *Ibid.*
15. *Ibid.*, p. 158. Véase también A. T. Robertson, *Word Pictures*, vol. VI, p. 371.
16. John F. Walvoord, *The Revelation of Jesus Christ*, p. 170.
17. Véase Robert L. Thomas, *Revelation 8—22*, p. 63. Véase también Henry Barclay Swete, *Commentary on Revelation*, pp. 126-129, quien dice: «El rollo pequeño abierto contiene sólo un fragmento del gran propósito que estaba en la mano de Dios, un fragmento maduro para su revelación.»
18. Robert L. Thomas, *op. cit.*, p. 63. Leon Morris observa que el rollo «abierto contempla la sugerencia de permanencia» (Leon Morris, «Revelation», p. 137).
19. Alan F. Johnson, «Revelation», p. 496. Véase también G.B. Caird, «The Revelation of Saint John», p. 126.
20. Robert L. Thomas, *op. cit.*, p. 64.
21. J. Massyngberde Ford, «Revelation», p. 159.
22. John F. Walvoord, *op. cit.*, p. 171.
23. Leon J. Wood, *A Commentary on Daniel*, p. 323.
24. Véase William F. Arndt y F. Wilbur Gingrich, *A Greek-English Lexicon of the New Testament and Other Early Christian Literature*, p. 896.
25. Leon Morris, «Revelation», p. 140.
26. Véanse Robert H. Mounce, «The Book of Revelation», p. 210; John F. Walvoord, *The Revelation of Jesus Christ*, p. 171; William R. Newell, *Revelation: Chapter-by-Chapter*, p. 143; Charles C. Ryrie, *Apocalipsis*, p. 69; Robert L. Thomas, *Revelation 8—22*, p. 68.
27. E.W. Bullinger, *Commentary on Revelation*, p. 339.
28. *Ibid.*, p. 340.
29. James A. Brooks y Carlton L. Winbery, *Syntax of the New Testament Greek*, p. 103. Véase también Fritz Rienecker, *A Linguistic Key to the New Testament*, vol. 2, p. 489. Robert L. Thomas observa que: «Los días, aunque futuros, son tan distintivamente presentes en su mente que usa un aoristo indicativo en vez de un futuro indicativo» (*op. cit.*, p. 70).
30. William R. Newell, *op. cit.*, p. 143.
31. Hay quienes entienden que el misterio es la derrota de Satanás. Otros sugieren que se refiere al nacimiento de Cristo. También hay quienes entienden que es el propósito total de Dios con relación al mundo (véase J. Massyngberde Ford, «Revelation», p. 160).
32. Véase George Eldon Ladd, *A Commentary on the Revelation of John*, p. 146.
33. Véase John F. Walvoord, *The Revelation of Jesus Christ*, p. 173.
34. Véase Robert H. Mounce, «The Book of Revelation», p. 213.
35. Véase A.T. Robertson, *Word Pictures*, vol. VI, pp. 373, 374. Robertson señala que *legôn* («diciendo») precede al verbo «diese» (*doûnai*) que es el aoristo segundo de *didômai* y adquiere la función de un mandado indirecto. Es decir, Juan requirió del ángel que le diese el rollo pequeño.

36. Para una explicación de la función del aoristo efectivo, véase Maximilian Zerwick, *Biblical Greek*, p. 82.
37. No hay razón teológica ni exegética para alegorizar el significado ni la acción de comer el rollo de parte del apóstol.
38. Fritz Rienecker, *Linguistic Keys*, vol. 2, p. 489. Véase también J. Massyngberde Ford, «Revelation», p. 160; Robert H. Mounce, «The Book of Revelation», p. 217.
39. Véase Robert L. Thomas, *Revelation 8—22*, p. 74.
40. *Ibid.*
41. *Ibid.*
42. Véase J. Massyngberde Ford, «Revelation», p. 168.
43. John F. Walvoord, *op. cit.*, p. 176.
44. Ford, *op. cit.*, p. 168.
45. Robert H. Mounce, «The Book of Revelation», p. 219.
46. Véase José Grau, *Estudios sobre Apocalipsis*, p. 185.
47. Véase George Eldon Ladd, *A Commentary on the Revelation of John*, p. 150.
48. Robert L. Thomas, *op. cit.*, p. 82.
49. José Grau, *op. cit.*, p. 185.
50. Leon Morris, «Revelation», p. 146.
51. *Ibid.*, p. 81.
52. Henry Barclay Swete, *Commentary on Revelation*, p. 132.
53. Véase A.T. Robertson, *Word Pictures*, vol. VI, p. 377.
54. Véase Fritz Rienecker, *Linguistic Key*, vol. 2, p. 490.
55. *Ibid.*, p. 83.
56. Henry Barclay Swete, *Commentary on Revelation*, p. 132.
57. Véase Leon Morris, «Revelation», p. 146.
58. G.B. Caird, «The Revelation of Saint John», p. 132.
59. Hay quienes argumentan que Jerusalén fue destruida en el año 70 d.C., es decir, 25 años antes de que Juan escribiese el Apocalipsis. De ahí concluyen que Juan no puede referirse a una Jerusalén terrenal en 11:2. Los que así piensan, pasan por alto el hecho de que la profecía bíblica establece que la ciudad de Jerusalén existirá en los días finales, cuando el Señor regrese por segunda vez (véase Zac. 14:1-9). Una vez más, debe ponerse sumo cuidado en la interpretación de las Escrituras. Es de suma importancia evitar la alegorización, entre otras cosas porque es un método sin control. La alegorización permite que hayan tantas interpretaciones de un pasaje como intérpretes del mismo. Sólo una hermenéutica normal, contextual, que tome en cuenta el uso correcto del lenguaje figurado sin caer en el laberinto del alegorismo, puede hacer justicia al significado de la Palabra de Dios.
60. Véanse J. Massyngberde Ford, «Revelation», p. 170; José Grau, *Estudios sobre Apocalipsis*, pp. 185-190.
61. A.T. Robertson, *Word Pictures*, vol. VI, p. 377.
62. El sustantivo «testigo» (*mártys*) aparece 5 veces en el Apocalipsis y 35 veces en todo el Nuevo Testamento. Este vocablo significa «uno que da testimonio de una verdad». Aunque el término mártys es la raíz de donde se ha tomado la palabra castellana «mártir», no es correcto decir que «testigo» equivale a «mártir». «La idea de sufrir implicada en dar testimonio de la fe personal hasta el punto de la muerte y la alta estima hacia el martirio estaban extendidas en el judaísmo... Sin embargo, debe destacarse que vocablos tales como *mártys*, *martyría* o *martyréo* e incluso *martyrion*, manifiestamente nunca fueron usados

con referencia a tales héroes de la fe» (*The New International Dictionary of New Testament Theology*, vol. 3, p. 1042).

63. Véase A.T. Robertson, *Word Pictures,* vol. VI, p. 490.
64. *Ibid.*, p. 223. Un punto de vista parecido es el de José Grau, quien dice: «Sólo una parte de la Iglesia es la representada por los dos testigos» (*Estudios sobre Apocalipsis*, p. 191).
65. Para una discusión de este tema, véase Robert L. Thomas, *Revelation 8—22*, pp. 86-89.
66. Véase John F. Walvoord, *The Revelation of Jesus Christ*, pp. 178, 179.
67. Véase E.W. Bullinger, *Commentary on Revelation*, p. 353.
68. Charles C. Ryrie, *Apocalipsis*, p. 73.
69. John A. Thompson, «Cilicio», en *Nueva diccionario bíblico*, p. 248.
70. Robert L. Thomas, *op. cit.*, p. 89.
71. En el texto griego dice: «Estos son los dos olivos, y los dos candeleros...» Bullinger observa que el verbo «son» (*eisin*), en el contexto de Apocalipsis 11:4, significa «representan» (véase E.W. Bullinger, *Commentary on Revelation*, pp. 354, 355).
72. Merrill F. Unger, *Zechariah* (Grand Rapids: Zondervan Publishing House, 1963), p. 73.
73. John. F.Walvoord, *op. cit.*, p. 180.
74. A.T. Robertson, *Word Pictures,* vol. VI, pp. 378, 379.
75. Véase Sebastián Cirac Estopañan *Manual de gramática histórica griega*, p. 385.
76. *Ibid.*, p. 92.
77. Véase Evis L. Carballosa, *El dictador del futuro*, pp. 24, 25, 30, 31, 47, 48, 71-76.
78. Parecería ridículo realizar una campaña militar sólo contra dos personas. Pero dadas las capacidades y los poderes sobrenaturales de los dos testigos, el Anticristo sabe que una victoria sobre ellos levantará su prestigio y reputación. En efecto, la victoria física de la bestia sobre los testigos hará que la humanidad lo aclame como un gran héroe.
79. Robert L. Thomas, *op. cit.*, p. 93; véase también, William Barclay, *The Revelation of John*, vol. 2, p. 72.
80. *Ibid.*, p. 150.
81. Véase John F. Walvoord, *The Revelation of Jesus Christ*, p. 181.
82. En el texto original, el vocablo «cadáveres» (*to ptôma*) es singular, igual que en 11:8. Pero en 11:9, el término «cadáveres» aparece dos veces, la segunda vez es plural (*ta ptôma*). La traducción sería así: «Y [aquellos] de los pueblos, tribus, lenguas y naciones ven el cadáver de ellos [por] tres días y medio y no permiten que sus cadáveres sean puestos en una tumba.» Swete dice que el plural es usado en referencia al enterramiento de sus cuerpos, en los que un trato separado es necesario (pp. 138, 139).
83. *Ibid.*, p. 138.
84. El verbo traducido «verán» (*blépousin*) está en el presente de indicativo en el texto griego. Dicha forma verbal tiene una función dramática y descriptiva de la actitud de quienes han de contemplar los cuerpos muertos de los dos testigos.
85. La frase «los moradores de la tierra» (*hoi katoikoûntes ei teîs geîs*) es una expresión apocalíptica, usada para describir al mundo inconverso de los postreros tiempos (véase Ap. 3:10; 6:10; 8:13; 11:10; 13:8, 12, 14; 17:8). En el contexto de Apocalipsis 11, sin duda, se refiere a los mismos mencionados en 11:9.

86. A.T. Robertson, *Word Pictures,* vol. VI, p. 382.

87. *Ibid.*, p. 182.

88. Debe notarse el uso del artículo determinado (*tàs*) en esta frase. Literalmente dice: «Después de los tres días y medio.» El artículo determinado «los» (*tàs*) apunta a los mismos «tres días y medio» mencionados en 11:9.

89. A.T. Robertson, *op. cit.*, vol. VI. Véase también Robert L. Thomas, *Revelation 8—22,* pp. 96, 97.

90. Robert H. Mounce, «The Book of Revelation», p. 228.

91. El ascenso de los dos testigos no guarda relación directa con el rapto de la iglesia. La iglesia será arrebatada antes de que comiencen los juicios de la gran tribulación, es decir, antes de que se manifieste el «día del Señor» escatológico (véase 2 Ts. 2:1-4). El ministerio de los dos testigos tiene lugar durante la segunda mitad de la tribulación, o sea, mucho después de que el rapto de la Iglesia haya tenido lugar.

92. La versión Reina-Valera 1960 omite la conjunción *kaì* («y») al principio de la frase. La lectura correcta debe ser: «Y en aquella hora...»

93. Algunos comentaristas dudan de que la frase «y dieron gloria al Dios del cielo» signifique una muestra de arrepentimiento que conduzca a la fe en Cristo. Se citan los casos de los magos en Egipto que reconocieron que Dios estaba actuando, pero no se arrepintieron (Éx. 8:19). Hay un buen número de casos tanto en el Antiguo Testamento como en el Nuevo donde «dar gloria a Dios» demuestra una reacción espiritual positiva (véanse Jos. 7:19; 1 S. 6:5; Is. 42:2; Jer. 13:16; Lc. 17:18; Jn. 9:24; Hch. 12:23).

11

La séptima trompeta y la preparación para los juicios de las copas (11:15-19)

INTRODUCCIÓN

La séptima trompeta trae consigo los acontecimientos relacionados con el tercer y último ay de los juicios. El toque de la séptima trompeta produce el solemne anuncio de la venida en gloria de Jesucristo a tomar posesión del reino de del mundo. La segunda venida del Señor Jesucristo vendrá acompañada de los juicios de las siete copas. Dichos juicios habrán de consumar «el misterio de Dios» (Ap. 10:7). El Señor derrotará de manera decisiva a todos sus enemigos. La hegemonía gentil encabezada por el Anticristo será aplastada. Los moradores de la tierra reciben el último llamado de parte de Dios a reconocer al Mesías antes de la consumación de los juicios de las copas. Esta es, por lo tanto, una sección sensiblemente dramática del Apocalipsis.

Bosquejo

1. **El toque de la séptima trompeta (11:15)**
   1.1. El anuncio de la venida del Mesías (11:15)
       1.1.1. La anticipación de la inauguración del reino (11:15*a*)
       1.1.2. El anuncio de la permanencia del reino (11:15*b*)
2. **La adoración de los veinticuatro ancianos (11:16, 17)**
   2.1. Los ancianos se postran y adoran a Dios (11:16)
   2.2. Los ancianos expresan gratitud a Dios por la consumación de su plan respecto al reino (11:17)
3. **Los ancianos mencionan los acontecimientos relacionados con el anuncio de la venida del Señor (11:18)**
   3.1. Las naciones manifiestan ira contra Dios (11:18*a*)
   3.2. La ira de Dios viene en su carácter final (11:18*b*)
   3.3. La ejecución del juicio final tendrá lugar (11:18*c*)
   3.4. Dios ha de repartir galardones (11:18*d*)
       3.4.1. Los que han servido a Dios serán galardonados

3.4.2. Los santos serán galardonados

3.4.3. Todos los temerosos de Dios serán galardonados

3.5. Dios ha de dar justo castigo a los que destruyen la tierra (11:18e)

4. La visión del arca del pacto como señal de la fidelidad de Dios en el cumplimento de su propósito (11:19)

5. Resumen y conclusión

NOTAS EXEGÉTICAS Y COMENTARIOS

Apocalipsis 11:15-19 presenta un resumen de los acontecimientos relacionados con la venida de Cristo en gloria para tomar posesión del gobierno de la tierra. Los tiempos de los gentiles llegarán a su fin y el reino del Anticristo será derrotado por el Mesías que viene a tomar posesión de lo que por derecho le pertenece. Después que se cumpla el preámbulo histórico del reinado del Mesías, su reino se unirá al dominio eterno de Dios y continuará por los siglos de los siglos. Los versículos que serán estudiados a continuación presentan un sumario de lo que ocurrirá cuando el Señor venga para inaugurar su reino.

11:15

«El séptimo ángel tocó la trompeta, y hubo grandes voces en el cielo, que decían: Los reinos del mundo han venido a ser de nuestro Señor y de su Cristo; y él reinará por los siglos de los siglos.» Después del interludio de 10:1 al 11:14, el apóstol Juan recibe la revelación con la que se reanudan los juicios de las trompetas. Como se ha señalado anteriormente, la séptima trompeta contiene los juicios de las siete copas que acompañan la segunda venida de Cristo a la tierra.

Con el sonido de la trompeta del séptimo ángel se produce el majestuoso anuncio de que el Señor viene a tomar posesión de su reino. La frase **«y hubo grandes voces en el cielo»** revela que la escena descrita es celestial. El verbo «hubo» (*egénonto*) está en el tiempo aoristo y sugiere una acción súbita y que a la vez contrasta con el silencio que se produce con la apertura del séptimo sello en Apocalipsis 8:1. La expresión «grandes voces» (*phônaì megálai*) describe un acto apropiado para un acontecimiento tan significativo como es el anuncio de que el reino del mundo pasa a ser el reino del Señor y de su Mesías.

Las voces se escuchan **«en el cielo»** (*en toî ouranoî*) aunque anuncian un acontecimiento que se relaciona directamente con la tierra. El texto no dice cuál es el origen de las voces, pero lo más probable ese que procedan de los tres grupos de seres angelicales que rodean el trono celestial. John F. Walvoord explica lo siguiente:

> En contraste con casos anteriores donde una solitaria voz hace el anuncio, aquí hay una gran sinfonía de voces que cantan el triunfo de Cristo.[1]

Un acontecimiento de importancia tan trascendental es, sin duda, aclamado con gran júbilo por las huestes celestiales. A través del Apocalipsis hay una constante intervención angelical. En los capítulos 4 y 5, como ya se ha señalado, los ángeles están alrededor del trono celestial no sólo realizando ministerios específicos sino también rindiendo alabanzas al Todopoderoso (véase también Ap. 12:10; 19:1-10).[2]

Es importante destacar que los acontecimientos que tendrán lugar como resultado del toque de la séptima trompeta no ocurrirán de manera súbita, sino que ocuparán un período de tiempo de cierta duración (véase Ap. 10:7).[3] De ahí que no deba confundirse «la final trompeta» mencionada en 1 Corintios 15:52 con al séptima trompeta del Apocalipsis.

«La final trompeta» de 1 Corintios 15:52 tiene que ver con la resurrección de los cristianos que hayan muerto y la transformación de los que aún vivan con miras a ser arrebatados a la presencia del Señor. La séptima trompeta del Apocalipsis tiene que ver con los acontecimientos que tendrán lugar durante la conclusión de la Gran Tribulación. La séptima trompeta del Apocalipsis contiene los juicios de las siete copas que serán simultáneos con la venida de Cristo a la tierra a inaugurar el reino mesiánico. La séptima trompeta da lugar a la anticipación de que el Señor tomará posesión del reino. Aunque la conclusión de los acontecimientos es asegurada en el cielo tan pronto como la trompeta comienza a sonar, el reino glorioso del Mesías aún no ha comenzado en la tierra, puesto que los habitantes de la tierra todavía tienen que experimentar algunos de los juicios más terribles del período de la tribulación.

La proclamación celestial afirma, en primer lugar, que **«los reinos del mundo han venido a ser de nuestro Señor y de su Cristo».** En el texto griego dice «el reino» en lugar de «los reinos». El uso del singular «contempla al mundo como una unidad, un reino único y concreto».[4] La declaración destaca el hecho singular y anunciado repetidas veces en el Antiguo Testamento (Dn. 2:31-45; 4:3; 6:26; 7:14, 27; Is. 9:6-7; Zac. 14:9), cuando el Todopoderoso y el Rey-Mesías tomarán posesión del gobierno de la tierra. La expresión «el reino» también subraya la soberanía de una esfera de gobierno unida en su totalidad. Henry Barclay Swete comenta lo siguiente:

> Las palabras sugieren la visión de un imperio mundial, una vez dominado por un poder usurpador, el cual a la postre ha pasado a las manos de su verdadero Dueño y Emperador.[5]

El reino del sistema mundial (*he basileía toû kósmou*) se refiere al sistema organizado del orden mundial, originalmente creado por Dios y centrado en Él, pero que desde la caída hasta este preciso momento del anuncio de Apocalipsis 11:15, ha estado gobernado por Satanás el Usurpador.

La expresión **«han venido a ser»** debe de tomarse en singular: «ha venido a ser» (*egéneto*). Este verbo es el aoristo indicativo, voz media de *gínomai*, usado aquí con función profética. El establecimiento del reino es un hecho tan cierto que se da por realizado. De ahí el uso del aoristo indicativo con función de futuro.

El reino del mundo como sistema vendrá a ser el reino del Señor Dios Soberano y de su Mesías en estricto cumplimiento de las profecías del Antiguo Testamento (véanse Is. 32:1-7; 33:17-22; Ez. 21:26, 27; Dn. 2:35, 44; 7:14, 26, 27; Mi. 4:1-5; Zac. 14:8, 9). La pregunta que muchos se han formulado a través de los siglos respecto a quién es el verdadero soberano del Universo será contestada de forma rotunda cuando la séptima trompeta emita su sonido. El Señor Jesucristo enseñó a sus discípulos a orar diciendo «venga tu reino» (Mt. 6:10). Dicha petición tendrá un cumplimiento literal cuando Cristo venga para tomar posesión de su reino como el Soberano Mesías. Como ha escrito E.W. Bullinger:

> El tema en cuestión tiene que ver con soberanía. Ese es el asunto que ha estado bajo discusión. Y esta cuestión ahora está a punto de resolverse por los juicios finales de las siete copas. El resultado es celebrado en esta visión «en el cielo» en anticipación. Mira hacia delante a la conclusión de todo el libro del Apocalipsis. No es sino hasta que los sucesos del capítulo 20 hayan tenido lugar que este cambio de soberanía es consumado.[6]

Tal como los seres angelicales que ministran alrededor del trono de Dios reconocen en Apocalipsis 5:12 que «el Cordero que fue inmolado es digno de tomar el poder, las riquezas, la sabiduría, la fortaleza, la honra, la gloria y la alabanza». Él ha vencido mediante su muerte y su resurrección y sólo Él posee el derecho de ser Rey de reyes y Señor de señores.

«Y él reinará por los siglos de los siglos» (*kaì basileùsei eis toùs aiônas tôn aiónôn*). El verbo «reinará» (*basileúsei*) es el futuro indicativo, voz activa de *basileúo*, que significa «reinar». El modo indicativo destaca la certeza del acontecimiento. La afirmación es contundente. El Mesías reinará como Rey davídico. Los reyes de la tierra no podrán impedir que Él reine (Sal. 2:2). El Dios del cielo responderá a quienes intentarán oponerse al reinado del Mesías, diciendo: «Pero yo he puesto mi rey sobre Sion, mi santo monte» (Sal. 2:6). «Esta es la lección cumbre del Apocalipsis ... Dios reinará, pero el gobierno de Dios y de Cristo es uno tal como el reino es uno (1 Co. 15:27). Jesús es el Ungido del Señor (Lc. 2:26; 9:20).»[7]

El Mesías reinará **«por los siglos de los siglos»** (*eis toùs aiônas tôn aiónôn*), es decir, eternamente. La afirmación de que el Mesías reinará eternamente en ningún modo contradice el hecho de que el reino mesiánico en su aspecto histórico y terrenal durará mil años (véase 1 Co. 15:25-28). El Mesías continuará reinando como miembro de la Trinidad por toda la eternidad. John F. Walvoord explica lo siguiente:

> El reino milenial, aunque se extiende por solo mil años, es en cierto sentido continuado en el nuevo cielo y la nueva tierra. Nunca más estará la tierra bajo el control y gobierno del hombre. Incluso la breve rebelión registrada en Apocalipsis 20 al final del milenio fracasará.[8]

De cualquier manera, es importante observar que el reino mencionado en Apocalipsis 11:15 no es la Iglesia, sino el reino glorioso que el Mesías inaugurará cuando venga a la tierra por segunda vez. Ese es el tema central del libro del Apocalipsis. El Mesías vendrá a cumplir las promesas hechas por Dios a los patriarcas (véanse Gn. 15; 17; 2 S. 7:12-16). El Rey-Mesías vendrá como «el León de la tribu de Judá, la raíz de David» para reinar sobre la casa de Jacob y sobre las naciones de la tierra. El reino, según los capítulos finales del Apocalipsis, tiene dos aspectos. Hay un aspecto terrenal e histórico que durará mil años (Ap. 20:1-10) y otro aspecto que trasciende al tiempo, proyectándose en los nuevos cielos y la nueva tierra, que durará eternamente. Ambos aspectos del reino del Mesías son contemplados repetidas veces en las Escrituras (véanse Dn. 2:35, 44; 7:14, 26, 27; Is. 9:6, 7; 1 Co. 15:24-28; Ap. 20:1-10; 21:1—22:5). En resumen: El reino del Mesías no termina cuando su aspecto terrenal se agote, sino que continúa en su aspecto eterno por los siglos de los siglos.

11:16, 17

«Y los veinticuatro ancianos que estaban sentados delante de Dios en sus tronos, se postraron sobre sus rostros, y adoraron a Dios, diciendo: Te damos gracias, Señor Dios Todopoderoso, el que eres y que eras y que has de venir, porque has tomado tu gran poder, y has reinado.»

Los veinticuatro ancianos aparecen por primera vez en Apocalipsis 4:4: «vestidos de ropas blancas, con coronas de oro en sus cabezas.» En el mismo capítulo (4:10-11) «se postran delante del que está sentado en el trono, y adoran al que vive por los siglos de los siglos, y echan sus coronas delante del trono, diciendo: Señor, digno eres de recibir la gloria y la honra y el poder; porque tú creaste todas las cosas, y por tu voluntad existen y fueron creadas». Estos seres celestiales también adoran y cantan alabanzas al Cordero en Apocalipsis 5:8-10, 14 (véase también Ap. 7:11, 12; 19:4).

Obsérvese que la adoración de los veinticuatro ancianos toma la forma de una acción de gracias: **«Te damos gracias»** (*eucharistoûmén soi*). Esta expresión de gratitud tiene que ver básicamente con la inauguración del reino y la victoria final de Dios sobre todos sus enemigos.

Juan utiliza al nombre completo de Dios. El sustantivo **«Señor»** (*kyrios*) equivale al hebreo *Adonai*. En ambos casos, la idea central es «dueño», «soberano». Él es **«el Dios Todopoderoso»** (*ho theòs ho pantokrátôr*), literalmente, «el Dios, es decir, el Todopoderoso». Aquel cuya autoridad y soberanía han sido retadas demuestra palpablemente que Él y sólo Él es el único Soberano del Universo. El vocablo «Todopoderoso» (*pantokrátôr*) «habla con propiedad de la absoluta soberanía de Dios, una soberanía que en el momento de la perspectiva del canto se convierte en una realidad visible al afirmar su gobierno directo sobre el mundo».[9] La eternidad de la persona del Dios Todopoderoso es destacada mediante la expresión: **«El que eres y que eras»** (*ho ôn kaì ho êin*). Dicha frase sugiere, además, existencia continua, sin interrupción. De modo que nunca ha dejado de ser el Señor Dios Todopoderoso.

En el texto griego la frase **«y que has de venir»** es omitida y con razón. Aunque dicha frase aparece en los versículos 1:4 y 4:8, aquí en 11:17 la venida del Todopoderoso ya es una realidad. Tanto la evidencia textual como la exegética apoyan la omisión de dicha frase.[10] «El reino por el que Jesús dijo a sus discípulos que orasen (Mt. 6:10) ha llegado en conexión con la segunda venida del Rey.»[11]

El cántico de alabanza y gratitud de los veinticuatro ancianos es producido por el hecho de que el Todopoderoso toma posesión de su reino: **«Porque has tomado tu gran poder, y has reinado.»** Esta frase posee una importancia singular en la realización de los planes y los propósitos de Dios. El verbo «has tomado» (*eíleiphas*) es el perfecto indicativo, voz activa de *lambáno*, que significa «tomar», «recibir». El tiempo perfecto sugiere una acción completada con resultados permanentes. El modo indicativo destaca la realidad de la acción. «El canto de los ancianos es un himno de gratitud a Aquel que con un gran despliegue de poder tomará posesión de su reinado eterno. El acontecimiento es tan cierto que a través de esta sección se habla repetidamente como algo que ya ha tenido lugar.»[12]

La frase **«has tomado tu gran poder»** (*eíleiphas teìn dynamín sou teìn megálein*) es enfática. Obsérvese la repetición del artículo determinado en el texto griego. Dicha frase literalmente dice: «Has tomado el poder tuyo, es decir, el grande.» El vocablo «poder» (*dynamin*) no se refiere a la soberanía providencial común de Dios, sino a su extraordinario poder profético de juicio que será desplegado en la tribulación y en la intervención sobrenatural del Mesías en su segunda venida.[13]

Los veinticuatro ancianos se regocijan en el hecho de que el Mesías reina. El verbo **«has reinado»** (*ebasíleusas*) es el aoristo indicativo, voz activa de *basileúo*, usado aquí con función ingresiva y proléptica, es decir, manifiesta el comienzo de una manera anticipada. La idea de la acción verbal es: «Has comenzado a reinar.» Los seres celestiales anticipan el comienzo del reinado del Mesías, y aunque el reino no ha sido inaugurado todavía, ellos ya la consideran una realidad. La referencia es, sin duda, al reinado glorioso del Mesías. Ese reino es una realidad futura que tendrá su cumplimiento cuando Cristo venga con poder y gloria para ocupar el trono de David (Mt. 24:31-34).

11:18

«Y se airaron las naciones, y tu ira ha venido, y el tiempo de juzgar a los muertos, y de dar el galardón a tus siervos los profetas, a los santos, y a los que temen tu nombre, a los pequeños y a los grandes, y de destruir a los que destruyen la tierra.»

Tal como lo profetiza el Salmo 2, las naciones se llenan de ira ante el grandioso acontecimiento de la venida del Mesías. El verbo **«se airaron»** (*ôrgístheisan*) es el primer aoristo ingresivo, modo indicativo, voz activa de *orgídsomai*. Una posible traducción de dicho verbo sería: «Comenzaron a llenarse de ira.» La ira de las naciones es contra el mismo Dios y contra el Mesías quien viene a tomar posesión de lo que por derecho le pertenece, es decir, el reino del mundo.

Frente a la ira egoísta y desenfrenada de las naciones está la ira de Dios. El texto afirma: **«Y tu ira ha venido»**, sin aclarar si dicha frase forma parte de la alabanza de los veinticuatro ancianos. De cualquier manera, el verbo «ha venido» (*êilthen*), en el aoristo indicativo, señala proféticamente la realidad del acontecimiento. «La ira de Dios ha sido pospuesta por tanto tiempo que los hombres niegan por completo a un Dios capaz de ejercer ira y venganza.»[14]

Hay una diferencia notable, sin embargo, entre la ira de Dios y la de los hombres. La ira de Dios es santa y justa, mientras que la de los hombres es inicua e injusta. La ira de Dios está controlada por su sabiduría y omnipotencia. La ira del hombre es ciega e impotente.[15] El derramamiento de la ira de Dios en los postreros días pondrá fin a la rebelión de los hombres contra el soberano Señor del universo.[16]

«Y el tiempo de juzgar a los muertos.» Esta frase presupone el uso del verbo principal «ha venido» (*êilthen*). La segunda venida de Cristo será también un tiempo de juicio (Hch. 17:30, 31). El sustantivo «tiempo» (*kairós*) sugiere un tiempo fijo y definido con sus características propias. Es «el tiempo correcto, apropiado, favorable».[17] Obsérvese que este sustantivo va acompañado del artículo determinado «el» (*ho*). El énfasis, por lo tanto, está en la identificación del tiempo aludido. Se refiere al tiempo de crisis de los últimos días de la historia tal como la conocemos ahora.[18] Será el tiempo escatológico apropiado cuando Dios ha de tratar con las diferentes categorías de la humanidad:

1. Será el tiempo de resucitar a los muertos con miras al juicio. Este juicio incluye a los que han sido salvados en el Antiguo Testamento, tanto judíos como gentiles, antes de entrar en el reino del Mesías (Mt. 16:27). Es probable que este juicio incluya también a los que han de comparecer delante del gran trono blanco (Ap. 20:11-15).

2. **«Y de dar galardón a tus siervos los profetas, a los santos, y a los que temen tu nombre, a los pequeños y a los grandes.»** Dios dará «el premio» o «el galardón» (*tòn misthòn*) a dos grupos de personas: (1) «A tus siervos los profetas», y (2) «a los santos», es decir, «los que temen tu nombre». Las Escrituras enseñan que Dios «es galardonador de los que le buscan» (He. 11:6). Cuando llegue el tiempo correcto (*ho kairós*), Él recompensará a quienes le han servido ya sean «pequeños», es decir, desconocidos o insignificantes delante de los hombres, o «grandes», o sea, aquellos que de alguna manera han sido reconocidos y tenidos en alta estima.

3. **«Y de destruir a los que destruyen la tierra.»** El tercer acto divino relacionado con la venida de la ira de Dios tiene que ver con la retribución o el justo castigo dado a los inicuos.[19] «Los destructores de la tierra» (*toús diaphtheírontas tèin gêin*) es una frase que incluye al sistema mundial que bajo la tutela de Satanás ha destruido la tierra mediante la corrupción ética y moral. Incluye al sistema denominado

Babilonia tanto en su aspecto religioso como secular-comercial. También incluye a la bestia, al falso profeta y el mismo Satanás.[20]

El Dios del cielo también es el Dios de la tierra. La tierra es suya porque Él es su creador (Sal. 24:1). Dios creó la tierra para manifestar en ella su reino y su gloria. El hombre fue creado para que administrase los bienes de Dios en la tierra (Sal. 8), pero la rebeldía y la desobediencia del hombre dieron lugar a que el reino satánico de tinieblas tomase control de la tierra.

En el tiempo adecuado (*kairós*), Dios reclamará lo que es suyo por creación y porque Él es el soberano del universo. Entonces, los que destruyen la tierra serán destruidos. En tiempos de Juan «los destructores de la tierra» eran los componentes del Imperio Romano.[21] La notoria corrupción y el paganismo del Imperio destruían la vida moral de los ciudadanos. Esa corrupción continuará hasta los postreros días. Cristo anunció que la sociedad humana que poblará la tierra en los días próximos a su segunda venida será semejante a la de los días de Noé (Mt. 24:37-39).

11:19

«**Y el templo de Dios fue abierto en el cielo, y el arca de su pacto se veía en el templo. Y hubo relámpagos, voces, truenos, un terremoto y grande granizo.**» La apertura del templo de Dios en el cielo sugiere el hecho de que el Dios santo actúa en cumplimiento de todas sus promesas. Al mismo tiempo, cuando las profundidades del abismo infernal aparecen al descubierto, también las cortinas del cielo se descorren para manifestar el poder del Dios soberano.

«**El templo de Dios**» (*ho naòs toû theôû*), es decir, «el que está en el cielo» (*ho en toî ouranoî*) es una expresión que señala al hecho de que el cielo es un lugar glorioso donde la presencia de Dios es el centro mismo de la excelente grandeza de dicho lugar. El texto destaca el hecho de que «el templo de Dios en el cielo» está «**abierto**» (*einoígei*). Este verbo es el aoristo indicativo, voz pasiva de *anoígo*, que significa «abrir». Esta forma verbal apunta a la condición o estado del templo de Dios cuando Juan lo contempló.

La presencia del arca del pacto en el templo señala una reafirmación del cumplimiento de los propósitos de Dios, así como el hecho de que Dios es fiel a sus promesas (véase Ro. 11:19). El arca del pacto fue dada por Dios a la nación de Israel como señal de su presencia en medio del pueblo y el fiel cumplimiento de sus pactos. Probablemente, el arca terrenal fue destruida cuando Nabucodonosor el caldeo capturó y destruyó la ciudad de Jerusalén y el templo (2 R. 25:9).

La intervención divina es manifestada por medio de «**relámpagos**» (*astrapaì*) y «**voces**» (*phonaì*) y «**truenos**» (*brontaì*) y «**terremoto**» (*seismòs*) y «**grande granizo**» (*cháladsa megálei*). El texto griego repite la conjunción «y» (*polisíndeton*) para que el lector se detenga y reflexione en cada uno de los mencionados acontecimientos. La humanidad ha soslayado la Palabra de Dios, pero el Dios del cielo hará sentir su presencia de manera potente e inconfundible. ¡El hombre no podrá esconderse de Dios!

RESUMEN Y CONCLUSIÓN

El párrafo comprendido en Apocalipsis 11:15-19 es un trozo de suma importancia en el desarrollo del argumento del libro. Recuérdese que el tema central del Apocalipsis es la venida en gloria del Mesías. La segunda venida de Cristo será precedida y acompañada de juicios que culminarán con la destrucción del reino y gobierno que los gentiles han ejercido sobre las naciones de la tierra. Una vez que el dominio gentil haya sido destruido, el Mesías establecerá su reino de paz, justicia y santidad. Es entonces cuando toda la tierra será llena del conocimiento de Jehová (Is. 11:9; Hab. 2:14).

El anuncio de la segunda venida de Cristo se produce con el sonido de la séptima trompeta. Los veinticuatro ancianos que están alrededor del trono celestial alaban y expresan gratitud a Dios debido al gran acontecimiento que está a punto de ocurrir: «Los reinos del mundo han venido a ser de nuestro Señor y de su Cristo; y él reinará por los siglos de los siglos» (Ap. 11:15b).

Los veinticuatro ancianos anticipan el establecimiento del reino y proféticamente lo dan como una realidad irreversible. Las naciones de la tierra, por su parte, se llenan de ira ante la realidad de que Dios pone fin a la rebeldía de los hombres. Los gobernantes de la tierra se mancomunarán y se organizarán militarmente para intentar impedir la venida en gloria del Mesías (Sal. 2). Pero ningún esfuerzo humano para impedir la consumación de la ira de Dios tendrá éxito. No sólo viene la ira de Dios, sino también «el tiempo» (*ho kairós*) apropiado para *juzgar, dar* y *destruir*. El Mesías ha de juzgar a los muertos, ha de dar el galardón o la recompensa a quienes le han servido y obedecido y ha de destruir a quienes han sembrado la iniquidad en la tierra.

Este párrafo termina con una manifestación de la santidad y la fidelidad de Dios. El Dios soberano es santo y fiel en todos sus juicios. Los hombres han dado por sentado que Dios no intervendrá en los asuntos del mundo. Dios, sin embargo, cumplirá su propósito eterno y llevará a su culminación el plan original tocante a la manifestación de su reino.

NOTAS

1. John F. Walvoord, *The Revelation of Jesus Christ*, pp. 183, 184.
2. Véase Robert H. Mounce, «The Book of Revelation», p. 230.
3. Véase Robert L. Thomas, *Revelation 8—22*, p. 104.
4. *Ibid.*, p. 106.
5. Henry Barclay Swete, *Commentary on Revelation*, p. 142.
6. *Ibid.*, pp. 372, 373.
7. A.T. Robertson, *Word Pictures*, vol. VI, pp. 384, 385.
8. *Ibid.*, p. 184; véase también H.B. Swete, *Commentary on Revelation*, p. 142.
9. Robert L. Thomas, *op. cit.*, p. 108.
10. Véase Bruce M. Metzger, *A Textual Commentary on the Greek New Testament*, pp. 744, 745.
11. Robert L. Thomas, *Revelation 8—22*, p. 109.
12. Robert H. Mounce, «The Book of Revelation», p. 231.
13. Véase Henry Barclay Swete, *Commentary on Revelation*, p. 143.
14. William R. Newell, *Revelation: Chapter-by-Chapter*, p. 165.
15. Véase John F. Walvoord, *The Revelation of Jesus Christ*, p. 188.
16. En Hechos 4:25, se citan las palabras del Salmo 2 y se aplican a la muerte de Cristo. La Iglesia primitiva atribuyó la muerte del Señor a la culminación de la ira de hombres inicuos (Herodes, Poncio Pilato, los gentiles y el pueblo de Israel). En Apocalipsis 11:18, el mencionado Salmo recibe una aplicación más amplia y una interpretación escatológica, relacionada con los acontecimientos de los últimos tiempos y con resultados totalmente distintos de los mencionados en Hechos 4:25. En Apocalipsis 11:18, es el Mesías glorioso quien destruye a sus enemigos con el resplandor de su venida.
17. William F. Arndt y F. Wilbur Gingrich, *A Greek-English Lexicon of the New Testament and Other Early Christian Literature*, pp. 395, 396.

18. *Ibid.*
19. Obsérvese que en el versículo 18 hay tres infinitivos que se relacionan con el verbo principal. El texto dice: «Y tu ira ha venido, y [ha venido] el tiempo: (1) De juzgar (*krithêinai*); (2) y de dar (*doûnai*) el galardón; y (3) De destruir (*diaphthêinai*) a los destructores de la tierra.»
20. Véase Robert L. Thomas, *Revelation 8—22,* pp. 112, 113.
21. Robert H. Mounce, «The Book of Revelation», p. 232.

Visión de la mujer, el hijo varón y el dragón (12:1-17)

INTRODUCCIÓN

Los capítulos 12 al 14 del Apocalipsis constituyen el centro o nudo del gran drama que conduce a la manifestación del reino de Dios en la tierra. E.W. Bullinger ve en el capítulo 12 el uso de la figura de dicción llamada histerología. Mediante esta figura «aquello que se pone de último, debe, según el orden acostumbrado, ir primero».[1] El mismo autor observa que en el capítulo 12 del Apocalipsis aparece un registro de acontecimientos proféticos que tendrán lugar antes de los sucesos del capítulo 6 y que conducen a lo que ha sido revelado en los capítulos 6 al 11.[2] El centro de atención del capítulo 12 es la nación de Israel.[3]

Hay un total de siete protagonistas del período de la tribulación mencionados en esta sección del Apocalipsis (capítulos 12 al 14). Ellos son: (1) La mujer que representa a la nación de Israel; (2) el dragón que representa a Satanás; (3) el hijo varón, es decir, el Mesías; (4) Miguel, el capitán del ejército celestial; (5) el remanente fiel de la nación de Israel; (6) la bestia que surge del mar, es decir, el Anticristo; y (7) la bestia que surge de la tierra, o sea, el falso profeta.[4] El capítulo 12 menciona a los primeros cinco protagonistas aunque, como se ha observado, el enfoque principal recae sobre la nación de Israel.

Bosquejo
1. **La gran señal en el cielo: la mujer-nación (12:1, 2)**
    1.1. Su significado (12:1a)
    1.2. Su gloria (12:1b)
    1.3. Sus dolores de parto (12:2)
2. **La segunda señal en el cielo: el dragón (12:3, 4)**
    2.1. Su descripción (12:3)
    2.2. Su influencia (12:4a)
    2.3. Su propósito (12:4b)
3. **El hijo varón: El Rey-Mesías, Soberano de las naciones (12:5)**
    3.1. Su nacimiento (12:5a)

3.2.   Su cometido (12:5*b*)
3.3.   Su triunfo (12:5*c*)
4. **Protección divina de la mujer-nación (12:6)**
    4.1.   El sitio (12:6*a*)
    4.2.   El Protector (12:6*b*)
    4.3.   El tiempo (12:6*c*)
5. **Guerra cósmica contra el dragón (12:7-19)**
    5.1.   El lugar de la batalla (12:7*a*)
    5.2.   Los participantes en la batalla (12:7*b*)
    5.3.   El dragón es desalojado del cielo (12:8)
    5.4.   El dragón es arrojado a la tierra (12:9)
6. **La alabanza celestial por la derrota del dragón (12:10-12)**
    6.1.   Alabanza por el inminente establecimiento del reino (12:10*a*)
    6.2.   Alabanza por la derrota del acusador de los hermanos (12:10*b*)
    6.3.   Alabanza por la base de la victoria sobre el dragón (12:11)
           6.3.1.   La sangre del Cordero (12:11*a*)
           6.3.2.   La palabra del testimonio (12:11*b*)
           6.3.3.   La fidelidad al Señor (12:11*c*)
    6.4.   Alegría en los cielos y calamidad en la tierra (12:12)
           6.4.1.   Alegría por la ausencia del dragón (12:12*a*)
           6.4.2.   Calamidad por la ira del dragón (12:12b)
7. **El dragón persigue a la mujer y a su simiente (12:13-17)**
    7.1.   La causa de la persecución (12:13)
    7.2.   La protección de la mujer (12:14)
    7.3.   El objetivo de la persecución (12:15)
    7.4.   La seguridad dada a la mujer-nación (12:16)
    7.5.   El dragón intenta destruir la descendencia de la mujer-nación (12:17)
8. **Resumen y conclusión**

NOTAS EXEGÉTICAS Y COMENTARIOS

Los acontecimientos descritos en los capítulos 12 al 14 del Apocalipsis pertenecen al período de la gran tribulación. Los capítulos 6 al 11 tienen que ver primordialmente con los sucesos que tendrán lugar durante la semana 70 de Daniel 9. El énfasis de los capítulos 12 al 14 está en los personajes centrales relacionados con los hechos que tendrán lugar durante los años de la tribulación.

12:1

«Apareció en el cielo una gran señal: una mujer vestida del sol, con la luna debajo de sus pies, y sobre su cabeza una corona de doce estrellas.»[5] El verbo **«apareció»** (*óphthei*) es el aoristo indicativo, voz pasiva de *horáô*, que significa «ver», «aparecer» y en la voz pasiva «verse», «dejarse ver». El sustantivo **«señal»** (*seimeîon*) aparece aquí por primera vez en el Apocalipsis. Dicha señal es calificada como «grande» (*méga*). La mencionada **«gran señal»** sugiere que se trata de algo que posee un profundo significado espiritual.[6] El sustantivo «señal» (*seimeîon*) sugiere, además, que lo que es visto en el cielo es una manifestación o representación de algo simbolizado por dicha señal.

Las Escrituras enseñan que las señales guardan una relación directa con la nación de Israel (véanse Gn. 17:11; 35:14; Éx 3:12; 13:16; 31:13; Is. 7:11; Jer. 44:19; Mt. 12:38, 39; 24:3; Lc. 21:24, 25; Jn. 6:30; 1 Co. 1:22). Los judíos siempre pedían señales para creer, aunque casi nunca creían después de verlas. Obsérvese que Juan no usa aquí el vocablo «maravilla» o «portento» (*téras*), sino que utiliza el término «señal» (*seimeîon*). Ese es un dato importante en la interpretación del texto ya que, como observa Bullinger:

> Lo que se expresa mediante la señal debe aprenderse de la misma Escritura. Si se advierte que esto debe tratarse como una «señal», de seguro debe concluirse que, cuando no existe esa advertencia, no debe tomarse las cosas en este Libro como símbolos, sino como cuestiones y acontecimientos literales.[7]

La advertencia de Bullinger debe tomarse con mucha seriedad. Como se ha señalado reiteradamente a través de este estudio, no debe confundirse el uso de símbolos o figuras de dicción con el empleo de interpretación simbólica o figurada. Tanto en Apocalipsis 12:1, 3 como en 15:1, Juan utiliza el vocablo «señal» (*seimeîon*) para significar «un gran espectáculo que apunta hacia la consumación».[8] También lo usa «de tal manera como para hacer justicia al carácter formal de dicho vocablo».[9] Para Juan, *seimeîon* es una «señal», un «indicador», una «marca» o algo que uno puede ver y en realidad, lo ve.[10] Es una realidad llena de significado, pero que no es un fin en sí misma, sino que tiene como objeto que los hombres miren más allá de ella.[11] En el caso concreto de Apocalipsis 12:1, la «señal» no es un acontecimiento, sino una persona que posee un significado especial.[12] Esta señal se proyecta tanto hacia el pasado (el nacimiento del Mesías) como hacia el futuro (el día en que regirá las naciones como soberano de todo).

Se han hecho varios esfuerzos por atribuirle un trasfondo pagano al pasaje de Apocalipsis 12. Se dice que Juan, familiarizado con la mitología de los pueblos de aquella geografía, no duda en nutrirse de dichos mitos y adaptarlos al propósito del Apocalipsis.

Hay quienes creen que el origen literario de Apocalipsis 12 yace en la mitología babilónica en la cual la diosa Tiamat, el monstruo acuático de siete cabezas, es vencida por Marduk, el más sabio de los dioses y dios de la luz. La victoria de Marduk sobre Tiamat, según la mitología babilónica, resulta en la elevación de Marduk al grado más alto del panteón, siendo honrado incluso por sus padres.[13]

Otros piensan que el apóstol Juan extrajo información de la mitología grecoromana que narra el nacimiento del dios Apolo. El mito dice que Leto, madre de Apolo, huyó a la isla de Delos para escapar de la ira del dragón Pitón, quien quería matar al recién nacido hijo del dios Zeus. Apolo escapa de la persecución del dragón, regresa a Delfi y allí mata a su enemigo.[14]

También se ha especulado que Juan conocía la historia del nacimiento y muerte a la edad de diez años de un hijo del emperador Domiciano. Se ha sugerido que Juan conocía la leyenda de que, al morir, el hijo del emperador fue arrebatado para Dios. Posteriormente, Domiciano proclamó que su hijo era un dios y ordenó la impresión de monedas para honrar su memoria.[15]

Todas esas especulaciones pasan por alto varias cuestiones de vital importancia. En primer lugar, Juan, sin duda, estaba estrechamente vinculado con la literatura del Antiguo Testamento y con su teología. Las enseñanzas del Antiguo Testamento combaten al paganismo y destacan la persona de un Dios santo y soberano. La mitología pagana es politeísta y grotesca. A través del libro del Apocalipsis, en segundo lugar, Juan ha expresado con contundencia su repudio de los conceptos cosmológicos paganos y ha mostrado un apego irrenunciable a la revelación divina. Sin negar que el apóstol Juan tuviese conocimiento de la existencia de los mitos paganos, hay que afirmar que el argumento del Apocalipsis tiene como centro el hecho de que el Soberano Rey-Mesías ha de gobernar las naciones con justicia y paz. Los mitos paganos presentan un politeísmo aberrante en el que los dioses se matan unos a otros y carecen de conceptos éticos de clase alguna. En lugar de copiar escenas paganas, lo que Juan hace es corregir los conceptos torcidos producto de las elucubraciones humanas.

La revelación registrada por Juan en Apocalipsis 12 trae a la memoria el pasaje de Génesis 37:9-11, donde José «soñó aún otro sueño, y lo contó a sus hermanos, diciendo: He aquí que he soñado otro sueño, y he aquí que el sol y la luna y once estrellas se inclinaban a mí. Y lo contó a su padre y a sus hermanos; y su padre le reprendió, y le dijo: ¿Qué sueño es este que soñaste? ¿Acaso vendremos yo y tu madre y tus hermanos a postrarnos en tierra ante ti? Y sus hermanos le tenían envidia, mas su padre meditaba en esto». En el sueño de José, el sol simbolizaba a Jacob, la luna representa a Raquel y las once estrellas representan a los hermanos de José. El apóstol Juan, sin duda, estaba compenetrado con esa lección bíblica.

Considerando ese trasfondo, Leon Morris comenta:

> En este simbolismo tenemos que discernir a Israel, el pueblo escogido por Dios. «Ello viene basado sobre la revelación del Antiguo Testamento de luz reflejada y vestida con la revelación del Nuevo Testamento que es como el sol brillando en su fuerza» (Torrance). Las doce estrellas serán los doce patriarcas de las tribus que descendieron de ellos. El simbolismo pertenece al sueño de José (Gn. 37:9). En vista de este simbolismo del Antiguo Testamento es innecesario ver una referencia a la mitología pagana.[16]

La cuestión tocante a quién representa la **«mujer vestida del sol, con la luna debajo de sus pies, y sobre su cabeza una corona de doce estrellas»** ha sido tema de discusión entre los exégetas. Los católicos afirman que se refiere a la virgen María y a la Iglesia[17]. Esa afirmación, sin embargo, debe ser rechazada debido a su deficiencia exegética de las Escrituras y del estudio objetivo de la historia bíblica. La única semejanza entre la virgen María y la mujer de Apocalipsis 12:1 es que ambas son madres. »La inclinación a identificar la mujer con la virgen María descansa sobre el uso de una terminología similar en Mateo 1:18, 23 para describir a María en su preñez y el parecido del lenguaje con la profecía de la concepción virginal en Isaías 7:10, 11, 14.»[18] Un serio obstáculo que confronta la identificación con María es que la mujer de Apocalipsis 12:1 es designada como una «señal», es decir, una mujer simbólica. También, debe tenerse en cuenta de que en Apocalipsis 12:17 se menciona que «el resto de la descendencia de ella» es perseguido por el dragón. Esos factores exegéticos descalifican a la virgen María como la mujer de Apocalipsis 12:1.[19]

También se ha sugerido que la mujer simboliza la Iglesia cristiana. El problema con esa tesis es que la iglesia cristiana fue inaugurada el día de pentecostés sobre la base de la muerte y resurrección de Cristo y el derramamiento del Espíritu Santo. En ese sentido podría decirse que Cristo dio a luz a la Iglesia y no que la iglesia dio a luz a Cristo.

Hay comentaristas que entienden que la referencia es al pueblo de Dios en general, es decir, tanto a los del Antiguo como a los del Nuevo Testamento. O sea, que la mujer simboliza «al pueblo de Israel pero también a la Iglesia del Nuevo Testamento».[20] Este punto de vista tiene la ventaja de que reconoce el papel de la nación de Israel en dar al Mesías al mundo. La desventaja, sin embargo, radica en el hecho de asociar a la comunidad cristiana con la maternidad del Mesías. El Mesías no es producto de la comunidad cristiana sino viceversa (Ro. 9.5).

Algunos expositores perciben la tensión y tratan de resolver la cuestión exegética de la siguiente manera:

> Israel está a punto de dar a luz al Mesías. Para los primeros cristianos había una importante continuidad entre el antiguo Israel y la Iglesia, el verdadero Israel. Aquí la mujer indudablemente es Israel, quien da a luz al Mesías. Pero en la parte final del capítulo, ella es la iglesia que es perseguida por su fe.[21]

Leon Morris se deja arrastrar por algún prejuicio teológico que le hace abandonar una exégesis congruente. Por un lado admite, correctamente, que Israel como nación da origen al Mesías. Por otro lado, incorrectamente, da por sentado que «el resto de la descendencia de ella» es la comunidad cristiana.

La opción que recibe el mayor apoyo exegético es la que entiende que la mujer simboliza a la nación de Israel. El contexto inmediato, particularmente Apocalipsis 11:19 se relaciona con los propósitos pactados por Dios con la nación de Israel. El arca del pacto mencionada en dicho versículo apunta a la relación entre Dios e Israel. También está el hecho, como se ha observado, de que en Génesis 37:9-11, el sueño de José tiene que ver con el pueblo descendiente de Jacob. Además, en el Antiguo Testamento aparece repetidas veces la figura de Israel como una mujer con dolores de parto (Is. 26:17, 18; 66:7; Jer. 4:31; Mi. 4:10). Hay que añadir el hecho incuestionable de que fue la nación de Israel quien dio el Mesías al mundo (Ro. 9:5). La solución, pues, de la cuestión tocante a quién simboliza la mujer de Apocalipsis 12:1 hay que procurarla mediante la exégesis del texto bíblico y de una hermenéutica congruente con las Escrituras y no a través de deducciones teológicas prejuiciadas.

12:2

«Y estando encinta, clamaba con dolores de parto, en la angustia del alumbramiento».[22] Este versículo constituye una prueba adicional de que la mujer simboliza a Israel. El cuadro que se presenta en el texto señala a muchos pasajes del Antiguo Testamento en los que Israel se asemeja a una mujer que está con dolores de parto (Is. 13:8; 21:3, 26:17, 18; Os. 13:13; Mi. 4:10). Los verbos usados en el versículo son descriptivos de dolor profundo. **«Clamaba»** (*krádsei*) es el presente indicativo, voz activa del verbo que significa «gritar con voz fuerte». El tiempo presente destaca el aspecto continuo de la acción. La expresión **«dolores de parto»** (*ôdínousa*) es el participio presente, voz activa de *ôdínô*. Esta forma verbal describe el trauma de los dolores que siente una mujer durante el proceso del alumbramiento. La frase **«en la angustia del alumbramiento»** es epexegética, es decir, añade una descripción adicional de lo dicho anteriormente. Literalmente dice: «Y estando atormentada para parir.» El profeta Isaías expresa el sentido de dicha frase cuando dice: «Como la mujer encinta cuando se acerca el alumbramiento gime y da gritos en sus dolores...» (Is. 26:17).

Apocalipsis 12:2 describe el nacimiento del Mesías a través de la comunidad fiel de la nación de Israel.[23] La referencia es, por supuesto, a la primera venida del Mesías a la tierra.[24] El propósito divino de la supremacía del gobierno revelado en 12:1 no es posible aparte del nacimiento del hijo varón (12:5). El capítulo 12 presenta en una cápsula el propósito de Dios para Israel centrado en Cristo. Los «dolores de parto» y la «angustia del alumbramiento» tendrán una consumación feliz que será el reinado glorioso del Mesías.

12:3

«También apareció otra señal en el cielo: he aquí un gran dragón escarlata, que tenía siete cabezas y diez cuernos, y en sus cabezas siete diademas.» Después de la primera señal, aparece una segunda. El vocablo **«señal»** (*seimêion*), al igual que en el caso anterior, sugiere que se refiere a algo simbólico. La revelación contemplada es la de **«un gran dragón escarlata»** (*drákôn mégas pyrrós*). La primera señal tenía como centro a la mujer que simboliza Israel. La segunda tiene como centro al dragón escarlata que simboliza a Satanás. Obsérvese que ambas señales aparecen **«en el cielo»** (*en toî ouranôi*), aunque las actividades tanto de la mujer como la del dragón se efectuarán en la tierra.

La mitología oriental es notoria por el uso de la figura de monstruos. Babilonios, egipcios, asirios, heteos, cananeos y otros incluyen en su literatura seres con características semejantes a las del dragón de Apocalipsis 12:3. «Los babilonios tenían a la hidra de siete cabezas. Tifón era el dragón egipcio que persiguió a Osiris. En la tradición cananea, era Leviatán quien estaba estrechamente relacionado con Rahab, el monstruo femenino del caos.»[25] El profesor Robert H. Mounce señala lo siguiente:

> La mitología antigua está repleta de referencias a dragones. En el folklore cananeo el gran monstruo del abismo se conocía como Leviatán. Estrechamente asociada estaba Rahab (¿alias Tiamat?), el monstruo femenino del caos. Alusiones a esos dragones no son extrañas en el Antiguo Testamento. Con bastante frecuencia se refieren metafóricamente a los enemigos de Israel. En el Salmo 74:14, Leviatán es Egipto. En Isaías 27:1 es Asiria y Babilonia. En otro sitio leemos de Faraón como «...el gran dragón que yace en medio de sus ríos...» (Ez. 29:3) y de Behemot, una gran bestia cuyos «miembros [son] como barras de hierro» (Job 40:18). Contra ese trasfondo, el dragón de la visión de Juan sería inmediatamente reconocido como el gran enemigo del pueblo de Dios.[26]

Juan describe la segunda señal y describe las características siguientes: (1) **«Grande»** (*mégas*). Satanás es la más elevada de las criaturas. Nunca hace nada en escala pequeña. En este caso concreto, se opone al propósito central de Dios de manifestar su gloria en la tierra a través de Israel en Cristo. (2) **«Escarlata»** (*pyrrós*), es decir, «rojo fuego», «color de sangre». Este color sugiere el hecho de que el diablo es homicida desde el principio (Jn. 8:44). La mujer de Apocalipsis 12:1 está cubierta de gloria mientras que el dragón de Apocalipsis 12:3 está cubierto de sangre. (3) **«Dragón»** (*drákôn*), es decir, «monstruo», «ser desfigurado y depravado», «distorsión de la creación».[27] (4) **«Siete cabezas.»** El número siete sugiere perfecta plenitud. Las «siete cabezas» señalan concentración de liderazgo y propósito inteligente. En la terminología profética, las «siete cabezas» representan siete imperios mundiales sucesivos. «De la descripción similar dada en 13:1 y la referencia paralela de Daniel 7:7, 8, 24, está claro que se señala al antiguo Imperio Romano reavivado. Satanás, sin embargo, es también llamado posteriormente el dragón en 12:9 y es manifiesto que el dragón es tanto el imperio como la representación del poder satánico.»[28] (5) **«Diez cuernos.»** Dos menos de los doce necesarios para el gobierno mesiánico sobre Israel. Los diez cuernos, sin embargo, sugieren la existencia de un gran poder para ejecutar sus propósitos. (6) **«Siete diademas»** que simbolizan dominio. A pesar de que al dragón le ha sido denegada la victoria final, él gobierna con la autoridad del dominio que se le permite tener.

Obsérvese que en Apocalipsis 13:1 y 17:3 se dice de la bestia (el Anticristo) que tiene «siete cabezas y diez cuernos». Tal correspondencia pone de manifiesto que el Anticristo actuará con el poder de Satanás y procurará ejecutar los deseos del dragón en un grado tal que se describe con las mismas características.[29] Las características del dragón (Satanás) son fundamentalmente las que aparecen en la bestia (el Anticristo) con la excepción de que las diademas están en la cabeza del dragón que gobierna en virtud de que es la cabeza del reino de tinieblas, mientras que la bestia tiene las diademas en los cuernos porque gobierna en virtud de la autoridad que le ha sido delegada como expresión de la voluntad del dragón.

12:4

«Y su cola arrastraba la tercera parte de las estrellas del cielo, y las arrojó sobre la tierra. Y el dragón se paró frente a la mujer que estaba para dar a luz, a fin de devorar a su hijo tan pronto como naciese.» El poder de Satanás es, sin duda, inmenso como lo demuestra el hecho de que «su cola arrastraba la tercera parte de las estrellas del cielo». La Biblia reconoce la autoridad de Satanás (véanse Job 2:1-7; Zac. 3:1, 2; Mt. 4:1-11). Apocalipsis 12:4, sin embargo, no es una simple manera de ilustrar que Satanás es un ser poderoso sino que es una enseñanza respecto a sus actividades en los días finales y de cómo ese personaje intenta impedir que el Mesías reine.

La frase **«las estrellas del cielo»** es una referencia a ángeles que cayeron junto con Satanás cuando éste se rebeló contra Dios.[30] Probablemente la cifra «la tercera parte» no se refiera a la totalidad de los ángeles caídos. Los dos verbos utilizados en conexión con la primera acción del dragón son importantes: **«Arrastraba»** (*syrei*) significa «barría»; y **«arrojó»** (*ébalen*) quiere decir «lanzó», «tiró con fuerza». Ambos verbos sugieren el rudo trato de Satanás hacia sus propios seguidores. Obsérvese que el objeto de Satanás es **«la tierra»** (*eis tèin gêin*), porque el reino glorioso del Mesías tendrá lugar en dicho planeta.

Este versículo no describe la caída original de Satanás y sus demonios cuando Dios los expulsó del tercer cielo al segundo cielo o firmamento. El texto se refiere, más bien, tanto a las actividades demoniacas acaecidas durante la primera venida de Cristo como a las que tendrán lugar en los tiempos escatológicos que precederán la segunda venida del Señor, particularmente durante los años de la gran tribulación.[31]

La segunda acción del dragón es emprendida contra la mujer y más concretamente, contra «el hijo varón» que estaba a punto de nacer: **«Y el dragón se paró frente a la mujer que estaba para dar a luz, a fin de devorar a su hijo tan pronto como naciese.»** El verbo **«se paró»** (*ésteiken*) es el perfecto indicativo, voz activa de *hísteimi*, que significa «colocarse», «ponerse», «tomar posición».[32] Satanás se sitúa continuamente delante de Israel debido a la condición expectante de la nación que a través de los siglos ha esperado al que ha de venir, es decir, al Mesías.

El propósito final del dragón se expresa en la frase: **«A fin de devorar a su hijo tan pronto como naciese»** (*hína hóten tékei to téknon autêis kataphágei*). El Mesías es el verdadero objeto de la furia satánica. El diablo sabe que el Cristo de Dios ha sido designado para derrotarlo y recuperar el dominio universal usurpado por el maligno. La historia bíblica da amplio testimonio tocante a los esfuerzos del enemigo de Dios para obstaculizar el plan divino respecto al establecimiento del reino. Algunos ejemplos concretos en el Antiguo Testamento son: El asesinato de Abel por su hermano Caín (Gn. 4:8), la corrupción del linaje de Set (Gn. 6:1-12), los intentos por parte de Faraón y Abimelec de tomar a Sara (Gn. 12:10-20; 20:1-18), la intención de Abimelec de tomar a Rebeca por esposa (Gn. 26:1-18), el decreto de Faraón de destruir a los israelitas (Éx. 1:15-22), el plan de Amán contra los judíos (Est. 3-9). En el Nuevo Testamento sobresalen la orden de Herodes de matar a los niños de dos años abajo nacidos en Judea y los repetidos intentos de los judíos de matar a Jesús que culminaron con su muerte en la cruz.[33] La Biblia, por lo tanto, pone de manifiesto que Satanás ha procurado con ahínco la destrucción del Mesías. La frase «para que cuando sea que ella dé a luz, él pueda devorar completamente a su hijo» (texto griego)[34] sugiere, además, que Satanás no es omnisciente, sino que sólo conoce en parte.[35] El dragón está en rebeldía contra quien originalmente lo creó «lleno de sabiduría, y acabado de hermosura» (véase Ez. 28:12-19). Dios terminará con esa rebeldía de manera final y total cuando los reinos del mundo vengan a ser del Señor y de su Mesías (Ap. 11:15).

12:5

«Y ella dio a luz un hijo varón, que regirá con vara de hierro a todas las naciones; y su hijo fue arrebatado para Dios y para su trono.» El plan satánico queda frustrado, en primer lugar, por el hecho del nacimiento del «hijo varón» y en segundo lugar, por ser «arrebatado para Dios y para su trono». El texto se refiere con toda seguridad al nacimiento del Mesías. Si bien es cierto que Dios utilizó a la virgen María como el medio a través del cual el Señor vino a la civilización humana (Mt. 1:16-25; Lc. 1:26-35) no es menos cierto que el capítulo 12 del Apocalipsis centra su atención en Israel como la nación que dio el Mesías al mundo.

La expresión **«dio a luz»** (*éteken*) es el segundo aoristo indicativo, voz activa de *tíkto*. El tiempo aoristo señala el acontecimiento en sí y el modo indicativo destaca la realidad histórica del mismo. La frase **«un hijo varón»** (*huión áresen*) literalmente significa «un hijo, un varón». El sustantivo «varón» (*áresen*) en sí mismo enfatiza la virilidad y la hombría de Cristo en su estricto reino mesiánico.[36]

«Que regirá con vara de hierro a todas las naciones» (*hós méllei poimaínein pánta tà en hrábdio sideiraî*), literalmente, «quien está a punto de gobernar a todas las naciones con vara de hierro». Esta frase es una cita tomada directamente del Salmo 2:8, 9, donde Dios dice al Mesías: «Pídeme, y te daré por herencia las naciones, y como posesión tuya los confines de la tierra. Los quebrantarás con vara de hierro; como vasija de alfarero los desmenuzarás.» El verbo «gobernar» o **«regir»** (*poimaínein*) se corresponde con el verbo «quebrantar» en el Salmo 2:9. Esa afirmación sólo tiene sentido si, como se ha afirmado repetidas veces a través de este comentario, el Mesías vendrá con poder y gloria para establecer su reinado de paz y de justicia. La referencia tiene que ser a la segunda venida del Mesías. Obsérvese que el texto dice que Él «gobernará [posiblemente, destruirá][37] a todas las naciones con vara de hierro». Decir que «la descripción que aquí hace Juan de Jesucristo nos lleva desde su nacimiento en Belén, desde el momento mismo de los comienzos de su primera venida hasta su exaltación a los cielos»[38] es una manera de perder de vista el contexto del pasaje y del mismo libro del Apocalipsis. El escritor que hace el comentario antes expresado debe preguntarse si en algún momento, hasta el día de hoy, el Mesías ha regido, *gobernado* o, como sugiere Thomas, *destruido* a «todas las naciones con vara de hierro». Una exégesis objetiva del texto que no vaya acompañada de prejuicios teológicos debe conducir a la conclusión de que el reino del Mesías profetizado en el Antiguo Testamento y anunciado por el mismo Jesús aún aguarda su segunda venida en gloria. Como afirma el mismo Thomas:

> En su regreso triunfante, Cristo destruirá «todas las naciones» (*pánta tá éthnei*) y entonces ejercerá dominio sobre nuevas naciones que surgirán cuando Él instituya su reino. Una **«vara de hierro»** (*hrábdoi sideirâi*) es aquella que no puede quebrarse ni resistirse. Este cuadro extraído del Salmo 2 requiere que el nacimiento dibujado aquí sea el de Jesucristo.[39]

En resumen, el próximo acontecimiento en el orden profético tiene que ver con el gobierno del Mesías en la tierra. Ese gran suceso será precedido de los juicios de la gran tribulación. Durante esos juicios todos los enemigos de Dios serán derrotados, incluyendo al dragón escarlata. El Mesías ocupará el trono de David y desde allí gobernará con justicia y paz.

«Y su hijo fue arrebatado para Dios y para su trono.» Juan pasa por alto el ministerio terrenal de Cristo al igual que su muerte y resurrección. Aunque debe destacarse que el hecho de ser «arrebatado para Dios y para su trono» establece sin ambages la satisfacción del Padre celestial con la obra del Hijo y el derecho incuestionable del Hijo para ser el Rey-Mesías. El arrebatamiento del Hijo «para Dios y para su trono» no fue para que escapase de la hostilidad de Satanás sino para demostrar la derrota del dragón y su incapacidad de estorbar el cumplimiento del propósito eterno de Dios. También debe observarse la repetición de la preposición «para» (*prós*) con el caso acusativo. Dicho uso indica la meta o el límite hacia el que un movimiento es dirigido.[40] El «hijo varón» es arrebatado para ocupar el sitio de privilegio junto al Padre celestial.

12:6

«Y la mujer huyó al desierto, donde tiene lugar preparado por Dios, para que allí la sustenten por mil doscientos sesenta días.» Una vez más el exégeta confronta la pregunta: ¿Quién es **«la mujer que huye al desierto»**? Por supuesto que es la misma de Apocalipsis 12:1, 2, 4, 5. Es la misma que da al mundo el Mesías. Hay quienes afirman categóricamente que es «la Iglesia, Cuerpo de Cristo».[41] Pero si la mujer es «la Iglesia, Cuerpo de Cristo» debe entenderse que en ella está la totalidad de los cristianos. Siendo así, entonces es necesario explicar quiénes son aquellos mencionados en Apocalipsis 12:17 y que se describen como «el resto de la descendencia de ella» (*tôn loipôn tou spérmatos auteîs*). Esa explicación está totalmente ausente del comentario de Grau (véase p. 208 de su comentario).

Una interpretación normal del texto pone de manifiesto que la mujer no es ni la Iglesia ni la virgen María sino la nación de Israel en medio de la semana setenta de Daniel. Mientras que para los gentiles la gran tribulación se relaciona con el derramamiento de la ira de Dios sobre ellos, para la nación de Israel ésta tiene que ver con las persecuciones que dicha nación sufrirá a manos del Anticristo por instigación de Satanás. De ahí que la mujer-nación huya al desierto. El desierto es tanto un lugar de disciplina como un sitio de provisión.[42] Dios sacó al pueblo de Israel de Egipto y lo condujo al desierto. Allí el pueblo fue sustentado y disciplinado. El desierto es, además, un escenario de arrepentimiento. Juan el Bautista salió al desierto de Judea y desde allí llamó a sus paisanos al arrepentimiento (Mt. 3:1-12).

Durante la segunda mitad de la tribulación, el Anticristo lanzará una persecución inmisericorde contra la descendencia de Israel (Mt. 24:15-22; Lc. 21:20-24). El

Antiguo Testamento también revela que la nación de Israel confrontará días difíciles antes de ser bendecida de Jehová (véanse Dn. 7:23-27; Jer. 30:7-9; Ez. 20:33-38).

El texto no dice nada respecto a la localización geográfica del desierto a donde la mujer huirá. Lo que sí dice es que en dicho desierto «tiene lugar preparado por Dios». El vocablo **«preparado»** (*heitoimasménon*) es el participio perfecto, voz pasiva de *hetoimádso*, que significa «preparar». El tiempo perfecto en la voz pasiva sugiere un estado de preparación permanente, es decir, «lo que se ha preparado y ahora permanece listo».[43] El lugar es preparado **«por Dios»** (*apò toû theoû*), es decir, «de Dios» como la fuente u origen de procedencia de dicha preparación. La idea de la frase podría ser que el lugar es preparado para la mujer por mandado expreso de Dios.[44]

«Para que allí la sustenten por mil doscientos sesenta días» (*hína ekeî tréphôsin autèin heiméras chilías diakosías exéikonta*). Esta cláusula indica propósito. El verbo **«sustenten»** (*tréphôsin*) es el presente subjuntivo, voz activa de *trépho*, que significa «alimentar», «sustentar». Dios utilizará medios, probablemente humanos, para sustentar al pueblo de Israel mientras esté en su refugio en el desierto. No es de dudarse que ese es el grupo al que Cristo se refiere cuando dice: «Porque tuve hambre, y me disteis de comer; tuve sed, y me disteis de beber; fui forastero, y me recogisteis; estuve desnudo, y me cubristeis; enfermo, y me visitasteis; en la cárcel, y vinisteis a mí. Entonces los justos le responderán diciendo: Señor, ¿cuándo te vimos hambriento, y te sustentamos, o sediento, y te dimos de beber? ¿Y cuándo te vimos forastero, y te recogimos, o desnudo, y te cubrimos? ¿O cuándo te vimos enfermo, o en la cárcel, y vinimos a ti? Y respondiendo el Rey, les dirá: De cierto os digo que en cuanto lo hicisteis a uno de estos mis hermanos más pequeños, a mí lo hicisteis» (Mt. 25:35-40).

El período de tiempo señalado en el texto es de **«mil doscientos sesenta días».** Dicho espacio de tiempo equivale exactamente a cuarenta y dos meses, es decir, tres años y medio o tiempo, tiempos y la mitad de un tiempo (véase Ap. 11:2, 3; 12:14; 13:5). Puesto que ese período se corresponde con el ministerio de los dos testigos en Jerusalén y con la duración de la supremacía del Anticristo en la ciudad santa, es decir, es el tiempo equivalente a la segunda mitad de la semana setenta de Daniel. Carece de fundamento exegético afirmar que dicho espacio de tiempo alude «a la época que comienza con la primera venida de Cristo y se extiende hasta la segunda venida para juicio».[45] Dicha afirmación se deriva de una flagrante alegorización del texto bíblico y en ningún caso es el producto de una exégesis del texto que toma en cuenta el ambiente o el argumento del Apocalipsis.

En resumen, los mil doscientos sesenta días de Apocalipsis 12:6 parecen ser equivalentes a los «cuarenta y dos meses» de Apocalipsis 11:2. También es el mismo espacio de tiempo que dura el ministerio de los dos testigos (Ap. 11:3). Pero aún hay más: Los 1260 días durante los cuales la mujer es sustentada en el desierto equivalen a los 42 meses que durará el reinado de terror que el Anticristo desencadenará «contra el resto de la descendencia» de la mujer. Puesto que la duración de la hegemonía del Anticristo durará exactamente 42 meses (Ap. 13:5) y puesto que dicho período se corresponde con la segunda mitad de la semana setenta de Daniel, no es posible que se refiera ni a la era comprendida entre la primera y segunda venida de Cristo ni a la época entre la ascensión y la venida en gloria de nuestro Señor.

12:7

«Después hubo una gran batalla en el cielo: Miguel y sus ángeles luchaban contra el dragón; y luchaban el dragón y sus ángeles.» Una traducción más literal del texto sería: «Y se produjo una campaña bélica en el cielo, Miguel y sus ángeles hacían guerra con el dragón, y el dragón y sus ángeles guerreaban.» El texto describe una verdadera guerra cósmica. Los participantes son seres angelicales. No se trata de una batalla aislada sino de una campaña bélica. El primer protagonista mencionado es Miguel, el único ángel designado en las Escrituras como arcángel (véase Jud. 9). En el libro de Daniel se le llama «uno de los principales príncipes» (Dn. 10:13) y en Daniel 12:1, dice que Miguel es «el gran príncipe que está de parte de los hijos de tu pueblo [Israel]». El arcángel Miguel es acompañado por un ejército angelical designado como «sus ángeles».[46]

La guerra cósmica, tema del versículo, no se refiere a algo ocurrido en tiempos de Juan ni tampoco es la caída original de Satanás.[47] Tampoco parece un acontecimiento relacionado con la crucifixión de Cristo.[48] La guerra entre Miguel y el dragón descrita en Apocalipsis 12:7 tiene que ver con algo que ha de ocurrir en tiempos escatológicos. El dragón será expulsado del cielo de tal modo que no tendrá nunca más acceso a dicho lugar.[49] La expulsión de Satanás y su exclusión total de acceso al cielo hace que se llene de ira contra la mujer y su simiente. Este conflicto cósmico, por lo tanto, tendrá lugar hacia la mitad de la gran tribulación, concretamente, cuando esté para comenzar los tres años y medios finales de ese período. Ese será el tiempo en que el pueblo de Israel sufrirá la más severa de las persecuciones (Mt. 24:21).

12:8, 9

«Pero no prevalecieron, ni se halló ya lugar para ellos en el cielo. Y fue lanzado fuera el gran dragón, la serpiente antigua, que se llama diablo y Satanás, el cual engaña al mundo entero; fue arrojado a la tierra, y sus ángeles fueron arrojados con él.» Estos dos versículos sintetizan la exclusión de Satanás del cielo. Por voluntad soberana de Dios se le había permitido acceso hasta donde podía proferir acusaciones contra los redimidos, pero después de su derrota frente a Miguel ese privilegio le queda vedado para siempre.

El lenguaje del texto es enfático: **«Pero no prevalecieron»** (*kaì ouk íschysen*). El verbo «prevalecieron» (*íschysen*) es el aoristo indicativo, voz activa de *ischyo*, que significa «ser fuerte», «ser capaz». Este verbo aunque en el tiempo aoristo tiene función de futuro (uso proléptico). El aoristo indicativo destaca la realidad del acontecimiento, es decir, aunque ha de ocurrir en el futuro será algo tan cierto que se da por realizado. El dragón y sus ángeles «no serán capaces» de combatir con éxito al ejército angelical comandado por el arcángel Miguel.

«Ni se halló ya lugar para ellos en el cielo» (*oudè tópos heuréthei autôn éte en toi ouranôi*). No sólo ocurre la derrota de Satanás y su ejército, sino también su expulsión del cielo.[50] Aunque resulta incomprensible a la mente humana que el diablo haya tenido acceso al cielo (Job 1:6; Zac. 3:1), el Dios soberano se lo ha permitido. Después de esta expulsión, sin embargo, el maligno no volverá a tener acceso en la presencia de Dios. Nunca más volverá a acusar a los santos.

La exclusión de Satanás del cielo será un desalojo violento como lo demuestra el uso triple del verbo **«fue lanzado»** (*ebléithei*), **«fue arrojado»** (*ebléithei*) y **«fueron arrojados»** (*ebléitheisan*). No podría ser de otra manera. El maligno es un usurpador que pretende aferrarse a lo que no le pertenece. «El desalojo del dragón del cielo es uno de los tres pasos en su alienación de aquí en adelante. Además de esto, estará en el abismo por mil años (20:1-3) y luego en el lago de fuego como su morada eterna (20:10).»[51]

Los calificativos usados respecto al enemigo de Dios en el texto griego son sorprendentes: **«el gran dragón»** (*ho drákôn ho mégas*) o sea «el dragón, es decir, el grande». Esta designación tiene por objeto destacar el carácter temible y repulsivo del gran usurpador. **«La serpiente antigua»** (*ho óphis ho archaîos*), es decir «la serpiente, quiero decir, la antigua». Sin duda que esta particularización apunta hacia el huerto del Edén (Gn. 3:1-24) cuando el maligno produjo la caída del hombre (véase 2 Co. 11:3). El sustantivo «serpiente» sugiere sutileza para engañar. Sus asechanzas no cesan ni tampoco su pertinaz deseo de llevar al hombre al pecado (véanse Ef. 6:11; 2 Ti. 2:26).

«Que se llama diablo y Satanás» (*ho kaloúmenos diábolos kaì ho Satanâs*), literalmente «el que es llamado diablo y el Satanás». El vocablo **«diablo»** (*diábolos*) significa «calumniador», «difamador», «falso acusador». Dicho ser es el calumniador de los siervos de Dios delante de la presencia divina, que procura de esta forma separarlos de Dios.[52] **«Satanás»** significa «adversario», «oponente», «contrincante». No sólo es el enemigo de Dios, sino que también es el principal enemigo de la humanidad. Satanás es el fundador y rey del reino de tinieblas. Ese es un reino fraudulento que pretende competir con el reino de Dios. El creyente en Cristo ha sido librado de la potestad de dicho reino y trasladado al reino de Dios (Col. 1:13).

La actividad principal de Satanás es la de subvertir el reino de Dios. Con ese fin «como león rugiente, anda alrededor buscando a quien devorar» (1 P. 5:8). Es mentiroso y el padre de la mentira (Jn. 8:44). Una de sus armas eficaces es la de sembrar la duda en la mente del ser humano, principalmente en lo que concierne a las promesas de Dios (2 Co. 11:3). El creyente debe recordar que Satanás es un adversario sobrenatural que sólo puede ser resistido y vencido con la ayuda de Dios (véanse Stg. 4:7; Jud. 9).

«El cual engaña al mundo entero» (*ho planôn tèin oikouménein hólein*). Satanás es el especialista del engaño. No sólo engañó al ser humano en el huerto del Edén, sino que a través de toda su carrera ha engañado a la humanidad. Obsérvese que su actividad es universal («al mundo entero»). El vocablo **«mundo»** (*oikouménein*) significa «la tierra habitada». El objeto del engaño satánico son los hombres y mujeres de todas las naciones (véanse 2 Co. 1:11, 11:3, 14; 2 Ti. 2:24; Ap. 18:23, 20:10). La sociedad humana yace bajo la influencia del maligno (1 Jn. 5:19). Los sistemas económicos, sociales, educacionales, políticos e incluso los medios de comunicación funcionan influidos por el poder del diablo. «El gran enemigo de Dios es una parodia de la misma verdad de Dios. Él engaña mediante la diseminación de mentiras acerca de Dios.»[53]

«Fue arrojado a la tierra, y sus ángeles fueron arrojados con él.» Esta acción tiene lugar en medio de la gran tribulación, precisamente cuando la bestia (el Anticristo) se convertirá en el gran líder o dictador con autoridad mundial y decretará la persecución total de la descendencia de la mujer, es decir, el remanente de la nación de Israel. La tierra y sus habitantes, además, sufrirán a causa de la presencia no sólo de Satanás, sino también de sus ángeles o demonios. Precisamente es eso lo que hace de la tribulación la época de mayor actividad satánica jamás experimentada en la tierra.

Una observación adicional debe hacerse en esta coyuntura. Hay escritores cuya persuasión teológica les lleva a sugerir que Satanás fue atado o neutralizado a raíz de la primera venida de Cristo. Se citan textos como Juan 12:31; Mateo 10:1; Juan 17:5; Hebreos 2:14 y otros, para apoyar la teoría de que Satanás ya fue encadenado.[54] El problema, una vez más, es exegético y hermenéutico. Los pasajes mencionados fundamentalmente tratan de la base sobre la cual Satanás es condenado (Jn. 12:31) o de los beneficios que la obra de Cristo trae a los creyentes, librándoles del poder del maligno (Jn. 17:5; He. 2:14). Pero en ningún caso dichos versículos enseñan que

Satanás haya sido atado o neutralizado a raíz de la primera venida de Cristo. Uno sólo tiene que leer pasajes tales como 1 Pedro 5:8, donde se dice: «Sed sobrios, y velad; porque vuestro adversario el diablo, como león rugiente, anda alrededor [gr. *peripateî*] buscando a quien devorar.» Debe tomarse en cuenta, también las numerosas advertencias hechas a los creyentes respecto a las actividades satánicas en contra de los fieles (véanse 2 Co. 2:11; 12:7; 1 Ti. 1:20; Ef. 4:27; 6:11; 2 Ti. 2:26). Confundir el cuidado que el Señor tiene de sus hijos, cosa que es incuestionable en las Escrituras, con la neutralización de las actividades de Satanás en el mundo es exegéticamente injustificable.

Cuando Cristo vino la primera vez, comenzó su ministerio terrenal anunciando el mensaje del arrepentimiento y del acercamiento del reino de los cielos en su persona. Jesús echó fuera demonios y dio a sus discípulos el poder de hacer lo mismo. Esa era una demostración de la presencia de los poderes del reino. En el reino del Mesías, como se comentará más adelante, Satanás está totalmente controlado y los demonios estarán absolutamente ausentes del reino glorioso del Mesías. Una de las cosas que hará que el reino sea lo que será es el hecho de la ausencia total de Satanás. Pero eso no ha ocurrido todavía. El diablo ha estado activo en el mundo y lo estará hasta que sea encarcelado primero en el abismo, y a la postre sea echado en el lago de fuego para siempre (Ap. 20:10).

12:10

«Entonces oí una gran voz en el cielo, que decía: Ahora ha venido la salvación, el poder, y el reino de nuestro Dios, y la autoridad de su Cristo; porque ha sido lanzado fuera el acusador de nuestros hermanos, el que los acusaba delante de nuestro Dios día y noche.»

El texto no identifica el origen de la **«gran voz en el cielo»** (*phonèin megàlein en toî ouranoî*). Puede afirmarse, sin embargo, que no procede de ningún ser angelical, puesto que los ángeles no llaman a hombres «nuestros hermanos» (*tôn adelphôn heimôn*). Es posible que la voz provenga de uno de los mártires mencionados en 6:10. De cualquier manera, el origen de la voz debe ser de uno de los redimidos que está en el cielo.

La voz pronuncia una hermosa doxología.[55] En la alabanza se reconoce tanto a Dios el Padre como al Hijo. **«Ahora ha venido»** (*arti egéneto*). Esta frase expresa prolépticamente la caída de Satanás y el establecimiento del reino del Mesías. El adverbio «ahora» (*arti*) tiene la fuerza de «ahora mismo» y el verbo «ha venido» (*egéneto*) es el tiempo aoristo, modo indicativo de *gínomai*. La forma verbal es pasada, pero se usa para destacar la realidad del acontecimiento. El hecho es tan cierto que, aunque tendrá lugar en el futuro, ya se da por realizado.

El texto expresa alabanza por la venida del reino y por la exclusión de Satanás: **«La salvación»** (*hei sôteiría*), es decir, «la liberación». Satanás es el gran esclavizador. Su derrota y su exclusión de todo acceso en el cielo significan liberación de su potestad y victoria para quienes han puesto su confianza en el Mesías (véase Ap. 7:10; 19:1). «La salvación mencionada aquí como inminente se refiere no a la salvación de la culpabilidad del pecado, sino a la salvación en el sentido de liberación y de la consumación del programa divino.»[56]

«El poder» (*hei dynamis*). Este sustantivo significa «poder dinámico», «poder inherente», «poder que reside en algo en virtud de su naturaleza». El poder dinámico inherente en Dios se ha manifestado en el nacimiento del Mesías, su muerte, resurrección y glorificación. Se ha manifestado, además, en su victoria rotunda sobre el dragón (Ap. 12:11; 20:10).

«Y el reino de nuestro Dios» (*kaì hei basileía toû theoû heimôn*). La referencia es al reino que el Mesías establecerá cuando venga con majestad y gloria. Ese es el reino por el que Jesús dijo a sus discípulos que orasen «Venga tu reino...» (Mt. 6:10). Hay expositores que afirman que ese reino comenzó con el ministerio terrenal de Jesús y que es una realidad presente.[57] Si bien es cierto que hay una manifestación presente del reino, también es cierto que la forma presente del reino no es el reinado glorioso del Mesías profetizado en las Escrituras. La forma presente del reino no cumple en ningún sentido las palabras de Apocalipsis 11:15 ni las de 12:10. El desalojo de Satanás del cielo ocurre como resultado de la campaña bélica entre Miguel y sus ángeles y el dragón y sus ángeles.[58] No tiene lugar en conexión con el suceso de la cruz. La victoria de los creyentes a través de la sangre del Cordero mencionada en el versículo 11 abarca un período de tiempo que precede la victoria de Miguel.[59] Conjuntamente con la manifestación del reino de Dios está **«la autoridad de su Cristo»** (*hei exousía toû Christoû autoû*), es decir, el derecho o la potestad que el Mesías tiene de ejercer el gobierno del reino mesiánico. El Mesías (Cristo) es el Ungido de Jehová (Sal. 2:2). Él es el rey que ha de reinar sobre toda la tierra desde Sion, el santo monte de Jehová (Sal. 2:6). Las declaraciones de alabanza de Apocalipsis 12:10 constituyen una prolepsis, es decir, una anticipación de lo que ha de ocurrir con toda certeza.[60]

«Porque ha sido lanzado fuera el acusador de nuestros hermanos, el que los acusaba delante de Dios día y noche.» El vocablo **«porque»** (*hóti*) es explicativo del porqué ha venido la salvación, el poder, el reino de Dios y la autoridad de su Mesías. El vocablo **«acusador»** (*katéigôr*) designa una de las principales actividades de Satanás. El acusador no descansa sino que de forma continua hace sus pronunciamientos legales en contra de los creyentes que aún permanecen en la tierra. La gran bendición es que el creyente tiene a un Abogado perfecto que lo defiende delante de Dios (véase 1 Jn. 2:1, 2). «El acusador de nuestros hermanos» ha tenido acceso al cielo desde su caída hasta que es expulsado por Miguel y sus ángeles. Pero en medio de la tribulación será **«lanzado fuera»** (*ebléithei*) del ámbito celestial y no podrá continuar con su actividad.[61]

12:11

«Y ellos le han vencido por medio de la sangre del Cordero y de la palabra del testimonio de ellos, y menospreciaron sus vidas hasta la muerte.» Las acusaciones de Satanás no tienen éxito. Los santos que son acusados por Satanás son «más que vencedores» (Ro. 8:37). El texto de Apocalipsis 12:11 es enfático: «Y ellos mismos le han vencido a causa de la sangre del Cordero y a causa de la palabra del testimonio de ellos y no amaron sus vidas hasta la muerte.» El diablo y sus huestes fueron derrotados «en la cruz» (Col. 2:15); fueron vencidos y expulsados del ámbito celestial. Finalmente, los santos vencen al acusador debido a la sangre del Cordero, es decir, de su sacrificio perfecto que ha hecho posible la purificación de los pecados (He. 1:3). Evidentemente, el texto señala de manera concreta a los mártires que no se doblegaron frente a las persecuciones desencadenadas por el Anticristo. El verbo **«han vencido»** (*eníkeisan*) es el aoristo indicativo, voz activa de *nikáo*, que significa «vencer», «ser victorioso». Dicho verbo se usa prolépticamente, es decir, dando por sentado anticipadamente algo que, sin duda, ha de ocurrir. Obsérvese que en el texto griego aparece dos veces la preposición *dia*, usada en el caso acusativo. En ese caso, dicha preposición denota la base sobre la cual se obtiene la victoria y no el medio o la agencia.[62] La sangre del Cordero, es decir, su muerte sustituta es la base sobre la cual el cristiano vence al acusador. **«La palabra del testimonio de ellos»** debe referirse al hecho de que el testimonio de ellos estaba igualmente fundado sobre la Palabra de Dios. Lo que decían armonizaba perfectamente con el contenido de la Palabra de Dios. Además, los mártires acompañan el mensaje que predican con hechos concretos: **«Menospreciaron sus vidas hasta la muerte.»**

En el texto griego dice: «Y no amaron sus vidas hasta la muerte.» El verbo «amaron» (*eigápeisan*) es el aoristo indicativo, voz activa de *agapáo*, que significa «amar con lealtad», «amar con profundidad». Henry Barclay Swete dice:

> *Kaì ouk eigápeisan* («no amaron sus vidas») expresa la extensión de esta victoria; por causa de Cristo vencieron el amor natural por la vida... Su desapego hacia la vida fue llevado hasta el punto de estar dispuestos a morir por su fe.[63]

Lo que los mártires mencionados hicieron no fue una búsqueda morbosa de la muerte, sino que demostraron una convicción semejante a la de Sadrac, Mesac y Abed-Nego, quienes sabían cuál era el precio que tendrían que pagar por ser fieles al Dios eterno (Dn. 3). Tanto aquellos tres jóvenes como los santos mencionados en Apocalipsis 12:11 no se doblegaron delante del acusador, sino que optaron por ser fieles hasta la muerte.

12:12

«Por lo cual alegraos, cielos, y los que moráis en ellos. ¡Ay de los moradores de la tierra y del mar! porque el diablo ha descendido a vosotros con gran ira, sabiendo que tiene poco tiempo.» «Por lo cual» (*dià toûto*) significa «por esta razón», es decir, por el hecho de la certeza de la derrota de Satanás y del establecimiento del reino del Mesías y todo lo que eso comporta. **«Alegraos, cielos, y los que moráis en ellos.»** El llamado a regocijarse parece guardar conexión con el hecho de que ya Satanás no tiene acceso al cielo. La expresión «cielos, y los que moráis en ellos» se refiere a los ángeles que sirven y adoran a Dios.[64] Los ángeles se regocijan de que el enemigo de Dios ha sido totalmente excluido de su presencia.

Lo que causa regocijo entre los ángeles será motivo de angustia para los habitantes de la tierra. **«¡Ay de los moradores de la tierra y el mar!»** Esta frase no se refiere al tercero de los tres ayes mencionados en 8:13.[65] El último de los ayes de 8:13 tiene que ver con el derramamiento de las copas con las que la ira de Dios se consuma (Ap. 16). El ay de Apocalipsis 12:12 se relaciona con la expulsión de Satanás del cielo a la tierra. Dicha expulsión, como ya se ha mencionado, tiene lugar en medio de la gran tribulación. Es durante esos tres años y medio finales de la gran tribulación cuando Satanás lanzará su más enconada persecución de todo aquel que se niega a llevar la marca de la bestia en su frente.

«Porque el diablo ha descendido a vosotros con gran ira, sabiendo que tiene poco tiempo.» Esta cláusula expresa la razón de la advertencia hecha a los habitantes de la tierra: «El diablo ha descendido a vosotros con gran ira.» El verbo **«ha descendido»** es un aoristo efectivo, modo indicativo. Esta forma verbal destaca la realidad concreta de un acontecimiento. El descenso del diablo será una realidad que causará serios estragos en la vida de muchos seres humanos. Su descenso es **«con gran ira»** (*échôn thymòn mégan*), literalmente, «teniendo gran ira». El vocablo traducido «ira» en este versículo es *thymón*, que sugiere «un estado mental emocional en lugar de un estado racional».[66] El término *thymón* implica el concepto de «arder o hervir de ira».[67] La razón por la cual Satanás ha de «hervir de ira» se expresa en frase causal: «sabiendo que tiene poco tiempo.» El gerundio **«sabiendo»** (*eidôs*) es el participio perfecto, voz activa de *oîda*. Él sabe intuitivamente que tiene poco tiempo para actuar. En realidad, después que sea arrojado a la tierra sólo tendrá tres años y medio para llevar a cabo sus actividades. Antes de la inauguración del reino, Satanás será confinado al pozo del abismo, donde será encarcelado por mil años, es decir, el tiempo que durará el aspecto histórico del reino del Mesías (Ap. 20:1-3). A la postre, Satanás con sus demonios, la bestia y el falso profeta serán echados en el lago de fuego que arde con azufre. José Grau hace un excelente comentario tocante a la influencia de Satanás:

> Actualmente, el Adversario sigue engañando a los hombres mediante falsas religiones que niegan la divinidad de Jesucristo, el hecho del pecado, la necesidad de un Salvador y de la cruz, y hasta la misma existencia de Satanás. Opera a través de ideologías anticristianas y de dirigentes impíos que tratan de eliminar el testimonio cristiano de sobre la faz de la tierra. También lo hace por medio del auge del ocultismo y el atractivo de los modelos de vida materialista. Su obra maestra, sin embargo, actualmente estriba en convencer a la gente de que no existe y que creer en él es retroceder a la mentalidad medieval.[68]

Grau expresa de manera elocuente la triste realidad de lo que Satanás ha estado haciendo en el mundo hasta el día de hoy. Esas actividades satánicas no parecen ser las de alguien que esté encarcelado o neutralizado. Si es cierto que la derrota de Satanás ha sido asegurada mediante la muerte, resurrección y glorificación de Cristo, no es menos cierto que Dios, por su voluntad soberana, permite que el maligno siga actuando el mundo.[69] Dios ha permitido que Satanás tenga acceso hasta su misma presencia. Pero de allí será expulsado y excluido para siempre cuando sea derrotado por el arcángel Miguel. En medio de la tribulación será arrojado a la tierra. Sus actividades, sin embargo, durarán poco tiempo, es decir, tres años y medio. Al final de la tribulación, Cristo vendrá con poder y gloria para inaugurar su reino. Entonces Satanás será enviado al pozo del abismo y posteriormente será echado en el lago de fuego y azufre por toda la eternidad (Ap. 20:1-3, 10). La ausencia de Satanás y sus demonios será total durante la era del reino mesiánico. Ese será uno de los factores que hará posible que haya paz, justicia y santidad en la tierra entre los habitantes del reino (Is. 11:1-10; 65:17-25; Mi. 4:1-5; Zac. 14:8-21).

12:13

«Y cuando vio el dragón que había sido arrojado a la tierra, persiguió a la mujer que había dado a luz al hijo varón.» El principal objetivo del dragón era destruir la simiente de la mujer. El versículo 4 dice que el dragón tomó posición delante de la mujer «...a fin de devorar a su hijo tan pronto como naciese». Como se ha mencionado ya, Satanás trató de cumplir su propósito a través de Herodes y de los judíos, pero fracasó en su empeño. El Mesías murió y pagó con su sangre el rescate por el pecador, resucitó de entre los muertos y ascendió a la diestra del Padre (He. 1:3). El plan satánico de «devorar» al Mesías e impedir que efectuase la obra redentora fracasó rotundamente.

Habiendo fracasado en su empeño de destruir al Mesías, Satanás arremete contra la mujer (la nación de Israel) que lo trajo al mundo. «El dragón es demasiado astuto para ignorar el hecho de que su expulsión final del cielo es irreversible. Pero reconoce también que su posición en la tierra ofrece nuevas oportunidades.

Si no puede atacar directamente al hijo de la mujer, puede hacerle daño al hijo a través de la mujer (véanse Mt. 25:45; Hch. 9:4).»[70] Aunque la nación de Israel ha sufrido diversas calamidades en el pasado e incluso sigue padeciendo en el presente, nada de lo ocurrido hasta ahora parece cumplir la persecución profetizada en Apocalipsis 12. Lo más coherente con el ambiente del Apocalipsis es entender que la persecución satánica descrita en este versículo será el cumplimiento de lo profetizado por el Señor en Mateo 24:15-28 y Marcos 13:14-23.[71] A raíz de su exclusión del cielo en medio de la tribulación, Satanás arremeterá con ira incontrolada contra la descendencia de Israel y «perseguirá» a la mujer (la nación de Israel) con el fin de destruirla totalmente e impedir así que se cumpla el pacto abrahámico.

12:14

«Y se le dieron a la mujer las dos alas de la gran águila, para que volase de delante de la serpiente al desierto, a su lugar, donde es sustentada por un tiempo, y tiempos, y la mitad de un tiempo.»

La protección de Israel de la persecución satánica durante la segunda mitad de la tribulación es efectuada mediante un acto sobrenatural. El verbo **«se le dieron»** (*edótheisan*) es el aoristo indicativo, voz pasiva de *didômi*. La voz pasiva tiene una función teológica o de «pasivo divino», es decir, Dios es quien da.[72] El Dios soberano da a la nación de Israel la protección necesaria en tiempos angustiosos tal como lo hizo cuando liberó al pueblo de la esclavitud en Egipto (véanse Éx. 19:4; Dt. 32:11). La figura **«las dos alas de la gran águila»** es emblema de una liberación sobrenatural. El águila es conocida como la reina de las aves. Se caracteriza por su fortaleza y la agudeza de su visión. Además, vuela más alto que ninguna otra ave. De manera que la figura es un excelente símbolo de la manera milagrosa que Dios utilizará para proteger a la nación escogida. J. Massyngberde Ford, profesora del Nuevo Testamento en la Universidad de Notre Dame en Indiana (EE. UU.), aunque escribe desde una perspectiva liberal, hace el siguiente comentario:

> Como un águila que revuelve y cuida de su nido, y vuela vigilante sobre sus polluelos, así la shekinah de Dios recubre las tiendas de Israel, y la sombra de la Shekinah se extiende sobre ellos; y como una águila extiende sus alas sobre sus polluelos, los carga y transporta sobre sus alas, así Dios los llevó y los transportó, y los hizo habitar en los lugares fuertes de la tierra de Israel. La Palabra del Señor los hizo habitar en su tierra y no permitió que ninguno de ellos siguiese adoración extraña.[73]

Las **«alas de la gran águila»** permitirán a la mujer huir de la persecución de la serpiente. El lenguaje metafórico significa que Dios proveerá un lugar para la protección de la nación de Israel y los medios para que escape a dicho lugar. La Biblia no revela dónde estará dicho lugar, sólo dice que está en **«el desierto»** (*tèin éreimon*) y que es el lugar de ella (*tòn tópon auteîs*). Algunos han especulado que será en las ruinas de la ciudad de Petra (Edom), pero dicha sugerencia es especulativa.[74] Lo que sí puede asegurarse es que dondequiera que dicho lugar de protección esté, Dios sustentará a la mujer-nación **«por un tiempo, y tiempos, y la mitad de un tiempo»**, es decir, por tres años y medio que será exactamente la duración de la segunda mitad de la tribulación. Además, dicho lugar estará fuera del alcance de Satanás.[75]

12:15, 16

«**Y la serpiente arrojó de su boca, tras la mujer, agua como un río, para que fuese arrastrada por el río. Pero la tierra ayudó a la mujer, pues la tierra abrió su boca y tragó el río que el dragón había echado de su boca.**»

El versículo 15 pone de manifiesto que Satanás posee capacidades sobrenaturales. Con el fin de alcanzar su propósito de destruir la mujer, el maligno «**arrojó de su boca, tras la mujer, agua como un río**». Obsérvese la figura de dicción llamada símil: «agua como un río» (*hydôr hôs potamón*). Su objetivo es «para que fuese arrastrada» (*hína autèin potamóphareiton poiéisei*), literalmente, «para hacer que fuese arrastrada por el río». Satanás se percata de que la mujer-nación se escapa de su alcance y, consecuentemente, arroja tras ella agua semejante a la de un río con el fin de destruirla. A pesar del lenguaje metafórico (o tal vez debido a éste), la idea del versículo es clara: El enemigo de Dios y de su pueblo hace un esfuerzo sobrenatural para intentar exterminar a la descendencia de Israel.

La protección divina no le falta a la mujer-nación. Aunque el texto no lo expresa así, hay suficientes precedentes para afirmar que la tierra «**abrió su boca y tragó el río**» por decreto divino. El cántico de Moisés dice: «Extendiste tu diestra, la tierra los tragó. Condujiste en tu misericordia a este pueblo que redimiste; lo llevaste con tu poder a tu santa morada» (Éx. 15:12, 13). El faraón egipcio quiso destruir al pueblo de Dios, pero «la tierra los tragó» y el pueblo fue librado. Hay otros casos en los que Dios abrió la tierra para que se tragase a los transgresores (véanse Nm. 16:28-33; 26:10; Dt. 11:6; Sal. 106:17). Algunos expositores intentan darle una explicación natural o racionalista tanto al agua arrojada por Satanás como al abrirse de la tierra para tragar el agua. El texto bíblico, tanto en el Apocalipsis como en otros pasajes, sugiere que se trata de acciones sobrenaturales. Dios está efectuando la consumación de su propósito eterno que implica la manifestación de su reino. El maligno, es decir, Satanás intenta obstruir el plan de Dios y el cumplimiento del pacto abrahámico. Si Satanás logra destruir a Israel, el pacto abrahámico no podría cumplirse. Como dice Swete: «El dragón no es contrincante para hacer frente a los poderes dados por Dios.»[76]

12:17

«**Entonces el dragón se llenó de ira contra la mujer; y se fue a hacer guerra contra el resto de la descendencia de ella, los que guardan los mandamientos de Dios y tienen el testimonio de Jesucristo.**» El fracaso de Satanás produce en él una reacción de «**ira contra la mujer**» (*orgísthei... epì teî gynaikí*), o sea, «se volvió furioso debido a la mujer». Quizá, Satanás no se explique por qué Dios protege a la simiente de Israel sin merecerlo. El diablo, por supuesto, no tiene noción alguna del significado de la gracia de Dios. Al no poder descargar su ira sobre la mujer a quien Dios protege, Satanás «**se fue a hacer guerra contra el resto de la descendencia de ella**». Este grupo de israelitas, evidentemente no está en el sitio de protección donde está la mujer.

Hay quienes piensan que la frase «**el resto de la descendencia de ella**» se refiere a gentiles cristianos. Otros creen que se refiere a cristianos individuales sin diferenciar origen racial. También están los que piensan que Juan está hablando de un remanente judío diferente de la mujer que representa a Israel como un todo.[77]

Más razonable es tomar la frase «el resto de la descendencia de ella» como equivalente de los 144.000 israelitas que, durante la tribulación estarán esparcidos sobre la faz de la tierra, anunciando las buenas nuevas del reino y llamando a hombres y mujeres a poner su fe en el Mesías. Los 144.000 israelitas son sellados en el capítulo 7:1-8, y son identificados como siervos de Dios (Ap. 7:3). El mismo grupo aparece de nuevo en Apocalipsis 14:1-5. La descripción que de ellos se da en Apocalipsis 14:4, 5 está en concordancia con Apocalipsis 12:17: (1) Guardan los mandamientos de Dios; (2) tienen el testimonio de Jesucristo. Los 144.000 siervos de Dios, según Apocalipsis 14, guardan los mandamientos que Dios les dio y obedecen al Señor, dando fiel testimonio de la verdad que el Señor Jesús enseñó.[78]

12:18

«Y se detuvo sobre la arena del mar» (*keì estàlhe epî téin ámmon teîs thalásseis*). Este versículo no aparece en la Reina-Valera 1960, aunque sí aparece en la primera parte de 13:1, con la variante del verbo en la primera persona singular. La mejor lectura, sin embargo, es la que se ofrece en este comentario, ya que tiene el apoyo de los mejores manuscritos.[79]

El sujeto del verbo **«se detuvo»** (*estáthei*) es el dragón, quien ha fracasado doblemente. Su persecución de la mujer no tiene éxito, porque Dios le ha preparado un lugar y también quien la sustenta por un período de tres años y medio, o sea, el tiempo que dura la segunda mitad de la tribulación. También fracasa en su guerra «contra el resto de la descendencia» de la mujer porque es posible que Dios no permita que los 144.000 sufran daño alguno. A pesar de dar testimonio público de Jesucristo y de guardar fielmente los mandamientos de Dios, nadie los puede tocar ni dañar.

Satanás ha llegado a su límite. Ahora le resta llenar de poder y dar su propio trono a la bestia, el Anticristo, que se presentará delante de la humanidad como la persona capaz de resolver todos los problemas que agobian a la sociedad humana. Surge del mar, que representa tanto el abismo como las naciones de la tierra conmocionadas por la presencia del mismo Satanás y sus huestes. El dragón hará un intento más por conseguir la supremacía entre los hombres. El reino de tinieblas, sin embargo, será derrotado y el reino de luz y de paz será establecido para siempre.

RESUMEN Y CONCLUSIÓN

El capítulo 12 del Apocalipsis es crucial a la hora de interpretar el argumento del libro. Conjuntamente con el 13 y el 14, este capítulo revela quiénes serán los protagonistas centrales del período de la tribulación. Son cinco los protagonistas mencionados en este capítulo: (1) «La mujer» que simboliza a Israel; (2) «el dragón», que representa a Satanás; (3) «el hijo varón» que se refiere a Jesucristo; y (4) «el resto de la descendencia» de la mujer, que se refiere a los 144.000 israelitas sellados por el Señor en Apocalipsis 7:1-8 y que reaparecen en Apocalipsis 14:1-5.

Como es característico en el Apocalipsis, el contenido del capítulo 12 está expresado en lenguaje figurado. Las figuras de dicción, sin embargo, no dan licencia para que el intérprete aplique una hermenéutica alegórica o espiritualizante a la hora de descubrir el significado de las figuras usadas para comunicar el mensaje. El texto dice que la mujer es una «señal» (*seimêion*). Eso significa que la mujer simboliza «algo» o «alguien». El exégeta debe proceder objetivamente para descubrir de qué o de quién la mujer es señal.

Lo mismo sucede con la identificación del dragón escarlata. La figura del dragón, según el texto, es «otra señal». El versículo nueve revela que el dragón representa a Satanás. De modo que no es necesario especular en cuanto a dicha identificación. No obstante, el intérprete tiene que contender con el hecho de la figura del dragón. ¿Qué pretende decir Juan cuando describe a Satanás como un gran dragón? El apóstol sin duda pretende describir la naturaleza o el carácter de Satanás. Un dragón habla de un ser temible, aterrorizante, de gran fortaleza, que intimida a quien lo contempla.

Una vez más, se hace necesario destacar que el lenguaje figurado no debe interpretarse figurada o alegóricamente. Las figuras de dicción en cualquier idioma tienen un significado literal que es aquel que le asigna la comunidad que lo usa. Se dice de un artista o un deportista que es una estrella. Esa figura es usada para decir que sobresale por encima de otros. A veces se describe a una persona con el calificativo de «bárbaro» para significar que es «fiero», «arrojado», «tosco» o «inculto». En definitiva, decir que el Apocalipsis es un libro de símbolos y que, por lo tanto, no puede interpretarse literalmente sino que hay que espiritualizarlo, no es un procedimiento correcto. El lenguaje figurado tiene por objeto expresar de manera concreta ideas o conceptos abstractos. Por lo tanto, una interpretación literal del Apocalipsis toma en cuenta la utilización de las figuras de dicción a través del libro. La literatura apocalíptica posee esa característica y eso la diferencia, entre otras cosas, de los demás géneros literarios.

En este capítulo también se revelan varios temas que forman parte importante del argumento del Apocalipsis. Se menciona el gran poder del dragón: Sus siete cabezas, diez cuernos, siete coronas o diademas y su capacidad para arrastrar a la tercera parte de las «estrellas del cielo» [ángeles] indica que posee un poder de gran alcance. No obstante a ese poder, el dragón es desalojado del cielo después de luchar con el arcángel Miguel. Esa guerra angelical ocurre en medio de la gran tribulación. Satanás es arrojado a la tierra, desde donde intenta destruir a la simiente de Abraham y a los 144.000 israelitas que han sido sellados para que proclamen el mensaje del evangelio del reino. Su fracaso es total porque Dios protege a la mujer y al resto de su descendencia.

Una verdad central en este capítulo se relaciona con el reino del Mesías. Se dice con claridad que él «regirá con vara de hierro a todas las naciones». Eso se cumplirá literalmente cuando Cristo venga con poder y gloria. En Apocalipsis 12:10, Juan afirma prolépticamente varias verdades contundentes tocante al reino: «La victoria, el poder, y el reino de nuestro Dios, y la autoridad de su Mesías» son realidades que se harán patentes cuando el reino sea establecido. Todo esto constituye el centro mismo del argumento del Apocalipsis. Dios ha de consumar su propósito tanto dentro de la historia como en la eternidad.

NOTAS

1. E.W. Bullinger, *Figures of Speech Used in the Bible*, p. 705.
2. *Ibid.*, p. 708.
3. J. Dwight Pentecost, *Thy Kingdom Come*, p. 301.
4. Véase John F. Walvoord, *The Revelation of Jesus Christ,* p. 187.
5. Desdichadamente, la Reina-Valera 1960 omite la conjunción «y» (*kaì*) tanto en 12:1 como en 12:7. En realidad, todos los versículos en el texto griego de este capítulo comienzan con la conjunción «y» con la sola excepción del versículo 12. En todos los casos, en este capítulo el vocablo *kaì* puede traducirse por su sentido primario, que es la conjunción «y». La única excepción podría ser el versículo 14 donde tal vez sería mejor la traducción «pero».
6. J. Massyngberde Ford observa lo siguiente: «El vocablo "señal" no aparece en los capítulos 4—11, pero aparece siete veces en los capítulos 12—19. Tres de las señales son en el cielo (12:1, 3; 15:1) y cuatro en la tierra (13:13, 14; 16:14; 19:20). Pero la mujer en 12:1 es la única señal afortunada; las obras se asocian con acontecimientos malignos, la bestia y sus siervos. De modo que la mujer es la única señal de Dios colocada en el lado opuesto de las otras seis señales y presagiando a la nueva Jerusalén del cielo (capítulo 21)» (véase Ford, p. 195).

7. E.W. Bullinger, *Commentary on Revelation*, p. 387.
8. Robert H. Mounce, «The Book of Revelation», p. 236.
9. Gerhard Kittel y Gerhard Friedrich, *Theological Dictionary of the New Testament*, traducido por Geoffrey W. Bromlley, vol. VII, p. 243.
10. *Ibid.*
11. Véase Leon Morris, «Commentary on the Gospel of John», *The New International Commentary on the New Testament*, pp. 684-691.
12. *Ibid.*, p. 156.
13. Véase James B. Pritchard (ed), *The Anciend Near East: An Anthology of Texts and Pictures*, vol. I, pp. 31-34; también Robert H. Mounce, «The Book of Revelation», p. 235.
14. Véanse Eugene Boring, «Revelation», *Interpretation: A Bible Commentary for Teaching and Preaching*, p. 151; también Alan F. Johnson, «Revelation», *The Expositor's Bible Commentary*, vol. 12, p. 512.
15. Véanse Merrill C. Tenney, *New Testament Times* (Grand Rapids: Eerdmans Publishing Company, 1965), pp. 334-337; también Robert L. Thomas, *Revelation 8—22*, p. 118; G.B. Caird, «The Revelation of Saint John», pp. 147, 148.
16. Leon Morris, «Revelation», p. 156.
17. Véase Francisco Cantera Burgos y Manuel Iglesias González, *Sagrada Biblia: Versión crítica sobre los textos hebreo, arameo y griego*, p. 1434.
18. Robert L. Thomas, *Revelation 8—22*, p. 119.
19. *Ibid.* Digno de mencionarse es el hecho de que algunos católicos como J. Massyngberde Ford se han salido de la interpretación católica tradicional y no comparten la idea de que la mujer sea María (véase «Revelation», pp. 195, 207).
20. José Grau, *Estudios sobre Apocalipsis*, p. 199.
21. Leon Morris, «Revelation», p. 157. El afamado comentarista William Barclay toma una postura en la que admite que la nación de Israel es la fuente de origen del Mesías y por lo tanto, es lo que la mujer de 12:1 simboliza: «Es del pueblo escogido de donde Jesucristo procede en su linaje humano. Es la comunidad ideal de los escogidos de Dios lo que la mujer representa. De esa comunidad Cristo vino y fue en esa comunidad la que pasó por sufrimientos terribles a manos de un mundo hostil» (William Barclay, *The Revelation of John*, Vol. 2, p. 76). Barclay, sin embargo, considera que el pueblo de Dios de todas las edades es la Iglesia.
22. El uso de la figura llamada polisíndeton (muchas conjunciones) es evidente en este versículo: «Y estando encinta, y clamaba doliéndose en parto, y estando atormentada para parir.»
23. Robert L. Thomas, *Revelation 8—22*, p. 121.
24. *Ibid.*
25. *Ibid.*, p. 122.
26. Robert H. Mounce, «The Book of Revelation», p. 237. También debe leerse Samuel Noah Kramer (ed), *Mythologies of the Ancient World* (Garden City: Anchor Books, 1961), pp. 183-218.
27. El «dragón» es lo opuesto de Jehová. No sólo es el enemigo de Jehová (Is. 27.1; 51:9; Job 7:12), sino que además, es la antítesis de Jehová. El dragón representa el caos, mientras que Jehová es la fuente de todo el orden en el universo (véase J. Massyngberde Ford, «Revelation», pp. 198-200).
28. John F. Walvoord, *The Revelation of Jesus Christ*, p. 189.
29. Véase Leon Wood, *The Bible and Future Events*, p. 109.

30. Ya en Apocalipsis 9:1 se ha visto que el sustantivo «estrella» se usa para designar a seres angelicales. También el contexto inmediato de Apocalipsis 12:7-9 da a entender que «las estrellas» que son arrastradas son ángeles que entran en combate contra el ejército celestial comandando por el arcángel Miguel.

31. El concepto amilenarista de que Satanás ya está «atado» desde los tiempos de la primera venida de Cristo requiere una interpretación alegórica de muchos pasajes del Nuevo Testamento y, en particular, del Apocalipsis. Una interpretación normal de las Escrituras dará por resultado reconocer que Satanás «será atado», es decir, neutralizado cuando el Mesías venga a la tierra por segunda vez. El Apocalipsis enseña que mucho de lo que ha de ocurrir durante la gran tribulación tiene que ver con las actividades de Satanás en la tierra.

32. Véase Joseph Henry Thayer, *Greek-English Lexicon of the New Testament*, p. 307. E.W. Bullinger observa correctamente lo siguiente: «El verbo "se para" o "se paró" se refiere a un acto continuo, y no a un simple acontecimiento pasajero. En el momento en que sale la palabra de que la simiente de la mujer un día a la postre aplastaría la cabeza de la serpiente, esa serpiente antigua, el diablo y Satanás, tomó su posición delante de la mujer para destruir su simiente tan pronto como naciese» (véase E.W. Bullinger, *Commentary on Revelation*, p. 399).

33. Véase Robert L. Thomas, *Revelation 8—22*, p. 125.

34. El verbo «devorar» es *kataphágei*, aoristo subjuntivo, voz activa de *katesthíô*. Este es un verbo compuesto en que el prefijo *kata* intensifica el significado de dicho verbo. De ahí la idea de «comer algo totalmente», «devorar». Es el mismo verbo usado en Apocalipsis 10:9, donde el ángel ordena a Juan que coma el librito totalmente, de manera que no quede nada y lo digiera.

35. Probablemente Satanás no anticipaba la resurrección del Mesías (Mt. 16:18). El maligno, por supuesto, descarta el cumplimiento de la Palabra de Dios (véanse Sal. 16:8-11; Hch. 2:25-28).

36. Obsérvese, además, el uso del sustantivo neutro «hijo» (*tò téknon*). La forma neutra enfatiza su carácter como «recién nacido» quien aún no se ha apoderado ni está ejerciendo sus atributos masculinos.

37. El expositor Robert L. Thomas en su excelente comentario prefiere la traducción «destruir» para el verbo *poimanein*, (véase Robert L. Thomas, *Revelation 1— 7*, p. 223 y *Revelation 8—22*, p. 203).

38. José Grau, *Estudios sobre el Apocalipsis*, p. 203.

39. Robert L. Thomas, *op. cit.*, p. 126.

40. Joseph Thayer, *Greek-English Lexicon*, p. 540.

41. José Grau, *op. cit.*, p. 203.

42. Véase Robert H. Mounce, «The Book of Revelation», p. 239.

43. Fritz Rienecker, *A Linguistic Key to the Greek New Testament*, vol. 2, p. 493.

44. Véase Robert L. Thomas, *Revelation 8—22*, p. 127.

45. José Grau, *op. cit.*, p. 204.

46. M. Eugene Boring comenta que: «La preeminencia de la acción angelical refleja la idea prevaleciente en varias corrientes del pensamiento apocalíptico de que Dios no administra los asuntos del mundo directamente, sino que delegó esa autoridad en los ángeles, así cada ángel tiene a su cargo la responsabilidad de una nación en particular. Algunas veces Dios se reserva a Israel bajo su propia autoridad especial (Dt. 32:8, 9), otras veces el capitán de los ejércitos angelicales, Miguel, era responsable del cuidado de Israel. Miguel, pues, fue hecho el campeón celestial y el responsable del pueblo de Dios,

como en Daniel 10:21; 12:1 y es el único ángel mencionado por nombre en el Apocalipsis» (véase M. Eugene Boring, «Revelation», pp. 153, 154).

47. Robert H. Mounce, «The Book of Revelation», p. 240.
48. *Ibid.*
49. La guerra mencionada tiene lugar en el cielo mismo y no en el firmamento.
50. A. T. Robertson, *Word Pictures,* vol. VI, p. 392.
51. Robert L. Thomas, *op. cit.,* p. 131.
52. *Ibid.*
53. G.B. Caird, «The Revelation of Saint John», p. 156.
54. Véase la apasionada defensa de esa teoría que hace José Grau en su comentario *Estudios sobre Apocalipsis,* pp. 310-312.
55. Otras expresiones de alabanza similares se encuentran en Apocalipsis 4:8, 11; 5:9, 10, 12, 13; 7:10, 12; 11.15; 15:3, 4; 19:1, 2, 4, 6-8.
56. John F. Walvoord, *The Revelation of Jesus Christ,* p. 193.
57. Robert H. Mounce, *op. cit.,* p. 243.
58. G.B. Caird, «The Revelation of Saint John», p. 153.
59. Robert L. Thomas, *Revelation 8—22,* p. 133.
60. George Eldon Ladd dice lo siguiente: «Este anuncio [versículo 10], como el que aparece en 11:15, es proléptico y anticipa la consumación que aún no ha ocurrido; pero ha ocurrido en principio, porque Satanás ya es un enemigo derrotado» (*A Commentary on Revelation,* p. 173).
61. La expresión «el que ... acusaba» (*ho kateigorôn*) es el participio presente, voz activa de kateigoréo. El participio presente sugiere una acción continua. El acusador acude constantemente delante de Dios para acusar a los creyentes. Pero allí está el gran sumo sacerdote y mediador, Cristo Jesús, para defender al cristiano.
62. Véase A.T. Robertson, *Word Pictures,* vol. VI, p. 394.
63. Henry Barclay Swete, *Commentary on Revelation,* p. 156.
64. Robert H. Mounce, *op. cit.,* p. 244.
65. Los tres ayes de Apocalipsis 8:13 tienen que ver con la ira de Dios hacia los moradores de la tierra que viven en rebeldía y desafían la autoridad del Soberano. El ay de Apocalipsis 12:12, por el contrario, se refiere a la hostilidad del dragón hacia los seguidores de Dios.
66. John F. Walvoord, *The Revelation of Jesus Christ,* p. 194.
67. Véase Richard Chevenix Trench, *Synonyms of the New Testament,* pp. 130-134. Trench dice que *thymós* («ira») denota «...conmoción turbulenta, la agitación efervescente de los sentimientos» (*Ibid.,* p. 131).
68. José Grau, *Estudios sobre Apocalipsis,* p. 207.
69. El reconocido teólogo reformado, G. C. Berkouwer, dice: «Este es el problema que la iglesia siempre ha confrontado: Por un lado está el triunfo, el hombre fuerte atado; por el otro lado está la continua actividad del mal, la presencia del maligno (el "león rugiente" de 1 P. 5:8), quien, después de su derrota, ha descendido a la tierra "con gran ira" (Ap. 12:12). El Nuevo Testamento siempre parece presentar esta dualidad cuando habla acerca del poder de Satanás. Aún así, el poder de Satanás no puede a la postre competir con el Omnipotente; y según Apocalipsis el maligno reconoce esta limitación de su poder: "Él sabe que su tiempo es corto" (Ap. 12:12; 20:13)» (G. C. Berkouwer, *The Return of the Lord,* p. 306).
70. Henry Barclay Swete, *Commentary on Revelation,* p. 157.
71. J. Dwight Pentecost ha hecho la siguiente sugerencia: «Durante la tribulación,

Israel será esparcida fuera de la tierra por invasiones militares (Ap. 12:14-16), y los israelitas huirán y encontrarán refugio entre las naciones gentiles. Sobrenaturalmente Dios traerá al pueblo de regreso a la tierra a través de la instrumentalidad de ángeles, lo que será la restauración final anticipada en el Antiguo Testamento (Dt. 30:1-8).» Véase J. Dwight Pentecost, *Thy Kingdom Come* (Grand Rapids: Kregel, 1995), p. 255.

72. Véase Fritz Rienecker, *A Linguistic Key,* vol. 2, p. 494.

73. J. Massyngberde Fort, «Revelation», p. 139.

74. Véase John F. Walvoord, *The Revelation of Jesus Christ,* p. 195; Robert L. Thomas, *Revelation 8—22,* p. 139.

75. Leon Morris, «Revelation», p. 164.

76. Henry Barclay Swete, *op. cit.,* p. 158.

77. Véase Robert L. Thomas, *Revelation 8—22,* p. 142.

78. *Ibid.*

79. Véase Bruce M. Metzger, *A Textual Commentary on the Greek New Testament* (Londres: United Bible Societies, 1975), p. 746; A.T. Robertson, *Word Pictures,* vol. VI, p. 397; Robert L. Thomas, *Revelation 8—22,* p. 147.

Las dos bestias bajo la autoridad del dragón (13:1-18)

Bosquejo

1. **La primera bestia (13:1-10)**
   - 1.1. Su origen (13:1*a*)
   - 1.2. Su autoridad (13:1*b*, 2)
     - 1.1.1. Autoridad política (13:1*b*)
     - 1.1.2. Autoridad geográfica (13:2*a*)
     - 1.1.3. Autoridad espiritual (13:2*b*)
   - 1.3. La herida de la bestia (13:3)
   - 1.4. El ministerio de la bestia en la tierra (13:4-8)
     - 1.4.1. Promover la adoración de Satanás (13:4)
     - 1.4.2. Promover el antagonismo contra Dios en la tierra (13:5, 6)
     - 1.4.3. Perseguir a los santos (13:7)
     - 1.4.4. Promover la adoración de su persona (13:8)
   - 1.5. Exhortación divina a los santos de la tribulación (13:9, 10)
     - 1.5.1. Exhortación a la obediencia (13:9)
     - 1.5.2. Exhortación a la confianza en Dios y a la paciencia a la luz de las persecuciones que sufrirán (13:10)
2. **La segunda bestia (13:11-17)**
   - 2.1. Su origen (13:11*a*)
   - 2.2. Su autoridad (13:11*b*, 12*a*).
   - 2.3. Su sometimiento a la primera bestia (13:12*b*)
   - 2.4. Su ministerio (13:13-17)
     - 2.4.1. Ministerio espiritual (13:13-15)
       - 2.4.1.1. Hacer señales (13:13, 14*a*)
       - 2.4.1.2. Promover la adoración de la bestia (13:14*b*, 15)
     - 2.4.2. Ministerio social y político (13:16, 17)
       - 2.4.2.1. Controlar a los hombres socialmente (13:16)
       - 2.4.2.2. Controlar a los hombres políticamente (13:17)

3. La identificación de la primera bestia (13:18)
4. Resumen y conclusión

NOTAS EXEGÉTICAS Y COMENTARIOS

La expulsión de Satanás del cielo a la tierra por el arcángel Miguel causa alegría en el cielo, pero lamento en la tierra. El maligno intenta destruir a la simiente de la mujer, es decir, al Mesías pero fracasa. Su esfuerzo por exterminar a la nación de Israel, primero, y al resto de la descendencia de ella, después, es frustrado por intervención divina.

Finalmente, Satanás pone a funcionar su último plan. El maligno, por así decir, se reproduce en un personaje a quien el texto llama por diversos nombres: La bestia, el Anticristo, el hijo de perdición, el hombre de pecado, el inicuo. Este personaje será la obra maestra de Satanás. Se ofrecerá a la humanidad como la panacea para los problemas de la humanidad. Tendrá un compañero de actividades, una especie de portavoz, un promotor de su persona. Ese será el falso profeta de los postreros tiempos. El capítulo 13 del Apocalipsis trata de las actividades de ambos personajes.

13:1

«Y vi subir del mar una bestia que tenía siete cabezas y diez cuernos; y en sus cuernos diez diademas; y sobre sus cabezas, un nombre blasfemo.»[1] Este versículo es altamente descriptivo en el texto griego: «Y vi una bestia subiendo hacia fuera del mar...» Con esta frase, Juan describe la visión a través de la cual Dios le revela cómo hará su entrada en el escenario de la historia el personaje que por tres años y medio se convertirá en una especie de dictador universal. Probablemente la presencia de Satanás en la tierra ya haya causado estragos en la sociedad. Las naciones estarán plagadas de dificultades. En esas precisas circunstancias hará su aparición el personaje a quien el texto llama «la bestia» que sale del mar. Como dice Swete:

> El mar es un símbolo adecuado de la superficie agitada de la humanidad no regenerada (Is. 57:20) y especialmente de la caldera hirviente de la vida nacional y social, de donde surgen los grandes movimientos históricos del mundo.[2]

La bestia de la visión es el sexto protagonista de la tribulación mencionado por el apóstol Juan. El vocablo **«bestia»** (*theiríon*) se usa metafóricamente para describir el carácter o la personalidad interna del Anticristo.[3] Su falta de compasión y su orgullo exceden los límites de lo humano para caer en lo bestial. El profeta Daniel (capítulo 7) tuvo una visión en la que contempló cuatro bestias grandes, diferentes la una de la otra «subían del mar» (Dn. 7:3). Posteriormente, un ser celestial dice a Daniel: «Estas cuatro grandes bestias son cuatro reyes que se levantarán en la tierra» (Dn. 7:17). La última de las bestias que Daniel vio tenía diez cuernos en su cabeza. De entre los diez cuernos brotó un «cuerno pequeño» que desarraigó a tres de los diez originales (Dn. 7:8).

El mensajero celestial no da oportunidad a Daniel para especular tocante al significado de la cuarta bestia, sus diez cuernos y el cuerno pequeño, puesto que le comunicó lo siguiente: «La cuarta bestia será un cuarto reino en la tierra, el cual será diferente de todos los otros reinos, y a toda la tierra devorará, trillará y despedazará. Y los diez cuernos significan que de aquel reino se levantarán diez reyes; y tras ellos se levantará otro, el cual será diferente de los primeros, y a tres reyes derribará. Y hablará palabras contra el Altísimo, y a los santos del Altísimo quebrantará, y pensará en cambiar los tiempos y la ley; y serán entregados en su mano hasta tiempo, tiempos, y medio tiempo» (Dn. 7:23-25).

Es importante observar la hermenéutica que el mensajero celestial emplea para declarar a Daniel el significado de la visión. El lenguaje de Daniel 7 es sin duda, metafórico, propio de la literatura apocalíptica. El intérprete celestial, sin embargo, no alegoriza ni espiritualiza el significado del pasaje, sino que utiliza una hermenéutica normal o natural. Las cuatro bestias son *cuatro* reyes (con su reino) y no un número indeterminado de reyes (Dn. 4:17). Los *diez* cuernos representan a *diez* reyes. El cuerno pequeño representa a un rey que paulatinamente se hará grande y los *tres* cuernos que son desarraigados también apuntan a *tres* reyes que serán quitados de sus tronos. El mensajero celestial otorga un significado normal a los números mencionados sin especular con ellos. Ese mismo principio debe aplicarse a los números que aparecen en el Apocalipsis a menos que el contexto obligue al intérprete a hacer lo contrario.

La bestia que Juan vio en su visión surge del «**mar**». El mar se asocia en la Biblia con confusión (Is. 57:20). Tal vez, aún más significativo es el hecho de que el mar se relaciona también con el abismo, el lugar de habitación del monstruo marino (véanse Job 26:12, 13; Sal. 75:13, 14; 87:4; 89:9, 10; Is. 27:1; 51:9, 10) y de los «poderes demoniacos que se opone a Dios».[4] En un texto que ya ha sido comentado (Ap. 11:7) se afirma que «la bestia ... sube del abismo» (véase también Ap. 17:8). De modo que tanto en le contexto amplio de las Escrituras como en el entorno concreto del Apocalipsis, el mar es una figura del abismo que, a su vez, constituye la morada de los demonios (Ap. 9:1-11). De ahí procede la bestia, la obra maestra del dragón.

Es justo mencionar que la identificación de la bestia ha sido tema de discusión entre los estudiosos de la Biblia a través de la historia de la Iglesia. Los primeros intérpretes cristianos entendieron que el Anticristo representado por la bestia de Apocalipsis 13 será una persona que aparecerá en el escenario de la historia durante la semana setenta profetizada por Daniel (Dn. 7:24, 25; 9:24-27).[5] Entre quienes entendieron que la bestia sería una persona se destacan el autor de la Epístola de Bernabé, la Didaqué, Ireneo, Tertuliano e Hipólito.[6] En tiempos modernos, expositores como Leon Morris,[7] William Newell,[8] George Eldon Ladd,[9] Robert Mounce,[10] John Walvoord,[11] Robert Thomas[12] y otros también coinciden en que la bestia se refiere a una persona.

Hay otros expositores, sin embargo, para quienes la «bestia» significa la amenaza presente de la herejía. Esta interpretación se deriva de los pasajes de 1 Juan 2:18, 22; 4:3 y 2 Juan 7, en los que Juan advierte a sus lectores tocante a los peligros del Anticristo. Un examen cuidadoso de los versículos mencionados pone de manifiesto que, si bien es cierto que el apóstol da la voz de alarma a los cristianos de su generación respecto a los peligros de las falsas doctrinas, también es cierto que el Apóstol Juan delimita entre «anticristos» en un sentido general del vocablo y el «anticristo» en un sentido concreto de la palabra. Todo aquello que se opone al Cristo es un anticristo. En los postreros días surgirá alguien que no sólo se opondrá al Cristo, sino que intentará colocarse en el lugar del Cristo.[13]

Algunos teólogos identifican a la bestia con el Imperio Romano. Esta teoría se apoya en los siguientes argumentos: (1) Apocalipsis 17:9 dice que «las siete cabezas son siete montes, sobre los cuales se sienta la mujer». Se apunta el hecho de que Roma es la ciudad afincada sobre siete montes y que, por lo tanto, la bestia de siete cabezas tiene que ser el imperio cuya capital era Roma. (2) El cuarto imperio mencionado en Daniel 7:7 es el Imperio Romano. Existe una correspondencia innegable entre ese cuarto imperio y la bestia de Apocalipsis 13. De modo que la bestia tiene que ser el Imperio Romano.[14] (3) También se identifica a César Nerón con la cabeza de la bestia que fue mortalmente herida pero que sanó (Ap. 13:3). En el siglo primero de la era cristiana circuló una leyenda al efecto de que el emperador Nerón había vuelto a la vida después de haberse suicidado. Un número considerable de intérpretes de la escuela preterista se suscriben a la teoría de que la bestia es el Imperio Romano. Aún hay otros que generalizan, diciendo que «esta bestia representa todas las formas de gobierno de este mundo que persiguen a la Iglesia en cualquier lugar y época hasta que Cristo vuelva».[15] Lo que Grau afirma podría en todo caso tomarse como una aplicación, pero en ningún caso como una *interpretación* del texto.

Una exégesis congruente de los pasajes relacionados con la bestia ponen de manifiesto que dicha figura representa al pseudocristo de los postreros días. Pasajes tales como Apocalipsis 11:7; 13:8; 17:8; 17:12, 13, interpretados dentro del contexto y del argumento del Apocalipsis arrojan la enseñanza de que la bestia es una persona que tendrá características semejantes a las del mismo dragón, porque tiene su origen en el abismo, la morada misma de Satanás. La bestia será el Anticristo escatológico, quien intentará imitar al verdadero Cristo en todo para engañar a las naciones y apoderarse del reino que sólo pertenece al Mesías. La bestia es, además, la persona a quien el dragón le da «su poder y su trono, y grande autoridad» (Ap. 13:2).

Resumiendo, hay dos posturas principales respecto a la identidad de la bestia de Apocalipsis 13. Los primeros intérpretes cristianos interpretaron que la bestia era el Anticristo de los postreros tiempos. En tiempos modernos, hay un número considerable de expositores que comparten el mismo punto de vista. Los intérpretes de la escuela preterista identifican a la bestia con César Nerón, particularmente por el hecho de la existencia de una leyenda del siglo primero tocante a una supuesta resurrección de Nerón después de su suicidio.

La segunda postura mantenida por un respetable número de exégetas sugiere que la bestia o Anticristo se refiere a las dañinas herejías que a lo largo de la historia de la Iglesia han causado serios estragos entre los creyentes. Otra postura impersonal debe mencionarse como la de los prerreformadores y los reformadores, quienes identificaron al Anticristo con el papado. Por último, está la sugerencia que impersonaliza a la bestia, relacionándola con las distintas formas de gobierno que a través de los siglos han perseguido a los cristianos.

La posición más congruente con el texto bíblico es la que entiende que «la bestia» representa a la persona del Anticristo, que hará su aparición en los postreros tiempos. Es la misma persona a quien Pablo llama «el hombre de pecado», «el hijo de perdición» (2 Ts. 2:3). Es el mismo a quien el profeta Daniel describe como «el cuerno pequeño» (Dn. 7:8) y como el rey soberbio (Dn. 11:36-45). Él es «la abominación desoladora» profetizada por Daniel (Dn. 11:31; 12:11; Mt. 24:15). Las distintas referencias que tocante a él aparecen en el Apocalipsis apuntan al hecho de que se trata de una persona. Pero no sólo será una persona, sino que, además, será investido de gran poder por Satanás y será adorado por los habitantes de la tierra que aún continúan en rebeldía contra Dios (Ap. 13:8; 17:8).

Igual que el dragón, la bestia de Apocalipsis 13:1 posee **«siete cabezas y diez cuernos»** (véase Ap. 12:3). Esto hace pensar que existe una relación estrecha entre Satanás y la bestia. En realidad, la bestia, como tal, estará actuando en la tierra desde el comienzo de la semana setenta de Daniel. Es él quien concierta el pacto con la nación de Israel (Dn. 9:26) para luego renunciar a su promesa y perseguir dicha nación por un período de 42 meses. Es probable que, además de simbolizar la persona del Anticristo, las «siete cabezas y diez cuernos» de la bestia representen la forma final del Imperio Romano que reaparecerá en los postreros tiempos y de donde, políticamente, emergerá el Anticristo (Dn. 9:26*b*). Como lo explica Robert L. Thomas:

> Puesto que la cuarta bestia de Daniel 7 es una combinación de las otras tres, esta bestia tiene que ser una representación panorámica de imperios mundiales dominantes de todos los tiempos, pero en Apocalipsis 13:1-10, la visión de Juan se centra en esa serie de imperios cuando estos llegan a su culminación. La Roma del primer siglo fue uno de esos imperios, y el imperio mundial de los últimos tiempos guardará alguna relación con Roma. La clave de la situación cronológica de la bestia yace en sus cabezas y cuernos coronados. La mejor solución al problema parece ser una combinación de la tesis de que este es el Imperio Romano reavivado y la postura de que este es el falso Cristo de los últimos días. Este último imperio mundial encarnará un individuo satánicamente capacitado, quien se presentará a sí mismo como una imitación del Mesías para engañar a los moradores de la tierra.[16]

Cuatro cosas se destacan de la bestia que sube del mar en el versículo 1: (1) Las siete cabezas; (2) los diez cuernos; (3) las diez diademas en sus cuernos; y (4) el nombre blasfemo sobre sus cabezas. Las siete cabezas relacionan a la bestia con el dragón (cp. Ap. 12:3 con 13:1). También debe observarse que la bestia recibe el poder, el trono y gran autoridad del dragón (13:2).[17] El lenguaje del pasaje es profundamente metafórico. Eso no impide, sin embargo, que se ofrezca una interpretación coherente con el mensaje del Apocalipsis.

Las siete cabezas de la bestia (que se corresponden con las siete cabezas del dragón según Ap. 12:3) en consonancia con Apocalipsis 17:10, representan siete monarquías mundiales en orden sucesivo: Egipto, Asiria, Babilonia, Medo-Persia, Grecia, Roma y el reino representado por la confederación de diez reyes (simbolizado por los diez cuernos). «La bestia sólo puede tener una cabeza a la vez (Ap. 17:9, 10), de modo que las cabezas tienen que ser consecutivas.»[18] Cada cabeza representa un poderío mundial a través del cual Satanás, es decir, el dragón, ha operado en el mundo. Las cuatro bestias de Daniel 7 suben del mar (Dn. 7:3) y representan cuatro reyes (Dn. 7:17) con sus correspondiente reinos. Además, Daniel contempla el reino que será constituido por la confederación de diez reyes, representados por los diez cuernos que aparecen en la cabeza de la cuarta bestia. El intérprete celestial declara a Daniel lo siguiente:

> La cuarta bestia será un cuarto reino en la tierra, el cual será diferente de todos los otros reinos, y a toda la tierra devorará, trillará y despedazará. Y los diez cuernos significan que de aquel reino se levantarán diez reyes; y tras ellos se levantará otro el cual será diferente de los primeros, y a tres reyes derribará (Dn. 7:23, 24).

Obsérvese que el mensajero divino declara a Daniel que la cuarta bestia de su visión representa a un cuarto reino o imperio. Le dice que del mencionado cuarto reino surgirá un quinto reino, simbolizado por los diez cuernos. Ese reino estará formado por una confederación de diez reyes o gobernantes. En un momento dado, de entre los diez cuernos, surgirá un «cuerno pequeño» o rey que paulatinamente se engrandecerá hasta llegar a desarraigar a tres de los diez originales y constituirse en el jefe supremo de la confederación. Según Apocalipsis 17:12, 13, los «diez cuernos» o reyes voluntariamente «entregan su poder y su autoridad a la bestia». Es así como la bestia se convierte en el gran dictador durante los tres años y medio finales de la gran tribulación.

El simbolismo de los diez cuernos es revelado con toda claridad en el texto bíblico. Si se admite que existe una relación estrecha entre Daniel 7:24, Apocalipsis 13:1 y Apocalipsis 17:12 se puede concluir con facilidad que «los diez cuernos» representan el poder gentil que tomará cuerpo en los postreros días bajo la autoridad del cuerno pequeño, es decir, del Anticristo o falso Cristo escatológico. El texto destaca también el hecho de que los diez cuernos de la bestia estaban adornados con sendas diademas o símbolos de autoridad gubernamental.[19] Debe recordarse que el dragón (Satanás) muestra las diademas en sus cabezas mientras que la bestia las lleva en sus cuernos. La razón de esa transferencia, probablemente, se debe al hecho de que los cuernos representan la forma final del poderío gentil, tal como ha de manifestarse durante los tres años y medio finales de la gran tribulación. Como ya se ha señalado, el gobierno mundial que existirá antes de la segunda venida en gloria de Cristo estará formado por una confederación de diez reyes que, por acuerdo mutuo, «entregarán su poder y su autoridad a la bestia» (Ap. 17:13).[20]

Se destaca también el hecho de que la bestia lleva **«sobre sus cabezas, un nombre blasfemo»**, literalmente «sobre sus cabezas, nombres de blasfemia». Aunque el sustantivo «blasfemia» (*blaspheimías*) puede usarse tanto respecto al hombre como de Dios. En el ambiente del texto lo más seguro es que se refiere a Dios. Recuérdese que «la bestia» es un agente de Satanás y como tal, se constituye en contrincante visible de Dios en la tierra. Su objeto principal es influir en la sociedad para que los hombres adoren al dragón. El profeta Daniel señala que «el cuerno pequeño», es decir, el Anticristo «tenía ojos como de hombre, y una boca que habla grandes cosas» (Dn. 7:8*b*). La expresión «grandes cosas» tiene que ver con las blasfemias que profiere contra Dios. La sugerencia en Apocalipsis 13:1 es que en cada cabeza de la bestia está inscrito un nombre de blasfemia. La misma idea reaparece en 17:3, donde dice que la «bestia escarlata [estaba] llena de nombres de blasfemia...». Blasfemia significa «hablar en contra de alguien», «hablar ofensivamente de alguna persona». Según Apocalipsis 13:6, la bestia «abrió su boca en blasfemias contra Dios, para blasfemar de su nombre, de su tabernáculo, y de los que moran en el cielo». La bestia profiere blasfemias contra Dios en cuanto a que ridiculiza su nombre, su templo y los que habitan en el cielo. «De modo que la bestia desafía la soberanía y la majestad de Dios al negar el primer mandamiento.»[21] En un acto de arrogancia y desprecio hacia Dios, la bestia se atreve a pronunciar palabras injuriosas contra la santidad y la persona misma del Dios soberano. He aquí una diferencia notable entre el Cristo auténtico y el pseudocristo. El verdadero Mesías siempre alabó y glorificó al Padre celestial e hizo su voluntad en todo tiempo. El Cristo genuino hizo que los hombres mirasen a Dios y buscasen su presencia. El falso mesías niega a Dios y hace que la humanidad marche en pos del dragón y lo adore como su dios.

13:2

«Y la bestia que vi era semejante a un leopardo, y sus pies como de oso, y su boca como boca de león. Y el dragón le dio su poder y su trono, y grande autoridad.»

La relación de esta bestia con la visión de Daniel capítulo 7 está fuera de toda duda. La cuarta bestia de Daniel 7 es una composición de las tres anteriores, es decir, el león, el oso y el leopardo a las que hay que añadir las características propias de la cuarta bestia. El apóstol Juan menciona las mismas bestias de Daniel 7, sólo que lo hace en orden inverso debido, probablemente, a la distancia cronológica de dichos reinos al apóstol. Babilonia (el león) era el más lejano, Media-Persia (el oso) ocupaba el lugar intermedio y el imperio greco-macedonio (el leopardo) estaba más cerca. El Imperio Romano, representado por la bestia imposible de describir (Dn. 7:7, 19), «reúne todas las características y elementos de las tres bestias anteriores, pero es mucho más terrible en su poder y blasfemia que las tres anteriores».[22] La bestia de Apocalipsis 13 será, por lo tanto, una síntesis de la brutalidad y la fortaleza de los reinos del pasado, particularmente los de Babilonia, Medo-Persia y Grecia. Puesto que la bestia será la manifestación del Imperio Romano reavivado, en él se harán visibles muchas de las características de aquel gran imperio: Su crueldad, su rigidez y su implacable trato a sus oponentes. Pero, además, se manifestarán la velocidad y astucia del leopardo, el poder aplastante del oso y la fiereza del león.[23] Esas características serán exhibidas por el Anticristo, quien será la cabeza visible, es decir, el jefe supremo del poderío gentil que se opondrá a Dios en los días postreros. Es importante destacar, pues, que la bestia de Apocalipsis 13 ofrece un doble simbolismo. En primer lugar, es una figura del Imperio Romano que será reavivado en los postreros días. También es, en segundo lugar, simbólica del Anticristo, quien será el líder supremo de la confederación de naciones representadas por los cuernos que aparecen en una de las cabezas de la bestia.

«Y el dragón le dio su poder y su trono, y grande autoridad» (*kaì édôken autôi ho drákôn téin dynamin autoû kaì tòn trónon autoû kaì exousían megaléin*). Esta frase revela, en primer lugar, el origen de la capacidad y de la autoridad de la bestia y, en segundo lugar, el hecho de que la bestia es un agente que actúa con autoridad delegada. El verbo **«dio»** (*édôken*) es el aoristo indicativo, voz activa de *dídômi*, que significa «dar», «ceder», «otorgar». En el monte de la tentación, Satanás ofreció a Cristo «todos los reinos del mundo y la gloria de ellos» (Mt. 4:8). A cambio de que el Señor le diese adoración (Mt. 4:9). La bestia, sin embargo, aceptará la proposición del dragón y a cambio recibirá: (1) El **«poder»** (*tèin dynamin*), es decir, la capacidad dinámica del dragón; (2) el **«trono»** (*tòn thrónon*), o sea, «dominio» o «el ejercicio oficial del gobierno»; y (3) **grande autoridad** (*exousía megálein*). La bestia o Anticristo extenderá su autoridad como no lo ha hecho ningún otro gobernante humano hasta hoy. «El dragón obra a través de esta bestia. La bestia simplemente es el agente de Satanás.»[24] La afinidad entre el dragón y la bestia pretende imitar la relación íntima y eterna entre Dios Padre y Dios Hijo. «Tal como Jesús es uno con el Padre y comparte su trono (Ap. 3:21), así la bestia comparte el trono con el dragón (Ap. 13:2).»[25]

A pesar de haber sido desalojado del cielo, Satanás continúa siendo un ser poderoso. Todavía tiene capacidad dinámica, un trono y grande autoridad. El dragón sigue causando estragos porque aún es «el dios de este siglo» (2 Co. 4:4), «el príncipe de este mundo» (Jn. 12:31), «león rugiente» (1 P. 5:8). Sobre la base de esa autoridad e influencia que posee es que el dragón capacita a la bestia para que actúe durante 42 meses. Todo eso sin olvidar por un instante que el Dios soberano es quien, en el último análisis, lo controla todo.[26] Es Dios quien «quita reyes, y pone reyes» (Dn. 2:21). Aunque los seres humanos no lo entiendan ni lo admitan, «...el Altísimo gobierna el reino de los hombres, y que a quien él quiere lo da, y constituye sobre él al más bajo de los hombres» (Dn. 4:17). Tanto la actuación de Satanás como la del Anticristo durante los años de la tribulación están sometidas a la absoluta soberanía del Dios Todopoderoso quien controla todos los acontecimientos de la historia y por su voluntad eficaz o permisiva hace que todo redunde para su gloria.

13:3

«Vi una de sus cabezas como herida de muerte, pero su herida mortal fue sanada; y se maravilló toda la tierra en pos de la bestia.» La información proveniente del versículo 1 se continúa en el versículo 3. Una de las siete cabezas de la bestia sufre una herida mortal. La expresión **«como herida de muerte»** (*hos esphagménein eis thánaton*) significa literalmente «como inmolada para muerte». El participio «herida», «inmolada» (*esphagménein*) concretamente significa «recibir un tajo» como el que recibe un animal en el matadero. «El uso de este vocablo indica que la herida mortal era semejante al sacrificio del Cordero.»[27] Dicha frase presenta un paralelismo con el texto de Apocalipsis 5:6, donde dice que «en medio del trono y de los cuatro seres vivientes, y en medio de los ancianos, estaba en pie un Cordero como inmolado...». En su esfuerzo por plagiar al verdadero Mesías, Satanás presenta al mundo a un pseudomesías que ha sido «como herido de muerte». Como comenta Robert Thomas:

> El hecho de que fue «inmolado» apunta a una muerte violenta de la cabeza, pero la semejanza indicada en «como inmolada» señala una restauración a la vida. Todo esto es parte del intento del dragón de simular la muerte y la resurrección del Mesías.[28]

Existe un número considerable de teorías respecto a la identificación de la cabeza cuya herida mortal es sanada. Una de las sugerencias más populares es la que identifica a César Nerón como la cabeza herida. La vida turbulenta de Nerón es notoria en la historia de los emperadores romanos. Su depravación, crueldad y odio hacia los cristianos son sobradamente reconocidos por los estudiosos de la historia del Imperio Romano.[29] Durante los primeros siglos de la historia de la iglesia, se popularizó la creencia de que Nerón volvería a vivir después de haberse suicidado en el año 68 de la era cristiana. Tal cosa, por supuesto, nunca ocurrió. De modo que dicha teoría ha sido rechazada por los estudiosos del Apocalipsis. En primer lugar, dicha teoría no armoniza con la enseñanza bíblica. Nerón no sufrió una muerte violenta, como sugiere el texto de Apocalipsis 13:3, sino que él mismo se suicidó. Además, Nerón no volvió a vivir como ha de ocurrir con el personaje representado por la cabeza mencionada en Apocalipsis 13:3, 12, 14.[30]

Tampoco satisface al ambiente del pasaje relacionar la enseñanza del texto a las persecuciones sufridas por los creyentes a lo largo de los siglos de la historia del cristianismo. Tal acercamiento saca el pasaje de su entorno bíblico y del argumento del Apocalipsis.[31] Una exégesis del pasaje no da pie a una interpretación como la que sugiere Grau. Es evidente que el texto alude a un personaje concreto. Obsérvese las expresiones: **«una de sus cabezas»** (*ek tôn kephalôn autoû*), literalmente, «de las cabezas de él». El pronombre *autoû* («de él») se refiere concretamente a una persona y no «a una variedad de sistemas políticos [que] aparecen y desaparecen de la escena mundial».[32] También la frase **«su herida mortal»** (*hei pleigèi ton thanátou autoû*), es decir, «la herida de la muerte de él» es una referencia personal que «limita la herida y la sanidad a una de las cabezas, un rey, y no puede aplicarse a todo el reino».[33] Pretender hacer que el texto signifique los gobiernos que a través de los siglos han perseguido a los creyentes o los sistemas políticos que han sido y son antagonistas a la fe cristiana es el resultado de practicar una hermenéutica alegórica e incongruente con el mensaje central del Apocalipsis.

Apocalipsis 13 habla concretamente del personaje escatológico a quien Pablo llama «el hijo de perdición» (2 Ts. 2:3). Será alguien «cuyo advenimiento es por obra de Satanás, con gran poder y señales y prodigios mentirosos» (2 Ts. 2:9). Su objetivo principal será promover la exaltación y la adoración del dragón (Ap. 13:4). Todo esto no implica en manera alguna que a lo largo de la historia Satanás no haya utilizado a individuos malvados para intentar obstruir los planes de Dios. Ciertamente el Anticristo ha tenido muchos precursores. El Apocalipsis, el libro que culmina la revelación de Dios, enseña que en los postreros días hará su entrada en el escenario de la historia un engendro del mismo Satanás que se someterá a la voluntad de su señor y se opondrá al Dios vivo y verdadero. Su derrota, sin embargo, está asegurada por la venida personal y gloriosa de Jesucristo.

La influencia satánica de los postreros días se pone de manifiesto por el hecho de que la herida mortal de la bestia **«fue sanada»** (*etherapeúthei*). Este verbo es aoristo indicativo, voz pasiva de *therapeúo*, que significa «sanar». Como se ha comentado antes, la bestia recibe una herida letal en una de sus cabezas. La cabeza herida mortalmente debe referirse a la persona misma de la bestia tal como ha de aparecer en los postreros días. De modo que «la sanidad de la cabeza es la sanidad de la bestia, y la sanidad de la bestia es la sanidad de la cabeza».[34] La sorprendente sanidad de la herida letal de la bestia hace que su popularidad alcance proporciones sorprendentes. Juan lo expresa así: «Y se maravilló toda la tierra en pos de la bestia.» Es decir, la noticia de la curación produce una admiración universal hacia la persona de la bestia. Los moradores de la tierra creen haber hallado al líder que buscaban.

13:4

«Y adoraron al dragón que había dado autoridad a la bestia, y adoraron a la bestia, diciendo: ¿Quién como la bestia, y quién podrá luchar contra ella?» Un resultado directo de la curación sobrenatural de la bestia es que los moradores de la tierra van en pos de ella. La bestia, a su vez, conduce a la humanidad a rendir adoración a Satanás. El texto dice concretamente: «Y adoraron al dragón porque había dado autoridad a la bestia.» El verbo **«adoraron»** es el aoristo indicativo, voz activa de *proskunéo*, que significa «rendir homenaje», «inclinarse», «adorar». La causa de la adoración del dragón (Satanás) es el hecho de que éste ha dado autoridad a la bestia (Ap. 13:2). La bestia es la manifestación visible del dragón en la tierra. Adorar a la bestia equivale a adorar al dragón. La tarea suprema de la bestia es precisamente hacer que la humanidad adore a Satanás.

En los postreros tiempos, la humanidad buscará ávidamente a un líder. Alguien capaz de resolver los problemas que habrán de agobiar a las naciones de la tierra.[35] Cuando la bestia haga su entrada en el escenario de la historia, la humanidad estará dispuesta a recibirle como la salvación que aguardaba. Particularmente, al ver que ha sido restaurado a la vida después de recibir la herida letal, la gente clamará, diciendo: **«¿Quién como la bestia, y quién podrá hacer guerra contra ella?»** O sea, que la humanidad cree que la bestia es un ser incomparable. Algunos autores ven una posible caricatura del arcángel Miguel, cuyo nombre significa: «¿Quién es como Dios?»[36] Fue Miguel quien echó fuera del cielo a Satanás. Ahora, tal vez como un intento de venganza, Satanás presenta a la bestia a los hombres y estos claman: «¿Quién como la bestia?» y «¿quién es capaz de hacer guerra contra ella?»

La primera pregunta guarda relación con la persona de la bestia y la segunda con lo que es capaz de hacer. El mundo pensará que el Anticristo es un ser invencible que puede derrotar a cualquier enemigo que se enfrente a él.

13:5, 6

«También se le dio boca para que hablara grandes cosas y blasfemias; y se le dio autoridad para actuar cuarenta y dos meses. Y abrió su boca en blasfemias contra Dios, para blasfemar de su nombre, de su tabernáculo, y de los que moran en el cielo.» Si bien es cierto que el poder de la bestia procede del dragón, también es cierto que repetidas veces en el Apocalipsis donde la forma verbal **«se le dio»** (*edóthei autôi*) se utiliza teológicamente como voz pasiva de soberanía divina, indicando que Dios es el sujeto del verbo.[37] Como señala J. Massyngberde Ford:

> En los versículos 5 a 8, el escritor reanuda su uso del pasivo impersonal «fue dado» o «permitido», gr. *edóthei*, y el agente es el mismo que aparece anteriormente en este Apocalipsis. El texto sugiere que es Dios quien permite que el monstruo ejerza (temporalmente) cuatro «privilegios» que el cuádruple uso de *edóthei* (vv. 5a, b; 7a, b) expresan: (1) Una boca que blasfema; (2) autoridad por cuarenta y dos meses; (3) conquista de los santos; y (4) poder sobre todos los pueblos.[38]

La bestia dará prioridad al ministerio de desacreditar a Dios. El vocablo **«hablaba»** (*laloûn*) es el participio presente, voz activa de *laléo*, que significa «hablar». El participio presente sugiere una acción continua. La idea es que, por el tiempo que dure su ministerio, la bestia no cesará de hablar mal de Dios (véase Dn. 7:8, 11, 20, 25). El texto sugiere que las **«grandes cosas»** que salen de la boca de la bestia equivalen a **«blasfemias».** Entre otras cosas, la bestia se apropia del nombre y de los atributos de Dios para promover su persona.[39]

La duración del ministerio de la bestia es soberanamente limitado. Así lo indica la frase: **«Y se le dio autoridad para actuar cuarenta y dos meses.»** Los «cuarenta y dos meses» equivalen a los tres años y medio últimos de la gran tribulación, es decir, la segunda mitad de la semana setenta de Daniel. Durante ese espacio de tiempo, la bestia tendrá autoridad casi suprema en el mundo. Obsérvese que el texto dice **«se le dio autoridad»** (*edóthei autôi exousía*). O sea, la bestia actúa porque Dios le permite hacerlo. Aunque la bestia estará cumpliendo la voluntad de Satanás, el Dios soberano es quien controla absolutamente todo lo que sucede y no le permitirá traspasar los límites de la voluntad del Todopoderoso.

Al parecer, la bestia hace uso de su oratoria o, mejor, de su demagogia para que la humanidad se aleje más de Dios y siga a Satanás. El aoristo indicativo «abrió» (*éinoixen*), sugiere la realidad de la acción. La frase «en blasfemias contra Dios» significa «con el propósito de blasfemias». **«Contra Dios»** (*pròs tòn theón*) es la misma frase que aparece en Juan 1:1, 2, donde dice que el verbo «era con Dios.» La frase significa «cara a cara con Dios».[40] El Verbo en Juan 1:1, 2 está «cara a cara con Dios», porque está en comunión íntima con el Padre celestial. La bestia, por el contrario, abre su boca y profiere blasfemias de manera desafiante en el mismo rostro de Dios, es decir, pronuncia palabras injuriosas contra todo lo que Dios es y todo lo que dice en su Palabra. El sacrilegio de la bestia va dirigido, en primer lugar, contra **«el nombre»** (*tò ónoma*) de Dios. «El nombre» representa a la persona misma de Dios. El hecho de que la bestia se autoproclama «como Dios» constituye la gran blasfemia, puesto que pretende que la humanidad lo adore a él como si fuera

Dios (véase 2 Ts. 2:4). En segundo lugar, la bestia blasfemará contra el **«tabernáculo»** de Dios, es decir, contra el lugar de adoración de Dios. Cuando se halle en el apogeo de su carrera, el Anticristo mismo hará acto de presencia en el templo de Dios y profanará dicho templo, ofreciendo sacrificios a Satanás.[41] Finalmente, la bestia pronunciará blasfemias contra **«los que moran en el cielo»** (*toùs en toî ouranôi skeinoûntas*). Esta frase podría referirse concretamente a los ángeles quienes, encabezados por Miguel, causaron la expulsión de Satanás del cielo. Sin embargo, podría incluir también a los redimidos que dan testimonio de la gracia de Dios y alaban su nombre sin cesar, lo contrario de lo que hace la bestia durante los cuarenta y dos meses de su reinado.

13:7

«Y se le permitió hacer guerra contra los santos, y vencerlos. También se le dio autoridad sobre toda tribu, pueblo, lengua y nación.»

Obsérvese otra vez que la bestia actúa por permiso soberano de Dios. Los verbos **«se le permitió»** y **«se le dio»** (*edóthei autoî*) son aoristos pasivos, usado teológicamente para expresar un acto de la soberanía divina. Es Dios quien permite a la bestia **«hacer guerra contra los santos»** (*poiêisai pólemon metà tôn hagíôn*). Recuérdese que en Apocalipsis 11:7 dice que cuando los dos testigos hayan acabado su testimonio, «la bestia que sube del abismo hará guerra contra ellos y los vencerá y los matará». También en Apocalipsis 12:17, «...el dragón ... se fue a hacer guerra contra el resto de la descendencia de ella [la mujer-nación], los que guardan los mandamientos de Dios y tienen el testimonio de Jesucristo». En su visión profética, Daniel dice: «Y veía yo que este cuerno hacía guerra contra los santos, y los vencía» (Dn. 7:21). No sólo se le permite a la bestia hacer guerra contra los santos, sino que también se le permite **«vencerlos»** (*nikêisai autoús*). Esta expresión se refiere, sin duda, al hecho de que durante la tribulación la bestia hará uso de su autoridad para quitar la vida física a muchos de los que han puesto su fe en el Mesías. Charles C. Ryrie hace el comentario siguiente:

> «Vencerlos» indica que los matará. Toda esa actividad, sin embargo, está directamente bajo el control de Dios. Su capacidad para hacer guerra es permitida por Dios, y todo su poder está limitado a cuarenta y dos meses (v. 5). Aquí hay un ejemplo del entramado de las fuerzas que causan los acontecimientos. Dios lo controla todo, pero Satanás controla la bestia, quien, a su vez, actúa por su cuenta al blasfemar. Los hombres que componen su ejército le seguirán voluntariamente para hacer mártires de los hijos de Dios quienes, aunque ofrendan sus vidas, aun así están dentro del cuidado protector de Dios.[42]

El Dios soberano de todo el universo tiene el control incuestionable de todas las cosas. La bestia podrá vencer a los santos sólo temporalmente. Los santos de Dios ya son «más que vencedores» (Ro. 8:37) porque han puesto su confianza en Jesucristo quien ha vencido rotundamente a sus enemigos mediante su muerte y resurrección.

«También se le dio autoridad sobre toda tribu, pueblo, lengua y nación.» En medio de la tribulación, el Anticristo será investido con un poder o autoridad (*exousía*) como ningún ser humano ha tenido jamás. Dios permitirá que Satanás, a través de la bestia, tome control de los poderes terrenales por un período de «cuarenta y dos meses». «A través del establecimiento de un gobierno mundial único, él [Anticristo] imitará la autoridad mundial que pertenece a Cristo en su reino.»[43] La bestia tendrá dominio sobre todos los pueblos de la tierra. Su reino será dictatorial y opresor. Quien no lleve su señal será totalmente alienado. El reino de la bestia contrasta con el reinado glorioso del Mesías. El reino del Mesías se caracterizará por ser una era de paz, justicia y santidad. Durante la era mesiánica «la tierra será llena del conocimiento de Jehová, como las aguas cubren el mar» (Is. 11:9). A la postre, el reino del Mesías vendrá y la victoria final será de Dios.

13:8

«Y la adoraron todos los moradores de la tierra cuyos nombres no estaban escritos en el libro de la vida del Cordero que fue inmolado desde el principio del mundo.» El verbo **«adoraron»** está en el tiempo futuro en el texto griego y, por lo tanto, debe traducirse «adorarán». Debe observarse, además, que el complemento directo de dicho verbo es el pronombre masculino singular *autón* («le»). Este hecho corrobora que la bestia es una persona y no una filosofía, ni un movimiento teológico o una institución política. Una posible lectura del versículo más acorde con el texto griego sería: «Y todos los moradores de la tierra le adorarán, el nombre de cada uno de esos no está escrito desde la fundación del mundo en el libro de la vida del Cordero que fue inmolado.»

El texto enseña con claridad que **«los moradores de la tierra»,** es decir, aquellos que tienen sus mentes, corazones y sentimientos enraizados en el reino terrenal, irán en pos de la bestia y le rendirán culto. Quienes lo harán serán personas que no han puesto su fe en el Mesías y, por lo tanto, sus nombres no están inscritos en el libro de la vida del Cordero. «Los moradores de la tierra» (*hoi katoikoûntes epì teîs gêis*) se refiere a personas que se opondrán a Dios de manera abierta y flagrante y preferirán adorar al falso Mesías.[44]

Los adoradores de la bestia son aquellos que han escogido permanecer en el reino de tinieblas. El verbo **«estaban escritos»** (*gégraptai*) es el perfecto indicativo, tercera persona singular, de *grápho*, que significa «escribir». El tiempo perfecto sugiere una acción completada con resultados permanentes. De modo que en este caso se afirma que el nombre de cada uno de los adoradores de la bestia «no ha sido escrito» desde la fundación del mundo en el libro de la vida del Cordero que fue inmolado y esa es la condición en la cual permanecen. Sólo aquellos que confían en el sacrificio perfecto del Cordero tienen sus nombres escritos permanentemente en el libro de la vida. Los que siguen y adoran a la bestia serán permanentemente excluidos del libro de la vida del Cordero.

Otra importante observación que debe hacerse tiene que ver con la frase «desde la fundación del mundo» o **«desde el principio del mundo»** (*apò kataboleîs kósmou*). La frase no se refiere al comienzo de la historia de la humanidad, sino que tiene que ver con «la fundación del orden visible total en la que la creación está representada como un vasto edificio bajo las manos del Arquitecto Divino».[45] Dicha frase, además, está conectada con la expresión **«no está escrito»** (*ou gégraptai*), es decir, el nombre de cada uno de los adoradores de la bestia «no está escrito desde la fundación del mundo en el libro de la vida del Cordero». La implicación es la siguiente: En el libro de la vida del Cordero están inscritos los nombres de todos los que han puesto su fe en el Mesías. Esa inscripción «fue hecha posible por la anticipación de la futura muerte del Cordero en beneficio de ellos».[46] Este punto de vista es apoyado por el hecho de que en Apocalipsis 17:8, Juan se refiere de nuevo a «los moradores de la tierra, aquellos cuyos nombres no están escritos desde la fundación del mundo en el libro de la vida...». Aquellos cuyos nombres sí están inscritos en el libro de la vida del Cordero son los mismos que fueron escogidos por él antes de la fundación del mundo (Ef. 1:4).

La Reina-Valera 1960 relaciona la frase «desde el principio del mundo» con **«el Cordero que fue inmolado»,** sugiriendo así que «el Cordero fue inmolado desde el principio del mundo». Aunque esa lectura es gramaticalmente posible, parece ser improbable a la luz de Apocalipsis 17:8. También debe recordarse las palabras de 1 Pedro 1:20, donde hablando del Cordero, Pedro dice: «Ya destinado desde antes de la fundación del mundo, pero manifestado en los postreros tiempos por amor de vosotros.» La muerte de Cristo formaba parte del plan eterno de Dios, pero tuvo lugar dentro del tiempo y de la historia, mientras que la elección de los redimidos fue realizada antes de la fundación del mundo.[47]

13:9, 10

«Si alguno tiene oído, oiga. Si alguno lleva en cautividad, va en cautividad; si alguno mata a espada, a espada debe ser muerto. Aquí está la paciencia y la fe de los santos.» Los capítulos 12 y 13 del Apocalipsis tratan detalles importantes de los acontecimientos de la gran tribulación. La expulsión de Satanás de la esfera celestial y su arrojamiento a la tierra. La persecución de la nación de Israel y del remanente fiel. La aparición en el escenario de la historia del personaje llamado «la bestia». La actitud de la humanidad incrédula hacia el dragón y hacia la bestia. El evidente poder que la bestia ejerce en la tierra durante 42 meses. Todo eso y mucho más tendrá lugar en la tierra durante ese período de la historia que Jesucristo llamó la «gran tribulación» (Mt. 24:21).

Mediante el testimonio de los dos testigos (Ap. 11) de los ciento cuarenta y cuatro mil sellados, muchos, tanto judíos como gentiles, pondrán su fe en el Mesías. Esos creyentes de la tribulación sufrirán persecuciones a manos del Anticristo y necesitarán ser animados a resistir las pruebas que experimentarán. Apocalipsis 13:9, 10 constituye, en primer lugar, un llamado a oír con miras a obedecer y ser fieles a Dios en medio de las dificultades. La frase: **«Si alguno tiene oído, oiga»** es una condicional de primera clase que asume la realidad de lo que se dice. Podría expresarse así: «Puesto que alguno tiene oído, oiga.» El llamado es a resistir en la fe y a no ceder frente al opresor. La bestia podrá quitar la vida física de los santos, pero no podrá impedirles la entrada en el reino eterno del Mesías.

El versículo 10 no es una advertencia de castigo divino a quienes persiguen a los santos, sino más bien un aviso dirigido a los santos respecto a las persecuciones que el Anticristo decretará contra ellos. El texto es difícil de traducir al castellano. Una posible traducción podría ser: «Si alguno [es] para cautividad, hacia cautividad va; si alguno es muerto por espada [es necesario que] sea muerto por la espada.» Como puede apreciarse, hay en el texto una advertencia a los santos de no resistirse a sus perseguidores, sino que acepten el cautiverio e incluso la muerte sin intentar defenderse.[48] «El versículo no contiene ninguna referencia al uso de la fuerza [por los santos]. Enfatiza la inevitabilidad de la persecución y de la muerte para los fieles ... Invita a los fieles a reconocer que las acciones de este falso Cristo han sido decretadas por Dios, como lo indica el uso de edóthei ("le fue dado") en Apocalipsis 13: 5, 7, 14, 15.»[49]

A través de la sumisión y de la confianza en Dios, los santos pondrán de manifiesto su entrega a la voluntad de Dios. El sustantivo **«paciencia»** (*hypomonèi*) significa «resistencia», «aguante», «perseverancia». El sustantivo **«fe»** (*pístis*), en este contexto, significa «fidelidad», «lealtad». Los santos de la tribulación tendrán que sufrir las persecuciones del falso Cristo. El texto les exhorta a ser pacientes, a resistir con entereza y a practicar la fidelidad hacia el verdadero Mesías, el Cordero inmolado en cuyo libro de la vida sus nombres están inscritos desde la fundación del mundo.

13:11

«Después vi otra bestia que subía de la tierra; y tenía dos cuernos semejantes a los de un cordero, pero hablaba como dragón.» «Después vi otra bestia» (*keì êidon állo theiríon*), literalmente, «y vi otra bestia.» Con esta frase Juan presenta al séptimo protagonista del período de la tribulación. El vocablo «otra» (*állo*) sugiere «otra de la misma clase». De manera que esta segunda bestia aunque presenta características diferentes de la primera, es de la misma clase que su consorte en cuanto a su naturaleza. Con la segunda bestia se completa el triunvirato de iniquidad formado por el dragón (Satanás), la bestia que surge del mar (el Anticristo) y la bestia que surge de la tierra (el falso profeta).[50] «La bestia que surge de la tierra está subordinada a la bestia que surge del mar y parece estar completamente dedicada no a promoverse a sí misma, sino a la bestia del mar que recibió la herida letal.»[51]

La identificación de la bestia que surge de la tierra ha sido interpretada de diferentes maneras por expositores y teólogos. El profesor William Hendriksen dice:

> La segunda bestia es el falso profeta, 16:13; 19:20, la cual simboliza a la religión falsa y la filosofía falsa, cualquiera que sea la forma en que aparezca durante toda la dispensación.[52]

Como puede observarse, la postura de Hendriksen es un tanto ambigua. Por un lado, identifica a la bestia con el falso profeta, es decir, con una persona. Luego añade que simboliza a la «religión falsa» y «la filosofía falsa», sugiriendo que es algo impersonal. Hay quienes han sugerido que la bestia de Apocalipsis 13:11 es «la organización establecida para obligar a la adoración del César a través del Imperio [Romano]».[53] Los reformadores, incluyendo a Lutero, Calvino y Melanchton, entendían que «la primera bestia era la Roma pagana y la segunda bestia la Roma papal».[54] Por supuesto que ni los sacerdotes paganos del Imperio Romano de antaño ni la institución que representa la Roma papal han sido capaces de llevar a cabo las obras que se le atribuyen a la bestia de Apocalipsis 13:11-17.

También hay quienes equiparan la bestia que surge de la tierra con los falsos profetas mencionados en Mateo 24:24 y Marcos 13:33. Se argumenta que «la bestia que surge de la tierra es la antítesis de los verdaderos profetas de Cristo simbolizados por los dos testigos del capítulo 11».[55] Si bien es cierto que a través de la historia ha habido falsos profetas, también es cierto que la bestia de Apocalipsis 13:11 señala a una persona concreta que cumplirá una misión específica. Existe una «diferencia manifiesta entre "los profetas" de que Jesús habló y este "profeta". Él es un solo individuo, no muchos, y tiene que ser así para confrontar un destino final en el lago de fuego».[56]

La interpretación más acorde con el entorno del pasaje y con el argumento central del Apocalipsis es la que entiende que la bestia de Apocalipsis 13:11 se refiere a un individuo que estará estrechamente asociado con la primera bestia (el Anticristo). La primera bestia será fundamentalmente un líder político, mientras que la segunda bestia será un líder religioso. La bestia que surge de la tierra es, pues, el falso profeta por antonomasia.

> Posee exteriormente una imagen cristiana. Eso concuerda con su papel de falso profeta en contraste con los dos testigos del capítulo 11. Como ellos, hace grandes señales, comparece delante de aquel a quien representa (11:4; 13:12), tiene poder especial sobre el fuego (11:5; 13:13), tiene una relación

con la resurrección (11:11; 13:14, 15), convence a los hombres del poder supremo de su superior (11:5, 6; 13:17), y dirige a los hombres a adorar a aquel designado por ellos (11:13; 13:15). Es evidente que la segunda bestia se apodera de la religión organizada para que sirva a la primera bestia.[57]

Ningún líder religioso del pasado ha manifestado las características que exhibirá la bestia de Apocalipsis 13:11-17. Será el escudero y portavoz de la primera bestia.[58] El carácter escatológico de las dos bestias es innegable. Tanto una como otra pertenecen a los postreros días. Sus actividades están relacionadas con el tiempo de la tribulación y la derrota de ambas está relacionada con la venida en gloria de Jesucristo (véase Ap. 16:13-16; 19:19, 20). Esto no significa en manera alguna que no se reconozca el hecho de que a través de la historia ha existido apostasía y de igual manera ha habido quienes se han alzado contra Dios y contra su pueblo.

Una de las características sobresalientes de la bestia que surge de la tierra será su hipocresía. La frase: **«Y tenía dos cuernos semejantes a los de un cordero, pero hablaba como dragón»** apunta al intento de la bestia de imitar al Cordero de Dios. En Apocalipsis 5:6, se describe al Cordero, diciendo que «tenía siete cuernos», mientras que la bestia de Apocalipsis 13:11 sólo tiene dos cuernos. La apariencia de cordero (*hómoia arníoi*) implica que su intención es disimular su verdadera personalidad. Su naturaleza es la de una bestia feroz (*theiríon*) pero se disfraza de cordero para engañar. «Tal como la primera bestia estaba revestida de características políticas, así la bestia de la tierra aparece cubierta con todos los adornos de la religión: Obra milagros, promueve adoración, tiene apariencia de cordero (13:11), motiva a la gente a que construyan una imagen a la bestia y la adoren, es designado el "falso profeta" (16:13; 19:20).»[59]

A pesar de su apariencia de cordero, la bestia que surge de la tierra **«hablaba como dragón»** (*kaì elálei hos drákôn*). El verbo «hablaba» (*elálei*) es el imperfecto indicativo, voz activa de *laléo*, que significa «hablar». El tiempo imperfecto sugiere una acción continua, algo que se acostumbra o se hace asiduamente. El discurso de la segunda bestia, aunque sutil y suave, se basará en los dictados del dragón. Satanás será la fuente de procedencia de las palabras de la segunda bestia. Hay quienes piensan que, para poder cumplir su cometido, este personaje será de origen judío y que actuará principalmente en la tierra de Israel.[60] Lo más prudente, sin embargo, no es dogmatizar respecto a su procedencia racial o geográfica.[61]

13:12

«Y ejerce toda la autoridad de la primera bestia en presencia de ella, y hace que la tierra y los moradores de ella adoren a la primera bestia, cuya herida mortal fue sanada.» El orden de las palabras o la sintaxis en el texto griego es diferente del que aparece en la Reina-Valera 1960. La lectura en el griego es como sigue: «Y la autoridad de la primera bestia, toda ella, ejerce delante de él; y a la tierra y a quienes en ella moran hace que deben adorar la primera bestia, cuya herida letal fue sanada.» El falso profeta, evidentemente, hará funcionar su capacidad persuasiva para conseguir que los habitantes de la tierra rindan culto al Anticristo que, en realidad, significa adorar a Satanás. Debe observarse los verbos «ejerce» y «hace». Ambos son la traducción del griego *poiéo*, usado en el presente indicativo, voz activa. El presente indicativo sugiere una acción continua y real. Robert L. Thomas observa lo siguiente:

Cuatro de los cinco usos de *poiéo* (vv. 12*a*, 12*b*, 13*a*, 16) son usos «dramáticos» del tiempo presente para señalar vívidamente la práctica habitual de la bestia al hacer estas cosas. Esa es una imitación satánica del ministerio del Espíritu Santo al guiar a personas a Cristo.[62]

Así como el Espíritu Santo glorifica a Cristo en la tierra y convence a los seres humanos para que miren al Mesías para ser salvos de la misma manera el falso profeta persuadirá a los moradores de la tierra para que honren al Anticristo y adoren a Satanás.[63] La humanidad se dejará engañar por el inicuo quien vendrá «con todo engaño de iniquidad para los que se pierden, por cuanto no recibieron el amor de la verdad para ser salvos» (2 Ts. 2:10).

Es importante observar la estrecha relación que existe entre las dos bestias. Ambas son de origen satánico. El maligno vitaliza tanto a una como a otra. Nótese que «la segunda bestia» (el falso profeta) **«ejerce toda la autoridad de la primera bestia en presencia de ella».** O sea, que por decreto de la primera bestia (el Anticristo), la segunda bestia (el falso profeta) ejecuta y supervisa todas las acciones que están acordes con los objetivos de su jefe. El objetivo del falso profeta, como ya se ha señalado, es hacer que **«la tierra y los moradores de ella adoren a la primera bestia».**[6] Evidentemente, dicha frase no sólo se refiere a los rebeldes e incrédulos de la tierra, sino que también incluye tanto a los israelitas que se han refugiado en el desierto como al remanente que está esparcido por el resto de la tierra (véase Ap. 12:13-16; 12:17; 13:7, 17). Estos acontecimientos tendrán lugar durante la segunda mitad de la tribulación, es decir, cuando el Anticristo ha de ocupar el lugar de preeminencia política en el mundo y el «falso profeta» será la cabeza de la religión apóstata de esos días finales.

«Cuya herida mortal fue sanada» (*hoû etherapeúthei hei pleigêi tou thanátou autoû*). Esta cláusula relativa insinúa la razón por la que la primera bestia es adorada por la humanidad. Una vez más puede verse cómo Satanás intenta imitar la obra de Dios para engañar al ser humano. Los creyentes adoran a Cristo fundamentalmente porque murió y resucitó de entre los muertos. Satanás pretende plagiar lo que Dios ha hecho a través de Jesucristo. Así que presenta a los hombres su obra maestra como alguien que ha muerto y ha vuelto a la vida (Ap. 13:3, 4). La segunda bestia es el promotor de la adoración de la primera bestia y la razón que ofrece de porqué dicha bestia debe ser adorada, es porque ha vuelto a vivir después de haber estado muerta. Desdichadamente, la sociedad elegirá adorar a la bestia en lugar de acudir al verdadero Mesías.

13:13, 14

«También hace grandes señales, de tal manera que aun hace descender fuego del cielo a la tierra delante de los hombres. Y engaña a los moradores de la tierra con las señales que se le ha permitido hacer en presencia de la bestia, mandando a los moradores de la tierra que le hagan imagen a la bestia que tiene la herida de espada, y vivió.»

El falso profeta será capaz de hacer **«grandes señales»** (*seimêia megála*) con el fin de engañar a las multitudes (véase 2 Ts. 2:9-12). Hay quienes creen que los milagros son evidencia de que Dios está actuando. Eso no siempre es verdad. Debe recordarse que los hechiceros en Egipto fueron capaces de producir culebras (Éx. 7:11), de convertir agua en sangre (Éx. 7:22) y de hacer aparecer ranas sobre la tierra de Egipto (Éx. 8:7). Es importante tener presente que, según la revelación bíblica, la verdad de la fe ni se prueba ni se niega por la exhibición de poder milagroso o la ausencia del mismo.[65]

La señal de hacer **«descender fuego del cielo a la tierra delante de los hombres»** trae a la memoria el ministerio del profeta Elías en el monte Carmelo (1 R. 18).

Elías es el gran profeta del Antiguo Testamento y, en cierto sentido, representa la institución profética. Además, Elías es mencionado como el precursor del Mesías: «He aquí, yo os envío el profeta Elías, antes que venga el día de Jehová, grande y terrible» (Mal. 4:5). También los dos testigos de Apocalipsis 11, reciben poder sobrenatural para realizar señales sorprendentes. El falso profeta, como agente satánico, procurará imitar a los hombres de Dios a través de las señales que es capaz de hacer con el fin de engañar a la humanidad.

El versículo 14 da a entender que el falso profeta consigue su objetivo. El verbo **«engaña»** (*planâi*) es el presente indicativo, voz activa de *planáo*, que significa «engañar», «guiar por mal camino». El tiempo presente sugiere acción continua y el modo indicativo habla de la realidad de dicha acción. Durante el tiempo que le es permitido actuar, el falso profeta logra engañar constantemente a la humanidad. El Espíritu Santo guía al creyente a toda la verdad y a glorificar a Dios (Jn. 16:13-15). El falso profeta guiará a los hombres a la mentira y a adorar a la bestia (Ap. 13:8, 14, 15).

Nótese que la segunda bestia ha logrado que la humanidad no regenerada obedezca sus órdenes: **«Mandando a los moradores de la tierra que le hagan imagen a la bestia que tiene la herida de espada, y vivió.»** «La estatua» (*eikóna*) es construida por los seres humanos que actúan como esclavos de la bestia. La humanidad será obligada a adorar a la bestia, aunque es de suponerse que la mayoría lo hará espontáneamente. El cuadro de Apocalipsis 13:14 trae a la memoria la historia de Daniel 3, cuando los tres jóvenes hebreos conocidos como Sadrac, Mesac y Abed-Nego se resistieron a adorar la estatua que Nabucodonosor había colocado en los campos de Dura. No es exagerado pensar que Nabucodonosor fue un precursor del Anticristo. Su orgullo y prepotencia lo sitúan como un prototipo de la bestia. El rey babilonio tenía un «pregonero» que hacía el anuncio de cuándo había que adorar la estatua (Dn. 3.4). El heraldo o pregonero de Daniel 3:4 realiza una función similar a la que efectuará el falso profeta de Apocalipsis 13:13.[66] En ambos casos, el objeto es conseguir que la gente adore a una imagen. En Daniel 3:4, sin duda, la imagen representaba la persona de Nabucodonosor, mientras que en Apocalipsis 13:14 la imagen representa al Anticristo.

Debe observarse el énfasis que se hace sobre el hecho de que la bestia **«tiene la herida de espada, y vivió»** (véase 13:3, 12, 14). Seguramente ese es el método usado por Satanás para plagiar al Señor Jesucristo. Cristo es adorado como el Señor que resucitó de los muertos. El verbo **«vivió»** (*édseisen*) es el aoristo indicativo, voz activa de *dsáô*, que significa «vivir». El modo indicativo sugiere la realidad de la acción, y el tiempo aoristo apunta al acontecimiento en sí. De manera manifiesta, Satanás pretende imitar la muerte y resurrección de Jesucristo con el fin de engañar al mundo. Como señala Robert L. Thomas:

> Cuando una de las cabezas recibe la herida (versículo 3), la bestia junto con la cabeza muere (v. 12). La bestia junto con la cabeza vive otra vez después de su resurrección... Este es el emperador final referido como el octavo en 17:10, 11... La terminología de la resurrección usada aquí es una interpretación inspirada de la curación mencionada en los versículos 3 y 12.[67]

Resumiendo, Apocalipsis 13:13, 14 enseña que la bestia que surge de la tierra, el falso profeta, recibirá la facultad de hacer grandes señales similares a las que han hecho los profetas del Antiguo Testamento y los dos testigos de Apocalipsis 11. La diferencia es que tanto los profetas del Antiguo Testamento como los dos testigos actuaban por el poder de Dios y para glorificar al Todopoderoso. El falso profeta, en cambio, actuará por el poder de Satanás y con el fin de exaltar al Anticristo y al mismo dragón. El falso profeta es capaz de engañar con sus señales a los moradores de la tierra de tal manera que estos rinden culto pleno a la bestia que pretende imitar a Jesucristo mediante la señal de muerte y resurrección.

13:15

«Y se le permitió infundir aliento a la imagen de la bestia, para que la imagen hablase e hiciese matar a todo el que no la adorase.» Ya se ha señalado repetidas veces que las actuaciones tanto de la primera como de la segunda bestia son controladas por el Dios Soberano y Todopoderoso. La expresión «y se le permitió» sugiere una acción soberana de Dios, tolerando que el falso profeta realice una acción que pertenece a la esfera de lo divino. Lo significativo es que Dios controla, incluso, la malévola actuación del falso profeta. El texto dice que «se le permitió infundir aliento a la imagen de la bestia». El sustantivo **«aliento»** (*pneûna*) es el vocablo generalmente traducido «espíritu». Si bien es cierto que dicho sustantivo es diferente de *dsôei*, que significa «vida», eso no implica que no haya existido un acto milagroso. Hay quienes piensan que pudo haber sido un simple truco. El texto, sin embargo, no revela que lo ocurrido sea una apariencia engañosa.

El propósito de infundir aliento a la imagen es doble: (1) **«Para que la imagen hablase»** (hína kaì laléisei hei eikôn); y (2) para que **«hiciese matar a todo el que no la adorase»** (*hína hósoi eàn mèi proskunéisôsin teî eikóni toû theiríon apoktanthôsin*). Se ha sugerido que el hablar de la bestia un acto de ventriloquía. Se dice que tal práctica era frecuente entre las religiones paganas del Asia Menor e incluso dentro del Imperio Romano.[68] Las prácticas fraudulentas de las religiones paganas son innegables. El uso de la magia, la hechicería, la brujería y el satanismo en general han caracterizado a muchas de las religiones que los hombres han inventado. No obstante, Cristo profetizó que en los postreros días «se levantarán falsos Cristos, y falsos profetas, y harán grandes señales y prodigios, de tal manera que engañarán, si fuere posible, aun a los escogidos» (Mt. 24:24). La segunda bestia de Apocalipsis 13:11 será la culminación personal de los falsos profetas de los postreros tiempos. En su persona se concentrará toda la iniquidad religiosa y falsedad teológica de sus predecesores. Él será el instrumento del Anticristo en la misma proporción en que el Anticristo lo será de Satanás. Los moradores de la tierra, por tanto, serán sometidos tanto política como religiosamente a la más estricta tiranía.

13:16, 17

«Y hacía que a todos, pequeños y grandes, ricos y pobres, libres y esclavos, se les pusiese una marca en la mano derecha, o en la frente; y que ninguno pudiese comprar ni vender, sino el que tuviese la marca o el nombre de la bestia, o el número de su nombre.» La segunda bestia es responsable de poner el sello o la marca de la primera bestia en la mano derecha o en la frente de sus seguidores.[69] Es decir, dicha señal es colocada en un lugar visible de la anatomía de los adeptos a la bestia. Obsérvese que la **«marca»** (*cháragma*) es puesta en «todos» (*pántas*) sin excepción.[70] El profesor Boring señala que:

El acto más notorio del «falso profeta» es marcar a cada uno —rico, pobre, pequeño, grande, esclavo, libre—, con una señal en la mano o en la frente, sin la cual nadie puede participar en la vida económica de la comunidad (13:16, 17).[71]

El falso profeta no hace excepción alguna entre quienes deben recibir su emblema. **«[Todos] los pequeños y los grandes»** podría referirse a los influyentes como a los no influyentes dentro de las esferas sociales: «**[Todos] los ricos y los pobres**» tiene que ver con al aspecto económico. No importa el rango de influencia económica que la persona tenga, estará obligado a someterse a la autoridad de la bestia. Finalmente, «[todos] los libres y los esclavos» es una referencia al aspecto político. El texto enseña sin ambigüedades que, a través del Anticristo, por un tiempo limitado a tres años y medio, Satanás tendrá autoridad sobre los habitantes de la tierra con la única excepción de los escogidos de Dios (Ap. 14:2; 20:4). Los redimidos del Señor preferirán morir antes que someterse a los dictados de la bestia.

En cuanto a la naturaleza de «**la marca**» (*cháragma*) que el falso profeta impondrá en la mano derecha o en la frente de los seres humanos, existen diferencias de opinión entre los estudiosos del tema. Bullinger señala que *cháragma* «aparece en los papiros siempre conectada con el Emperador, y algunas veces contiene su nombre y efigie, con el año de su reinado. Siempre era necesaria para comprar y vender. Se encontraba en toda clase de documentos, haciéndolos válidos... *Cháragma* es, por lo tanto, el *sello oficial*».[72] Otro autor observa que:

> La marca tiene que ser alguna clase de sello similar al que se le daba a los soldados, esclavos y devotos del templo en los días de Juan. En el Asia Menor, los devotos a las religiones paganas se deleitaban en mostrar dicho tatuaje como emblema de pertenecer a cierto Dios.[73]

Todavía hay otros que ven en el sustantivo *cháragma* «una probable referencia al sacerdocio imperial bajo la figura de la segunda bestia».[74] Cualquier cosa que la marca o señal implique, lo que sí es cierto que contrasta con el sello divino que reciben los redimidos del Señor (véase Ap. 7:3; 9:4). Dios pone su sello de identificación en sus redimidos como señal de que pertenecen a Él por toda la eternidad. El sello de Dios es la Persona del Espíritu Santo que mora en el creyente (Ef. 1:13, 14; 4:30; 2 Ti. 2:19). Mientras que el sello de Dios en el creyente es la señal de que ha sido redimido del pecado, la marca o señal de la bestia en la mano derecha o en la frente de sus seguidores es un indicativo de esclavitud y sometimiento a la voluntad del Anticristo.

Quienes no posean el tatuaje de la bestia estarán vedados de realizar cualquier transacción comercial. La frase es terminante: «**Y que ninguno pudiese comprar o vender**», es decir, habrá un monopolio comercial absoluto. Quien tenga algo que vender tiene que venderlo a la bestia y quien tenga necesidad de comprar tiene que comprarlo a la bestia. Ha habido tiempos de restricción en el mundo cuando han surgido crisis o ha habido catástrofes, pero lo que ha de suceder en tiempos de la bestia no tiene parangón en la historia de la humanidad.

«**Sino el que tuviese la marca o el nombre de la bestia, o el número de su nombre.**» Esta frase podría expresarse así: «Excepto el que tiene la marca, es decir, el nombre de la bestia o el número de su nombre.» La bestia decretará una prohibición total de transacciones comerciales que no lleven el sello o la marca de su autorización. Los únicos que podrán comprar o vender serán los que tengan en su mano derecha o en su frente la insignia o el tatuaje de la bestia. La Biblia profetiza que en los postreros días habrá hambre en la tierra (véanse Mt. 24:7; Ap. 6:5, 6). Ese será el tiempo en que la bestia ejercerá la hegemonía política, comercial, social y religiosa en la tierra. Los moradores de la tierra serán sometidos a la más rígida y despótica dictadura que jamás haya existido en la tierra.

En la frase bajo consideración, el sustantivo «**el nombre**» (*to ónoma*) está en aposición con el sustantivo «**la marca**» (*tò cháragma*). De modo que «la marca» consiste en «el nombre» mismo de la bestia que, a su vez, equivale al «número de su nombre». O sea, que «la marca», **«el nombre»** y **«el número»** de la bestia son equivalentes. La marca es el nombre y el nombre estará expresado numéricamente. Tal vez esa será la manera más sencilla de expeditar las transacciones comerciales de los días finales. El número de la bestia no será difícil de identificar, particularmente si está colocado en un lugar visible como la mano derecha o la frente.

13:18

«Aquí hay sabiduría. El que tiene entendimiento, cuente el número de la bestia, pues es número de hombre. Y su número es seiscientos sesenta y seis.» Este versículo es enigmático y ha dado pie a muchas especulaciones. El intérprete debe proceder con cuidado y hacer su mejor esfuerzo para no decantarse hacia los extremos hermenéuticos. Como señala M. Eugene Boring:

> El pasaje es importante, y su abuso por calendaristas y entretenedores religiosos quienes consideran el número 666 algo así como una sopa de letras religiosa, no debe de amedrentar a los más serios intérpretes de buscar su significado auténtico.[75]

Hay quienes afirman que el pasaje tuvo su cumplimiento en la persona de César Nerón.[76] Esa deducción, sin embargo, es producto de la manipulación del valor numérico de las letras que aparecen en el nombre de dicho emperador. Las letras hebreas son traspasadas al alfabeto griego y luego al alfabeto latino en cuyo idioma está el nombre del César Nerón. Esa manipulación es especulativa, fútil e innecesaria.[77] El mismo arreglo de cosas se ha hecho por quienes han sugerido que el número 666 corresponde al emperador Calígula. El resultado ha sido el mismo. Ni Nerón ni Calígula cumplen con las demandas exegéticas y teológicas del texto.[78]

El vocablo **«sabiduría»** (*sophía*) no se refiere en este contexto al don sobrenatural que el Espíritu Santo da a los creyentes (1 Co. 12:8; Ef. 1:17), sino que más bien tiene que ver con el entendimiento y la capacidad necesaria para resolver problemas.[79] El sustantivo **«entendimiento»** (*noûn*) podría señalar a una capacidad especial que recibirán los creyentes que vivan cuando el Anticristo se manifieste para que puedan identificarlo. «A través de la capacidad dada por Dios, podrán descifrar el misterio del número.»[80] Esa es la afirmación que el ser celestial hizo al profeta Daniel: «...y ninguno de los impíos entenderá, pero los entendidos comprenderán» (Dn. 12:10).

«Cuente el número de la bestia, pues es número de hombre.» El verbo «cuente» (*pseiphisáto*) es el aoristo imperativo, voz activa de *pseiphídsô*, que significa «contar», «calcular». El aoristo imperativo expresa un mandato urgente. El texto podría leerse así: «...El que tiene entendimiento que cuente el número de la bestia...» Es decir, para encontrar la solución es necesario ejecutar cierta cuenta.[81]

Se ha sugerido que la solución podría estar en entender los números de manera simbólica:

> Es posible que tales soluciones (Nerón, Calígula, etc.), están en la línea incorrecta y que debemos entender la expresión puramente en términos del simbolismo de los números. Si tomamos la suma de los valores representados por las letras del nombre *Iêsous,* el nombre griego «Jesús», el resultado es 888. Cada dígito es uno más de siete, el número perfecto. Pero 666 produce el fenómeno opuesto, porque cada dígito se queda corto. El número podría

no estar encaminado para señalar a un individuo, sino a un persistente déficit (quedarse corto).[82]

La sugerencia de Morris es interesante, pero se basa en suposiciones y no en la exégesis del texto. Esta sugerencia pasa por alto el hecho de que el pasaje manda al lector a «contar». La identidad del personaje que lleva el número 666 se obtiene mediante un entendimiento correcto de dicho número. Reducir el número a un símbolo es perder de vista el contenido del versículo y oscurecer en lugar de aclarar la identidad de la persona que lo ostenta.

La razón del porqué se debe realizar la cuenta es porque **«es número de hombre»** (*arithmòs gàr anthrópon estín*). Si bien es cierto que gramaticalmente dicha frase podría significar «porque es un número humano» y, por lo tanto, humanamente discernible o discernible por una mente humana normal. Ese, sin embargo, no parece ser el significado que dicha frase comporta. Como señala Robert L. Thomas:

> La conclusión ineludible es que la expresión significa que esta es una pista misteriosa acerca de un hombre cuyo nombre resulta en el número 666. Es el nombre de la bestia al igual que el de una de sus cabezas. Él es un rey o emperador, quien en ciertos momentos de la narrativa es del imperio que gobierna.[83]

El acercamiento más sensato al texto de Apocalipsis 13:18 es aquel que entiende que Juan se está refiriendo al Anticristo escatológico quien, como tal, aún no ha hecho su aparición en el escenario de la historia. Cuando aparezca, las letras que componen su nombre, si se convierten en dígitos, totalizarán la cifra de 666. Puesto que Juan está hablando de un personaje futuro, carece de sentido exegético intentar buscar su cumplimiento en algún emperador romano ya fuese Nerón, Calígula, Domiciano o algún otro. El Apóstol se refiere a aquel que será «la abominación desoladora» (Dn. 9:27; 11:31; 12:11; Mt. 24:15) de los postreros tiempos. Será el falso Cristo. Un individuo a quien Satanás utilizará para engañar a los moradores de la tierra. Cuando haga su entrada en la historia, los creyentes que estén en la tierra podrán identificarlo. Una de sus características es que será un blasfemo. Hablará palabras ofensivas contra Dios, contra el tabernáculo de Dios y contra los que moran en el cielo. Perseguirá sin tregua al pueblo de Israel y al remanente fiel que adora a Dios. Los creyentes que vivan en la tierra durante los años del reinado del Anticristo tendrán la sabiduría y el entendimiento para discernir e identificar la persona del inicuo. Los no regenerados se someterán a la autoridad de la bestia y recibirán su tatuaje en la mano derecha o en la frente. Cualquier intento de identificar a la bestia hoy día es rotundamente fútil y a la vez peligroso. Quienes lo intentan caen en la espiritualización, la alegorización y, casi siempre, en el ridículo. Lo cierto es que aún no ha llegado el tiempo de la manifestación de Anticristo entre otras cosas porque la Iglesia del Señor aún está en la tierra.

Como se ha señalado con anterioridad en este estudio, en el desarrollo de la historia de la Iglesia ha habido movimientos anticristianos y herejías repudiables. También ha habido personas que se han manifestado en contra de la fe cristiana. En sentido general, esos han sido anticristos (con minúscula y en plural). Vendrá el día en que, en el plan de Dios, aparecerá EL ANTICRISTO, llamado también «la bestia», «el cuerno pequeño», «el inicuo», «el hijo de perdición». Será el engendro mismo de Satanás. Dios le permitirá gobernar la tierra por 42 meses, pero será destruido por el Mesías, quien vendrá con poder y gloria a reclamar su reino. El

Anticristo organizará una rebelión final, pero será derrotado para siempre (véase Sal. 2). Los reinos del mundo serán de Aquel que tiene el derecho de reinar, el Señor Jesucristo (Ap. 11:15).

RESUMEN Y CONCLUSIÓN

El capítulo 13 del Apocalipsis es uno de los trozos centrales en el argumento del libro. La primera parte de este capítulo presenta la aparición en el escenario mundial de un personaje descrito mediante la figura de «la bestia que surge del mar». Dicho personaje posee características similares a las del dragón del capítulo 12. Posee siete cabezas y diez cuernos. Además, posee otras cualidades semejantes a las bestias que aparecen en el capítulo 7 del libro de Daniel.

La bestia que surge del mar es, sin duda, el agente satánico por excelencia que ha de aparecer en tiempos escatológicos para promover la persona de Satanás entre los seres humanos. Será un ser fraudulento que intentará imitar al verdadero Mesías hasta el punto de que pretenderá aparecer como alguien que ha muerto y resucitado. La prueba de que es un falso mesías está en el hecho de que se dedica a blasfemar: (1) Contra Dios; (2) contra el lugar de la morada de Dios; y (3) contra los seres que habitan en el cielo con Dios.

La bestia que surge del mar se convertirá en un dictador con poderes que excederán los que haya tenido cualquier emperador que el mundo jamás haya tenido. Será la cabeza política del Imperio Romano que será reavivado en los postreros tiempos. Por voluntad divina, tendrá «autoridad sobre toda tribu, pueblo, lengua y nación», es decir, tendrá hegemonía política, comercial, legal y religiosa sobre todos los habitantes de la tierra.

Ese personaje será adorado por los habitantes de la tierra que han rechazado al verdadero Mesías. El período que se le permitirá gobernar al mundo, será de 42 meses, o sea, tres años y medio. Ese será el período de duración de la segunda mitad de la tribulación. A través de ese tiempo, la bestia perseguirá de manera inmisericorde a todo aquel que se niegue a adorarlo. Es más, muchos de los adoradores del verdadero Mesías serán ejecutados por resistirse a rendir culto a la bestia (Ap. 13:7). Debe tenerse siempre presente que Dios tiene absoluto control de todo lo que ocurre. Es Dios quien permite que Satanás tome control del reino del mundo por un período limitado de tiempo. El Mesías derrotará decisivamente a la bestia y al mismo Satanás cuando venga a tomar posesión de su reino (véanse Sal. 2; Ap. 11:15).

La segunda mitad de Apocalipsis 13, presenta la figura de la bestia que surge de la tierra. Esta segunda bestia será el falso profeta que acompañará al Anticristo. Su cometido principal es promover la persona de la primera bestia. Es probable que esta segunda bestia o falso profeta sea de ascendencia judía, puesto que sus actividades serán primordialmente religiosas. La primera bestia, el Anticristo, será de origen gentil. Él será el «príncipe que ha de venir» (Dn. 9:26), cuyo pueblo destruye la ciudad y el santuario. También será el rey soberbio descrito en Daniel 11:36-45.

La bestia que surge de la tierra o falso profeta será capaz de hacer «grandes señales» (13:13) y engañar con ellas a los moradores de la tierra. Entre sus sorprendentes señales están: (1) Hacer descender fuego del cielo; e (2) infundir aliento a la imagen de la bestia para que hablase.

Finalmente, el falso profeta impone a los habitantes de la tierra una marca o tatuaje que será colocada en la mano derecha o en la frente de los seguidores de la bestia. Sin esa identificación nadie podrá comprar ni vender cosa alguna. La marca mencionada será equivalente al nombre de la bestia que a su vez será igual al valor numérico del nombre, es decir, 666. Puesto que se trata de acontecimientos que tendrán lugar al final de los tiempos, es decir, durante la gran tribulación, es inútil tratar de identificar a la bestia hoy día. Quienes vivan en el tiempo en que dicho personaje aparezca tendrán la sabiduría y el entendimiento para identificarlo. Muchos extremistas y futurólogos lo han intentado, teniendo como resultado el fracaso, la confusión y, muchas veces, provocando el ridículo. Los estudiosos serios de las Escrituras practican una exégesis seria y una hermenéutica equilibrada. El resultado es una interpretación congruente con el mensaje del Apocalipsis y consonante con el plan profético de Dios revelado en la Biblia.

NOTAS

1. Ya se ha señalado que los mejores manuscritos (p[47], Aleph, Alejandrino, Ephraemi y unos 25 manuscritos minúsculos, apoyan la lectura «él se paró» (*estáthei*) o «él se detuvo». De ser así, el sujeto de dicho verbo es el dragón y no Juan. El Textus Receptus presenta la lectura «me paré» (*estáthein*). Si esa lectura fuese correcta, entonces el sujeto sería Juan. La evidencia textual favorece la lectura «se paró» o «se detuvo». Es por eso que se opta por incluir la frase inicial del capítulo 13:1 como la terminación del capítulo 12.

2. Henry Barclay Swete, *Commentary on Revelation,* p. 161.

3. Werner Faerster hace el siguiente comentario: «*Theiríon,* como diminutivo de *theín,* originalmente significa "un animal salvaje" o en el griego prehelenístico un "animal que vive salvaje"... Encontramos *theiríon* en pasajes teológicamente importantes en el Nuevo Testamento en Marcos 1:13 y en el Apocalipsis... La mención de *theiríon* en Apocalipsis 13:2 ata Apocalipsis con Daniel 7. Para la exégesis rabínica del primer siglo a.C., la cuarta bestia de Daniel 7 es Edom=Roma. La bestia que en Apocalipsis 13 se levanta del mar (i.e., el abismo, 11:7) a la vista del dragón une todas las características de las cuatro bestias de Daniel y no puede, por lo tanto, ser identificada con Roma. En Apocalipsis hay, por el contrario, un obvio paralelismo antitético entre Dios y el dragón, Jesucristo y la bestia, los siete espíritus y la segunda bestia de Apocalipsis 13:11ss, que se interpreta como los pseudoprofetas (16:13; 19:20; 20:10). Está claro, por lo tanto, que la bestia es el Anticristo» (*Theological Dictionary of the New Testament,* Gerhard Kittel, et., vol. III, pp. 133-134).

4. Alan F. Johnson, «Revelation», *The Expositor's Bible Commentary,* vol. 12, p. 523.

5. Véase Alan F. Johnson, «Revelation», p. 521; también debe leerse D.S. Russell, *The Method and Message of the Jewish Apocalyptic,* pp. 276-280. Russell observa que: «La identidad del Anticristo podía cambiar de generación a generación, pero su naturaleza permanece la misma y era reconocible en quienes, como Antíoco o el Emperador Nerón, se atrevieron a oponerse a la voluntad de Dios» (p. 277).

6. Alan F. Johnson, *op. cit.,* p. 521.

7. Leon Morris, *op. cit.,* p. 165.

8. William R. Newell, *Revelation*: Chapter-by-Chapter, p. 184.

9. George Eldon Ladd, *A Commentary on the Revelation of John,* pp. 177-178.

10. Robert H. Mounce, «The Book of Revelation», p. 251.

11. John F. Walvoord, *The Revelation of Jesus Christ,* p. 181.

12. Robert L. Thomas, *Revelation 8—22,* p. 153.

13. El prefijo «anti» significa tanto «en contra de» como «en lugar de». El anticristo escatológico hará ambas cosas, pero se destacará más por el hecho de querer sustituir a Cristo.

14. Es cierto que el Imperio Romano es representado en Daniel 7:7 por la bestia espantosa y terrible. También es cierto que ese Imperio Romano será reavivado en los postreros tiempos y que de una de las naciones que forman dicho Imperio saldrá la bestia o el Anticristo.

15. José Grau, *Estudios sobre Apocalipsis*, pp. 213, 214.

16. Robert L. Thomas, *op. cit.*, p. 154.

17. Véase Robert H. Mounce, «The Book of Revelation», p. 250.

18. Robert L. Thomas, *op. cit.*, p. 155. Thomas también observa acertadamente que «al parecer hay una cabeza que designa la completa existencia de la bestia en un momento dado, porque la cabeza herida (13:3) equivale a toda la bestia en 13:12, 14». (*Ibid.*)

19. Véase John F. Walvoord, *op. cit.*, p. 198.

20. Véase Robert L. Thomas, *op. cit.*, p. 300.

21. Alan F. Johnson, *op. cit.*, p. 525.

22. John F. Walvoord, *op. cit.*, pp. 198-199.

23. Véase Henry Barclay Swete, *Commentary on Revelation*, p. 162.

24. A.T. Robertson, *Word Pictures*, vol. VI, pp. 398, 399.

25. Robert L. Thomas, *op. cit.*, p. 157. José Grau alegoriza Apocalipsis 13:2 cuando dice: «Esto es verdad y se cumple en cada gobernante mundano que persigue a la Iglesia» (véase *Estudios sobre Apocalipsis*, p. 213).

26. Véase G.B. Caird, «The Revelation of Saint John», pp. 163, 164.

27. Fritz Rienecker, *A Linguistic Key*, vol. 2, p. 495.

28. *Ibid.*, p. 157.

29. Véase William Barclay, *The Revelation of John*, vol. 2, pp. 89-94.

30. Para una amplia discusión del asunto, véase Robert L. Thomas, *Revelation 8—22*, pp. 157, 158.

31. Esa es la interpretación ofrecida por José Grau en su comentario *Estudios sobre Apocalipsis*, pp. 214-218.

32. *Ibid.*, p. 217.

33. Robert L. Thomas, *op. cit.*, p. 158.

34. *Ibid.*

35. Véase E. L. Carballosa, *El dictador del futuro*, pp. 40-44.

36. Véase Leon Morris, «Revelation», p. 168.

37. Véase Fritz Rienecker, *A Linguistic Key*, vol. 2, p. 483.

38. J. Massyngberde Ford, «Revelation», p. 222.

39. Véase Robert L. Thomas, *op. cit.*, p. 161.

40. A.T. Robertson, *Word Pictures*, vol. VI, p. 401.

41. La abominación desoladora es una referencia al mismo Anticristo. Según Daniel 9:27; 11:31; 12:11 y Mateo 24:15, «la abominación desoladora», es decir, el Anticristo, hará acto de presencia en el lugar santo y lo profanará con su presencia abominable.

42. Charles C. Ryrie, *Revelation*, p. 84.

43. J. Dwight Pentecost, *Thy Kingdom Come*, p. 303.

44. La frase «los moradores de la tierra» aparece en los siguientes pasajes del Apocalipsis: 3:10; 6:10; 8:13; 11:10; 13:8, 12, 14; 17:8. En todas esas citas aparece claramente establecido que se refiere a seres humanos que tienen una actitud contraria a Dios y a su reino.

45. Henry Barclay Swete, *Commentary on Revelation*, p. 167.

46. John F. Walvoord, *The Revelation of Jesus Christ*, p. 203.

47. Bengel, un expositor del siglo xviii, ha escrito lo siguiente: «El Apocalipsis

menciona frecuentemente el Cordero inmolado; nunca añade, *desde la fundación del mundo*; ni en verdad fue Él inmolado desde la fundación del mundo (He. 9:26). Quienes argumentan que Él fue así inmolado en el decreto divino, en el mismo sentido pueden decir que nació, resucitó de los muertos y ascendió al cielo desde la fundación del mundo» (Johann Albrecht Bengel, *New Testament Word Studies*, vol. 2, pp. 896, 897).

48. Véase A.T. Robertson, *Word Pictures,* vol. VI, p. 402.
49. Robert L. Thomas, *Revelation 8—22*, p. 168.
50. Alan F. Johnson, «Revelation», p. 529.
51. *Ibid.*
52. William Hendriksen, *Más que vencedores*, p. 179.
53. William Barclay, *The Revelation of John*, pp. 97, 98. Barclay ofrece una interpretación preterista del pasaje.
54. A.T. Robertson, *op. cit.,* vol. VI, p. 403.
55. Alan F. Johnson, «Revelation», p. 530.
56. Robert L. Thomas, *op. cit.,* p. 172.
57. *Ibid.*
58. Henry Barclay Swete, *op. cit.,* p. 168.
59. M. Eugene Boring, «Revelation», p. 161.
60. Robert L. Thomas, *op. cit.,* p. 173.
61. John F. Walvoord, *The Revelation of Jesus Christ,* p. 205.
62. Robert L. Thomas, *op. cit.,* p. 174.
63. Véase Juan Sánchez García, *Comentario histórico y doctrinal del Apocalipsis,* p. 135.
64. Juan usa la figura llamada pleonasmo o reiteración con el fin de recalcar la afirmación (véase E.W. Bullinger, *Commentary on Revelation,* p. 434).
65. Véase M. Eugene Boring, «Revelation», p. 161.
66. En Apocalipsis 13:14, el gerundio «mandando» es *legôn*, del verbo *légo*, que significa «decir». En el contexto de Apocalipsis 13:14 tiene la fuerza de *mandar*. El pregonero o heraldo de Daniel 3:4, también daba mandamiento de que todos estaban obligados a adorar la estatua.
67. Robert L. Thomas, *op. cit.,* p. 177.
68. Véase G.B. Caird, «The Revelation of Saint John», p. 172.
69. El sujeto del verbo «hacía» (*poieî*) hay que tomarlo del versículo 15, «se le permitió» (*edóthei autoî*). El pronombre «le» en el versículo 15 se refiere al falso profeta quien, a su vez, es el sujeto del verbo «hacía» en el versículo 16.
70. Desdichadamente, la Reina-Valera 1960 omite el artículo determinado que acompaña a cada uno de los sustantivos en el versículo. Se debe leer: «Los pequeños y los grandes, y los ricos y los pobres, y los libres y los esclavos...» Debe observarse, además, el uso de la figura de dicción llamada «polisíndeton», es decir, la repetición de la conjunción «y». Se usa para que el lector se detenga y reflexione acerca de cada cosa que menciona.
71. M. Eugene Boring, «Revelation», p. 161.
72. E.W. Bullinger, *Commentary on Revelation,* p. 439.
73. Robert L. Thomas, *Revelation 8—22*, p. 181.
74. R.P. Martin, «Mark, Brand», *The New International Dictionary of New Testament Theology*, vol. 2, pp. 573, 574.
75. M. Eugene Boring, *op. cit.*, p. 161.
76. Véase William Barclay, *The Revelation of John,* vol. 2, pp. 101, 102.
77. Véase J. Massyngberde Ford, «Revelation», p. 226.

78. *Ibid.*
79. Véase Robert L. Thomas, *Revelation 8—22*, p. 182.
80. *Ibid.*, p. 183.
81. *Ibid.*, p. 183.
82. Leon Morris, «Revelation», p. 174.
83. Robert L. Thomas, *op. cit.,* p. 184.

14

El gozo anticipado por la victoria del Cordero (14:1-20)

Bosquejo
1. **El canto de victoria de los 144.000 (14:1-5)**
   1.1. La visión del Cordero y los 144.000 (14:1)
   1.2. El nuevo cántico de los 144.000 (14:2, 3)
   1.3. Cualidades espirituales de los 144.000 (14:4, 5)
      1.3.1. Pureza personal (14:4*a*)
      1.3.2. Lealtad al Cordero (14:4*b*)
      1.3.3. Primicias de salvación (14:4*c*)
      1.3.4. Santidad delante de Dios (14:5)
2. **El anuncio del evangelio eterno (14:6, 7)**
   2.1. Proclamado por un ángel (14:6*a*)
   2.2. Proclamado a todos los moradores de la tierra (14:6*b*)
   2.3. El contenido del evangelio eterno (14:7)
      2.3.1. Temer y glorificar a Dios (14:7a)
      2.3.2. La llegada del juicio de Dios (14:7*b*)
      2.3.3. Adorar al Soberano Creador de todo (14:8)
3. **El anuncio de la caída de Babilonia (14:8)**
4. **El anuncio del juicio contra los adoradores de la bestia (14:9-11)**
   4.1. Los adoradores de la bestia serán objetos de la ira de Dios (14:9, 10)
   4.2. Los adoradores de la bestia recibirán el castigo eterno (14:11)
5. **Promesa de consuelo para los santos de la tribulación (14:12, 13)**
   5.1. Los santos de la tribulación practicarán la paciencia (14:12)
      5.1.1. Paciencia para guardar los mandamientos de Dios (14:12*a*)
      5.1.2. Paciencia para ser fieles a Jesús (14:12*b*)
   5.2. Bienaventuranzas de los santos de la tribulación (14:13)
      5.2.1. Bienaventurados en su muerte (14:13a)
      5.2.2. Bienaventurados en sus galardones (14:13*b*)

6. **Descripción de la venida gloriosa de Cristo (14:14-16)**
   6.1. La segunda venida de Cristo será judicial (14:14)
   6.2. El juicio se extenderá a toda la tierra (14:15, 16)
7. **Descripción de la batalla del Armagedón (14:17-20)**
   7.1. Los habitantes de la tierra serán como uvas podridas (14:17, 18)
   7.2. Los habitantes de la tierra serán objeto directo de la ira de Dios (14:19, 20)
8. **Resumen y conclusión**

NOTAS EXEGÉTICAS Y COMENTARIOS

El capítulo 14 es una descripción anticipada de la victoria del Cordero y sus seguidores. Este trozo del Apocalipsis presenta una triple división que, en el texto griego, comienza con la expresión *kaì eîdon*: (1) «Después miré...» (14:1-5); (2) «vi...» (14:6-13); y (3) «miré...» (14:14-20). En primer lugar, Juan contempla al Cordero victorioso rodeado de los 144.000 que, sin duda, son los mismos que fueron sellados en el capítulo 7. En segundo lugar, el apóstol escucha cuatro anuncios sobresalientes relacionados con la consumación del plan de Dios para los habitantes de la tierra. Finalmente, el autor ve la dramática escena de la siega y la vendimia judicial de la tierra. El capítulo 14 presenta un enfático contraste con los capítulos 12—13. En los capítulos 12—13, el dragón persigue a los seguidores del Cordero y logra, por un tiempo breve, establecer su reino malvado en la tierra. El capítulo 14, sin embargo, presenta al Cordero victorioso firmemente posesionado del monte Sion y rodeado de sus seguidores.

El cuadro profético del capítulo 14 habla de victoria para los creyentes y de derrota aplastante para los incrédulos. El Cordero ha triunfado sobre la bestia. Los moradores de la tierra reciben el mandamiento de temer y dar gloria al Dios Soberano (14:7), la destrucción del sistema idolátrico de Babilonia es anunciado (14:8), el juicio contra los adoradores de la bestia se proclama (14:8-11), los santos son invitados a aguardar con paciencia la hora de su triunfo (14:12-13) y la vendimia judicial de los moradores de la tierra (14:14-20) mediante la metáfora de la siega postrera o de la vendimia final, el texto describe el juicio de Dios sobre sus enemigos. De manera ancitipatoria, pues, el capítulo 14 revela el cuadro estupendo del triunfo del Mesías en su venida gloriosa. El capítulo 14 aporta la respuesta a dos preguntas importantes: (1) ¿Qué les ocurrirá a los que se nieguen a recibir la marca de la bestia y por lo tanto, padecen la muerte?; y (2) ¿cuál será el fin de la bestia y sus seguidores? (14:16-20).[1]

14:1

«Después miré, y he aquí el Cordero estaba en pie sobre el monte Sion, y con él ciento cuarenta y cuatro mil, que tenían el nombre de él y el de su Padre escrito en la frente.» «Después miré, y he aquí...» (*kaì eîdon, kaì idoù...*), mejor, «y miré, y he aquí...». De esta manera dramática el apóstol Juan presenta el cuadro profético del capítulo 14. En el capítulo 13 el tema ha sido el reino de la bestia y su cruel persecución de todos los que no adoren su imagen. El capítulo 14 pone de manifiesto que vale la pena seguir al Cordero y mantener el testimonio cristiano.[2] En su acostumbrado estilo, Juan anticipa la bendición y el solaz que los seguidores del Cordero experimentarán con él en su reino. En los primeros versículos de este capítulo «aparecen el Cordero en lugar de la bestia, los seguidores del Cordero mostrando en sus frentes el sello del Mesías y del Padre en lugar de los seguidores de la bestia con su tatuaje y el monte Sion, divinamente controlado, en lugar de la tierra, paganamente controlada».[3]

«El Cordero estaba en pie sobre el monte de Sion» (*tò arníon hestòs epì tò óros Zión*). Esta frase presenta un cuadro estupendo del triunfo del Cordero. La expresión **«estaba en pie»** (*hestòs*) es la traducción del participio perfecto, voz activa de *hísteimi*, que significa «estar o mantenerse en pie». El tiempo perfecto sugiere una acción completada con resultados permanentes y el participio sugiere el carácter continuo de dicha acción. El Cordero está en firme posesión del monte Sion y permanece allí victorioso. Él ocupa el lugar central en la visión. La figura del Cordero fue introducida en Apocalipsis 5:6 en conexión con los siete sellos del rollo de los juicios. Él fue inmolado por los pecados del mundo, pero resucitó de los muertos y es el único digno de romper los sellos. Él vive y tiene toda autoridad para juzgar y reinar (véase Ap. 5:9-14; 7:14, 17; 12:11). El hecho de que «el Cordero estaba en pie forma un contraste con las bestias que están subiendo (gr. *anabaínô*). "Firmemente establecido", "firmemente en pie", "manteniendo un territorio", en oposición con "caer" (gr. *piptô*; véase 9:1).»[4] Tanto en el capítulo 12 como en el 13, Juan ha descrito el carácter feroz del dragón y en el capítulo 13 presenta la naturaleza despiadada de ambas bestias. En el capítulo 14, por el contrario, aparece el Cordero vencedor tanto en su ternura como en su gentileza con sus pies firmemente establecidos sobre el monte Sion.

La identificación del **«monte Sion»** ha sido tema de discusión entre los comentaristas. Algunos piensan que se refiere a la Sion celestial (He. 12:22), es decir, a la Jerusalén de arriba (Gá. 4:26).[5] Otros expositores creen que se refiere a la Jerusalén celestial que ha de descender a la tierra y Dios habitará entre los hombres.[6] En ambos casos, la tendencia es tomar la expresión «monte de Sion» como una figura del cielo, apoyándose en Hebreos 12:22. Identificar el monte de Sion con la Jerusalén celestial o tomarlo como una figura del cielo equivale a otorgarle un significado ajeno al que recibe a través de las Escrituras. Si el monte Sion es la Jerusalén celestial, entonces pertenece a la nueva creación, mientras que en la Biblia Sion, casi en todos sus usos, se relaciona con la ciudad de Jerusalén y la vieja creación.[7]

La postura más sensata es la que otorga a la expresión «monte de Sion» un significado normal tal como se utiliza en el Antiguo Testamento la mayoría de las veces (véanse Sal. 48:1, 2; Is. 24:23; Jl. 2:32). En Apocalipsis 14, el apóstol Juan anticipa la venida en gloria del Mesías para establecer su reino de paz y de justicia. Es preferible, por lo tanto, la interpretación de que Juan describe aquí «una visión profética del triunfo final del Cordero después de su segunda venida, cuando se une a los 144.000 en el monte Sion al principio de su reino milenial».[8] El monte Sion, según Salmo 2:6, es el lugar desde donde el Mesías ha de reinar cuando venga por segunda vez a la tierra. Debe entenderse, por lo tanto, que la referencia es a un lugar concreto en la tierra y no a una figura del cielo.

«Y con él ciento cuarenta y cuatro mil, que tenían el nombre de él y el de su Padre escrito en la frente.» Junto con el Cordero aparece un grupo cuyo número concreto es de ciento cuarenta y cuatro mil. De ellos se dice que tenían el nombre del Cordero y el de su Padre escrito en la frente. Es decir, este grupo de individuos ha sido sellado con el sello de Dios. El vocablo **«escrito»** (*gegramménon*) es el participio perfecto, voz pasiva del verbo *graphô*, que significa «escribir». El tiempo perfecto sugiere una acción completada con resultados perdurables. El sello consiste de la inscripción del nombre del Cordero y el del Padre celestial en la frente de cada uno de los componentes del grupo. Dicho sello tiene carácter permanente y sugiere tanto identificación como posesión. Los sellados son identificados como siervos de Dios y como posesión de aquel cuyo sello llevan.[9]

La identificación de los 144.000 sellados también ha sido tema de discusión entre los estudiosos de Apocalipsis. Algunos afirman que 144.000 es el número de lo completo y que se refiere a la totalidad de la iglesia de Jesucristo.[10] Otros entienden que los 144.000 son una figura del conjunto total de los redimidos.[11] No existe ninguna razón determinante para pensar que los 144.000 de Apocalipsis 14:1 sean diferentes de los mencionados en Apocalipsis 7:1-8.[12] Al parecer, los 144.000 sellados forman un grupo especial dentro de una comunidad más amplia.[13] Apocalipsis 14:4, 5 ofrece detalles adicionales respecto a las características de los 144.000: (1) Son vírgenes; (2) siguen al Cordero; (3) son primicias para Dios y para el Cordero; (4) son fieles en sus testimonios; y (5) son sin mancha delante del trono de Dios. Algunos expositores piensan que los 144.000 sellados no sufrirán daño alguno durante la gran tribulación, sino que «son preservados por Dios a través de los terribles días de persecución hasta que aparecen triunfantes con el Cordero en el monte Sion, al principio del reino milenial».[14] Lo más probable es que los 144.000 sellados sean hechos objeto particular de las persecuciones de la bestia, particularmente por el hecho de que serán fieles proclamadores del Evangelio de salvación por la fe en el Mesías durante los años de la gran tribulación (Ap. 12:17). Algunos de ellos sufrirán martirio y otros serán encarcelados y perseguidos, pero la totalidad de ellos estará con el Cordero cuando venga a inaugurar su reino escatológico.

Resumen

Apocalipsis 14 comienza con la visión del Cordero victorioso que regresa a la tierra para implantar su reino glorioso. Juan afirma que «el Cordero estaba en pie sobre el monte de Sion». Eso significa que ha tomado posesión completa y permanente del lugar que será la sede de su reino (Sal. 2:6). Sion, por lo tanto, se refiere al monte o colina situado en el costado oriental de Jerusalén.[15] El monte Sion de Apocalipsis 14:1 es, por consiguiente, un punto geográfico terrenal y no sinónimo de la Jerusalén celestial. En estos versículos de Apocalipsis 14, Juan contempla anticipadamente (*prolepsis*) la inauguración del reino escatológico del Mesías. Los 144.000 que aparecen junto al Cordero son los mismos mencionados en Apocalipsis 7:1-8. En Apocalipsis 7 se menciona el hecho de que fueron sellados para el servicio a Dios. Esos 144.000 sellados constituyen un grupo especial dentro de una comunidad mayor. Apocalipsis 14:1-5 amplía tanto las características como el servicio que realizan los 144.000 sellados. Es probable que un número indeterminado de ellos sufra el martirio a manos de la bestia. La totalidad de ellos, sin embargo, compartirá con el Cordero las bendiciones del reino mesiánico.

14:2

«Y oí una voz del cielo como el estruendo de muchas aguas, y como sonido de un gran trueno. Y la voz que oí era como de arpistas que tocaban sus arpas.» Con lenguaje altamente descriptivo, Juan narra lo que acontece en el cielo. La voz que Juan oye no proviene de los mártires que están en el cielo ni de los 144.000 sellados que acompañan al Cordero en el monte Sion.[16] Obsérvese los impresionantes símiles usados por Juan: (1) **«Como estruendo de muchas aguas»**; (2) **«como sonido de un gran trueno»**; y (3) **«como de arpistas que tocaban sus arpas»**. Las dos primeras figuras sugieren volumen y fortaleza, mientras que la tercera destaca armonía y dulzura.

La voz que Juan escucha, henchida de fortaleza y firmeza, no proviene de los redimidos, sino de las gargantas de un coro angelical.[17] La existencia de un coro angelical y su cántico de alabanza se muestran en Apocalipsis 5:8-14. La ocasión del cántico angelical es el momento en que el Cordero toma el rollo de los juicios de la mano del Padre. También allí (5:9) se dice que «cantaban un nuevo cántico». Dicho cántico está relacionado con el Cordero y su dignidad de ejecutar juicios sobre la humanidad. También se exalta la dignidad del Cordero por su obra redentora y se reconoce su autoridad para reinar como Rey Soberano del universo. El nuevo cántico de Apocalipsis 14:3 no sólo es pleno y potente, sino que también va acompañado de una dulce melodía comparada con la producida por arpistas cuando tocan sus arpas.

14:3

«Y cantaban un cántico nuevo delante del trono, y delante de los cuatro seres vivientes, y de los ancianos; y nadie podía aprender el cántico sino aquellos ciento cuarenta y cuatro mil que fueron redimidos de entre los de la tierra.»

Este versículo arroja varias cuestiones importantes. Obsérvese, en primer lugar, el verbo **«cantaban»** (*áidousin*). Dicho verbo es el presente indicativo, voz activa, tercera persona plural de *áidô*, que significa «cantar». El tiempo presente sugiere una acción continua. El modo indicativo señala la realidad de dicha acción. También debe destacarse el hecho de que la forma es plural aunque su antecedente, «una voz» (v. 2), es singular. Eso sugiere «que la voz es en realidad un coro de muchas voces».[18] Hay quienes piensan que el coro no es angelical, sino que lo constituye los 144.000 sellados.[19] El texto, sin embargo, no dice que los 144.000 sean quienes entonan el cántico, sino que **«nadie podría aprender el cántico sino aquellos ciento cuarenta y cuatro mil...».** Debe tenerse presente, además, que el cántico es entonado en el cielo, mientras que los 144.000 están en la tierra, en el monte Sion con el Cordero.[20]

Otra cuestión que debe notarse es el hecho de que, quienes cantaban, entonaban «algo así como un cántico nuevo delante del trono...».[21] El cántico es nuevo porque es entonado por un nuevo grupo y tiene un nuevo tema en su contenido.[22] También es nuevo por el hecho de que nunca antes ha sido escuchado. Puesto que el texto griego no sugiere que los cantores sean los 144.000, sino que dice que sólo ellos pueden aprender dicho cántico, se hace necesario contestar la pregunta: ¿Quiénes son los que entonan dicho cántico? La respuesta de Robert L. Thomas a dicha pregunta parece ser la más congruente:

> Los cantores son, evidentemente, una innumerable compañía de ángeles como en 5:11 y 7:11, aunque su identidad permanece indefinida como en 11:15; 12:10; 19:16. No incluye a los seres vivientes ni a los ancianos. No pueden experimentar redención, pero están profundamente interesados en todo lo relacionado con la salvación del hombre (Lc. 15:7; Ef. 3:10; 1 P. 1:12), así que se unen en la alabanza del Cordero. La idea de que es teológicamente impropio que los ángeles canten de la salvación no es correcta, porque los seres vivientes y los ancianos cantan acerca de la redención en 5:9, 10.[23]

RESUMEN

El coro que canta el nuevo cántico no parece estar compuesto de los redimidos.[24] Tampoco sugiere el texto que los cantores sean los 144.000, puesto que ellos están en la tierra y el cántico procede del cielo. Ni tampoco parece correcto que los cantores sean los mártires de la tribulación.[25] Lo más congruente es entender que los cantores son ángeles que entonan «algo así como un cántico nuevo».[26] Ese cántico sólo lo pueden aprender los 144.000 sellados, quizá debido a la relación especial que guardan con el Cordero. Estos han sido «redimidos de entre los de la tierra» (*hoi eigorasménoi apò teîs gêis*). La expresión «fueron redimidos» (*eigorasménoi*) es el participio perfecto, voz pasiva de *agorádso*, que significa «comprar», «redimir». El tiempo perfecto sugiere una acción completada con resultados permanentes. Los ciento cuarenta y cuatro mil son los «que fueron redimidos de entre los de la tierra» o, como afirma el versículo 4, «Estos fueron redimidos de entre los hombres como primicias para Dios y para el Cordero». El fundamento de la redención de los 144.000 es, incuestionablemente, la sangre del Cordero (Ap. 5:9), pero el hecho de que son «primicias para Dios y para el Cordero» sugiere que constituyen un grupo selecto tomado del amplio conjunto de los redimidos.[27] Obsérvese que el coro canta «delante del trono», es decir, en la presencia de Dios y «delante de los cuatro seres vivientes, y de los ancianos», puesto que ambos grupos ocupan un lugar preeminente alrededor del trono (Ap. 4:4-6). En Apocalipsis 5:9, el cántico de alabanza al Cordero por su obra redentora es entonado por los cuatro seres vivientes y los veinticuatro ancianos. En Apocalipsis 14:2, 3 quienes cantan son los ángeles que forman un gran círculo alrededor del trono celestial.

14:4, 5

«Estos son los que no se contaminaron con mujeres, pues son vírgenes. Estos son los que siguen al Cordero por dondequiera que va. Estos fueron redimidos de entre los hombres como primicias para Dios y para el Cordero; y en sus bocas no fue hallada mentira, pues son sin mancha delante del trono de Dios.»

Estos dos versículos contienen un claro reconocimiento de la dedicación a Dios y de la pureza de los 144.000 sellados. Obsérvese el uso enfático del pronombre demostrativo **«estos»** (*hoûtoi*). Dicho vocablo aparece tres veces en el versículo 4 al comienzo de cada frase y, por lo tanto, en una posición enfática. Los 144.000 son apartados y tenidos «como dignos de alto honor por mantener un elevado estilo de vida en medio de la corrupción del ambiente religioso, social y cultural».[28]

Los versículos 4 y 5 describen la vida de santidad llevada por los 144.000 durante los terribles días de la gran tribulación. El uso del tiempo presente **«son»** (*eisin*) sugiere la continuidad y constancia del testimonio de los mencionados siervos. Cuatro cosas significativas dice el texto respecto a la vida de los 144.000 sellados.

1. **«Estos son los que no se contaminaron con mujeres, pues son vírgenes.»** El verbo **«contaminaron»** (*emolyntheisan*) es el aoristo indicativo, voz pasiva de *molyno*, que significa «manchar», «ensuciar», «contaminar». El tiempo aoristo contempla la totalidad de las vidas de los 144.000 sellados y afirma que en ellos no hubo mancha ni contaminación. El modo indicativo destaca la realidad de la acción del verbo. Tomada en su sentido llano, la frase parece indicar que los 144.000 sellados son hombres que nunca contrajeron matrimonio. Hay expositores que prefieren tomar la frase en sentido figurado. Un autor afirma que «es improbable» que [la frase] "no se contaminaron" se refiera meramente a relación sexual, ya que en ningún lugar de las Escrituras la relación sexual dentro del matrimonio constituye una contaminación pecaminosa (véase He. 13:4)».[29] Quienes toman la frase en sentido figurado se apoyan en el hecho de que muchas veces en las Escrituras se usa la figura de la relación sexual para describir la existencia de la apostasía espiritual.[30]

Una interpretación normal del texto, sin embargo, parece ser más apropiada. Los 144.000 viven durante los años más difíciles de la tribulación. Con toda seguridad tendrán que trasladarse de un sitio a otro con bastante frecuencia y, por lo tanto, ser solteros es mucho más conveniente para el cumplimiento del ministerio que desarrollarán. El profesor Robert L. Thomas explica lo siguiente:

> La tribulación será un tiempo muy especial en la historia, que requiere un grado de dedicación especialmente alto. Pablo enseñó en 1 Corintios 7 lo deseable del estado de soltero, debido a la naturaleza de los tiempos (1 Co. 7:26). El soltero está mejor capacitado para rendir un servicio sin distracción al Señor. De modo que en la futura gran tribulación, la virginidad será un requisito para ese grupo especial. El matrimonio es la norma para la vida cristiana durante los tiempos relativamente tranquilos, pero ese reino futuro de la bestia no será nada tranquilo para los fieles.[31]

Evidentemente, los ciento cuarenta y cuatro mil sufrirán las peores persecuciones y los ataques más crueles decretados por el Anticristo. Es por eso que Dios escoge a hombres para dicha tarea y, al mismo tiempo, dichos siervos permanecen solteros. El motivo de esa decisión no es para exaltar el celibato por encima del matrimonio, sino a causa de las críticas circunstancias que tendrán lugar durante la gran tribulación. Si bien es cierto que la frase **«no se contaminaron con mujeres, pues son vírgenes»** sugiere una condición espiritual, también es cierto que dicha condición puede muy bien hacerse patente en el hecho de que los 144.000 renuncian a una vida matrimonial con el fin de dedicarse a la proclamación del evangelio en los tiempos difíciles de la tribulación escatológica. Es importante recordar que los 144.000 sellados son individuos escogidos por Dios. No representan a la totalidad de los redimidos de Israel, ni tampoco simbolizan la Iglesia como Cuerpo de Cristo. Los 144.000 son individuos salvados y usados por Dios. El servicio de dichos hombres alcanza mayor eficacia «porque son vírgenes» y, por lo tanto, pueden efectuar sus trabajos sin la responsabilidad de cuidar de una familia.[32]

2. **«Estos son los que siguen al Cordero por dondequiera que va»** (*hoûtoi hoi akolouthoûntes toî arníoi hópoy àn hypágei*). Esta frase expresa la lealtad constante de los 144.000 hacia el Cordero. A través de las pruebas y persecuciones de la gran tribulación esos siervos se caracterizarán por ser fieles seguidores del Mesías. Mientras que grandes multitudes se someterán a los dictámenes de la bestia y aceptarán llevar su insignia, los 144.000 seguirán al Cordero y le obedecerán con absoluta devoción. Ellos serán fieles discípulos de Cristo dispuestos a ofrendar sus vidas por el Cordero y por su causa.[33]

3. **«Estos fueron redimidos de entre los hombres como primicias para Dios y para el Cordero.»** El verbo **«fueron redimidos»** (*eigorástheisan*) es el aoristo indicativo, voz pasiva de *agorádso*, que significa «comprar en el mercado», «redimir». El aoristo contempla el acto mismo y el modo indicativo sugiere la realidad histórica de dicho acto. La expresión **«de entre los hombres»** (*apò tôn anthrópôn*) es partitiva y, en este caso, no denota separación sino extracción.[34] Los 144.000 sellados han sido extraídos de entre un grupo más amplio y son **primicias para Dios y para el Cordero»** (*aparchè toî theôi kaì toî arníoi*). El sustantivo «primicias» (*aparchè*) aparece en Romanos 16:5 y 1 Corintios 16:15 para señalar a los primeros convertidos a la fe cristiana en Acaya. También se usa en 1 Corintios 15:20, 23 con referencia a la resurrección de Cristo. Su resurrección es la garantía de todas las demás resurrecciones.

En la Septuaginta, versión griega del Antiguo Testamento, el vocablo *aparché* con frecuencia se usa para indicar una «contribución, ofrenda, que denota la donación de productos naturales o dinero dado a los sacerdotes y levitas para el culto (Éx.

25:2-9; Dt. 12:11, 17; 2 Cr. 31:10, 12, 14), que es similarmente entendido como una ofrenda de gratitud a Jehová».[35] Si se observa cuidadosamente el ambiente del pasaje, no es difícil concluir que los 144.000 sellados son un grupo especial delante de Dios: (1) Han seguido al Cordero con constancia y fidelidad; (2) han «sido comprados de entre los hombres», es decir, han sido extraídos de un grupo mayor; y (3) han sido constituidos una ofrenda para Dios y para el Cordero. Los 144.000 son, por lo tanto, «una ofrenda para Dios en el sentido de ser separados para Él y santificados (completamente consagrados) donde no hay añadidura posterior, porque las primicias constituyen el todo (Nm. 5:9; Dt. 18:4; 26:2; Jer. 2:3, Stg. 1:18)».[36]

4. **«Y en sus bocas no fue hallada mentira, pues son sin mancha delante de Dios.»** La cuarta cualidad de los 144.000 sellados es su veracidad. Son verdaderos imitadores del Cordero (Is. 53:9). Como fieles profetas, hablarán siempre la verdad (Zac. 13:3) y, como parte del remanente fiel, no se hallará en ellos lengua engañosa (Sof. 3:13). A pesar de que vivirán en medio de la apostasía, el engaño y la infidelidad, los 144.000 sellados mantienen una pureza inmaculada que honra y glorifica a Dios. El verbo (precedido por la partícula negativa) está en el aoristo indicativo, voz pasiva: «No fue hallada falsedad» (*ouch heuréthei pseûdos*). Esta frase sugiere que habrá quienes intentarán encontrar mentira o falsedad en ellos, pero su búsqueda será infructuosa, puesto que los 144.000 serán sin mancha o culpa. Nadie podrá imputarles delito o fraude de clase alguna. Tanto su hablar como su actuar serán irreprochables (véase Fil. 2:15).

14:6, 7

«Vi volar por en medio del cielo a otro ángel, que tenía el evangelio eterno para predicarlo a los moradores de la tierra, a toda nación, tribu, lengua y pueblo, diciendo a gran voz: Temed a Dios, y dadle gloria, porque la hora de su juicio ha llegado; y adorad a aquel que hizo el cielo y la tierra, el mar y las fuentes de las aguas.»

Como se ha observado repetidas veces, el ministerio de los ángeles es sobresaliente en el Apocalipsis. Dios los usa como mensajeros celestiales, conductores de alabanzas solemnes, ejecutores de juicios, ejércitos para luchar contra Satanás y sus huestes y, finalmente, para advertir a los hombres del juicio inminente. Una mejor sintaxis de la primera parte del versículo podría ser: «Y vi a otro ángel volando en medio del cielo...» El ángel que Juan vio era de la misma clase que los anteriores. Lo clasifica como **«otro ángel»** en el sentido de que es diferente de los que hasta ese momento han actuado. La expresión «en medio del cielo» significa que el anuncio que está a punto de hacer va dirigido a la mayor audiencia posible con el fin de que todos lo escuchen.[37]

«Que tenía el evangelio eterno» (*échonta euaggélion aiónion*), es decir, «teniendo [algo cuya característica es] buena noticia eterna». El verbo **«tenía»** (*échonta*) es el participio presente, voz activa de *écho*, usado con función de gerundio. Este verbo significa «tener», «sostener en firmeza» y aquí debe traducirse propiamente «teniendo». El ángel tiene en su posesión algo que se caracteriza por ser «evangelio eterno». Es el anuncio que tiene vigencia eterna y que debe ser observado u obedecido por todas las criaturas.

«Para predicarlo a los moradores de la tierra, a toda nación, tribu, lengua y pueblo» (*euagglísai epì toûs katheiménous epì teîs geîs*), es decir, «para evangelizar a los que [están] sentados sobre la tierra». El propósito del ser angelical es proclamar a los hombres que han sobrevivido los embates de la tribulación la verdad eterna del reconocimiento de la soberanía de Dios y del hecho de que sólo Él es digno de ser adorado y glorificado. La frase **«a toda nación, tribu, lengua y pueblo»** es epexegética, es decir, amplía el significado de la expresión «los moradores de la tierra». ¡Nadie quedará sin oír la proclamación del ángel!

Obsérvese los tres verbos que aparecen en el versículo 7, tocante a la proclamación del ángel: **«Temed»** (*phobéstheite*), **«dad»** (*dóte*) y **«adorad»** (*proskynéisate*). Estos tres verbos están en el modo imperativo y en el tiempo aoristo. El aoristo imperativo sugiere un mandato urgente. Evidentemente, el evangelio proclamado por el ángel no es una invitación a creer sino un llamado urgente a *temer* a Dios, *darle* gloria y *adorarlo* debido al carácter inminente del juicio divino. Debe notarse que los imperativos «temed a Dios» y «dadle gloria» tienen como razón el hecho de que «la hora de su juicio ha llegado». El verbo **«ha llegado»** (*eîlthen*) es un aoristo dramático que sugiere una acción que está a punto de realizarse: «La hora de su juicio está a punto de llegar.» La expresión **«la hora de su juicio»** (*hei hóra teîs kríseos autoû*) se refiere a un tiempo específico (véase Ap. 6:17). «Esta es la última oportunidad [para los hombres] a cambiar su alianza al Dios del cielo.»[38]

El tercer imperativo es un llamado a adorar (*proskynéisate*) a Dios porque es el Creador de todas las cosas. El Creador es el soberano sobre su creación y, por lo tanto, el dueño absoluto de todas las cosas. La humanidad ha estado en rebeldía contra Dios. Los hombres han adorado «a las criaturas antes que al Creador» (Ro. 1:25). Los humanistas y racionalistas han atribuido la existencia del universo a causas fortuitas y han negado la misma existencia de Dios. Ahora, en la consumación de los siglos, los hombres son llamados a reconocer y adorar al Soberano Creador del cielo y tierra (Hch. 14:15-17).

14:8

«Otro ángel le siguió, diciendo: Ha caído, ha caído Babilonia, la gran ciudad, porque ha hecho beber a todas las naciones del vino del furor de su fornicación.»

Otro ángel de la misma clase que el anterior realiza el dramático anuncio de la caída de Babilonia. Las referencias a Babilonia son abundantísimas a través de las Escrituras. La Babilonia de tiempos remotos fue fundada por Nimrod (Gn. 10:9, 10). Allí se estableció un centro de idolatría y de desafío a la soberanía de Dios. a través de la historia bíblica, Babilonia es contemplada como una ciudad, un reino y un sistema mundial de corrupción e idolatría. En el Antiguo Testamento, Babilonia aparece como el más formidable enemigo del pueblo de Dios (véanse Is. 21:9; Jer. 50:2; 51:1-9, 24). Algunos expositores entienden que Babilonia es, en realidad, una referencia a Roma. Robert H. Mounce dice:

> La antigua ciudad mesopotámica de Babilonia se había convertido en la capital política y religiosa de un imperio mundial, notoria por su opulencia y su corrupción moral. Sobre todo era el gran enemigo del pueblo de Dios. Para la iglesia primitiva, la ciudad de Roma era una Babilonia contemporánea.[39]

Más congruente con el ambiente del Apocalipsis, sin embargo, es entender el significado de Babilonia en su sentido normal o natural. Es decir, la referencia es a la ciudad de Babilonia situada junto al Éufrates. Allí nació y se desarrolló un sistema político, económico y religioso totalmente contrario a Dios y por esa causa Dios derramará su ira contra Babilonia. El apóstol Juan anticipa en 14:8 la caída de Babilonia. Posteriormente, en los capítulos 17 y 18, describe con lujo de detalles la manera como Dios juzgará todo lo que Babilonia representa.

La repetición del verbo **«ha caído, ha caído»** (*épesen, épesen*) sugiere el carácter inminente de la destrucción de Babilonia. El aoristo indicativo señala la realidad del acontecimiento. El juicio divino sobre Babilonia se contempla como algo seguro. El vocablo **«porque»** no aparece en el texto griego. La frase dice, literalmente: «Quien ha hecho beber del vino de la ira de su fornicación a todas las naciones.» La declaración sugiere la intoxicante influencia de los vicios de Babilonia sobre las naciones de la tierra (véase Jer. 51:7-9).[40] El poder malvado de Babilonia afecta a todas las naciones de la tierra. Dicha maligna influencia provoca el derramamiento de la ira de Dios y, al final de la tribulación, la destrucción tanto de la ciudad como del sistema representado por Babilonia[41]. Dios dará a Babilonia su justa retribución por haber actuado como un agente antiDios en el mundo (véase Ap. 18:1-6).

14:9, 10

«Y el tercer ángel los siguió, diciendo a gran voz: Si alguno adora a la bestia y a su imagen, y recibe la marca en su frente o en su mano, él también beberá del vino de la ira de Dios, que ha sido vaciado puro en el cáliz de su ira; y será atormentado con fuego y azufre delante de los santos ángeles y del Cordero.»

La proclamación del tercer ángel es una solemne advertencia a los hombres tocante a las consecuencias de adorar a la bestia y a su imagen (véase Ap. 13:13-17). Particularmente durante la segunda mitad de la tribulación, el Anticristo exigirá que los moradores de la tierra le rindan culto divino. A través del tercer ángel, sin embargo, Dios anuncia que quienes se sometan a la voluntad de la bestia serán objetos de su ira. «La meta de la advertencia es infundir temor en los potenciales adoradores de la bestia para que crean y motivar a los creyentes a que permanezcan fieles.»[42]

La expresión **«a gran voz»** sugiere que la proclamación del ángel va dirigida a todos los habitantes de la tierra que tienen la capacidad de escuchar el anuncio. Sin duda, un mensaje tan importante debe ser oído por todos. Recuérdese que el primero de los ángeles proclama el evangelio eterno, diciendo: «Temed a Dios, y dadle gloria, porque la hora de su juicio ha llegado; y adorad a aquel que hizo el cielo y la tierra...» Por su parte, el falso profeta llama a los moradores de la tierra para que adoren al Anticristo. De modo que los habitantes de la tierra tienen que decidir a quién deben adorar. Negarse a adorar a la bestia les acarrea sufrimientos físicos y la imposibilidad de «comprar» y «vender» si no llevan su tatuaje (Ap. 13:17). Por otro lado, los adoradores de la bestia serán objeto de la misma clase de juicio divino que será derramado sobre el Anticristo. Los sufrimientos que resultan de no adorar al Anticristo son relativamente insignificantes comparados con los que sobrevendrán sobre quienes se niegan a adorar a Dios y darle gloria.[43]

La advertencia divina es rigurosa: **«Si alguno adora a la bestia y a su imagen, y recibe la marca en su frente o en su mano, él también beberá del vino de la ira de Dios.»** Cualquier persona que se someta a la voluntad de la bestia, rinda culto a su imagen y se deje sellar con la marca del Anticristo sufrirá consecuencias devastadoras. La frase **«él también beberá del vino de la ira de Dios»** es enfática. Literalmente dice: «Esa misma persona también beberá del vino de la ira de Dios.» El individuo que rechaza a Dios y se rinde a la bestia, ese mismo, será objeto de la ira de Dios. J. Massyngberde Ford lo explica así:

> El autor probablemente quiere decir que uno no puede beber una copa y no la otra, porque ambas están relacionadas; la consecuencia de beber la copa de Babilonia es la necesidad ineludible de recibir la del Señor (véase 16:19).[44]

Debe observarse los dos verbos utilizados en el versículo 10. Ambos están en el futuro de indicativo (**«beberá»** y **«será atormentado»**) y constituyen el vaticinio del juicio divino sobre los adoradores de la bestia. El texto destaca, además, el hecho de que el vino de la ira de Dios **«ha sido vaciado puro»** (*kekerasménou akrátou*). Antiguamente se acostumbraba diluir el vino con agua para suavizar sus efectos. La figura utilizada aquí destaca el hecho de que los adoradores de la bestia serán objeto del juicio de Dios en toda su fuerza. «El juicio escatológico se efectuará sin ninguna misericordia ni gracia. Esta es una manera veterotestamentaria de describir lo terrible del juicio futuro de Dios (Sal. 75:8; Jer. 25:25).»[45]

El adorador de la bestia será atormentado **«con fuego y azufre»**, es decir, con un juicio similar al que tuvo lugar en la destrucción de Sodoma y Gomorra (véanse Gn. 19:28; Lc. 17:28-30). Dicho juicio tendrá lugar «delante de los santos ángeles y del Cordero». Debe recordarse que en Apocalipsis 5:7, el Cordero recibe el rollo de los juicios de la tribulación «de la mano derecha del que estaba sentado en el trono», simbolizando el hecho de que todos los juicios de ese período serán ejecutados por el Cordero. Los santos ángeles serán los asistentes del Cordero en la ejecución de dichos juicios. «El santo entorno de los santos ángeles y del Cordero amplía la miseria del castigo de los malignos, tal como la persecución pública de los fieles en la presencia de sus semejantes aumentó la humillación (véase Lc. 12:8, 9).»[46] Debe recordarse, también, que la proclamación de este juicio es anticipatorio y está relacionado con la venida de Cristo a la tierra. El juicio final tendrá lugar después del reinado glorioso del Mesías (Ap. 20:11-15). El anuncio del juicio en Apocalipsis 14:10 tiene por finalidad dejar a los hombres sin argumento alguno y llevarlos a la comprensión de las eternas consecuencias que se derivan de negar a Cristo, rehusar poner fe en Él y entregarse a la adoración de la bestia.

14:11

«Y el humo de su tormento sube por los siglos de los siglos. Y no tienen reposo de día ni de noche los que adoran a la bestia y a su imagen, ni nadie que reciba la marca de su nombre.» El castigo de los rebeldes que han rechazado a Dios y han adorado a la bestia se describe en este versículo. El texto enseña que **«su tormento»** (*toû basanismoû*) no es un hecho momentáneo sino que tiene lugar **«por los siglos de los siglos»** (*eis aiônas aiónôn*). La frase **«y no tienen reposo de día ni de noche»** (*kaì ouk échousin anápausin heiméras keì nyktos*) refuerza el carácter eterno y continuo del castigo infligido a los inicuos. El pasaje dice con toda claridad quiénes serán objetos de los juicios divinos antes mencionados. Concretamente, serán los adoradores de la bestia y su imagen, identificados por el hecho de que reciben la marca o sello del Anticristo en la frente o en la mano derecha.

Aunque el apóstol Juan utiliza un lenguaje evidentemente metafórico para describir los juicios divinos sobre los inicuos, dichos juicios deben entenderse como sucesos reales. El apóstol no se refiere a sucesos ficticios ni a meras cuestiones poéticas. La Biblia advierte con mucha frecuencia que Dios ha de juzgar a los rebeldes e inicuos entre los hombres (Hch. 17:30-31; Ro. 2:16; 2 Ts. 1:6-10). Quienes rechazan el amor y la gracia de Dios manifestados a través de Jesucristo tendrán que soportar los tormentos del juicio del Soberano Señor de la Creación. Sólo aquellos que se acogen a la misericordia de Dios y se refugian en Jesucristo serán librados de la condenación eterna (Ro. 8:1). ¡La diferencia entre la vida y la muerte es Jesucristo!

14:12

«Aquí está la paciencia de los santos, los que guardan los mandamientos de Dios y la fe de Jesús.» Después de declarar cuál será la suerte de los adoradores de la bestia, el apóstol intercala unas palabras de ánimo para los seguidores del Cordero. La bestia atemorizará a los habitantes de la tierra e intentará por todos los medios conseguir que todos se sometan a su autoridad. Es probable que haya un número de los santos que se sientan tentados a someterse a la autoridad del Anticristo para proteger sus vidas.

El apóstol Juan hace un llamado a los santos para mantenerse firmes y leales al Señor en medio de las persecuciones ordenadas por el Anticristo. El sustantivo **«paciencia»** (*hypomonèi*) significa «resistencia», «aguante». La idea contenida en dicho vocablo es la de permanecer firme sin claudicar en medio de la prueba. **«Los santos»** (*tôn hagíôn*) de la tribulación serán perseguidos y maltratados por los agentes de la bestia. Es probable que algunos de ellos se sientan tentados a abandonar la fe en el Cordero a causa de la pesada carga de la prueba. Esos creyentes necesitarán «paciencia», es decir, la capacidad para *resistir* sin abandonar la lucha contra las fuerzas del mal.

La «paciencia» de los santos se pone de manifiesto en la constancia para guardar tanto los mandamientos de Dios como la fe en Jesús. La expresión **«los que guardan»** (*hoi teiroûntes*) es el participio presente, voz activa de *teiréo*, que significa «guardar», «observar». El participio presente sugiere una acción continua. Los santos constantemente guardan los mandamientos de Dios y la fe en el Cordero. Es ahí, precisamente, donde se pone de manifiesto la paciencia de los santos, puesto que la bestia exige que guarden sus mandamientos y adoren a su persona. La ira del dragón se encenderá contra quienes obedecen los mandamientos de Dios y tienen el testimonio de Jesucristo (véase Ap. 12:17). Los siervos de Dios podrán vencer la tentación de claudicar y hacer frente a los ataques del maligno mediante **«la fe de Jesús»** y el testimonio de la fidelidad a los mandamientos de Dios. El hecho de que los santos de la tribulación pasarán por pruebas difíciles fue profetizado por Cristo (véase Mt. 24:9). La fe en Jesús y la confianza en las promesas de Dios serán los pilares de apoyo de los santos.

14:13

«Oí una voz que desde el cielo me decía: Escribe: Bienaventurados de aquí en adelante los muertos que mueren en el Señor. Sí, dice el Espíritu, descansarán de sus trabajos, porque sus obras con ellos siguen.»

La expresión **«una voz del cielo»** (*phôneîs ek toû ouranoû*) aparece varias veces en el Apocalipsis (véase 10:4, 8; 11:12; 14:2; 18:4; 21:3). Dicha voz podría ser una comunicación directa de parte de Dios, sin la utilización de un intermediario angelical.[47] La voz del cielo ordena a Juan escribir una de las siete bienaventuranzas mencionadas en el Apocalipsis (véase 1:3, 16:15; 19:9; 20:6; 22:7, 14).

El vocablo **«bienaventurados»** (*makárioi*) es el mismo usado por el Señor en Mateo 5. Dicho término significa «más que feliz». El énfasis en este entorno «asegura un futuro galardón por la obediencia presente a Dios».[48] La mencionada bienaventuranza proclama como «benditos a quienes experimentan la muerte en un estado de unión espiritual con Jesucristo».[49]

«Los muertos que mueren en el Señor» (*hoi en kyríoi apothnéiskontes*) es una referencia a los mártires de la segunda mitad de la tribulación. Su muerte se debe a que se niegan a someterse a la autoridad del Anticristo. «Mueren en la fe, su lealtad al Señor es la causa de su muerte. No amaron sus vidas, sino que la menospreciaron hasta la muerte» (Ap. 12:11). Con su promoción a una vida superior, el número de los mártires aludidos en 6:11 es completado.»[50] La sintaxis del versículo en la Reina-Valera 1960 no se corresponde con la del texto griego. Sería mejor la siguiente lectura: «Bienaventurados los muertos que mueren en el Señor de aquí en adelante...» La referencia es, sin duda, a los que mueren debido a la persecución decretada por el Anticristo. Es decir, tiene que ver con los acontecimientos escatológicos que tienen lugar en la segunda mitad de la tribulación.

«Sí, dice el Espíritu» (*naì, légei tò pneûma*). Esta frase confirma el hecho de que la declaración hecha desde el cielo proviene del Espíritu Santo. Seguramente, la Persona del Espíritu Santo ha dado fortaleza a los santos para resistir hasta la muerte sin claudicar de su fe. La frase **«descansarán de sus trabajos»** (*hína anapaéisontai ek tôn kópôn autôn*) podría traducirse: «Porque descansarán de sus trabajos.»[51]

> Los trabajos de los que descansan no son las actividades normales, sino las luchas que han sobrevenido a causa de la firmeza de la fe. Su trabajo supremo es la fidelidad hasta la muerte. Son bendecidos porque sus obras le siguen. Dios no olvidará todo lo que han padecido por la lealtad a la fe.[52]

Los siervos de Dios serán perseguidos de manera inmisericorde por la bestia. Llenos de la fortaleza que el Espíritu Santo les dará, resistirán hasta la muerte. Sus obras les seguirán en el sentido de que Dios recompensará su fidelidad. Los santos descansarán de sus trabajos y de sus tribulaciones porque entrarán en el reino del Señor, a quien sirvieron con toda fidelidad. «Aquí está, entonces, la tranquilidad de los santos. No importa cuánto sufran, su paz es segura. Incapaces de vivir, la muerte es su bendición. El cielo lo dice. El Espíritu lo confirma. Los apóstoles de Dios lo han escrito. Y de esto emana la consolación.»[53]

Los santos sufrirán la muerte física, pero entrarán en el reino eterno y disfrutarán de la perfecta paz. Los perseguidores de los santos, por el contrario, sufrirán el castigo eterno y la justa retribución que recibirán todos los que rechazan la gracia de Dios a través de Jesucristo.

14:14

«Miré, y he aquí una nube blanca; y sobre la nube uno sentado semejante al Hijo del Hombre, que tenía en la cabeza una corona de oro, y en la mano una hoz aguda.» Haciendo uso de su fórmula habitual, el apóstol Juan presenta una nueva escena con la frase: **«Miré, y he aquí...»** Lo primero que Juan ve es «una nube blanca» (*nephélei leukéi*). La escena, sin duda, señala a Daniel 7:13, 14, donde el profeta contempla la visión de la venida del Mesías a la tierra. El mismo Señor Jesucristo profetizó su segunda venida en términos similares a los que aparecen en Dan. 7:13 (véase Mt. 24:30; 26:64).

En segundo lugar, dice Juan: **«Y sobre la nube uno sentado semejante al Hijo del Hombre.»** La expresión **«Hijo del Hombre»** no va acompañada del artículo determinado en el texto griego. Juan vio sentado sobre la nube a un ser cuyas características eran tales que él lo identifica como semejante a «Hijo del Hombre». El título «Hijo del Hombre» es dado a Cristo en el Nuevo Testamento en su relación con la tierra.[54] Como «Hijo del Hombre», tal como lo presentan los evangelios, Cristo sufre en la cruz, viene a la tierra por segunda vez y tiene toda potestad para juzgar al mundo (véanse Lc. 19:10; Mt. 25:30; Jn. 5:25-27).

Algunos expositores interpretan que el personaje referido como «Hijo del Hombre» es un ángel.[55] Quienes interpretan que se refieren a un ángel se basan en el hecho de que el «Hijo del Hombre» recibe un mandado de parte de «otro ángel» (v. 15), algo que sería impropio si «Hijo del Hombre» fuese Cristo. Por supuesto que el Mesías no recibe órdenes de un ángel. El verbo en el modo imperativo («mete tu hoz») no tiene que ser un mandato. El modo imperativo también expresa ruego. El Mesías «no responde a la autoridad angelical para meter su hoz, sino que recibe notificación divina a través del ángel de que el tiempo adecuado para hacerlo ha llegado».[56]

«Que tenía en la cabeza una corona de oro, y en la mano una hoz aguda.» Esta frase es una descripción propia del Mesías. El Cristo glorioso aparece en su carácter real de vencedor como Rey-Mesías quien viene para ocupar su trono como el heredero legal de David. Él cumplirá los objetivos divinos expresados en el Salmo 8:6: «Le hiciste señorear sobre las obras de tus manos; todo lo pusiste debajo de sus pies.» El propósito divino de que el reino de Dios se manifieste en el tiempo y en la historia se cumplirá a cabalidad. El Rey-Mesías, como el postrer Adán, regirá a las naciones con vara de hierro (Ap. 19:15). Los hombres colocaron sobre su cabeza una corona de espinas y le condenaron a morir en la cruz. Cuando venga por segunda vez, exhibirá en su cabeza muchas diademas como el victorioso soberano sobre todos sus enemigos.

La frase **«y en la mano una hoz aguda»** destaca el hecho de que el «Hijo del Hombre» viene preparado para juzgar. El apóstol Pablo advirtió a los atenienses que Dios «ha establecido un día en el cual juzgará al mundo con justicia, por aquel varón a quien designó, dando fe a todos con haberle levantado de los muertos» (Hch. 17:31). La expresión «hoz aguda» (*drépanon oxy*) significa «hoz afilada», lista para efectuar la siega. El «Hijo del Hombre» que fue juzgado por los hombres (Hch. 4:27) está preparado para juzgar a la humanidad que se ha negado a acogerse a la oferta de su gracia.

14:15

«Y del templo salió otro ángel, clamando a gran voz al que estaba sentado sobre la nube: Mete tu hoz, y siega; porque la hora de segar ha llegado, pues la mies de la tierra está madura.» El «templo» (*toû naoû*) tiene que ser el templo celestial. El ángel mencionado en este versículo es «otro» (*állos*) de la misma clase que el mencionado en el versículo 9. Estos ángeles están efectuando las tareas que les han sido asignadas con relación al juicio de la tierra. El Dios Soberano ha entregado la administración del mundo presente en manos de ángeles (véase He. 1:14; 2:5). El ángel que clama a gran voz no está dando una orden al Hijo del Hombre, sino que está transmitiendo el mensaje del Padre celestial al Cordero tocante al hecho de que la hora del juicio ha llegado».[57]

La frase: **«Mete tu hoz, y siega»** (*pémpson to drépanón sou kaì thérison*), literalmente significa: «Manda tu hoz y siega.» Ambos verbos («manda» y «siega») son aoristos imperativos y sugieren urgencia: «Manda de inmediato tu hoz y comienza la siega de inmediato.» La consumación del juicio de Dios sobre los habitantes de la tierra está a punto de realizarse. La urgencia manifestada en la frase anterior es reforzada por la cláusula siguiente: «Porque la hora de segar ha llegado, pues la mies de la tierra está madura.» Esta cláusula es enfática. El verbo **«ha llegado»** (*eîlthen*) es el aoristo indicativo de *érchomai* y aparece al comienzo de la oración. **«Segar»** (*therísai*) es el aoristo infinitivo de *therídso*. Ambos verbos apuntan a un acontecimiento concreto. El texto, literalmente, dice: **«Porque llegó la hora de segar.»** La segunda parte de la cláusula dice: «Pues la mies de la tierra está madura.» El verbo «está madura» (*exeiránthei*) es el aoristo indicativo, voz pasiva de *xeiraíno*, que significa «madurar», «secar». En este contexto significa estar lista para la siega.[58] El Juez de la tierra contempla el escenario donde la vida humana se desarrolla y lo considera como un gran campo sembrado de granos que ya está preparado para la cosecha, es decir, para el juicio. Cristo dijo a sus discípulos: «¿No decís vosotros: Aún faltan cuatro meses para que llegue la siega? He aquí os digo: Alzad vuestros ojos y mirad los campos, porque ya están blancos para la siega» (Jn. 4:35). Dios, en su misericordia, ha dilatado el día de la consumación de su ira, pero ya no habrá más dilación.

14:16

«Y el que estaba sentado sobre la nube metió su hoz en la tierra, y la tierra fue segada.» El cuadro profético de Apocalipsis 14:15-16 es el cumplimiento de Joel 3:13, donde dice: «Echad la hoz, porque la mies está ya madura. Venid, descended, porque el lagar está lleno, rebosan las cubas; porque mucha es la maldad de ellos.» El que está sentado sobre la nube es el Señor Jesucristo, el Hijo del Hombre, quien ha recibido toda potestad para ejecutar juicio sobre la tierra (Jn. 5:27).

El versículo 16 es una prolepsis del juicio escatológico. Los verbos **«metió»** (*ébalen*) y **«fue segada»** (*ethéristhei*) son aoristos del indicativo y sugieren un acontecimiento que es considerado como realizado aunque su cumplimiento es aún futuro.[59] El verbo «metió» significa, literalmente, «lanzó». La hoz fue lanzada sobre la tierra y la tierra fue segada. Obsérvese la repetición del sustantivo **«la tierra»**. Aparece en el versículo 15 y dos veces en el 16. El énfasis claramente está en el hecho de que el juicio descrito aquí tiene que ver particularmente con la tierra. La tierra y sus moradores han estado en rebeldía contra su Creador y serán juzgados por el Juez del universo.

14:17

«Salió otro ángel del templo que está en el cielo, teniendo también una hoz aguda.» Se ha observado con anterioridad la existencia de una gran actividad angelical con relación a los juicios divinos sobre la tierra. Eso se debe al hecho de que los ángeles son administradores de la tierra por voluntad soberana de Dios. El ángel mencionado en el versículo 17, al igual que el del versículo 15, sale del templo celestial. a semejanza del Hijo del Hombre, este ángel tiene también una hoz aguda o afilada. La **«hoz aguda»** es simbólica de la severidad del juicio que será ejecutado por el ángel. El tiempo ha llegado para juzgar a los corruptores de la tierra. Aunque la escena es de juicio y destrucción, debe observarse que el ángel sale **«del templo que está en el cielo»**. Eso significa que va a actuar con la santidad y la justicia que emanan del mismo trono de Dios.

14:18

«Y salió del altar otro ángel, que tenía poder sobre el fuego, y llamó a gran voz al que tenía la hoz aguda, diciendo: Mete tu hoz aguda, y vendimia los racimos de la tierra, porque sus uvas están maduras.»

El tiempo de la vendimia judicial ha llegado y otro ángel **«salió del altar»** (*ek toû thysiasteiríon*)[60] para anunciar el inminente juicio de los rebeldes. Juan dice que este ángel «tenía poder sobre el fuego». El verbo **«tenía»** en el texto griego es el gerundio del verbo «tener». El gerundio sugiere una acción continua con función de presente. Literalmente dice: «Teniendo autoridad sobre el fuego.» El fuego es un símbolo del juicio que está a punto de ejecutarse.

La expresión **«y llamó a gran voz»** expresa el dramático momento en que el ángel que sale del altar comunica al ángel de la hoz aguda (v. 17) que la hora del juicio ha llegado. El ángel da dos mandamientos: **«Mete»** (*pémpson*), es decir, «envía» y «vendimia» (*trygeison*), es decir, «recoge la uva madura». La frase **«los racimos de la tierra»** en este contexto se refiere a la humanidad rebelde y enemiga de Dios en los tiempos escatológicos.[61]

«Porque sus uvas están maduras» (*hóti éikmasan haì stophylaì auteîs*). Esta es la explicación del porqué la vendimia ha llegado. El verbo **«están maduras»** (*éikmasan*) es el aoristo indicativo, voz activa de *akmádso*, que significa «estar maduro», «estar en su punto culminante». Las uvas representan a la humanidad cuya maldad ha llegado a su colmo y, como uvas, está en el grado de máxima madurez para ser objeto del juicio divino.

14:19, 20

«Y el ángel arrojó su hoz en la tierra, y vendimió la viña de la tierra, y echó las uvas en el gran lagar de la ira de Dios. Y fue pisado el lagar fuera de la ciudad, y del lagar salió sangre hasta los frenos de los caballos, por mil seiscientos estadios.»

En obediencia a la orden del ángel mencionado en el versículo 18, el «otro ángel» que sale del templo arroja su hoz hacia (*eis*) la tierra. La tierra es considerada como una gran viña, y los habitantes de la tierra que se han rebelado contra Dios son representados por las uvas de dicha viña. Las uvas están en racimos (*staphylaì*) que han llegado a su plena madurez y que están más que preparadas para la vendimia. Los verbos **«arrojó»** (*ébalen*) y **«vendimió»** (*etrygeisen*) son aoristos de indicativo. Ambos son usados prolépticamente, es decir, son aoristos proféticos. Aunque las acciones de dichos verbos son futuras, Juan considera que su cumplimiento es rigurosamente cierto y las da por realizadas. La imagen literaria de la viña, como se ha observado anteriormente, procede de pasajes tales como Joel 3:13 y también Isaías 63:1-6. **«El lagar»** (*téin leinòn*) es el sitio donde antiguamente la uva era echada para ser exprimida con los pies. El apóstol Juan describe aquí la ejecución del juicio de Dios sobre los hombres malvados y «el lagar» es el sitio donde la ira de Dios será derramada sobre los inicuos. La frase **«el gran lagar de la ira de Dios»** denota el juicio de Dios sobre el mundo rebelde que ha rechazado al Mesías y ha ido en pos del Anticristo.[62]

El versículo 20 describe una escena escalofriante que, sin duda, describe la severidad del juicio de Dios sobre los rebeldes. El verbo **«fue pisado»** (*epatéithei*) es el aoristo indicativo, voz pasiva de *patéo*, que significa «pisar», «aplastar con los pies». El sustantivo **«lagar»** es una figura literaria (metonimia), que representa el contenido, es decir, las uvas que son pisadas. «En tiempos bíblicos las uvas eran pisoteadas en un recipiente que tenía un conducto que desembocaba en una vasija donde se recogía el jugo de la vid.»[63] La figura del lagar es una elocuente descripción del juicio divino (véanse Is. 63:3; Lm. 1:15; Ap. 19:15).

La expresión **«fuera de la ciudad»** (*éxothen teîs póleôs*) se refiere a un lugar concreto como sugiere el uso del artículo determinado (*teîs*). La ciudad aludida no podría ser otra sino la ciudad de Jerusalén. El juicio de Dios contra las naciones tendrá lugar en el valle de Josafat (Jl. 3:2), situado en las afueras de Jerusalén (véase también Zac. 14:2-12).[64] «La respuesta obvia en cuanto a qué ciudad se refiere es Jerusalén. El Antiguo Testamento predice que la batalla final tendrá lugar cerca de allí, en el valle de Josafat que tradicionalmente está situado en el área del valle de Cedrón (Jl. 3:12-14; Zac. 14:4).»[65]

«Y del lagar salió sangre hasta los frenos de los caballos, por mil seiscientos estadios.» Esta dramática frase pone de manifiesto la contundencia del juicio de Dios. La mera lectura de dicha frase produce un vuelco del corazón y deja perplejo a cualquier lector. El día terrible del Soberano del universo tendrá las consecuencias más tremendas. «Porque he aquí, viene el día ardiente como un horno, y todos los soberbios y todos los que hacen maldad serán estopa; aquel día que vendrá y los abrasará, ha dicho Jehová de los ejércitos, y no les dejará ni raíz ni rama» (Mal. 4:1). La sangre de los que mueren como consecuencia del juicio divino desborda un área designada como de **«mil seiscientos estadios»,** es decir, aproximadamente unos 320 kilómetros. Es importante reiterar que los hombres objetos del juicio de Dios han rechazado la gracia y el amor del Soberano Señor del universo. La paciencia de Dios habrá llegado a su fin. La consumación de la ira de Dios tendrá lugar. El Mesías vendrá con poder y gloria en cumplimiento de la promesa de Dios. Él traerá la liberación definitiva para los suyos y la justa retribución para quienes han rechazado la oferta de su amor (véase Is. 35:4).

Resumen y conclusión

El capítulo 14 del Apocalipsis puede dividirse en tres partes: (1) La visión del Cordero acompañado de los 144.000 siervos, sellados para un ministerio especial durante el período de la gran tribulación (14:1-5); (2) la visión de la proclamación del *evangelio eterno* y el anuncio del juicio sobre Babilonia y todo lo que ella arrastra (14:6-13); y (3) la visión de la siega judicial de los postreros tiempos. Hay, primero, una siega de la mies que recuerda el anuncio hecho por el profeta Joel (3:13). También aparece el cuadro judicial ilustrado mediante la figura de la vendimia. Las uvas del juicio están en su grado óptimo de madurez y son arrojadas en el lagar de la ira de Dios (14:14-20).

Los 144.000 del capítulo 14 son, sin duda, los mismos del capítulo 7. Estos han sido escogidos por Dios para llevar a cabo la tarea de evangelización de los habitantes de la tierra durante los años de la tribulación, después que la Iglesia haya sido arrebatada. Los 144.000 serán perseguidos y, en muchos casos, ejecutados por decreto del Anticristo. En Apocalipsis 14:12, 13 hay palabras de estímulo para los mártires y una exhortación a permanecer fieles incluso frente a la muerte.

Quienes se sometan a la voluntad de la bestia podrán salvar sus vidas físicas, pero tendrán que enfrentarse al juicio de Dios y beberán «del vino de la ira de Dios» en su pureza más absoluta. Salvarán sus vidas temporales, pero sufrirán el castigo eterno (Ap. 14:9-11). Los escogidos de Dios, por el contrario, podrán perder sus vidas físicas y sufrir el tormento de las persecuciones de la bestia, pero pasarán a la vida eterna y serán ricamente recompensados en la presencia del Señor (Ap. 14:12, 13).

El tercer párrafo de Apocalipsis 14 presenta un cuadro del juicio que el Mesías ejecutará cuando venga por segunda vez a la tierra. El Mesías vendrá con poder y gloria, coronado con una corona de oro. Viene como guerrero divino para derrotar a sus enemigos y juzgar a los rebeldes e inicuos. a través del uso de dos metáforas («la mies» y «las uvas»), el texto describe el acto judicial de Dios. Las frases «...la mies de la tierra está madura» y «sus uvas están maduras» ponen de manifiesto el hecho de que los habitantes de la tierra han llegado al colmo de la maldad. La paciencia de Dios se ha agotado y la oferta de su gracia ha sido rechazada. El Mesías se presenta a la humanidad no como el Salvador, sino como el Juez de los hombres.

NOTAS

1. Alan F. Johnson, «Revelation», *The Expositor's Bible Commentary,* vol. 13, p. 537.
2. Ricardo Foulkes, *El Apocalipsis de San Juan: Una lectura desde América Latina,* p. 157.
3. Robert L. Thomas, *Revelation 8—22: An Exegetical Commentary,* p. 189.
4. J. Massyngberde Ford, «Revelation», *The Anchor Bible,* p. 233.
5. Véase Robert H. Mounce, «The Book of Revelation», *The New International Commentary on the New Testament,* p. 267.
6. Véase George Eldon Ladd, *A Commentary on the Revelation of John,* pp. 189, 190.
7. Véase Robert L. Thomas, *Revelation 8—22,* p. 190.
8. John F. Walvoord, *The Revelation of Jesus Christ,* p. 214.
9. En Apocalipsis 13:16, 17 se menciona el hecho de que los seguidores de la bestia reciben un tatuaje o insignia con el significado del nombre de la bestia. Los que reciben dicha señal son identificados como siervos y seguidores de la bestia, quien a su vez representa a Satanás en la tierra.
10. Véase Leon Morris, «Revelation», *Tyndale New Testament Commentaries,* p. 175.
11. Véase Robert H. Mounce, «The Book of Revelation», pp. 267-271.
12. La ausencia del artículo determinado no es indicativo de que Apocalipsis 14:1 esté refiriéndose a un grupo diferente del mencionado en Apocalipsis 7:1-8. Como señala Robert L. Thomas: «Si este grupo fuese diferente del anterior, el escritor hubiese usado el vocablo "otro" (*állo*) como lo hace con frecuencia ("otra bestia", "otro ángel", "otra señal", "otra voz"). La igualdad numérica y el sello en la frente en ambos casos muestra que los dos grupos son el mismo» (Thomas, *Revelation 8—22,* pp. 191, 192).
13. Robert L. Thomas, *op. cit.,* p. 191.
14. John F. Walvoord, *The Revelation of Jesus Christ,* p. 214
15. El profesor Robert L. Thomas opina que «monte Sion» podría incluir el área del templo, toda la ciudad de Jerusalén, toda la tierra de Judá e incluso, el territorio total de Israel. Cualquiera de esas áreas constituiría una comprensión literal de la Sion terrenal (véase Robert L. Thomas, *Revelation 8—22,* p. 191).
16. Véase Alan F. Johnson, «Revelation», p. 538.
17. *Ibid.*
18. Robert H. Mounce, «The Book of Revelation», p. 268.
19. *Ibid.*
20. Véase Robert L. Thomas, *op. cit.,* p. 193.
21. Muchos manuscritos griegos confiables incluyen el vocablo *hos,* que en este contexto puede traducirse: «Algo así como.» Es decir, Juan escuchó una melodía que no había escuchado antes.
22. E.W. Bullinger, *Commentary on Revelation,* p. 445.
23. *Ibid.,* pp. 193, 194.
24. Véase Robert H. Mounce, «The Book of Revelation», p. 268.
25. Véase John F. Walvoord, *The Revelation of Jesus Christ,* p. 215.
26. La idea de elevar a Dios un «cántico nuevo» está presente en muchos pasajes del Antiguo Testamento (véanse Sal. 33:3; 40:3; 96:1; 98:1; 144:9; 149:1; Is. 42:10). En el Apocalipsis (5:9 y 14:3) el «cántico nuevo» no tiene que ver con tiempo, sino con el contenido y con la singularidad de lo que se canta.
27. Véase Robert L. Thomas, *Revelation 8—22,* p. 191.

28. *Ibid.*, p. 194.
29. Alan F. Johnson, «Revelation», p. 539.
30. *Ibid.* Véase también Leon Morris, «Revelation», pp. 176, 177.
31. *Ibid.*, p. 195.
32. Intentar apoyarse en textos como Isaías 37:22 o Jeremías 14:17, donde el vocablo «virgen» se refiere a la comunidad de Israel y 2 Corintios 11:2, donde se refiere a la Iglesia, Cuerpo de Cristo, con el fin de concluir que Apocalipsis 14:4 tiene que ver con la separación espiritual, no es producto de una sana exégesis. Tanto Isaías 37:22 y Jereremías 14:17 como 2 Corintios 11:2 se refieren a una comunidad donde, de hecho, no todos eran vírgenes ni vivían en separación espiritual. En Apocalipsis 14:4, la referencia no es a una comunidad como un todo, sino a un grupo concreto de individuos que ha sido sellado para una tarea especial. El texto no enseña en modo alguno que las relaciones sexuales dentro del matrimonio sean contaminantes. El pasaje sencillamente afirma que los 144.000 sellados se abstienen de contraer matrimonio para dedicarse con mayor eficacia al ministerio que les ha sido encomendado en tiempos extremadamente críticos como los de la gran tribulación.
33. J. Massyngberde Ford, «Revelation», p. 235.
34. Rienecker, *A Linguistic Key,* vol. 2, p. 497.
35. H.G. Link y Colin Brown, «Sacrifice, First Fruits», *The New International Dictionary of New Testament Theology*, vol. 3, p. 415.
36. Alan F. Johnson, «Revelation», pp. 539, 540.
37. Robert L. Thomas, *Revelation 8—22*, p. 202.
38. *Ibid.*, p. 204.
39. Robert H. Mounce, *op. cit.*, p. 273.
40. J. Massyngberde Ford, *op. cit.*, p. 237.
41. John F. Walvoord, *The Revelation of Jesus Christ*, p. 218.
42. Robert L. Thomas, *op. cit.*, p. 209.
43. *Ibid.*
44. J. Massyngberde Ford, *op. cit.*, p. 237.
45. Robert L. Thomas, *op. cit.*, p. 218.
46. *Ibid.*, p. 211.
47. Véase John F. Walvoord, *The Revelation of Jesus Christ,* p. 220.
48. Robert L. Thomas, *op. cit.*, p. 214.
49. Robert H. Mounce, *op. cit.*, p. 277.
50. Robert L. Thomas, *op. cit.*, p. 215.
51. El vocablo «trabajos» (*kópôn*) significa un trabajo duro o difícil que produce agotamiento. La expresión es una figura de dicción (metonimia) que significa «sus galardones».
52. Robert H. Mounce, «The Book of Revelation», p. 278.
53. J.A. Seiss, *The Apocalypse*, p. 357.
54. E.W. Bullinger, *Commentary on Revelation,* p. 461.
55. Véase Leon Morris, «Revelation», p. 184; J. Massyngberde Ford, «Revelation», p. 238.
56. Robert L. Thomas, *op. cit.,* p. 216.
57. Véase William R. Newell, *Revelation: Chapter-by-Chapter*, p. 229.
58. Véase Henry Barclay Swete, *Commentary on Revelation,* p. 189.
59. El tiempo aoristo tiene un uso o función de futuro al que se llama aoristo profético. Es el uso del tiempo aoristo para indicar un acontecimiento que aún

no ha ocurrido, pero la certeza de que sucederá es tal que es presentado como si ya hubiese tenido lugar. Véase James A. Brooks y Carlton L. Winbery, *Syntax of New Testament Greek*, p. 103.

60. El altar del que el ángel procede es, sin duda, el altar de oro donde se quemaba el incienso (véase Ap. 8:3) y en el Apocalipsis tiene que ver con las oraciones de los santos.

61. La figura de la viña se usa en la Biblia con referencia tanto a Israel (Sal. 80:8, 14, 15; Is. 5:2-7) como a la Iglesia (Jn. 15:1-6). En Apocalipsis 14:18-20, evidentemente, la referencia es a la humanidad incrédula y rebelde. Debe observarse que en el texto griego dice: «...y vendimia los racimos de la viña de la tierra.» La tierra es el lugar de donde procede la viña que produce las uvas que van a ser pisoteadas por la ira de Dios. La figura destaca que se trata del juicio divino sobre los que han provocado la ira de Dios.

62. Véase Alan F. Johnson, «Revelation», p. 543; William Hendriksen, *Más que vencedores,* pp. 187, 188.

63. Fritz Rienecker, *Linguistic Key*, vol. 2, p. 500.

64. Véase J. Massyngberde Ford, «Revelation», p. 239; Juan Sánchez García, *Comentario histórico y doctrinal del Apocalipsis*, pp. 153-155; Charles C. Ryrie, *Apocalipsis,* p. 93.

65. Robert L. Thomas, *op. cit.,* pp. 223, 224.

15

Preparación para la consumación de la ira de Dios (15:1-8)

Bosquejo

1. **La visión de los siete ángeles con las plagas postreras (15:1)**
   1.1. La señal grande y admirable (15:1*a*)
   1.2. Las plagas de la consumación de la ira de Dios (15:1*b*)
2. **La visión del mar de vidrio mezclado con fuego (15:2)**
   2.1. El cuadro de la presencia santa y justa de Dios (15:2*a*)
   2.2. El cuadro de los mártires victoriosos (5:2*b*)
3. **El cántico de Moisés y del Cordero (15:3, 4)**
   3.1. Cántico de alabanza en reconocimiento de la santidad y la soberanía de Dios (15:3).
   3.2. Cántico de reconocimiento del hecho de que sólo Dios es digno de ser adorado (15:4).
4. **La visión de la preparación de la consumación de la ira postrera (15:5-8)**
   4.1. Visión del templo del tabernáculo del testimonio (15:5)
   4.2. Visión de los ángeles con las siete plagas postreras (15:6)
   4.3. Visión de la entrega de las siete copas a los ángeles (15:7)
   4.4. Visión de la manifestación de la gloria de Dios en la ejecución de sus juicios (15:8)
5. **Resumen y conclusión**

NOTAS EXEGÉTICAS Y COMENTARIOS

Los juicios revelados en el Apocalipsis están divididos en tres series. La primera aparece en los siete sellos con que está sellado el rollo que pasa de la diestra del Padre a las manos del Mesías (Ap. 5, 6). Otra serie consiste de los juicios de las siete trompetas contenidas en el séptimo sello (Ap. 8, 9; 11:15-19). La tercera y última serie de juicios es la de las siete copas. Esas están contenidas en la séptima trompeta que anuncia la segunda venida en gloria de Jesucristo. De modo que los juicios relacionados con las copas son los que acompañan a la segunda venida del Señor.

Los juicios de las copas son los que producen la consumación de la ira de Dios. Dichos juicios constituyen, además, el tercer ay anunciado en Apocalipsis 11:14.[1] El cuadro presentado en el Apocalipsis tocante a los juicios divinos de los postreros días podría compararse con un dramático y poderoso crescendo con el que el Dios del cielo culmina su intervención en la historia de la humanidad. El punto culminante del crescendo es la venida personal y gloriosa de Cristo como Rey de reyes y Señor de señores (Ap. 19:11-21).

15:1

«Vi en el cielo otra señal, grande y admirable: siete ángeles que tenían las siete plagas postreras; porque en ellas se consumaba la ira de Dios.»

El capítulo 15 del Apocalipsis proporciona una especie de preámbulo para los acontecimientos que tendrán lugar en el capítulo 16. Juan usa la misma fórmula respecto a los juicios de los sellos que son precedidos de los capítulos 4, 5 y de los juicios de las trompetas a los que antecede un breve interludio (véase Ap. 8:1-6). El capítulo 15, por lo tanto, prepara el escenario para la consumación de la ira de Dios que se detalla en el capítulo 16. Resumiendo, lo que Apocalipsis 14:9-20 anticipa de manera escueta es ampliado y detallado en los capítulos 15 y 16.

Repetidas veces Juan ha utilizado la expresión **«vi»** (*eîdon*) para introducir nuevo material (véase 13:1, 11; 14:1, 6, 14).[2] En este caso Juan introduce la visión que contiene los juicios más terribles que la humanidad haya experimentado jamás. En primer lugar, el apóstol ve **«en el cielo otra señal».** La «señal» (*seimeîon*) mencionada sirve para conectar la presente visión con las que aparecen en 12:1 y 12:3. La señal que Juan ve se describe como **«grande y admirable»** (*méga kaì thaumastón*), es decir, una manifestación sorprendente hasta el punto de dejar boquiabierto a quien la contemple.

La visión que deja estupefacto a Juan consiste de **«siete ángeles que tenían las siete plagas postreras».** La sintaxis del texto griego es enfática. Literalmente dice: «Ángeles siete, teniendo plagas siete, las postreras.» Obsérvese que aunque la visión tiene lugar «en el cielo» ésta se relaciona concretamente con lo que ha de ocurrir en la tierra. **«Las plagas postreras»** son las que han de consumar, es decir, llevar a su conclusión final la ira de Dios. El verbo **«consumaba»** (*etelésthei*) es el aoristo indicativo, voz pasiva de *teléo*, que significa «completar», «llevar a la meta». Una mejor traducción de dicho vocablo sería: «Fue consumada» o «fue completada». El aoristo contempla la totalidad de la acción y el modo indicativo sugiere la realidad del hecho. La consumación de la ira de Dios es algo tan cierto que se expresa como si ya hubiese tenido lugar.[3] Las plagas postreras traen a la memoria la liberación del pueblo de Dios dc la csclavitud en Egipto. Tal como Dios juzgó la idolatría y la corrupción de los egipcios y libertó a su pueblo de la opresión de Faraón, así también, en los postreros días, Dios derramará su ira sobre el Anticristo y dará completa liberación a quienes se han acogido a los beneficios de su gracia. Debe observarse, además, que el vocablo **«ira»** no es *orgê*, sino *thymòs*. Lo que se destaca no es «la ira divina como una actitud, sino el juicio divino como una expresión de la ira de Dios».[4] La indignación de Dios a causa del pecado y la rebeldía de los hombres da lugar a la expresión final de su ira.

15:2

«Vi también como un mar de vidrio mezclado con fuego; y a los que habían alcanzado la victoria sobre la bestia y su imagen, y su marca y el número de su nombre, en pie sobre el mar de vidrio, con las arpas de Dios.»

El cuadro que aparece delante de Juan es idéntico, evidentemente, al que aparece en Apocalipsis 4:6. Obsérvese que el apóstol utiliza un símil: **«Como un mar de vidrio mezclado con fuego.»** La escena de los versículos 2 al 4 constituye un paréntesis en la que el escritor se detiene para considerar la presencia de los mártires delante del trono de Dios.[5]

La figura del mar de vidrio sugiere la gloria de Dios y también es «un emblema del esplendor y la majestad de Dios en su trono que lo separa de toda su creación, una separación que es producto de su pureza y absoluta santidad, la que no comparte con ningún otro».[6] Mientras que en Apocalipsis 4:6, el «mar de vidrio» es «semejante al cristal», en 15:2 aparece «mezclado con fuego» (*memigménein pyrí*). El hecho de estar mezclado con fuego sugiere la proximidad de la acción judicial de Dios que será ejecutada mediante el derramamiento del contenido de las copas por los siete ángeles.[7] El mar mezclado con fuego es, por lo tanto, una figura del juicio divino que procede de la santidad de Dios.[8] El simbolismo es un recordatorio del juicio de Dios sobre el ejército egipcio (Éx. 14). Mientras que el pueblo de Israel marchó victoriosamente a través del Mar Rojo, las mismas aguas cubrieron y destruyeron al ejército del Faraón. De igual manera, en Apocalipsis 15:2, los santos mártires de la tribulación que triunfaron sobre **«la bestia y su imagen, y su marca y el número de su nombre»** aparecen victoriosos «en pie sobre el mar de vidrio». Los mártires de la tribulación tienen que enfrentarse a la persona misma del Anticristo («la bestia») así como al falso profeta, cuya función, entre otras, es obligar a los hombres a que adoren al Anticristo y acepten llevar su insignia sobre la mano derecha o en la frente. Los siervos de Dios rehúsan obedecer y, en su lugar, escogen morir por la causa del Mesías. Perdieron sus vidas físicas (Mt. 16:25), pero ahora están **«en pie sobre el mar de vidrio, con las arpas de Dios».** El arpa era un instrumento usado en la adoración (véase Ap. 5:8; 14:2). Los mártires han obtenido una victoria rotunda sobre sus enemigos y reconocen que dicho triunfo ha sido el resultado de su confianza en el Dios Soberano. Las arpas de Dios están preparadas para emitir música de alabanza y adoración al Señor Dios Todopoderoso.

15:3, 4

«Y cantan el cántico de Moisés siervo de Dios, y el cántico del Cordero, diciendo: Grandes y maravillosas son tus obras, Señor Dios Todopoderoso; justos y verdaderos son tus caminos, Rey de los santos. ¿Quién no te temerá, oh Señor, y glorificará tu nombre? pues sólo tú eres santo; por lo cual todas las naciones vendrán y te adorarán, porque tus juicios se han manifestado.»

Varias veces en el Apocalipsis se habla de cánticos de alabanza (véase 5:9; 14:3). El verbo **«cantan»** es el presente indicativo, voz activa de *adô*. El presente sugiere una acción continua y el modo indicativo señala la realidad de dicha acción. **«El cántico de Moisés»** podría referirse a Éxodo 15 o a Deuteronomio 32. Ambos son clasificados como «cántico de Moisés». Éxodo 15 tiene que ver con la alabanza elevada a Dios por la liberación del pueblo de Israel y la destrucción de los egipcios en el Mar Rojo. Deuteronomio 32 fue escrito por Moisés en las postrimerías de su vida. El cántico expresado en el pasaje parece ser más bien un reconocimiento de lo que Dios ha hecho por su pueblo de manera que la generación que había nacido en el desierto pudiese recordarlo. El cántico de Deuteronomio 32 podría describirse como un salmo histórico en el que autor hace un recuento poético de lo que Dios ha hecho en medio de su pueblo con el fin de que el pueblo sea fiel al Señor.

Éxodo 15 es un poema épico. Describe con términos majestuosos la manera como Dios libró a su pueblo de lo que parecía una derrota inevitable. Dios milagrosamente separó las aguas del Mar Rojo para que los israelitas pasaran y luego unió las aguas para exterminar a los enemigos egipcios. Moisés exalta y alaba a Dios por tan sorprendente victoria. El cántico termina con la afirmación del hecho de que el pueblo de Dios habitará seguro en la tierra prometida y de que «Jehová reinará eternamente y para siempre» (Éx. 15:18).

Aunque podría argumentarse tanto a favor de Éxodo 15 como de Deuteronomio 32 como el cántico de Moisés aludido en Apocalipsis 15, un estudio detenido de los pasajes parece apuntar más favorablemente hacia Éxodo 15.[9] «El trasfondo de Éxodo 15 tiene un mejor apoyo porque aquel era un canto de victoria tal como este [Ap. 15:3, 4] es un canto de victoria sobre la bestia, su imagen y su número.»[10]

Otra cuestión que debe considerarse es si se trata de un sólo cántico o de dos. «El hecho de que [el sustantivo] "cántico" (*ôdèin*) se repite con el artículo determinado en ambos casos conduce a la conclusión que se trata de dos cánticos y no de uno solo, ambos son cantados por la multitud de mártires.»[11] El texto dice: «...el cántico de Moisés siervo de Dios, y el cántico del Cordero.» Una lectura normal del versículo da a entender que se trata de dos cánticos diferentes. El cántico de Moisés «relata la fidelidad de Dios con Israel en reconocimiento del gran número de israelitas que está entre los vencedores, y el cántico del Cordero celebra la victoria final sobre el pecado y las huestes del dragón que se fundamenta en el sacrificio del Cordero de Dios».[12] Es apropiado que ambos cánticos sean entonados simultáneamente. En Egipto, el Faraón había desafiado a Dios e intentaba aniquilar al pueblo escogido. En los postreros días, la bestia procurará destruir a los seguidores del Mesías y demandará ser adorado. Tanto en un caso como en el otro, Dios manifiesta que sólo Él es el Soberano del universo. Los redimidos, por lo tanto, cantan para alabar a Dios y para reconocer la grandeza de su poder.

El cántico comienza con una declaración de la omnipotencia de Dios así como de sus atributos de justicia y verdad. **«Grandes y maravillosas son tus obras, Señor Dios Todopoderoso.»** Esta frase evoca muchos pasajes del Antiguo Testamento (Sal. 86:8-10; 139:14; Am. 4:13). Particularmente los Salmos contienen un constante recordatorio de la grandeza de las obras de Dios. «¡Cuán grandes son tus obras, oh Jehová!» (Sal. 92:5). «Cantad a Jehová cántico nuevo, porque ha hecho maravillas» (Sal. 98:1). Ya sea la obra de la creación o de la redención, los hechos de Dios son absolutamente incomparables. Los mártires reconocen la grandeza de Dios, dirigiéndose a Él como: «Señor Dios Todopoderoso.»[13] «En la presencia de Dios, los mártires se olvidan de sí mismos; sus pensamientos son absorbidos por las nuevas maravillas que les rodean; la gloria de Dios y el gran cúmulo de cosas de las que sus propios sufrimientos y victoria forman una parte infinitesimal, se abren delante de ellos; comienzan a ver el gran tema del drama mundial, y escuchamos la doxología con la que saludan la primera visión clara de Dios y sus obras.»[14] El vocablo **«Todopoderoso»** (*pantokrátor*) se usa en la Biblia sólo con referencia a Dios.[15] En el Apocalipsis aparece nueve veces (1:8; 4:8; 11:17; 15:3; 16:7, 14; 19:6, 15; 21:22). En todos los casos dicho término describe la inmensa grandeza de Dios. Él ejerce todo poder tanto sobre los hombres como sobre el resto de la creación. Nada está fuera del círculo de su autoridad.

«Justos y verdaderos son tus caminos, Rey de los santos.» Esta frase nominal (no hay verbo en el texto griego) reconoce y declara la rectitud de Dios en la ejecución de sus juicios. El salmista dice: «Los juicios de Jehová son verdad, todos justos» (Sal. 19:9*b*). En Apocalipsis 16:7 dice: «...tus juicios son verdaderos y justos» (véase también Ap. 19:2). El amor y la justicia de Dios no están reñidos. El Dios que ama al mundo (Jn. 3:16) lo juzgará con justicia (véanse Ro. 2:3-6; Hch.

17:30, 31). Dios tiene todo el derecho de juzgar porque Él es el «Rey de las naciones» (*ho basileùs tôn ethnôn*). En el texto griego dice «naciones» en lugar de «santos»). Precisamente el tema central del Apocalipsis gira alrededor del hecho de que Dios, en la persona del Mesías, toma posesión de lo que por derecho le pertenece, es decir, el gobierno absoluto de las naciones de la tierra (Ap. 11:15).

«¿Quién no te temerá, oh Señor, y glorificará tu nombre?» Esta pregunta retórica requiere una respuesta categórica: ¡NADIE! Viene el día en que todo lo creado tendrá que reconocer que Jesucristo es el Señor para la gloria de Dios el Padre (Fil. 2:11). «A la postre, después de los juicios de las plagas postreras, toda persona voluntariamente reverenciará y glorificará el nombre de Dios.»[16] El pecado ha hecho que el hombre haya perdido el temor de Dios (véanse Ro. 3:18; Sal. 36:1). La intervención final y judicial de Dios hará que muchos teman y vuelvan sus corazones a Él (Ap. 11:13).

«Pues sólo tú eres santo» (*hóti mónos hósios*). Los hombres deben temer a Dios, en primer lugar, «porque sólo él es absolutamente santo». El vocablo **«santo»** (*hósios*) aparece ocho veces en el Nuevo Testamento. Tres veces tiene que ver con Cristo (Hch. 2:27; 13:35; He. 7:26). Este no es el vocablo que por lo general se traduce «santo» en el Nuevo Testamento.[17] El significado fundamental de *hósios* señala al hecho de que el carácter sagrado de Dios es una razón para que reciba adoración universal.[18] Ese mismo término se usa respecto a Cristo para explicar el porqué de su resurrección (Hch. 2:27; 13:35). La absoluta santidad de Dios es una razón fundamental de por qué es digno de ser alabado y reconocido como el Soberano del universo.

«Por lo cual todas las naciones vendrán y te adorarán.» Esta frase comienza en el texto griego con el vocablo *hóti*, que significa «porque». La función de dicho vocablo es explicativa. Juan da una segunda razón de por qué Dios debe ser alabado universalmente. Dios será temido y glorificado por todos y prueba de eso es que «todas las naciones vendrán [*éixousin*] y te adorarán [*proskynéisousin enôpión sou*]». Obsérvese que ambos verbos (**«vendrán»** y **«adorarán»**) son futuros de indicativo. Ambos señalan a lo que ha de ocurrir como resultado de la segunda venida en gloria del Mesías. La tierra será llena del conocimiento de Jehová (Is. 11:9; Hab. 2:14). Dios será universalmente adorado por los habitantes de la tierra en la era del reinado glorioso del Mesías (Is. 2:2-4; Zac. 14:9, 16, 17). Los habitantes de la tierra subirán a Jerusalén y adorarán delante de la presencia del Señor Dios Todopoderoso.

«Porque tus juicios se han manifestado» (*hóti dikaiômatá sou ephanerôthesan*), mejor, «porque tus actos justos se han manifestado». El vocablo *dikaiômatá* «se refiere a que los actos de Dios están en conformidad con los criterios de fidelidad y lealtad hacia su persona y su palabra».[19] La tercera razón de por qué Dios debe ser adorado y exaltado por todos es que Él ha hecho un despliegue universal de sus actos justos. Dios es justo en sus juicios y en sus tratos con sus criaturas. Los actos justos de Dios tendrán una manifestación cabal cuando el Señor Dios Todopoderoso derrote de manera final y total a sus enemigos y la tierra sea preparada para que el Mesías reine en paz y justicia.

15:5, 6

«Después de estas cosas miré, y he aquí fue abierto en el cielo el templo del tabernáculo del testimonio; y del templo salieron los siete ángeles que tenían las siete plagas, vestidos de lino limpio y resplandeciente, y ceñidos alrededor del pecho con cintos de oro.»

El apóstol Juan introduce el tema de una nueva visión con la frase **«después de estas cosas miré»** (*kaí metà taûta eîdon*). La visión es solemne y dramática. Juan contempla que el templo del tabernáculo del testimonio que está en el cielo fue abierto.[20] El verbo **«fue abierto»** (*einoígei*) es el aoristo indicativo, voz pasiva, usado con función profética. La frase **«el templo del tabernáculo del testimonio»** (*ho naòs teîs skeineîs toû martyríon en toî ouranôi*) es un recordatorio del lugar donde la ley de Dios era guardada. **«El templo»** (*ho naòs*) se refiere al lugar santísimo o cámara interior del tabernáculo . «Se describe como el "tabernáculo del testimonio" debido a la presencia de las tablas de piedra con los diez mandamientos que fueron colocadas en el arca del testimonio en el lugar santísimo (Éx. 32:15; Hch. 7:44) y que se menciona con frecuencia en el Antiguo Testamento (Éx. 38:21; Nm. 1:50, 53; 10:11; 17:7-8; 18:2).»[21] El tabernáculo en el desierto fue construido por instrucción divina (Éx. 25:40) y es el arquetipo usado para la edificación del templo.[22]

El templo del tabernáculo del testimonio es abierto para permitir la salida de **«los siete ángeles que tenían las siete plagas»** postreras. Los siete ángeles llevan vestidos sacerdotales y se preparan para ejecutar los juicios ordenados por Dios. «El tiempo de la misericordia se ha agotado y ahora la ley de Dios toma su curso.»[23] Obsérvese el uso del artículo determinado **«los»** (*hoi*) delante del sustantivo ángeles. Se trata de «*los* siete ángeles, es decir, *los* que tienen *las* siete plagas postreras». La referencia es a los mismos seres mencionados en 15:1. Son ellos los que salen del templo del tabernáculo en el cielo. Su atavío es impresionante. El vocablo **«vestidos»** (*endenyménoi*) es el participio perfecto, voz pasiva de *endyo*. Los siete ángeles están totalmente vestidos para la tarea que tienen que realizar. «Su ropaje de lino, puro y resplandeciente, denota la naturaleza noble y sagrada de su oficio (Éx. 9:2; Dn. 10:5).»[24]

El texto añade: **«y ceñidos alrededor del pecho con cintos de oro.»** La expresión **«ceñidos alrededor»** (*periedsôsménoi*) es el participio perfecto, voz pasiva de *peridsónnumi* y sugiere el uso de un cinturón ancho para sostener la vestidura larga y abundante. El atavío completo de los siete ángeles sugiere lo siguiente: (1) Sus vestidos eran sacerdotales. Eran semejantes a los que usaba el sumo sacerdote; (2) el vestuario era de naturaleza real, semejante al que usaban príncipes y reyes; y (3) el vestido de los ángeles era celestial, semejante al del ser que estaba junto a la tumba de Cristo (Mt. 28:3; Mr. 16:5).[25]

En resumen, el lino limpio y brillante con el que los ángeles están vestidos es simbólico de pureza y justicia (véase Ap. 19:14). El cinturón ancho que llevan alrededor del pecho sugiere que realizan funciones oficiales reales. Los siete ángeles son oficialmente designados por el Rey-Mesías para ejecutar los juicios contenidos en las copas. Esos juicios tienen lugar simultáneamente con la venida del Mesías a la tierra con gran poder, gloria y majestad. El hecho de que los siete ángeles **«salieron»** (*exêilthen*) del templo (*ek toû naoû*) sugiere que los juicios que están a punto de ejecutar tiene su origen en la misma santidad de Dios.

15:7, 8

«Y uno de los cuatro seres vivientes dio a los siete ángeles copas de oro, llenas de la ira de Dios, que vive por los siglos de los siglos. Y el templo se llenó de humo por la gloria de Dios, y por su poder; y nadie podía entrar en el templo hasta que se hubiesen cumplido las siete plagas de los siete ángeles.» **«Los cuatro seres vivientes»** aparecen por primera vez en Apocalipsis 4:6. Dichos seres ocupan un lugar estratégico alrededor del trono de Dios y sirven en la inmediata presencia del Señor.[26] En Apocalipsis 6:1-8 son quienes emiten la voz, ordenando la aparición en el escenario de la historia de los jinetes que cabalgan los diferentes caballos.

En Apocalipsis 15:7, uno de los cuatro seres vivientes hace acto de presencia para entregar a los siete ángeles las copas llenas de la ira de Dios. Obsérvese que, según 15:6, los siete ángeles ya tienen las siete plagas de los juicios divinos que han de ejecutarse sobre los habitantes de la tierra. A las siete plagas se le añade el contenido de las copas, es decir, «la ira de Dios». El sustantivo **«copas»** (*phiálas*) se refiere a una vasija ancha y de poca profundidad o a un platillo hondo. «A diferencia de los mencionados en 8:4, éstas no despiden el humo de la gratitud a Dios, sino que están llenas de vino venenoso, caliente y amargo, del que emana la divina majestad cuya intensa santidad irrumpe en juicio contra el pecado humano.»[27]

Las siete copas de oro estaban **«llenas de la ira de Dios»**. El término «llenas» (*gemoúsas*) es el participio presente, voz activa de *gémo*, que significa «estar lleno», «estar repleto» (véanse Lc. 11:59; Ro. 3:14; Ap. 4:6, 8; 5:8; 15:7; 17:3). O sea que las siete copas estaban llenas hasta el punto de desbordarse y su contenido es nada menos que «la ira de Dios» (*toû thymoû ton theoû*). «Esa plenitud habla tanto del carácter devastador como de la naturaleza definitiva del juicio divino venidero (Ap. 14:8, 10).»[28] Nótese la frase «que vive por los siglos de los siglos». Dicha frase destaca la eternidad de Dios y, por lo tanto, el carácter eterno de su juicio. La frase sugiere, además, la singularidad de Dios. Todos los demás seres son finitos. Sólo Dios es autosuficiente. Hay aquí un solemne recordatorio para aquellos que adoran al dragón y al Anticristo. Quienes lo hacen, están adorando a criaturas malvadas y rebeldes. Sólo Dios es digno de ser adorado. Él es el Dios eterno y soberano.

Apocalipsis 15:8, parece ser un recordatorio de lo que ocurrió cuando el tabernáculo en el desierto fue completado: «Entonces una nube cubrió el tabernáculo de reunión, y la gloria de Jehová llenó el tabernáculo. Y no podía Moisés entrar en el tabernáculo de reunión, porque la nube estaba sobre él, y la gloria de Jehová lo llenaba» (Éx. 40:34, 35).[29] La presencia de Dios es simbolizada por el **«humo»** (*kapnoû*) y la *shekinah*, es decir, «la gloria de Dios» se hizo visible. El poder de Dios tiene que ver con la capacidad o habilidad dinámica de Dios para ejecutar todos sus actos.

«Y nadie podía entrar en el templo» mientras Dios esté actuando judicialmente. El «humo» de juicio pone de manifiesto que Dios está obrando en el furor de su ira. «No se puede hacer ninguna intercesión. No se puede ofrecer ninguna adoración mientras dura el juicio. Es semejante a lo ocurrido en Lamentaciones 3:44: "Te cubriste de nube para que no pasase la oración nuestra".»[30]

Debe observarse que «nadie podía entrar en el templo», es decir, que nadie tiene acceso a la presencia de Dios mientras dura la ejecución de los juicios de las siete plagas.[31] Eso es lo que sugiere la frase: **«Hasta que se hubiesen cumplido las siete plagas de los siete ángeles.»** Esta frase es temporal con función de futuro como sugiere el uso del adverbio «hasta» (*áchri*) acompañado del verbo «se hubiesen cumplido» (*telesthôsin*) que es el aoristo primero del subjuntivo, voz pasiva. La séptima y última copa es la que produce la consumación de la ira de Dios. También debe recordarse que los juicios de las copas están contenidos dentro de la séptima trompeta (Ap. 10:7). La séptima trompeta es la que anuncia la segunda venida en gloria del Mesías para establecer su reino (Ap. 11:15). De modo que los juicios de las copas son simultáneos con la segunda venida de Cristo. Los acontecimientos relacionados con «la consumación de la ira de Dios» y, por lo tanto, con el cumplimiento de los juicios de las siete plagas de los siete ángeles abarcan los sucesos mencionados en los capítulos 16-20.[32] Es importante destacar que los juicios de la consumación de la ira de Dios son reivindicativos y no vindicativos. Dios no ha de actuar en venganza, sino que ha de reclamar lo que justamente le pertenece, es decir, el derecho de gobernar y reinar sobre su creación.

Resumen y conclusión

El capítulo 15 del Apocalipsis pone de manifiesto la preparación divina para la ejecución de los juicios que han de consumar la ira de Dios sobre los habitantes de la tierra. Esa consumación se realiza mediante el derramamiento del contenido de las siete copas con las siete plagas postreras.

En su visión, Juan contempla un mar de vidrio mezclado con fuego en el que aparecen los mártires de la tribulación que resistieron a la bestia y se negaron a someterse a sus exigencias. Delante de la presencia de Dios entonan el cántico de Moisés y el cántico del Cordero. De ese modo reconocen varios de los atributos de Dios: (1) Su omnipotencia; (2) Su justicia; (3) Su verdad; (4) Su soberanía; (5) Su santidad; y (6) Su dignidad de ser universalmente adorado.

Finalmente, el apóstol ve el templo o lugar santísimo del tabernáculo del testimonio que está abierto en el cielo. Del lugar santísimo salen siete ángeles con las siete plagas postreras. Los ángeles visten atavíos reales y se preparan para ejecutar la orden divina. El lugar santísimo se llena de humo a causa de la presencia de la gloria de Dios. Durante la ejecución de los juicios, nadie tiene acceso a la presencia de Dios. Esos juicios escatológicos serán inapelables. Dios ha de reivindicar su causa y reclamar el derecho de soberanía sobre su creación.

Notas

1. Puesto que el primer ay tiene lugar en los acontecimientos del quinto sello y el segundo ay en los del sexto sello, es lógico y exegéticamente correcto concluir que el tercer ay ocurre con los sucesos del séptimo sello que, de hecho, son los que tienen lugar en el capítulo 16 cuando ocurren los juicios de las copas.
2. En todos esos ejemplos, el texto griego dice: «Y vi.» Desdichadamente, los traductores de la Reina-Valera 1960 omiten la conjunción copulativa *kaì* («y»). Dicha conjunción establece el nexo de lo que Dios revela en cada cuadro profético y no debe omitirse.
3. El tiempo aoristo del verbo (*etelésthei*) tiene una función proléptica o profética. La acción es contemplada desde la perspectiva divina y por lo tanto, se da por realizada.
4. John F. Walvoord, *The Revelation of Jesus Christ*, p. 226.
5. Véase Henry Barclay Swete, *Commentary on Revelation*, pp. 193, 194.
6. Robert L. Thomas, *Revelation 8—22*, p. 232.
7. *Ibid.*
8. Véase John F. Walvoord, *The Revelation of Jesus Christ*, p. 226.
9. Véase Henry Barclay Swete, *Commentary on Revelation*, p. 195.
10. Robert L. Thomas, *Revelation 8—22*, p. 235.
11. John F. Walvoord, *op. cit.*, p. 227; véase también E.W. Bullinger, *Commentary on Revelation*, pp. 467-470.
12. Robert L. Thomas, *op. cit.*, p. 235.
13. En el texto griego hay un artículo determinado delante del sustantivo «Dios» y otro delante de «Todopoderoso». Literalmente dice: «Señor, el Dios, el Todopoderoso.» Dicha frase expresa un reconocimiento de la absoluta soberanía de Dios. No hay otro como él.
14. Henry Barclay Swete, *Commentary on Revelation*, p. 196.
15. Véase Charles C. Ryrie, *Teología básica*, p. 45.
16. Robert L. Thomas, *op. cit.*, p. 237.
17. El vocablo que generalmente se usa en el texto griego para «santo» es *hágios*.

18. Robert L. Thomas, *Revelation 8—22*, p. 238.
19. Fritz Rienecker, *Linguistic Key*, vol. 2, p. 500.
20. En Apocalipsis 11:19 también dice que «el templo de Dios fue abierto en el cielo, y el arca de su pacto se veía en el templo». El arca del pacto apunta a la fidelidad de Dios en guardar sus promesas.
21. John F. Walvoord, *op. cit.*, p. 229.
22. Henry Barclay Swete, *op. cit.*, p. 197.
23. G.B. Caird, «The Revelation of Saint John», p. 200.
24. Robert H. Mounce, «The Book of Revelation», p. 289.
25. Véase William Barclay, *The Revelation of John*, vol. 2, p. 121.
26. Para los diferentes ministerios de los cuatro seres vivientes, véase Ap. 4:6; 5:6; 6:1-8; 7:11; 14:3; 15:7; 19:4.
27. Robert L. Thomas, *Revelation 8—22*, p. 243.
28. *Ibid.*
29. Véanse los siguientes pasajes: 1 R. 8:10-11; Sal. 18:8; Is. 6:4; Ez. 10:2-4.
30. E.W. Bullinger, *Commentary on Revelation*, pp. 474, 475.
31. Tal vez la idea tras el hecho de que «nadie podía entrar en el templo hasta que se hubiesen cumplido las siete plagas de los siete ángeles» significa que ninguna intercesión puede detener la mano de Dios o impedir la ejecución de los juicios decretados por el Soberano (véase William Barclay, *The Revelation of John*, vol. 2, p. 123).
32. Algunos expositores entienden que la séptima copa abarca todo lo que ocurre entre Apocalipsis 16:17 y 22:5 (véase Robert L. Thomas, *Revelation 8—22*, p. 569).

16

Los juicios de las siete copas (16:1-21)

INTRODUCCIÓN

Lo que en Apocalipsis 15 es preparación en el 16 es consumación. Los siete ángeles con las siete copas que contienen las plagas postreras están preparados para derramarlas sobre la tierra. Sólo aguardan la orden del Señor Dios Todopoderoso. Los habitantes de la tierra han continuado en su indiferencia, despreocupados de las cuestiones espirituales y ocupados únicamente en sus necesidades físicas tal como en los días de Noé (Mt. 24:37-39). La ira de Dios será derramada mediante la serie de las siete copas en acciones rápidas, sucesivas y casi sin interrupción de clase alguna.

Los juicios de las copas son designados como «las siete plagas postreras» y también «las siete copas de la ira de Dios» (véase Ap. 15:1, 6; 16:1; 17:2; 21:9). Los juicios descritos en Apocalipsis 16 son muy similares a los que Dios trajo sobre Egipto cuando libró al pueblo de Israel de la esclavitud faraónica. Si los juicios que desembocaron en el éxodo fueron literales (Éx. 7—11), los que serán ejecutados en los postreros días, según Apocalipsis 16—20, también serán literales. Dios ha de cumplir su soberano propósito para con su creación.

Bosquejo

1. **La orden dada a los siete ángeles (16:1)**
2. **La primera copa (16:2)**
   –Juicio sobre los adoradores de la bestia
3. **La segunda copa (16:3)**
   –Juicio sobre la totalidad de los mares
4. **La tercera copa (16:4)**
   –Juicio sobre los ríos y las fuentes de las aguas
5. **Reconocimiento de la justicia de Dios (16:5-7)**
   5.1. Dios juzga con santidad y justicia (16:5)
   5.2. Dios juzga según las obras de los hombres (16:6)
   5.3. Dios juzga con rectitud y verdad (16:7)

6. **La cuarta copa (16:8, 9)**
   6.1. El sol es afectado (16:8)
   6.2. Los hombres blasfeman el nombre de Dios (16:9)
7. **La quinta copa (16:10, 11)**
   7.1. Juicio contra el trono de la bestia (16:10)
   7.2. Los hombres blasfeman contra Dios (16:11)
8. **La sexta copa (16:12-16)**
   8.1. El río Éufrates secado (16:12)
   8.2. El engaño demoniaco de los reyes de la tierra (16:13, 14)
   8.3. La venida del Señor y Armagedón (16:15, 16)
9. **La séptima copa (16:17-21)**
   9.1. La consumación de los juicios: «Hecho está» (16:17)
   9.2. Los grandes cataclismos (16:18)
   9.3. Juicios sobre las ciudades y sobre Babilonia (16:19)
   9.4. Juicios sobre las islas y montes (16:20)
   9.5. Juicios sobre los hombres (16:21)
10. **Resumen y conclusión**

NOTAS EXEGÉTICAS Y COMENTARIOS

16:1

«Oí una gran voz que decía desde el templo a los siete ángeles: Id y derramad sobre la tierra las siete copas de la ira de Dios.»

La orden de dar comienzo a los juicios procede del templo (*ek toû naoû*). La **«gran voz»** que Juan escuchó debe ser, sin duda, la de Dios. Dicha voz se describe como «grande» (*megáleis*).[1] Este adjetivo tiene que ver con magnitud e intensidad y sugiere autoridad. «El énfasis recae sobre la grandeza porque esta serie conduce al asalto final del trío infernal compuesto del dragón, la bestia y el falso profeta.»[2]

La «gran voz» se dirige a los siete ángeles quienes reciben la doble orden: **«Id y derramad»** (*hypágete kaì ekchéite*). El primer verbo es presente imperativo mientras que el segundo es el aoristo imperativo. El presente imperativo sugiere una acción continua. Los siete ángeles debían ir uno seguido del otro. El aoristo imperativo sugiere urgencia. Cada ángel debía vaciar su copa con rapidez seguido uno del otro. Recuérdese que se trata de las plagas postreras con las que la ira de Dios llega a su consumación. Estos juicios en ningún sentido pertenecen al pasado. No hay ningún indicio histórico que apoye la idea de que Dios ya haya derramado su ira en la magnitud y con la intensidad con la que se describe en Apocalipsis 16. Esto no significa que en algún trozo de la historia Dios no haya intervenido judicialmente. En realidad, existe alguna semejanza entre los juicios de las copas y las diez plagas con las que Dios juzgó a los egipcios. Los juicios de Apocalipsis 16, sin embargo, tendrán un cumplimiento literal durante los últimos días de la gran tribulación.

Si bien es cierto que existe una afinidad entre las siete plagas postreras de Apocalipsis 16 y las diez plagas de Egipto, no es menos cierto que hay diferencias notables entre ambos acontecimientos. Lo mismo ocurre con los juicios de las trompetas. Sin duda, hay puntos de coincidencia entre ambas series de juicios, pero al mismo tiempo los juicios de las copas tienen características propias que los diferencian de los juicios de las trompetas. «La primera, sexta y novena plagas de Egipto y la segunda, tercera, quinta, sexta y séptima de las plagas de las trompetas aparecen a la vista con mayor o menor diferenciación. Pero las plagas postreras tienen características peculiares propias; la cuarta es completamente nueva, las restantes son más o menos de concepción nueva. Por otro lado, las diferencias son más profundas y expresivas. Mientras que ni las primeras cinco plagas de Egipto ni las primeras cuatro visitaciones de las trompetas causan daños personales, los juicios de las copas sí lo producen desde su mismo comienzo. Además, mientras que las primeras cuatro plagas de las trompetas afectan sólo a una tercera parte de la tierra, el mar, las fuentes de las aguas y los astros del cielo, tal limitación no aparece en el relato de las siete plagas postreras del capítulo 16. Estas no son castigos experimentales, sino retributivos y finales.»[3]

El mandado divino dado a los siete ángeles es: «Id y vaciad las siete copas de la ira de Dios en la tierra.» Esta cláusula sugiere el alcance universal de los juicios de las copas. Las plagas de las copas no constituyen una recapitulación de los juicios de las trompetas aunque, como ya se ha señalado, hay alguna similitud entre ambos. Esa similitud, sin embargo, no significa igualdad.[4] Las plagas de las siete copas son llamadas «postreras» (*eschátas*), es decir, las últimas (Ap. 15:1). Dichas plagas o juicios tendrán lugar al final mismo del período de la tribulación. Ellas constituyen el punto culminante de ese crescendo judicial de los postreros días cuyo cenit consiste de la venida visible, corporal, judicial y gloriosa de Jesucristo.[5]

16:2

«Fue el primero, y derramó su copa sobre la tierra, y vino una úlcera maligna y pestilente sobre los hombres que tenían la marca de la bestia, y que adoraban su imagen.» La ejecución de la orden divina de parte de los ángeles es rápida como un martillo eléctrico y sus efectos devastadores como un violento tornado. Los juicios de «los sellos y las trompetas fueron interrumpidos después de la sexta visión por prolongadas visiones de los mártires y sus destinos, porque Juan creía que, donde todo lo demás había fracasado, el martirio tendría éxito en hacer que los hombres se arrepintiesen. Pero con la venida de las plagas postreras la hora del arrepentimiento ha pasado, y la serie se apresura ininterrumpidamente hacia su clímax. Es importante, por lo tanto, interpretar las partes de la serie a la luz del todo».[6]

Nótese que hay un orden asignado a los ángeles. El primero salió (*apeîlthen*) y vació (*éxecheen*) su copa en la tierra tal como le fue ordenado. El juicio de la primera trompeta (Ap. 8:7) afecta a la vegetación (árboles y hierba verde), pero el juicio de la primera copa daña directamente a quienes poseen el tatuaje de la bestia y adoran su imagen, es decir, a los seres humanos que hasta entonces han permanecido en absoluta rebeldía contra Dios.

Lo que les sobreviene se describe como **«una úlcera maligna y pestilente».** El verbo **«vino»** (*egéneto*) es el aoristo indicativo, voz media de *gínomai*. Esta forma verbal sugiere que la «úlcera maligna y pestilente» surge de forma súbita en el cuerpo de los adoradores de la bestia. No encontrarán explicación del origen de dicha úlcera. Nótese, además, que este juicio va exclusivamente en contra de los que llevan la marca de la bestia y adoran su imagen. Habrá en la tierra personas que no se someterán a la voluntad del Anticristo y seguirán al Mesías. Los tales serán librados de esta terrible plaga.

El vocablo **«úlcera»** (*hélkos*) se usa en la Septuaginta (Éx. 9:10, 11) respecto al «sarpullido con úlceras» que sobrevino a los egipcios como parte del juicio de Dios sobre aquella nación. En Apocalipsis 16:2, hay dos adjetivos que califican la seriedad de la úlcera. El primer adjetivo es **«maligna»** (*kakòn*). Este vocablo sugiere algo intrínsecamente malo y dañino. Es algo pernicioso, destructivo y severamente molesto.[7] Se refiere primordialmente al mal que objetivamente daña la propia existencia de una persona.[8] El segundo adjetivo es **«pestilente»** (*poneiròn*) que sugiere dolor y molestia en el individuo. La ausencia del artículo determinado en el texto griego sugiere que hay un énfasis en la naturaleza de la úlcera. El sentido de la frase podría expresarse así: «...y surgió algo que tiene las características de úlcera maligna y perniciosa.» Los adoradores de la bestia son heridos en sus propias carnes. Evidentemente el Anticristo es incapaz de sanar a sus seguidores. Sólo ellos son afectados por esta primera plaga cuyo alcance es universal. Únicamente los seguidores del Mesías serán librados de esta terrible plaga. En los postreros días no habrá zona neutral. Los seres humanos serán fieles seguidores de Cristo o adoradores del Anticristo.[9] Debe recalcarse, una vez más, que los juicios descritos en Apocalipsis 16, al igual que los de los sellos y las trompetas, son literales y producto de la intervención sobrenatural de Dios contra quienes han desafiado su soberanía y despreciado la oferta de su gracia.

16:3

«El segundo ángel derramó su copa sobre el mar, y éste se convirtió en sangre como de muerto; y murió todo ser vivo que había en el mar.»

La primera plaga en Egipto hizo que las aguas del Nilo se volviesen sangre, resultando en la muerte de los peces e imposibilitando el uso de las aguas del río para satisfacer las necesidades cotidianas (Éx. 7:20-25). También los juicios de la segunda trompeta resultan en la transformación en sangre de la tercera parte del mar y la muerte de la tercera parte de la vida marina (Ap. 8:8, 9). El juicio de la segunda copa, sin embargo, afecta a la totalidad de los mares. El mar se convierte súbitamente en sangre como la de una persona muerta y la totalidad de la vida marina (*pâsa psychèi dsoeîs*) muere. La sangre de una persona muerta se coagula y despide mal olor. Así ocurrirá con las aguas de los mares cuando el segundo ángel vacíe su copa en el mar.

Como es sabido, el mar proporciona gran parte de los alimentos usados por el hombre. Como resultado del juicio de la segunda copa, el mar no será capaz de producir lo necesario para el sustento de la vida. La transformación de las aguas del mar en sangre será instantánea y milagrosa. No será el resultado de guerras humanas ni de la contaminación del ambiente producida por el descuido de los hombres, sino la intervención sobrenatural de Dios.

16:4

«El tercer ángel derramó su copa sobre los ríos, y sobre las fuentes de las aguas, y se convirtieron en sangre.»

No sólo extiende Dios su mano de juicio contra el mar, sino también contra los ríos y las fuentes de aguas potables. Evidentemente se trata de todos los ríos de la tierra, los manantiales y las aguas dulces subterráneas. En Egipto, sólo las aguas del Nilo fueron afectadas. El juicio de la tercera trompeta afecta únicamente a la tercera parte de los ríos y de las fuentes de las aguas (Ap. 8:10). El juicio de la tercera copa abarca toda la tierra. Los hombres sufrirán indeciblemente por falta de agua potable.

16:5-7

«Y oí al ángel de las aguas, que decía: Justo eres tú, oh Señor, el que eres y que eras, el Santo, porque has juzgado estas cosas. Por cuanto derramaron la sangre de los santos y de los profetas, también tú les has dado a beber sangre; pues lo merecen. También oí a otro, que desde el altar decía: Ciertamente, Señor Dios Todopoderoso, tus juicios son verdaderos y justos.»

Estos versículos constituyen un breve paréntesis para dar alabanza a Dios por ser Justo y Santo. La alabanza procede de un ángel denominado como **«el ángel de las**

aguas». Con ese título se identifica al ángel que controla el mar y las fuentes de aguas frescas, un ángel diferente del que derramó la tercera copa. Evidentemente, hay ángeles asignados para el cuidado de diferentes áreas de la naturaleza: (1) Ángeles de los vientos (7:1); (2) ángel con poder sobre el fuego (14:18); y (3) ángel de las aguas (16:5). Los ángeles son criaturas de Dios que sirven al Soberano Señor del universo y ejecutan su voluntad (Sal. 104:4).

El ángel de las aguas alaba a Dios, reconociendo que es **«justo»** (*díkaios*). Dios es Justo porque su trato con sus criaturas está en perfecta armonía con la pureza de su naturaleza. Obsérvese que la doxología reconociendo la justicia de Dios aparece inmediatamente después de la ejecución de tres juicios extremadamente severos. El Dios Soberano no actúa caprichosamente, sino que lo hace sobre la base de su santa justicia (véase 15:3).

«El que eres y que eras» (*ho ón kaì ho eîn*). Esta expresión destaca la eternidad de Dios. Las dos formas verbales (el participio presente y el imperfecto) sugieren acción continua. Dios siempre ha existido. Él es autosuficiente. No depende de nadie ni de nada. Él es el dador y el sustentador de la vida. **«El Santo»** (*ho hósios*) en el sentido más absoluto de la palabra. Dios es «Santo» en todo su ser y en todas sus actuaciones. La absoluta separación de Dios de todo lo que es pecaminoso impide que sus actos sean contrarios a la justicia.

«Porque has juzgado estas cosas» (*hóti taûta ékrinas*). Esta es una frase explicativa del carácter justo y santo de Dios. El hombre no es capaz de comprender que el amor y la misericordia de Dios no están reñidas con su justicia y su santidad. La escuela liberal enseña que un Dios de amor no puede juzgar ni condenar a nadie. La Biblia, por el contrario, enseña que Dios juzgará al mundo con justicia (Hch. 17:31).

«Por cuanto derramaron la sangre de los santos y de los profetas.» Los hombres inicuos han arremetido contra los adoradores y los servidores del único Dios vivo y verdadero. El mundo aborrece a los seguidores de Cristo (Jn. 15:18, 19). Muchos santos y profetas de Dios han sido ejecutados por el simple hecho de ser siervos de Dios. Esa actitud prevalecerá como nunca antes durante el reinado del Anticristo. Derramar la sangre significa condenar a muerte. Dios juzgará con rigor a los que llevaron a la muerte a los santos y a los profetas.

«También tú les has dado a beber sangre; pues lo merecen.» Esta frase es enfática. En el texto griego dice: «Y sangre a ellos les has dado a beber; lo merecen.» ¡Quienes han derramado la sangre de los siervos de Dios tendrán que beber las aguas de los ríos y fuentes que Dios ha convertido en sangre! «*Haîma* ("sangre") es el vocablo enfático, medida por medida por derramar la sangre de los santos y los profetas (11:18; 18:24)... Por eso no beberán más agua, sino sangre coagulada.»[10] La frase «pues lo merecen» destaca el hecho de que las obras de los hombres serán juzgadas por Dios y usadas como criterio para determinar el grado de condenación de cada uno (véanse Ap. 20:12, 13; Ro. 2:6-11). El vocablo «sangre» (*haîma*) aparece dos veces en el versículo 6 y en ambas ocupa un lugar enfático «para destacar la correlación entre el crimen cometido y su correspondiente castigo (véase Is. 49:26). Eso ilustra el principio de la *lex talionis* según el cual Dios trata con los enemigos de su pueblo».[11]

Según el versículo 7, la voz que Juan escucha procede del mismo altar. El texto griego dice: «Y oí al altar diciendo, sí, Señor Dios Todopoderoso, verdaderos y justos son tus juicios.» Obviamente, Juan usa la figura llamada prosopopeya o personificación al atribuirle al altar características humanas (véase Ap. 9:13). El altar «representa el testimonio corporativo de los mártires en 6:9 y las oraciones de los santos en 8:3-5. Es significativo que a través del Apocalipsis (excepto en 11:1) el altar está conectado con juicio (6:9; 8:3-5; 9:13; 14:18; 16:7).[12] La declaración que procede del altar reafirma el testimonio expresado por el ángel de las aguas respecto a la santidad y la justicia de los juicios de Dios. El altar reconoce que Dios tiene todo el derecho de juzgar al llamarle «Señor Dios Todopoderoso». «Señor» habla de la soberanía y la autosuficiencia de Dios. «Todopoderoso» (*pantokrátor*) subraya el atributo de omnipotencia. Dios como el Soberano, Autosuficiente, Todopoderoso y Dueño del universo tiene el derecho absoluto de juzgar al mundo. Sin embargo, la voz del altar destaca el hecho de que los juicios de Dios son «verdaderos» (*aleithinaí*), es decir, «Se corresponde completamente con la idea significada por su nombre, real y verdadero, genuino.»[13] Además, los juicios de Dios son «justos» (*díkaiai*), es decir, totalmente imparciales. Dios puede juzgar con justicia porque conoce todos los detalles del caso con toda perfección. Los jueces humanos desconocen muchos datos de las cosas que juzgan, pero Dios es omnisciente, nada se escapa de su conocimiento y, por lo tanto, puede juzgar con absoluta justicia y sin acepción de personas (Ro. 2:11; Ap. 19:11).

16:8

«El cuarto ángel derramó su copa sobre el sol, al cual fue dado quemar a los hombres con fuego.» El sol es la principal fuente de energía para el sostenimiento de la vida en la tierra. Todo lo que afecte al sol, en realidad, repercute en este planeta. Los juicios de la cuarta trompeta (Ap. 8:12) afectarán a la tercera parte del sol, la luna y las estrellas, hasta el punto de que no habrá luz durante una tercera parte del día y habrá más tinieblas durante la noche. La cuarta copa, por su parte, será vaciada sobre el sol, resultando en un aumento del calor del astro rey hasta el punto de quemar a los hombres con fuego. El verbo **«fue dado»** (*edóthei*) es el aoristo indicativo, voz pasiva de *dídômi*, que en el contexto tiene la función de «permitir» y podría traducirse: «Le fue dada autoridad», «le fue permitido».[14] La idea es que Dios soberanamente da autoridad o permite que el sol despida un descomunal calor que hará que los hombres se quemen. El texto enfáticamente expresa que el sol recibe la facultad de quemar a los hombres «en fuego» o «por fuego» (*en pyrí*). El verbo **«quemar»** (*kaumatísai*) es el aoristo infinitivo que destaca de manera dramática el terrible y sobrecogedor acontecimiento. Los hombres (*toùs anthrópous*) objetos de este horrendo juicio seguramente serán aquellos que han recibido la señal de la bestia y han adorado su imagen, es decir, quienes han preferido ir en pos de Satanás y rechazar al Mesías (Ap. 14:9-11).

16:9

«Y los hombres se quemaron con el gran calor, y blasfemaron el nombre de Dios, que tiene poder sobre estas plagas, y no se arrepintieron para darle gloria.» La reiteración que el texto hace de las consecuencias de vaciar la cuarta copa pone de manifiesto la seriedad de dicho juicio. El texto griego dice: «Y los hombres fueron abrasados con gran calor abrasador.» El verbo «fueron abrasados» y el sustantivo «calor abrasador» son vocablos afines y se usan para destacar la naturaleza del acontecimiento.

A pesar de la seriedad de este juicio, la actitud del corazón humano continúa siendo hostil y desafiante contra Dios. El hombre rebelde no sólo rechaza la gracia de Dios, sino que, además, blasfema de Él cuando es juzgado. «La respuesta humana es blasfemar contra Dios, quien es directamente responsable de toda esta miseria humana.»[15] Lo que este sector de la humanidad no parece percibir es el hecho de que los juicios que le han sobrevenido son el resultado de su pecaminosidad y flagrante rebeldía. Al parecer, entienden que Dios «tiene autoridad (*exousían*) sobre estas plagas», pero aun así se niegan a arrepentirse para darle gloria. «El pensamiento ilusorio de algunos que piensan que los hombres se arrepentirían si sólo conocieran el poder y el justo juicio de Dios se destruye por la frecuente mención hecha en este capítulo de la dureza del corazón humano frente a la más severa y evidente disciplina divina (véase vv. 11 y 21).»[16] El texto dice de manera tajante: **«Y no se arrepintieron para darle gloria.»** El corazón impenitente del hombre persiste en sus caminos sin mirar a Dios. El verbo **«arrepintieron»** (*metenóeisan*) es el aoristo indicativo, voz activa de *metenoéô*. La partícula negativa que precede a este verbo señala a la actitud firme de los hombres de «no arrepentirse» y demostrarlo dando gloria a Dios. «La frase "no se arrepintieron" es como una elegía fúnebre (9:20, 21; 16:11).»[17] El hombre endurecido por el pecado atesora ira para el día de la ira (véase Ro. 2:1-6).

16:10, 11

«El quinto ángel derramó su copa sobre el trono de la bestia; y su reino se cubrió de tinieblas, y mordían de dolor sus lenguas, y blasfemaron contra el Dios del cielo por sus dolores y por sus úlceras, y no se arrepintieron de sus obras.»

Desde su caída, Satanás ha construido un reino de tinieblas. Es un reino fraudulento que pretende competir con el de Dios. En los días de la tribulación Dios, ha de permitir que Satanás manifieste su reino en el ámbito sobre el cual Cristo a la postre triunfará y reinará.[18] Satanás pensará que ha conseguido su propósito, pero Dios traerá juicio sobre su reino de maldad. El sistema mundial satánico sobre las calamidades producidas por la quinta plaga.

El objeto de la quinta copa es **«el trono de la bestia»**. Ese trono le fue dado por su jefe máximo, es decir, Satanás: «Y el dragón le dio su poder y su trono, y grande autoridad» (Ap. 13:2*b*). El trono de la bestia sería, por tanto, su autoridad o dominio que, a su vez, es la autoridad o dominio del mismo Satanás. Recuérdese que la bestia o Anticristo será la obra cumbre de Satanás. Desde la caída del hombre, Dios ha permitido a Satanás ejercer autoridad sobre los asuntos del mundo. En realidad, los reinos del mundo están bajo la potestad del maligno (véanse Mt. 4:8, 9; 1 Jn. 5:19). La autoridad que Satanás ejerce sobre los reinos del mundo terminará cuando Cristo venga con poder y gloria (Ap. 11:15; 19:11-21).

La plaga de la quinta copa, por lo tanto, va dirigida contra el trono mismo de la bestia, es decir, contra el centro mismo de su autoridad. «Por tanto tiempo impune, ese trono a través del cual el dragón ha pervertido a toda la sociedad humana, convirtiéndola en una civilización demoniaca, es ahora el foco central de la indignación de Dios.»[19]

«Y su reino se cubrió de tinieblas» (*kaì egéneto hei basileía autoû eskotōménei*). Literalmente dice: «Y su reino se volvió entenebrecido.» La referencia es al reino satánico encabezado por la bestia que Dios ha permitido que se establezca en la tierra durante la segunda mitad de la tribulación. «Puesto que el reino de la bestia es mundial, eso significa que las tinieblas cubrirán toda la tierra.»[20] El mundo ha rechazado al Mesías quien es la luz verdadera (Jn. 8:12), ahora tiene que resignarse a vivir en un reino cuya naturaleza es ser tinieblas en el sentido más real del vocablo.

«Y mordían de dolor sus lenguas.» El verbo **«mordían»** (*emasônto*) es el imperfecto, voz media de *masáomai*, que significa «chupar», «morder». El tiempo imperfecto sugiere una acción continua y la voz media indica que el sujeto participa de la acción. La idea de la oración es esta: «Y no dejaban de morder sus propias lenguas.» Aunque el texto no lo dice, es de suponerse que el sujeto del verbo son los súbditos del reino de la bestia. El intenso dolor debe ser producido por el calor abrasador de la cuarta plaga y la úlcera maligna y pestilente causada por la primera copa.[21] El vocablo traducido **«dolor»** (*pónos*) significa «agonía», «aflicción», «calamidad». Los seguidores de la bestia no encontrarán medicina para curar su úlcera supurante y el Anticristo es incapaz de curarlos. En su calamidad, se vuelven contra Dios, el único que podría librarlos de esa terrible situación.

«Y blasfemaron contra el Dios del cielo por sus dolores y por sus úlceras.» Los súbditos de la bestia culpan a Dios por sus calamidades y blasfeman, es decir, pronuncian todo tipo de injurias contra Él. Por segunda vez el título «Dios del cielo» aparece en el Apocalipsis (véase 11:13). Esa expresión se usa repetidas veces en el libro de Daniel (véase Dn. 2:18, 19, 28, 37; 44). Con el fin destacar la soberanía de Dios. El Dios del cielo también es el soberano Dios de la tierra.

«Y no se arrepintieron de sus obras» (véase Ap. 9:20, 21; 16:9). Los hombres que sufren los terrores de las plagas antes descritas maldicen a Dios y no se arrepienten de sus hechos inicuos. Permanecen impermeables tanto frente a la bondad como a la severidad de Dios (Ro. 11:22).[22] Sin duda, estos hombres saben de la existencia y del poder de Dios. Tal vez acepten que lo que les ocurre viene de parte del Dios Todopoderoso, pero ni aun así alzan sus ojos a Él en arrepentimiento. No hay fundamento bíblico para pensar que los hombres malvados se arrepienten de sus pecados como resultado de catástrofes o calamidades.[23]

16:12

«El sexto ángel derramó su copa sobre el gran río Éufrates; y el agua de éste se secó, para que estuviese preparado el camino a los reyes del oriente.»
Un número considerable de teorías se han planteado respecto al juicio de la sexta copa. Hay quienes lo relacionan con las invasiones que produjeron la caída del Imperio Romano.[24] Otros lo asocian con la conquista de Babilonia por Ciro el Grande.[25] José Grau alegoriza el pasaje sin tomar en cuenta el entorno escatológico del mismo. Grau dice lo siguiente:

> Tenemos muchos ejemplos en la Escritura de que secar un río equivale a proclamar el poder y la proximidad de Dios (Éx. 14:21, para el paso del Mar Rojo; Jos. 3:16ss, para el paso del Jordán; también se da la misma imagen en textos proféticos: Is. 11:15; Jer. 51:36; Zac. 10:11). ¿No sería posible, también, que además de este fondo bíblico Juan tuviese en mente la historia de la conquista de Babilonia por Ciro, famosa por el relato que de la misma escribió Herodoto? El persa Ciro penetró en Babilonia después de secar el lecho del Éufrates. No olvidemos que Juan tiene que vérselas con una nueva Babilonia y, por lo tanto, secar el río de la misma equivale a decir que el último obstáculo para su caída ha sido ya removido.[26]

Al parecer, Grau no cree que el río Éufrates de la Mesopotamia literalmente será secado como resultado del juicio de la sexta copa, sino que es algo «simbólico»[27] y que equivale a remover el último obstáculo para la caída de una nueva Babilonia. Es un tanto sorprendente que los ejemplos dados por Grau son el paso del Mar Rojo y el del río Jordán. Ambos acontecimientos fueron milagros obrados por Dios literalmente. El Mar Rojo fue literalmente dividido para que los israelitas pasasen como en tierra firme (Éx. 14:21, 22). El cántico de Moisés (Éx. 15) da testimonio de la literalidad de aquel suceso. Lo mismo puede decirse del río Jordán. Dios literalmente separó las aguas del río para permitir el paso de los hijos de Israel (Jos. 3:16). Sin duda que Dios estaba con el pueblo y en medio de ellos. Esa proximidad de Dios con su pueblo fue sustanciada mediante la ejecución de aquellos hechos milagrosos cuya literalidad es afirmada en la Biblia.

Una vez más, es importante destacar el hecho de que los juicios del Apocalipsis son escatológicos tanto en su naturaleza como en su ejecución. Debe recordarse que el tema central del libro tiene que ver con la segunda venida de Cristo a la tierra. Antes de su venida habrá una intervención judicial de Dios. Esa intervención divina culmina con una serie de juicios que son simultáneos con la venida en gloria del Mesías.

Las siete plagas postreras son la consumación de la ira de Dios. Como se ha señalado anteriormente, el vocablo «postreras» (*eschátas*) señala a los tiempos escatológicos. Las plagas postreras o escatológicas son los juicios de las siete copas. La sexta de esas plagas escatológicas es la que el ángel derrama sobre el río Éufrates y hace que dicho río se seque.[28] No hay, pues, razón exegética razonable para que **«el gran río Éufrates»** mencionado en Apocalipsis 16:12 sea interpretado en un sentido que no sea el literal.

«Para que estuviese preparado el camino a los reyes del oriente.» Esta frase expresa el propósito para el cual las aguas del río Éufrates se secan. **«Los reyes del oriente»** (*tôn basiléôn tôn apò anatoleîs heilíou*), es decir, «los reyes de donde sale el sol», se refiere a gobernantes orientales quienes, seguidos de sus ejércitos, organizarán una invasión de la Palestina durante los días finales de la gran tribulación. Hoy día existen naciones orientales con recursos humanos e industriales formidables tales como Japón, China, India, Tailandia, etc. Estas naciones son capaces de organizar y armar a un ejército numerosísimo como el que ha de aparecer en el valle de Armagedón. Aunque hoy no parezca factible, la Biblia anuncia que los reyes del oriente y, por supuesto, sus ejércitos, harán alianza en los postreros días para invadir la tierra de Israel. Todos ellos perecerán irremediablemente en la última y decisiva batalla de Armagedón.

16:13, 14

«Y vi salir de la boca del dragón, y de la boca de la bestia, y de la boca del falso profeta, tres espíritus inmundos a manera de ranas; pues son espíritus de demonios, que hacen señales, y van a los reyes de la tierra en todo el mundo, para reunirlos a la batalla de aquel gran día del Dios Todopoderoso.»

He aquí la explicación de cómo y por qué se efectuará la gran concentración de ejércitos en el valle de Armagedón. Los ejércitos mundiales serán convencidos por espíritus satánicos de que deben marchar hacia el Oriente Medio. A la postre, dichos ejércitos formarán alianza con los soldados que siguen a «los reyes del oriente» con el fin de formar un frente común con la intención de impedir la segunda venida del Mesías (véase Sal. 2).

La trinidad diabólica entra en acción con toda la astucia que su naturaleza malvada le permite. Obsérvese la repetición del sustantivo **«boca»** (*stómatos*). Es probable que el vocablo «boca» se use como figura de la comunicación, es decir, del habla. Como señala William Barclay:

> En el griego hay algo así como un juego de palabras. Los espíritus inmundos
> salen de las bocas de fuerzas malignas. La boca es el órgano del habla y el

habla es una de las fuerzas más influyentes en el mundo. Ahora bien, el término para «espíritu» es *pneûma*, que al mismo tiempo es el vocablo que significa «aliento». Decir, por lo tanto, que un espíritu malo sale de la boca de un hombre es lo mismo que decir que un aliento maligno sale de su boca ... el falso profeta exhala influencias malignas.[29]

Si el punto de vista de Barclay es correcto, esto lleva a pensar que la trinidad diabólica influirá satánicamente a través de los medios de comunicación para engañar a los líderes de las naciones y de ese modo usar sus ejércitos para oponerse al mismo Dios. Los tres usos del vocablo «boca» son «indicativos de una campaña de propaganda a través de la cual la trinidad maligna guiará a la mayoría a un compromiso incondicional para el mal en los postreros días».[30] Recuérdese que el falso profeta es quien induce a los moradores de la tierra a que rindan adoración a la bestia a través de sus señales engañosas (Ap. 13:11-17).

Los tres espíritus que brotan del trío diabólico se describen como «espíritus inmundos, como ranas»,[31] es decir, parecen ser ranas pero de hecho son «espíritus de demonios». La presencia de demonios en la tierra es indicativo de que el reino glorioso del Mesías aún no ha sido establecido. Durante su ministerio terrenal Cristo echó fuera demonios de los cuerpos de muchas personas. Tales milagros confirmaban tanto la persona como el mensaje de Cristo. Él era el Mesías prometido en las Escrituras del Antiguo Testamento. En su reino no habrá actividad satánica de clase alguna. Jesús también dio potestad a sus discípulos de echar fuera demonios cuando los envió a proclamar el mensaje: «El reino de los cielos se ha acercado» (véase Mt. 10:1-8).

Apocalipsis 16 tiene que ver con los juicios que consuman la indignación de Dios contra Satanás y sus seguidores. La actividad satánica en la tierra durante los años de la tribulación estará encarnada en las personas del Anticristo y el falso profeta. Ambos personajes usarán todo el poder de que han sido dotados para arrastrar a la humanidad hacia la adoración de Satanás. La influencia satánica que ha sido evidente a través de la historia de la humanidad se manifestará con una fuerza poderosa en los postreros días.

El versículo 14 expresamente señala que los tres espíritus inmundos como ranas que salen de la boca de la trinidad diabólica **«son espíritus de demonios»** (*eirìn gàr pneúmata daimoníôn*), es decir, son seres espirituales al servicio de Satanás. Son espíritus cuyo rango es el de demonios.[32]

El sustantivo **«demonio»** (*daimóniôn*) se usaba en la literatura clásica posiblemente con referencia a «la idea del dios de los muertos como quien dividía los cadáveres. Denota poder sobrehumano, dios, diosa, destino y demonio».[33] Según la literatura rabínica, «los demonios son espíritus aunque poseen algunos órganos corporales tales como alas. Necesitan comer y beber. Tienen la capacidad de propagación y aparecen en forma humana o en la de algún otro ser. Son innumerables y llenan el universo... Tienen acceso al cielo, donde pueden descubrir los consejos de Dios. Viven tanto en la tierra como en el aire, preferiblemente en los desiertos, las ruinas y lugares impuros, particularmente en los cementerios. Aunque pertenecen al reino de Satanás, Dios les da autoridad para infligir el castigo impuesto en los pecadores.»[34]

El Nuevo Testamento presenta una amplia enseñanza tocante a los demonios. Enseña que son espíritus desprovistos de cuerpos físicos (Mt. 8:16; Lc. 19:17, 20). Al parecer, los demonios son ángeles caídos que obedecen a Satanás (Ef. 2:2; Mr. 3:20-26; Mt. 12:24). Su origen, evidentemente, está relacionado con la caída de Satanás. Cuando Lucifer se rebeló contra Dios, junto con él se rebeló un número considerable de ángeles de rango inferior. Esos ángeles constituyen el conjunto de demonios que forman parte del ejército satánico (véanse Mt. 25:41; Ap. 12:7). Los demonios son capaces de infligir enfermedad en seres humanos (Lc. 13:11). Influyen sobre la mente de seres humanos (2 Co. 4:4; 11:3) y poseen un poder superior al de los hombres.

Aunque los demonios están activos en el mundo, evidentemente lo estarán en un grado mucho mayor durante los años de la tribulación. Los seres humanos adorarán a los demonios durante la tribulación (Ap. 9:20). El sistema diabólico de Babilonia será «habitación de demonios y guarida de todo espíritu inmundo» (Ap. 18:2). También, durante la tribulación, la trinidad diabólica usará a los demonios para hacer señales (*seimeîa*), es decir, actos portentosos y sorprendentes con los que convencen engañosamente a los reyes o gobernantes de la tierra con el fin de «reunirlos» (*synagageîn*) **«a la batalla de aquel gran día del Dios Todopoderso».** «Como espíritus inmundos, tienen el mismo poder milagroso que el de la segunda bestia para engañar a la gente para que adoren a la bestia (13:13, 14; véase también 2 Ts. 2:9, 10).»[35]

Debe prestarse atención al vocablo **«batalla»** (*pólemon*). El significado primario de dicho término es «guerra», aunque también podría referirse a un sólo combate. En este contexto, sin embargo, lo más probable es que se refiera a una campaña bélica extensa y no a una sola batalla. «Lo que está a la vista aquí es algo más que un encuentro militar. Es más bien, una guerra a escala mayor. La evidencia, sin embargo, parece señalar a la conclusión de que este es el clímax de una serie de sucesos militares descritos en Daniel 11:40-45, donde la referencia a "noticias del oriente" (Dn. 11:44) podría apuntar a esta invasión.»[36]

RESUMEN

Los tres espíritus de demonios que proceden de la boca de la trinidad satánica tienen la tarea de engañar mediante sus señales a los gobernantes de la tierra. Atraídos por esos encantamientos mágicos, los reyes de la tierra conducen sus ejércitos y los concentran para entablar batalla contra el Dios del cielo. Pero no debe perderse de vista el hecho de que el Dios Soberano tendrá control de todos los acontecimientos que se desarrollarán durante ese período de tanta influencia satánica. Quizá podría servir de ejemplo lo que ocurrió al malvado rey Acab (véase 1 R. 22:19-23). Dios permitió que un «espíritu de mentira» entrase en la boca de los profetas falsos de Acab y lo indujera a salir a la batalla donde murió en cumplimiento estricto de la palabra de Dios. Los ejércitos de las naciones se concentrarán para la batalla de aquel gran día del Dios Todopoderoso, es decir, el día en que Dios arreglará cuentas con las naciones inicuas de la tierra.

16:15

«He aquí, yo vengo como ladrón. Bienaventurado el que vela, y guarda sus ropas, para que no ande desnudo, y vean su vergüenza.»

Este versículo es una especie de interludio o pausa en el relato de los sucesos de la sexta copa. La Segunda Venida de Cristo es el tema central del Apocalipsis. El libro es «la revelación de Jesucristo» (Ap. 1:1). Es, sin duda, el mismo Señor quien anuncia su venida (véase Ap. 3:3, 18). El tiempo presente **«vengo»** (*érchomai*) tiene función de futuro (véase Jn. 14:3) y sugiere el carácter inminente de la venida del Señor. Probablemente el anuncio de la venida del Señor sea una advertencia a las iglesias cuyos miembros podrían estar despreocupados respecto a los acontecimientos de los postreros días (véase Ap. 3:3). La advertencia no parece ir dirigida a los santos de la tribulación ya que de ser así tendría que referirse a la venida descrita en Apocalipsis 19:11-16, acontecimiento que ocurre inmediatamente después que suceda el juicio de la sexta copa.[37] Es preferible interpretar la exhortación de Apocalipsis 16:15 como un llamado a los creyentes a practicar la fidelidad igual que el llamado hecho a las iglesias de Sardis y Laodicea. El texto afirma la certeza de la venida de Cristo y emite un llamado a la fidelidad y a la santidad de aquellos que aguardan su venida. También hay una exhortación a la constancia y a la vigilancia por el hecho de que el Mesías viene inesperadamente («como ladrón»).[38]

La exhortación va seguida de una bienaventuranza, la tercera de siete que aparecen en el Apocalipsis (véase 1:3; 14:13; 19:9; 20:6; 22:7, 11). **«Bienaventurado el que vela, y guarda sus ropas...»** Los vocablos «vela y guarda» son participios presentes, voz activa y sugieren una acción continua. El creyente que aguarda la venida del Señor se mantiene en una actitud de vigilancia constante y guarda sus ropas, es decir, las mantiene preparadas para cuando llegue el momento de recibir al que viene sin avisar.

«Para que no ande desnudo, y vean su vergüenza» (*hína meì gymnòs peripatêi kaì blépôsin tèin ascheimosynein autoû*). Esta es una cláusula de propósito negativa («para que no...», *hína mèi*) con el verbo («ande»; *peripateî*) en el presente subjuntivo, voz activa. La frase «y vean su vergüenza» expresa el resultado final del propósito negativo. El verbo **«vean»** (*blépôsin*) es el presente subjuntivo, voz activa de *blépo*. Dicho verbo está en plural y tiene función impersonal. Es como si se dijese: «para que no se vea su vergüenza.» El vocablo **«vergüenza»** (*ascheimosynein*) podría ser un eufemismo para expresar desnudez o las partes íntimas de una persona.[39] «Los creyentes son exhortados a permanecer alertas respecto a este gran acontecimiento y no ser sorprendidos como un soldado que, cuando suena la alarma, tiene que salir corriendo desnudo porque ha extraviado su ropa. La clase de preparación espiritual que Cristo requiere es el discernimiento que triunfa sobre la propaganda engañosa de Satanás y sus subalternos (véase Ap. 13:13-15).»[40] Obsérvese el gran parecido entre la exhortación en 16:15 y la que fue dada a la iglesia de Laodicea: «Por tanto, yo te aconsejo que de mí compres ... vestiduras blancas para vestirte, y que no se descubra la vergüenza de tu desnudez...» (Ap. 3:18). La exhortación tiene que ver, por lo tanto, con el hecho de que el creyente debe estar vigilante y preparado para encontrarse con el Señor sin sufrir pérdida de galardones.

16:16

«Y los reunió en el lugar que en hebreo se llama Armagedón.» Después del apóstrofe del versículo 15, Juan reanuda el relato de los acontecimientos relacionados con la sexta copa. La conjunción **«y»** (*kaì*) une los acontecimientos del versículo 14 con la acción descrita en el 16. El verbo **«reunió»** (*synéigagen*) es el aoristo indicativo, voz activa de *synágo*, que significa «congregar», «reunir», «guiar juntos». Dicho verbo es singular como ocurre cuando el sujeto es un plural neutro. «El sujeto en cuestión es los demonios y no Dios.»[41] Son los demonios que hacen señales quienes, con sus estratagemas, hacen que los ejércitos de las naciones se concentren en el valle de Armagedón, situado en las planicies de Esdraelón. Ha sido un campo de batalla famoso en la historia de la nación de Israel. Allí Barac obtuvo una importante victoria sobre el rey de Hazor (Jue. 4:15). También allí Gedeón derrotó a los madianitas. Otro suceso relacionado con Armagedón fue la muerte de Ocozías rey de Judá a manos de Jehú (2 R. 9:27-29). De mayor importancia aún fue la muerte de Josías cuando se enfrentó al faraón Necao (véase 2 R. 23:28-30). Será en ese estratégico valle donde los ejércitos de las naciones convergerán en un último gran intento por impedir la venida en gloria de Cristo a la tierra.[42] El cumplimiento de esta profecía no exige que todos los soldados de los ejércitos de la tierra estén presentes en el valle de Armagedón al mismo tiempo. Armagedón será, sin embargo, el centro de las actividades militares de toda la región del oriente medio en los postreros días. Debe recordarse que Armagedón será, según el texto bíblico, una guerra o campaña militar y no se limita a una sola batalla. Lo más probable es que la mencionada guerra abarque todo lo largo y ancho de la tierra de Palestina aunque, como se ha mencionado, habrá una concentración de fuerzas en el valle de Armagedón. Según Apocalipsis 14:20, el campo de batalla abarcará un área de más de trescientos kilómetros.

Resumiendo, aunque existen problemas para identificar de manera definitiva el lugar llamado Armagedón, eso no exige que haya que alegorizar o espiritualizar su significado. Hay suficientes referencias bíblicas tocante a dicho lugar para concluir que se trata de un sitio geográfico concreto. Si bien es cierto que lo que se reconoce hoy como el valle de Armagedón no es un lugar lo bastante grande para dar cabida a la totalidad de los ejércitos que invadirán dicha región, también es cierto que los mencionados ejércitos estarán distribuidos en un área que se extiende desde los montes de Jezreel hasta Jerusalén. Es posible que los altos mandos militares sean quienes se congreguen en Armagedón mientras que el resto de los soldados estará esparcido por la geografía de Palestina. Armagedón será, por lo tanto el punto geográfico central que marcará el encuentro definitivo y la derrota final de las huestes del Anticristo a manos del Rey-Mesías que regresa victorioso (Ap. 19:11-21).

16:17, 18

«El séptimo ángel derramó su copa por el aire; y salió una gran voz del templo del cielo, del trono, diciendo: Hecho está. Entonces hubo relámpagos y voces y truenos, y un gran temblor de tierra, un terremoto tan grande, cual no lo hubo jamás desde que los hombres han estado sobre la tierra.»

Sin duda, este es el momento más dramático de los juicios de las siete copas. El séptimo ángel vació su copa sobre el aire, «el aire que todos los seres humanos inhalan».[43] El resultado de esa acción deberá afectar a todo lo que respira ya sean aves, animales terrestres o personas. Tan pronto como el ángel hubo derramado el contenido de la copa, salió una gran voz fuera del santuario y procedente del trono. Sin lugar a dudas, es la voz de Dios. se describe como **«una gran voz»** (*phônèi megálei*) y sugiere la autoridad del Soberano.

La voz declara: **«Hecho está»** (*gégonen*). Este verbo es el perfecto indicativo, voz activa de *gínomai*, y podría traducirse: «Ha sucedido», «ha sido realizado». «El tiempo perfecto del verbo sugiere que lo que se ha estado desarrollando durante un período largo de tiempo en el pasado ha llegado a su consumación con el derramamiento de la séptima copa.»[44] «El número singular del verbo se refiere a la totalidad de la serie de las plagas que ahora han sido completadas o al decreto que puso en acción su comienzo... La voz es particularmente apropiada en esta conexión, puesto que estas plagas son "las postreras" (15:1); no falta ninguna manifestación adicional de esta clase.»[45] El tiempo aoristo tiene una función proléptica o anticipatoria, es decir, aunque se refiere a un acontecimiento futuro, su cumplimiento es tan cierto que lo da por realizado.[46] El derramamiento de la séptima copa, además, tiene como resultado la manifestación gloriosa del Mesías, quien viene al frente de sus ejércitos como Guerrero Divino para destruir a todos sus enemigos (véanse Ap. 19:11-21; Éx. 15:3).

Es probable que los resultados o los efectos de la séptima copa se extiendan hasta la creación de los nuevos cielos y la nueva tierra (Ap. 21:6), ya que esta última plaga, al parecer, «culmina la descripción del lado oscuro de cómo la nueva creación será traída a la existencia».[47] La séptima copa, por lo tanto, produce la derrota final y total de los enemigos del Mesías y, a su vez, conduce a la realización del reino de paz y de justicia cuando Cristo reinará como Rey de reyes y Señor de señores, continuando hasta la creación de los nuevos cielos y la nueva tierra.

La declaración divina de que «hecho está» produce una serie de trastornos cataclísmicos y sísmicos sin precedentes en la historia de la humanidad. El texto dice: **«Y hubo relámpagos y voces y truenos, y hubo un gran terremoto de tal clase que no hubo desde que el hombre ha estado en la tierra, un terremoto tan grande, tan grande.»**[48] Los fenómenos mencionados son señales evidentes de la intervención divina con carácter judicial. Es de esperarse que ante tales manifestaciones los seres humanos se humillen y busquen el perdón divino. Los hombres, sin embargo, hacen justo lo contrario y aumentan su rebeldía contra Dios.

En dos ocasiones anteriores (Ap. 6:12 y 11:13) se menciona que haya ocurrido un terremoto. El primero está relacionado con los juicios del sexto sello y, cronológicamente, ocurre al final de la primera mitad de la tribulación. La segunda referencia tiene que ver con los acontecimientos que tienen lugar a raíz de la resurrección y ascensión al cielo de los dos testigos. El terremoto mencionado en Apocalipsis 16:18 supera en intensidad y magnitud a cualquier otro seísmo que haya podido ocurrir en la historia de la humanidad. El vocabulario usado en el texto griego es sumamente enfático: (1) «Un gran temblor» (*seismòs... mégas*); (2) «de tal clase que no ha ocurrido desde que el hombre existe en la tierra» (*hoîos ouk egéneto aph hoû ánthrôpos egéneto epì teîs geîs*); (3) «un seísmo tan fuerte» (*teilikoûtos seismòs*); y (4) «[un seísmo] tan grande» (*seismòs hóutô mégas*). Tal parece como si Juan se sintiese incapaz de encontrar el vocabulario adecuado para describir tan insólito acontecimiento. El Dios Todopoderoso hará temblar los cimientos mismos de la tierra con fuerza devastadora e inconfundible (Hag. 2:6; He. 12:26, 27). Los hombres, sin embargo, continuarán adorando a Satanás.

16:19

«Y la gran ciudad fue dividida en tres partes, y las ciudades de las naciones cayeron; y la gran Babilonia vino en memoria delante de Dios, para darle el cáliz del vino del ardor de su ira.»

La identificación de **«la gran ciudad»** ha sido tema de discusión entre los estudiosos del Apocalipsis. Hay quienes la identifican con Roma.[49] Otros la alegorizan, diciendo que se refiere al «hombre civilizado, el hombre en comunidad organizada, pero el hombre que ordena sus asuntos sin contar con Dios».[50] También otros consideran que «simboliza la completa desintegración de la cultura y la civilización no cristianas».[51] Además, hay quienes creen que el texto se refiere a la destrucción del «imperialismo autoritario en todas las épocas»[52] que «hace la vida imposible a los ya empobrecidos, gracias a una maquinaria comercial que favorece a los ricos».[53] Algunos exégetas no están seguros de si la frase «la gran ciudad» se refiere a Babilonia, a Jerusalén o a Roma.

Una importante observación que no debe pasarse por alto es el hecho de que el versículo 19 habla de lo siguiente: (1) **«La gran ciudad»**, (2) **«las ciudades de las naciones»**; y (3) **«la gran Babilonia».** Si bien es cierto que a Babilonia se le designa como la gran ciudad en Apocalipsis 14:8 y en 17:18 (véase, además, 18:2, 10, 21), también es cierto que la ciudad de Jerusalén recibe la misma calificación en

Apocalipsis 11:8. El hecho de que se haga la triple distinción antes mencionada da pie a pensar que la referencia no es a Babilonia. Lo más probable, por lo tanto, es que se refiera a la ciudad de Jerusalén.

Según Apocalipsis 11:13, Jerusalén sufrirá primero una destrucción parcial y, posteriormente, experimentará importantes cambios topográficos (Zac. 14:4) que coincidirán con la segunda venida en gloria del Mesías. El texto afirma que **«la gran ciudad fue dividida en tres partes».** Por supuesto que Juan utiliza una vez más la figura de prolepsis, anticipando un acontecimiento futuro y dándolo por realizado debido a la certeza de que tendrá lugar. Al igual que Apocalipsis 16:19, «Zacarías 14 habla en línea similar de un día en que todas las naciones se reunirán contra Jerusalén y la ciudad será tomada. Pero el Señor peleará contra aquellas naciones, como está profetizado en [Zac.] 14:4, 5, el cual dice que el monte de los Olivos se dividirá en dos el día en que el Señor venga. En la misma catástrofe está la semilla de la esperanza, porque simultáneamente con las calamidades cósmicas ocurre el amanecer de las realidades espirituales. Es, sin embargo, importante notar que Zacarías está hablando de Jerusalén, no de Roma, tal como nuestro texto dirige la atención hacia Jerusalén.»[54]

Si se tiene en cuenta, por lo tanto, que el versículo 19 separa «la gran ciudad» de «las ciudades de las naciones» y de «la gran Babilonia», lo normal sería entender que la expresión «la gran ciudad» significa Jerusalén. Además, si se recuerda que, según Zacarías 14:1-5, Jerusalén y sus alrededores sufrirán cambios topográficos que coincidirán con la venida del Mesías a la tierra, una interpretación natural de Apocalipsis 16:19 conduce a entender que «la gran ciudad» no es otra que Jerusalén.

La séptima copa también producirá juicio sobre **«las ciudades de las naciones»** (*hai póleis tôn ethnôn*). El texto dice que «las ciudades de las naciones cayeron». El verbo «cayeron» (*épesan*) es el aoristo indicativo con función profética, voz activa de *pípto*, que significa «caer». Juan contempla un acontecimiento futuro tan cierto que lo da por realizado. De modo que no sólo la ciudad de Jerusalén, sino también las ciudades de los gentiles sufrirán los efectos terribles del gran terremoto mencionado en el versículo 18. «Por todas partes las ciudades de los paganos [gentiles] son sacudidas hasta que caigan; esta no es una visitación local sino mundial.»[55]

Finalmente, **«la gran Babilonia vino en memoria delante de Dios»,** es decir, Dios no se ha olvidado del juicio sobre la capital del imperio malvado de la bestia. Es Dios quien se recuerda de la ciudad que ha sido el centro de la idolatría y de la apostasía en el mundo. Babilonia ha corrompido al mundo entero (Ap. 18:3). En los postreros días Dios se recordará de Babilonia **«para darle el cáliz del vino del ardor de su ira».** El verbo «darle» (*doûnai auteî*) está en el modo infinitivo, tiempo aoristo. La frase introducida por dicho verbo es epexegética, es decir, describe y amplía lo dicho anteriormente. Dios dará a Babilonia «el cáliz del vino del ardor de su ira». En el texto griego, esta frase dice: «El cáliz del vino de la indignación de su ira», o sea, la ira que está caliente con su indignación. Los dos vocablos «indignación» (*thymoû*) e «ira» (*orgeîs*) son fundamentalmente sinónimos y se usan en este contexto para recalcar la acción del juicio divino sobre Babilonia. Obsérvese que el juicio de Dios comienza con Jerusalén (la ciudad amada) y concluye con Babilonia (la ciudad repudiada). El vino que llena el cáliz está caliente con la ira y la indignación de Dios y como tal será vaciado judicialmente sobre Babilonia. ¡El castigo que Dios tiene preparado para Babilonia no podría describirse con mayor severidad!

16:20

«Y toda isla huyó, y los montes no fueron hallados.» El resultado del gran terremoto (v. 18) será devastador. Toda la tierra sufrirá sus consecuencias. Las islas de los océanos desaparecerán. El verbo **«huyó»** (*éphygen*) es el aoristo indicativo, voz activa de *pheúgo*, que significa «huir». Aquí tiene función profética y destaca la realidad de un acontecimiento que ocurrirá con toda certeza. En Apocalipsis 6:12-14, se describe los juicios del sexto sello que han de ocurrir al final de la primera mitad de la tribulación. En 6:14 dice: «...y todo monte y toda isla se removió de su lugar.» Evidentemente, lo que ha de ocurrir como resultado de la séptima copa será en una escala aún mucho mayor. Las islas irán a parar al fondo de los océanos y los montes se hundirán de modo tal que no serán hallados. Recuérdese que aquí se trata de las plagas postreras con las que la ira de Dios se consumará. Es difícil comprender la magnitud de los acontecimientos relacionados con la consumación de la ira de Dios, pero lo que sí puede asegurarse es que serán hechos sin precedentes en la historia de la humanidad.

16:21

«Y cayó del cielo sobre los hombres un enorme granizo como del peso de un talento; y los hombres blasfemaron contra Dios por la plaga del granizo; porque su plaga fue sobremanera grande.»

La historia bíblica registra que Dios ha utilizado granizos para castigar la maldad de los hombres (véanse Éx. 9:23, 24; Jos. 10.11; Job 38:22, 23; Is. 28; 2, 17). El juicio futuro sobre Gog, según Ezequiel 38:22-23, consistirá, entre otras cosas, de una «...impetuosa lluvia, y piedras de granizo, fuego y azufre».

La séptima y última de las plagas hará que caiga del cielo una lluvia de granizos en la que cada granizo pesa cerca de 50 kilos. No hay en el texto ni el más leve indicio de que no se trate de granizos literales. José Grau, correctamente, afirma:

> El granizo aterrador que cae del cielo significa que el juicio es definitivo ahora, y que Dios destruirá enteramente todas las cosas que constituyen este imperio de maldad, encarnado por Babilonia.[56]

Los hombres que sufren la plaga del granizo tienen que ser los que se han sometido a la bestia y han aceptado su tatuaje. Evidentemente, no todos ellos mueren como resultado de los granizos. Los sobrevivientes, sin embargo, continúan con sus corazones endurecidos y persisten en blasfemar contra Dios (véase Ap. 16:9, 11). Los hombres debieran reconocer que granizos de tal magnitud deben tener un origen sobrenatural. Lo normal sería que los hombres se acogiesen a la misericordia de Dios y buscasen su perdón. Tal actitud, sin embargo, está totalmente ausente. La rebeldía del corazón del hombre se pone de manifiesto con el mayor de los énfasis: **«Los hombres blasfemaron contra Dios.»** En lugar de caer de rodillas ante el Soberano, el hombre agita su puño contra Dios. Pero los granizos no constituyen el final del contenido de la séptima copa. Esta incluye el juicio sobre Babilonia tanto en su aspecto ético como en su aspecto político-comercial (Ap. 17, 18) así como la venida gloriosa del Rey de reyes y Señor de señores (Ap. 19). Es probable, además, que incluya la era del reino (Ap. 20) y hasta la creación de los nuevos cielos y la nueva tierra (Ap. 21), cuando Dios ha de anunciar: «He aquí, yo hago nuevas todas las cosas... Y me dijo: Hecho está» (Ap. 21:5, 6). La séptima copa demostrará dentro del tiempo y de la historia que sólo Dios, el único Dios vivo y verdadero es el Soberano del Universo.

RESUMEN Y CONCLUSIÓN

Apocalipsis 16 revela los juicios que consuman la ira de Dios. Estos juicios aparecen en la forma de siete copas que son derramadas sucesivamente sobre la tierra, el mar, los ríos, el sol, el trono de la bestia, el río Éufrates y los aires. Las siete plagas postreras tienen un alcance universal, es decir, afectarán a toda la tierra y sus habitantes. No todos morirán como resultado de esas plagas, pero todos sufrirán sus efectos.

Los ejércitos de las naciones, engañados por las señales hechas por espíritus satánicos, se concentrarán en el oriente medio. Su propósito último será intentar impedir la venida gloriosa de Cristo a la tierra. Los ejércitos tomarán posiciones desde el monte de Meguido hasta los alrededores de Jerusalén. Ahí tendrá lugar la campaña de Armagedón (16:16). El Señor Jesucristo vendrá triunfante al frente de sus santos ejércitos y aplastará de una vez y por todas a sus enemigos (Ap. 19:11-21).

Los juicios de las siete copas serán, por lo tanto, simultáneos con la segunda venida del Mesías. Cuando Él venga habrá cambios en la topografía del planeta. Las ciudades de las naciones caerán, las islas desaparecerán y los montes se convertirán en planicies. Pero los seres humanos que sobrevivan y que se hayan sometido a la autoridad del Anticristo continuarán blasfemando al Dios Soberano. Esa es una demostración palpable de que la maldad humana habrá llegado a su colmo. Los hombres conocerán perfectamente que los juicios por los que están pasando vienen de la mano de Dios, pero aun así se negarán a arrepentirse. El ser humano es inexcusable delante del Juez de la tierra.

Debe recordarse que los juicios divinos revelados en el Apocalipsis se manifiestan en tres series. La primera consiste de los juicios de los sellos. Los seis primeros sellos abarcan los tres años y medio de la primera mitad de la tribulación. El séptimo sello contiene o consiste de los juicios de las trompetas. Las siete trompetas abarcan la segunda mitad de la tribulación. La séptima y última trompeta consiste de los juicios de las copas que a su vez equivalen al tercero de los tres «ayes». Los juicios de las siete copas se suceden casi sin interrupción. Dichos juicios son simultáneos con la segunda venida de Cristo a la tierra.

La séptima copa, sin embargo, tendrá efectos de largo alcance. Esta no concluye con los juicios descritos en Apocalipsis 16:17-21, sino que también incluye los juicios sobre Babilonia, la ciudad repudiada (Ap. 17, 18). Incluye, además, los acontecimientos relacionados con la segunda venida del Mesías (Ap. 19), los sucesos del capítulo 20 que comprenden lo relacionado con el milenio (20:1-6), la derrota final de Satanás y sus seguidores (20:7-10) y el juicio final (20:11-15). Es probable que la séptima copa abarque también la creación de los nuevos cielos y la nueva tierra (Ap. 21:1—22:5). Dios actuará soberanamente y su propósito eterno se cumplirá rigurosamente en conformidad con su santo diseño.

NOTAS

1. El adjetivo «grande» (*megáleis*) aparece once veces en el capítulo 16 (véase 16:1, 9, 12, 14, 17, 18[2], 19[2], 21[2]). El mismo vocablo se usa 9 veces en Apocalipsis 18.
2. Robert L. Thomas, *Revelation 8—22*, p. 246.
3. Henry Barclay Swete, *Commentary on Revelation,* p. 200.
4. Véase John F. Walvoord, *The Revelation of Jesus Christ,* p. 231.
5. Algunos expositores tienden a espiritualizar y alegorizar los juicios de las copas. Otros prefieren aplicarlas a acontecimientos que han tenido lugar a

través de la historia y pasan por alto el hecho de que se trata de la «consumación de la ira de Dios» y de «los juicios postreros» sobre la humanidad impenitente (véase la interpretación de William Hendriksen, *Más que vencedores*, pp. 193-194).

6. G.B. Caird, «The Revelation of Saint John», p. 201.
7. Véase Joseph Henry Thayer, *Greek-English Lexicon of the New Testament*, p. 320.
8. Véase *The New International Dictionary of the New Testament Theology*, vol. 1, p. 562.
9. Véase George Eldon Ladd, *A Commentary on the Revelation of John*, p. 210.
10. A.T. Robertson, *Word Pictures,* vol. VI, p. 421.
11. Robert L. Thomas, *Revelation 8—22*, p. 253.
12. Robert H. Mounce, «The Book of Revelation», p. 296.
13. Joseph Henry Thayer, *op. cit.*, p. 27.
14. Véase Fritz Rienecker, *Linguistic Key*, vol. 2, p. 501.
15. Robert L. Thomas, *op. cit.*, p. 257.
16. John F. Walvoord, *The Revelation of Jesus Christ*, pp. 234-235.
17. A.T. Robertson, *op. cit.*, vol. VI, p. 422.
18. Véase J. Dwight Pentecost, *Thy Kingdom Come*, p. 302.
19. Robert L. Thomas, *op. cit.*, p. 259.
20. *Ibid.* Thomas observa que la expresión «se cubrió de tinieblas» (*egéneto... eskatöménei*) es un perifrástico pluscuamperfecto. Esta clase de forma verbal tiene un énfasis intensivo, es decir, enfoca el resultado existente de un proceso completo. Las tinieblas resultantes son de un estado continuo (Thomas, p. 261).
21. Véase Henry Barclay Swete, *Commentary on Revelation,* p. 204.
22. Véase William Barclay, *The Revelation of John,* vol. 2, p. 128.
23. John F. Walvoord, *op. cit.,* p. 235.
24. J. Massyngberde Ford, «Revelation», p. 262.
25. *Ibid.*, p. 263.
26. José Grau, *Estudios sobre Apocalipsis,* p. 253.
27. *Ibid.*, p. 252.
28. El Éufrates se menciona por primera vez en la Biblia en Génesis 2:14 y por última vez en Apocalipsis 16:12. Este río, junto con el Tigris, forma la llamada «Creciente Fértil» que se extiende a lo largo de los mencionados ríos en dirección noroeste y luego desciende hasta la misma tierra de Israel. El Éufrates es uno de los ríos más importantes en la historia de la humanidad. Constituye la frontera oriental de la tierra que Dios prometió a Abraham (Gn. 15:18; Dt. 1:7; 11:24; Jos. 1:4) y también formaba los límites orientales del antiguo Imperio Romano. Junto al río Éufrates fue establecida la ciudad de Babilonia. El río nace en las montañas de Armenia y fluye a través de Asiria, Siria, Mesopotamia y Babilonia, haciendo un recorrido de unos 2.800 kilómetros hasta desembocar en el Golfo Pérsico. Al igual que el Nilo, el Eufrates es usado para irrigar extensos territorios mediante canales artificiales. En la Biblia se usan varios nombres para designar este importante río (véanse Gn. 2:14; 15:18; Dt. 1:7; 11:24; Jos. 1:4; 2 S. 8:3; 2 R. 23:29; 24:7; 1 Cr. 5:9; 18:3; 2 Cr. 35:20; Jer. 13:4; 51:63).
29. William Barclay, *op. cit.,* vol. 2, pp. 129, 130.
30. Robert L. Thomas, *op. cit.,* p. 264.
31. Según la ley levítica, la rana es un animal inmundo y abominable para el

pueblo de Dios. Para los egipcios la rana era un dios. Sin embargo, Dios utilizó dicho animal para castigar a los egipcios (Éx. 8:5).

32. Joseph Thayer, *Greek-English Lexicon*, p. 124.
33. Hans Bietenhard, «Demon», *The New International Dictionary of the New Testament Theology*, vol. 1, pp. 450-453.
34. *Ibid.*, p. 451.
35. Robert L. Thomas, *Revelation 8—22*, p. 265.
36. John F. Walvoord, *The Revelation of Jesus Christ*, p. 237.
37. Véase Robert L. Thomas, *Revelation 8—22*, p. 267.
38. El tema de la segunda venida de Cristo se usa en muchos pasajes de las Escrituras para exhortar a los creyentes a tomar una postura firme en una variedad de circunstancias. Véase J. Dwight Pentecost, *Eventos del porvenir*, pp. 298, 299.
39. Véase Fritz Rienecker, *Linguistic Key,* vol. 2, p. 503.
40. Robert H. Mounce, «The Book of Revelation», p. 301.
41. Robert L. Thomas, *Revelation 8—22*, p. 268; véase también A.T. Robertson, *Word Pictures,* vol. VI, p. 425.
42. Se han hecho innumerables esfuerzos con miras a encontrar un significado simbólico al sustantivo Armagedón y a la batalla relacionada con dicho lugar. Entre las interpretaciones simbólicas de Apocalipsis 16:16 figuran las ofrecidas por Leon Morris («Revelation», pp. 199-200), William Hendriksen (*Más que vencedores*, pp. 196-198), José Grau (*Estudios sobre Apocalipsis,* pp. 256-259) y Ricardo Foulkes (*El Apocalipsis de San Juan*, p. 171). No existe, sin embargo, razón exegética para abandonar la interpretación literal del texto. Quienes optan por una interpretación alegórica o espiritualizada tienen que buscar apoyo fuera del pasaje mismo para llegar a sus conclusiones. Debe observarse que todas las batallas y conflictos ocurridos en el valle de Armagedón, mencionados en la Biblia, han sido acontecimientos completamente literales. Armagedón es, por lo tanto, un lugar adecuado para que allí tenga lugar la batalla final en la que el Mesías victorioso derrotará a todos sus enemigos (Ap. 19:11-21).
43. Henry Barclay Swete, *Commentary on Revelation,* p. 210.
44. Véase Robert L. Thomas, *Revelation 8—22*, p. 273.
45. Henry Barclay Swete, *Commentary on Revelation,* p. 210.
46. Véase George Eldon Ladd, *A Commentary on the Revelation of John*, p. 217.
47. Robert L. Thomas, *op. cit.,* p. 273.
48. Obsérvese la figura de dicción llamada polisíndeton, es decir, muchas «y». Dicha figura se usa para llamar la atención al lector respecto de cada uno de los sustantivos usados.
49. Véase William Barclay, *The Revelation of John,* vol. 2, p. 134.
50. Leon Morris, «Revelation», p. 201.
51. José Grau, *Estudios sobre Apocalipsis,* pp. 260, 261.
52. Ricardo Foulkes, *El Apocalipsis de San Juan*, p. 172.
53. *Ibid.*
54. J. Massyngberde Ford, «Revelation», p. 264.
55. Henry Barclay Swete, *Commentary on Revelation,* p. 211.
56. José Grau, *op. cit.,* p. 261.

17

Babilonia: La ciudad ramera (17:1-18)

INTRODUCCIÓN

Los capítulos 17 y 18 del Apocalipsis se centran en el juicio divino sobre la ciudad de Babilonia. En dos ocasiones anteriores (Ap. 14:8; 16:19), se ha mencionado una anticipación del castigo de Dios sobre la ciudad repudiada. Los capítulos 17 y 18 del Apocalipsis son el cumplimiento literal de las profecías divinas contra Babilonia (véanse Is. 13-14; Jer. 50-51).

El capítulo 17 presenta una descripción escalofriante de las actividades de Babilonia.[1] Juan, en el mejor estilo apocalíptico, usa símbolos y metáforas para comunicar la revelación recibida de Dios. Como ocurre repetidas veces en el Apocalipsis, el escritor recibe la visión (Ap. 17:1-6) y de inmediato un ser celestial le declara el significado de dicha visión (17:7-18).

Bosquejo

1. **La descripción de la ciudad ramera (17:1-6)**
   1.1. Gran ramera (17:1*c*)
   1.2. Sentada sobre muchas aguas (17:1*a*)
   1.3. Comete inmoralidad (17:2*a*)
   1.4. Corrompe a los moradores de la tierra (17:2*b*)
   1.5. Cabalga sobre la bestia (17:3)
   1.6. Exhibe grandes riquezas (17:4*a*)
   1.7. Está llena de abominaciones (17:4*b*)
   1.8. Su nombre: Babilonia la grande (17:5)
   1.9. Persigue y mata a los santos (17:6)
2. **La interpretación de la visión (17:7-18)**
   2.1. Interpretación de la mujer y la bestia (17:7-13)
       2.1.1. La mujer es clasificada como misterio (17:7*a*)
       2.1.2. La bestia causará asombro entre los hombres (17:7*b*, 8)
       2.1.3. La bestia es el último de 8 reyes (17:9-11)
       2.1.4. La bestia es investida de poder por 10 reyes (17:12, 13)

2.2. La bestia y sus aliados pelean contra el Cordero (17:14)
  2.2.1. El Cordero triunfa sobre la bestia (17:14*a*)
  2.2.2. Los seguidores del Cordero vencerán con El (17:14*b*)
2.3. Explicación de los detalles de la visión (17:15-18)
  2.3.1. Las aguas son pueblos controlados por la mujer (17:15)
  2.3.2. Los diez cuernos que destruyen a la ramera (17:16)
  2.3.3. El ascenso de la bestia es parte del plan de Dios (17:17)
  2.3.4. Reiteración de la identificación de la mujer (17:18)
3. **Resumen y conclusión**

NOTAS EXEGÉTICAS Y COMENTARIOS

17:1

«Vino entonces uno de los siete ángeles que tenían las siete copas, y habló conmigo diciéndome: Ven acá, y te mostraré la sentencia contra la gran ramera, la que está sentada sobre muchas aguas.»

El texto no especifica cuál de los siete ángeles es el que entra en conversación con el apóstol Juan. Evidentemente, Juan no pudo diferenciarlo de los otros seis. Lo que sí está claro es que el mencionado ángel es portador de uno de los trozos de revelación más importantes de todo el libro del Apocalipsis, es decir, el juicio divino y la destrucción de Babilonia.

«Ven acá» (*deûro*), dice el ángel a Juan. El vocablo usado es un adverbio que sugiere urgencia. Equivale a decir: «¡Ven!» «¡Aquí!»[2] Seguidamente, el ángel expresa su misión reveladora: «Y te mostraré la sentencia contra la gran ramera, la que está sentada sobre muchas aguas.» El verbo **«mostraré»** (*deíxo*) es el futuro indicativo, voz activa de *deíknumi*, que significa «señalar», «mostrar», «dar a conocer algo a alguien».[3] Dicho verbo aparece en Mateo 4:8, donde dice: «...y le mostró todos los reinos del mundo y la gloria de ellos.» También se usa en 1 Timoteo 6:15, respecto a la manifestación visible de Cristo en su segunda venida: «La cual a su tiempo mostrará el bienaventurado y solo Soberano, Rey de reyes, y Señor de señores.» El ángel, por lo tanto, hace saber a Juan que ha de exhibir delante de sus ojos lo que Dios ha determinado hacer con «la gran ramera». El término **«sentencia»** (*kríma*) se refiere tanto a un veredicto judicial como a la ejecución de dicho veredicto.[4] Apocalipsis 17:14-17 es una anticipación de lo que Dios va a hacer a «la gran ramera». El capítulo 18 describe los pormenores de la ejecución de la sentencia divina.

Obsérvese que el texto dice que la sentencia es «contra la gran ramera», aunque en realidad en el griego dice enfáticamente: «...la sentencia de la ramera [es decir] la grande.» Con anterioridad, Juan ha registrado el hecho de que Babilonia «ha hecho beber a todas las naciones del vino del furor de su fornicación» (Ap. 14:8). Los vocablos **«ramera»** (*pórneis*) y «fornicación» (*porneía*) apuntan hacia la prostitución espiritual de Babilonia, a la que el texto define como «la madre de las rameras» (Ap. 17:5). El ángel añade que la ramera a la que se refiere es «la que está sentada sobre muchas aguas» (*teîs katheiménes epí hudáton pollôn*). La expresión **«la que está sentada»** (*teîs katheiménes*) es el participio presente, voz media de *kátheimai*, que significa «sentarse». El participio presente sugiere una acción continua («la que se sienta»). La figura de **«sentarse sobre»** sugiere «dominio», «control», «soberanía».[5]

En Apocalipsis 17:15, el ángel declara a Juan que: «Las aguas que has visto donde la ramera se sienta, son pueblos, muchedumbres, naciones y lenguas.» Es decir, la gran ramera posee un vasto control sobre un extenso sector de la humanidad.

Su influencia y poder arrastran a pueblos, naciones y a una variedad considerable de razas. La ciudad ramera «guía al mundo en la búsqueda de la falsa religión, ya sea esta paganismo o una perversión de la religión revelada. Es el símbolo de un sistema que se remonta a la torre de Babel (Gn. 10:9, 10; 11:1-9) y se extiende hacia el futuro cuando alcanzará su cenit bajo el régimen de la bestia».[6]

El hecho de que la mujer se sienta al mismo tiempo «sobre muchas aguas» y «sobre una bestia escarlata» (17:3) sugiere que la ciudad simbolizada por la mujer tiene poderes que se escapan de la comprensión humana. Por un lado controla pueblos y naciones y, por el otro, controla también a la bestia, si bien sólo temporalmente (véase Ap. 17:16, 17).

Como el texto claramente indica, la ciudad a la que Apocalipsis 17 y 18 se refieren es Babilonia. El fundador de la ciudad de Babilonia fue Nimrod. Este personaje era descendiente de Cam, uno de los tres hijos de Noé, a través de Cus. Génesis 10:8 dice: «Y Cus engendró a Nimrod, quien llegó a ser el primer poderoso en la tierra.» Nimrod estableció el primer reino imperial sobre la tierra.[7] La ciudad de Babel era conocida por su orgullo y vanidad así como por ser el foco de rebelión contra Dios y centro de la adoración pagana de falsas deidades.[8]

El nombre Nimrod se deriva de un verbo que significa «nos rebelaremos», y sugiere algún tipo de resistencia violenta contra Dios.[9] La capital de su reino, Babel, significa «la puerta de Dios». De modo que el nombre mismo que Nimrod dio a su ciudad sugiere que su objetivo iba más allá del establecimiento de un estilo de gobierno opresor y violento. Evidentemente pretendía establecer al mismo tiempo un centro de religión apóstata y contraria al Dios Soberano de cielos y tierra.

Las Escrituras revelan que Nimrod era un «vigoroso cazador delante de Jehová» (Gn. 10:9) que en realidad significa «un poderoso cazador contra Jehová».[10] Nimrod era un cazador de hombres. Aterrorizaba y doblegaba a sus contemporáneos. «Atrapaba a los hombres por estratagema y fuerza.»[11] Su imperio comenzó con la fundación de Babel, pero luego se extendió a lo largo del Éufrates e incluyó a Erec, Acad y Calne (Gn. 10:10). También colonizó Asiria y estableció las ciudades de Nínive, Rehobot, Calá y Resén (Gn. 10:11, 12). En definitiva que Nimrod logró controlar una muy vasta región regada por los ríos más importantes de aquella geografía, es decir, el Tigris y el Éufrates. El imperio original de Nimrod literalmente «estaba sentado sobre muchas aguas» (véase Jer. 51:13). Nimrod era lo opuesto al ideal divino de un rey. En las Escrituras, el pastor idealiza cómo debe ser un rey (2 S. 5:2; 7:7; Ap. 2:27; 19:15). Nimrod, sin embargo, era un cazador y no un pastor. «Un cazador se autogratifica a expensas de su víctima, pero el pastor se gasta a sí mismo por el bien de quienes están bajo su cuidado.»[12]

El cuadro que la Biblia presenta de Babilonia, tanto la ciudad como el imperio, es el de un poder malvado por excelencia.[13] Incluso después de su decadencia histórica sigue siendo considerada la epítome y el prototipo de una ciudad inicua y dominante.[14] El orgullo, la crueldad, la opulencia y la idolatría de Babilonia se mencionan con frecuencia en el Antiguo Testamento (véanse Is. 13, 14; Jer. 50— 51; Hab. 1:5-11). La religión babilónica era decididamente antropomórfica. Los dioses babilonios poseían características y emociones humanas. Odiaban, envidiaban, peleaban entre sí y procreaban. El panteón babilonio consistía de unas 1.500 deidades diferentes. Entre ellas figuraban: (1) *Anu*, que representaba al cielo; (2) *Enlil* o el dios del viento y la tormenta; y (3) *Ea*, quien era el dios de las aguas.[15] El panteón babilónico, sin embargo, estaba encabezado por Marduk, «el más sabio de los dioses».[16] La mitología babilonia considera a Marduk hijo de Ea y Damkina. Era considerado «una figura imponente, dotado de ojos deslumbrantes y de una majestad estremecedora».[17] Su padre le confirió «una doble igualdad con los dioses que se manifestaba en los dos rostros de Marduk y en la doble dimensión de sus miembros, de modo que fue exaltado entre los dioses».[18] La idolatría en Babilonia excede todo lo imaginable. El comportamiento de sus dioses era grotesco. La superstición junto con la hechicería, la magia y el culto a los astros eran prácticas comunes entre los babilonios. Tanto la Babilonia de los tiempos de Nimrod como la de Hamurabi y la de Nabucodonosor representaba la rebeldía y el desafío del hombre contra la autoridad de Dios.

17:2

«Con la cual han fornicado los reyes de la tierra, y los moradores de la tierra se han embriagado con el vino de su fornicación.» Como ya se ha señalado, el poder y la influencia de Babilonia son muy grandes. Por un lado los reyes de la tierra **«han fornicado»** con ella. Aquí debe referirse a la fornicación en el aspecto espiritual. **«Los reyes de la tierra»** (*hoí basilêis teîs geîs*), es decir, los líderes políticos del mundo se han doblegado ante la influencia de Babilonia y se han entregado a la idolatría. Han preferido a Satanás y han despreciado al Dios vivo y verdadero. Los reyes de la tierra actuarán para proteger sus propios intereses y no tendrán escrúpulos de ninguna clase al realizar sus transacciones económicas y convenios políticos siempre y cuando les produzca beneficios. La ética maquiavélica será utilizada como nunca antes por los gobernantes de las naciones. La preponderancia política de Babilonia en los días de la tribulación penetrará todas las esferas de la vida social de las naciones. Babilonia volverá por sus fueros y hará «beber a todas las naciones del vino del furor de su fornicación» (Ap. 14:8).

Paralelamente con la influencia de Babilonia sobre los reyes de la tierra estará su hegemonía sobre las masas populares. El texto dice: **«y los moradores de la tierra se han embriagado con el vino de su fornicación.»** Desde su comienzo en tiempos de Nimrod, Babilonia ha ejercido una influencia embrujadora en los habitantes de la tierra. «El vino de la fornicación de la antigua Babilonia era un sistema viciado de idolatría y autoexaltación carnal por encima y en contra de las revelaciones e instituciones de Jehová. Ya estaba embotellada y etiquetada antes de la primera dispersión. Con esa dispersión fue a cada estado y nación bajo el cielo. En realidad, se encuentra hasta el día de hoy entre todas las naciones de la tierra, afectando, por no decir controlando, su pensamiento, política, fe y adoración.»[19]

La expresión **«los moradores de la tierra»** se refiere a la gente rebelde que habita en la tierra. Son personas cuyos sentimientos y objetivos están centrados exclusivamente en la tierra. Viven para sus placeres y no tienen interés alguno en las cosas espirituales. El verbo **«se han embriagado»** (*emethysthesan*) es el aoristo indicativo, voz pasiva de *methysko*, que significa «embriagar». La voz pasiva debe traducirse «han sido embriagados». El aoristo tiene función ingresiva y sugiere la idea de «entrar en un estado de embriaguez».[20] Los habitantes de la tierra sucumbirán ante el deslumbrante brillo del oro de Babilonia y se dejarán controlar por las engañosas propuestas de sus negocios. Beberán y se embriagarán con **«el vino de su fornicación»,** es decir, se convertirán en instrumentos dóciles de la voluntad de la gran ramera.

17:3

«Y me llevó en el Espíritu al desierto; y vi a una mujer sentada sobre una bestia escarlata llena de nombres de blasfemia, que tenía siete cabezas y diez cuernos.»

El apóstol Juan es transportado espiritualmente al desierto. El sustantivo **«espíritu»** (*pneúmati*) se refiere al espíritu de Juan, no al Espíritu Santo. Mientras su cuerpo permanecía en Patmos, el apóstol experimentó un éxtasis que permitió que fuese trasladado a un ambiente de **«desierto»** (*éreimon*). En Apocalipsis 12:14, la mujer simbólica de Israel fue llevada al desierto para ser protegida de Dios. En Apocalipsis 17:3, la mujer ramera, Babilonia, está en el desierto para ser juzgada por Dios. El apóstol Juan es transportado espiritualmente al desierto para que contemple las escalofriantes características de la gran ramera.

La mujer aparece **«sentada sobre una bestia escarlata llena de nombres de blasfemia, que tenía siete cabezas y diez cuernos».** En esta coyuntura, evidentemente, la mujer ejerce control sobre la bestia tal como lo sugiere el hecho de que aparece «sentada» (*katheiménein*) sobre ella. Además, el hecho de que la mujer está sentada sobre la bestia indica que es diferente de ella.

La **«bestia escarlata»** es, sin duda, la misma de Apocalipsis 13:1. Dicha bestia representa tanto al Anticristo como al imperio sobre el cual ejerce su autoridad. El hecho de que en Apocalipsis 17:3 la mujer cabalga sobre la bestia sugiere que, cronológicamente, Apocalipsis 13:1-18 es posterior a Apocalipsis 17. En Apocalipsis 13, la bestia gobierna de manera absoluta. «La posición de la mujer, cabalgando sobre la bestia, sugiere por un lado que es sostenida por el poder político de la bestia y, por el otro lado, que está en una posición dominante y al menos exteriormente controla y dirige a la bestia.»[21]

Obsérvese la relación que existe entre el dragón, es decir Satanás, la bestia y la mujer que cabalga sobre ella. A los tres se les relaciona con el color escarlata (véase Ap. 12:3; 17:3, 4). El color escarlata era muy popular en tiempos del imperio romano y era emblemático de lujo y esplendor arrogante.[22] Robert L. Thomas destaca el evidente simbolismo del color escarlata, cuando dice:

> El color escarlata de la bestia armoniza con parte de la vestidura de la mujer (17:4) y es una posible insinuación irónica al simbolismo de la expiación o purificación bajo la ley (véanse Lv. 14:4, 6, 49, 51, 52; Nm. 19:6). Materiales textiles lujosos eran frecuentemente de ese color (18:12, 16; véanse Nm. 4:8; 2 S. 1:24; Jer. 4:30). El color escarlata se mezclaba con el azul oscuro (*huakínthinon*, Is. 3:23, LXX) y con el rojo azulado (*porphyra*, «púrpura», Éx. 39:1 [39:13, LXX]; 2 Cr. 2:7 [2:6, LXX]). Dicho color simboliza lujo y esplendor, los cuales constituyen sus evidentes connotaciones aquí y en el versículo 4.[23]

De modo que la Babilonia de los postreros días se caracterizará por su influencia tanto sobre los gobernantes de las naciones como sobre los habitantes de la tierra en general. Además, se destacará por su opulencia. Exhibirá grandes riquezas y con ellas controlará a muchos pueblos y, por lo menos temporalmente, dominará al Anticristo.

«Llena de nombres de blasfemia» (*gémonta onómata blaspheimías*). El vocablo **«llena»** (*gémonta*) es el participio presente, voz activa, neutro, acusativo, plural de *gémo*, que significa «estar lleno». Dicho participio califica al sustantivo «bestia» (*theiríon*), que en el texto griego es neutro. El participio presente sugiere un estado continuo. «Una de las características esenciales de la bestia es su blasfemia.»[24] En Apocalipsis 13:1, los nombres de blasfemia aparecen sobre las siete cabezas de la bestia, pero en 17:3 todo su cuerpo está cubierto de blasfemias. Las mencionadas blasfemias tienen que ver con el hecho de que la bestia se alza contra Dios y se opone a su autoridad. Su propósito es lograr que los hombres adoren al dragón a quien él representa en la tierra. Es importante reiterar la diferencia entre la mujer que cabalga sobre la bestia, a quien el texto identifica con Babilonia (Ap. 17:5) y la bestia, quien, sin duda, señala al Anticristo (Ap. 13:1-8; 17:8, 11-13).

La bestia que transporta a la mujer **«tenía siete cabezas y diez cuernos».** La misma característica aparece en Apocalipsis 13:1 la que, a su vez, apunta directamente al dragón, es decir, Satanás (Ap. 12:3). El texto (17:9, 10) aporta la interpretación inspirada del significado de las siete cabezas: «...son siete montes ... y son siete reyes.» Las siete cabezas de la bestia parecen ser «siete imperios mundiales consecutivos a través de la historia».[25] Los diez cuernos, según Apocalipsis 17:12, «son diez reyes» que, evidentemente, reinarán simultáneamente puesto que, según Apocalipsis 17:13, de manera colegiada entregan su poder a la bestia. Las siete cabezas, por lo tanto, simbolizan siete imperios mundiales que existen de manera consecutiva, mientras que los diez cuernos representan diez reyes que reinarán simultáneamente.

17:4

«Y la mujer estaba vestida de púrpura y escarlata, y adornada de oro, de piedras preciosas y de perlas, y tenía en la mano un cáliz de oro lleno de abominaciones y de la inmundicia de su fornicación.» Los colores **«púrpura y escarlata»** pertenecen al ámbito real.[26] De manera que la mujer ostenta ocupar el lugar de una gran reina. Los santos mártires visten con vestiduras blancas (Ap. 6:11), igual que los ancianos de la corte celestial (Ap. 4:4). La multitud de redimidos de la tribulación comparecen «delante del trono y en la presencia del Cordero, vestidos de ropas blancas» (Ap. 7:9). El color blanco es el de la santidad y contrasta con los colores púrpura y escarlata que son los colores del lujo y la ostentación. «El color púrpura se usaba a menudo para los vestidos reales (Jue. 8:26; Dn. 5:7), y el escarlata era el color de la magnificencia (véase Nah. 2:3). El atavío costoso y espectacular de la ramera debe contrastarse con «el lino fino, limpio y resplandeciente» con el que viste la Esposa del Cordero (Ap. 19:8).»[27]

La opulencia de la mujer se pone de manifiesto, además, por las joyas que adornan su anatomía: Oro, piedras preciosas y perlas. «Su atavío costoso y atractivo sugiere la belleza externa y el atractivo de la ramera (Jer. 4:30).»[28] Es evidente que la ramera intenta conquistar a sus seguidores mediante la influencia de sus riquezas. Tanto reyes como pueblos irán en pos de la mujer con el fin de beneficiarse por medio de sus riquezas.

«Y tenía en la mano un cáliz de oro lleno de abominaciones y de la inmundicia de su fornicación.» Además de sus pomposos vestidos y sus magníficos adornos, la mujer sostiene en su mano una copa de oro repleta de impurezas. El vocablo **«abominaciones»** (*bdelygmátôn*) significa «algo mal oliente», «algo detestable». Dicho vocablo se usa en la Septuaginta respecto a la impureza ceremonial y moral relacionada con prácticas idolátricas.[29] Es el mismo vocablo usado en Mateo 24:15 respecto a la «abominación desoladora» (véase también Dn. 9:27; 11:31; 12:11). La frase **«la inmundicia de su fornicación»** amplía el significado del sustantivo «abominaciones». Dicha frase guarda relación con la práctica de la idolatría (2 Co. 6:17) y, quizá, con los cultos paganos de prostitución. «De modo que la ramera prospera esparciendo sus inmundos vicios y corrupciones y permitiendo que los habitantes de la tierra beban de su hermosa pero contaminada copa.»[30] La copa de la ramera está llena de abominaciones mientras que las copas de los cuatro seres vivientes y de los veinticuatro ancianos están llenas de las oraciones de los santos (véase Ap. 5:8). La ramera encarna el colmo de la rebeldía contra Dios. A través de las generaciones, el babilonianismo con su idolatría ha estado presente. En los postreros días, sin embargo, hará acto de presencia con toda su fuerza y con el poder de su influencia mediante el restablecimiento de Babilonia.»[31]

17:5

«Y en su frente un nombre escrito, un misterio: BABILONIA LA GRANDE, LA MADRE DE LAS RAMERAS Y DE LAS ABOMINACIONES DE LA TIERRA.**»**

La mujer lleva en su frente una inscripción que la identifica. El texto dice: «Y sobre su frente [hay] un nombre escrito.» El vocablo **«escrito»** (*gegramménon*) es el participio perfecto, voz pasiva de *grápho*, que significa «escribir». El tiempo perfecto sugiere una acción completada cuyos resultados perduran. La mujer lleva una inscripción en el lugar más conspicuo de su anatomía. Dicha inscripción ha sido impresa con carácter permanente. Un número considerable de escritores alude a que las prostitutas durante el imperio romano llevaban su nombre escrito en una cinta que se colocaba alrededor de su frente.[32] No hay suficiente evidencia, sin embargo, para afirmar que las prostitutas comunes llevaban sus nombres escritos en sus frentes.[33] Es preferible tomar el texto de manera llana. La inscripción se refiere a la identificación de Babilonia y a lo que ha significado para el mundo a lo largo de su historia.

«Un misterio» (*mystéirion*). Esta vocablo es usado en el Nuevo Testamento para indicar algo que sólo se conoce cuando Dios lo revela (véase Ap. 1:20; 10:7; 17:7). Dicho vocablo se usa aquí como una referencia descriptiva del título o nombre que la mujer lleva en la frente, no es parte del título en sí.[34] O sea que el nombre de la mujer es **«Babilonia la grande»** (Ap. 16:19; 17:5; 18:2) y no «misterio: Babilonia la grande». Tampoco el texto permite alegorizar o espiritualizar el vocablo «misterio» con el fin de demostrar que Babilonia equivale a Roma.[35] Lo más prudente y apegado al texto, sin embargo, es entender que la referencia es a la Babilonia literal que ha de aparecer en los postreros días. «La referencia a "muchas aguas" en el versículo 1 y al "desierto" en el versículo 3 son inaplicables a Roma, pero consonantes con la Babilonia en el Éufrates.»[36] El hecho de que el sustantivo Babilonia se menciona más de doscientas ochenta veces en las Escrituras da pie a pensar en la importancia de dicha ciudad en el plan de Dios.

El sustantivo «misterio» (*mystéirion*) se usa en la Biblia con referencia a una verdad que está escondida en Dios y sólo se conoce cuando Dios la revela. Un misterio es un secreto que sólo Dios puede dar a conocer (véase Dn. 2:18, 19, 27-30, 47; 4:9). Aunque Babilonia tuvo una larga historia y al parecer, pasó al olvido, su verdadero fin no ha ocurrido aún. En los postreros tiempos volverá por sus fueros. En los capítulos 17 y 18 del Apocalipsis, Dios ha dado a conocer el secreto respecto a Babilonia. La ciudad y el imperio que ella representa, fundado por Nimrod, continuado por Hammurabi y por Nabucodonosor, ha de reaparecer tal como las Escrituras lo profetizan. Basta con estudiar Apocalipsis 17:7-18 para captar el significado del «misterio» tocante a Babilonia. Lo que no había sido revelado antes respecto a dicha ciudad es dado a conocer en el mencionado pasaje.

El nombre que aparece en la frente de la mujer es: **«Babilonia la grande, la madre de las rameras y de las abominaciones de la tierra.»** Babilonia no es un sistema místico, sino una ciudad. «Llamar el nombre de la ramera un misterio no significa automáticamente [que se trata] de un sistema místico de mal en oposición a una ciudad literal o física. Su designación como un misterio significa que la visión dada a Juan no ha sido dada a conocer con anterioridad.»[37]

La Biblia presenta a Babilonia como la fuente principal de la idolatría mundial. Desde su fundación por Nimrod (Gn. 10, 11), pasando por el período de los profetas (Jer. 7:18; 44:17-19, 25; Ez. 8:14; Is. 13—14; Zac. 5:5-11) y concluyendo con el Apocalipsis (14:8; 16:19; 17:1—18:24). La noche cuando los medo-persas capturaron la ciudad, el rey Belsasar hizo traer los vasos de oro que Nabucodonosor sustrajo del templo de Jerusalén y de ellos «bebieron vino, y alabaron a los dioses de oro y de plata, de bronce, de hierro, de madera y de piedra» (Dn. 5:4).

Apocalipsis 17 representa a la ciudad de Babilonia mediante la figura de una mujer ramera. La mujer es el «misterio» o secreto (*mystéirion*) que es revelado al final del capítulo y que representa a «la gran ciudad» descrita como «la madre de las rameras y de las abominaciones de la tierra». Como tal, Babilonia es la progenitora de todo lo que es anti-Dios y anti-cristiano.[38] Un número considerable de expositores alegorizan el significado de la mujer, afirmando que se refiere a Roma[39] y al sistema católico-romano, pero lo hacen bajo su propia responsabilidad. El texto bíblico, sin embargo, es concreto y señala a Babilonia como la revelación del misterio encarnado en la mujer ramera de Apocalipsis 17.

La descripción de Babilonia como **«madre de las rameras y de las abominaciones de la tierra»** tiene que ver con el hecho de que Babilonia ha dado origen a todas las formas de idolatría que se han esparcido por el mundo. Los cultos a Baal, Moloc, Marduk, Dagón, Astarté, Astarot y muchos más tuvieron sus orígenes en Babilonia. Dios juzgará a Babilonia y la destruirá totalmente en un sólo día de forma fulminante (Ap. 18:8).

17:6

«Vi a la mujer ebria de la sangre de los santos, y de la sangre de los mártires de Jesús; y cuando la vi, quedé asombrado con gran asombro.» La Babilonia escatológica representada por la figura de la mujer emprenderá una persecución inmisericorde de los seguidores del Mesías. El vocablo **«ebria»** (*methyousan*) es el participio presente, voz activa de *methyo*, que significa «emborracharse». El hecho de aparecer embriagada de la sangre de los santos sugiere que la mujer se deleita en exterminar a los seguidores de Cristo. «La metáfora ... describe la desenfrenada matanza de un gran número de creyentes junto con el efecto intoxicante que produce en la ramera asesina.»[40] Los sustantivos **«santos»** y **«mártires»** se refieren a las mismas personas. «Santos» destaca la separación de las cosas del mundo y «mártires» sugiere el precio que pagan por ser fieles al Mesías.

La visión hace que Juan se asombre en gran manera. La expresión **«quedé asombrado con gran asombro»** es la combinación de un verbo con un sustantivo afín que produce una expresión superlativa.[41] El apóstol desea destacar la magnitud de su asombro o sorpresa al contemplar en visión la actitud extremadamente hostil de la mujer hacia los seguidores del Mesías. Al parecer, el apóstol queda atónito al observar los terribles excesos de la mujer contra los santos. Una de las principales causas del juicio divino contra la mujer es precisamente su crueldad hacia los mártires de Jesús.[42]

Es importante en esta coyuntura reiterar el hecho de que la mujer no representa un sistema místico ni una religión, sino a una ciudad.[43] La interpretación inspirada de la visión no deja lugar a dudas de que se trata de la ciudad de Babilonia de la cual la mujer es un símbolo. El símbolo no debe interpretarse simbólicamente, porque se convertiría en otro símbolo y se perdería todo control hermenéutico.

Hay quienes pretenden ver a Roma y al sistema católico-romano en la figura de la mujer. Enfocar el pasaje desde esa perspectiva significa asumir una responsabilidad que está por encima del texto bíblico. El pasaje y su contexto afirman que se trata de Babilonia. Si bien es cierto que Roma y el sistema católico-romano han tenido y siguen teniendo una tremenda influencia tanto en lo político como en lo religioso en todo el mundo, no es menos cierto que Roma no es «La madre de las rameras y de las abominaciones de la tierra.» Ese título es reservado para Babilonia. Sin duda que la iglesia romana es «hija» de las abominaciones babilónicas, pero el intérprete tiene que interpretar el texto en sí, máxime cuando en el mismo pasaje hay una interpretación divina que debe respetarse.[44] En fin, el texto expresa claramente que la mujer que cabalga sobre la bestia representa a la ciudad de Babilonia.[45] Es un misterio en el sentido de que es un secreto que sólo Dios puede darlo a conocer. El secreto revelado, al parecer, se relaciona con el hecho de que la ciudad de Babilonia volverá a ocupar un lugar preeminente en el escenario de la historia en los postreros días. Dicha ciudad ejercerá una gran influencia en el mundo y se convertirá en un terrible azote para los seguidores del Mesías. Su ensañamiento contra los santos se caracterizará tanto por la intensidad de su crueldad como por lo extenso de su alcance. El apóstol Juan queda profundamente afectado por la visión de la mujer, particularmente cuando ve que se deleita con la sangre de los mártires de Jesús.

17:7

«Y el ángel me dijo: ¿Por qué te asombras? Yo te diré el misterio de la mujer, y de la bestia que la trae, la cual tiene las siete cabezas y los diez cuernos.» El asombro de Juan era tan evidente que el ángel no puede dejar de notarlo. La pregunta: **«¿Por qué te asombras?»** es más bien retórica. El ángel no espera que el apóstol le responda, sino que seguidamente hace saber a Juan que le revelará el secreto (*mystéirion*) respecto a la mujer y de la bestia que la transporta. O sea que el ángel no permite que el apóstol especule respecto al significado de la visión. En los versículos 8-17 el ángel declara a Juan el significado de la bestia y en el versículo 18 el significado de la mujer. El estudioso de las Escrituras debe prestar atención al texto y depender de la interpretación inspirada que el ángel da al apóstol Juan. Dedicarse a especular respecto a un significado místico o alegórico sería una falta grave de parte de cualquier expositor de las Escrituras.

Un detalle importante que debe observarse en el versículo 7 es el cambio de verbo. Nótese que en el versículo 3, Juan vio a «una mujer sentada sobre una bestia escarlata». El verbo «sentada» (*katheiménein*) contrasta con el que es usado en el versículo 7, donde dice: **«...y de la bestia que la trae.»** El verbo **«trae»** (*bastádsonton*) es el participio presente, voz activa de *bastádso*, que significa «transportar», «traer». El verbo del versículo 3 sugiere que la mujer, al menos en apariencia, tiene control sobre la bestia y por eso está cómodamente «sentada» sobre ella. El segundo verbo («trae») sugiere que la mujer es más bien un instrumento de la bestia. La bestia es quien suple la fuerza motivadora y el propósito dinámico de la mujer.[46]

17:8

«La bestia que has visto, era, y no es; y está para subir del abismo e ir a perdición; y los moradores de la tierra, aquellos cuyos nombres no están escritos desde la fundación del mundo en el libro de la vida, se asombrarán viendo la bestia que era y no es, y será.» El ángel comienza describiendo la bestia en sí. En primer lugar explica su existencia cronológica: **«La bestia ... era, y no es; y está para subir del abismo e ir a perdición...»** La explicación del ángel equivale a decir que la bestia tiene un pasado, un presente y un futuro. Es importante recordar

en esta coyuntura que la bestia tiene «siete cabezas y diez cuernos» (17:3, 7). Las
siete cabezas representan siete reinos consecutivos. «Cada cabeza de la bestia es
una encarnación parcial de poder satánico que gobierna por cierto período de tiempo,
de modo que la bestia puede existir en la tierra sin interrupción en la forma de siete
reinos consecutivos pero también puede estar inexistente en un momento dado en la
forma de uno de los reyes de un imperio.»[47] El texto sugiere una existencia natural o
mortal de los siete reinos con sus reyes, pero al mismo tiempo señala una existencia
sobrenatural de la bestia en la etapa final de su carrera.

Sin duda, la bestia de Apocalipsis 17 es la misma mencionada en Apocalipsis
13:1-8. En Apocalipsis 13 la bestia surge del mar, es decir, del abismo igual que en
Apocalipsis 17:8. La procedencia del abismo sugiere su regreso a la existencia de
forma sobrenatural. Como sugiere E.W. Bullinger:

> En el capítulo XIII, la bestia surge del abismo, y es, por lo tanto, claramente
> sobrehumana. Durante la primera mitad de la semana [la tribulación] está
> en su etapa mortal. En la segunda mitad está en su etapa *sobrehumana*; ya
> que en Apocalipsis 13:3, es vista como «herida de muerte». Pero aquí, en
> el capítulo 17, se nos hace retroceder, y somos informados adicionalmente
> respecto al pasado, presente y futuro de la bestia:
>
> 1. **«Era»** [estaba] en su etapa mortal.
> 2. **«Y no es»** [no esta viva] porque (en el tiempo concreto al que se refiere la
>   visión) ha sido asesinada, es decir «ha recibido la herida mortal», por la cual
>   fue «herida de muerte» y murió (13:3).
> 3. **«Y será»** [estará presente] porque está a punto de ascender del abismo.

El versículo ocho, por lo tanto, se refiere a la mitad de carrera de la bestia; y el
punto de la visión es el momento entre la etapa mortal y la sobrehumana, es decir,
entre los capítulos 12 y 13.[48]

De modo que la frase «y no es» (*kaì ouk éstin*) se refiere a la muerte de la bestia
(Ap. 13:3, 14). Después de haber recibido la herida mortal, la bestia fue sanada de
manera milagrosa «y se maravilló toda la tierra en pos de la bestia». Es decir, su
vuelta a la vida hace que la humanidad la aclame y la siga (Ap. 13:3). La vuelta a la
vida de la bestia equivale a la aparición del octavo rey mencionado en Apocalipsis
17:11.[49]

Resumiendo, la bestia, es decir, el Anticristo, aparecerá como un líder humano
con capacidades de hombre. En el medio de la tribulación, la bestia es herida de
muerte pero vuelve a vivir (Ap. 13:14). Su regreso a la vida será con poderes
sobrehumanos. Regresará con capacidades demoniacas con el fin de establecer su
imperio mundial.[50] La duración de su reinado será breve, aunque logrará dominar a
gran parte de la humanidad. Su fin, sin embargo, será la perdición (*eis apôleian
hypágei*).

El versículo 11 amplía la interpretación diciendo que «la bestia que era, y no es,
es también el octavo [rey]; y es de entre los siete, y va a la perdición». O sea, que la
cabeza que es herida de muerte vuelve a la vida y se convierte en el octavo rey. Hay
quienes han especulado que se trata de algún personaje de la historia pasada que ha
de reaparecer. Algunos sugieren que será Judas Iscariote.[51] Otros afirman que será
Nerón, el cruel emperador romano, o Domiciano.[52] El texto bíblico, sin embargo,
señala hacia el futuro a los días finales de la historia cuando Dios consumará su
propósito con la humanidad.

La bestia subirá del abismo, o sea, de la misma habitación de Satanás y los demonios. Su destino final será la perdición. El texto griego dice: «Y a la perdición va» (*kaì eis apóleian hypágei*). Esta cláusula, aunque expresada en presente, tiene una función futurística. La bestia irá a la perdición cuando el Rey Mesías venga y la eche en el lago de fuego (Ap. 19:20).

«Los moradores de la tierra» (*hoi katoikoûntes epì teîs gêis*), es decir, aquellos que tienen todos sus afectos cifrados en la tierra. No tienen interés en las cosas celestiales y se han sometido a la autoridad de la bestia. Sus nombres no están escritos en el libro de la vida desde la fundación del mundo, puesto que no han confiado en el Mesías para su salvación. Esos son los que se maravillarán «viendo la bestia que era y no es, y será». El verbo «será» (*paréstai*) es el futuro indicativo, voz activa de *páreimi*, que significa «estar presente». El texto reitera de manera diferente las etapas pasada, presente y futura de la bestia. La frase constituye, además, una débil imitación satánica del nombre dado a Dios en Apocalipsis 1:4, 8; 4:8.[53] Satanás procura imitar a Dios con el fin de engañar a la humanidad. Lo hace produciendo un falso cristo que muere y resucita. Asume nombres que sólo corresponden a Dios y, a la postre, se autoproclama Dios en la persona del Anticristo (2 Ts. 2:4).

17:9, 10

«Esto, para la mente que tenga sabiduría: Las siete cabezas son siete montes, sobre los cuales se sienta la mujer, y son siete reyes. Cinco de ellos han caído; uno es, y el otro aún no ha venido; y cuando venga, es necesario que dure breve tiempo.» La frase: **«Esto, para la mente que tenga sabiduría»** (*hôde ho noûs échôn sophían*), es una llamada a la vigilancia de la concentración mental. Antes de pronunciar la interpretación, el ángel dice algo así: «En esto hay sabiduría para la mente sabia.» Dicha frase «anticipa la dificultad y la complejidad de la revelación que sigue. El lector es advertido de que se requiere sabiduría espiritual para entender lo que ha sido revelado».[54]

«Las siete cabezas son siete montes, sobre los cuales se sienta la mujer, y son siete reyes.» Se ha especulado sobremanera sobre esta interpretación dada por el ángel. La más común de las interpretaciones es la que dice que se refiere a la ciudad de Roma, por el hecho de que Roma está afincada sobre «siete colinas».[55] Algunos expositores entienden que los siete montes se refieren a siete emperadores romanos. William Barclay dice:

> El Imperio Romano comenzó con Augusto; y los cinco primeros emperadores fueron Augusto, Tiberio, Calígula, Claudio y Nerón. Estos, pues, son los cinco que han caído ... Luego Vespasiano, Tito y Domiciano.[56]

Ambas posturas adolecen de serios defectos y problemas exegéticos. Uno de esos problemas es expuesto por Charles H. Dyer, profesor de exposición bíblica en el Seminario Teológico de Dallas, de la manera siguiente:

> La postura de que los siete montes se refieren a Roma tiene algunos defectos serios. El primero es la asumida relación entre la mujer y los montes. Las siete cabezas están asociadas con la bestia, no con la mujer. Hay una diferencia entre la mujer y la bestia; y es la bestia quien tiene las siete cabezas. El ángel dijo «te diré el misterio de la mujer, y de la bestia que la trae, la cual tiene las siete cabezas» (17:7). Si los siete montes son Roma, entonces lo más que se puede determinar es que el imperio del Anticristo

estará centrado en la ciudad de Roma. Ello no identifica la localización de la ramera, porque ella no forma parte de la bestia.[57]

El hecho de que la mujer esté sentada sobre los siete montes de ninguna manera la identifica con una supuesta ciudad situada sobre siete montes. El texto también dice que la mujer está sentada sobre «muchas aguas» (17:1). Dicha figura es interpretada en 17:15, diciendo que las muchas aguas representan «pueblos, muchedumbres, naciones y lenguas». La figura que describe a la mujer «sentada» ya sea sobre «muchas aguas», sobre una «bestia escarlata» o sobre «siete montes» no tiene por finalidad indicar localización sino, más bien, el control que la mujer ejerce sobre aquello donde está sentada.[58]

Debe tenerse muy en cuenta, además, el uso bíblico del vocablo «monte». Generalmente, en el vocabulario profético del Antiguo Testamento dicho término simboliza un reino. «Un monte, o elevación prominente en la superficie de la tierra, es una de las imágenes bíblicas comunes o símbolo para representar a un reino, dominio real, imperio o autoridad establecida.»[59]

Un detalle que debe observarse es que Roma está ubicada sobre colinas o collados (*bounós*) que es una elevación menor que una montaña (véase Lc. 3:5; 23:30). El vocablo **«montes»** en Apocalipsis 17:9 es *órei* (plural de *óros*). Este vocablo se usa generalmente para referirse a un monte alto o montaña (véanse Mt. 5:14; Lc. 9:28; Ap. 6:16). De modo que el uso del vocablo «monte» (*óros*) como símbolo de un reino es perfectamente apropiado.

La identificación de los siete montes con Roma se deriva de una hermenéutica que interpreta la Biblia bajo la luz de un ambiente histórico determinado, en lugar de interpretar el ambiente histórico a la luz de la Biblia. Esto se debe a que algunos intérpretes han asumido que la profecía revelada a través de Juan fue escrita exclusivamente para los contemporáneos de Juan y que estos debieron entenderla con toda claridad. Aceptar tal idea equivale a pasar por alto pasajes como Daniel 12:4, 9; 1 Pedro 1:10-12. La profecía bíblica no siempre fue comprendida por quienes originalmente la recibieron.[60]

Resumiendo, un buen número de estudiosos entiende que las «siete cabezas» o «siete montes» o «siete reyes» sobre los que se sienta la mujer se refiere a Roma, ya sea la pagana, la cristiana o la papal. Pero ni la evidencia bíblica ni la histórica apoyan tal conclusión. La Roma papal no puede ser porque nunca ha tenido en cuenta los siete poderes reales o reyes mencionados en el pasaje. Tampoco puede ser la Roma cristiana, diferenciada de la Roma papal, puesto que la Roma cristiana nunca ha apoyado ni llevado encima a la gran ramera en ningún sentido, ni podría hacerlo y seguir siendo cristiana. Tampoco podría ser la Roma pagana que cesó como tal cuando los emperadores comenzaron a identificarse con la fe cristiana a partir de Constantino. Por mucho esfuerzo que algunos han hecho para arribar a la cuenta de siete emperadores que equivalen a los siete montes, el fracaso de tal empeño ha sido evidente.[61]

La interpretación más sensata en consonancia con al argumento del Apocalipsis y con el entorno inmediato del pasaje es la que toma con seriedad lo que el ángel declara a Juan, es decir, que «las siete cabezas [de la bestia] son siete montes [o siete reinos consecutivos] y son siete reyes». La doble identificación de los montes como siete reinos y al mismo tiempo como siete reyes no es nada extraño en el ambiente bíblico. En el libro de Daniel, las cuatro bestias del capítulo 7 son interpretadas como cuatro reinos y como cuatro reyes (véase Dn. 7:17, 23).

Los reinos simbolizados por los siete montes deben relacionarse históricamente con la nación de Israel. La sugerencia de Seiss parece ser la más acertada: Egipto,

Asiria, Babilonia, Persia, Grecia y Roma.[62] El séptimo reino será el Imperio Romano reavivado de los postreros días con su correspondiente rey, es decir, el Anticristo. Este recibirá la herida mortal que será sanada de manera sobrenatural y reaparecerá como el octavo rey según Apocalipsis 17:11. Los siete reinos simbolizados por los siete montes, por lo tanto, son siete reinos consecutivos literales. Esos reinos son poderes mundiales que de alguna manera han estado relacionados con la nación de Israel, como también lo estará el Anticristo de los postreros días.

Es importante, pues, destacar una vez más la importancia de no confundir la mujer que está sentada sobre «las siete cabezas» de la bestia (Ap. 17:9) con la bestia misma. Si se confunde, la interpretación del pasaje adolecerá de claridad. La gran ramera es transportada por los siete grandes poderes mundiales que llenan todo el espacio de la historia mundial. Tal como el ángel lo revela a Juan, así se sienta la mujer sobre las siete cabezas o montes. Ella controla con su dinero e influencia a los siete reinos. «Esos siete poderes, todos y cada uno de ellos apoyan a la mujer como su deleite y orgullo; y ella los acepta y usa, y controla sus administraciones, y cabalga en gloria en medio de ellos. Ellos son sus devotos amantes y más humildes siervos; y ella es su más noble dama y patrona, con una mutualidad de favores e intercomunicación pertenecientes a su designación.»[63] Esa mujer es la gran ciudad de Babilonia que volverá por sus fueros y en los postreros días dominará al mundo hasta el momento de su destrucción total y final.

Las «siete cabezas» y los «siete montes» son figuras de dicción usadas para designar tanto a siete reinos como a sus correspondientes reyes. Tal uso del lenguaje no es extraño a las Escrituras. En el libro de Daniel, capítulo 2, los distintos segmentos de la estatua representan tanto a un reino como al rey que lo gobierna. Lo mismo ocurre en el capítulo 7 de dicho libro, donde las cuatro bestias de la visión son simbólicas de cuatro reinos y de sus reyes (véase Dn. 2:38, 39; 7:17, 18, 23).

17:11

«La bestia que era, y no es, es también el octavo; y es de entre los siete, y va a la perdición.» Ya se ha observado que las cabezas de la bestia tienen un doble simbolismo. Representan reinos y reyes al mismo tiempo («las siete cabezas son siete montes ... y son siete reyes», Ap. 17:9, 10a). Las cabezas son las manifestaciones de la bestia en distintos períodos de la historia. Son «manifestaciones sucesivas de reinos mundiales en enemistad con Dios a través de las etapas de la historia».[64]

La séptima de las cabezas de la bestia aparecerá en los postreros días. Será la manifestación del Anticristo, podría decirse, con cuerpo natural. Esa es la cabeza que recibirá la herida de muerte que es sanada (Ap. 13:3). O sea, que en su intento de imitar al verdadero Mesías, el Anticristo sufre la muerte física y posteriormente resucita. Su resurrección hará que los habitantes de la tierra se maravillen y busquen a la bestia para adorarla. Ahora bien, esa séptima cabeza de la bestia que experimenta la herida de muerte y resucita, vuelve a la vida con poderes sobrehumanos que producen el asombro de los moradores de la tierra (Ap. 17:8). Debido a que se trata del mismo personaje representado por la séptima cabeza, él es el octavo rey, pero no es la octava cabeza ya que la bestia sólo tiene siete cabezas.

«La bestia», como tal, sugiere la manifestación del reino satánico de tinieblas y fraudulento que el enemigo de Dios pretende establecer en la tierra. La unidad de su reino se manifiesta a través del hecho de que se trata de una sola bestia. Ese reino, sin embargo, ha tenido manifestaciones a lo largo de la historia. De ahí que se use el simbolismo de las siete cabezas. Como ya se ha observado, la séptima y última de esas cabezas es, en su etapa natural, el séptimo rey (con su reino) y en su etapa sobrenatural será el octavo rey (con su reino). Ese octavo rey dominará la tierra con poder satánico durante la segunda mitad de la tribulación hasta que es vencido de manera total y final por el Mesías que vendrá con poder y gloria. De ahí la declaración de que la bestia **«va a la perdición»** (Ap. 17:8, 11). Eso significa que será echado en el lago de fuego junto con al falso profeta y el dragón (Ap. 19:20; 20:10). Quienes interpretan que los siete reyes son emperadores romanos del pasado pierden de vista el argumento del Apocalipsis y su carácter escatológico.[65] El Apocalipsis, como se ha reiterado en varias ocasiones, tiene que ver con la consumación del plan de Dios para con su creación y sus criaturas. Fundamental en esa consumación es tanto los juicios de la tribulación como la venida en gloria del Mesías y la creación de nuevos cielos y nueva tierra.

17:12

«Y los diez cuernos que has visto, son diez reyes, que aún no han recibido reino; pero por una hora recibirán autoridad como reyes juntamente con la bestia.» El ángel no deja lugar a dudas respecto al simbolismo de los diez cuernos. Dice concretamente: **«...son diez reyes, que aún no han recibido reino.»** La postura de que dichos reyes «son diez sátrapas persas que regresarán como asistentes de Nerón para ayudarle a recuperar su imperio»[66] no tiene base exegética. Como señala George E. Ladd:

> Estos aún no son reyes; recibirán su poder cuando aparezca la bestia. Eso claramente vierte el pensamiento de Juan en el futuro.[67]

Tampoco debe de pensarse que se trata de una cifra simbólica, ya que el texto claramente dice que «son diez reyes», en conformidad con la profecía de Daniel 7:7, 24. No hay ni la más leve sugerencia en Daniel 7 o en Apocalipsis 17:12 que respalde la conclusión de que se trata de un número simbólico que se refiere a un número indeterminado de reyes.

Los pasajes de Daniel y Apocalipsis señalan que se trata de diez reyes concretos que recibirán su dominio y autoridad en los postreros días. Dichos reyes reinarán simultáneamente y serán quienes otorgarán su apoyo incondicional a la bestia de los días postreros. El reino de dichos reyes, sin embargo, será de corta duración, igual que el reino de la bestia. El texto dice: «...pero por una hora recibirán autoridad como reyes juntamente con la bestia.» Estos diez reyes reinarán simultáneamente y se supeditarán a la autoridad de la bestia, haciendo posible que ésta ocupe el lugar de más alto privilegio en el gobierno de la tierra durante la segunda mitad de la tribulación.

Es importante observar que los diez reyes coexisten con la bestia. Eso significa, por lo tanto, que si la bestia es el Anticristo de los postreros días, los diez reyes tienen que ser gobernantes contemporáneos con él. Tal conclusión queda plenamente corroborada por el contenido del versículo siguiente.

17:13

«Estos tienen un mismo propósito, y entregarán su poder y autoridad a la bestia.» Además de reforzar el hecho de que los diez reyes representados por los diez cuernos reinarán de manera simultánea con la bestia, el texto también da a entender que el imperio del Anticristo no se constituye por la fuerza sino por el consentimiento y con el voto de aprobación de los diez reyes. La singularidad de propósito de dichos reyes tienen que ver primordialmente con su oposición al Mesías, cuya venida ha sido anunciada. Evidentemente, los diez reyes entienden que para poder oponerse al Mesías necesitan un líder con las capacidades del Anticristo. Ven en él capacidades sobrehumanas que ningún otro líder en la tierra tiene y por eso están dispuestos a someterse a su autoridad.

El texto enfatiza el acto de los diez reyes de «entregar» su poder y autoridad a la bestia. El verbo **«entregarán»** (*didóasin*) es el presente indicativo, voz activa de *dídomi*, que significa, «dar», «otorgar». El tiempo presente realiza acción de futuro y señala al tiempo en que dichos reyes estarán gobernando. «Tal como el dragón dio su poder y autoridad a la bestia (13:2), así estos [reyes] están plenamente al servicio de la bestia.»[68] Por supuesto que existe una notable diferencia. El dragón da su poder y autoridad a la bestia para controlarla plenamente y cumplir su propósito a través de él. Los diez reyes, por el contrario, se someten a la autoridad de la bestia y se convierten en instrumentos usados por el Anticristo para controlar a los habitantes de la tierra. Como ya se ha indicado, la razón primordial del porqué los diez reyes entregan su poder y autoridad a la bestia guarda relación directa con la venida en gloria de Cristo. En los postreros días, los reyes de la tierra harán alianza para oponerse al Dios Soberano y al Mesías, con el fin de intentar evitar que el Mesías reine sobre ellos como soberano de la tierra (Sal. 2).

17:14

«Pelearán contra el Cordero, y el Cordero los vencerá, porque él es Señor de señores y Rey de reyes; y los que están con él son llamados y elegidos y fieles.»

Este versículo pone de manifiesto las verdaderas intenciones de los diez reyes. Su objetivo fundamental es hacer guerra contra el Mesías, puesto que no quieren que El reine. Este texto es, además, el cumplimiento de Apocalipsis 16:14. Obsérvese, también, el tiempo futuro de los verbos **«pelearán»** o «harán guerra» (*poleméisousin*) y «vencerá» (*nikeísei*). La guerra y la victoria del Mesías se describen en Apocalipsis 19:11-21. Particularmente, los versículos 19 y 20, donde dice: «Y vi a la bestia, a los reyes de la tierra y a sus ejércitos, reunidos para guerrear contra el que montaba el caballo, y contra su ejército. Y la bestia fue apresada, y con ella el falso profeta que había hecho delante de ella las señales con las cuales había engañado a los que recibieron la marca de la bestia, y habían adorado su imagen. Estos dos fueron lanzados vivos dentro de un lago de fuego que arde con azufre.»

La majestuosa y gloriosa manifestación del Mesías victorioso al frente de sus ejércitos causará la derrota aplastante de la bestia y sus aliados. «La bestia será vencida porque se ha enfrentado a Aquel a quien todos los demás a la postre tendrán que someterse.»[69]

El Mesías es vencedor **«porque él es Señor de señores y Rey de reyes»** (*hóti kyrios kiríôn estìn kaì basileùs basiléôn*). Esa frase es una solemne declaración de la deidad y de la soberanía de Cristo (véase Ap. 19:16). A través del libro de Apocalipsis, el Señor Jesucristo recibe los mismos títulos que el Padre (véase Ap. 1:5).[70] El Hijo es alabado y reconocido juntamente con el Padre (véase Ap. 5:8, 13) porque posee los mismos atributos y la misma esencia de la deidad. Cuando reine sobre la tierra, el Mesías exhibirá toda la gloria de sus atributos y será adorado como Rey de reyes y Señor de señores.

El Cordero vencedor vendrá acompañado de sus santos, quienes comparten su victoria sobre la bestia y sus socios. El texto dice: **«Y los que con él [están] [son] llamados y escogidos y fieles.»** No se dice nada respecto a la función específica de los que acompañan al Señor.[71] La referencia, sin embargo, parece ser a santos y no a ángeles. Son personas a quienes Dios ha llamado con llamamiento eficaz y ha escogido para su gloria. Los tales se han caracterizado por su fidelidad al Señor y, por lo tanto, recibirán su galardón en la presencia de Dios (Ap. 2:10):

17:15

«Me dijo también: Las aguas que has visto donde la ramera se sienta, son pueblos, muchedumbres, naciones y lenguas.»

En Apocalipsis 17:1, el ángel muestra a Juan la visión de la gran ramera, «la que está sentada sobre muchas aguas». La interpretación del simbolismo de «las muchas aguas» es dada en 17:15. El texto no sólo revela el hecho de que «las muchas aguas» representan **«pueblos, muchedumbres, naciones y lenguas»**, sino que, además, sugiere el hecho de que la ramera ejerce una influencia universal.[72] La ramera «controla el estilo de vida de las mezclas de pueblos del mundo a través de la sumisión voluntaria de dichos pueblos a ella».[73]

Apocalipsis 17 y 18 enseñan con plena claridad que **«la ramera»** simboliza a Babilonia, la gran ciudad que desde su fundación por Nimrod ha desafiado la soberanía de Dios. Babilonia ha sido el centro de idolatría más notorio en la historia de la humanidad. Aunque hace siglos que Babilonia parece haber desaparecido, ha de reaparecer en los postreros días. Su influencia sobre los habitantes de la tierra alcanzará enormes proporciones. Durante un tiempo, por lo menos en apariencia, tendrá control incluso de la bestia. A la postre, sin embargo, será totalmente destruida en cumplimiento de las profecías de Jeremías 50—51. Mientras llega el día de su juicio, ejercerá una sorprendente influencia sobre las naciones de la tierra e incluso sobre la bestia.

17:16

«Y los diez cuernos que viste en la bestia, éstos aborrecerán a la ramera, y la dejarán desolada y desnuda; y devorarán sus carnes, y la quemarán con fuego.»

La lectura de este versículo en el texto griego es como sigue: «Y los diez cuernos que viste y la bestia, estos odiarán a la ramera, y la harán desolada y desnuda, y devorarán sus carnes, y la quemarán con fuego.»

Obsérvese que el texto distingue a los diez cuernos de la bestia. La ramera será odiada tanto por el conjunto de reyes que respalda a la bestia como por la bestia misma. El versículo no dice la causa del odio hacia la ramera. Tal vez se debe al hecho de que la influencia de Babilonia constituye una amenaza contra el poderío de la bestia. Es probable que Babilonia se niegue a someterse a la autoridad del Anticristo, cosa que resultaría inaceptable para él cuando su poderío ha alcanzado su grado máximo.

El asalto inicial de la bestia y sus aliados contra Babilonia resulta en la devastación de su riqueza. Los vocablos **«desolada»** (*eireimômênein*) y **«desnuda»** (*gymnéin*) describen los daños causados a la ramera. Babilonia será desnudada y hecha un desierto, es decir, será vaciada de sus tesoros. En segundo lugar, la bestia y los diez reyes arrasarán por completo a Babilonia. Nótese las figuras usadas por Juan: **«Devorarán sus carnes, y la quemarán con fuego.»** Es decir, la gran ciudad será destruida hasta el punto de no quedar nada que recuerde su existencia. La bestia que en un principio parecía estar controlada por la mujer [Babilonia] a la postre se convierte en el instrumento de su destrucción.

El texto presenta un destacado contraste en la vida de la ramera. En Apocalipsis 17:4 aparece vestida con ropas y joyas lujosas. En Apocalipsis 17:16 se halla desnuda y desolada. En Apocalipsis 17:3 la mujer cabalga cómodamente sobre la bestia, en aparente control de ella. Pero, finalmente, en 17:16, es destruida por completo. La palabra de Dios no cae en el vacío. Dios prometió que Babilonia sería destruida y desaparecería del concierto de los reinos del mundo y así será indefectiblemente.

17:17

«Porque Dios ha puesto en sus corazones el ejecutar lo que él quiso: ponerse de acuerdo, y dar su reino a la bestia, hasta que se cumplan las palabras de Dios.»

Aunque la bestia y sus socios son los instrumentos que llevan a cabo la destrucción de la ramera, éstos actúan en conformidad con el plan soberano de Dios. El Dios Todopoderoso gobierna la historia de principio a fin. Su soberanía es evidente en los cambios políticos de las naciones (Dn. 2:21; 4:17). «En el último análisis, los poderes del mal sirven a los propósitos de Dios.»[74]

De manera inconsciente, la bestia y los diez reyes son instrumentos ejecutores de la voluntad de Dios. Es por la voluntad soberana de Dios que los diez reyes entregan su autoridad a la bestia y se comprometen a hacer su voluntad. De igual manera, Dios pone en el corazón tanto de los diez reyes como de la bestia el **«ejecutar lo que él quiso»** (*poieîsai tèin gnómein*), es decir, hacer o cumplir el propósito soberano de Dios (véase Ap. 17:13). En el pasado, Dios usó a Babilonia para castigar a la nación de Israel (véanse Hab. 1:5-11; Jer. 25:9-11). También usó a Ciro, rey de los persas, para juzgar a los caldeos. En los postreros tiempos, Dios usará al reino malvado de la bestia para destruir a Babilonia en cumplimiento de sus palabras (*áchri telesthéisonthe hoi lógoi toû theoû*). Obsérvese el plural **«las palabras de Dios»**. La referencia es al cumplimiento de todo lo que Dios ha profetizado en Su palabra. Dios ha de permitir que el mal agote su curso y entonces intervendrá con el poder de su fuerza para poner fin al reino de tinieblas, gobernado por Satanás y por el Anticristo. El misterio de Dios se consumará. El reino fraudulento del enemigo de Dios será destruido y el Mesías reinará con poder y gloria. «Las palabras de Dios» no caerán en el vacío. Absolutamente todo lo que está escrito se cumplirá al pie de la letra (Is. 55:11).

17:18

«Y la mujer que has visto es la gran ciudad que reina sobre los reyes de la tierra.» La interpretación que el ángel da a Juan tocante a la figura de la mujer es clara y terminante: «La mujer que has visto es la gran ciudad que reina sobre los reyes de la tierra.» Hay quienes afirman que se trata de la ciudad de Roma.[75] El texto, sin embargo, enseña que la referencia es a la ciudad de Babilonia (véase Ap. 14:8; 16:19; 17:5). Si bien es cierto que los cristianos de los primeros siglos entendieron que la mujer simbolizaba a la ciudad de Roma, la realidad es que el Apocalipsis deja bien claro que se trata de la Babilonia escatológica.[76] Como lo expresa Robert L. Thomas:

> La única identificación viable que queda es la conclusión ya alcanzada; se trata de Babilonia en el Éufrates. Las profecías veterotestamentarias de la destrucción de Babilonia en Isaías 13 y Jeremías 51 aún no se han cumplido y aguardan el futuro Día del Señor para su cumplimiento (Jer. 13:6). Además, Babilonia en el Éufrates está situada en un entorno que armoniza política y geográficamente, y en todas las cualidades de accesibilidad, facilidades comerciales, alejamiento de interferencias de iglesia y estado, pero con la centralidad respecto al comercio con el mundo entero.[77]

Resulta más fácil, por supuesto, alegorizar o espiritualizar el significado de la ramera. El hecho de que Babilonia como tal no ha existido por un considerable número de siglos conduce a la tentación de reemplazarla por Roma o por algún otro sistema político-religioso o místico. El intérprete de las Escrituras no debe rendirse ante esa tentación. Recuérdese que Israel, como nación, estuvo ausente del concierto de los pueblos de la tierra por cerca de diecinueve siglos. Pero Dios ha prometido que esa nación existirá para siempre. Del mismo modo, Babilonia volverá a ocupar un lugar preeminente entre las ciudades del mundo, hasta que «se cumplan las palabras de Dios» en su totalidad (Ap. 17:17).

Según el Apocalipsis, Babilonia no será un sistema místico ni una alegoría del mal que ha existido en el mundo, sino una ciudad concreta que por muchos siglos se opuso a Dios y que en tiempos escatológicos reverdecerá y se convertirá de nuevo en un centro de actividades contrarias a Cristo y a las Escrituras.

Resumen y conclusión

Apocalipsis 17 pone de manifiesto el juicio de Dios contra Babilonia, llamada «la gran ramera». El texto afirma que se trata de la ciudad de Babilonia junto al Éufrates. Dicha ciudad existirá en los días de la bestia (el Anticristo) y la confederación de diez reyes que entregan su autoridad y poder a la bestia.

La figura de la mujer «sentada sobre muchas aguas» sugiere el hecho de que Babilonia ejercerá dominio e influencia sobre un considerable número de naciones y pueblos en los días postreros. El poder de Babilonia será tal que, por lo menos en apariencia, llega a tener control de la bestia.

Sin embargo, probablemente en la mitad de la tribulación, los diez reyes y la bestia se vuelven contra la mujer (Babilonia) y la destruyen hasta dejarla desolada, exterminándola físicamente y quemándola hasta hacerla desaparecer. Aunque Babilonia será destruida por el Anticristo y los diez reyes, estos estarán cumpliendo la voluntad soberana de Dios. Dios usa instrumentos inicuos para poner fin a la ciudad que tanta maldad ha esparcido sobre la faz de la tierra (Zac. 5:5-11).

Notas

1. Es obvio que al hablar de Babilonia la referencia es fundamentalmente a los habitantes de dicha ciudad y en especial a sus líderes. La destrucción de Babilonia significa que Dios juzga las obras de los ciudadanos de dicha urbe por su rebeldía y desafío del Dios Todopoderoso.
2. Joseph Thayer, *Greek-English Lexicon of the New Testament*, p. 130.
3. Véase William F. Arndt y F. Wilbur Gingrich, *A Greek-English Lexicon of the New Testament and Other Early Christian Literature*, p. 171.
4. Véase Robert L. Thomas, *Revelation 8—22*, p. 282.
5. Véase J. Massyngberde Ford, «Revelation», p. 277.
6. Robert L. Thomas, *op. cit.*, p. 283.
7. Véase C. F. Keil y Franz Delitzsch, *Old Testament Commentaries*, «Genesis to Judges», p. 127.
8. Véase Allen P. Ross, *Creation and Blessing: A Guide to the Study and Exposition of the Book of Genesis*, p. 243.
9. Véase Keil y Delitzsch, «Genesis to Judges», p. 128.
10. *Ibid.*, p. 128.
11. *Ibid.*
12. C.A. Coates, citado por Merrill F. Unger, *Archeology and the Old Testament*, p. 87.

13. Véase Karl Georg Kuhn, «Babylon», *Theological Dictionary of the New Testament*, vol. 1, pp. 514-517.

14. *Ibid.*

15. Véase S.H. Hooke, *Babylonian and Assyrian Religion*, pp. 15-39.

16. Alexander Heidel, *The Babylonian Genesis*, p. 5.

17. *Ibid.*

18. *Ibid.*

19. J.A. Seiss, *The Apocalypse*, p. 390.

20. Fritz Rienecker, *Linguistic Key*, vol. 2, p. 503.

21. John F. Walvoord, *The Revelation of Jesus Christ*, p. 245.

22. Véase Fritz Rienecker, *Linguistic Key*, vol. 2, p. 503.

23. Robert L. Thomas, *op. cit.*, p. 286.

24. George Eldon Ladd, *A Commentary on the Revelation of John*, p. 223.

25. Robert L. Thomas, *op. cit.*, p. 287; véase también John F. Walvoord, *The Revelation of Jesus Christ*, p. 245.

26. G.B. Caird, «The Revelation of Saint John», p. 245.

27. Robert H. Mounce, «The Book of Revelation», p. 309.

28. Alan F. Johnson, «Revelation», p. 556.

29. Véase Robert H. Mounce, *op. cit.*, p. 309.

30. Robert L. Thomas, *op. cit.*, p. 288.

31. Véase la obra de Charles H. Dyer, *Babilonia ¡Renace!*

32. Véanse Henry Barclay Swete, *Commentary on Revelation*, p. 217; William Barclay, *The Revelation of John*, vol. 2, p. 144; Juan Sánchez García, *Comentario histórico y doctrinal del Apocalipsis*, p. 185.

33. Véase J. Massyngberde Ford, «Revelation», p. 279.

34. Véase John F. Walvoord, *The Revelation of Jesus Christ*, p. 246.

35. Véanse Robert H. Mounce, «The Book of Revelation», p. 310; José Grau, *Estudios sobre Apocalipsis*, pp. 265, 266.

36. Robert L. Thomas, *op. cit.*, p. 289.

37. Charles H. Dyer, «The Identity of Babylon in Revelation 17-18», part. 2, *Bibliotheca Sacra*, octubre-diciembre 1987, p. 436.

38. Véanse Robert L. Thomas, *op. cit.*, p. 290; también E.W. Bullinger, *Commentary on Revelation*, pp. 502-507.

39. Véase A.T. Robertson, *Word Pictures*, vol. VI, p. 430; Charles C. Ryrie, *Apocalipsis*, p. 103.

40. Robert H. Mounce, «The Book of Revelation», p. 310.

41. E. W. Bullinger, *Figures of Speech Used in the Bible*, pp. 275-279.

42. Véase Robert L. Thomas, *Revelation 8—22*, p. 290.

43. Véanse E.W. Bullinger, *Commentary on Revelation*, p. 509; Charles H. Dyer, «The Identity of Babylon in Revelation 17—18», *Bibliotheca Sacra*, octubre-diciembre 1987, p. 436.

44. E.W. Bullinger de manera lúcida expresa en su comentario: «Ahora, cuando la visión es una "mujer" y Dios nos dice que por la mujer Él quiere decir "aquella gran ciudad", ¿sería legítimo que tratásemos eso de nuevo como *otro símbolo*, y que dijésemos que no es la ciudad que Él dice, sino otra? No hay límite para un proceso como ese. Podríamos proseguir y decir que Roma significa Londres, y que Londres significa algún otro lugar. ¿Por qué no contentarse con la explicación que el mismo Dios ha dado? En lugar de tomar la solemne responsabilidad de decir que su explicación no es explicación alguna; y que significa alguna otra cosa» (*Commentary on Revelation*, p. 509).

45. Es desafortunado que un teólogo y expositor de la talla de William Hendriksen, después de hacer un excelente repaso de la revelación bíblica tocante a Babilonia en Apocalipsis 17—18, ofrezca la siguiente conclusión: «Por lo tanto, Babilonia es el mundo como el centro de seducción en cualquier momento de la historia, particularmente durante toda la dispensación actual» (*Más que vencedores*, p. 203). Ese es un claro ejemplo de interpretación alegórica. El pasaje habla de una ciudad definida sobre la que Dios ejecutará un juicio definido.
46. Véase Robert L. Thomas, *op. cit.*, p. 292.
47. *Ibid.*
48. E.W. Bullinger, *op. cit.*, p. 516.
49. Véase Robert L. Thomas, *Revelation 8—22*, p. 292.
50. *Ibid.*, p. 294.
51. Véase John F. Walvoord, *The Revelation of Jesus Christ*, p. 250.
52. Véase William Barclay, *The Revelation of John*, vol. 2, pp. 146, 147; J. Massyngberde Ford, «Revelation», p. 281; M. Eugene Boring, «Revelation», pp. 180-182.
53. Véase M. Eugene Boring, «Revelation», p. 181.
54. John F. Walvoord, *op. cit.*, p. 250.
55. Véanse entre otros, Robert H. Mounce, «The Book of Revelation», pp. 313-314; A.T. Robertson, *Word Pictures*, vol. VI, p. 432; Juan Sánchez García, *Comentario histórico y doctrinal del Apocalipsis*, p. 189; William Hendriksen, *Más que vencedores*, p. 205; Charles C. Ryrie, *Apocalipsis*, p. 103; José Grau, *Estudios sobre Apocalipsis*, p. 270.
56. William Barclay, *The Revelation of John*, vol. 2, pp. 139-142, 146, 147.
57. Charles H. Dyer, «The Identity of Babylon in Revelation 17-18», *Bibliotheca Sacra*, octubre-diciembre, 1987, p. 437.
58. *Ibid.*
59. J.A. Seiss, *The Apocalypse*, p. 391. Seiss da varias citas bíblicas tales como Salmo 30:7; Jeremías 51:25; Daniel 2:35. Podrían añadirse Salmo 68:15, 16; Isaías 2:2; 41:15: Habacuc 3:6 y Zacarías 4:7.
60. Véase John F. Walvoord, *The Revelation of Jesus Christ*, pp. 22, 23.
61. El profesor G.B. Caird de la Universidad de Oxford de manera cándida reconoce la insuperable dificultad de intentar escoger una lista de emperadores romanos para explicar el significado de Apocalipsis 17:9, 10 (véase G.B. Caird, «The Revelation of Saint John», pp. 219, 220).
62. J.A. Seiss, *The Apocalypse*, p. 393.
63. *Ibid.*
64. George Eldon Ladd, *A Commentary on the Revelation of John*, p. 230.
65. Véanse J. Massyngberde Ford, «Revelation», p. 281; también José Grau, *Estudios sobre Apocalipsis*, pp. 272, 273; G.B. Caird, «The Revelation of Saint John», p. 218.
66. George Eldon Ladd, *A Commentary on the Revelation of John*, p. 231.
67. *Ibid.*
68. A.T. Robertson, *Word Pictures*, vol. VI, p. 433.
69. Robert H. Mounce, «The Book of Revelation», p. 318.
70. Henry Barclay Swete, *Commentary on Revelation*, p. 223.
71. Véase Robert H. Mounce, «The Book of Revelation», p. 318.
72. Véase Alan F. Johnson, «Revelation», p. 562.
73. Robert L. Thomas, «Revelation 8—22», p. 303.

74. Robert H. Mounce, «The Book of Revelation», pp. 319-320.
75. Véase A.T. Robertson, *Word Pictures,* vol. VI, p. 435; José Grau, *Estudios sobre Apocalipsis,* p. 277.
76. George Eldon Ladd, *op. cit.*, p. 234.
77. Robert L. Thomas, *op. cit.,* p. 307.

18

El juicio de la Babilonia escatológica (18:1-24)

Introducción

Los capítulos 17 y 18 del Apocalipsis tratan el tema del juicio y la destrucción final de Babilonia. Ambos capítulos identifican a Babilonia como una ciudad, no como un sistema místico. El texto sugiere que se trata de una sola Babilonia y no de dos como sugieren algunos escritores.[1] Tampoco se debe identificar a Babilonia con la ciudad de Roma, puesto que Roma nunca fue una gran ciudad comercial.[2] La profecía bíblica predice la destrucción total de la ciudad de Babilonia (véanse Is. 47; Jer. 50—51). Esas profecías aún no se han cumplido de la manera como las Escrituras lo dicen. El cumplimiento tendrá lugar en los postreros días, tal como se describe en Apocalipsis 18. Babilonia será juzgada por la mano del mismo Dios. Su ruina será total y perpetua. La memoria de Babilonia será completamente borrada de la historia por intervención divina.

Hay quienes ven en Babilonia una «representación de la cultura total del mundo aparte de Dios», en contraste con el sistema divino representado por la Nueva Jerusalén.[3] Tal interpretación se salta el círculo de lo literal para caer en un ámbito alegórico ya que se aleja de la Babilonia histórica y la convierte en un arquetipo de la resistencia mundana contra Dios. Lo más sensato es entender que Apocalipsis 18 es una profecía tocante a la destrucción de una Babilonia literal que estará presente en los postreros días junto al río Éufrates, es decir, en el mismo sitio donde existió la Babilonia de Nabucodonosor.

Bosquejo

1. **El anuncio de la caída de Babilonia (18:1-3)**
   1.1. El anuncio es hecho por un ángel del cielo (18:1)
   1.2. La certeza de la caída de Babilonia (18:2*a*)
   1.3. Secuela espiritual de la caída de Babilonia (18:2*b*).
   1.4. La causa de la caída de Babilonia (18:3)
2. **Llamado a la separación de la iniquidad de Babilonia (18:4, 5)**
   2.1. El pueblo de Dios es llamado a la separación de Babilonia (18:4)

2.2. El juicio de Babilonia será con relación a la magnitud de su pecado (18:5)
3. **Descripción del juicio contra Babilonia (18:6-8)**
   3.1. Babilonia recibirá justa retribución (18:6)
   3.2. Babilonia será juzgada por su orgullo (18:7)
   3.3. Babilonia sufrirá un juicio fulminante (18:8)
4. **El lamento de los reyes de la tierra por Babilonia (18:9, 10)**
   4.1. Lamentarán la pérdida de sus deleites (18:9)
   4.2. Lamentarán la súbita ruina de Babilonia (18:10)
5. **Reconocimiento de la justicia de Dios (18:11-19)**
   5.1. Lamentarán la pérdida de sus negocios (18:11-14)
   5.2. Lamentarán la desaparición de Babilonia (18:15-19)
6. **El gozo celestial por la caída de Babilonia (18:20)**
7. **Descripción de la ruina total de Babilonia (18:21-24)**
   7.1. Su ruina será súbita (18:21*a*)
   7.2. Su ruina será total y justa (18:21*b*-23)
      7.2.1. Toda actividad cesará (18:21*b*-23*a*)
      7.2.2. Ha enriquecido a los mercaderes de la tierra (18:23*b*)
      7.2.3. Ha engañado a las naciones con sus hechicerías (18:23*c*)
   7.3. Su ruina será retributiva (18:24)
8. **Resumen y conclusión**

NOTAS EXEGÉTICAS Y COMENTARIOS

18:1

«Después de esto vi a otro ángel descender del cielo con gran poder; y la tierra fue alumbrada con su gloria.» La expresión **«después de esto»** (*metà taûta*), mejor, «después de estas cosas», se usa frecuentemente en el Apocalipsis, generalmente con el fin de introducir algo nuevo que indica un nuevo comienzo y un nuevo paquete de circunstancias.[4] En Apocalipsis 18:1, sin embargo, el uso de dicha frase es diferente. En este caso particular *metá taûta* tiene una función temporal y se usa para indicar «la secuencia temporal en la que las visiones fueron reveladas a Juan».[5]

> El uso temporal (en contraste con el uso escatológico) de «*metá taûta*» en el libro del Apocalipsis siempre se indica por Juan mediante la inclusión de un verbo de percepción («vi», «oí»). Al hacer eso señalaba que el tiempo de secuencia estaba en su observación de las visiones y no necesariamente en el desarrollo de acontecimientos futuros. Cuando Juan quería indicar un espacio de tiempo en acontecimientos futuros, no incluía un verbo de percepción.[6]

De modo que la expresión **«después de esto»** se refiere a la secuencia temporal inmediata de lo que Juan vio. Las visiones de los capítulos 17 y 18 son consecutivas sin que exista un espacio de tiempo entre una y otra. Ambas visiones contemplan los acontecimientos relacionados con el juicio divino sobre la ciudad de Babilonia. Los dos capítulos tratan de la misma Babilonia, aunque el capítulo 17 destaca las abominaciones de la ciudad y el 18 da énfasis a su sensualidad asociada con sus riquezas.[7]

El anuncio del juicio divino sobre Babilonia es hecho por **«otro ángel»** (*állon ággelon*). Este ángel: (1) Desciende del cielo; (2) posee gran poder; y (3) posee una gloria que ilumina la tierra. Debido a las características que se le atribuyen al mencionado ángel, algunos expositores lo identifican con Cristo o con el Espíritu Santo.[8] No existe razón exegética alguna que niegue el hecho de que se trata de un ángel enviado para efectuar el anuncio del juicio divino sobre Babilonia. El hecho de que posee gran autoridad y una deslumbrante gloria no constituye argumento suficiente para negar que se refiere a un ángel, puesto que los ángeles han sido investidos por Dios con autoridad para ejecutar la voluntad divina y con un grado de gloria propia de la naturaleza de dichos seres.

Si bien es cierto que en el Antiguo Testamento Cristo aparece como el Ángel de Jehová, no es menos cierto que en el Nuevo Testamento hay una diferencia marcada entre los ángeles y el Mesías. En el Apocalipsis Cristo es identificado como el Cordero que fue inmolado, el Mesías, Rey de reyes y Señor de señores. Es el que viene con poder y gloria como el victorioso Guerrero Divino para derrotar a todos sus enemigos y establecer su reino de paz y justicia en la tierra. Los ángeles ejecutan su voluntad y poseen la autoridad y la gloria que Él les ha dado.

18:2

«Y clamó con voz potente, diciendo: Ha caído, ha caído la gran Babilonia, y se ha hecho habitación de demonios y guarida de todo espíritu inmundo, y albergue de toda ave inmunda y aborrecible.»

La voz poderosa del ángel tiene por finalidad que su anuncio sea escuchado claramente por todos los seres vivientes. Su anuncio es: **«Ha caído, ha caído la gran Babilonia.»** La Babilonia mencionada aquí es la misma de 14:8; 16:19 y 17:1-18. No se trata de una Babilonia mística ni alegórica. Tampoco se trata de la ciudad de Roma espiritualizada, sino de la Babilonia literal.

La Babilonia, pues, de este capítulo 18 es la Babilonia del capítulo 17 y de todos los otros capítulos que hablan de su origen, su carácter y su destino. Los «reyes de la tierra» no se hicieron partícipes de las idolatrías de la Roma pagana; ni los mercaderes de la tierra se enriquecieron mediante el comercio con la Roma papal, ni fueron sus seguidores y devotos limitados a «mercaderes» y «reyes». Esta es la Babilonia literal; y antes que ocurra el regreso del Señor (o el Apocalipsis), tal como se describe en el capítulo 19, ella [Babilonia] habrá llegado a esta altura de idolatría y voluptuosidad.[9]

Como puede observarse, las palabras del ángel concuerdan perfectamente con las profecías veterotestamentarias (véanse Is. 13:9, 19-22; 34:14; 47:7-9; Jer. 50—51; Zac. 5:5-11). Las Escrituras profetizan que Babilonia será destruida de forma súbita y total. Tal cosa no ha ocurrido aún.[10] Es precisamente lo repentino de la destrucción de Babilonia la característica dominante de Apocalipsis 18.[11] El apóstol Juan escribe de algo que sería futuro en la historia de Babilonia y no de algo que tuvo lugar en el pasado. La historia pasada de Babilonia no registra ninguna situación en que dicha ciudad hubiese sido destruida súbitamente en un sólo día. Por el contrario, la decadencia pasada de Babilonia ha tenido lugar de una manera gradual. Además, se ha constatado el hecho de que comunidades árabes han existido dentro de la antigua ciudad de Babilonia durante varios siglos.[12]

Hasta el presente, Babilonia nunca ha experimentado la destrucción profetizada de ella en el Antiguo Testamento (Is. 47:11; 51:8). La presente devastación de la región es el resultado de una decadencia gradual, no de una súbita destrucción. De hecho el sitio de la Babilonia antigua ha sido el lugar de una ciudad de una clase u otra hasta años muy recientes. El tráfico marítimo de la ciudad, indicado en 18:17, armoniza con esta localización, puesto que el Éufrates en tiempos antiguos era navegable hasta una distancia de 800 km. desde su desembocadura.[13]

Obsérvese la repetición del verbo **«ha caído»** (*épesen*). Dicho verbo es el aoristo indicativo de *pípto*, que significa «caer». El aoristo contempla el acontecimiento en su totalidad y el modo indicativo sugiere la realidad histórica del mismo. El anuncio es proléptico, es decir, anticipatorio o profético, dando por cierto el hecho de la caída de Babilonia (véase Ap. 18:21-24).[14]

Como resultado de su caída, Babilonia se convertirá en **«habitación de demonios y guarida de todo espíritu inmundo, y albergue de toda ave inmunda y aborrecible».** Ese es el cuadro de una ciudad que será reducida a ruina total y a una desolación sobrecogedora. Babilonia será convertida en un desierto y el desierto es una imagen poética en el Antiguo Testamento para indicar la habitación de los demonios.[15]

El vocablo **«habitación»** (*katoikeitéirion*) significa «lugar de residencia permanente». Es decir, la ciudad que una vez estuvo repleta de lujo y de hermosura se convertirá en un sitio solamente apto para los demonios. También será **«guarida de todo espíritu inmundo».** El sustantivo **«guarida»** (*phylakéi*) significa «prisión», «lugar de destierro». Los espíritus inmundos son los mismos demonios que serán desterrados en Babilonia. «Espíritus inmundos son, por supuesto, sinónimos con los demonios, como lo indica Apocalipsis 16:13, 14, pero la noción de *phylakéi* ("prisión") añade la implicación de que están en ese lugar involuntariamente.»[16] Resumiendo: la Babilonia de la opulencia, la corrupción, la idolatría y la vanidad se convertirá por juicio divino en un lugar infernal. En contraste con Jerusalén que será hecha «cabeza de los montes» (Is. 2:1-4), Babilonia será hecha un desierto habitado por demonios. Mientras que Jerusalén será habitada por los santos en el reino justo del Mesías, Babilonia será hecha habitación de lo inmundo y aborrecible.

18:3

«Porque todas las naciones han bebido del vino del furor de su fornicación; y los reyes de la tierra han fornicado con ella, y los mercaderes de la tierra se han enriquecido de la potencia de sus deleites.»

Este versículo declara la causa del juicio divino sobre Babilonia:

1. **«Porque todas las naciones han bebido del vino del furor de su fornicación.»** Esa es la misma acusación que aparece en Apocalipsis 14:8 y 17:2. Obsérvese que el versículo menciona que la corrupción de Babilonia ha contaminado a **«todas las naciones»** (*pánta tà éthnei*). Es decir, su influencia se ha extendido a los pueblos gentiles quienes se han embriagado con **«el vino del furor de su fornicación».** La inmoralidad de Babilonia tanto en lo ético como en lo religioso ha influido con gran fuerza en las naciones de la tierra. El verbo **«han bebido»** (*pépôken*) es el perfecto indicativo, voz activa de *píno*, que significa «beber». El tiempo perfecto sugiere un hecho consumado con resultados permanentes. La contaminación de las naciones de la tierra con la inmoralidad de Babilonia ha sido notoria y las consecuencias serán desastrosas. El vocablo **«fornicación»** (*porneías*) se usa frecuentemente en el Antiguo Testamento con referencia a la apostasía o abandono de las cosas de Dios.

2. **«Y los reyes de la tierra han fornicado con ella.»** No sólo las masas populares, sino también «los reyes de la tierra» (*hoi basileîs teîs geîs*), es decir, los gobernantes

o cabezas de las naciones sostienen una relación ilícita con Babilonia y se contaminan con su corrupción. Evidentemente, la capacidad atractiva de la Babilonia de los postreros días será enorme. «La ciudad se ha autopromovido mediante la implantación de una fe incuestionable en su supuestas inagotables fuentes de riquezas, disuadiendo de esa manera a los hombres de sentir una necesidad profunda de Dios.»[17] Babilonia hará uso de sus cualidades como «la gran ramera» para atraer y engañar a los reyes de la tierra. Utilizará, además, sus riquezas y su lujo como instrumentos para atraer a los reyes de la tierra. «El poder y la riqueza eran empleados en el nombre de la religión demoniaca.»[18]

3. **«Y los mercaderes de la tierra se han enriquecido de la potencia de sus deleites.»** Los comerciantes de la tierra serán igualmente influidos por el poderío y las riquezas de Babilonia. El comercio con Babilonia adquirirá un volumen sin precedentes. Los **«mercaderes»** (*hoi émporoi*) mantendrán una actividad comercial constante con la gran ciudad junto al Éufrates.[19] Los mercaderes se enriquecen a causa del poder, del lujo y de la autoindulgencia de Babilonia. La idea tras la frase parece ser que los gobernantes de Babilonia y el pueblo que la compone estarán tan ávidos de la posesión de artículos de lujo y de la mercancía del mundo que los mercaderes de la tierra aumentarán el volumen de sus ganancias hasta límites insólitos.[20]

18:4

«Y oí otra voz del cielo, que decía: Salid de ella, pueblo mío, para que no seáis partícipes de sus pecados, ni recibáis parte de sus plagas.»
A la vez que se anuncia el juicio sobre Babilonia, se efectúa un llamado al pueblo de Dios para que abandone la ciudad y no sufra las consecuencias de dicho juicio. El apóstol Juan escuchó **«otra voz del cielo»**. Lo más probable es que la mencionada voz fuese la de un ángel designado para hacer el llamado a la separación. «No se trata de la voz de Dios o de Cristo, porque el extenso lamento poético que sigue violaría el decoro profético si se tratara de una voz divina. Se trata de un ángel que habla en nombre de Dios como en 11:3 y en 22:7, 8.»[21]

El verbo **«salid»** (*exélthate*) es el aoristo imperativo, voz activa de *exérchomai*, que significa «salir», «partir». El aoristo imperativo es un mandato que requiere una acción urgente. Equivale a decir: «Salid inmediatamente» (véanse Is. 48:20; 52:11; Jer. 50:8; 51:6). El mandato va dirigido a los santos de la tribulación, quienes podrían sufrir la tentación de comprometerse con el pecado reinante en Babilonia.[22] El llamado en Apocalipsis 18:4 sugiere una huida literal de una ciudad literal.[23] «...Pero más allá de esto también está un llamado a evadir las tramas diseñadas por el sistema del que esa ciudad es la cabeza visible. Es un llamado a evadir los engaños de la idolatría, la autosuficiencia, la confianza en el lujo y la violencia contra la vida humana.»[24] Dios ha llamado a los creyentes de todas las generaciones a una vida de separación del mundo (2 Co. 6:14-17; Stg. 4:4; 1 Jn. 2:15-17). En los postreros días ese llamado será mucho más urgente debido al inminente juicio de Dios (Hch. 7:30, 31).

La expresión **«pueblo mío»** (*ho laós mou*)[25] constata el hecho de que el llamado va dirigido a los que han creído en el Mesías en los postreros días y que residen en Babilonia. Los tales serán llamados a salir con urgencia de la ciudad que está a punto de ser destruida así como Lot recibió la orden de salir de Sodoma antes de su destrucción (Gn. 19:15-22).

Hay un doble propósito del llamado a abandonar Babilonia: (1) **«Para que no seáis partícipes de sus pecados.»** El verbo «seáis partícipes» (*sygkoinonéiseite*) es el aoristo subjuntivo de *sygkoinônéo*, que significa «coparticipar», «compartir». El aoristo subjuntivo precedido de la negación (*méi*) se usa para prohibir el comienzo de una acción.[26] Dicha expresión completa la idea de que los creyentes deben abandonar Babilonia «para» (*hína*) no iniciar ningún tipo de comunión con el pecado de dicha ciudad. (2) El segundo propósito se expresa en la cláusula **«ni recibáis parte de sus plagas»** (*kaì ek tôn pleigôn auteîs hína mèi lábeite*).

Esta cláusula depende de la anterior y es enfática en el texto griego debido a la sintaxis y al carácter proléptico de la frase.[27] El verbo **«recibáis»** (*lábeite*) es el aoristo subjuntivo, voz activa de *lambáno*, que significa «recibir» y está precedido por la partícula negativa *mèi* («no»). Igual que en el caso anterior, el aoristo subjuntivo precedido de la negación *mèi* sugiere la prohibición a que se inicie una acción. En este caso particular las dos cláusulas subordinadas dependen de que se haga efectiva la acción del verbo principal. El llamado divino es: «Pueblo mío, salid de Babilonia.» La proclamación de esa orden tiene dos propósitos: (1) Que el pueblo de Dios no comience a coparticipar de los pecados de Babilonia; y (2) que el pueblo de Dios no reciba parte alguna de las plagas de la ciudad maldita. «Desobedecer el mandato de salir de Babilonia implicaría al desobediente en las plagas que afectarán a la ciudad y a todo aquel que mantenga comunión con sus pecados.»[28] Aunque la caída de Babilonia es anunciada como un hecho realizado en Apocalipsis 18:2, cronológicamente tendrá lugar después del llamado a la salida del pueblo de Dios de dicha ciudad en 18:4. El género literario profético permite que se realice ese cambio en la secuencia de los acontecimientos. Tal como ocurrió en Sodoma, el éxodo del pueblo de Dios de Babilonia ocurrirá antes que el juicio divino destruya «la gran ramera».

18:5

«Porque sus pecados han llegado hasta el cielo, y Dios se ha acordado de sus maldades.» Literalmente «porque sus pecados se han pegado entre sí hasta el cielo y Dios se acordó de sus actos injustos». Dios esperará hasta que el pecado de Babilonia haya llegado a su colmo antes de derramar su juicio sobre ella (Jer. 51:9). El verbo traducido **«han llegado»** (*ekolléitheisan*) es el aoristo indicativo, voz pasiva deponente, de *kolláo*, que significa «encolar» (la forma deponente se caracteriza porque es diferente de su función de voz). En la voz pasiva deponente significa «adherirse», «unirse uno con otro en masa».[29] La idea es que los pecados de Babilonia se pegarán unos a otros con cola y se alzarán hasta llegar al mismo cielo.[30] «Unidos entre sí hasta que alcanzan el cielo, hasta que la creciente masa se alza a la altura del firmamento.»[31] El texto no dice que los pecados de Babilonia se adhieren al cielo, sino que, como sugiere la función deponente del verbo, dichos pecados se encolan unos con otros hasta formar una estructura que se alza hasta el cielo como si fuesen los ladrillos que forman un edificio. La figura, sin duda, pretende describir la magnitud del pecado de Babilonia.

«Y Dios se ha acordado de sus maldades.» El verbo **«ha acordado»** (*emneimóneusen*) es el aoristo indicativo, voz activa de *mneimonéo*, que significa «recordar». Tanto este aoristo como el anterior son proféticos. Es decir, aunque se refieren a una acción futura, su cumplimiento es tan cierto que la expresan como si ya hubiese ocurrido.[32] El vocablo **«maldades»** (*adíkeima*), literalmente significa «acciones injustas», «hechos injustos». El autor pudo haber usado el sustantivo *adikía*, que significa «injusticias», pero prefirió *adíkeima*, tal vez por su parecido con *dikaíôma*, que significa «expresión concreta de justicia», especialmente de origen divino. «*Adíkeima* aparece aquí y en Hechos 18:14, 24:20 con referencia a un crimen en el sentido legal del vocablo.»[33] Los crímenes de Babilonia y todos sus actos de injusticia serán juzgados por Dios. La maldad de la tierra de Sinar será juzgada con justicia por todas sus injusticias. Babilonia las ha acumulado durante innumerables generaciones, pero a la postre recibirá su justo castigo.

18:6

«Dadle a ella como ella os ha dado, y pagadle doble según sus obras; en el cáliz en que ella preparó bebida, preparadle a ella el doble.» El texto bajo consideración, sin duda, tiene su fundamento en Jeremías 50:29-46, donde el profeta describe el mal que vendrá sobre Babilonia. Juan depende extensamente de Jeremías 50—51 cuando describe la destrucción de Babilonia en Apocalipsis 17—18.

Este versículo no tiene como tema la venganza divina, sino más bien su justa retribución. Babilonia recibirá lo que justamente merece por su crueldad y por su desafío de Dios.[34] Dios hará uso de su soberanía para darle a Babilonia su justo castigo. Él, sin embargo, usará sus instrumentos para la ejecución de sus juicios. Como ya se ha señalado (Ap. 17:16, 17), Dios utilizará a la confederación de los diez reyes que ha acordado sujetarse a la bestia como el instrumento para la destrucción de Babilonia. Tal acción no debe extrañar, puesto que en la antigüedad Dios usó a Ciro el Grande (un rey malvado) para ejecutar su voluntad (véase Is. 44:28; 45:1). El origen de la destrucción de Babilonia es Dios (Ap. 17:17; 18:5, 8), pero el medio usado para dicha destrucción es la confederación de los diez reyes (Ap. 17:16; 18:8).[35]

«Dadle a ella como ella os ha dado» (*apódote auteî hôs kaì autèi apédôken*), mejor, «pagadle como ella también pagó».[36] El verbo **«dadle»** o «pagadle» (*apódote*) es el aoristo imperativo, voz activa de *apodídômi*. El aoristo imperativo sugiere urgencia (¡dadle o pagadle ya!). **«Ha dado»** (*apédôken*) es el aoristo indicativo, voz activa de *apodídômi*. El aoristo indicativo contempla una realidad en su totalidad («...como ella también pagó»). La oración contempla la *lex talionis* (véanse Jer. 50:15, 29; 51:24, 56; Sal. 137:8). Dios dará a Babilonia el justo pago por su maldad y crueldad, particularmente por perseguir a los santos (18:24; 19:2).[37]

«Y pagadle doble según sus obras» (*kaì diplôsate [tà] diplâ katà érga auteîs*). «Esta no es una súplica pidiendo venganza personal de parte de los santos perseguidos, sino una interpretación celestial de la respuesta divina a la crueldad cometida por personas malvadas, quienes han pasado el punto de no regreso en sus prácticas morales. La hora final ha llegado, y es demasiado tarde para el arrepentimiento. Esta es una declaración judicial contra una civilización pecadora que ha alcanzado el límite final del mal.»[38]

Algunos escritores no han observado el uso de la figura de dicción llamada metonimia que aparece en el versículo 6. La Reina-Valera 1960, dice: «Pagadle [el] doble...» (*diplôsate [tà] diplâ*), que literalmente quiere decir: «Dobladle el doble». El significado de esta figura es «otorgadle una total y plena compensación»[39] (véanse Éx. 22:4, 7, 9; Is. 42:2; Jer. 16:18; 17:18; Zac. 9:12). Como ha escrito Robert L. Thomas:

> No significa una retribución doble en severidad por la gravedad del pecado. «Doble» tiene el sentido de que el castigo debe ser el equivalente exacto de la ofensa de la misma manera que una persona que tiene un parecido exacto con otra es llamada su «doble». El criterio que proporciona el equivalente exacto es *katà tà érga auteîs*, es decir, «según sus obras».[40]

El texto, por lo tanto, no enseña que Babilonia recibirá un doble castigo por sus pecados o una doble dosis de la ira de Dios, sino que recibirá el castigo justo o la retribución merecida por su pecado. Dios le aplicará con toda justicia la llamada *«lex talionis»*.[41]

«En el cáliz en que ella preparó bebida, preparadle a ella el doble.» La copa mencionada aquí es la misma que Babilonia ha utilizado para embriagar a las naciones y a los reyes de la tierra (véase Ap. 14:8, 10; 17:4; 18:3). En los postreros días ella tendrá que beber de la misma mezcla una ración completa. El mismo instrumento que utilizó para seducir y destruir a las naciones se convertirá en un azote judicial para Babilonia. El verbo traducido **«preparadle»** (*kerásate*) es el aoristo imperativo, voz activa de *keránnymi*, que significa «mezclar una bebida en preparación para beberla». El aoristo imperativo sugiere una acción urgente: «¡Preparadle de inmediato a ella el doble!» Como en el caso anterior, **«el doble»** (*diploûn*) no significa una doble ración «sino una manera de asegurar que recibe la cantidad total del castigo merecido por sus pecados».[42] El versículo siguiente, donde se demanda para Babilonia igual pago por lo que ha hecho, corrobora esta interpretación.[43]

18:7

«Cuanto ella se ha glorificado y ha vivido en deleites, tanto dadle de tormento y llanto; porque dice en su corazón: Yo estoy sentada como reina, y no soy viuda, y no veré llanto.» El texto expresa de manera clara y terminante el porqué Babilonia merece ser juzgada. Su autoglorificación, sus excesos, su ostentación, su orgullo y su inmodestia constituyen algunas de las razones expresadas en el versículo respecto a la causa del juicio de Babilonia.

«Cuanto ella se ha glorificado y ha vivido en deleites» (*hósa edóxasen autèin kaì estreiníasen*). El vocablo *hósa* es un pronombre relativo, cuantitativo e indefinido. Está en el caso acusativo, neutro, plural y es el complemento directo del verbo «ha glorificado» (*edóxasen*).[44] Se podría traducir así: «En cuantas cosas ella se ha autoglorificado y ha vivido en lujo arrogante.» El estilo de vida de Babilonia refleja un evidente materialismo revestido de indiferencia y vanidad. Es una ciudad habitada por gente preocupada sólo en sí misma y entregada a los placeres y al lujo arrogante como un fin en sí. Es una ciudad que vive un egocentrismo incurable revestido de pasiones incontroladas. Los dos verbos («ha glorificado» y «ha vivido en deleites») son aoristos de indicativo. Ambos señalan a una realidad histórica respecto a la vida de Babilonia.

«Tanto dadle de tormento y llanto» (*tosoûton dóte auteî basinismòn kaì pénthos*). El pronombre correlativo «tanto» (*tosoûton*) es acusativo, masculino, singular y concuerda con «tormento» (*basinismòn*).[45] «Al igual que *diplôsate* [''pagadle doble''], el pronombre correlativo *tosoûton* [''tanto''] es una manera de decir que el tormento y el llanto deben corresponderse exactamente con la autoglorificación y los deleites de Babilonia. El principio de equiparar el castigo con el crimen cometido es un postulado constantemente afirmado en la Biblia (véanse Is. 3:16ss; Pr. 29:13; Lc. 1:51; 14:11).»[46] Babilonia recibirá exactamente la misma medida de tormento y llanto comparable con lo que ha gastado en la autoglorificación y en sus placeres arrogantes. El orgullo y la arrogancia siempre han sido actitudes repudiables delante de Dios (véase Stg. 4:6).

«Porque dice en su corazón: Yo estoy sentada como reina, y no soy viuda, y no veré llanto.» La actitud orgullosa y desafiante de Babilonia le conduce a hacer tres declaraciones de autosuficiencia:

1. **«Estoy sentada como reina»** (*kátheimai Basílissa*). Esta es una declaración arrogante que procede del «corazón» (*en teî kardías*), es decir, del centro mismo de la vida y de las emociones. El verbo **«estoy sentada»** (*kátheimai*) es el presente indicativo, voz media, que sugiere esta idea: «Yo, de mí misma o por mí misma, estoy sentada como reina.» La frase sugiere autosuficiencia e independencia. Es como si dijese: «No necesito nada de nadie» (véase Is. 47:5-10).

2. **«Y no soy viuda»** (*kaì chéira ouk eimí*). La gran ramera no se considera viuda. Los reyes de la tierra mantienen una relación continua con ella. Sus riquezas constituyen poderosos atractivos para sus amantes. Pero el juicio divino será ejecutado a través de la confederación de los diez reyes. «Estos aborrecerán a la ramera, y la dejarán desolada y desnuda; y devorarán sus carnes, y la quemarán con fuego» (Ap. 17:16). La sentencia divina profetizada en Isaías 47:8-10 se cumplirá literalmente.

3. **«Y no veré llanto»** (*kaí pénthos ou mèi ídô*). Esta frase expresa el colmo de la arrogancia de Babilonia. El vocablo **«llanto»** (*pénthos*) es enfático. En el texto griego aparece al principio de la frase. La doble negativa *ou mèi* expresa una negación enfática y rotunda: «Nunca», «de ninguna manera». El verbo, traducido **«veré»** (*ídô*) es el aoristo subjuntivo, voz activa de *horáo*. El aoristo subjuntivo acompañado de la doble negación se usa para negar enfáticamente que algo ha de ocurrir. La idea de la frase es, por lo tanto: «Y nunca o jamás veré llanto.» La frase es una declaración de vanidad jactanciosa. El juicio divino sobre Babilonia demostrará todo lo contrario.

18:8

«Por lo cual en un solo día vendrán sus plagas; muerte, llanto y hambre, y será quemada con fuego; porque poderoso es Dios el Señor, que la juzga.» La expresión **«por lo cual»** (*dià toûto*) mira atrás a lo dicho anteriormente, es decir, sobre la base de lo dicho en 18:1-7, Babilonia experimentará el juicio descrito a partir de 18:8 en cumplimiento de la profecía de Isaías 47:9: «Estas dos cosas te vendrán de repente en un mismo día, orfandad y viudez; en toda su fuerza vendrán sobre ti, a pesar de la multitud de tus hechizos y de tus muchos encantamientos» (véase Jer. 51:6-9). El juicio de Babilonia vendrá de manera repentina y fulminante. La confianza de Babilonia estará puesta en sus ídolos, sus hechizos y sus encantamientos, es decir, su confianza descansará sobre el poder satánico. El fracaso será total, puesto que en «un solo día vendrán sus plagas» (véase Ap. 18:10, 17, 19). Babilonia afirmará en su orgullo y autosuficiencia que es una reina y que no tiene necesidad de nada (18:7). **«Sus plagas»,** sin embargo, vendrán sobre ella con fuerza judicial inesperada. Las plagas consistirán de **«muerte»** (*thánatos*) que es «la paga del pecado» (Ro. 6:23); **«llanto»** (*pénthos*), es decir, el resultado de la muerte y la señal de luto y de tristeza; **«hambre»** (*limós*), es decir, la falta de los alimentos fundamentales. Babilonia ha proclamado su abundancia de riquezas y su capacidad para comprar todo lo que necesita. Dios la humillará hasta el punto de experimentar hambre.

«Y será quemada con fuego; porque poderoso es Dios el Señor, que la juzga.» El juicio sobre Babilonia se asemeja a lo que ocurrió a Sodoma, Gomorra y las ciudades vecinas (véase Jer. 50:40). Recuérdese que Dios usará a la confederación de reyes encabezada por el Anticristo en la ejecución de su juicio sobre Babilonia (Ap. 17:16, 17). El juicio tendrá su origen en el Dios Soberano. Es Dios quien causará que Babilonia sea quemada con fuego, pero el instrumento que usará será el Anticristo y sus asociados. El verbo **«será quemada»** (*katakauthéisetai*) es el futuro indicativo, voz pasiva de *katakaío*, que significa «quemar o consumir con fuego completamente».[47] El Dios fuerte, soberano, todopoderoso cumplirá su sentencia al pie de la letra. La destrucción de la Babilonia escatológica no será gradual ni progresiva, sino súbita, fulminante y total. La frase **«que la juzga»** (*ho krínas autéin*) es enfática. Es, además, un recordatorio de que el Dios Soberano tiene toda potestad para juzgar a Babilonia y a todos los rebeldes. Babilonia ha desafiado a Dios, al negarse a reconocer su soberanía y por lo tanto, sufrirá el juicio de Dios.

18:9

«Y los reyes de la tierra que han fornicado con ella, y con ella han vivido en deleites llorarán y harán lamentación sobre ella, cuando vean el humo de su incendio.» **«Los reyes de la tierra»** mencionados en el versículo son aquellos que han mantenido una íntima relación con Babilonia tanto en lo sentimental como en lo comercial. Las expresiones **«han fornicado»** (*porneúsantes*) y **«han vivido en deleites»** (*streiniásantes*) son aoristos participios, voz activa. El tiempo aoristo contempla una realidad histórica en su totalidad. Los reyes de la tierra disfrutaron de los beneficios producidos por su relación con Babilonia. No tuvieron escrúpulos para hacer todo tipo de negocios con Babilonia con tal de conseguir riquezas y placeres.

La quema y destrucción de Babilonia produce en los reyes de la tierra[48] una reacción de lamento profundo. Los vocablos **«llorarán»** (*klaúsousin*) y **«harán lamentación»** (*kópsontai*) son enfáticos, puesto que aparecen al comienzo de la oración. Ambos verbos son futuros de indicativo. El llanto de los reyes de la tierra será en voz alta y la lamentación implica que golpearán sus propios pechos en demostración de tristeza y de luto. El humo producto del fuego judicial que destruirá a Babilonia les llenará de asombro. «Han cometido fornicación (han entrado en relaciones ilícitas; véase 17:2) con la ramera y han vivido voluptuosamente con ella. Ahora sus fortunas han cambiado, y lloran y se lamentan al ver levantarse el humo que anuncia su destrucción por fuego.»[49]

18:10

«Parándose de lejos por el temor de su tormento, diciendo: ¡Ay, ay, de la gran ciudad de Babilonia, la ciudad fuerte; porque en una hora vino tu juicio!» El fuego terrorífico que ha de producir la destrucción de Babilonia es de magnitud tal que los reyes de la tierra sólo se atreven a contemplar la escena **«de lejos»** (*apó makróthen*). No se acercan **«a causa del temor de su tormento»** (*dìa tôn phóbon toû basanismoû auteîs*). La súbita y fulminante destrucción de Babilonia producirá un profundo asombro en los reyes de la tierra, puesto que no serán capaces de explicarse cómo pudo haber sucedido semejante destrucción en un solo día. Eso explica el hecho de que aunque Dios usa instrumentos humanos para destruir a Babilonia (Ap. 17:16), dicha destrucción es sobrenatural y cumple cabalmente el propósito de Dios (Ap. 17:17).

La angustia de los reyes de la tierra queda patentizada mediante la doble expresión de lamento: **«¡Ay, ay!»** Estas son exclamaciones de tristeza que expresan el profundo pesar producido por la súbita pérdida de la fuente de sus riquezas y la generadora de sus deleites. Los reyes de la tierra echarán en falta a Babilonia hasta el día en que ellos mismos experimenten el juicio de Dios. Obsérvese que la califican como: (1) **«La gran ciudad»** (*he pólis he megálei*), es decir, «la ciudad la grande»; y (2) **«la ciudad fuerte»** (*he pólis he ischyrá*), o sea, «la ciudad la fuerte». La consideran «grande» y «fuerte» a causa de sus riquezas materiales y su influencia sobre las naciones. «Quienes admiraban los logros de su fortaleza están maravillados de que la ciudad más poderosa que ha existido se encuentre reducida a escombros y arda en las cenizas de su destrucción.»[50]

«Porque en una hora vino tu juicio» (*hóti miaî hórai eîlthen hei krísis sou*). Esta misma frase, con alguna variación, se repite en Apocalipsis 18:17 y 18:19, donde los mercaderes de la tierra y los navegantes unen sus lamentos a los de los reyes de la tierra por la destrucción de Babilonia. Nótese que la frase es explicativa. Los reyes de la tierra se lamentan «porque» el juicio de Babilonia ha sido tan repentino («en una hora»). Dios no dará más avisos de los que ha dado ya en su Palabra. Babilonia ha desafiado a Dios con sus abominaciones y su idolatría. Es cierto que su juicio ha tardado en llegar, pero su ejecución es segura y ejemplar. El juicio sobre la Babilonia escatológica se llevará a cabo en cumplimiento riguroso de la profecía de Jeremías 50—51. Dicha ciudad recibirá su justa retribución (Jer. 50:29). Su juicio será semejante al de Sodoma y Gomorra (Jer. 50:40). Su destrucción será súbita y fulminante (Jer. 51:8). La ciudad lujosa se convertirá en ruinas y nunca más será habitada (Jer. 51:36-44).

18:11

«Y los mercaderes de la tierra lloran y hacen lamentación sobre ella, porque ninguno compra más sus mercaderías.» «Los mercaderes de la tierra» (*hoi émporoi teîs geîs*) seguramente implica a quienes han establecido una red comercial a nivel mundial. El vocablo **«mercaderes»** (*émporoi*) significa «en jornada». Se refiere a hombres que viajan con el fin de comerciar. Los mercaderes mencionados se enriquecerán a causa de sus transacciones comerciales con Babilonia. La destrucción de la gran ciudad produce en ellos llanto y lamento. Los verbos **«lloran»** (*klaíousin*) y **«hacen lamentación»** (*penthoûsin*) son presentes de indicativo. Ambos sugieren una acción continua. Los mercaderes continuarán lamentando la destrucción de Babilonia y la pérdida de sus fuentes de ganancia por un tiempo prolongado. «Primordialmente lamentan la pérdida de ganancias y clientes, pero también lamentan la desaparición del gran tesoro representado por la gran ciudad.»[51]

«Porque ninguno compra más sus mercaderías» (*hóti tòn gómon autôn oudeìs agorádsei oukéti*), es decir, la causa principal del llanto y la lamentación es que los mercaderes han perdido su clientela. El vocablo **«mercaderías»** (*gómon*) significa, en este contexto, «el cargamento de un barco». El tiempo presente del verbo **«compra»** (*agorádsei*) sugiere que la actividad de constante comercio será una realidad que cesará repentinamente (*oukéti*). El tráfico comercial con Babilonia se detendrá por completo. Su destrucción ha llegado y «nadie» (*oudeìs*) compra sus productos. Su ruina es incontrovertible.

18:12, 13

«Mercadería de oro, de plata, de piedras preciosas, de perlas, de lino fino, de púrpura, de seda, de escarlata, de toda madera olorosa, de todo objeto de marfil, de todo objeto de madera preciosa, de cobre, de hierro y de mármol; y canela, especias aromáticas, incienso, mirra, olíbano, vino, aceite, flor de harina, trigo, bestias, ovejas, caballos y carros, y esclavos, almas de hombres.»

La variedad y, probablemente, el volumen del comercio entre Babilonia y los mercaderes de la tierra ha de ser extraordinario. Algunos estudiosos del Apocalipsis dividen los artículos de comercio en siete categorías: (1) Materiales preciosos (oro, plata, piedras preciosas, perlas); (2) materiales para prendas de vestir lujosas (lino fino, púrpura, seda, escarlata); (3) materiales para muebles costosos (madera olorosa, objetos de marfil, maderas preciosas, cobre, hierro, mármol); (4) especias preciosas (canela, especias aromáticas, incienso, mirra, olíbano); (5) artículos comestibles (vino, aceite, harina, trigo); (6) mercancías para uso agrícola y doméstico (bestias, ovejas, caballos, carros); y (7) comercio con personas (cuerpos, las almas de los hombres).[52]

Los materiales mencionados en estos dos versículos eran comunes en el comercio de la antigüedad. La larga lista de artículos sugiere que Babilonia sostendrá un comercio amplio y variado con los distintos países de la tierra. La pérdida de ese tan vasto intercambio comercial será la razón del lamento expresado por los mercaderes de la tierra. La destrucción de dicha ciudad producirá una seria crisis comercial en los cinco continentes de la tierra.

Debe observarse que el comercio de Babilonia abarca objetos materiales preciosos, prendas de vestir, muebles, especias, comestibles, animales y también tráfico con seres humanos. El vocablo traducido **«esclavos»** (*sômátôn*) literalmente significa «cuerpos». Tal será la degradación social de Babilonia y sus mercaderes que las vidas de seres humanos serán consideradas como una mercancía cualquiera y, por lo tanto, son designados simplemente como «cuerpos». El texto griego dice: «...y cuerpos, y almas de hombres.» La idea tras dicha frase es el completo sometimiento y opresión de seres humanos. Una posible traducción sería: «...y cuerpos, es decir, vidas de hombres.» Babilonia traficará con seres humanos como si se tratase de una mercancía cualquiera. Será la violación más descarada de los derechos humanos. Dios requerirá de ella semejante maldad.

18:14

«Los frutos codiciados por tu alma se apartarán de ti, y todas las cosas exquisitas y espléndidas te han faltado, y nunca más las hallarás.»

El sustantivo «los frutos» (*hei opôra*) se refiere a los frutos del otoño que están listos para la cosecha.[53] El dinero abundante de los babilonios les permitía adquirir los mejores productos del mercado. Su deseo de satisfacer sus apetitos será tan profundo que Juan lo describe como una codicia del alma. «El fruto es el objeto de la codicia y la codicia procede del alma.»[54] El juicio divino hará que Babilonia quede en ruinas y, por lo tanto, los frutos de la codicia de su alma se «han apartado» de ella (*apêilthen apò soû*). El tiempo aoristo de indicativo contempla la realidad histórica del suceso. Babilonia no podrá disfrutar de esos frutos a causa de la destrucción producida por el juicio divino.

«Y todas las cosas exquisitas y espléndidas te han faltado.» El vocablo **«exquisitas»** (*liparà*) significa «costosa», «rica», «lujosa». Este adjetivo se deriva de *lípos*, que significa «grasoso», «aceitoso» y, por consiguiente, «espléndido», «exquisito». La referencia es a las suculentas comidas que forman parte de la dieta diaria de los mercaderes de Babilonia. **«Las cosas espléndidas»** (*tà lamprà*) podría referirse tanto al mobiliario lujoso y brillante de las cosas como a los vestidos hechos del material más costoso de la tierra. Todo ese lujo y riquezas serán destruidos. La expresión **«te han faltado»** (*apóleto apò soû*) significa, literalmente, «te fueron destruidas». El verbo *apóleto* es el aoristo indicativo con función proléptica, es decir, aunque el acontecimiento es futuro se expresa con un aoristo (pretérito) para destacar la certeza del suceso. **«Y nunca más las hallarás»** (*kaì oukéti ou mèi autà heuréisousin*). Esta frase expresa una negación en los términos más enfáticos posibles. El vocablo *oukéti* significa «no más», «nunca más» y *ou méi* es una doble negación que quiere decir «jamás», «de ninguna manera». De modo que el apóstol usa una doble-doble negativa para destacar el hecho de que la gloria y las riquezas de Babilonia desaparecerán hasta el punto de que «nunca jamás», «bajo ninguna circunstancia» serán halladas. Dios las hará desaparecer para que no quede ni el recuerdo de ellas.

18:15

«Los mercaderes de estas cosas, que se han enriquecido a costa de ella, se pararán lejos por el temor de su tormento, llorando y lamentando.» El lamento de los mercaderes es semejante al de los reyes de la tierra (18:10). Su queja se debe a que han perdido la fuente de sus riquezas. La expresión «estas cosas» (*toútôn*) se refiere a los artículos mencionados en 18:12-14. La destrucción de Babilonia pondrá fin al tráfico de comercio entre los reyes de la tierra y la gran ciudad junto al Éufrates «que se han enriquecido a costa de ella» (*hoi ploutéisantes ap' auteîs*). Esa es la razón fundamental de su lamento.

La destrucción súbita y sobrenatural de Babilonia atemoriza a los mercaderes de la tierra. Eso hace que se paren de lejos llenos de temor, «llorando y lamentando» (véase 18:9-11). Los mercaderes, al igual que los reyes de la tierra, han centrado sus vidas en las ganancias materiales producto de su comercio con Babilonia. Al perder su fuente de ganancia no les queda más que llorar y lamentarse. Esa actitud es común en quienes tienen su esperanza cifrada en las cosas materiales y no en el único Dios vivo y verdadero.

18:16

«Y diciendo: ¡Ay, ay, de la gran ciudad, que estaba vestida de lino fino, de púrpura y de escarlata, y estaba adornada de oro, de piedras preciosas y de perlas!»

Igual que los reyes de la tierra, los mercaderes también repiten un «¡Ay!» de lamento y dolor frente a la sorprendente destrucción de Babilonia. Es necesario volver a hacer hincapié en el hecho de que los capítulos 17 y 18 del Apocalipsis ponen de manifiesto que la ciudad de Babilonia volverá a florecer en los postreros días. El texto claramente afirma que se trata de «la gran ciudad de Babilonia» (véase 17:5, 18; 18:10, 16, 17, 19, 21). No se trata de la ciudad de Roma, sino de la Babilonia junto al Éufrates que reverdecerá y volverá por sus fueros en los postreros tiempos. Babilonia volverá a enriquecerse de manera tal que «se vestirá de lino fino, de púrpura y de escarlata», es decir, aparecerá como una mujer vestida de la ropa más suntuosa que el dinero pueda comprar. Su atavío incluye, además, «oro, piedras preciosas y perlas», es decir, las joyas más costosas y lujosas del mercado. La reaparición de Babilonia será espectacular, pero más lo será su destrucción.

18:17

«Porque en una hora han sido consumidas tantas riquezas. Y todo piloto, y todos los que viajan en naves, y marineros, y todos los que trabajan en el mar, se pararon lejos.» El vocablo «porque» (*hóti*) explica la causa del llanto y del lamento de los mercaderes de la tierra. La frase «en una hora» (*miâi hôrai*), el igual que en 18:8, 10, 17, 19, sugiere el acto súbito y fulminante de la destrucción de la ciudad de Babilonia. El verbo «han sido consumidas» (*eireimôthei*) es el aoristo indicativo, voz pasiva de *ereimóo*, cuya raíz es el sustantivo *éreimos*, que significa «desierto», «lugar desolado». De modo que el texto afirma que Babilonia será trastornada en un desierto, es decir, será completamente devastada. El aoristo tiene una función proléptica. La destrucción de Babilonia es tan cierta que es vista como si ya hubiese ocurrido (véase Ap. 17:16; 18:19). El tremendo volumen de las riquezas de Babilonia queda expresada por la frase **«tantas riquezas»** (*ho tosoûtos ploûtos*). Esta frase es singular y expresa la totalidad de la influencia económica de la gran ciudad.

El lamento de los reyes de la tierra y de los mercaderes es repetido por quienes han transportado las mercancías producidas y compradas por Babilonia. **«Todo piloto»** (*pas kybernéiteis*) se refiere al que guía el barco. «Los que viajan en naves», es decir, **«los pasajeros de los barcos».**[55] **«Marineros»** (*naûtai*) se refiere a la tripulación en los barcos. **«Todos los que trabajan en el mar»** podría referirse a «quienes obtienen su sustento en conexión con la industria marítima».[56] Todos ellos **«se pararon lejos»** (*apò makróthen ésteisan*). Obsérvese de nuevo el uso proléptico del aoristo. La idea es: «se pararán de lejos» para contemplar la ruina de Babilonia y se lamentarán con profundo pesar porque han perdido la fuente de sus riquezas.

18:18

«Y viendo al humo de su incendio, dieron voces, diciendo: ¿Qué ciudad era semejante a esta gran ciudad?» Una traducción más literal del texto sería: «Y gritaban mientras veían el humo de su incendio, diciendo: ¿Qué [ciudad] es como la gran ciudad?» El participio presente **«mientras veían»** (*blépontes*) puede tener una función temporal («cuando veían»), causal («porque veían») o simplemente una acción simultánea con el verbo principal: «Gritaban al mismo tiempo que veían el humo del incendio de Babilonia.»

La pregunta formulada por navegantes y traficantes es sumamente elocuente. Sin duda, reconocen la magnitud de la pérdida que han experimentado. La interrogante es en sí una oración nominal ya que no hay ningún verbo en ella. Literalmente dice: «¿Qué como la gran ciudad?» Babilonia representa para ellos el poder económico, el prestigio social y la influencia política. La destrucción de Babilonia representaba la pérdida de todo lo que consideraban importante y permanente.

18:19

«Y echaron polvo sobre sus cabezas, y dieron voces, llorando y lamentando, diciendo: ¡Ay, ay de la gran ciudad, en la cual todos los que tenían naves en el mar se habían enriquecido de sus riquezas; pues en una hora ha sido desolada!» El acto de echar polvo sobre la cabeza era una señal de duelo y de tristeza (véanse Jos. 7:6; 1 S. 4:12; 13:19; 15:32). La tristeza era mostrada, además, porque **daban voces, llorando y lamentando»** la pérdida de Babilonia. En el texto griego, el lamento se expresa así: **«¡Ay, ay, la gran ciudad...».** El grito es como de alguien que llora a un ser querido que ha muerto. Los navegantes han perdido lo que más querían, a saber, sus riquezas.

«En la cual todos los que tenían naves en el mar se habían enriquecido de sus riquezas...» Es decir, la razón fundamental del lamento es que tanto los fabricantes de naves como los armadores ya no pueden contar con la fuente principal de sus ingresos. Evidentemente el dios de estos hombres es el dinero. Todo lo que afecta a la fuente de sus ingresos les produce malestar y dolor. La destrucción de Babilonia, por lo tanto, producirá en ellos la mayor de todas las penas. Como ya se ha observado, el juicio de Babilonia será súbito y fulminante. Dios la desolará en **«una hora»** (18:10, 17, 19). El asombro será manifiesto ante la realidad de lo que sucederá a Babilonia. El llanto será causado por el hecho de que no podrán beneficiarse nunca más de los tesoros de la gran ciudad de los caldeos que será reducida a un desierto.

18:20

«Alégrate sobre ella, cielo, y vosotros, santos, apóstoles y profetas; porque Dios os ha hecho justicia en ella.» En Apocalipsis 11:10, los moradores de la tierra se regocijan y se alegran a causa de la muerte de los dos testigos a manos de la bestia. Vendrá el día, sin embargo, cuando las cosas cambiarán radicalmente. Los cielos y sus moradores se alegrarán mientras que los moradores de la tierra experimentarán las penas y dolores de los juicios terrenales (Ap. 12:12). El verbo **«alégrate»** (*euphraínou*) es el presente imperativo, voz media de *euphraínomai*, que significa «alegrarse». El presente imperativo sugiere la continuación de una acción que está en progreso («continuad alegrándoos»). La orden es dada por un ángel a los habitantes del cielo. La invitación es extendida a los santos, particularmente a los **«apóstoles y profetas»**. La referencia es a los «apóstoles y profetas» del Nuevo Testamento que sufrieron persecución y muerte por causa del testimonio de su fe en Jesucristo. El sistema inicuo de Babilonia será el causante de la muerte de muchos santos durante el período de la tribulación. Dios hará recaer su juicio sobre la iniquidad de Babilonia por haber derramado la sangre de los santos.

«Porque Dios os ha hecho justicia en ella» (*hóti ékrinen ho theòs tò kríma hymôn ex auteîs*), mejor, «porque Dios ha juzgado vuestro juicio en ella». También podría expresarse así: «Porque Dios ha impuesto en ella la sentencia que ella pasó sobre vosotros.»[57] El juicio sobre Babilonia será justo como todos los actos del Soberano Señor que serán ejecutados durante la tribulación. Pablo dice: «Porque es justo delante de Dios pagar con tribulación a los que os atribulan» (2 Ts. 1:6). Dios no actuará en venganza ciega, sino con justicia en demostración de su justo juicio (2 Ts. 1:5). Babilonia recibirá la retribución merecida por el maltrato que dará a los siervos de Dios en los postreros tiempos, pero también por el hecho de que su sistema maligno y rebelde contra Dios y que tuvo su origen en los días de Nimrod ha sido un agente activo de persecución del pueblo de Dios en el mundo (Gn. 10:8-12). Nimrod fue «vigoroso cazador» de seres humanos a quienes esclavizó. Podría considerársele como una especie de terrorista primitivo. Además, fue «vigoroso cazador delante de Jehová», es decir, «vigoroso cazador contra Jehová». Nimrod se opuso a Dios en el sentido de persuadir con el uso de la fuerza a los hombres para que no adorasen a Jehová. Ese mismo sistema será usado por la Babilonia escatológica para intentar apartar a los seres humanos de Dios. El Señor le dará la misma medida de mal que ella ha dado a los hijos de Dios.

18:21

«Y un ángel poderoso tomó una piedra, como una gran piedra de molino, y la arrojó en el mar, diciendo: Con el mismo ímpetu será derribada Babilonia, la gran ciudad, y nunca más será hallada.» Como se ha observado repetidas veces, a través del Apocalipsis el ministerio de los ángeles es sumamente importante. Intervienen en la adoración del Dios Soberano, en la revelación del contenido del Apocalipsis, en la derrota de Satanás y en la ejecución de los juicios divinos sobre la tierra. Apocalipsis 18:21, habla de un ángel «fuerte» (*ischyròs*) que es capaz de levantar una piedra, descrita por Juan **«como una gran piedra de molino»** (*hos mylinon mégan*). La piedra mencionada aquí era de gran tamaño y de peso considerable. Medía metro y medio de diámetro, con un espesor de 36 cm. y pesaba más de una tonelada. El ángel fuerte levantó (*eirèn*) la piedra y la arrojó en el mar. Nótese que la piedra no cayó sola o de su propio peso, sino que fue lanzada por el ángel. El verbo **«arrojó»** (*ébolen*) es el aoristo indicativo, voz activa de *bállo*, que significa «arrojar», «tirar». El aoristo sugiere un hecho concreto y el modo indicativo destaca la realidad de dicho acontecimiento. La piedra de molino arrojada en el mar por el ángel fuerte describe la caída de Babilonia y su destrucción total cuando la mano poderosa del juicio de Dios descienda sobre ella. Quizá la referencia al mar guarde alguna conexión con el abismo, el lugar de donde surge la bestia (Ap. 13:1) y el abismo que es el lugar de habitación de Satanás y sus demonios.

La caída de Babilonia será **«con el mismo ímpetu»** (*hoútôs horméimati*), es decir, «así con velocidad imparable». El vocablo *horméimati* sugiere «fuerza», «velocidad», «ímpetu». Como la tempestad que bate con fuertes vientos y toma por sorpresa al navegante, así será la destrucción de Babilonia. La ilustración de la pesada piedra de molino arrojada al mar «enfatiza la manera súbita y espectacular de la ejecución del juicio de Dios, no sólo sobre una antigua ciudad sino a la postre sobre todo el mundo anticristiano en su oposición a Dios».[58] El texto griego dice, además, «y nunca más será hallada» (*kaì ou mèi heurethêi éti*). Esta frase es enfática debido al uso de la doble negativa *ou mèi* («nunca») y del adverbio **«más»** (*éti*). La frase encierra la idea de una destrucción total y permanente. Después de esta destrucción, Babilonia en modo alguno volverá a existir. Su recuerdo será totalmente borrado de la historia de la humanidad. Babilonia será «perpetuo asolamiento» en estricto cumplimiento de la Palabra de Dios (Jer. 51:26).

18:22

«Y voz de arpistas, de músicos, de flautistas y de trompeteros no se oirá más en ti; y ningún artífice de oficio alguno se hallará más en ti, ni ruido de molino se oirá más en ti.» No cabe duda que en los años de su apogeo Babilonia era una ciudad donde la música formaba parte de la vida diaria de los ciudadanos.[59] Seguramente las calles de la gran ciudad mostraban, desde la mañana hasta el anochecer, las señales indiscutibles de una actividad comercial magnífica. La intervención judicial de Dios hará cesar toda esa actividad. «El silencio reina en la ciudad caída.»[60] Dios hará acallar todo el ruido del comercio de Babilonia.

Los expertos músicos de Babilonia no tocarán más sus instrumentos. Tres veces se repite la enfática negación: **«No se oirá más en ti»**, **«no se hallará más en ti»**, **«no se oirá más en ti»** (*ou mèi... éti*). Habrá una total desaparición de todo tipo de instrumentos musicales de Babilonia. Además, Dios hará desaparecer a los artesanos de la ciudad: **«Ningún artífice de oficio alguno se hallará más en ti.»** Ocurrirá, también, una paralización de las actividades económicas cotidianas: «Ni ruido de molino se oirá más en ti.» La ciudad bulliciosa y comercial será silenciada para siempre. Nadie podrá comprar ni vender porque habrá sido desolada para siempre.

18:23

«Luz de lámpara no alumbrará más en ti, ni voz de esposo y de esposa se oirá más en ti; porque tus mercaderes eran los grandes de la tierra; pues por tus hechicerías fueron engañadas todas las naciones.» Babilonia no sólo se hallará sumida en profundas tinieblas espirituales, sino que, además, sufrirá de las tinieblas físicas. Aunque las ciudades antiguas no poseían alumbrado público, los magnates usaban antorchas para alumbrar sus casas, particularmente durante los días de fiesta. El texto dice de forma enfática: «Y luz de lámpara nunca jamás brillará en ti.»[61]

La alegría de la fiesta de bodas desaparecerá de Babilonia. No habrá más actos nupciales en ella. Cesarán el regocijo y el bullicio relacionado con el enlace matrimonial. La que fuera ciudad de festejos estará de luto solemne. Toda su gloria se desvanecerá bajo la mano judicial de Dios.

El texto da dos explicaciones de por qué Babilonia ha llegado a convertirse en ruinas:

1. **«Porque tus mercaderes eran los grandes de la tierra.»** **«Los mercaderes»** (*hoi émporoí*) se refiere a los magnates que controlan el comercio y, por lo tanto, las riquezas de la ciudad de Babilonia. El monto de las riquezas de los mercaderes será enorme. La influencia de los varones del dinero será de tal magnitud que logrará controlar la vida sociopolítica de la ciudad. No en vano son designados como **«los grandes de la tierra»** (*hoi megistânes teîs geîs*). Su influencia trasciende los límites de Babilonia y controla mediante su comercio al resto de las naciones de la tierra.

2. **«Pues por tus hechicerías fueron engañadas todas las naciones.»** Esta cláusula aporta la razón del enriquecimiento de los que comercian con Babilonia. La razón del porqué los mercaderes de la tierra se han engrandecido radica en el hecho de que han sido engañados «mediante las hechicerías» (*en teî pharmakeìa*) practicadas en Babilonia. Hará uso de recursos diabólicos para engañar a las naciones. El texto dice que **«todas las naciones fueron engañadas»** por las hechicerías de Babilonia. Hasta el final de sus días la ciudad ramera apartará a los hombres del camino de Dios mediante sus artes mágicas.

18:24

«Y en ella se halló la sangre de los profetas y de los santos, y de todos los que han sido muertos en la tierra.» Gramaticalmente el versículo 24 constituye una tercera causa del juicio divino sobre Babilonia. La forma verbal **«se halló»** es el aoristo indicativo, voz pasiva del verbo «hallar», mejor «fue hallada». La sangre de los profetas y de otros siervos de Dios clama por justicia delante del trono, pidiendo justicia a semejanza de la sangre de Abel (Gn. 4:10).

Desde su fundación por Nimrod (Gn. 10:9, 10), Babilonia ha encabezado un sistema antiDios que ha perseguido a quienes han procurado seguir el camino de justicia. Dicha ciudad ha sido un prototipo del reino de tinieblas en la tierra. En tiempos escatológicos, cuando la actividad satánica se ha de manifestar con inmenso poder en la tierra, Babilonia volverá a convertirse en el centro de influencia política, social, comercial y religiosa. Volverá a ser un instrumento en manos de Satanás para perseguir y matar a los siervos de Dios. «La ciudad de Babilonia no sólo será el escenario del martirio, sino que es a través de su ejemplo que los antagonistas han matado a los santos alrededor del mundo. De modo que, a la postre, la culpa de esas muertes por todo el mundo recaen sobre sus hombros. Nada de esas dimensiones ha ocurrido hasta el día de hoy. La profecía mira hacia el futuro y hacia un sistema gigantesco que ha de abarcar la tierra en su oposición al cristianismo.»[62]

No es ilógico pensar que, en el principio de su carrera, el Anticristo fijará su centro de actividades en la próspera Babilonia. Recuérdese que en Apocalipsis 17:3, la mujer que representa a Babilonia cabalga («está sentada») sobre la bestia escarlata que representa al Anticristo. Durante la tribulación, el Anticristo perseguirá a los seguidores del Mesías y procurará exterminarlos (Ap. 13:7, 15; véase también Ap. 12:17). La influencia política y comercial de Babilonia alcanzará tales proporciones que afectará a todos los habitantes de la tierra. Su odio hacia los profetas y los demás santos de Dios se hará evidente al ordenar la ejecución de ellos. Dios demandará de Babilonia la sangre de **«todos los que han sido muertos en la tierra»** por dar testimonio de su fe en el Dios vivo y verdadero. Es importante reiterar que no hay en el texto (Ap. 18:24) ni en el contexto inmediato (Ap. 18) ninguna sugerencia de que Babilonia sea una referencia a la ciudad de Roma o del papado. La comprensión normal o natural del pasaje sugiere que la referencia es a la Babilonia junto al Éufrates, cuya destrucción es profetizada en Isaías 46:1—47:15 y en Jeremías 50:1—51:64, y cuyo cumplimiento literal tendrá lugar en Apocalipsis 17—18.

Resumen y conclusión

Apocalipsis 18 revela el cumplimiento de la profecía tocante a la destrucción de Babilonia. No se trata de una ciudad alegórica ni de un sistema místico de religión, sino de la ciudad mencionada en el Antiguo Testamento (Is. 13:19-22; 21:9; Jer. 50—51) y en el Nuevo Testamento (Ap. 14:8; 16:19; 17:1-7, 18). Nimrod, el fundador de Babilonia, fue un opresor de hombres y alguien que luchó contra Dios (Gn. 10:9, 10). A través de su historia, la ciudad fue un centro de idolatría y de oposición al Dios de la Biblia. La mitología babilonia pone al descubierto la cruda realidad de la religión politeísta practicada durante siglos por los babilonios. El culto pagano de Babilonia se propagó por el mundo conocido mediante la adoración del dios Marduc. Muy extendido también estuvo el culto a Tamuz, consorte de la diosa Istar, quien, según la mitología babilonia, murió y resucitó para convertirse luego en el dios del abismo. La idolatría practicada en Babilonia no ha tenido paralelo entre las naciones de la tierra. El profeta Daniel resume la blasfemia cometida por Belsasar, hijo de Nabónido y regente del trono, la noche cuando los medo-persas capturaron a Babilonia. Belsasar ordenó que fuesen traídos los vasos sagrados que habían sido sustraídos del templo en Jerusalén: «Entonces fueron traídos los vasos de oro que habían traído del templo de la casa de Dios que estaba en Jerusalén, y bebieron en ellos el rey y sus príncipes, sus mujeres y sus concubinas. Bebieron vino, y alabaron a los dioses de oro y de plata, de bronce, de hierro, de madera y de piedra» (Dn. 5:3, 4). Evidentemente, los babilonios tenían toda una jerarquía en su panteón. Los metales, la madera, y la piedra de que estaban hechos sus ídolos sugiere que existía un rango entre ellos.

La idolatría de la antigua Babilonia junto con su influencia comercial y política reaparecerá en los días postreros. El lujo y los deleites de ella volverán a embelesar a la humanidad. Muchos mercaderes de toda la tierra establecerán relaciones comerciales con dicha ciudad. El texto bíblico no deja lugar a duda de que se trata de una ciudad y la llama «la gran ciudad de Babilonia» (véase Ap. 18:2, 10, 21; véase también 18:16, 18, 19). Apocalipsis 18 da razones concretas que producen el juicio de Babilonia: «Porque todas las naciones han bebido del vino del furor de su fornicación; y los reyes de la tierra han fornicado con ella, y los mercaderes de la tierra se han enriquecido de la potencia de sus deleites» (Ap. 18:3). Este versículo sugiere la magnitud del alcance de la influencia de la Babilonia escatológica. Abarca a: (1) Todas las naciones de la tierra; (2) los reyes de la tierra; y (3) los mercaderes de la tierra. Su influencia engloba lo social, lo político y lo comercial.

Los pecados de Babilonia alcanzan una magnitud tal que el texto dice que «han llegado hasta el cielo» (18:5). Se destaca, además, el orgullo de dicha ciudad (18:7). Babilonia se considera autosuficiente: (1) Es reina; (2) no es viuda; y (3) no verá llanto. Ese orgullo desafiante y vanidoso será una de las causas principales de la ruina de Babilonia. El juicio divino sobre Babilonia será súbito y demoledor. Tendrá lugar «en un solo día» (Ap. 18:8) y «en una hora» (18:10, 17, 19).

Como la pesada piedra de molino que es arrojada al mar, así será la caída de Babilonia. Toda su riqueza, gloria, comercio, fiestas y celebraciones desaparecerán para siempre. La ciudad hacia donde todos miraban en busca de riquezas y de lujo quedará reducida a humo y cenizas. Las causas de la ruina total de Babilonia son resumidas así: (1) «Porque tus mercaderes eran los grandes de la tierra.» Tal vez sea una referencia a los opresores de la tierra, esos cuyas riquezas fueron producto de la esclavitud de otros seres humanos; (2) «pues por tus hechicerías fueron engañadas todas las naciones», es decir, por utilizar métodos satánicos para engañar a las personas; y (3) por haber sido la causante del derramamiento de sangre de los seguidores del Mesías. Dios cumplirá su Palabra y su sentencia judicial caerá sobre Babilonia indefectiblemente.

El profesor Charles H. Dyer, en dos excelentes artículos, argumenta favorablemente respecto a la existencia de una sola Babilonia.[63] Señala que, aunque el apóstol Juan apela a los pasajes de Isaías 13—14; 46—47 y Ezequiel 26—28 para basar su exposición de Apocalipsis 17—18, el trozo bíblico sobre el cual el apóstol construye su explicación de Babilonia se centra en Jeremías 50—51.[64] Dyer compara al texto de Jeremías 50—51 con el de Apocalipsis 17—18 y concluye que ambos describen a Babilonia similarmente.[65]

LA DESCRIPCIÓN		
Comparada con un cáliz de oro	«Copa de oro fue Babilonia en la mano de Jehová» (Jer. 51:7*a*)	«...vi a una mujer ... y tenía en la mano un cáliz de oro» (Ap. 17:3, 4; véase 18:6)
Habita en muchas aguas	«Tú, la que moras entre muchas aguas» (Jer. 51:13*a*)	«Y te mostraré la sentencia contra la gran ramera, la que está sentada sobre muchas aguas» (Ap. 17:1)
Relación con las naciones	«...de su vino bebieron los pueblos; se aturdieron, por tanto, las naciones» (Jer. 51:7*b*)	«...y los moradores de la tierra se han embriagado con el vino de su fornicación» (Ap. 17:2)
El nombre es el mismo	«Palabra que habló Jehová contra Babilonia, contra la tierra de los caldeos» (Jer. 50:1)	«...¡Ay, ay, de la gran ciudad de Babilonia, la ciudad fuerte» (Ap. 18:10)
LA DESTRUCCIÓN		
Destruida súbitamente	«En un momento cayó Babilonia, y se despedazó» (Jer. 51:8)	«Por lo cual en un sólo día vendrán sus plagas; muerte, llanto y hambre» (Ap. 18:8)
Destruida por fuego	«...incendiadas están sus casas» (Jer. 51:30)	«Y los diez cuernos ... la quemarán con fuego» (Ap. 17:16)
Nunca más será habitada	«...Nunca más será poblada ni se habitará por generaciones y generaciones» (Jer. 50:39)	«Con el mismo ímpetu será derribada Babilonia, la gran ciudad, y nunca más será hallada» (Ap. 18:21)
Castigada según sus obras	«...pagadle según su obra; conforme a todo lo que ella hizo, haced con ella» (Jer. 50:29)	«Dadle a ella como ella os ha dado, y pagadle doble según sus obras» (Ap. 18:6)
Ilustración de su caída	«...le atarás una piedra, y lo echarás en medio del Éufrates, y dirás: Así se hundirá Babilonia, y no se levantará del mal que yo traigo sobre ella» (Jer. 51:63, 64)	«Y un ángel poderoso tomó una piedra, como una gran piedra de molino, y la arrojó en el mar, diciendo: Con el mismo ímpetu será derribada Babilonia, la gran ciudad, y nuca más será hallada» (Ap. 18:21)

LA RESPUESTA		
La salida del pueblo de Dios	«Huid de en medio de Babilonia, y librad cada uno su vida» (Jer. 51:6) «Salid de en medio de ella, pueblo mío, y salvad cada uno su vida del ardor de la ira de Jehová» (Jer. 51:45)	«Y oí otra voz del cielo, que decía: Salid de ella, pueblo mío, para que no seáis partícipes de sus pecados, ni recibáis parte de sus plagas» (Ap. 18:4)
El gozo celestial	«Los cielos y la tierra y todo lo que está en ellos cantarán con gozo sobre Babilonia; porque del norte vendrán contra ella destruidores, dice Jehová» (Jer. 51:48)	«Alégrate sobre ella, cielos, y vosotros, santos, apóstoles y profetas; porque Dios os ha hecho justicia en ella» (Ap. 18:20)

El paralelismo entre la profecía de Jeremías 50—51 y Apocalipsis 17—18 se corresponde perfectamente. Jeremías y Juan describen a Babilonia en los mismos términos. Dan a conocer su destrucción de manera casi exacta. Registran la misma reacción que resultará de su destrucción. Lo normal, por lo tanto, es concluir que Jeremías y Juan se refieren a la misma ciudad.

Si se estudia con objetividad el tema de la destrucción de Babilonia en los capítulos 17 y 18 del Apocalipsis, se observará que existe una correspondencia indiscutible respecto al objeto, el medio y la procedencia de la destrucción de dicha ciudad. Por lo cual la conclusión lógica debe ser que la Babilonia de Apocalipsis 17 y 18 es la misma ciudad.

	Capítulo 17	**Capítulo 18**
Objeto de destrucción	«Babilonia la grande ... la gran ciudad» (17:5, 18)	«...la gran ciudad de Babilonia» (18:10)
Instrumento de destrucción	«los diez cuernos que viste, y la bestia» (17:16)	(No se menciona)
Medio de destrucción	«la quemarán con fuego» (17:16)	«...será quemada con fuego» (18:8)
Procedencia de destrucción	«Porque Dios ha puesto en sus corazones el ejecutar lo que él quiso» (17:17)	«Porque poderoso es Dios el Señor, que la juzga» (18:8)

Los esfuerzos encaminados a encontrar dos Babilonias, una religiosa (capítulo 17) y otra comercial (capítulo 18) chocan frontalmente con el análisis comparativo de los dos capítulos en cuestión. Como lo expresa Charles H. Dyer,[66] no hay razón alguna que exija la existencia de dos Babilonias. Por el contrario, un estudio de los paralelismos específicos entre la Babilonia del capítulo 17 y la del capítulo 18 pone de manifiesto que son idénticas y que la referencia es a la misma ciudad.

LA DESIGNACIÓN		
El nombre es el mismo	«Babilonia la grande» (17:5)	«la gran Babilonia» (18:2)
La identidad es la misma	«La mujer... es la gran ciudad» (17:18)	«¡Ay, ay, de la gran ciudad...» (18:10)
LA DESCRIPCIÓN		
El atavío es el mismo	«Y la mujer estaba vestida de púrpura y escarlata, y adornada de oro, de piedras preciosas y de perlas» (17:4)	«¡Ay, ay, de la gran ciudad, que estaba vestida de lino fino, de púrpura y de escarlata, y estaba adornada de oro, de piedras preciosas y de perlas!» (18:16)
Ambas sostienen una copa	«...y tenía en la mano un cáliz de oro lleno de abominaciones...» (17:4)	«...en el cáliz en que ella preparó bebida, preparadle a ella el doble» (18:6)
LAS OBRAS		
La relación con los reyes es la misma	«Con la cual han fornicado los reyes de la tierra» (17:2)	«...y los reyes de la tierra han fornicado con ella...» (18:3)
La relación con las naciones es la misma	«...y los moradores de la tierra se han embriagado con el vino de su fornicación» (17:2)	«Porque todas las naciones han bebido del vino del furor de su fornicación...» (18:3)
La relación con los creyentes es la misma	«Vi a la mujer ebria de la sangre de los santos, y de la sangre de los mártires de Jesús» (17:6)	«Y en ella se halló la sangre de los profetas y de los santos, y de todos los que han sido muertos en la tierra» (18:24)
LA DESTRUCCIÓN		
Los instrumentos de destrucción son los mismos	«...Estos aborrecerán a la ramera ... y la quemarán con fuego» (17:16)	«...y será quemada con fuego» (18:8)
El origen de la destrucción es el mismo	«Porque Dios ha puesto en sus corazones el ejecutar lo que él quiso» (17:17)	«...y Dios se ha acordado de sus maldades ... porque poderoso es Dios el Señor, que la juzga» (18:5, 8)

Un estudio objetivo y desapasionado de los capítulos 17 y 18 del Apocalipsis pone de manifiesto que ambos capítulos tratan de la misma Babilonia, aunque dichos capítulos dan énfasis a aspectos distintos de dicha ciudad. En ambos capítulos Babilonia es designada como una ciudad. También se la describe como una mujer vestida con ropa de opulencia y que sostiene un cáliz lleno de abominaciones.

Los capítulos 17 y 18 del Apocalipsis describen las obras de Babilonia en los mismos términos. Su relación con los reyes de la tierra se describe como inmoral (17:2; 18:3); su relación con los creyentes se describe en términos de crueldad y persecución. Finalmente, ambos capítulos describen la destrucción de Babilonia en los mismos términos: El uso del fuego como el instrumento físico de destrucción y el acto divino como el instrumento sobrenatural de juicio (17:16, 17; 18:5, 8). La interpretación más sensata es, por lo tanto, la que entiende que Apocalipsis 17 y 18 tratan de una sola Babilonia cuya destrucción fue profetizada por Jeremías (50—51) y cuyo cumplimiento tendrá lugar en los postreros días.

Como puede observarse, una comparación de los pasajes de Jeremías 50—51 con Apocalipsis 17—18 revela que tanto el profeta como el apóstol describen la misma ciudad en lo que respecta a sus características propias. Además, describen su destrucción súbita, total e irreparable. Finalmente, describen el llamado al pueblo de Dios de los postreros días a salir de Babilonia y el gozo universal que resultará de la destrucción de la ciudad pecadora. Todas las evidencias, por lo tanto, señalan al hecho de que se trata de una sola Babilonia que literalmente existirá en los postreros días y que será destruida en cumplimiento estricto de la Palabra de Dios.

NOTAS

1. Véase John F. Walvoord, *The Revelation of Jesuis Christ*, p. 243.
2. Véase Robert H. Mounce, «The Book of Revelation», pp. 310, 321-324.
3. Alan F. Johnson, «Revelation», p. 554.
4. Véase Robert L. Thomas, *Revelation 8—22*, p. 313.
5. Charles H. Dyer, «The Identity of Babylon in Revelation 17-18», *Bibliotheca Sacra,* julio-septiembre, 1987, p. 308.
6. *Ibid.*
7. Véase Robert L. Thomas, *Revelation 8—22*, p. 313.
8. Véase J. Massyngberde Ford, «Revelation», p. 296.
9. E.W. Bullinger, *Commentary on Revelation,* p. 560.
10. *Ibid.*, p. 553.
11. *Ibid.*
12. Véase Charles H. Dyer, *Babilonia ¡Renace!,* pp. 84-90.
13. Robert L. Thomas, *op. cit.,* p. 317.
14. Véase José Grau, *Estudios sobre Apocalipsis,* p. 278.
15. Véase G.B. Caird, «The Revelation of Saint John», p. 222.
16. Robert L. Thomas, *Revelation 8—22*, p. 317.
17. Robert L. Thomas, *Ibid.,* p. 319.
18. George Eldon Ladd, *A Commentary on the Revelation of John*, p. 236.
19. El sustantivo «mercader» (*émporos*) es un vocablo compuesto de *en + póros,* que literalmente significa «en viaje» o «en jornada». El mercader es alguien que viaja para efectuar sus negocios.
20. El término «deleites» (*stréinous*) significa «arrogancia», «lujo», «voluptuosidad». Evidentemente será el deseo desenfrenado de los babilonios de adquirir objetos y artículos de lujo lo que causará el enriquecimiento de los mercaderes de la tierra. La destrucción de Babilonia pondrá fin a ese volumen de comercio y causará el lamento de los mercaderes.
21. Robert L. Thomas, *Revelation 8—22*, p. 320. Véase también E.W. Bullinger, *Commentary on Revelation,* p. 561.
22. Véase Charles C. Ryrie, *Apocalipsis,* p. 107.
23. Véase Robert H. Mounce, «The Book of Revelation», p. 324.
24. Robert L. Thomas, *op. cit.,* p. 320.
25. La forma de expresión «pueblo mío» está en el caso nominativo, pero la función es del caso vocativo.

26. Véase James A. Brooks y Carlton L. Winbery, *Syntax of the New Testament Greek*, p. 118.
27. Véase A. T. Robertson, *Word Pictures,* vol. VI, p. 437.
28. Robert L. Thomas, *op. cit.,* p. 321. Mounce dice acertadamente: «Compartir su iniquidad es recoger su recompensa» (Robert H. Mounce, «The Book of Revelation», p. 325).
29. Véase A. T. Robertson, *op. cit.,* vol. VI, p. 437.
30. Juan usa la figura de dicción llamada «prosopopeya», es decir, la figura que consiste en atribuir a las cosas inanimadas acciones y cualidades propias del ser animado. En este caso particular, E.W. Bullinger la designa como una «somatopeya» (véase E.W. Bullinger, *Figures of Speech Used in the Bible,* pp. 868, 869).
31. Henry Barclay Swete, *Commentary on Revelation,* p. 229.
32. Véase Sebastián Cirac Estopañan, *Manuel de gramática histórica griega*, p. 111.
33. J. Massyngberde Ford, «Revelation», p. 297.
34. Robert H. Mounce, *op. cit.*, p. 325.
35. Véase Charles H. Dyer, «The Identity of Babylon in Revelation 17—18», *Bibliotheca Sacra,* julio-septiembre, 1987, p. 313.
36. Francisco Cantera Burgos y Manuel Iglesias González, *Sagrada Biblia, Versión crítica sobre los textos hebreo, arameo y griego*, p. 1440.
37. Véase Robert L. Thomas, *Revelation 8—22,* p. 322.
38. *Ibid.*, p. 323.
39. E.W. Bullinger, *Commentary on Revelation,* p. 563.
40. *Ibid.*, p. 324.
41. Tanto José Grau (*Estudios sobre Apocalipsis,* p. 281) como Juan Sánchez García (*Comentario histórico y doctrinal sobre Apocalipsis*, p. 202) pierden de vista el uso de la figura de dicción y su significado cuando afirman que Babilonia recibirá una doble porción de castigo.
42. Robert L. Thomas, *op. cit.,* p. 324.
43. Véase Robert H. Mounce, «The Book of Revelation», p. 325.
44. Véase A. T. Robertson, *op. cit.,* vol. VI, p. 438.
45. *Ibid.*
46. Robert L. Thomas, *op. cit.,* p. 325.
47. Puesto que *katakaío*, de por sí, significa «quemar o consumir completamente con fuego», el instrumental *en pyri* que precede al verbo es pleonástico y por lo tanto, enfático. Dicha frase se corresponde con Apocalipsis 17:16, lo cual indica que la referencia es a la misma destrucción.
48. «Los reyes de la tierra» mencionados en Apocalipsis 18:9, no son los diez cuernos de 17:16, sino los reyes de las naciones que han comerciado con Babilonia.
49. Robert H. Mounce, «The Book of Revelation», p. 328.
50. *Ibid.*, p. 329.
51. Robert L. Thomas, *op. cit.,* p. 329.
52. *Ibid.*, p. 330.
53. Fritz Rienecker, *A Linguistic Key,* vol. 2, p. 507.
54. Robert L. Thomas, *op. cit.,* p. 337.
55. Robert H. Mounce, «The Book of Revelation», p. 331.
56. *Ibid.*, p. 332.
57. Véase G.B. Caird, «A Commentary on the Revelation of Saint John», pp. 228-230.

58. Fritz Rienecker, *op. cit.*, vol. 2, p. 508.

59. En Daniel 3:5, 10, se mencionan varios instrumentos musicales: la bocina, la flauta, el tamboril, el arpa, el salterio y la zampoña.

60. Robert H. Mounce, *op. cit.*, p. 334.

61. La doble negación *ou mèi* se usa con el aoristo subjuntivo (*phánei*), pero además se añade el adverbio *éti*, que significa «no más». La frase es sumamente enfática y se repite seis veces en Apocalipsis 18:21-23. El aoristo subjuntivo acompañado de las mencionadas negaciones toma la función de un futuro indicativo enfático: «De ningún modo», «bajo ninguna circunstancia» sucederá el acontecimiento que se niega.

62. Robert L. Thomas, *op. cit.,* p. 348.

63. Véase Charles H. Dyer, «The Identity of Babylon», *Bibliotheca Sacra,* julio-septiembre, 1987, pp. 305-316 y *Bibliotheca Sacra,* octubre-diciembre, 1987, pp. 433-449.

64. *Ibid.,* p. 441.

65. *Ibid.*

66. Charles H. Dyer, «The Identity of Babylon in Revelation 17-18», *Bibliotheca Sacra,* julio-septiembre, 1987, pp. 308-316.

19

Alabanza celestial por el regreso en gloria del Mesías (19:1-21)

INTRODUCCIÓN

Apocalipsis 19 comienza con una mirada retrospectiva para alabar a Dios por haber juzgado a Babilonia (19:1-4). Seguidamente hay una expresión de júbilo por la llegada de las bodas del Cordero (19:5-10). Se escucha una voz procedente del trono, probablemente dicha voz procedía de uno de los seres celestiales, llamando a los siervos de Dios a alabar al Señor. Todos los santos se regocijan porque ha llegado el día de la presentación de la esposa del Cordero, la Iglesia, vestida de lino fino, limpio y resplandeciente como señal de santidad para unirse al Cordero para siempre.

El capítulo presenta, además, la gloriosa escena del regreso triunfante del Mesías (19:11-16). Tal como fue anunciado en 1:7-8; 11:15 y 14:14, el Cristo glorificado viene con poder, majestad y gloria para tomar posesión de su reino como Rey de reyes y Señor de señores. Finalmente, Apocalipsis 19 pone de manifiesto la consumación de la derrota de los enemigos del Mesías (19:17-21). Los ejércitos de las naciones, el Anticristo y el falso profeta serán vencidos por el Soberano de cielos y tierra, quien reinará como rey davídico en cumplimiento de las promesas de Dios.

Bosquejo

1. **Alabanza celestial por la destrucción de Babilonia (19:1-4)**
   1.1. La alabanza es dirigida al Dios Soberano (19:1)
   1.2. La alabanza tiene que ver con el obrar de Dios (19:2)
       1.1.1. Porque sus juicios son verdaderos y justos (19:2a)
       1.1.2. Porque ha juzgado a la gran Babilonia (19:2b)
       1.1.3. Porque ha vengado la sangre de sus siervos (19:2c)
   1.3. La alabanza tiene que ver con la completa destrucción de Babilonia (19:3)
   1.4. La alabanza tiene que ver con el reconocimiento y la adoración a Dios (19:4)

368

2. **Alabanza celestial por las bodas del Cordero (19:5-10)**
    2.1.   Alabanza anticipada por la venida del reino del Mesías (19:5, 6)
        2.1.1.   La alabanza es por todos los creyentes (19:5)
        2.1.2.   La alabanza se extiende a todos los lugares (19:6*a*)
        2.1.3.   La alabanza se debe a la anticipación del reino (19:6*b*)
    2.2.   Alabanza por el acontecimiento de las bodas del Cordero (19:7-10)
        2.2.1.   La alabanza es porque ha llegado el día de las bodas del Cordero (19:7)
        2.2.2.   La alabanza es por la preparación de las bodas del Cordero (19:8)
        2.2.3.   La alabanza es por los que se congregarán en las bodas del Cordero (19:9)
        2.2.4.   Las bodas del Cordero conducen a la adoración (19:10)
3. **Alabanza celestial por la venida en gloria del Mesías (19:11-21)**
    3.1.   Descripción de la venida en gloria del Mesías (19:11-16)
        3.1.1.   Viene como Guerrero Divino (19:11-13)
        3.1.2.   Viene acompañado de sus ejércitos (19:14)
        3.1.3.   Viene para reinar como Rey soberano de la tierra (19:15, 16)
    3.2.   Descripción de la victoria del Mesías sobre sus enemigos (19:17-21)
        3.2.1.   Vencerá a los ejércitos de la tierra totalmente (19:17, 18)
        3.2.2.   Vencerá a la bestia y sus aliados (19:19, 20)
        3.2.3.   Vencerá y matará a los seguidores de la bestia (19:21)
4. **Resumen y conclusión**

Notas exegéticas y comentarios

19:1

«**Después de esto oí una gran voz de gran multitud en el cielo, que decía: ¡Aleluya! Salvación y honra y gloria y poder son del Señor Dios nuestro.**»

La expresión «**después de esto**» (*metà toûto*) aparece repetidas veces en el Apocalipsis (véase 4:1; 7:1, 9; 15:5; 18:1). Generalmente, dicha expresión sugiere un cambio de tema. En este caso, sin embargo, se usa para destacar la culminación de los acontecimientos descritos en el capítulo 18 relacionados con la destrucción de Babilonia. O sea que a raíz de la desolación de la gran ramera, dice Juan: «**Oí una gran voz de gran multitud en el cielo.**» El texto griego añade el vocablo «como» después del verbo «oí» (*eikousa*). De modo que debe leerse: «Oí como una gran voz de gran multitud en el cielo.» Probablemente lo que Juan escuchó procedía de las gargantas de seres angelicales que se regocijan y alaban a Dios por lo que ha hecho con Babilonia. Más adelante (versículo 5) estos seres angelicales invitan a los redimidos a dar alabanza a Dios de igual manera que ellos.

La alabanza angelical comienza con la expresión: «**¡Aleluya!**», vocablo hebreo que significa «alabad a Jehová». Este hermoso término aparece cuatro veces en estas celebraciones de alabanza (versículos 1, 3, 4 y 6), pero no se encuentra en ningún otro sitio del Nuevo Testamento. Sí aparece, sin embargo, con mucha frecuencia en el libro de los Salmos. Es el vocablo con el que comienza y termina cada uno de los últimos cinco salmos.[1] Dios es digno de ser alabado por todas sus criaturas. Ese es, sin duda, el objetivo de la alabanza pronunciada desde el cielo por los seres angelicales.

«**Salvación y honra y gloria y poder son del Señor Dios nuestro.**» Obsérvese el uso de la figura de dicción llamada polisíndeton, es decir, la repetición de la conjunción «**y**». Esta figura se usa para que el lector se detenga y reflexione acerca de cada uno de los sustantivos mencionados. Los seres angelicales alaban diciendo: «La salvación y la gloria y el poder de nuestro Dios han llegado.» En primer lugar, Dios es alabado por la consumación de su **«salvación»** (*hei sôteiría*), es decir, la gran liberación relacionada con la venida del reino. «La victoria que resulta en la venida del reino de Dios a la tierra coincide con la eliminación de todos los obstáculos, incluyendo a la bestia y a Babilonia. Ese es el primer motivo de alabanza al Señor.»[2]

Dios es alabado también por la manifestación de su **«gloria»** (*he dóxa*). La referencia es a la gloria moral de Dios en la ejecución de sus juicios.[3] En Apocalipsis 15:8 dice: «Y el templo se llenó de humo por la gloria de Dios, y por su poder...» La manifestación de la gloria judicial de Dios es imponente e irresistible. Su presencia es aterradora y excluye de ella a todo otro ser. El entorno de este versículo tiene que ver con la destrucción de Babilonia. La majestuosa e imponente gloria judicial de Dios exterminará al poder terrenal de la gran ramera.

Dios es alabado, además, por su **«poder»** (*hei dynamis*). Este vocablo tiene que ver con «el poder dinámico» de Dios. En Apocalipsis 12:10, Dios es magnificado por la derrota de Satanás. Un ser celestial proclama: «Ahora ha venido la salvación, el poder, y el reino de nuestro Dios, y la autoridad de su Cristo...» La alabanza dada a Dios por el despliegue de su poder en Apocalipsis 12:10 y la de Apocalipsis 19:1 están estrechamente relacionadas. En ambos casos «el poder» se refiere a la irresistible fuerza dinámica que ha de aplastar y pulverizar a toda autoridad contraria, ya sea satánica en el cielo o humana en la tierra.[4]

19:2

«Porque sus juicios son verdaderos y justos; pues ha juzgado a la gran ramera que ha corrompido la tierra con su fornicación, y ha vengado la sangre de sus siervos de la mano de ella.» El carácter justo y verdadero de los juicios de Dios es reconocido en Apocalipsis 15:3; 16:7 y 19:2 (véase también 2 Ts. 1:5). El texto, en este caso concreto, señala al juicio de Dios sobre Babilonia. Los adjetivos **«verdaderos y justos»** (*aleithinaì kaì díkaiai*) destacan la absoluta imparcialidad de Dios. El juicio divino de los días de Noé fue justo y verdadero en todo sentido (véase Gn. 6:5, 12, 13). La maldad del hombre alcanzó proporciones incalculables. Dios advirtió a la humanidad de entonces mediante la predicación de Noé, pero los seres humanos se negaron a arrepentirse. Dios actuó con justicia al descargar su juicio sobre aquella generación. Los juicios de la gran tribulación también serán «verdaderos y justos». La humanidad de los postreros días será semejante a la de los días de Noé (Mt. 24:37-39). Los habitantes de la tierra continuarán con su indiferencia y endurecerán sus corazones aún más. A eso se unirá la influencia malévola de Babilonia con su corrupción social, comercial, política y religiosa.

El gozo celestial es, por lo tanto, plenamente justificado por las dos razones que el texto señala: (1) Porque (*hóti*) los juicios de Dios son verdaderos y justos; y (2) porque (*hóti*) «ha juzgado a la gran ramera que ha corrompido la tierra con su fornicación». Babilonia será juzgada tanto por lo que es en sí, la gran ramera, como por el hecho de ser un instrumento de corrupción en la tierra. El verbo «ha corrompido» (*éphtheiren*) es el aoristo indicativo, voz activa de *phtheíro*, que significa «corromper». La idolatría y el materialismo de Babilonia han corrompido a las naciones (véase Ap. 14:8; 17:2; 18:3). Además, Babilonia ha sido una instigadora de prácticas inmorales entre las naciones de la tierra. Dios, por lo tanto, dará su justo castigo a la gran ramera.

«Y ha vengado la sangre de sus siervos de la mano de ella» (*kaì exedíkeisen te haîma doúlôn autoû ek cheiròs auteîs*). El verbo **«ha vengado»** (*exedíkeisen*) es el aoristo indicativo, voz activa de *ekdikéo*, que significa «vengar». El tiempo aoristo es usado prolépticamente. Aunque el juicio de Babilonia es futuro, su cumplimiento es tan cierto que se expresa como algo ya realizado.

La pregunta formulada por los mártires de la primera mitad de la tribulación, diciendo: «¿Hasta cuándo, Señor, santo y verdadero, no juzgas y vengas nuestra sangre en los que moran en la tierra?» (Ap. 6:10), tendrá su respuesta cabal y definitiva cuando Dios juzgue a la gran ramera. Los que destruyen la tierra experimentarán el justo juicio de Dios (Ap. 11:18). Dios dará una medida plena de su castigo a la ciudad que ha sido la instigadora de las persecuciones de los santos y del derramamiento de su sangre. Por algún tiempo, la ramera se embriaga «de la sangre de los santos, y de la sangre de los mártires de Jesús» (Ap. 17:6). Pero tendrá su justa retribución cuando Dios la reduzca a escombros y la borre de la memoria de la historia.

Obsérvese que Dios vengará **«la sangre de sus siervos»,** es decir, de aquellos que le sirven a Él como «esclavos» (*doúlous*). El Señor no se olvida de quienes le sirven. No sólo les dará galardones por la fidelidad y el servicio (He. 10:35, 36), sino que, además, reclamará la sangre de sus perseguidores y tribuladores. Babilonia disfrutará persiguiendo a los profetas y santos de Dios. En Apocalipsis 19:1, 2, los cielos se regocijan por el juicio divino sobre la gran ramera.

19:3

«Otra vez dijeron: ¡Aleluya! Y el humo de ella sube por los siglos de los siglos.» La expresión **«otra vez»** (*deúteron*) es un acusativo adverbial que significa «segunda vez» y sugiere que el grupo de seres que proclama el ¡Aleluya! del versículo 1 es el mismo que lo repite en el versículo 3. Los seres celestiales alaban a Dios por la ejecución de su justo juicio sobre la ciudad inicua que ha corrompido la tierra y ha derramado la sangre de los santos. El verbo **«dijeron»** (*êíreikan*) es el perfecto indicativo, voz activa de *légo*, que significa «decir». El tiempo verbal realiza la función de un perfecto dramático y es usado para señalar el carácter dinámico y altamente descriptivo de la acción. Su función es muy similar a la de un tiempo presente: «Y [por] segunda vez dicen: ¡Aleluya!»

«Y el humo de ella sube por los siglos de los siglos.»[5] Como se ha señalado con anterioridad (véase Ap. 17:6; 18:8, 9, 18), Babilonia será destruida por fuego. Su destrucción será súbita, sobrenatural y total. El humo de su juicio **«sube»** (*anabaínei*) como testimonio de que su ruina ha sido completa. El tiempo presente del verbo dramatiza la declaración del juicio de Babilonia: «Su humo asciende continuamente.»

La frase **«por los siglos de los siglos»** (*eis toùs aiônas tôn aiónôn*) es una locución que en este entorno tiene una doble proyección. Por un lado, contempla el carácter *permanente* de la destrucción de Babilonia, la gran ramera. Por otro, destaca la realidad de la devastación material de dicha ciudad de una manera tan patente que, como testimonio de su destrucción, «el humo de ella» sube de forma continua mientras dura el milenio y continuará hasta la creación de los nuevos cielos y la nueva tierra.[6] La reiteración del juicio de Dios sobre Babilonia es una indiscutible evidencia del profundo repudio divino de las obras de dicha ciudad y del sistema que ha corrompido la tierra.

19:4

«Y los veinticuatro ancianos y los cuatro seres vivientes se postraron en tierra y adoraron a Dios, que estaba sentado en el trono, y decían: ¡Amén! ¡Aleluya!» Los seres celestiales del más alto rango unen sus voces para alabar a

Dios por su juicio sobre Babilonia. Los veinticuatro ancianos son los mismos mencionados en Apocalipsis 4:4, 10; 5:8, 11, 14; 7:11; 11:16; 14:3. Como se ha sugerido con anterioridad, los veinticuatro ancianos no son la Iglesia, sino seres angelicales de alto rango que sirven alrededor del trono celestial. Los veinticuatro ancianos aparecen cuando el trono de juicio es establecido y no reaparecen hasta después que el juicio ha sido ejecutado.[7] Los cuatro seres vivientes también son seres angelicales que ocupan una posición de mayor cercanía al trono celestial.

«Se postraron en tierra y adoraron a Dios.» Es una escena semejante a la que se describe en Apocalipsis 4:10; 5:14; 7:11 y 11:16. Los veinticuatro ancianos y los cuatro seres vivientes se postran en adoración reverencial delante del Dios soberano de cielos y tierra.[8]

«Que estaba sentado en el trono.» Esta frase debe ser tomada en conexión con la anterior. Los ancianos y los seres vivientes se postran y adoran «a Dios quien se sienta en el trono». Los seres celestiales del más alto rango reconocen la soberanía y la autoridad del Dios Todopoderoso y lo manifiestan a través de la adoración. El Soberano Dios del Universo está sentado en su trono. Él tiene control de todas las cosas. Su poder se ha manifestado en su juicio sobre Babilonia y en la consumación de su ira sobre la humanidad incrédula.

El acto de adoración expresado en este versículo es, además, un reconocimiento de que Dios es fiel en el cumplimiento estricto de todas sus promesas. Los seres celestiales «se postraron en tierra», es decir, se humillaron y «adoraron a Dios», o sea, reconocieron su grandeza y sublime dignidad. En esa actitud, exclaman: «¡Amén! ¡Aleluya!» La expresión «¡Amén!» sugiere aprobación y regocijo por todo lo que ha acontecido respecto a Babilonia y «¡Aleluya!» expresa una alabanza al Dios Soberano por haber completado su juicio sobre la gran ramera.[9]

19:5

«Y salió del trono una voz que decía: Alabad a nuestro Dios todos sus siervos, y los que le teméis, así pequeños como grandes.» La voz que Juan escuchó no es la del Padre ni la del Señor Jesucristo, ni tampoco es la voz del templo (*ek toû naoû*) como en 16:17, sino que es una voz que se separa del trono (*apò toû thrónou*), es decir, que procede de la dirección del trono. Es difícil identificar dicha voz con absoluta precisión. Es probable, sin embargo, que sea la voz de uno de los ángeles de la presencia del Señor.[10]

Lo que sí es incuestionable es el propósito de la voz que viene de la dirección del trono: «Alabad a nuestro Dios todos sus siervos.» La voz celestial pronuncia una orden estupenda. «Alabad» (*aineîte*) es el presente imperativo, voz activa de *ainéo*, que significa «alabar». El presente sugiere una acción continua y el imperativo es un mandato. La idea es: «No ceséis de alabar a nuestro Dios», «alabad constantemente a nuestro Dios». Hay aquí una clara referencia a los Salmos de Alabanza (113—115).[11] Dios es digno de ser alabado por ser quien es y por lo que ha hecho tanto con su creación como con sus criaturas.

La orden de alabar a Dios es dirigida a «todos sus siervos, y los que le teméis». Quizá la referencia sea al mismo grupo. La idea es: «Todos sus siervos, es a saber, los que reverentemente le teméis.» El llamado es muy parecido al que aparece en Apocalipsis 11:18, donde se menciona que ha llegado el tiempo de la ejecución del juicio «y de dar el galardón a tus siervos los profetas, a los santos, y a los que temen tu nombre, a los pequeños y a los grandes». La convocatoria a la adoración a Dios es amplia, puesto que el llamado es hecho a todos los siervos del Señor «así pequeños como grandes».

El llamado es hecho, por lo tanto, a todos los que han puesto su confianza en el Dios Todopoderoso. La expresión **«los que le teméis»** (*hoi phoboúmenoi autón*) es sinónima de «los que han creído en él». En este contexto, Dios está actuando en juicio, por consiguiente, es lógico que Juan destaque el hecho de que los siervos de Dios, grandes y pequeños muestran que han confiado en Él mediante el temor que exhiben delante de su presencia.[12]

19:6

«Y oí como la voz de una gran multitud, como el estruendo de muchas aguas, y como la voz de grandes truenos, que decía: ¡Aleluya, porque el Señor nuestro Dios Todopoderoso reina!» Juan utiliza varios símiles para describir la escena del versículo 6. (Obsérvese el uso de **«como»** [*hos*]). Esta es la cuarta vez que Dios es alabado con un gran «¡Aleluya!» en este pasaje.)

No es fácil identificar el origen de esta alabanza. La primera intención sería atribuírsela a los redimidos que están en el cielo[13]. Un análisis más cuidadoso del versículo, sin embargo, obliga a desistir de esa interpretación. La gran multitud del versículo 6 debe ser la misma que aparece en el versículo 1, donde indudablemente se refiere a ángeles. Además, esa multitud hace un llamado a regocijarse y a dar gloria por la llegada de «las bodas del Cordero» y porque «su esposa se ha preparado» (Ap. 19:7). En tercer lugar, si se identifica a dicha multitud con los arpistas de Apocalipsis 14:2, debe concluirse que lo más probable es que la alabanza de Apocalipsis 19:6 proceda de las huestes angelicales que unen sus voces para formar un coro solemne que exalta y glorifica a Dios por lo que Dios es y lo que ha hecho.

Obsérvese que Juan desea destacar la potencia del sonido que llegó a sus oídos: (1) **«Oí como la voz de una gran multitud.»** Juan escuchó lo que le parecía una enorme coral que se oía como si fuera una sola voz; (2) **«como el estruendo de muchas aguas»**, es decir, como el rugir de una poderosa catarata (1:15; 14:2);[14] y (3) **«como la voz de grandes truenos.»** Esta frase sugiere fortaleza y llamada de atención. Se usa repetidas veces en el Apocalipsis con referencia a una intervención angelical (véase 6:1; 10:1-4; 14:2).

El gran coro de seres celestiales expresa un poderoso y estupendo **«¡Aleluya!»**, es decir, «¡alabad a Yavé!» Como ya se ha destacado, dicha expresión es clave en los llamados «Salmos Hallel» (113-118). También es el vocablo inicial de los Salmos 106, 111, 113, 116 y 135. En 19:1-6, se usa como una expresión de suprema alabanza. Es el gran himno triunfal entonado desde el cielo para celebrar la destrucción de Babilonia. Expresa, además, el anuncio de la inauguración del reino de Dios en la tierra: **«Porque el Señor nuestro Dios Todopoderoso reina.»** El coro celestial proclama con toda contundencia la razón del porqué Dios es alabado. «El reino de Dios puede ahora reemplazar al demolido poder mundial que ha dominado la tierra en oposición al reino de Dios durante tanto tiempo.»[15]

Obsérvese que Dios es designado como «el Señor nuestro Dios Todopoderoso» o, tal vez mejor, «nuestro Señor Dios Todopoderoso». El sustantivo **«Señor»** (*kyrios*) equivale a Yavé o Jehová, es decir, el Autosuficiente Dios quien es fiel a todas sus promesas. **«Todopoderoso»** (*pantokrátor*) destaca la soberanía de Dios en el Universo y su control de todas las cosas (véase Ap. 1:8; 4:8; 11:17; 15:3; 16:7, 14; 21:22). El verbo **«reina»** (*ebasíleusen*) es el aoristo indicativo, voz activa de *basileúo*, que significa «regir como rey», «ser rey», «gobernar». Su función aquí es profética e ingresiva.[16] Es decir, se da por sentado anticipadamente que nuestro Señor el Dios Todopoderoso ha comenzado a reinar. El profesor George Eldon Ladd lo expresa así:

En esta coyuntura, en el Apocalipsis, el reino de Dios de hecho aún no ha sido plenamente establecido; espera el regreso de Cristo, el encadenamiento de Satanás, y la inauguración del reino mesiánico de Cristo, acontecimientos que aún están por describirse. Esta es una declaración proléptica análoga con los anuncios en 14:8 de la caída de Babilonia y 11:15ss tocante al establecimiento del reino de Dios. Sin embargo, el juicio de Babilonia ha sido anunciado como el primer gran acto en el establecimiento del reino de Dios. Los adversarios humanos y demoniacos tienen que ser removidos antes que el reino de Dios pueda prevalecer, su destrucción es el comienzo de su reinado triunfante.[17]

Con anterioridad (Ap. 11:15-17) se ha hecho el anuncio anticipatorio de que «los reinos del mundo han venido a ser de nuestro Señor y de su Cristo; y él reinará por los siglos de los siglos». Dios es alabado y glorificado por los ancianos, quienes claman: «Te damos gracias Señor Dios Todopoderoso, el que eres y que eras y que has de venir, porque has tomado tu gran poder, y has reinado [comenzado a reinar].»

El cumplimiento de las palabras de Apocalipsis 11:15-17 y de 19:6 aguarda la venida en gloria del Mesías tal como se describe en Apocalipsis 19:11-21. Debe recordarse, una vez más, que el reinado del Mesías no termina con el milenio, sino que continúa por toda la eternidad. El milenio será el preámbulo histórico del reinado de Cristo. El tiempo en que su gloria y sus atributos serán exhibidos dentro del marco de la historia.

19:7

«Gocémonos y alegrémonos y démosle gloria; porque han llegado las bodas del Cordero, y su esposa se ha preparado.» Este versículo comienza con dos verbos en el modo subjuntivo exhortatorio.[18] La mencionada forma verbal se usa «cuando uno exhorta a otros a participar con él en cualquier acto o condición».[19] El subjuntivo exhortatorio se efectúa siempre en la primera persona plural (véanse He. 4:14; 12:1; 1 Jn. 4:7).

La exhortación a la alabanza procede de la multitud celestial. Los verbos **«gozarse»** (*ebaíro*) y **«alegrarse»** (*agallió*) sólo aparecen juntos en otro pasaje del Nuevo Testamento (Mt. 5:12), «donde la causa del gozo es dada como la grandeza del galardón celestial que espera a quienes fueron humillados y perseguidos por la causa de Cristo».[20] En Apocalipsis 19:7, sin embargo, la invitación a «gozarse» y «alegrarse» se debe a la inminente celebración de las Bodas del Cordero.

Los seres celestiales también hacen un llamado a dar gloria a Dios: **«...y démosle gloria»** (*kaì dósômen teìn dóxan autoî*). Dios es digno de ser glorificado por su gran obra de redención. La consumación de su plan eterno respecto a su Iglesia está a punto de realizarse.

La gloria a Dios es uno de los grandes temas tanto del Antiguo como del Nuevo Testamento. El sustantivo **«gloria»** (*dóxa*) y el verbo «glorificar» (*doxádso*) se usan en el Apocalipsis unas 17 veces. Glorificar y alabar a Dios son considerados como la más elevada responsabilidad del hombre (véanse Mt. 5:16; Ro. 1:21; 1 Co. 6:20; 10:31).[21] La gloria de Dios tiene que ver con la manifestación de sus atributos. «Los cielos cuentan la gloria de Dios» (Sal. 19:1) y Jesucristo es la refulgencia de su gloria (He. 1:3). En resumen: La gloria de Dios es la meta final del Universo y de la historia.

«Porque han llegado las bodas del Cordero, y su esposa se ha preparado.» Esta frase preposicional expresa la razón del llamado a *gozarse, alegrarse* y *dar* *gloria* a Dios. El verbo **«han llegado»** (*eîlthen*) es el aoristo indicativo, voz activa de *érchomai*, que aquí ejerce una función profética o proléptica. Señala a un acontecimiento tan real que, aunque es futuro, se da por sentado como si ya hubiese ocurrido. Lo mismo sucede con el verbo **«se ha preparado»** (*hetoímasen heautéin*). El verbo es el aoristo primero de indicativo, voz activa, seguido de un pronombre reflexivo. Robert L. Thomas explica así la secuencia de los acontecimientos.

> Desde la perspectiva de la culminación de los acontecimientos de la séptima copa, las bodas finalmente han llegado. En un sentido, el día de las bodas del Cordero y su esposa es el día de su segunda venida (19:11-21), pero en otro sentido no tiene lugar sino hasta la consumación de los mil años (20:3), con la revelación de la esposa (21:1ss). La fase inicial de esta boda es ahora inminente, pero el relato no puede trasladarse inmediatamente a una descripción de la boda porque la derrota de los enemigos del Mesías, el milenio, el último esfuerzo inútil de Satanás, y el juicio que precede la boda deben de venir primero.[22]

El texto habla de **«las bodas del Cordero»** y añade que **«su esposa se ha preparado»**. Sin duda, el Cordero se refiere al Mesías, el Señor Jesucristo. La expresión, «las bodas del Cordero» es una figura que denota la unión íntima e indisoluble de la comunidad de los redimidos con el Mesías.[23] Hay dos cuestiones importantes que necesitan aclaración: (1) ¿Cuándo tendrán lugar «las bodas del Cordero»?; y (2) ¿quién es la esposa?

Respecto a la primera cuestión, Robert H. Mounce comenta lo siguiente:

> En tiempos bíblicos un matrimonio implicaba dos acontecimientos principales, el desposamiento y la boda. Estos eran normalmente separados por un período de tiempo durante el cual los dos individuos eran considerados marido y mujer y como tales estaban bajo las obligaciones de fidelidad. La boda comenzaba con una procesión a la casa de la novia, que era seguida por un regreso a la casa del novio para la fiesta de boda. Por analogía, la Iglesia, desposada con Cristo por la fe, ahora espera la parusía, cuando el novio celestial vendrá por su novia y regresará al cielo para la fiesta de boda que dura por la eternidad.[24]

El citado autor sugiere, por lo tanto, que «las bodas del Cordero» tendrán lugar después del traslado de la Iglesia y que la fiesta o celebración tendrá lugar en el cielo y durará por toda la eternidad. Algunos expositores creen que el acontecimiento de las bodas tendrá lugar en el cielo.[25] Lo cierto es que el texto no dice dónde tendrá lugar dicho acontecimiento. El texto sí indica, sin embargo, que ocurrirá después de la destrucción de Babilonia, es decir, posteriormente a la gran tribulación. Puesto que, al final de la gran tribulación, el Mesías vendrá para inaugurar su reino, lo más sensato es considerar que las bodas del Cordero tendrán lugar en el cielo después del rapto de la Iglesia.[26]

La fiesta de bodas, por su parte, tendrá lugar en la tierra y coincidirá no sólo con el tiempo del milenio, sino que también se extenderá hasta la creación de los nuevos cielos y la nueva tierra.[27] Las fiestas de las bodas del Cordero tendrán su culminación después del milenio «cuando el resto de los fieles procedentes del período de mil años de reinado mesiánico se combine con los mártires y los otros santos para completar el cuerpo de los redimidos»[28] (véase Ap. 21:2, 9). «La decisión más sabia es incluir tanto el milenio como el nuevo cielo y la nueva tierra como la prolongada fiesta de boda del Cordero y su esposa (véase 19:9).»[29]

El segundo tema que debe aclararse es: ¿Quién es la esposa? En el Antiguo Testamento, Israel es la esposa de Jehová (Os. 2:16; Is. 54:6; 62:25; Jer. 31:32; Ez. 16:7-14). Sobre esa base, algunos concluyen que la referencia en Apocalipsis 19:7 señala al pueblo de Israel que ha creído en el Mesías.[30]

Por otro lado, en el Nuevo Testamento la Iglesia es la esposa de Cristo (2 Co. 11:2; Ef. 5:25-32; Ap. 19:9; 21:2, 9; 22:17). Israel es la esposa infiel que vuelve a su marido (Jer. 3:14-20; Os. 14:1-9). La Iglesia es una virgen pura (2 Co. 11:2) desposada con Cristo. La Iglesia está compuesta de todos aquellos que han puesto su fe en Cristo y han sido bautizados por el Espíritu Santo en el cuerpo de Cristo. La Iglesia será removida de la tierra antes de la gran tribulación (1 Ts. 4:13-18; Ap. 3:10). Como la esposa del Cordero, la Iglesia será presentada delante del esposo gloriosa, santa y sin mancha para la celebración de las bodas del Cordero (véase Ef. 5:25-27). Quienes han puesto su fe en Cristo y, por lo tanto, forman parte de la Iglesia constituyen la esposa del Cordero que se une con Él de manera íntima e indisoluble en el momento de la celebración de las bodas del Cordero.

Respecto a la pregunta: ¿Qué papel desempeña el remanente de Israel en las bodas del Cordero?, Robert L. Thomas dice:

> Así todo, es incontrovertible que Israel aparecerá con la Iglesia en la Nueva Jerusalén que también es la esposa de Cristo. Las doce piedras y los doce cimientos de la ciudad (21:12, 14) demuestran la presencia diferenciada de ambos grupos. De modo que la esposa de Cristo será un conjunto creciente de personas, con la Iglesia funcionando como la esposa de Cristo durante esa fase de la fiesta de boda que transcurre durante el milenio, pero con la integración del nuevo orden (21:1ss), la esposa recibe el incremento de los redimidos de Israel y de todas las edades, incluyendo el milenio.[31]

Es posible, pues, que a la postre la figura de la esposa incluya a todos los redimidos. No obstante, en Apocalipsis 19:7 la referencia es a la Iglesia, es decir, todos aquellos que han puesto su confianza en Cristo desde el día de Pentecostés y hasta que el Señor recoja a su pueblo (1 Ts. 4:17) en el acto del arrebatamiento.

Después del arrebatamiento de la Iglesia, tendrá lugar el juicio de las obras de los creyentes, es decir, el Tribunal de Cristo (véanse 2 Co. 5:10; Ro. 14:10). El creyente no será juzgado como tal delante del Tribunal de Cristo, pero sí lo serán sus obras (1 Co. 3:11-15). El cristiano como individuo ha sido librado de todo juicio (Ro. 8:1). Una vez efectuado el Tribunal de Cristo, el Señor regresará a la tierra con su esposa, la Iglesia, para la celebración de las bodas del Cordero que durará todo el milenio. Ese es el tema que Juan considera prolépticamente en Apocalipsis 19:7, 8.

19:8

«Y a ella se le ha concedido que se vista de lino fino, limpio y resplandeciente; porque el lino fino es las acciones justas de los santos.» La expresión **«se le ha concedido»** (*edóthei auteî*) sugiere un acto de la gracia de Dios.[32] Los creyentes como individuos y la Iglesia como esposa del Cordero obtienen su limpieza espiritual por la gracia de Dios. Es a través de la obra perfecta de Cristo que el creyente recibe el perdón de sus pecados y el regalo de la vida eterna. Los méritos humanos son inútiles para conseguir la salvación. La salvación es un regalo de Dios que se recibe mediante la fe en la persona de Cristo (véanse Ro. 6:23; Ef. 2:8-10; 2 Co. 5:21; Tit. 3:4-7).

«Que se vista de lino fino, limpio y resplandeciente.» Es por la gracia de Dios que la esposa del Cordero, la Iglesia, se viste de lino fino, limpio y resplandeciente, simbólico de la santidad que disfruta en su unión eterna con el esposo. «La Iglesia, la Esposa de Cristo, está vestida de lino fino, puro y brillante. Hay un contraste con el color escarlata y el oro de la gran ramera. El lino blanco representa las acciones justas del pueblo dedicado de Dios; es decir, es el carácter lo que forma la vestidura que adorna a la Esposa de Cristo.»[33]

La esposa estará vestida con vestimenta similar a la de los siete ángeles que portan las siete copas (Ap. 15:6) y a la de los ejércitos celestiales que acompañan al Señor Jesucristo en su segunda venida (Ap. 19:14). El texto declara que «el lino fino es las acciones justas de los santos». La expresión **«las acciones justas»** (*ta dikaiómata*) «podría indicar que los vestidos de la esposa están entretejidos de las innumerables acciones de obediencia fiel de quienes permanecen hasta el fin».[34] La referencia a «las acciones justas de los santos» no contradice en nada al hecho de que el creyente es declarado justo sólo por la fe en Cristo (Ro. 5:1). El hombre no es salvo por obras, pero lo es para buenas obras (Ef. 2:10). Evidentemente, Dios tendrá en cuenta «las acciones justas» de los creyentes y éstas entretejerán las vestiduras de los santos como un adorno de alabanza para la gloria de Dios (véase Ap. 14:13). Las acciones justas guardan relación con los galardones que Dios repartirá a los creyentes en el Tribunal de Cristo.

19:9

«Y el ángel me dijo: Escribe: Bienaventurados los que son llamados a la cena de las bodas del Cordero. Y me dijo: Estas son palabras verdaderas de Dios.» Aunque el sustantivo **«ángel»** no aparece en el texto griego, puede asumirse que quien habla es el ángel intérprete mencionado en el capítulo 17.[35] Por orden angelical, Juan escribe: «Bienaventurados los que son llamados a la cena de las bodas del Cordero.» El vocablo **«bienaventurados»** (*makárioi*) se usa siete veces en el Apocalipsis (1:3; 14:13; 16:15; 19:9; 20:6, 22.7, 14). Es el mismo término usado por Cristo en Mateo 5:3-11.

El mencionado vocablo significa «afortunado», «dichoso», «lleno de felicidad». La designación de «bienaventurados», es decir, «más que felices» es dada a **«quienes han sido llamados»** (*hoi kekleiménoi*) a la cena de las bodas del Cordero. Debe observarse el participio perfecto, voz pasiva «quienes han sido llamados» (*hoi kekleiménoi*). El tiempo perfecto denota la permanencia de la invitación, mientras que la voz pasiva sugiere el origen divino de la misma.[36]

Aunque existen distintas opiniones respecto a la identidad de los llamados o invitados a las bodas del Cordero,[37] la interpretación más congruente con el contexto es la que sugiere John F. Walvoord:

> En este versículo, igual que en los versículos 7 y 8, la esposa del Cordero es diferenciada de los asistentes a las bodas, la esposa evidentemente es la Iglesia, y los asistentes a las bodas son los santos de las edades pasadas y futuras.[38]

De modo que, en la manera tradicional del oriente medio, Juan describe el gran acontecimiento de la unión del Cordero con su esposa, la Iglesia. Primero tiene lugar las bodas en sí. Ese acto ha de ocurrir en el cielo. Luego sucederá la fiesta o banquete de las bodas. Dicha celebración tendrá lugar en la tierra. En la cultura hebrea «la cena de bodas comenzaba hacia el anochecer del día de la boda, duraba varios días, y era una ocasión de gran júbilo. Aquí en el Apocalipsis, las bodas es el comienzo del reino terrenal de Dios, la esposa es la Iglesia en toda su pureza».[39] Los huéspedes de las bodas serán aquellos que han confiado en el Mesías pero que no forman parte de la Iglesia. Esos son los amigos del esposo, quienes recibirán el honor de ser invitados a la cena de las bodas del Cordero.

«Y me dijo: Estas son palabras verdaderas de Dios» (*kaì légei moi, hoûtou hoi lógoi aleithinoì toû theou eisin*), mejor, «y me dijo: Estas palabras son las verdaderas de Dios». Con esta frase, el ángel afirma de manera contundente el origen divino de la revelación que ha transmitido a Juan. Podría referirse aquí a la totalidad del libro del Apocalipsis. Parece ser más consonante con el contexto, sin embargo, tomar el trozo que comienza en 17:1 como el antecedente inmediato de la expresión «estas palabras».

Debe observarse que, a través del Apocalipsis, se reconoce la autoridad y la fidelidad de la Palabra de Dios (véase Ap. 1:2, 3, 9; 6:9; 17:17; 20:4; 21:5; 22:18, 19). En este versículo (19:9), el mensajero celestial coloca el sello de la verdad divina sobre la totalidad de la serie de revelaciones que se completan con este pasaje (17:1—19:9).[40] El libro del Apocalipsis pone de manifiesto de manera terminante el cumplimiento de las profecías de manera literal. Las Escrituras no reconocen ninguna otra manera de cumplir lo que anuncia de antemano aparte de un cumplimiento normal. El uso de las figuras de dicción y de símbolos en el Apocalipsis en modo alguno contradice o interfiere con el cumplimiento literal de sus profecías. Es precisamente en el cumplimiento cabal de las promesas de Dios donde se demuestra la veracidad de su Palabra.

19:10

«Yo me postré a sus pies para adorarle. Y él me dijo: Mira, no lo hagas; yo soy consiervo tuyo, y de tus hermanos que retienen el testimonio de Jesús. Adora a Dios; porque el testimonio de Jesús es el espíritu de la profecía.»

Evidentemente, Juan quedó profundamente impresionado por la revelación que acababa de recibir. Su reacción inmediata fue la de postrarse y adorar al ser celestial que le había mostrado hechos tan estupendos. A.T. Robertson comenta que: «Juan pensaba que el ángel representaba a Dios o que la emoción le había hecho perder los sentidos a causa de la revelación de la gloriosa consumación.»[41]

Cualquiera que haya sido la causa que movió a Juan a intentar adorar al ángel, de inmediato fue corregido por el ser celestial: **«Mira, no lo hagas»** (*hóra méi*). El verbo «mira» (*hóra*) es el presente imperativo, voz activa de *horáo*, que significa «mirar». La frase es una expresión elíptica en la que las palabras «no lo hagas» son sobreentendidas.[42] Lo que el ángel expresa concretamente significa: «No me adores.» Los santos ángeles de Dios saben que el único digno de adoración es el Soberano Dios vivo y verdadero.

El ángel revelador reconoce que es una criatura de Dios y, por lo tanto, se niega a ser adorado. También se reconoce a sí mismo como **«consiervo»** (*syndoulos*) de Juan y de los demás creyentes que mantienen con firmeza el testimonio de Jesús. Debe recordarse que el culto y la adoración a los ángeles era una práctica común en el Asia Menor. Pablo combatió dicha práctica en su carta a los Colosenses (2:18). Tanto en el texto bajo consideración (19:10) como en Apocalipsis 22:9, un ángel del cielo de manera rotunda se niega a ser adorado. A modo de contraste, tanto el dragón como la bestia, es decir, Satanás y el Anticristo, exigen adoración y sentencian a muerte a todo aquel que se niegue a adorarles (véase Ap. 13:4, 8, 12, 15-17).[43]

«Porque el testimonio de Jesús es el espíritu de la profecía.» Esta frase es explicativa. El ángel declara a Juan la razón del porqué debe adorar sólo a Dios. «El sentido de la explicación es: "Quien tiene el espíritu de profecía transmitirá el testimonio de Jesús". El mensaje atestiguado por Jesús es "el espíritu de la profecía". "El espíritu de la profecía" es el Espíritu de Dios obrando en y a través del profeta, es decir, la actividad divinamente inspirada del profeta.»[44]

La expresión **«el testimonio de Jesucristo»** aparece en Apocalipsis 1:2, 9; 12:17. En Apocalipsis 19:10 sólo dice «el testimonio de Jesús». No obstante, gramaticalmente, el significado es el mismo. En todos esos casos la frase es un genitivo de sujeto, es decir, «el testimonio dado por Jesús» o «el testimonio atestiguado por Jesús». Jesucristo es el «testigo fiel y verdadero» (véase Ap. 1:5; 3:14; 19:11). Los profetas eran instrumentos a través de quienes Dios habló. Los ángeles son mensajeros que ejecutan la voluntad de Dios. Ni los profetas ni los ángeles ni ninguna otra criatura debe ser adorada. Sólo Dios merece ser adorado. El ángel a quien Juan estuvo a punto de adorar no era el originador de la revelación que el apóstol había recibido, sino sólo el transmisor de ella. Los profetas eran sólo instrumentos comunicadores de las palabras de Jesús. Ellos lo reconocieron así y no aceptaron adoración. Juan, como hombre, no era infalible. Además, la grandeza de la revelación recibida turbó sus sentidos. Eso explica el porqué se postró para adorar al ángel. El ser celestial, sin pérdida de tiempo, no sólo detiene al apóstol, diciéndole: «Mira, no lo hagas», sino que de inmediato le ordena, diciéndole: «Adora a Dios»,[45] porque sólo Dios es digno de ser adorado. «El testimonio de Jesús», tanto en este pasaje como en los otros mencionados, «es la confirmación que Él ha dado en su vida y sus enseñanzas, pero sobre todo en su muerte, respecto al plan maestro de Dios para derrotar a los poderes del mal mediante el sacrificio de lealtad y amor».[46]

Resumiendo, Apocalipsis 19:1-10 describe una escena de alabanza celestial por la consumación de la destrucción de Babilonia, la gran ramera, que ha sido el centro mundial de idolatría y corrupción espiritual. También hay una gloriosa aclamación que proclama prolépticamente el comienzo del reino de Dios en la tierra (19:6). Además, en 19:7, 8, se anuncia el gran acontecimiento de las bodas del Cordero. Dicho acontecimiento ocurre en el cielo y es motivo de regocijo, alegría y de glorificar a Dios. Finalmente, los versículos 9 y 10 tienen que ver con la gran cena o fiesta que ocurre a continuación del acto de la boda. La fiesta tendrá lugar en la tierra y durará los 1.000 años del reinado terrenal del Mesías. El asombro de Juan es tan estupendo y sobrecogedor que se postra para adorar al ángel que le ha transmitido la revelación. El ángel, sin embargo, ordena al apóstol adorar sólo a Dios.

19:11-13

«Entonces vi el cielo abierto; y he aquí un caballo blanco, y el que lo montaba se llamaba Fiel y Verdadero, y con justicia juzga y pelea. Sus ojos eran como llama de fuego, y había en su cabeza muchas diademas; y tenía un nombre escrito que ninguno conocía sino él mismo. Estaba vestido de una ropa teñida en sangre; y su nombre es: EL VERBO DE DIOS.»

Estos versículos describen el maravilloso y deslumbrante regreso de Jesucristo a la tierra con poder y gloria para inaugurar su reinado de paz, justicia y santidad. Robert L. Thomas observa lo siguiente:

Las palabras *kaì eîdon* («y vi») en el versículo 11 introducen la primera de ocho escenas que constituyen la fase activa de la séptima copa. Las escenas que siguen a esta que habla del regreso de Cristo son la invitación a las aves del cielo (19:17, 18), la derrota de la bestia (19:19-21), el atar de

Satanás (20:1-3), el milenio y la derrota de Satanás (20:4-10), la colocación del Gran Trono Blanco (20:11), el juicio de aquellos cuyos nombres no están inscritos en el libro de la vida (20:12-15) y el nuevo cielo y la nueva tierra (21:1-8).[47]

El comentario hecho por el citado escritor es importante a la hora de analizar el pasaje de Apocalipsis 19:11-21. El referido pasaje trata de los acontecimientos directamente relacionados con la segunda venida de Cristo a la tierra. Primeramente, el Mesías destruirá a la bestia, sus seguidores y al falso profeta (Ap. 19:11-21) y posteriormente se ocupará del dragón, es decir, Satanás.[48] El uso de la expresión **«y vi»** (*kaì eidôn*) indica que hay una secuencia cronológica, comenzando en 19:11 hasta 21:1.

El día que el Señor ascendió al cielo desde el monte de los Olivos, unos ángeles dijeron a los apóstoles: «Varones galileos, ¿por qué estáis mirando al cielo? Este mismo Jesús, que ha sido tomado de vosotros al cielo, así vendrá como le habéis visto ir al cielo» (Hch. 1:11). Cristo volverá a la tierra en cumplimiento de las profecías del Antiguo Testamento (Zac. 14:3, 4; Sal. 2; Is. 9:6, 7; 11:1—12:6; 63:1-6; 64:1, 2; Dn. 7:13, 14). El Nuevo Testamento también anuncia la segunda venida de Cristo en gloria (véanse Mt. 19:28; 23:39; 24:3—25:46; Lc. 21:25-28; Hch. 15:16-18; Ro. 11:25-27; Ap. 1:5-7). En realidad, el tema central de las Sagradas Escrituras es, sin duda, la segunda venida de Jesucristo.

Apocalipsis 19:11-21 describe el regreso del Cristo victorioso. Él volverá a la tierra como Guerrero Divino y derrotará a todos sus enemigos. Él vendrá de manera personal, visible, judicial y gloriosa. El mismo cielo se abre para dar paso a aquel que viene al frente de los ejércitos celestiales para reclamar lo que es suyo. El apóstol Juan dice: «Entonces vi el cielo abierto.» El vocablo **«abierto»** (*eineoigménon*) es el participio perfecto, voz pasiva de *anoígo*, que significa «abrir». El tiempo perfecto del participio sugiere que el cielo ha sido abierto y permanece abierto. En Apocalipsis 4:1, Juan vio «una puerta abierta en el cielo». En Apocalipsis 19:11 el apóstol contempla «el cielo abierto». Varias veces en el Apocalipsis se hace referencia a un ángel que desciende del cielo (véase 10:1; 14:17; 18:1). También se menciona que «el templo de Dios fue abierto en el cielo» (véase Ap. 11:19; 15:5).

> La presente revelación es en una escala más amplia; los mismos cielos se abren para poner al descubierto al Cristo glorificado. Ya se ha escuchado música celestial (19:1); la Esposa ya se ha preparado (19:7ss); la cena de las bodas está cerca (19:9). Pero no es ni como el Esposo ni como el Cordero que el Cristo se revela aquí; el cielo abierto muestra una figura sentada sobre un caballo blanco, un comandante real seguido de un deslumbrante ejército.[49]

«Y he aquí un caballo blanco.» Esta es una frase dramática en el texto griego. La expresión **«he aquí»** (*idoú*) es una partícula demostrativa, usada para llamar la atención de lo que se ve. Es como si Juan dijese: «Y vi el cielo abierto y de pronto, antes que pudiese darme cuenta, ahí estaba un caballo blanco.» Debe recordarse que en Apocalipsis 6:2 aparece un jinete cabalgando un caballo blanco. El jinete de Apocalipsis 6:2, sin embargo, es completamente distinto al de Apocalipsis 19:11. El primero es el falso Cristo. El de Apocalipsis 19:11 es el verdadero Mesías que regresa a la tierra como el Soberano Rey del universo.[50]

La atención de Juan se fija de inmediato en la figura del que cabalga el caballo blanco: **«Y el que lo montaba se llamaba Fiel y Verdadero, y con justicia juzga y pelea.»** Como Guerrero victorioso, el Mesías cabalga el caballo blanco. Sus enemigos piensan que fue derrotado en la cruz. Él demuestra, sin embargo, con su resurrección, exaltación y regreso en gloria que es el Mesías-Rey victorioso. El hecho de llamarse **«Fiel y Verdadero»** contrasta con los «falsos cristos» (Mt. 24:24) que se levantarán en los postreros días y, en particular, con el Anticristo que pretenderá engañar al mundo con «señales y prodigios mentirosos» (2 Ts. 2:9). El verdadero Mesías es «Fiel y Verdadero» (*pistós kaì aleithinós*) tanto por el hecho de que cumple todas sus promesas como porque es el genuino heredero del trono de David y, por lo tanto, tiene todo el derecho a reinar.

«Y con justicia juzga y pelea» (*kaì en dikaiosynei krínei kaì polemeî*). La justicia es una de las características sobresalientes del Mesías y de su reino (Is. 11:5; 32:1; 62:1, 2; Jer. 23:6; 33:16; Dn. 9:24; Os. 2:19). Obsérvese el tiempo presente, modo indicativo de los verbos «juzga y pelea». El modo indicativo sugiere la realidad de la acción mientras que el presente destaca la continuidad de la misma. «El Cristo que viene es tanto Juez como Guerrero, y primero juzga, porque en el orden divino el juicio precede a la victoria.»[51] A.T. Robertson afirma:

> El Mesías es tanto Juez como Guerrero, pero realiza ambas funciones en justicia (15:3; 16:5, 7; 19:2). Él ejecuta juicio sobre la bestia (Anticristo) y hace guerra contra él. Satanás ofreció a Cristo una victoria de compromiso que fue rechazada.[52]

Las naciones de la tierra encabezadas por sus líderes militares se unirán para hacer guerra «contra Jehová y contra su ungido» (Sal. 2:2). El propósito de los hombres inicuos, encabezados por la bestia, será intentar impedir el regreso del Mesías a la tierra (Ap. 17:14). El Mesías, sin embargo, los vencerá de manera aplastante, porque Él es el Rey de reyes y Señor de señores (véase también Zac. 14:1-3). Los reyes de la tierra no podrán resistir ni el poder ni la justicia del Mesías. Los emperadores humanos son «tristes caricaturas»[53] frente a la gloria deslumbrante del Guerrero Divino. La guerra de los postreros días será literal, no alegórica, y el Mesías-Rey volverá victorioso al frente de sus ejércitos como una gran figura militar.[54]

En los versículos 12 y 13, Juan describe el aspecto físico del Guerrero Divino. **«Sus ojos eran como llama de fuego»** (véase Ap. 1:14; 2:18). El símil sugiere el hecho de que «nada puede esconderse de la penetrante mirada del Mesías».[55] Además, apunta al «carácter justo de sus juicios».[56] También «podría significar que su juicio es incapaz de producir decepción o fraude, es decir, penetra todas las cosas, aun los secretos del corazón, y consume a sus enemigos».[57]

«Y había en su cabeza muchas diademas.» El vocablo **«diademas»** (*diadéimata*) se usa tanto en la literatura clásica como en la Biblia como una señal de realeza.[58] La *diadema* sugiere dignidad real y contrasta con *stéphanos* («corona»), que tiene que ver con victoria, festividad, honor público.[59] Si bien es cierto que el dragón tiene una diadema en cada una de sus siete cabezas y la bestia en cada uno de sus cuernos, el Mesías lleva «en su cabeza muchas diademas» (*epì tèin kephalèin autoû diadéimata pollá*). Las «muchas diademas» sugieren que el Mesías posee soberanía ilimitada. «Como Rey de reyes toda autoridad es suya.»[60] Él es el Jehová de los ejércitos del Antiguo Testamento y el jefe de los reyes de la tierra (Ap. 1:5). Los reyes de la tierra tendrán que doblar sus rodillas en reverencia y reconocimiento delante del gran Rey del universo.

«Y tenía un nombre escrito que ninguno conocía sino él mismo.» Esta frase se presta a varias especulaciones. Algunos se preguntan: ¿Dónde tenía escrito dicho nombre?[61] También se ha especulado respecto al nombre en sí. Se ha sugerido que el nombre podría ser YAVÉ. Sin embargo, ese sustantivo es de sobra conocido por todos los estudiosos de las Sagradas Escrituras. Lo más sensato es entender que se refiere a un nombre de intimidad secreta. Quizá un apelativo sólo conocido entre las personas de la Trinidad. Cualquiera que sea el caso, el estudiante debe aceptar el hecho de que el nombre referido no fue revelado a Juan y, por lo tanto, permanece desconocido al lector.

«Estaba vestido de una ropa teñida en sangre.» Esta frase literalmente dice: «Estaba vestido con un manto sumergido [bautizado] en sangre.» Aquí no se trata de la sangre derramada en la cruz del Calvario ni tampoco la sangre de los mártires. Se trata, más bien, de la sangre de los enemigos del Mesías quienes serán decisivamente derrotados en la batalla de Armagedón.

Hay quienes objetan el hecho de que la batalla aún no ha tenido lugar en Apocalipsis 19:13 y, por lo tanto, no puede ser la sangre del ejército derrotado.[62] Debe recordarse, sin embargo, que Juan escribe con estilo semita. Una característica de dicha literatura es describir primero lo que ocurre y luego explicar por qué ocurre. Sin duda, Juan anticipa la derrota de los enemigos del Mesías y, consecuentemente, observa en prolepsis la ropa del Cristo victorioso como que ha ya sido sumergida en sangre (véase Is. 63:2, 3).

«Y su nombre es: EL VERBO DE DIOS.» Este es el mismo nombre que nuestro Señor recibe en el Evangelio según San Juan 1:1, 14. El apóstol Juan afirma que **«el VERBO»** (*ho lógos*) es Dios y el creador de todo lo que ha sido creado. Robert H. Mounce comenta lo siguiente:

> Tal como el título se usa en Apocalipsis, sin embargo, destaca no tanto la revelación propia de Dios como la declaración autorizada por la que las naciones del mundo serán destruidas. En el pensamiento hebreo una palabra no es un sonido inerte, sino un agente activo que realiza la intención de aquel que habla (Gn. 1:3, 7, 9, etc.). La Palabra de Dios es Dios cumpliendo su propósito divino.[63]

De modo que, además de ser Fiel y Verdadero, el Mesías también es el Verbo de Dios. Es decir, Él es quien ejecuta y lleva hasta su consumación perfecta todos los propósitos de Dios.

19:14

«Y los ejércitos celestiales, vestidos de lino finísimo, blanco y limpio, le seguían en caballos blancos.» El Mesías-Rey es el Gran Capitán y, como tal, marcha delante de los suyos. La visión es estupenda y sobrecogedora. El Guerrero Divino cabalga un caballo blanco y los ejércitos celestiales le siguen también en caballos blancos. La gran diferencia es que, evidentemente, sólo el Mesías entra en combate. Los ejércitos celestiales no portan armas y «sus vestidos son de lino finísimo, blanco y limpio».[64] Sólo la ropa del Mesías está rociada con sangre. Es Él quien mata al Anticristo «con el espíritu de su boca y ... con el resplandor de su venida» (2 Ts. 2:8).

No es fácil identificar quienes componen **«los ejércitos celestiales»** mencionados en el versículo. Hay expositores que creen que son ángeles.[65] Es cierto que «la presencia de ángeles en el día apocalíptico es una característica común en el pensamiento bíblico».[66] También es cierto que los ángeles estarán presentes en el gran acontecimiento de la segunda venida de Cristo (véanse Mt. 13:41; 16:27; 24:30-31; Mr. 8:38). E.W. Bullinger dice que los ejércitos que acompañan a Cristo son «las huestes celestiales que están acostumbradas a "hacer guerra" (véase el capítulo 12), y pelear contra Satanás y sus huestes».[67] Otros autores creen que se trata de personas redimidas por la ropa que visten y porque Apocalipsis 17:14 sugiere que «los elegidos estarán con Cristo para ese acontecimiento culminante».[68]

Tal vez lo más sensato en este contexto, como afirma John F. Walvoord, sea no limitar los componentes de «los ejércitos celestiales» a un sólo grupo. Como dice el mencionado autor:

> La Iglesia no está sola en poseer justicia en la forma de acciones justas, y es más probable que aquí estén implicados no sólo los santos redimidos, sino también los santos ángeles.[69]

De modo que no es inconcebible que, junto con el Guerrero Divino marchen triunfantes, vestidos con ropaje de victoria, tanto los santos ángeles que ejecutan la voluntad del Soberano como también los santos redimidos que participarán con Él en su reinado de paz, justicia y santidad. Lo que sí es evidente es que el Mesías-Rey entra en combate contra las fuerzas malvadas del Anticristo, puesto que sólo sus vestiduras son teñidas de sangre.

19:15

«De su boca sale una espada aguda, para herir con ella a las naciones, y él las regirá con vara de hierro; y él pisa el lagar del vino del furor y de la ira del Dios Todopoderoso.» Se ha reiterado a través de este comentario que el Mesías vendrá por segunda vez como Juez del universo. Cuando vino la primera vez fue humillado por los hombres, coronado de espinas, escupido, clavado en un madero y herido en su costado por la lanza de un soldado romano (Jn. 19:34). Cuando venga la segunda vez lo hará como Rey de reyes, Guerrero Divino, el Todopoderoso. Él será el Rey de las naciones (Ap. 15:3, 4).

La **«espada aguda»** que sale de su boca describe el carácter judicial de su gloriosa venida. El sustantivo «espada» (*hromphaía*) se refiere a la espada larga usada por las legiones romanas para atacar a los ejércitos enemigos. Dicho vocablo «se usa aquí simbólicamente para representar un instrumento agudo de guerra con el que Cristo herirá a las naciones y establecerá su gobierno absoluto».[70] Tanto el profeta Isaías como el Salmo 2 destacan el hecho de que el Mesías «herirá la tierra con la vara de su boca» (Is. 11:4) y «los quebrantarás con vara de hierro; como vasija de alfarero los desmenuzarás» (Sal. 2:9). **«Para herir con ella a las naciones»** sugiere el juicio del Mesías contra los rebeldes de la tierra. El verbo **«herir»** (*patáxei*) es el aoristo subjuntivo, voz activa de *patásso*. El modo subjuntivo sugiere propósito en este contexto. El mismo verbo se usa en Apocalipsis 11:6 con referencia al ministerio de los dos testigos quienes «tienen poder para herir la tierra con toda plaga». El Rey-Mesías destruirá a todos los que han rechazado la oferta de su gracia y han optado continuar en su condición de rebeldes contra Dios.

«Y él las regirá con vara de hierro» (*kaì autós poimaneî outoùs en hrábdoi sideirâ*). Esta frase aparece en Apocalipsis 2:27 y en 12:5 (con alguna diferencia). En ambos casos, el concepto de juicio está presente. La vara de hierro en la mano del Mesías es un instrumento de retribución. Si bien es cierto que el verbo **«regirá»** (*poimaneî*) también significa «pastoreará», no es menos cierto que en este contexto se contempla una acción más enfática. «Regir con vara de hierro significa destruir en vez de gobernar de una manera firme. El pastor no sólo guía al rebaño, sino que defiende las ovejas de animales salvajes. Su vara es un arma de retribución. La vara del Mesías es de hierro, es decir, es fuerte e inflexible en su misión de juicio.»[71] Las naciones que han hecho alianza con el Anticristo para hacer guerra contra el Mesías serán destruidas con la vara de hierro del Guerrero Divino.[72]

«Y él pisa el lagar del vino del furor y de la ira del Dios Todopoderoso.» Esta es la tercera figura usada en este versículo para describir la manifestación de la ira del Guerrero Divino contra sus enemigos. En primer lugar, la espada aguda es usada para «herir» a las naciones. Luego, la vara de hierro es el instrumento usado para destruir a los rebeldes que han seguido al Anticristo. Finalmente, el lagar describe el sitio donde el Mesías aplastará a sus enemigos como las uvas son aplastadas por el lagarero. Los sustantivos **«furor»** (*thymoû*) e **«ira»** (*orgeîs*) describen el carácter judicial de la escena. Debe observarse que el ejecutor del juicio es el Dios Todopoderoso, aquel que tiene autoridad universal de manera absoluta.

19:16

«Y en su vestidura y en su muslo tiene escrito este nombre: REY DE REYES Y S**EÑOR DE SEÑORES.»** Este versículo culmina la descripción dada en el pasaje respecto al Mesías glorioso. La misma descripción aparece en Apocalipsis 17:14, aunque en orden inverso (véase también Dn. 2:47). El título mencionado está escrito en su vestidura y en su muslo de manera que Juan es capaz de leerlo. «Finalmente ha llegado aquel que tiene el derecho de gobernar la tierra, alguien cuyo poder y majestad demostrarán su autoridad al ejercer su juicio soberano sobre el mundo inicuo.»[73] La gran pregunta que ha sido formulada a través de los siglos: «¿Quién, de verdad, es el soberano del universo?», será finalmente contestada de manera categórica cuando aparezca triunfante el Rey de reyes, el Señor de señores, el Guerrero Divino, el Todopoderoso, Jehová de los ejércitos. El Mesías tomará posesión de su reino después de haber derrotado a los ejércitos de las naciones. Él reinará con autoridad davídica por mil años y luego continuará reinando por los siglos de los siglos.

19:17, 18

«Y vi a un ángel que estaba en pie en el sol, y clamó a gran voz, diciendo a todas las aves que vuelan en medio del cielo: Venid, y congregaos a la gran cena de Dios, para que comáis carnes de reyes y de capitanes, y carnes de fuertes, carnes de caballos y de sus jinetes, y carnes de todos, libres y esclavos, pequeños y grandes.»
La victoria del Guerrero Divino sobre sus enemigos es anunciada antes que ocurra el choque bélico entre el Mesías y los ejércitos capitaneados por el Anticristo. El texto griego describe la escena de manera dramática. Juan dice: **«Y vi un ángel de pie en el sol, y gritó con gran voz...»** El ángel habla desde un lugar prominente para que todos puedan verlo y escucharlo. Su mensaje es sumamente importante. La derrota más aplastante sobre el ejército más formidable que jamás haya existido está a punto de suceder. El mensaje del ángel va dirigido a **«todas las aves que vuelan en medio del cielo»**. Dichas aves son invitadas a participar de **«la gran cena de Dios»**. El menú de esa cena es «carnes de reyes y de capitanes, y carnes de fuertes, carnes de caballos y de sus jinetes, y carnes de todos, libres y esclavos, pequeños y grandes» (véase también Mt. 24:28). Los muertos son los que formaron parte del ejército de la bestia. Recuérdese que ese ejército es llevado al campo de batalla por

engaño satánico y está formado por soldados de todas las naciones de la tierra (véase Ap. 16:13, 14).

El campo de batalla abarcará toda la tierra de Israel y, al parecer, más allá de sus límites (véase Ap. 14:19, 20; 16:16). Mientras que los redimidos disfrutarán de «la cena de las bodas del Cordero» (Ap. 19:9), los inicuos constituirán el plato principal de las aves del cielo que serán convocadas a «la gran cena de Dios». Obsérvese que en el ejército de la bestia están incluidos hombres de todos los estratos sociales: **«Reyes»** (*basiléôn*); **«capitanes»** (*chiliárchon*), es decir, comandantes de mil soldados; y **«fuertes»** (*ischyrôn*), es decir, soldados de gran fortaleza física y preparados para la guerra. En las categorías se incluyen también a **«libres y esclavos, pequeños y grandes»**. Eso significa que en la campaña de Armagedón habrá un ejército mixto, compuesto por personas de todas las categorías sociales. Estos ejércitos se unirán con el objetivo común de intentar impedir la segunda venida en gloria del Mesías (Sal. 2). Su fracaso será total y final.

19:19

«Y vi a la bestia, a los reyes de la tierra y a sus ejércitos, reunidos para guerrear contra el que montaba el caballo, y contra su ejército.» Este texto presenta el cumplimiento de la misión de los «espíritus de demonios, que hacen señales» (Ap. 16:14). Es por medio de ellos que los reyes de la tierra y sus ejércitos se reúnen masivamente para colocarse bajo la autoridad de la bestia. Será, sin duda, una sorprendente concentración de ejércitos de todas las naciones de la tierra. Entre ellos, seguramente, estará la confederación representada por los cuernos de la bestia.

El vocablo **«reunidos»** (*syneigména*) es el participio perfecto, voz pasiva de *synágo*, que significa «reunir», «congregar». Esta forma verbal sugiere que los ejércitos bajo la dirección de la bestia «han sido reunidos» o «permanecen concentrados» para entrar en combate. La expresión **«para guerrear»** (*poieîsai tòn pólemon*) sugiere propósito. El Anticristo congrega sus ejércitos con el fin de hacer frente al Mesías-Rey e impedir que establezca su reino sobre la tierra. «La bestia con sus fuerzas viene preparada para una confrontación militar mediante la que confía asegurar su papel como líder mundial.»[74]

El objetivo principal de la bestia es destruir al que cabalga el caballo blanco (19:11), es decir, al Cristo victorioso quien viene al frente de su ejército. La escena es incuestionablemente escatológica.[75] No guarda relación alguna con nada que haya ocurrido en el pasado, sino que tiene que ver con el choque entre las fuerzas del Anticristo y el Cristo victorioso en «el lugar que en hebreo se llama Armagedón» (Ap. 16:16). No hay duda de que Apocalipsis 19:19 describe la consumación de lo que fue anticipado en Apocalipsis 14:14-20 y 16:13-16. Los reyes de la tierra serán fulminados por el resplandor de la gloria de aquel que viene como Rey de reyes y Señor de señores.

19:20

«Y la bestia fue apresada, y con ella el falso profeta que había hecho delante de ella las señales con las cuales había engañado a los que recibieron la marca de la bestia, y habían adorado su imagen. Estos dos fueron lanzados vivos dentro de un lago de fuego que arde con azufre.»

Aunque la batalla en sí no se describe en este versículo, eso no niega el carácter literal de la misma. Debe recordarse que los acontecimientos de la batalla del Armagedón se describen con lenguaje metafórico en Apocalipsis 14:14-20. Además, también debe tenerse presente que los juicios de las siete copas son simultáneos con la segunda venida de Cristo y, por lo tanto, los sucesos de la batalla de Armagedón están incluidos en los juicios de las copas.

El versículo comienza declarando que **«la bestia fue apresada».** El verbo «fue apresada» (*epiásthei*) es el aoristo indicativo, voz pasiva de *piádso*, que significa «capturar», «apresar». Dicho verbo se usaba para expresar el arresto de alguien que era retenido bajo custodia y también se usaba respecto a la captura de animales.[76] También fue capturado **«el falso profeta»** (*ho pseudoprophéiteis*). Este es el mismo ser designado como la «bestia que subía de la tierra» (Ap. 13:11), la que «hace grandes señales» (Ap. 13:13), la que «engaña a los moradores de la tierra» (Ap. 13:14) y la que obliga a los moradores de la tierra a adorar al Anticristo (13:15-17). Como puede observarse, ni la bestia (Anticristo) ni el falso profeta pueden ser sistemas o instituciones, sino que tienen que ser personas dotadas de capacidades sobrehumanas.

Tanto la bestia como el falso profeta son engendros del mismo Satanás. Su principal ministerio en la tierra es promover los planes del Dragón entre los hombres y conseguir que la humanidad adore al rey de las tinieblas. La actividad que realizan sólo la pueden llevar a cabo individuos. Como expresa E.W. Bullinger:

> Si estos no son individuos, entonces el lenguaje es inservible para los propósitos de la revelación. Son personas reales, como lo son aquellos que recibirán la marca de la bestia y adoran su imagen.[77]

El juicio divino sobre la bestia y el falso profeta se expresa por Juan así: **«Estos dos fueron lanzados vivos dentro de un lago de fuego que arde con azufre.»** El texto griego es enfático y dice: «Vivos fueron lanzados los dos en el lago de fuego, el que arde en azufre.» Evidentemente **«el lago de fuego»** (*teìn límnein toû piròs*) se refiere al mismo lugar designado por el Señor como «el fuego eterno preparado para el diablo y sus ángeles» (Mt. 25:41). El lago de fuego es el lugar de castigo eterno, preparado de manera especial para el diablo y sus ángeles, pero que será compartido por la bestia, el falso profeta y aquellos que se sometieron a la autoridad de la bestia y adoraron al Dragón. Es importante no confundir el lago de fuego con el Hades. Mientras que el lago de fuego tiene que ver con el castigo eterno de los enemigos de Dios (Ap. 19:20; 20:10), el Hades es el lugar de habitación de los muertos hasta el día de la resurrección (véanse Mt. 16:18; Lc. 16:23; Hch. 2:27). El Señor Jesucristo utilizó el vocablo *gehena* once veces para describir el infierno eterno (véase Mt. 5:22, 29, 30; 18:8, 9). El *gehena* es, sin duda, sinónimo del lago de fuego.[78] Los lectores originales del Apocalipsis conocían tanto el significado del «lago de fuego» como del *gehena* y seguramente comprendían el carácter eterno del castigo para todo aquel que fuese echado en dicho lugar. Finalmente, debe observarse que la bestia y el falso profeta son echados **«vivos»** (*dsôntes*) en el lago de fuego. Eso significa que dichos individuos son capturados por el Señor en la misma escena del conflicto y lanzados en el lago de fuego. Ambos experimentarán el mismo castigo. Aquellos a quienes la humanidad consideraba invencibles (Ap. 13:4, 14-17) han sido vencidos por el Guerrero Divino, quien ha venido con poder y gran gloria para reclamar su reino. La bestia y el falso profeta terminarán su inicua carrera en el lugar idóneo para ellos, es decir, en el lago de fuego, mientras que el Mesías-Rey ocupará su trono de paz y justicia, y reinará por los siglos de los siglos.

19:21

«Y los demás fueron muertos con la espada que salía de la boca del que montaba el caballo, y todas las aves se saciaron de las carnes de ellos.» La victoria del Mesías sobre sus enemigos culmina con la muerte de los ejércitos que siguen a la bestia. Los versículos finales de este capítulo señalan que mientras la bestia y el falso profeta son apresados vivos y echados en el lago de fuego, los soldados que forman parte de las fuerzas del Anticristo sufren la muerte física.

Apocalipsis 19:21 habla de un hecho escatológico real. Se trata de la culminación del plan de Dios relacionado con el establecimiento del reino mesiánico. Los ejércitos de las naciones que se han sometido a la autoridad del Anticristo serán derrotados de manera aplastante. La expresión **«los demás»** (*hoi loipoì*) significa «el resto», es decir, los que quedaban vivos después de la derrota de la bestia. El verbo **«fueron muertos»** (*apektántheisan*) es el aoristo indicativo, voz pasiva de *apokteíno*, que significa «matar». Puesto que sólo la bestia y el falso profeta fueron lanzados en el lago de fuego, puede considerarse que quienes «fueron muertos» incluye a los reyes y a los soldados que constituyen los ejércitos del Anticristo. Hay quienes interpretan esta matanza en un sentido espiritual.[79] Lo más sensato, sin embargo, es darle un sentido literal. El texto no se refiere a la victoria de Cristo en la cruz, sino al triunfo final del Mesías sobre sus enemigos en un conflicto bélico en la tierra.[80]

El hecho de que los enemigos del Mesías son muertos con la espada que sale de su boca no debe dar pie a interpretar el versículo alegóricamente. El poder de la palabra del Rey de reyes y Señor de señores sobrepasa una y mil veces al de las armas físicas de sus enemigos. Él tuvo poder para ordenar la existencia de los cielos y la tierra (He. 11:3). Él sustenta providencialmente todas las cosas «con la palabra de su poder» (He. 1:3). El poder de su palabra hizo calmar la fuerza de los vientos (Mr. 4:35-41). Su palabra hizo caer a tierra a sus enemigos (Jn. 18:6). De modo que no debe sorprender a ningún creyente que el Señor literalmente mate a sus enemigos con el poder de su palabra. Los soldados muertos no serán enterrados, sino que las aves se saciarán de las carnes de ellos. La escena será sobrecogedora y escalofriante, pero no se le puede dar al texto ninguna otra interpretación que le haga justicia. Quienes sufrirán tal destrucción serán aquellos que han rechazado la gracia de Dios y han rechazado la salvación que el Mesías les ha ofrecido (véanse Ro. 6:23; Jn. 3:18). Será un fin innoble para muchos nobles.[81]

RESUMEN Y CONCLUSIÓN

Apocalipsis 19 comienza con cinco cánticos de alabanza. Los cuatro primeros manifiestan el regocijo celestial por la destrucción de Babilonia, la gran ramera, la ciudad idólatra e inicua. El quinto y último cántico es un llamado a participar del gozo que produce la llegada de las bodas del Cordero. El vocablo «aleluya» aparece cuatro veces en 19:1-6. Hay, además, otras expresiones de alabanza y de regocijo tanto por la victoria de Dios sobre Babilonia como por la celebración de las bodas del Cordero y por la cena de las bodas.

El resto del capítulo (19:11-21) presenta la deslumbrante escena del regreso en gloria del Mesías. Como Guerrero Divino regresa triunfante al frente de sus ejércitos. Cabalga un caballo blanco como símbolo de victoria. Su nombre es Fiel y Verdadero en reconocimiento de sus cualidades personales intrínsecas. Sus ojos son como llama de fuego, como expresión de que viene como el juez de la humanidad. En su cabeza hay muchas diademas o coronas propias de su dignidad como Rey de reyes y Señor de señores. Su ropa teñida de sangre simboliza su rotunda victoria sobre sus enemigos. Él viene como Rey a tomar posesión de su reino y a gobernar las naciones con vara de hierro (19:15, 16). Los ejércitos encabezados por el Anticristo serán derrotados de manera aplastante. El Anticristo y el falso profeta serán lanzados vivos en el lago de fuego (19:20). Los soldados que componen las fuerzas de la bestia serán la comida de las aves del cielo (19:17, 18). El Mesías triunfante demostrará que sólo Él es el Todopoderoso. Las fuerzas del mal serán erradicadas de la tierra y darán paso al reino glorioso del heredero del trono de David.

NOTAS

1. Walter Scott, *Exposition of the Revelation of Jesus Christ*, p. 375. El vocablo «aleluya» ha sido volcado del hebreo al griego letra por letra, sin traducirlo: «Hallelu-yah» y es casi equivalente a la frase que aparece en el versículo 5: «Alabad a Dios.»
2. Robert L. Thomas, *Revelation 8—22*, p. 357.
3. Walter Scott, *Exposition of the Revelation of Jesus Christ*, p. 375.
4. Véase Walter Scott, *Exposition of the Revelation of Jesus Christ*, p. 261.
5. La conjunción «y» (*kai*) en este contexto tiene una función causal. Quizá podría formularse «porque». El ¡Aleluya! de los ángeles es causado por el hecho de que Babilonia ha sido destruida y como prueba de eso «el humo de ella sube por los siglos de los siglos».
6. Véase Robert L. Thomas, *Revelation 8—22*, p. 360.
7. E.W. Bullinger, *Commentary on Revelation*, p. 587.
8. Véase A.T. Robertson, *Word Pictures*, vol. VI, p. 352.
9. J. Massyngberde Ford dice que los cantos de Apocalipsis 19:1-8 «son celebraciones litúrgicas en el cielo, donde Dios es alabado a causa de la caída de la ramera y, consecuentemente, la derrota del mal y el establecimiento de su reino, es decir, el cumplimiento de su plan» («Revelation», p. 309).
10. Véase A.T. Robertson, *Word Pictures*, vol. VI, p. 448. Un autor observa que «la voz probablemente no sea ni la de Dios Padre ni la de Cristo debido a las palabras "nuestro Dios Todopoderoso reina"» (véase Alan F. Johnson, «Revelation», p. 570).
11. Alan F. Johnson, «Revelation», p. 570.
12. Véase Robert L. Thomas, *Revelation 8—22*, p. 362.
13. La posibilidad de que el cántico de alabanza proceda de los redimidos se fundamenta en tomar el versículo 6 como una respuesta al mandamiento que aparece en el versículo 5 («alabad a nuestro Dios»).
14. Henry Barclay Swete, *Commentary on Revelation*, p. 245.
15. Robert L. Thomas, *op. cit.*, p. 364.
16. Véase A.T. Robertson, *Word Pictures*, vol. VI, p. 449. La traducción de la Reina-Valera 1960 es inadecuada al expresar con un presente («reina») el aoristo ingresivo. Este aoristo destaca la iniciación de una acción: «Nuestro Señor el Dios Todopoderoso ha entrado en su reino.»
17. George Eldon Ladd, *A Commentary on the Revelation of John*, p. 246.
18. Véase H. E. Dana y Julius R. Mantey, *Manual de gramática del Nuevo Testamento*, pp. 164, 165.
19. *Ibid.*
20. Robert H. Mounce, «The Book of Revelation», p. 339.
21. Véase S. A. Aalen, «Gloria», *Diccionario teológico del Nuevo Testamento*, vol. II, p. 229.
22. *Ibid.*, p. 365.
23. Véase J. Massyngberde Ford, «Revelation», p. 310.

24. *Ibid.*, p. 340.
25. William R. Newell, *Revelation: Chapter-by-Chapter*, p. 295.
26. Véanse John F. Walvoord, *The Revelation of Jesus Christ,* pp. 270-272; Robert L. Thomas, *Revelation 8—22*, pp. 366, 367.
27. Robert L. Thomas, *Revelation 8—22, p.* 366.
28. *Ibid.*
29. *Ibid.*
30. Véase E.W. Bullinger, *Commentary on Revelation,* pp. 589-591.
31. *Ibid.*, p. 368.
32. J. Massyngberde Ford, «Revelation», p. 311.
33. William Barclay, *The Revelation of John,* vol. 2, p. 175.
34. Robert H. Mounce, «The Book of Revelation», p. 340.
35. *Ibid.*
36. Robert L. Thomas, *op. cit.,* p. 371.
37. *Ibid.*, pp. 374-373.
38. John F. Walvoord, *op. cit.,* p. 273.
39. Alan F. Johnson, «Revelation», p. 572.
40. Henry Barclay Swete, *op. cit.,* p. 248.
41. A. T. Robertson, *Word Pictures,* vol. VI, p. 450.
42. Véase Fritz Rienecker, *A Linguistic Key,* vol. 2, p. 509.
43. Véase Robert L. Thomas, *Revelation 8—22,* p. 375.
44. *Ibid.*, p. 377.
45. El verbo «adora» (*proskyneison*) es el aoristo imperativo, voz activa de proskynéo, que significa «adorar», «postrarse delante». El aoristo imperativo sugiere urgencia. El ángel ordena a Juan postrarse en adoración de inmediato delante de Dios.
46. G.B. Caird, «The Revelation of Saint John», p. 238.
47. *Ibid.*, pp. 380, 381.
48. Véase Harold W. Hoehner, «Evidence from Revelation 20», *A Case for Premillennialism: A New Consensus*, ed. Donald K. Campbell y Jeffrey L. Townsend, p. 248.
49. Henry Barclay, Swete, *Commentary on Revelation,* p. 250.
50. Véase A. T. Robertson, *Word Pictures,* vol. VI, p. 451.
51. Henry Barclay Swete, *Commentary on Revelation,* p. 250.
52. A.T. Robertson, *op. cit.,* vol. VI, p. 451.
53. Francisco Canteras Burgos y Manuel Iglesias González, *Sagrada Biblia. Versión crítica sobre los textos hebreo, arameo y griego,* p. 1441.
54. Véase Robert L. Thomas, *Revelation 8—22,* p. 384.
55. Robert H. Mounce, «The Book of Revelation», p. 344.
56. John F. Walvoord, *op. cit.,* p. 277.
57. J. Massyngberde Ford, «Revelation», p. 313.
58. Véase William F. Arndt y F. Wilbur Gingrich, *A Greek-English Lexicon of the New Testament and Other Early Christian Literature*, p. 181.
59. C. J. Hermer, «Crown», *The New International Dictionary of New Testament Theology*, vol. 1, ed. por Colin Brown, pp. 405, 406.
60. Robert H. Mounce, *op. cit.*, p. 344.
61. Swete sugiere que podría ser en la frente (véase Henry Barclay Swete, *Commentary on Revelation,* p. 251).
62. Véase G.B. Caird, «The Revelation of Saint John», pp. 242, 243.
63. Robert H. Mounce, «The Book of Revelation», pp. 345, 346.

64. No es superfluo mencionar que el lino es finísimo, blanco y limpio, porque había lino de color amarillo. Véase John Albert Bengel, *New Testament Word Studies*, vol. II, p. 919.
65. George Eldon Ladd, *A Commentary on the Revelation of John*, p. 255.
66. *Ibid.*
67. E.W. Bullinger, *Commentary on Revelation*, p. 600.
68. Robert L. Thomas, *Revelation 8—22*, p. 388.
69. John F. Walvoord, *The Revelation of Jesus Christ*, p. 277.
70. *Ibid.*
71. Robert H. Mounce, «The Book of Revelation», p. 347.
72. Robert L. Thomas observa que «sin duda, Cristo conquista por el poder de su palabra, pero eso no excluye un verdadero derramamiento de sangre de sus enemigos en su segunda venida. Las palabras del Mesías tienen un poder mortífero contra sus enemigos. Como ilustración, los rabinos aplicaban la idea a las acciones de Moisés cuando mató al egipcio en Éxodo 2:11, 12. Ese tipo de figura también yace tras el lenguaje de 2 Tesalonicenses 2:8» (véase Robert L. Thomas, *Revelation 8—22*, p. 389).
73. John F. Walvoord, *op. cit.*, p. 278.
74. Robert L. Thomas, *op. cit.*, p. 396.
75. Robert H. Mounce, «The Book of Revelation», p. 349.
76. Véase Fritz Rienecker, *A Linguistic Key*, vol. 2, p. 510.
77. E.W. Bullinger, *op. cit.*, p. 607.
78. Véase J. Massyngberde Ford, «Revelation», p. 315.
79. Véase Henry Barclay Swete, *Commentary on Revelation*, p. 259.
80. Véanse William R. Newell, *Revelation: Chapter-by-Chapter*, pp. 314, 315; George Eldon Ladd, *A Commentary on the Revelation of John*, p. 258.
81. Véase Charles C. Ryrie, *Apocalipsis*, p. 114.

20

El encadenamiento de Satanás y el reino mesiánico (20:1-15)

INTRODUCCIÓN

El capítulo 20 del Apocalipsis es, sin duda, uno de los más importantes y más controvertidos de todo el libro. Algunos intérpretes entienden que Apocalipsis 20 no es una continuación cronológica de los acontecimientos narrados en 19:11-21, sino que, por el contrario, constituye una recapitulación de todo lo que ha acontecido en la era cristiana. Un autor dice: «Apocalipsis 20:1 nos lleva de regreso, una vez más, al comienzo de la era del Nuevo Testamento.»[1] Otro escritor expresa lo siguiente: «Apocalipsis 19:19-21 nos ha llevado al final de la historia, al día del juicio final. En Apocalipsis 20 regresamos al principio de la dispensación actual.»[2]

Otros intérpretes, sin embargo, entienden que Apocalipsis 20:1-15 sigue cronológicamente a los acontecimientos relatados en 19:11-21. Estos escritores rechazan la idea de una recapitulación. Afirman que Apocalipsis 19:11—20:15 revela una serie de sucesos que siguen un orden cronológico necesario dentro del contexto total del libro.[3] El profesor George Eldon Ladd refuta la enseñanza de que Apocalipsis 20:1-15 es una recapitulación de los acontecimientos ocurridos con anterioridad y afirma:

> En el capítulo 12 [de Apocalipsis], es absolutamente claro que el pasaje mira atrás al nacimiento del Mesías. Sin embargo, en el presente pasaje [Apocalipsis 20] no aparece semejante indicio. Por el contrario, los capítulos 18-20 evidencian presentar una serie de visiones conectadas. El capítulo 18 relata la destrucción de Babilonia; el capítulo 19 la destrucción de la bestia y el falso profeta y el capítulo 20 habla de la destrucción del mismo Satanás- una destrucción efectuada en dos etapas.[4]

La importancia fundamental del Apocalipsis 20 tiene que ver con el hecho de que dicho capítulo habla de un reino de mil años. El debate entre expositores se centra en la interpretación de dicho reino de mil años. Hay quienes entienden que los mil años mencionados en Apocalipsis 20:3-7 se corresponden con un período de tiempo literal durante el cual Cristo reinará sobre la tierra. Hay dos grupos de teólogos que creen que los mil años mencionados en Apocalipsis se refieren a un espacio de tiempo literal. Uno de esos grupos se denomina premilenarista[5] y el otro postmilenarista.[6] Es importante destacar que, aunque tanto premilenaristas como postmilenaristas interpretan que los mil años de Apocalipsis 20 se refieren al reino de los postreros días, se diferencian en que el premilenarista cree que el reino será inaugurado por Cristo en su segunda venida mientras que el postmilenarista cree que el reino precede a la segunda venida del Señor. El premilenarista cree que el reino será el resultado de la venida en gloria de Cristo, quien derrotará a sus enemigos y neutralizará a Satanás completamente durante los mencionados mil años.[7] El postmilenarista sostiene que el reino será el resultado de la evangelización del mundo por la iglesia.[8] Es de suma importancia destacar que el postmilenarista cree que los «mil años» de Apocalipsis 20 no son una cifra concreta sino «un número simbólico», es decir, «una expresión figurada que indica un período de tiempo largo e indefinido».[9] El premilenarista, por el contrario, enseña que «los mil años» de Apocalipsis 20 deben entenderse como mil años literales y no como un período de tiempo indefinido.[10]

Otra observación que debe hacerse es el hecho de que hay dos grupos de premilenaristas.[11] Uno de ellos es conocido como premilenaristas históricos. Al otro se le conoce como premilenaristas dispensacionalistas. El premilenarista dispensacionalista afirma hacer un uso constante de la hermenéutica histórico-gramatical, normal o natural, mientras que el premilenarista histórico considera necesario abandonar dicha hermenéutica a la hora de interpretar ciertos pasajes proféticos del Antiguo Testamento.[12] En segundo lugar el premilenarismo dispensacionalista mantiene una diferencia entre Israel y la Iglesia, mientras que el premilenarismo histórico no hace semejante diferenciación.[13] Otra diferencia entre ambas posturas es que los premilenaristas históricos creen que la Iglesia sufrirá la prueba de la gran tribulación mientras que los dispensacionalistas afirman que la Iglesia será librara de dichos juicios mediante la resurrección y el rapto.[14] En resumen: Ambas ramas del premilenarismo enseñan que habrá un reinado terrenal de Cristo que durará mil años. Igualmente, enseñan que el reino será inaugurado por Cristo cuando venga con poder y gloria. O sea, que la Segunda Venida de Cristo será antes del milenio. De igual modo, ambas escuelas milenaristas enseñan que después del reinado terrenal del Mesías tendrá lugar la creación de los nuevos cielos y la nueva tierra donde Cristo continuará reinando con sus redimidos en su reino eterno y perfecto. El premilenarismo histórico y el dispensacionalista se diferencian en que los dispensacionalistas insisten en no confundir a Israel con la Iglesia, en sostener que la Iglesia no pasará por la gran tribulación y en la necesidad de aplicar una hermenéutica normal o literal en la interpretación de las profecías del Antiguo Testamento.

Es importante destacar en esta coyuntura que el consenso general de los teólogos e historiadores eclesiásticos es que el premilenarismo fue la postura asumida por la gran mayoría de los llamados padres apostólicos. George Eldon Ladd ha escrito lo siguiente:

> Dos interpretaciones del reino aparecen en la Iglesia primitiva: Una interpretación escatológica y otra no escatológica. Durante los dos primeros siglos el reino de Dios en los padres de la Iglesia era exclusivamente escatológico. Un pasaje típico se encuentra en la *Didaché*: «Acuérdate, Señor, de tu Iglesia ... recogerla en su santidad de los cuatro vientos a tu

reino que has preparado para ella.» La Iglesia es el pueblo presente visible de Dios en la tierra, pero el reino es el ámbito futuro de bendición que será experimentado después del regreso de Cristo a la tierra.

Algunas veces este reino escatológico es definido de manera más específica. En varios de los padres tempranos, el reino implicaba un reinado terrenal milenial de Cristo. Esto se expresa claramente por escritores tales como Bernabé (XV) y Papías (en Ireneo Adv. Haer., V, 33), Justino Mártir (Diál. LXXX), Ireneo (Adv. Haer., V, 33-35) y Tertuliano (De res. carn., XXV, Adv. Marción, III, 25).

Otros padres tempranos no dejan claro si creían o no en un reino terrenal temporal futuro. Sin embargo, un repaso de la literatura [de la época] conduce a las siguientes conclusiones: El entendimiento del reino es exclusivamente escatológico; y con una excepción no hay padre apostólico antes de Orígenes que se haya opuesto a la interpretación milenaria, y no hay ninguno antes de Agustín cuyos escritos existentes ofrezcan una interpretación de Apocalipsis 20 que no sea la de un futuro reino terrenal consecuente con la interpretación natural del lenguaje.[15]

Hasta aquí se ha reseñado el hecho de la existencia de dos escuelas de pensamiento respecto al milenio o de los «mil años» mencionados en Apocalipsis 20:2-7. Hay una escuela conocida como premilenarista que afirma que habrá un reino terrenal de Cristo que durará 1.000 años. Dicho reino será inaugurado personalmente por el Mesías cuando haya derrotado a sus enemigos en su segunda venida. La postura premilenarista fue sólidamente sostenida por los padres apostólicos durante los dos primeros siglos de la historia de la Iglesia.[16]

Hay una tercera escuela de interpretación respecto al milenio. A esta tercera escuela se le conoce por el nombre de amilenarista.[17] Las bases del amilenarismo se encuentran en el sistema de interpretación diseñado por Orígenes, el padre apostólico nacido en Alejandría (185-254 d.C.). Fue discípulo de Clemente y es considerado el más notable representante de la escuela alejandrina.[18] El sistema alegórico de interpretación tiene sus raíces en los filósofos griegos. Recuérdese que Alejandría era una ciudad helena. El judío Filón incorporó dicha hermenéutica en su sistema pedagógico. Posteriormente tanto Clemente como su discípulo Orígenes adoptaron el mencionado sistema alegórico de interpretación. Debe destacarse que ambos hombres creían en la inspiración divina de las Escrituras, pero «estaban convencidos de que sólo la interpretación alegórica de la Biblia puede proporcionar el significado profundo y verdadero de sus textos. En el fondo, su sistema hermenéutico respondía a necesidades apologéticas ... determinadas por el afán de conciliar la fe basada en las Escrituras con la filosofía griega».[19]

Debe observarse, como señala José M. Martínez, que el sistema alegórico practicado por Orígenes no era requerido por las Escrituras sino «por el afán [de Orígenes] de conciliar la fe basada en las Escrituras con la filosofía griega». Puede decirse con justicia que las intenciones de Orígenes, como las de otros alegoristas, eran buenas, pero los resultados fueron desastrosos. Ni Orígenes ni ningún otro alegorista logró impresionar a los paganos usando ese sistema. Lo que sin duda ocurrió fue un deterioro de la comprensión normal y llana del texto bíblico de parte de muchos cristianos. No debe menoscabarse ni por un momento el respeto de Orígenes por el texto sagrado, pero tampoco dejar de reprocharle el uso que hizo del sistema alegórico de interpretación bíblica.

La alegorización como principio de interpretación bíblica se extendió a lo largo y ancho del mundo cristiano y «llegó a predominar de modo sorprendente»[20] en los escritos de los teólogos hasta la Reforma del siglo XVI. Uno de los hombres influidos por el alegorismo fue San Agustín de Hipona (354-430 d.C.), generalmente reconocido como el más sobresaliente de los padres apostólicos. Tanto católicos como protestantes reconocen la influencia y la aportación de San Agustín a la iglesia cristiana. Este respetado teólogo occidental ha sido considerado el padre del amilenarismo, puesto que fue el primer teólogo de reconocida solvencia que adoptó dicha postura teológica.[21] Debe destacarse, sin embargo, que Agustín fue poderosamente influido por un donatista llamado Tyconio.[22] San Agustín adoptó de Tyconio el método alegórico de interpretación que posteriormente le ayudó a desarrollar su postura amilenarista.[23]

Lo que llevó a San Agustín a adoptar la postura amilenarista, según sus propias palabras, fue el hecho de que los milenaristas...

...dicen que los que son resucitados gozarán un festival del más inmoderado disfrute carnal, en el que la comida y la bebida serán tan abundantes que no sólo no habrá límite de moderación sino que también sobrepasará todas las barreras incluso de incredulidad, todo eso puede ser creído sólo por los de mente carnal. Los que tienen una mente espiritual denominan a los que creen esas cosas, en griego, chiliastas, y podemos traducirlo al latín literalmente como «milenarios».[24]

De manera que San Agustín rechazó el milenarismo en favor del amilenarismo no por razones exegéticas, sino porque entendió que los exponentes del milenarismo de su tiempo no tenían una mente espiritual. El Obispo de Hipona creía que enseñar que en el reino habrá comida y bebida en abundancia es una doctrina carnal que debe ser rechazada sin dilación.

La postura adoptada por San Agustín y seguida fundamentalmente por los amilenaristas modernos es la siguiente: Los 1.000 años mencionados en Apocalipsis 20:2-7 tienen que ver con la era de la Iglesia en su totalidad, es decir, el período que transcurre entre la primera y la segunda venida de Cristo.[25] Durante ese período Satanás será atado para que no engañe a las naciones, es decir, a la Iglesia. Luego será desatado por tres años y medio al final de la era de la Iglesia con el fin de probar a los creyentes, pero por la gracia de Dios éstos no sucumbirán frente a los ataques del diablo.[26] Resumiendo, San Agustín creía que el milenio no es un suceso escatológico, que es equivalente a la era presente y se corresponde con el tiempo que transcurre entre la primera y la segunda venida de Cristo. El teólogo G.C. Berkouwer, profesor de teología sistemática de la Universidad Libre de Amsterdam, dice:

En realidad, el punto de vista de Agustín sobre el milenio constituye una modificación radical del chiliasmo original con su trascendente e interpuesto reino de paz.[27]

La influencia de Agustín en la historia de la doctrina cristiana en general y en la cuestión del milenio en particular ha sido notable. El amilenarismo de San Agustín fue adoptado por la Iglesia Católica Romana y, con algunas variaciones, por los líderes de la Reforma protestante.[28] Los escritos de San Agustín causaron un efecto tal que la enseñanza premilenarista fue encajonada por un gran sector de la iglesia organizada.[29]

En resumen: El amilenarismo como enseñanza sistematizada comenzó con San Agustín de Hipona. Agustín fue influido por la hermenéutica alegórica de Tyconio. El sistema amilenarista de San Agustín proclama que:

1. El milenio es el período de tiempo entre la primera y la segunda venida de Cristo.
2. El milenio se corresponde, por lo tanto, con la era de la Iglesia.
3. El período de la Iglesia es un tiempo de victoria progresiva del Evangelio que culmina con la segunda venida de Cristo y el juicio final de los inicuos.
4. Durante la era presente (milenio) Satanás está atado y lo estará hasta que la edad presente termine.
5. Las «naciones» que Satanás no engaña durante el milenio equivalen a la Iglesia (Ap. 20:3).

El amilenarismo de San Agustín, con sus muchas imperfecciones,[30] se extendió a través del mundo cristiano y desplazó al premilenarismo, que hasta entonces había sido la creencia de la Iglesia. Debe destacarse, sin embargo, que el argumento principal de San Agustín contra la creencia premilenarista era el hecho de que muchos expositores del premilenarismo, según Agustín, lo presentaban como un tiempo de disfrute carnal.[31] Es importante observar, sin embargo, que a pesar de todo San Agustín creía que los 1.000 años de Apocalipsis 20 eran mil años literales.[32] Oswald T. Allis explica la incongruencia de San Agustín de esta manera:

> Al vivir en la primera mitad del primer milenio de la historia de la Iglesia, Agustín naturalmente tomó los 1.000 años de Apocalipsis 20 literalmente; y esperaba que el segundo advenimiento tuviese lugar al final de ese período. Pero ya que de alguna manera identificaba el milenio incongruentemente con lo que entonces quedaba del sexto milenio de la historia humana, creyó que ese período podría terminar por el año 650 d.C. con una gran manifestación del mal, la revuelta de Gog, la que sería seguida por la venida de Cristo en juicio.[33]

Como puede observarse, muchas de las incongruencias del concepto de San Agustín respecto al milenio se basan en el hecho de que no fue consonante en su hermenéutica. San Agustín reconocía el origen divino del texto bíblico, pero no se mantuvo apegado al mismo a la hora de interpretar acontecimientos futuros sino que permitió que circunstancias ajenas al texto influyesen en su interpretación.

Aunque no tan influyente como San Agustín, debe mencionarse también a San Jerónimo (345-419 d.C.), muy conocido por haber traducido la Biblia de sus idiomas originales al latín vulgar en lo que se ha llegado a conocer como la *Vulgata Latina*. Igual que San Agustín, Jerónimo creía que la era de la Iglesia y los 1.000 años de Apocalipsis 20 son equivalentes. También creía que Satanás está atado en esta era presente y no puede tentar a la Iglesia. Será desatado por tres años y medio al final de esta era. Jerónimo rechazó la enseñanza premilenarista porque, según él, era una doctrina judaica. San Jerónimo creía que el milenarismo era equivalente al judaísmo y, por lo tanto, debía ser rechazado.

Resumiendo, durante los dos primeros siglos de la era de la Iglesia, la enseñanza respecto al reino como una realidad escatológica prevaleció. Los padres apostólicos enseñaron que Cristo vendría con majestad y gloria y establecería un reino terrenal que duraría 1.000 años. A raíz de la introducción del alegorismo como principio de interpretación por Orígenes de Alejandría y por Tyconio, un nuevo énfasis apareció.

San Agustín de Hipona en su obra *De Civitate Dei* comenzó a enseñar que el reino es equivalente a la era de la Iglesia, es decir, al tiempo entre los dos advenimientos de Cristo. La razón fundamental de la enseñanza de San Agustín radica en que entendía que en el reino no podía existir ningún disfrute carnal. Según él, eso era lo que enseñaban los promotores del premilenarismo.

Un contemporáneo de Agustín, Jerónimo, rechazó también el premilenarismo pero por razones diferentes. Según Jerónimo, los premilenaristas enseñaban el judaísmo, porque decían que Israel sería restaurada y que la capital del reino sería la ciudad de Jerusalén.

El amilenarismo de San Agustín, con ciertas variaciones, fue abrazado tanto por la Iglesia Católica Romana como por los líderes de la Reforma del siglo xvi y por gran parte de sus herederos.

El amilenarismo en su forma presente se ha descrito por uno de sus exponentes de esta manera:

> Los amilenaristas interpretan el milenio mencionado en Apocalipsis 20:4-6 como una descripción del reinado presente de las almas de los creyentes muertos que están con Cristo en el cielo. Entienden el atar de Satanás mencionado en los tres primeros versículos de este capítulo como algo que ocurre durante el período completo entre la primera y la segunda venida de Cristo, aunque termina inmediatamente antes del regreso de Cristo. Enseñan que Cristo regresará después de este reino celestial milenial.
>
> Los amilenaristas mantienen que el reino de Dios está ahora presente en el mundo cuando el Cristo victorioso gobierna su pueblo por la Palabra y el Espíritu, aunque estos anticipan un reino futuro, glorioso y perfecto en la nueva tierra en la vida venidera.[34]

El amilenarismo enseña que la era presente es el milenio, que la iglesia es el reino prometido en el Antiguo Testamento, que Satanás está atado, que los mil años mencionados en Apocalipsis 20 es un período de tiempo indeterminado no literal.

El premilenarismo, por su parte, insiste en que la Iglesia es una manifestación del reino de Dios en la era presente, pero que no debe confundirse con el reino mesiánico prometido en el Antiguo Testamento (Dn. 2, 7). El premilenarismo niega que Satanás esté atado en esta era presente (véanse Hch. 5:3; 1 Co. 7:5; 2 Co. 4:3, 4; 12:7; 1 Ts. 2:18; 1 P. 5:8). Enseña que Satanás será atado y neutralizado por completo durante los 1.000 años que durará el reino escatológico. El premilenarismo sostiene que los 1.000 años de Apocalipsis 20:2-7 son mil años literales, no un período indefinido de tiempo. Finalmente, el premilenarismo mantiene que el único método de interpretación que hace justicia a toda la Biblia, incluyendo las profecías y el Apocalipsis, es el método normal, natural, histórico-gramatical al que también se le denomina literal.

Es sumamente importante recordar que una interpretación literal congruente toma en cuenta el uso del lenguaje figurado. Las figuras de dicción y los símbolos son parte integral de todos los idiomas de la tierra. Las figuras y los símbolos deben interpretarse dentro del ambiente en el cual se usan. El lenguaje figurado tiene su significado literal, es decir, aquel que le ha sido asignado por los que hablan el idioma al que pertenece dicha figura. Decir que el Apocalipsis es un libro repleto de lenguaje figurado y de símbolos y, por lo tanto, debe interpretarse figurada o simbólicamente equivale a una grave aberración. El Apocalipsis, con su lenguaje figurado y símbolos, tiene sentido y armoniza perfectamente con el resto de las Escrituras cuando se interpreta de manera normal, natural o, si se quiere, literal.

Bosquejo

1. **El encadenamiento de Satanás (20:1-3)**
   - 1.1. Efectuado por un ángel (20:1)
   - 1.2. Tiene lugar en el abismo (20:2)
   - 1.3. Durará mil años (20:3)
2. **El reino milenial (20:4-10)**
   - 2.1. Visión de los tronos de juicio (20:4*a*)
   - 2.2. Visión de los mártires de la tribulación (20:4*b*)
   - 2.3. Declaración de la primera resurrección (20:5)
   - 2.4. Bendición de participar en la primera resurrección (20:6)
   - 2.5. Satanás es suelto por un poco de tiempo (20:7)
   - 2.6. Satanás es permitido a engañar a las naciones (20:8)
   - 2.7. Intento final de Satanás contra Dios (20:9)
   - 2.8. Satanás es derrotado y es arrojado en el lago de fuego (20:10)
3. **El juicio final (20:11-15)**
   - 3.1. Visión del gran trono blanco y del Gran Juez (20:11)
   - 3.2. Visión de los que han de ser juzgados (20:12*a*)
   - 3.3. Criterio del juicio: Los libros de las obras y el libro de la vida (20:12*b*)
   - 3.4. La ejecución del juicio (20:13, 14)
   - 3.5. El veredicto final (20:15)
4. **Resumen y conclusión**

NOTAS EXEGÉTICAS Y COMENTARIOS

20:1-3

«Vi a un ángel que descendía del cielo, con la llave del abismo, y una gran cadena en la mano. Y prendió al dragón, la serpiente antigua, que es el diablo y Satanás, y lo ató por mil años; y lo arrojó al abismo, y lo encerró, y puso su sello sobre él, para que no engañase más a las naciones, hasta que fuesen cumplidos mil años; y después de esto debe ser desatado por un poco de tiempo.»

La interpretación amilenarista del Apocalipsis más generalizada es la que ofrece William Hendriksen en su comentario *Más que vencedores* publicado en castellano en 1965. El profesor Hendriksen divide el Apocalipsis en siete secciones —1—3; 4—7; 8—11; 12—14; 15—16; 17—19; 20—22).[35] Dicho autor considera que esas secciones son paralelas entre sí. O sea, que cada sección repite el contenido de la anterior, añadiendo algunos detalles. Según Hendriksen, Apocalipsis 20 es una recapitulación de los acontecimientos de la era cristiana. Cree que Satanás fue atado cuando Cristo vino a la tierra la primera vez.[36] Hendriksen afirma:

> Una vez visto este «orden de eventos» o «programa de la historia», no es difícil entender Apocalipsis 20. Solamente es necesario recordar el orden de sucesión: la primera venida de Cristo es seguida por un largo período en el cual Satanás permanece atado; éste a su vez es seguido por el «poco tiempo» de Satanás; y el poco tiempo de Satanás es seguido por la segunda venida de Cristo, es decir, su venida en juicio. Debe quedar claro para cualquiera que lea con cuidado Apocalipsis 20, que los «mil años» anteceden a la segunda venida de nuestro Señor para juicio. No se describe esta segunda venida para el juicio hasta que llegamos al versículo 11.[37]

El mismo punto de vista de Hendriksen es mantenido por Anthony A. Hoekema[38] y por José Grau.[39] Estos autores y otros de la misma escuela dicen que el Apocalipsis está repleto de símbolos y, por lo tanto, no debe interpretarse literalmente. Dicen, además, que los números usados en el Apocalipsis son simbólicos y que, por lo tanto, la expresión «mil años» usada en Apocalipsis 20 tiene que ser simbólica. Hoekema dice:

> Ya que el número diez significa algo completo, y puesto que mil es diez elevado a la tercera potencia, podemos pensar de la expresión «mil años» como emblemática de un período completo, un período muy largo de duración intermedia.[40]

La afirmación del profesor Hoekema no es consonante con el uso que la Biblia hace de los números. En Daniel 7, por ejemplo, el profeta tuvo una visión de cuatro bestias. En Daniel 7:17 un ser celestial dice al profeta: «Estas cuatro grandes bestias son cuatro reyes que se levantarán en la tierra.» Obsérvese que las bestias representan o simbolizan «reyes», pero lo que no es simbólico es el número «cuatro». El ser celestial no dice que las «cuatro grandes bestias» representen un número indeterminado de reyes. Pero ese no es el único ejemplo. Nótese otro caso en Daniel 7:20, 24. En la cabeza de la cuarta bestia hay diez cuernos. El ser celestial dice a Daniel: «Y los diez cuernos significan que de aquel reino se levantarán diez reyes...» (Dn. 7:24). O sea que los cuernos simbolizan reyes, eso está claro. Pero lo que evidentemente no es simbólico es el número exacto de esos reyes. El ser celestial no dice que los diez cuernos simbolizan un número indeterminado de reyes. El mismo caso se repite en el libro de Apocalipsis un número importante de veces. En Apocalipsis 1:13, 16, 20, se habla de siete candeleros y siete estrellas. Según 1:20, los candeleros representan iglesias, pero el número siete no representa otra cosa sino una cifra concreta, es decir *siete* iglesias. Lo mismo ocurre con los siete sellos con los que está sellado el rollo, con las siete trompetas de juicio y con las siete copas que consuman la ira de Dios. El rollo no está sellado con un número indeterminado de sellos. No hay un número indefinido o simbólico de trompetas. Tampoco hay un número alegórico de copas. Hay tantos sellos, trompetas y copas como el texto dice que hay.

Cuando el apóstol Juan, guiado por el Espíritu Santo, desea expresar un número concreto, lo hace sin ninguna inhibición ni vacilación. Cuando, por el contrario, desea expresar una cifra indeterminada de igual modo lo hace sin titubear (véase Ap. 7:4, 9; 9:16). Lo mismo podría decirse de los dos testigos mencionados en Apocalipsis 11:3, 4. No se trata de un número simbólico ni indefinido, sino de dos profetas o testigos concretos.

Los mil años mencionados en Apocalipsis 20 no son, por lo tanto, un número indeterminado de años que abarcan el período de tiempo entre los dos advenimientos de Cristo sino, tal como dice el texto, un período específico de mil años. No debe pasarse por alto que el Apocalipsis es una *revelación*. Es decir, el propósito del libro es «dar a conocer», «poner de manifiesto», «exponer». No es congruente con la naturaleza misma del Apocalipsis decir que los «mil años» son «un período indeterminado de tiempo, cuya duración exacta sólo Dios conoce...».[41] Si la intención divina hubiese sido hablar de un período indeterminado de tiempo sin duda lo hubiese hecho así. Hay dos cosas que deben recordarse: (1) Los símbolos de Apocalipsis no deben interpretarse simbólicamente, sino que las figuras de dicción deben interpretarse dentro de su contexto cultural y literario; y (2) los números del Apocalipsis tienen sentido y en ninguna manera se viola ninguna regla de hermenéutica cuando se interpretan normal, llana o literalmente.

Todas las culturas tienen símbolos para muchas cosas. Los conductores de vehículos aprenden un juego de símbolos que les ayudan a conducir con seguridad. Los símbolos de las reglas de tránsito no deben interpretarse ni simbólica ni arbitrariamente. Cada símbolo tiene un significado concreto establecido y convenido por los ciudadanos. Cuando un conductor observa cierto símbolo con una cifra concreta no piensa que significa que debe conducir a una velocidad indeterminada, sino que debe hacerlo a la que le indica el símbolo. ¡Los símbolos tienen un significado concreto!

Los símbolos forman parte de las figuras de dicción presentes en todos los idiomas de la tierra. Las figuras de dicción tienen por objeto convertir una idea abstracta en algo concreto. Es decir, las figuras de dicción y los símbolos tienen la finalidad de aclarar algo, no de oscurecerlo. Es de vital importancia, pues, acercarse al Apocalipsis entendiendo que las figuras literarias en toda su gama deben interpretarse en al ambiente mismo del libro. Dichas figuras deben interpretarse de manera normal, natural y llana sin espiritualizarlas ni alegorizarlas.

Apocalipsis 20, como el resto del libro, demanda una hermenéutica congruente. También requiere una exégesis equilibrada y profunda. Quienes abogan por el método llamado paralelismo progresivo[42] pierden de vista ciertos factores exegéticos de suma importancia. Apocalipsis 20:1 comienza con la expresión *kaì eîdon* («**y vi**»).[43] Dicha expresión aparece 32 veces en el Apocalipsis (por ejemplo 13:1, 11; 14:1; 15:1; 16:13; 17:3; 19:11, 17, 19; 20:4, 11, 12; 21:1). Aunque dicha frase no es tan enfática como *metà taûta eîdon* («después de esto miré», que aparece en 4:1; 7:9; 15:5; 18:1) o *metà taûta eíkousa* («después de esto oí», 19:1), sí expresa progresión cronológica.[44] Obsérvese el uso de dicha frase en el contexto inmediato: «Entonces [y] vi el cielo abierto» (19:11); «y vi a un ángel» (19:17); «y vi a la bestia» (19:19); «y vi a un ángel» (20:1); «y vi tronos» (20:4); «y vi un gran trono» (20:11); «y vi a los muertos» (20:12). Todas esas secciones manifiestan una progresión cronológica y no una recapitulación del contenido de los capítulos anteriores.

Apocalipsis 20:1-3 describe el hecho de que Satanás es atado. La escuela amilenarista insiste en que ese acontecimiento ya tuvo lugar. Ocurrió, dicen, cuando Cristo vino la primera vez. Anthony A. Hoekema ha parafraseado la respuesta de Apocalipsis 20:1-3 a Mateo 28:19 así:

> Durante la era del evangelio que ha sido inaugurada, Satanás no podrá continuar engañando a las naciones como lo hizo en el pasado, porque ha sido atado. Durante todo este período, por lo tanto, vosotros, los discípulos de Cristo, podréis predicar el Evangelio a todas las naciones.[45]

La teoría de que Satanás fue atado al comienzo de la presente era y lo estará hasta el final de la misma es producto de una deducción teológica y no de un estudio exegético-inductivo de las Escrituras. Los pasajes usados para apoyar dicha teoría son textos de los Evangelios: Mateo 12:29; Lucas 10:17, 18; Juan 12:31, 32. Estos pasajes tienen que ver con el ministerio terrenal de Cristo. En su primera venida, Cristo demostró que era el Rey-Mesías prometido en el Antiguo Testamento. Una de las señales que usó para autenticar su persona y su mensaje fue la demostración de su autoridad sobre los demonios y sobre el mismo Satanás. Evidentemente, durante su ministerio terrenal, el Señor estuvo en lucha constante con el diablo (véase Lc. 4:13).

Es cierto que la muerte y la resurrección de Cristo constituyeron una derrota decisiva para Satanás e hicieron posible que Dios pronunciase juicio sobre el mundo y sobre el diablo. Pero también es cierto que Dios soberanamente ha permitido que Satanás continúe activo hasta el día en que será encerrado en el abismo y posteriormente sea derrotado y echado en el lago de fuego (Ap. 10:1-3, 10).

Las Escrituras del Nuevo Testamento no dan ningún indicio de que el diablo haya sido atado al principio de la era de la Iglesia (o del evangelio, como dicen los amilenaristas). Todo lo contrario. Tanto el libro de Hechos como las Epístolas enseñan que Satanás está vivo y activo en la tierra. En Hechos 5:3, Satanás llenó el corazón de Ananías para que mintiese al Espíritu Santo. Elimas, el mago, resistió a Pablo (Hch. 13:10), cuando el apóstol y Bernabé evangelizaban al procónsul Sergio Paulo. Pablo replicó a Elimas: «¡Oh, lleno de todo engaño y de toda maldad, hijo del diablo, enemigo de toda justicia! ¿No cesarás de trastornar los caminos rectos del Señor?» ¿No es lógico y prudente asumir que Elimas está siendo usado por Satanás para tratar de impedir que el romano Sergio Paulo reciba y entienda el Evangelio? Lo mismo podría decirse del alboroto ocurrido en Éfeso a raíz de la visita de Pablo. Los paganos, adoradores de Diana, sin duda influidos por Satanás, se opusieron con violencia a que el Evangelio fuese predicado en aquella ciudad.

Resumiendo, el ministerio apostólico registrado en el libro de Hechos no proporciona ni la más leve evidencia de que Satanás está atado. El triunfo del Evangelio se debe no al hecho de que Satanás esté atado sino a que, como dice el apóstol Juan: «...porque mayor es el que está en vosotros, que el que está en el mundo» (1 Jn. 4:4).

Las epístolas del Nuevo Testamento tampoco muestran que Satanás esté ya en prisión. En 1 Corintios 7:5, Pablo advierte a los creyentes respecto a que puedan ser tentados por Satanás (véase también 2 Co. 11:3). En 1 Tesalonicenses 2:18, afirma que Satanás estorbó su plan de ir a Tesalónica. Un pasaje importante respecto al tema en cuestión es 2 Corintios 4:3, 4, particularmente a la luz de las palabras de Hoekema:

> El atar de Satanás descrito en Apocalipsis 20:1-3, por lo tanto, significa que a través de la era del evangelio en la cual estamos la influencia de Satanás, aunque de cierto no aniquilada, está tan controlada que no puede impedir el esparcimiento del Evangelio entre las naciones del mundo. Debido al encarcelamiento de Satanás durante la era presente, las naciones no pueden conquistar la Iglesia, pero la Iglesia está conquistando las naciones.[46]

Las palabras del mencionado autor no concuerdan con lo que Pablo dice: «Pero si nuestro evangelio está encubierto, entre los que se pierden está encubierto; en los cuales el dios de este siglo cegó el entendimiento de los incrédulos, para que no les resplandezca la luz del evangelio de la gloria de Cristo, el cual es la imagen de Dios.» Debe observarse en este texto la expresión «los que se pierden» (*en toîs apollyménois*). Pablo usa el participio presente, voz activa de *apóllymi*, que significa «arruinar», «perecer». El participio presente expresa una acción continua. La voz pasiva sugiere que el sujeto recibe la acción, es decir, «los que están siendo perdidos». La frase es en realidad perifrástica y sugiere la labor constante del maligno en cegar la mente de los que se están perdiendo para que no les penetre la luz del Evangelio. De más está decir que dichos versículos no sugieren ni el más mínimo indicio de que Satanás esté atado en la edad presente. El mismo apóstol Pablo sufrió de los ataques satánicos de un modo personal (véase 2 Co. 12:7-9). Resumiendo, Apocalipsis 20:1-3 no puede corresponder a la era presente ni puede ser una recapitulación de los acontecimientos relacionados con Satanás que se han mencionado en capítulos anteriores. Después de su expulsión del cielo, Satanás continúa engañando a las naciones y persiguiendo a los creyentes (véase Ap. 12:9-17; 13:14; 18:23).[47]

Los símbolos utilizados en Apocalipsis 20:1-3 objetivizan y definen de qué consiste el atar de Satanás. El vocabulario utilizado es enfático y no se asemeja a nada registrado en el Nuevo Testamento. El texto no identifica al ángel designado para encarcelar al enemigo de Dios. La frase **«que descendía del cielo»** (*katabaínonta toû ouranoû*) sugiere que Juan contempló el descenso del ángel del cielo a la tierra, donde Satanás ha estado confinado desde la segunda mitad de la tribulación (véase Ap. 12:9). El ángel lleva consigo **«la llave del abismo»** (*teìn kleîn teîs abyssou*) y **«una gran cadena en la mano»** (*kaì hálysin megálein epì tèin cheîra autoû*). Tanto «la llave» como «la cadena» son figuras de dicción. La **«llave»** simboliza el hecho de que el ángel tiene *autoridad* para abrir el abismo, es decir, la morada misma de Satanás y sus demonios (Ap. 9). La **«cadena»** sugiere el hecho de que Satanás puede ser neutralizado.[48] Este es un claro ejemplo de la utilización de símbolos en el Nuevo Testamento. Por ejemplo, Jesús dijo: «Yo soy la puerta...» (Jn. 10:9*a*). La puerta simboliza el hecho de que Jesús es la única vía de entrada en el cielo. Pablo exhorta a los creyentes, diciendo: «...que presentéis vuestros cuerpos» (Ro. 12:1). El vocablo «cuerpo» es emblemático de todo el ser, no sólo el aspecto físico. El apóstol Santiago dice: «Y la lengua es un fuego...» El sustantivo «lengua» es un símbolo del hablar humano. De manera que la utilización de símbolos es común en todo el Nuevo Testamento y, particularmente, en el Apocalipsis. Los símbolos, sin embargo, no deben interpretarse simbólicamente, sino siguiendo las normas propias de la hermenéutica.

«Y prendió al dragón» (*kaì ekráteisen ton drákonta*). El verbo **«prendió»** (*ekráteisen*) es el aoristo indicativo, voz activa de *kratéo*, que significa «ejercer poder». El aoristo aquí tiene una función dramática. El modo indicativo señala la realidad de la acción. El citado verbo destaca el hecho de que Satanás es apresado. El ángel celestial se apodera de él. Obsérvese los sustantivos que el apóstol usa para describir al maligno: **«dragón»**, por su carácter repulsivo; «serpiente antigua», por su relación con el huerto del Edén y su sutileza en la tentación (véase 2 Co. 11:3); «diablo», porque es el calumniador por excelencia (Jn. 8:44); y **«Satanás»**, porque es el adversario de Dios y el acusador de los redimidos (véase Zac. 3:1, 2).

«Y lo ató por mil años» (*kaì édeisen autòn chília étei*). El verbo **«ató»** (*édeisen*) es el aoristo indicativo, voz activa de *déo*, que significa «atar», «encadenar». El estudioso de la Biblia se topa aquí con la pregunta: ¿Puede un ser espiritual ser atado? La respuesta a esa pregunta se centra en el significado de «atar». Sin duda, Juan utiliza un antropomorfismo, es decir, vocabulario humano para expresar una verdad que de otro modo sería incomprensible a la mente humana. Tal como cuando en el Antiguo Testamento se habla del «brazo de Dios», el «dedo de Dios», la «boca de Dios» o cuando dice: «Y se arrepintió Dios.» Atar a Satanás es una manera de decir que «Satanás es neutralizado», «hecho inactivo o inoperante».

El período de tiempo durante el cual es atado es de **«mil años»**.[49] El texto debe ser estudiado y analizado con cuidado. Debe dejársele hablar y permanecer por sus propios méritos. Como expresa Robert H. Mounce:

> Es necesario dar una atención cuidadosa al texto de Apocalipsis en sí mismo. Todo lo que el texto está diciendo es que durante un período designado como mil años Satanás es atado y echado en el abismo, el cual después es cerrado y sellado. El propósito del encarcelamiento no es el castigo. Es evitar que engañe a las naciones. Las cuidadosas medidas

tomadas para asegurar su custodia son comprendidas mucho mejor como que implican la completa cesación de su influencia en la tierra (en lugar de restringir sus actividades).[50]

La cuestión aquí es si el encarcelamiento o confinamiento de Satanás en el abismo, tal como se describe en Apocalipsis 20:1-3, es un acontecimiento limitado que permite a Satanás ciertas actividades como afirma William Hendriksen:

> El diablo no está atado en todo sentido. Su influencia no está destruida completamente. Por el contrario, dentro de la esfera en que se le permite a Satanás ejercer su influencia para mal, él brama furiosamente.[51]

O si, por el contrario, Apocalipsis 20:1-3 describe, mediante el uso de figuras de dicción, una completa neutralización de Satanás hasta el punto de que sus actividades malignas están completamente ausentes de la tierra durante un período de mil años.

Apocalipsis 20:3 utiliza tres aoristos enfáticos: (1) **«Arrojó»** (*ébalen*); (2) **«encerró»** (*ékleisen*); y (3) **«selló»** (*esphrágisen*). «El sellar indicaría la colocación oficial de un sello para que no se permita a nadie entrar o salir (véase Mt. 27:66). El propósito de sellar la entrada de una prisión era impedir cualquier intento de escapar o evitar que un esfuerzo de rescate tuviese éxito. La actividad de Satanás es completamente removida de la tierra por mil años.»[52]

El propósito de atar a Satanás y confinarlo al abismo por mil años se expresa en la frase: **«Para que no engañase más a las naciones»** (*hína planéisei éti ta éthnei*). La postura amilenarista es que los mil años son un período indefinido de tiempo que abarca la era presente del Evangelio. Según dicen, Satanás ha sido atado para que el Evangelio pueda ser predicado entre las naciones. Añaden que, aunque está atado, Satanás tiene cierta latitud para actuar. Tal postura es negada por el Nuevo Testamento (véase 1 P. 5:8). Además, como se ha indicado, Apocalipsis 20:1-3 enseña que Satanás no podrá efectuar ninguna actividad cuando sea atado. Él será atado «para que no engañase más a las naciones». Pero ¿cuáles naciones? La respuesta a esa pregunta es variada.[53] Hay quienes piensan que se refiere a toda la humanidad, puesto que sólo la bestia y sus huestes demoniacas perecen en Apocalipsis 19:19-21. Otros creen que «las naciones» en 20:3 es una mezcla de los inconversos que no formaron parte del ejército de la bestia y los creyentes de la tribulación. La posición más congruente con el texto es que se refiere a redimidos con cuerpos aún no glorificados que entrarán en el reino del Mesías. Todos los inconversos que siguieron en pos de la bestia durante la tribulación sufrirán la muerte antes de la inauguración del reino. Sólo aquellos que confiaron en el Mesías sobrevivirán y constituirán «las naciones» que durante los mil años mencionados no serán engañados por Satanás.

«Hasta que fuesen cumplidos mil años.» La expresión «fuesen cumplidos» (*telestheî*) es el aoristo subjuntivo, voz pasiva de *teléo*, que significa «completar». Probablemente en este contexto tenga función de futuro.[54] Es decir, mientras el período de mil años no se haya agotado, Satanás continuará en prisión.

«Y después de esto debe ser desatado por un poco de tiempo» (*metà taûta deî lytheînai autòn mikròn chrónon*), literalmente «después de estas cosas» (*metà taûta*) apunta a los mil años en cuanto a tiempo y a todo lo realizado por el ángel para confinar a Satanás en el abismo. La expresión **«debe ser desatado»** (*deî lytheînai autòn*) es intrigante. «Debe» (*deî*) significa «es necesario» y sugiere «necesidad divina».[55] Por qué Dios ve necesario soltar a Satanás de su prisión por un poco de tiempo es algo que escapa a la comprensión humana. Apocalipsis 20:7, 8 dice que

«...Satanás será suelto de su prisión, y saldrá a engañar a las naciones que están en los cuatro ángulos de la tierra...» Robert L. Thomas sugiere lo siguiente:

> Mediante su liberación de la prisión, el universo entero verá que después de mil años de su encarcelamiento y de un reino ideal en la tierra, Satanás es incurablemente malvado y el corazón de los hombres es todavía lo bastante perverso para permitirle reunir un ejército de un tamaño tan inmenso.[56]

Posiblemente el tiempo que Satanás estará suelto será muy breve, pero será suficiente para reanudar la práctica de su especialidad, es decir, engañar a los hombres.

RESUMEN

Apocalipsis 20:1-3 no evidencia ser una recapitulación de los capítulos anteriores de este libro sino, más bien, una revelación del desarrollo cronológico de los acontecimientos descritos a partir del capítulo 12 y en particular de los sucesos que comienzan en 19:11. La segunda venida de Cristo en gloria se describe en Apocalipsis 19:11-16. La derrota del Anticristo y sus ejércitos es anticipada en 19:17, 18. La gran batalla se describe escuetamente en 19:19. La bestia y el falso profeta son apresados y lanzados al lago de fuego en 19:20. Los integrantes de los ejércitos del Anticristo son ejecutados por el mismo Señor Jesucristo.

Después de haber derrotado a la bestia, al falso profeta y a sus ejércitos, lo más natural es que el Señor disponga del archienemigo de Dios, o sea, del dragón o Satanás. Eso es exactamente lo que ocurre en Apocalipsis 20:1-3.

Lo anteriormente expuesto tiene mejor base exegética que la teoría que afirma que Satanás fue atado durante la primera venida de Cristo a la tierra. Esa teoría alegoriza la duración de los mil años mencionados en Apocalipsis 20:2-7, haciéndolos aparecer como un período de tiempo indefinido. Tal conclusión pasa por alto el hecho de que la expresión «mil años» se menciona seis veces en Apocalipsis 20:2-7. No es lógico ni exegéticamente sano que la expresión «mil años» se mencione seis veces en un breve pasaje de manera concreta con el fin de expresar un período de tiempo indefinido. Debe observarse que en el mismo pasaje se usa la expresión «un poco de tiempo» que sí sugiere un período breve pero indefinido.

Con relación a la enseñanza amilenarista de que Satanás fue atado cuando Cristo vino la primera vez, es importante recordar varias cuestiones. En primer lugar, todas las veces que Satanás es mencionado en el Apocalipsis es presentado no como un ser atado sino como alguien muy activo (véase Ap. 2:10, 13; 12:17; 16:13). Además, en el libro de Hechos se le presenta como alguien que activamente se opone a la predicación del Evangelio. Lo mismo ocurre en las Epístolas (véanse 2 Co. 4:3, 4; 1 Ts. 2:18). Finalmente, ni el pasaje de Marcos 3:27 ni el de Lucas 10:18 enseñan lo mismo que Apocalipsis 20:1-3. Además, como señala Harold W. Hoehner:

> Sin embargo, decir que Satanás está atado en la era presente contradice varios pasajes del Nuevo Testamento. En tiempos de Cristo, incluso después de Lucas 10:18, Satanás entró en Judas en conexión con su traición de Jesús (Lc. 22:3; Jn. 13:27) y trató de controlar a Pedro (Lc. 22:31). Los cristianos son advertidos de estar alertas, porque el diablo merodea como león rugiente, buscando a quien devorar (1 P. 5:8).[57]

En conclusión, los textos usados como prueba de que Satanás fue atado durante el ministerio terrenal de Cristo y que los mil años de Apocalipsis 20 tienen que ver con la era presente deben de examinarse dentro de su ambiente exegético. El pasaje de Mateo 12:29 tiene que ver con el hecho de que el poder del Mesías es mayor que el de Satanás. El Mesías estaba presente, efectuando señales mesiánicas. Una de esas señales era su capacidad de echar fuera demonios de los cuerpos de personas que eran afligidas por el diablo. Cristo demostró su gran poder, librando a muchos endemoniados.

Respecto a Lucas 10:18, el texto tiene que ver con el resultado del ministerio de los setenta discípulos que Jesús envió a ministrar por las ciudades de Israel. El Señor dotó a los 70 discípulos de poder para echar fuera demonios. El hecho de que fueron capaces de hacerlo era una demostración de que el poder de Cristo es mayor que el de Satanás y no una evidencia de que Satanás estaba atado en el sentido expuesto en Apocalipsis 20:1-3.[58]

El profesor Plummer comenta lo siguiente:

> «Yo veía a Satanás caer» significa «lo vi postrado después de su caída». El aoristo indica la coincidencia entre el éxito de los Setenta y la visión de Cristo de la derrota de Satanás; y ni «caído» ni «cayendo» expresan esto tan bien como «caer»,... Algunos creen que se refiere a la caída original de los ángeles (Jud. 6), en cuyo caso *etheóroun*, («veía») se refiere a la preexistencia del Hijo con el Padre. Otros [dicen que se refiere] a la encarnación o a la tentación. Pero se refiere al éxito de los discípulos, tenido como un símbolo y garantía de la completa derrota de Satanás. Jesús había estado contemplando el mal como un poder derrotado. En cualquier caso no hay analogía entre este pasaje y Apocalipsis 12:12. El asunto no es que el diablo ha descendido para obrar daño en la tierra, sino que su poder para dañar es quebrantado.[59]

De modo que, según Plummer, Lucas. 10:18 no se relaciona directamente con Apocalipsis 12:12 ni, en consecuencia, con Apocalipsis 20:1-3. El texto de Lucas 10:18, como se ha indicado, interpretado en su ambiente, tiene que ver con el éxito del ministerio de los Setenta. El hecho de que ellos podían echar fuera de los cuerpos de personas afligidas a demonios que obedecían órdenes de Satanás, significa que el poder que residía en ellos era mayor que el de Satanás. Apocalipsis 20:1-3 tiene que ver con una cuestión escatológica. Cuando Cristo venga por segunda vez derrotará de manera aplastante a sus enemigos. La bestia y el falso profeta serán echados en el lago de fuego (Ap. 19:19, 20). Los seguidores de la bestia morirán (Ap. 19:20) y Satanás será confinado en el abismo por mil años (Ap. 20:1-3). Después de derrotar a sus enemigos Cristo establecerá su reino de paz (Ap. 20:4-6).

20:4

«Y vi tronos, y se sentaron sobre ellos los que recibieron facultad de juzgar; y vi las almas de los decapitados por causa del testimonio de Jesús y por la palabra de Dios, los que no habían adorado a la bestia ni a su imagen, y que no recibieron la marca en sus frentes ni en sus manos; y vivieron y reinaron con Cristo mil años.»

El contexto inmediato de Apocalipsis 20:4 comienza, por lo menos, en 19:11 y se extiende hasta 20:15.[60] En ese trozo, cinco veces establece una conexión cronológica de varias escenas: (1) La venida en gloria del Mesías; (2) la visión del ángel llamando a las aves del cielo; (3) la derrota de la bestia y el falso profeta; (4) la visión del ángel que ata a Satanás; (5) la visión de los tronos; y (6) la visión del juicio final.

La escena descrita por Juan en Apocalipsis 20:4-6 está relacionada con la profecía de Daniel 7:9, 22, 27. Es más, la profecía de Daniel 7 presenta un notable paralelismo con el pasaje de Apocalipsis 19:11-20:6. Esto lo señala el profesor Jack S. Deere cuando dice:

> Parece bastante razonable [decir] que Apocalipsis 19:11-21 describe el segundo advenimiento de Cristo y el correspondiente juicio cataclísmico sobre sus enemigos. Daniel 7 ofrece un paralelo instructivo de este acontecimiento. El cuerno pequeño de Daniel 7 es paralelo con la bestia de Apocalipsis 13:1-8. De ambos, el cuerno pequeño de Daniel y la bestia de Apocalipsis, se dice que tienen un imperio universal (Dn. 7:7, 23; Ap. 13:8). Ambos consiguen victoria sobre los santos por «tiempo, y tiempos, y medio tiempo» (Dn. 7:25; Ap. 12:14). Ambos son destruidos por el Mesías en su segunda venida (Dn. 7:11, 26, Ap. 19:20). Ambos [pasajes] afirman que inmediatamente después de la destrucción del dictador mundial el reino es dado a los santos (Dn. 7:22, 27; Ap. 20:4-6). De modo que es evidente que por lo menos hasta el reinado de los santos Apocalipsis 19:11-20:6 sigue el mismo patrón de Daniel 7. Ya que el dictador mundial es aún futuro, el reino milenial también tiene que ser futuro porque los santos no reinan o reciben su reino hasta después de la destrucción del dictador mundial.[61]

Como se ha reiterado a través de este capítulo. Apocalipsis 20:1-15 no es una recapitulación sino una progresión cronológica de los acontecimientos escatológicos que desembocarán en la creación de los nuevos cielos y la nueva tierra.

«Y vi tronos.» Estos son tanto tronos o estrados judiciales como tronos reales. Quienes ocuparán dichos tronos ejercerán facultades tanto gubernativas como judiciales.[62]

No es fácil determinar quienes se sentarán sobre los mencionados tronos. El texto dice: **«Y se sentaron sobre ellos los que recibieron facultad de juzgar.»** Hay quienes piensan que «los tronos» serán ocupados por los mártires de la tribulación.[63] El problema con esa postura, como señala Robert H. Mounce, «es que estos no son mencionados sino hasta posteriormente en el versículo».[64] Otros enseñan que quienes se sientan podría incluir a Cristo y a todos los santos relacionados con él, incluyendo tanto a la Iglesia como a Israel.[65] Algunos creen que se refiere a «la Iglesia, a los mártires de Jesús y a todos cuantos no aceptaron la marca de la bestia»[66]. Reconociendo que es difícil determinar la precisa identidad de aquellos que ocuparán los tronos, lo más probable es que sean los «ejércitos celestiales» que acompañarán al Mesías en su segunda venida. A ellos «les fue dado juicio» (*kaì kríma edóthei autoîs*). Es decir, Dios soberanamente les dio la potestad de ejecutar juicio. «Este es el juicio moral de seres vivientes del que habla Pablo en 1 Corintios 6:2. En Daniel 7:22, el pasaje que sirve de trasfondo aquí, una expresión paralela significa que los juicios efectuados favorecen al pueblo de Israel, pero el uso que Juan hace del concepto en este versículo se refiere a quienes han recibido el derecho de juzgar a otros. En Daniel es un juicio efectuado en el curso de la historia, no determinante del destino eterno de los hombres. Lo mismo ocurre aquí. Este habla de una autorización a tomar control del dominio de la bestia derrotada.»[67]

«Y vi las almas de los decapitados por causa del testimonio de Jesús y por la palabra de Dios.» Juan vio las vidas espirituales de personas que habían sido ejecutadas con el hacha debido al (*dià*) testimonio de Jesús y debido a (*dià*) la palabra de Dios. Los mencionados mártires fueron fieles hasta la muerte (Ap. 2:10). Su martirio fue causado por la fidelidad en llevar el testimonio de Jesús y de la palabra de Dios. La razón del porqué Juan usa el sustantivo **«almas»** (*psychàs*) es «porque no vio cuerpos levantados como en el versículo 12, sino las almas de aquellos que aún no habían resucitado».[68] Les llama «almas» porque en ese momento aún aguardan la resurrección. La fidelidad de los mártires es corroborada por el hecho de que «no habían adorado a la bestia ni a su imagen, y no recibieron la marca en sus frentes ni en sus manos». Negarse a adorar a la bestia y a su imagen era firmar la sentencia de muerte (Ap. 13:15-17). Los mártires mencionados por Juan escogieron el camino del sacrificio, el camino de la muerte física que, a la postre, redundaría en el camino de la gloria y de la comunión con el Mesías.

«Y vinieron y reinaron con Cristo mil años.» Esta frase amplía la descripción de los mártires mencionados en el versículo 4. Hay quienes creen que se trata de otro grupo diferente de los mártires mencionados anteriormente. El texto, sin embargo, apunta a que se refiere al mismo grupo de mártires.

El verbo **«vivieron»** (*édseisan*) es crucial para desentrañar el significado del pasaje. Gramaticalmente es un aoristo ingresivo cuya fuerza es «vivieron otra vez» o «volvieron a vivir». Es evidente que Juan no está describiendo una resurrección espiritual ni simbólica. Tampoco se refiere a la entrada del alma en el cielo. El apóstol se refiere a una resurrección física literal.[69] Como ha escrito Robert L. Thomas:

> La única postura hermenéuticamente sensata es la que refiere *édseisan*, en el versículo 4, a la resurrección corporal futura de los mártires que ha sido mencionada. La misma forma en el versículo 5 se refiere a la resurrección del cuerpo; en realidad, todas las veces que *dsáo* («yo vivo») está en el contexto de muerte física en el Nuevo Testamento, siempre habla de resurrección corporal (véanse Jn. 11:25; Hch. 1:3; 9:41). Juan claramente la llama *anástasis* («resurrección») en 20:5, usando un sustantivo que aparece más de 40 veces en el Nuevo Testamento, casi siempre para referirse a una resurrección física. Finalmente, *dsáo* en otros pasajes del Apocalipsis se usa frecuentemente para referirse a la resurrección del cuerpo (Ap. 1:18; 13:14; 20:5).[70]

La postura amilenarista insiste en que el verbo «vivieron» se refiere a una resurrección espiritual. Se insiste también en que Apocalipsis 20:4-6 no se refiere a un reino posterior a la segunda venida de Cristo. José Grau afirma:

> No hay ni una sola palabra en este pasaje de Apocalipsis 20 que indique un retorno visible de Cristo antes del Día del Señor.[71]

Parece que el mencionado escritor pasa por alto el hecho de que el entorno de Apocalipsis 20 comienza, por lo menos, en Apocalipsis 19:11. Como se ha observado, en Apocalipsis 19:11—20:15 hay un desarrollo cronológico de acontecimientos que comienza precisamente con la venida gloriosa de Cristo. Es el apóstol Juan quien menciona *seis veces* en Apocalipsis 20:2-7 la expresión «mil años». De manera que las afirmaciones hechas por Grau de que: «La idea milenial ha sido introducida en el texto, pero Juan no es el autor de la misma»[72] y que «la hipótesis milenial de que Cristo establecerá un reino visible de mil años en este mundo, inaugurándolo con su venida a la tierra antes del día del juicio, no tiene fundamento ninguno, ni en este pasaje ni en ningún otro de la Biblia»,[73] son ciertamente osadas. Fue precisamente el Señor quien dijo:

Cuando el Hijo del Hombre venga en su gloria, y todos los santos ángeles con él, entonces se sentará en su trono de gloria, y serán reunidas delante de él todas las naciones; y apartará los unos de los otros, como aparta el pastor las ovejas de los cabritos (Mt. 25:31-32; véase Ap. 19:11-21).

La cuestión no es si Cristo reina ahora. La mayoría de los creyentes y de los expositores serios de la Palabra de Dios no negarían que existe hoy una manifestación del reino de Dios. La cuestión es si el reino espiritual presente es equivalente al reino mesiánico escatológico. Es de extrañarse que a muchos teólogos amilenaristas le resulta sumamente fácil alegorizar el concepto bíblico del reino. Toman textos fuera de su contexto para intentar demostrar que Satanás está atado en la era presente. No prestan la debida atención a textos que niegan que el enemigo de Dios esté encarcelado en la edad del Evangelio (por ejemplo 1 P. 5:18; 1 Ts. 2:18; 2 Co. 4:3, 4). Utilizan el pasaje de Lucas 17:21: «...Porque he aquí el reino de Dios está entre vosotros», para demostrar que Cristo enseñó la realidad presente del reino. No toman en cuenta el contexto de dicho versículo. Jesús dijo esas palabras a unos fariseos que le preguntaron «cuándo había de venir el reino de Dios». La respuesta de Jesús fue que el reino no vendría con advertencia. Pero Jesús *no negó que el reino vendría* (véase Lc. 22:16, 18). La otra cosa que Jesús dijo a los fariseos fue: «Porque he aquí el reino de Dios está entre vosotros.» ¿Cómo podría el reino de Dios estar entre aquellos fariseos incrédulos y antagónicos a las enseñanzas de Jesús? La respuesta es que ciertamente el reino no podía estar ni «entre ellos» ni «dentro de ellos» por su condición de inconversos. Tal vez lo que Cristo quiso decirles fue que, desde el punto de vista humano, el establecimiento del reino estaba «en manos de ellos» o «dependía de ellos». Si aceptaban al Mesías, si ponían su fe en él, el reino prometido en el Antiguo Testamento sería establecido.[74] De cualquier manera, no debe confundirse la realidad del reino espiritual presente con la realidad del reino escatológico de Apocalipsis 20:4-6.

Intentar eliminar de un plumazo el tema del reino terrenal de Cristo aduciendo que era la esperanza de los rabinos[75] pero sin ofrecer ninguna base exegética y sacar los textos fuera de su contexto no es un camino adecuado de discusión teológica. El testimonio de Cristo es que un día la nación de la cual él mismo procedía, que lo rechazó y lo entregó a las autoridades romanas lo recibirá, diciendo: «¡Bendito el que viene en el nombre del Señor!» (Mt. 21:9). En respuesta a los discípulos tocante a la recompensa futura, Cristo les dijo: «De cierto os digo que en la regeneración, cuando el Hijo del Hombre se siente en el trono de su gloria, vosotros que me habéis seguido también os sentaréis sobre doce tronos, para juzgar a las doce tribus de Israel» (Mt. 19:28).

En los pasajes citados es Cristo quien habla de su gloria futura (véase también Mt. 24:29-31; 25:31-32). Es cierto que la expresión «mil años» sólo aparece en Apocalipsis 20:2-7 en toda la Biblia. Pero también es cierto que dicha expresión se repite *seis veces* en unos breves versículos. No obstante la importancia de Apocalipsis 20 para el concepto premilenarista, debe subrayarse que dicho concepto tiene una base amplia en las Escrituras. Como apunta Harold W. Hoehner:

Con una hermenéutica congruente los premilenaristas ven a Apocalipsis 20:1-10 como un texto crucial. Este pasaje, sin embargo, no es la base del punto de vista premilenial. La base del premilenarismo se extiende al Antiguo Testamento, específicamente a los pactos abrahámico, davídico y nuevo. En estos pactos Dios prometió tierra, simiente y bendición tanto para Israel como para todo el mundo. Apocalipsis 20:1-10 sólo dice la duración de esta fase del reino mesiánico, que dará lugar al nuevo cielo y la nueva tierra.[76]

Los mártires no sólo resucitan físicamente sino que, además, participan con Cristo en su reino. Los mártires ocupan el centro de atención aquí debido a que se negaron a someterse a la bestia. Prefirieron la muerte antes que identificarse con el Anticristo y sus seguidores.

«Y reinaron con Cristo mil años.» El verbo **«reinaron»** (*ebasíleusan*) es el aoristo indicativo de *basileúo* que significa «ser rey», «gobernar», «reinar». El aoristo, en este caso, podría ser ingresivo («comenzaron a reinar») o constativo («reinaron»). La función de dicho verbo es profética, es decir, el aoristo indicativo contempla algo futuro cuyo cumplimiento es tan cierto que se da por realizado.

Pero ¿dónde reinarán? Hay quienes piensan que es en el cielo porque «Cristo reina ahora... y los santos, firmemente adheridos a Él, pueden también reinar por su gracia».[77] En el libro de Apocalipsis, sin embargo, se enseña que el reino del Mesías estará en la tierra. En 5:10 dice que los redimidos reinarán en la tierra. En 11:15, dice que «los reinos del mundo han venido a ser de nuestro Señor y de su Cristo; y él reinará por los siglos de los siglos». La tierra es el sitio escogido por Dios para manifestar su reino eterno dentro de la historia y del tiempo (Sal. 8; He. 2:5-15).Es el campo de batalla donde Satanás ha desafiado a Dios (Mt. 4:1-11). Es el sitio donde Satanás ha engañado a las naciones (Ap. 20:3, 8); la tierra es el lugar hacia donde Satanás fue arrojado (Ap. 12:9).También es el lugar donde Dios consumará su ira mediante los juicios de las siete copas (Ap. 16:1-21); la tierra es el lugar profetizado para establecer el reino glorioso del Mesías (Dn. 2:44). Las Escrituras predicen una era de paz sin precedente en la tierra cuando el Mesías reine (Is. 11:1-16; Is. 35). Si bien es cierto que durante el período intertestamentario hubo un marcado avivamiento de la esperanza mesiánica entre los judíos, no es menos cierto que lo que Juan escribe respecto al reino en Apocalipsis 20 lo ha recibido por revelación divina. Dios mostró a Juan en visión las estupendas verdades respecto al reino glorioso del Mesías. El apóstol no repite lo que ha leído de otros sino lo que Dios le dio a conocer de manera sobrenatural.

Los **«mil años»** de Apocalipsis 20 serán el tiempo durante el cual Dios cumplirá las promesas hechas a Abraham, Isaac, Jacob y David. Esas promesas se cumplirán dentro del marco del tiempo y de la historia. Debe quedar plenamente claro que el Mesías reinará más allá de los mil años de Apocalipsis 20. Los mil años constituyen una especie de preámbulo histórico del reino glorioso del Mesías. El anuncio del ángel a María dice así: «Y ahora, concebirás en tu vientre, y darás a luz un hijo, y llamarás su nombre JESÚS. Este será grande, y será llamado Hijo del Altísimo; y el Señor Dios le dará el trono de David su padre; y reinará sobre la casa de Jacob para siempre, y su reino no tendrá fin» (Lc. 1:31-33). El versículo 31 y la primera parte del 32 se cumplieron cuando Cristo vino a la tierra la primera vez. El cumplimiento de ese trozo fue literal en el sentido más estricto del vocablo. La segunda parte de ese pasaje aguarda su cumplimiento cuando Cristo venga la segunda vez. La plena realización del resto de dicho pasaje debe ser tan literal como lo fue la primera parte. Sólo mediante una deplorable alegorización del mencionado pasaje podría desviarse su enseñanza central: Cristo es el heredero del trono de David; un día Él ocupará ese trono; Cristo reinará sobre la nación de Israel como Rey davídico y su reino durará por los siglos de los siglos. Ese es el reino escatológico que tendrá su pleno cumplimiento cuando el Mesías venga. El milenio será el aspecto histórico de ese reino.

20:5, 6

«Pero los otros muertos no volvieron a vivir hasta que se cumplieron mil años. Esta es la primera resurrección. Bienaventurado y santo el que tiene parte en la primera resurrección; la segunda muerte no tiene potestad sobre éstos, sino que serán sacerdotes de Dios y de Cristo, y reinarán con él mil años.»

El vocablo **«pero»** no aparece en el texto griego. El versículo comienza con la expresión **«los otros muertos»** (*hoi loipoì tôn nekrôn*), es decir, «el resto de los muertos». Robert H. Mounce cree que se refiere a «todos los fieles excepto los mártires, más el conjunto total de los inconversos».[78] Lo más probable es que se refiera a «los inconversos que están físicamente muertos».[79] Obsérvese el uso del mismo verbo que aparece en el versículo 4 en la frase **«no volvieron a vivir»** (*ouk édseisan*). Quienes pretenden enseñar una resurrección espiritual o regeneración en Apocalipsis 20:4 sobre la base del verbo *édseisan* se topan con un obstáculo insuperable al llegar a Apocalipsis 20:5. Ambos verbos tienen que tener el mismo significado, es decir, resurrección física. De otro modo, ¿cómo se explicaría que inconversos experimentasen resurrección espiritual? «Una exégesis natural e inductiva sugiere que ambos usos de *édseisan* deben tomarse en el mismo sentido, refiriéndose a una resurrección literal.»[80] No es exegéticamente sano que un mismo vocablo adquiera significados diferentes en un contexto tan cercano. Apocalipsis 20:4, 5 cancela la creencia de una resurrección general para todos los seres humanos que han muerto. Este pasaje, en consonancia con Daniel 12:2, enseña que habrá una primera [clase] de resurrección para personas redimidas. Lo que Apocalipsis 20:5 denomina **«la primera resurrección»** recibe otros nombres en el Nuevo Testamento: (1) «Resurrección de vida» (Jn. 5:29); (2) «la resurrección de los justos» (Lc. 14:14); y (3) «una mejor resurrección» (He. 11:35). Los redimidos, de cualquier época, participarán de la primera resurrección.[81] Roy L. Aldrich, ex-presidente del Colegio Bíblico de Detroit, señala que:

> El vocablo usado para calificar la resurrección de Apocalipsis 20:5 es *prótei*, que puede significar primera en tiempo o primera en clase o categoría. Es el mismo término usado por Pablo en 1 Timoteo 1:15 donde se autodenomina el primero de los pecadores. Por supuesto no afirma ser el primero de los pecadores en tiempo, pero sí el cabecilla o el peor de los pecadores.[82]

De modo que sólo los creyentes participan de la clase de resurrección (*anástasis*) a la que el apóstol llama «primera resurrección». La resurrección expuesta por Pablo en 1 Tesalonicenses 4:16, aunque diferente de la mencionada en Apocalipsis 20:4, 5, también es «primera resurrección», puesto que es la que experimentarán los que han muerto después de haber creído en Cristo antes del rapto de la Iglesia (1 Ts. 4:17). En resumen: La primera resurrección es esa que tiene que ver con los redimidos de todas las generaciones, aunque no ocurre en un sólo acontecimiento sino en varias etapas (1 Co. 15:22-24).[83] Nótese que «los otros muertos», o sea, los inconversos, no resucitan físicamente sino hasta después de agotarse los mil años. El texto enfáticamente niega una resurrección general para todos los humanos. George Eldon Ladd ofrece la siguiente paráfrasis del texto:

> El resto de los muertos no volvió a la vida otra vez [como lo habían hecho los participantes en la primera resurrección] hasta que los mil años llegaron a su fin.[84]

El texto claramente expresa que habrá una diferencia de, por lo menos, mil años entre la resurrección de los redimidos y la de los inicuos. La primera resurrección o, mejor, la primera clase de resurrección abarca tanto a los componentes del cuerpo de Cristo (la Iglesia), que serán resucitados antes de la gran tribulación, como a los mártires de la tribulación y a los santos del Antiguo Testamento. La otra resurrección, la de los inicuos, ocurrirá al final del milenio, cuando tenga lugar el juicio del Gran Trono Blanco (Ap. 20:11-15).

«Bienaventurado y santo el que tiene parte en la primera resurrección.» Quien participa de la primera resurrección es **«bienaventurado»** o feliz y «santo» o apartado porque ha sido librado de la **«segunda muerte».** La segunda muerte equivale a «la muerte eterna», es decir, la separación eterna de la persona de la presencia de Dios. «La segunda muerte es la muerte espiritual más allá de la muerte física, mencionada también en 2:11; 20:14; 21:8».[85] La segunda muerte no tiene potestad (*exousían*) sobre los redimidos quienes participan de la primera resurrección.

Además, los redimidos **«serán sacerdotes de Dios y de Cristo».** Eso significa que tendrán libre acceso en la presencia de Dios y disfrutarán de íntima comunión tanto con Dios el Padre como con Dios el Hijo. De nuevo se menciona el hecho de que «reinaron con él [Cristo] mil años». Es decir, participarán con el Señor del reino terrenal, aunque, sin duda, continuarán reinando en el reino eterno del Mesías.

Resumen

Apocalipsis 20:4-6, interpretado de manera normal, natural, contextual, siguiendo las normas de una hermenéutica histórico-gramatical que toma en cuenta la utilización del lenguaje figurado, como las metáforas y los símbolos, y los interpreta en su contexto, dándole el significado aceptado culturalmente, proporciona de manera clara que habrá un reino escatológico en el que el Mesías reinará en la tierra por un período de mil años.

Hay quienes enseñan que Apocalipsis 20 es una recapitulación del contenido de los capítulos anteriores. Esa deducción teológica no se fundamenta sobre bases hermenéuticas sólidas, sino que responde a presupuestos teológicos. El contexto inmediato de Apocalipsis 20 comienza en 19:11, donde Juan recibe la visión de la venida en gloria del Mesías. El texto griego utiliza la fórmula «y vi» (*kaì eîdon*)[86] que se repite en 19:11, 17, 19; 20:1, 4, 11. Esa fórmula sugiere la existencia de una progresión cronológica que conduce a una culminación. La escuela amilenarista mantiene *a priori* que el reino es la era presente. Para llegar a esa conclusión, se ve obligada a alegorizar el significado de la expresión «mil años» que se repite seis veces en Apocalipsis 20:2-7. Al mismo tiempo se ve forzada a enseñar que Satanás está atado ya. También enseña que las promesas hechas por Dios a la nación de Israel se están cumpliendo ahora en la Iglesia. Esas y otras enseñanzas de la escuela amilenarista no son producto de una exégesis consonante con la totalidad del texto bíblico. La escuela amilenarista utiliza dos criterios hermenéuticos diferentes. Todo lo que no tiene que ver con profecía es interpretado literalmente. Pero aquello que tiene que ver con profecía y, particularmente, con escatología, es interpretado alegóricamente. Los resultados, por supuesto, son obvios.

La postura premilenarista es que toda la Biblia debe interpretarse mediante los mismos principios de hermenéutica, incluyendo los pasajes o libros escatológicos. La literatura apocalíptica está expresada mediante símbolos y figuras de dicción. Esas formas literarias deben interpretarse de manera normal o natural y nunca figuradamente. Toda la Biblia tiene sentido cuando se interpreta usando principios hermenéuticos normales. El método literal de interpretación toma en cuenta las figuras de dicción y las interpreta en su contexto. Ese es el método que hace justicia al mensaje de la Biblia.

Siguiendo principios hermenéuticos normales, el contexto de Apocalipsis 20:4-6 pone de manifiesto que el tiempo en que los santos reinarán con Cristo, en su reino terrenal, es aún futuro[87]. Ese reino comenzará cuando Cristo venga la segunda vez a la tierra con poder y gloria. Durante el reinado terrenal de Cristo, Satanás estará totalmente neutralizado en el abismo. No podrá ejercer ninguna actividad en la tierra durante los mil años. Esa es una de las razones del porqué habrá paz y justicia entre los habitantes de la tierra. Cristo reinará como Soberano de las naciones y Satanás no ejercerá influencia alguna sobre la humanidad.

Los habitantes del reino serán judíos y gentiles que se han convertido durante la tribulación y han sobrevivido los juicios de ese terrible período. Los gentiles y los judíos redimidos que entran en el reino del Mesías constituirán las naciones. Estos estarán vivos y con cuerpos naturales cuando el Señor regrese a la tierra con poder y gloria. Es sobre esos redimidos que los santos que regresan con Cristo reinarán.[88] Recuérdese que sólo personas nacidas de nuevo entran en el reino del Mesías. El reino no es para dar una segunda oportunidad a los inicuos, sino para revelar la gloria del Mesías dentro del tiempo y de la historia (Mt. 25:31; Is. 10:1-22).

Una pregunta de suma importancia con relación a el tema bajo estudio es la siguiente: ¿Por qué es necesario que haya un reino mesiánico sobre la tierra? O, lo que es lo mismo: ¿Por qué es necesario el milenio?

La respuesta a esa pregunta abarca toda la revelación bíblica, puesto que en ella converge la manifestación del plan de Dios respecto a su creación. Dios es el creador de todas las cosas. Él es el dueño y soberano de todo. Él creó los cielos y la tierra para manifestar su reino dentro del tiempo y la historia. Creó al hombre para que fuese su virrey en la tierra. Es el propósito de Dios gobernar la tierra a través de su designado regente, es decir, el hombre.

La soberanía de Dios ha sido disputada por Satanás, el enemigo de Dios. El hombre a quien Dios designó para gobernar la tierra también se ha rebelado contra el soberano del universo. Desde la entrada del pecado en el mundo (Gn. 3), la humanidad está plagada de miseria y de muerte. Dios, sin embargo, no ha cambiado su plan original. La tierra sigue siendo el sitio escogido por Dios para manifestar su reino dentro del tiempo y de la historia.

La corrupción moral y espiritual del hombre se describe repetidas veces en las páginas del Antiguo Testamento. Dios tuvo que juzgar al hombre a través de un diluvio universal (véase Gn. 6-9). Durante aquel tiempo crítico, Dios usó a un mediador teocrático, Noé, para manifestar su voluntad a la humanidad. Después del diluvio, la humanidad volvió a manifestar su corrupción (Gn. 10—11). Dios derramó su juicio contra el hombre en la torre de Babel. De allí surgieron las diferentes naciones de la tierra.

Fue entonces que Dios llamó a Abram de Ur de los caldeos. Soberanamente, Dios constituyó a Abram mediador teocrático, le cambió el nombre y le puso Abraham («padre de multitudes») e hizo un pacto incondicional con aquel patriarca (Gn. 12:1-9; 13:14-18; 15:1-21; 17:1-27). El pacto abrahámico incluye la promesa de una tierra, una simiente y un reino. El pacto de Dios con Abraham es el gran pacto del Antiguo Testamento. Es, por así decirlo, el padre de todos los demás pactos. Es ampliado en 2 Samuel 7:12-16, mediante las estipulaciones del pacto davídico. Dios promete que daría a David un descendiente que ocupase su trono después de él. Nunca faltaría un «hijo de David» que heredase el trono. A pesar de los múltiples fracasos de la nación de Israel y de las apostasías de sus reyes, el ángel Gabriel anuncia a María que ella será la madre del heredero del trono de David (Lc. 1:30-33).

Otra ampliación del pacto abrahámico es la revelación del nuevo pacto (Jer. 31:27-40). El nuevo pacto es incondicional en el sentido de que descansa sobre las promesas de Dios. Dios promete perdón de pecado, regeneración y una nueva relación con su pueblo. El nuevo pacto amplía la promesa de bendición estipulada por el pacto abrahámico. El nuevo pacto fue inaugurado por el Señor Jesucristo en el Aposento Alto la noche antes de su muerte (Mt. 26:26-29). El nuevo pacto, por lo tanto, tiene por fundamento la sangre de Cristo, es decir, su muerte como sacrificio por el pecado. La Iglesia, como simiente espiritual de Abraham, disfruta de las bendiciones del nuevo pacto. La nación de Israel, o sea, el remanente que pondrá su fe en el Mesías en los postreros días, experimentará el cumplimiento total del nuevo pacto tal como se estipula en Jeremías 31.

El milenio es necesario, por lo tanto, para la realización y el cumplimiento cabal de las promesas hechas por Dios a los patriarcas Abraham, Isaac, Jacob y David. Es necesario, además, para el cumplimiento concreto del nuevo pacto tal como está expresado en Jeremías 31 y en Romanos 11:25-27. El nuevo pacto, entre otras cosas, profetiza la restauración de la nación de Israel. No de cada judío individual, sino de los que componen el conjunto de los que pondrán su fe en el Mesías. La restauración nacional de Israel está profetizada en las Escrituras (Ez. 11:18-21; 20:33-38; 34:11-16; 39:25-29; Os. 1:10-11; Jl. 3:17-21; Am. 9:11-15; Mi. 4:4-7; Zac. 8:4-8). De modo que las Escrituras profetizan una restauración de la nación de Israel relacionada con el cumplimiento en dicho pueblo de las promesas del nuevo pacto. El milenio es el tiempo ideal para el cumplimiento de dicha promesa.

Otro tema de vital importancia relacionado con el milenio es de naturaleza cristológica. Cristo vino a la tierra la primera vez a proveer salvación para los pecadores (Lc. 19:10). En su primera venida, el Señor se humilló más allá de lo que la mente humana podría imaginarse. Si bien es cierto que después de su resurrección fue exaltado a la diestra del Padre, no es menos cierto que la humanidad como tal no lo ha reconocido como Rey de reyes y Señor de señores. Los reinos del mundo aún son gobernados por el maligno (1 Jn. 5:19). La historia confirma que las naciones de la tierra siguen en rebeldía contra Dios. No hay ningún gobierno humano que esté sometido a la autoridad del Mesías. El milenio será el tiempo en que el Mesías gobernará a las naciones con vara de hierro (Sal. 2:9; Ap. 2:26, 27; 12:5; 19:15). Cuando Cristo vino la primera vez, el gobierno humano lo clavó en una cruz (Jn. 19:17-30). Cuando venga la segunda vez, el Mesías destruirá el poderío gentil (Dn. 2, 7; Ap. 19:11-21) y la gloria de su persona y de sus atributos serán exhibidos en toda la tierra. El profeta Habacuc anuncia que viene el día en que «la tierra será llena del conocimiento de la gloria de Jehová, como las aguas cubren el mar» (Hab. 2:14; véase Is. 11:9). La profecía de Habacuc se cumplirá perfectamente durante el reino del Mesías.

El milenio tiene tanto base exegética como teológica. La Biblia enseña que Dios ha creado la tierra y sus habitantes para manifestar su reino dentro del tiempo y la historia. Esa realidad aún no ha tenido su cumplimiento. Habrá una era de gloria en la tierra en la que habrá paz y justicia. Esa era es profetizada en el Antiguo Testamento (Is. 11, 35, 60—65; Mi. 4; Zac. 14). Apocalipsis 19:11—20:6 enseña que esa época de paz será posterior a la segunda venida de Cristo a la tierra. Durante esa era, Satanás estará encerrado en el abismo y no podrá engañar a las naciones. Finalmente, Apocalipsis 20:4-6 revela que ese período glorioso durará mil años.

20:7, 8

«Cuando los mil años se cumplan, Satanás será suelto de su prisión, y saldrá a engañar a las naciones que están en los cuatro ángulos de la tierra, a Gog y a Magog, a fin de reunirlos para la batalla; el número de los cuales es como la arena del mar.»

El apóstol Juan reitera en el versículo 7 la duración exacta del confinamiento de Satanás. Obsérvese el artículo determinado **«los»** (*tà*). Dicho artículo se usa para identificar el hecho de que se refiere a los mismos **«mil años»** mencionados previamente en los versículos 2-6. Satanás no tendrá actividad alguna en la tierra durante los mil años que dura su encarcelamiento. La frase **«cuando ... se cumplan»** o mejor, «cuando ... se haya cumplido» es una cláusula temporal futura indefinida en la que el adverbio «cuando» (*hótan*) va seguido del verbo «haya cumplido» (*telestheî*) que es el aoristo subjuntivo, voz pasiva de *teleo*. El aoristo subjuntivo tiene función de futuro. **«Satanás será suelto de su prisión»** (*lythéisetai ho Satanâs ek teîs phylakeîs autoû*). Nótese que el texto reitera el hecho de que Satanás permanece en «prisión» por mil años. La idea del versículo es que «Satanás no será suelto de su prisión (el abismo) sino hasta que los mil años se hayan agotado». Robert H. Mounce comenta:

> El soltar de Satanás fue anticipado en el versículo 3. Quizá la explicación más razonable de esta más bien extraña libertad condicional es para dejar bien claro que ni los planes de Satanás, ni las desviaciones del corazón humano serán alteradas por el simple discurrir del tiempo. Una vez suelto de su prisión, Satanás reanudará sus actividades donde las dejó, y los hombres se enrolarán en su causa.[89]

Aunque el texto no lo especifica, puede asumirse que Satanás es suelto de su prisión por un acto soberano de Dios. Es evidente que Dios tiene un propósito concreto tanto en atar como en soltar a Satanás. El texto dice que fue atado con el propósito de «que no engañase más a las naciones». El hecho de ser suelto pone de manifiesto que su enemistad contra Dios es la misma que antes de ser atado. También se hace patente el hecho de que el corazón humano no regenerado continúa con la misma actitud de rebeldía contra Dios.

«Y saldrá a engañar a las naciones.» El verbo **«saldrá»** (*exeleúsetai*) es el futuro indicativo, voz media de *exérchomai*. Satanás «saldrá por su propia iniciativa» con el propósito de **«engañar»** (*planeîsai*). Este verbo es el aoristo infinitivo, voz activa de *planáo*, que significa «desviar», «engañar». El aoristo infinitivo expresa propósito. **«Las naciones»** (*ta éthnei*) no se refiere al mismo grupo mencionado en Apocalipsis 16:14. Durante el milenio la población de la tierra aumentará considerablemente. Los redimidos que entran en el reino con cuerpos naturales se reproducirán. Los niños que nacerán durante la era del reino tendrán que poner su fe en el Mesías para nacer de nuevo. Muchos de ellos creerán y serán salvos. Otros profesarán creer pero será una falsa profesión. Son estos quienes serán engañados por Satanás.

La expresión **«los cuatro ángulos de la tierra»** es una figura de dicción que destaca universalidad.[90] El engaño satánico se extenderá por toda la tierra (véanse Ap. 7:1; Is. 11:2). El apóstol Juan llama a las naciones **«Gog y Magog»** (véase que «Gog y Magog» está en aposición con «las naciones»). De modo que no se refiere a un punto geográfico concreto, sino a la totalidad de las naciones que son engañadas por Satanás y se juntan para intentar la captura de Jerusalén. Robert L. Thomas señala lo siguiente:

> Es triste decirlo, pero los incrédulos existirán en un crecido número entre las generaciones posteriores a la que poblará la tierra inicialmente en el milenio.[91]

El propósito de Satanás es: **«Reunirlos para la batalla»** (*synaggeîn autoùs eis tòn pólemon*). El maligno persiste en oponerse a Dios. Satanás consigue reunir un número considerable de inconversos para enfrentarse a Dios. Debe observarse una vez más que todas las veces que Juan desea mencionar una cifra indeterminada lo hace de una manera llana y natural: **«El número de los cuales es como la arena del mar.»** Aquí el apóstol usa un símil para destacar que los seguidores de Satanás serán muchos. La figura «como la arena del mar» comunica de manera objetiva lo que de otro modo sería una expresión abstracta.[92] Ese es el patrón usado por Juan a través del Apocalipsis. Las figuras de dicción pueden y deben interpretarse de manera normal para hacer justicia al texto.

El diablo se prepara para ejecutar lo que será su último intento contra el Mesías y contra su reino. El texto claramente da a entender que se trata de un acontecimiento escatológico. Después de esto, el maligno será echado para siempre en el lago de fuego.

20:9

«Y subieron sobre la anchura de la tierra, y rodearon el campamento de los santos y la ciudad amada; y de Dios descendió fuego del cielo, y los consumió.» El sujeto del verbo **«subieron»** (*anébeisan*) es el conjunto de los seguidores de Satanás, denominado por Juan como «las naciones» y «Gog y Magog». Un numerosísimo ejército marcha en dirección al centro mismo del reino del Mesías. El apóstol lo llama **«el campamento de los santos»** (*tèin parembolèin tôn hagíon*). La expresión **«la ciudad amada»** es, probablemente, sinónima con «el campamento de los santos». La referencia es a la Jerusalén terrenal, la ciudad que será el centro del gobierno milenial (Is. 2:3; Jer. 3:17).

El osado intento satánico de apoderarse del reino del Mesías termina en un rotundo y catastrófico fracaso: **«Y de Dios descendió fuego del cielo, y los consumió.»** Los seres humanos que despreciaron la gracia de Dios y las bendiciones del reino perecen consumidos por el fuego. Robert L. Thomas comenta lo siguiente:

> Fuego del cielo como instrumento de castigo divino es bien conocido (véanse Gn. 19:24; Lv. 10:2; Ez. 38:22; 39:6; 2 R. 1:10, 12; Lc. 9:54). Es una culminación adecuada de esta última batalla con Satanás y sus ejércitos.[93]

El intento de Satanás debe ser de muy corta duración a juzgar por la escueta frase **«y los consumió»** (*kaì katéphagen autoús*). El verbo es el aoristo indicativo, voz activa de *katesthío*, que significa «consumir completamente», «devorar del todo». Dicho aoristo realiza una función profética en este contexto.[94] Los ejércitos de Satanás serán fulminados de manera sumarísima.

20:10

«Y el diablo que los engañaba fue lanzado en el lago de fuego y azufre, donde estaban la bestia y al falso profeta; y serán atormentados día y noche por los siglos de los siglos.» Obsérvese que la última rebelión organizada por Satanás no termina con una batalla sino que termina en juicio.[95] No sólo se efectúa un juicio contra los seguidores de Satanás, sin contra el mismo diablo. La frase «el diablo que los engañaba» (*ho diábolos ho planôn*) literalmente significa **«el diablo el engañador».** Una de las actividades más asiduas de Satanás es la de engañar, particularmente a los hombres. El acto de lanzar a Satanás al lago de fuego es, sin duda, efectuado por el Soberano Dios del cielo. El lago de fuego está «preparado para el diablo y sus ángeles» (Mt. 25:41). El tormento de Satanás, sus ángeles y sus seguidores es por los siglos de los siglos. El texto usa la expresión **«día y noche por los siglos de los siglos».** Esta frase es una figura de dicción que expresa la continuidad y la eternidad del castigo al que el maligno y sus seguidores serán sometidos. Recuérdese que en Apocalipsis 12:7-9, Satanás es echado fuera del cielo a la tierra. En los capítulos 12—18 del Apocalipsis, el diablo actúa en la tierra en conjunción con la bestia y el falso profeta. En Apocalipsis 20:1-3, el enemigo de Dios es confinado en el abismo, es decir, el mismo lugar donde estaban los demonios que fueron soltados para que actuasen durante la tribulación. Finalmente, después de ser desatado por un tiempo breve, Satanás es condenado a permanecer en el lago de fuego constantemente por toda la eternidad. La expresión **«lago de fuego»** describe un lugar de tormento. Es difícil para la mente humana comprender la magnitud del castigo de Satanás. El texto sí deja claro que Satanás no volverá a actuar jamás ni podrá seguir promoviendo su reino de tinieblas.

20:11

«Y vi un gran trono blanco y al que estaba sentado en él, de delante del cual huyeron la tierra y el cielo, y ningún lugar se encontró para ellos.»

La expresión **«y vi»** (*kaì eîdon*) aparece por sexta vez en el contexto (19:11-20:15). Dicha fórmula sugiere una progresión cronológica a través de la cual el apóstol contempla una serie de visiones que abarca desde la venida en gloria de Jesucristo hasta el juicio final que tendrá lugar después del milenio. Todos esos cuadros proféticos son escatológicos, es decir, tienen que ver con los acontecimientos relacionados con la consumación del plan de Dios con su creación.

El apóstol Juan vio **«un gran trono blanco».** Este es el trono de la majestad divina. Es «grande» (*mégan*) en comparación con todos los otros tronos (20:4).[96] El color **«blanco»** (*leukòn*) sugiere pureza, santidad y justicia.[97] El trono es *blanco* por su despliegue de la gloria y la majestad de Dios.[98] El trono es, sin duda, un estrado de juicio. Dios juzga con toda justicia y santidad (Ap. 15:3; 16:5).

«Y al que estaba sentado en él» (*kaì tòn kathéimenon*). El Juez de la humanidad es el Mesías. A Él le ha sido dada toda potestad para juzgar (Dn. 7:26; Jn. 5:22-27; Hch. 17:30, 31). El hecho de estar **«sentado»** sugiere que tiene control sobre todas las cosas después de su rotunda victoria sobre todas las fuerzas del mal. La gloria y majestad del gran Juez es de tal magnitud que delante de Él «huyeron la tierra y el cielo». Eso significa que el Gran Trono Blanco «está situado en algún sitio del espacio infinito y fuera de la historia humana».[99] La tierra y el cielo que huyen delante de Él tiene que ser la creación tal como la conocemos. La tierra y el cielo presentes serán destruidos sobrenaturalmente (2 P. 3:10) y «serán reemplazados por el nuevo cielo y la nueva tierra».[100] El Creador de la presente creación tiene potestad y poder dinámico para hacerla desaparecer. La frase **«y ningún lugar se encontró para ellos»** es una manera de recalcar la desaparición total de la antigua creación.

20:12

«Y vi a los muertos, grandes y pequeños, de pie ante Dios; y los libros fueron abiertos, y otro libro fue abierto, el cual es el libro de la vida; y fueron juzgados los muertos por las cosas que estaban escritas en los libros, según sus obras.»

Por séptima vez, desde 19:11, Juan usa la expresión **«y vi»** (*kaí eîdon*), indicando una secuencia cronológica en el relato de los acontecimientos. «Los muertos» (*toùs nekroús*) ser refiere a seres «sin vida», alguien que ha exhalado su último aliento. Este sustantivo se refiere aquí a todos los que no tienen parte en la primera resurrección, es decir, se limita a personas no redimidas.[101] La postura de Robert H. Mounce es que «los muertos» en este contexto, incluye tanto a justos como injustos.[102] Mounce, sin embargo, no ofrece ninguna razón exegética que justifique su posición. El pasaje, de manera más natural, sugiere que sólo los injustos están presentes en dicho juicio. El mencionado autor no parece tomar en cuenta de que la primera resurrección, como ya se ha indicado, consta de varias etapas, ya que de ella participan sólo los redimidos de todas las edades.

«Grandes y pequeños» es una figura de dicción usada para indicar que el juicio del Gran Trono Blanco no diferenciará entre categorías sociales. «Nadie es tan importante que será inmune de juicio, ni tan insignificante para que este juicio le sea impropio.»[103]

«De pie ante Dios» (*hestôtas enópion toû thrónou*), literalmente, «de pie delante del trono». Recuérdese que a estos se les llama «los muertos» al comienzo del versículo. El hecho de que ahora están «de pie delante del trono» debe significar que han sido resucitados. De ser así, entonces se trata de una segunda clase de resurrección en contraste con la «primera resurrección» de 20:5. La primera resurrección es para vida. Esta resurrección (segunda) tiene que ser para muerte o condenación eterna. Están de pie porque han de escuchar en breve el veredicto divino.

«Y los libros fueron abiertos» (*kaì biblía einoíchtheisan*), literalmente, «y libros fueron abiertos». Los rollos expuestos contienen los registros de las obras de quienes están allí para ser juzgados. «Los primeros libros en ser abiertos son los libros de los registros, conteniendo todas las evidencias que el tribunal necesita si los hombres han de ser juzgados por sus obras.»[104] Las obras registradas en los rollos no son el factor decisivo para determinar el destino eterno de quienes son juzgados sino lo que hicieron respecto al Mesías.

«Y otro libro fue abierto, el cual es el libro de la vida.» La designación «el libro de la vida» aparece varias veces en el Apocalipsis (véase 3:5; 13:8; 17:8; 21:27). El libro de la vida contiene los nombres de todos los que han puesto su fe en el Mesías. El libro de la vida es abierto para que los que están de pie delante del trono vean que sus nombres no están inscritos en dicho libro y, por lo tanto, no pertenecen al Mesías. Los rollos de las obras son desenrollados para que cada uno reciba el grado de condenación que merece. La salvación es un regalo de Dios que se recibe exclusivamente por la fe (Ef. 2:8, 9). Las obras guardan relación con los galardones que los creyentes han de recibir (Ef. 2:10; 1 Co. 3:11-5; He. 11:6) y con el grado de condenación que aguarda a los inconversos.

Aquellos que comparecen delante del trono de Dios en Apocalipsis 20:12 no pusieron su fe en Cristo y, por lo tanto, sus nombres no están inscritos en el libro de la vida. De manera que «fueron juzgados ... por las cosas escritas en los libros, según sus obras». El justo juicio de Dios será aplicado a cada uno de aquellos individuos. Rechazaron el regalo de la salvación y son juzgados «según sus obras». Las obras no salvan, pero determinan el grado de condenación del inconverso y la magnitud de la recompensa del creyente.

20:13

«Y el mar entregó los muertos que había en él; y la muerte y el Hades entregaron los muertos que había en ellos; y fueron juzgados cada uno según sus obras.»

Este versículo sugiere que «el mar representa el lugar de los que murieron y no fueron enterrados, mientras que la muerte y el Hades representan la realidad de morir y la condición en la que se entra con la muerte (véase 1:18; 6:8)».[105] Obsérvese el uso del verbo «entregar» para describir la resurrección de los inicuos. El creyente descansa en el Señor a la hora de la muerte mientras que del inconverso se dice sólo que «ha fallecido». Lucas 16:22 dice que el mendigo Lázaro murió «y fue llevado por los ángeles al seno de Abraham...» Del rico se dice: «Y murió ... y fue sepultado.» La diferencia entre la muerte de ambos, sin duda, radica en la relación que cada uno tenía con Dios. De nuevo, el texto destaca la naturaleza del juicio: **«Y fueron juzgados cada uno según sus obras.»** Este juicio no es para hacer un saldo entre las buenas obras y las malas. El creyente ha pasado de muerte a vida (Jn. 5:24). El inconverso que muere en su pecado, muere en condenación y será juzgado «según sus obras» para determinar el grado de su condenación.

20:14

«Y la muerte y el Hades fueron lanzados al lago de fuego. Esta es la muerte segunda.»

Pablo dice en 1 Corintios 15:26: «Y el postrer enemigo que será destruido es la muerte.» La muerte ha sido el azote de la humanidad «porque la paga del pecado es muerte» (Ro. 6:23). El Hades es el lugar donde van los muertos. Pero, a la postre, **«la muerte y el Hades»** (*ho thánatos kaì ho háideis*) son lanzados al algo de fuego. **«El lago de fuego»** es el infierno o el lugar de condenación final. Es equivalente a la muerte segunda. «El lago de fuego es una figura de dicción con el fin de ayudar al limitado entendimiento humano a comprender cómo será el castigo eterno, pero este, no obstante, se corresponde con la realidad.»[106] La **«muerte segunda»** es la separación eterna del individuo de la comunión con Dios.

El hombre, a causa del pecado, nace muerto «en delitos y pecados» (Ef. 2:1). Cristo vino al mundo a salvar a los pecadores (1 Ti. 1:15). Esa salvación se recibe como un regalo de la gracia de Dios mediante la fe en Jesucristo (Ef. 2:8, 9). La salvación, sin embargo, se recibe aquí en este mundo. Quien pasa a la eternidad sin haber recibido el regalo de la salvación experimentará la muerte segunda.

20:15

«Y el que no se halló inscrito en el libro de la vida fue lanzado al lago de fuego.» Este texto es, en cierto sentido, una expresión de Juan 3:16: «Porque de tal manera amó Dios al mundo, que ha dado a su Hijo unigénito, para que todo aquel que en él cree, no se pierda, mas tenga vida eterna.»

Aquellos cuyos nombres no están inscritos en el libro de la vida son los que rechazaron el amor de Dios y no pusieron su fe en Cristo. El resultado de dicha acción es la perdición eterna. El mismo apóstol Juan dice: «El que tiene al Hijo, tiene vida; el que no tiene al Hijo de Dios no tiene la vida» (1 Jn. 5:12). Podría decirse que «el que tiene al Hijo tiene también su nombre inscrito en el libro de la vida, pero el que no tiene al Hijo de Dios será lanzado al lago de fuego y sufrirá la muerte segunda».

En el lago de fuego estarán la bestia (Anticristo), el falso profeta, los demonios, Satanás y todos los seres humanos que se sometieron a su voluntad y se negaron a recibir la salvación provista por el Mesías.

Resumen y conclusión

El capítulo 20 del Apocalipsis es uno de los pasajes más importantes y más controvertidos de toda la Biblia. El punto principal de la polémica radica en que la expresión «mil años» aparece seis veces en los versículos 2-7 de dicho capítulo. Hay quienes entienden que dicha expresión se refiere a un período indefinido de tiempo que comprende desde la primera hasta la segunda venida de Cristo.

Un estudio objetivo y exegético de dicho capítulo, basado en una hermenéutica normal, natural o literal, aporta una interpretación diferente. Los «mil años» son un período de tiempo concreto que se corresponde con el reinado terrenal del Mesías, es decir, el milenio. Durante la era milenial tendrá lugar la más estupenda manifestación de la gloria divina en la historia de la humanidad dentro de los límites del tiempo. La gloria divina que será manifestada en el milenio sólo será superada por la que será revelada durante el reino eterno del Señor cuando Dios hará nuevas todas las cosas.

Algunos expositores entienden que Apocalipsis 20:1-10 es una recapitulación de los acontecimientos narrados en los capítulos anteriores del Apocalipsis. Ese punto de vista pasa por alto la naturaleza misma de libro, cuyo tema central es la venida del Mesías para establecer su reino de paz y justicia en la tierra. También da de lado al hecho de que Apocalipsis 19:11—20:15 contiene siete veces la expresión «y vi» (*kaì eîdon*). Dicha expresión se usa para indicar un progreso cronológico. El escritor del Apocalipsis recibe una serie de visiones, comenzando con la venida en gloria del Mesías y concluyendo con el juicio final.

Todas esas visiones siguen un progreso en el desarrollo de los acontecimientos de los postreros tiempos: (1) La segunda venida de Cristo; (2) la invitación angelical a las aves del cielo a comer las carnes de los jinetes y sus caballos; (3) la visión de la bestia y sus ejércitos preparados para hacer la guerra al Mesías y la derrota de la bestia; (4) la visión del encadenamiento de Satanás; (5) la visión de los tronos de juicio y del reinado de los santos; (6) la visión del gran trono blanco; y (7) la visión de la resurrección para condenación.

Todos esos acontecimientos siguen una secuencia cronológica que se extiende, como ya se ha indicado, desde 19:11 al 20:15 de Apocalipsis. Una hermenéutica histórico-gramatical, natural y contextual que toma en cuenta el uso de las figuras de dicción y del lenguaje apocalíptico del libro resulta en una afirmación de la fe premilenarista. O sea que el Mesías vendrá a inaugurar su reino de paz y de justicia en cumplimiento de las promesas de Dios en los pactos abrahámico, davídico y nuevo. Sólo mediante la alegorización de las profecías se puede llegar a otra conclusión.

Notas

1. Anthony A. Hoekema, *The Bible and the Future*, p. 227.
2. William Hendriksen, *Más que vencedores*, p. 222.
3. Véase Harold W. Hoehner, «Evidence from Revelation 20», *A Case for Premillennialism: A New Consensus*, Donald K. Campbell and Jeffrey L. Townsend, ed. gen., pp. 235-262; Jack S. Deere, «Premillennialism in Revelation 20:4-6», *Bibliotheca Sacra*, enero-marzo 1978, pp. 58-73; Robert L. Thomas, *Revelation 8—22*, pp. 404, 405.
4. George Eldon Ladd, *A Commentary on the Revelation*, p. 261.
5. George Eldon Ladd, *Crucial Questions About the Kingdom*; Lewis Sperry Chafer, *Teología sistemática* (2 tomos); Alva J. McClain, *The Greatness of the Kingdom*; Charles C. Ryrie, *Bases de la fe premilenial*; Eric Sauer, *El*

triunfo del crucificado; Emilio Antonio Núñez, *Caminos de renovación*; John F. Walvoord, *The Millennial Kingdom*.
6. Charles Hodge, *Systematic Theology* (Grand Rapids: William Eerdmans, 1975); A. A. Hodge, *Popular Lectures on Theological Themes* (Filadelfia: Presbyterian Board of Publications, 1887); William G. T. Shedd, *Dogmatic Theology* (Nueva York: Charles Scribner's Sons, 1888); B. B. Warfield, *Biblical Doctrines* (Nueva York: Oxford University Press, 1929); A. H. Strong, *Systematic Theology* (Filadelfia: American Baptist Society, 1907); Loraine Boettner, *The Millennium*.
7. Véase George Eldon Ladd, *A Commentary on the Revelation of John*, p. 260.
8. Véase Paul Enss, *The Moody Handbook of Theology*, pp. 384-386.
9. Loraine Boettner, *The Millennium*, p. 64.
10. Véase Harold W. Hoehner, «Evidence from Revelation 20», pp. 248-250.
11. Milenarista es aquel que cree que habrá un período de 1.000 años al final de la presente edad cuando Cristo reinará en la tierra como Rey de reyes y Señor de señores. En ese tiempo habrá paz, justicia y orden en la tierra.
12. Véase George Eldon Ladd, «Historic Premillennialism», *The Meaning of the Millennium*, Edited by Robert G. Clouse, pp. 18-29.
13. *Ibid.*, p. 20; véase también Charles C. Ryrie, *Dispensacionalismo hoy*, pp. 128-130.
14. Véase Paul Enns, *op. cit.*, p. 387.
15. George Eldon Ladd, *Crucial Questions About the Kingdom of God*, pp. 22, 23; véase también Harold W. Hoehner, «Evidence from Revelation 20», pp. 236-244.
16. Por supuesto, eso no significa que la antigüedad establece la veracidad de una doctrina. Una doctrina es correcta por ser bíblica, no por ser antigua.
17. Muchos de los defensores de esta escuela no se sienten cómodos con el vocablo *amilenarista* y han intentado sustituirlo por la expresión *milenarismo realizado*. Dicha expresión, según Anthony Hoekema, sólo satisface a medias. Hoekema considera que la expresión *milenarismo realizado* es precaria porque sólo sustituye un simple prefijo [a] con una palabra de cinco sílabas. El profesor Hoekema concluye diciendo: «A pesar de las desventuras y las limitaciones del vocablo, por lo tanto, continuaré usando el más corto y más común vocablo, *amilenarismo*» (véase Anthony Hoekema, *The Bible and the Future*, pp. 173, 174).
18. Otto W. Heick, *A History of Christian Thought*, vol. 1 (Filadelfia: Fortress Press, 1976), p. 112.
19. José M. Martínez, *Hermenéutica bíblica*, p. 71.
20. *Ibid.*, p. 72.
21. Véase John F. Walvoord, *The Millennial Kingdom*, p. 47.
22. Véase, Harold W. Hoehner, «Evidence from Revelation 20», p. 241.
23. *Ibid.*, p. 242; véase también G. C. Berkouwer, *The Return of Christ*, p. 299.
24. San Agustín, *De Civitate Dei*, XX, 7.
25. *Ibid.*, XX, 7,9.
26. Véase Harold W. Hoehner, «Evidence from Revelation 20», p. 242.
27. G.C. Berkouwer, *The Return of Christ*, p. 300.
28. Véase John F. Walvoord, *The Millennial Kingdom*, p. 47.
29. *Ibid.*, p. 48.
30. Por ejemplo, San Agustín llegó a afirmar que la era presente (milenio) podría terminar en el año 650 d.C. (véase Oswald T. Allis, *Prophecy and the Church*,

p. 3). También enseñó que la primera resurrección se refiere a la regeneración del creyente (Jn. 5:25) y la segunda resurrección se refiere a la resurreción del cuerpo al final de este mundo (véase Harold W. Hoehner, «Evidence from Revelation 20», p. 243).

31. Véase John F. Walvoord, *op. cit.*, p. 50.
32. Oswald T. Allis, *Prophecy and the Church*, p. 3.
33. *Ibid.*
34. Anthony A. Hoekema, *op. cit.*, p. 174. Entre los amilenaristas importantes se encuentran hombres de la talla de Louis Berkhof, *Teología Sistemática*; Edward J. Young, *Una introducción al Antiguo Testamento* (Grand Rapids: T.E.L.L, 1981); Oswalt T. Allis, *Prophecy and the Church*; William Hendriksen, *Más que vencedores; Israel in Prophecy* (Grand Rapids: Baker Books, 1974); R. C. H. Lenski, *The Interpretation of St. John's Revelation* (Columbus: Wartburg Press, 1943); José Grau, *Escatología: Final de los tiempos*. Los escritores que han sido mencionados son ortodoxos en la fe y firmes creyentes en la inspiración y la autoridad de las Escrituras. Su postura escatológica se debe primordialmente a que no son congruentes en la interpretación de los pasajes proféticos y en particular en la interpretación del Apocalipsis.
35. William Hendriksen, *Más que vencedores*, pp. 21-36.
36. *Ibid.*, pp. 226, 227.
37. *Ibid.*, p. 223.
38. Anthony A. Hoekema, *op. cit.*, pp. 223-238.
39. Véase José Grau, *Estudios sobre Apocalipsis*.
40. Anthony A. Hoekema, *op. cit.*, p. 227.
41. José Grau, *op. cit.,* p. 307.
42. Véanse William Hendriksen, *Más que vencedores*, p. 36; Anthony Hoekema, *The Bible and the Future*, p. 226.
43. La Reina-Valera 1960, desdichadamente, omite la conjunción *kaì* («y»).
44. Véase Harold W. Hoehner, «Evidence from Revelation 20», pp. 247, 248.
45. Anthony A. Hoekema, *The Bible and the Future*, p. 228.
46. *Ibid.*, p. 229; también William Hendriksen, *Más que vencedores*, pp. 224-226.
47. Véase Robert L. Thomas, *Revelation 8—22*, p. 404.
48. Véase Leon Morris, «Revelation», p. 235.
49. Esa es la primera vez que dicha expresión se usa en el pasaje de Apocalipsis 20.
50. Robert H. Mounce, «The Book of Revelation», p. 353.
51. William Hendriksen, *op. cit.*, pp. 229, 230.
52. Fritz Rienecker, *A Linguistic Key*, p. 511.
53. Para los diferentes puntos de vista, véase Robert L. Thomas, *Revelation 8—22*, pp. 410, 411.
54. Véase A. T. Robertson, *Word Pictures,* vol. VI, p. 458.
55. Robert L. Thomas, *Revelation 8—22*, p. 411.
56. *Ibid.*
57. Harold W. Hoehner, «Evidence from Revelation 20», p. 250.
58. Véase Alfred Plummer, «The Gospel According to S. Luke», *The International Critical Commentary on the Holy Scriptures of the Old and New Testaments* (Edinburgh: T. & T. Clark, 1969), p. 278.
59. *Ibid.*
60. Véase Jack S. Deere, «Premillennialism in Revelation 20:4-6», *Bibliotheca Sacra,* enero-marzo, 1978, pp. 60, 61.

61. *Ibid.*, pp. 60, 61.
62. Robert L. Thomas, *op. cit.*, p. 413.
63. Leon Morris, *op. cit.*, p. 236.
64. Robert H. Mounce, *op. cit.*, p. 354.
65. Véase John F. Walvoord, *The Revelation of Jesus Christ*, p. 296.
66. José Grau, *op. cit.*, p. 313.
67. Robert L. Thomas, *op. cit.*, p. 414.
68. *Ibid.*, p. 415.
69. Véase Jack S. Deere, «Premillennialism in Revelation 20:4-6», pp. 65-68.
70. Robert L. Thomas, *Revelation 8—22*, p. 417. Véase también Jeffrey L. Townsend, «Is the Present Age the Millennium?» *Bibliotheca Sacra*, julio-septiembre, 1983, pp. 218, 219.
71. José Grau, *Estudios sobre Apocalipsis*, p. 317.
72. *Ibid.*
73. *Ibid.*
74. Véase Stanley D. Toussaint, *Behold the King: A Study of Matthew* (Portland: Multnomah Press, 1980), pp. 163, 164.
75. Véase José Grau, *Estudios sobre Apocalipsis*, p. 317.
76. Harold W. Hoehner, «Evidence from Revelation 20», p. 262.
77. José Grau, *op. cit.*, pp. 317, 318.
78. Robert H. Mounce, «The Book of Revelation», p. 360.
79. Robert L. Thomas, *Revelation 8—22*, pp. 418, 419.
80. George Eldon Ladd, *A Commentary on the Revelation of John*, pp. 266, 267.
81. Véase Roy L. Aldrich, «Divisions of the First Resurrection», *Bibliotheca Sacra*, abril- junio, 1971, pp. 117-119.
82. *Ibid.*, p. 118.
83. Pablo usa el vocablo «orden» (*tágmati*). Dicho término se usaba para designar los rangos en el ejército romano.
84. George Eldon Ladd, *op. cit.*, p. 268.
85. Robert L. Thomas, *Revelation 8—22*, p. 421.
86. Esa secuencia puede seguirse fácilmente en el texto de la *Sagrada Biblia. Versión crítica sobre los textos hebreo, arameo y griego*, traducida por Francisco Cantera Burgos y Manuel Iglesias González, pp. 1441, 1442.
87. No se niega que hay una realidad presente del reino de Dios del que la Iglesia es una manifestación. Apocalipsis 20, sin embargo, no se refiere al reino espiritual presente, sino al reino escatológico de Cristo cuando el Señor asumirá personalmente el control del mundo, no sólo en el ámbito espiritual sino en el político-social.
88. Véase Jack S. Deere, «Premillennialism in Revelation 20:4-6», p. 69.
89. Robert H. Mounce, «The Book of Revelation», p. 361.
90. *Ibid.*, p. 362.
91. Robert L. Thomas, *Revelation 8—22*, p. 423.
92. La figura de dicción usada por Juan es un símil y al mismo tiempo una hipérbole, es decir, una exageración deliberada con el fin de enfatizar lo que se quiere decir.
93. Robert L. Thomas, *op. cit.*, p. 426.
94. Véase A. T. Robertson, *Word Pictures*, vol. VI, p. 462.
95. Alva J. McClain, *The Greatness of the Kingdom*, p. 508.
96. Robert L. Thomas, *Revelation 8—22*, p. 428.
97. *Ibid.*

98. George Eldon Ladd, *A Commentary on the Revelation of John*, p. 271.
99. Robert L, Thomas, *op. cit.,* p. 429.
100. John. F. Walvoord, *The Revelation of Jesus Christ,* p. 305.
101. Véase Robert L. Thomas, *op. cit.,* pp. 430, 431.
102. Véase Robert H. Mounce, «The Book of Revelation», p. 365.
103. *Ibid.*
104. G.B. Caird, «The Revelation of Saint John», p. 259.
105. Alan F. Johnson, «Revelation», p. 589.
106. Robert L. Thomas, *op. cit.,* p. 434.

21

La visión de la nueva creación y la nueva Jerusalén (21:1-27)

INTRODUCCIÓN

El capítulo 20 del Apocalipsis termina con una escena sobrecogedora. Habla de la condenación de quienes confiaron en sus obras y méritos personales para ser salvos. Habla de la muerte segunda y del lago de fuego. Habla también de la desaparición de la antigua creación. En contraste, el capítulo 21 trata de una nueva creación: Nuevos cielos, nueva tierra, nueva Jerusalén, una nueva relación con Dios y un ambiente totalmente nuevo.

> Juan sabe que el idioma humano es incapaz de expresar, tal como la imaginación humana es incapaz de percibir, la realidad de las cosas en el mundo eterno tal como estas son. Pero, en lugar de quedar paralizado por la finitud de la existencia humana, es liberado para describir el fin en una variedad de cuadros de este mundo con lenguaje metafórico para permitir que el carácter del mundo eterno se manifieste.[1]

El lenguaje metafórico usado por Juan posibilita que el lector perciba algo de la realidad de la nueva creación. Como expresa Eugene Boring, la mente humana no hubiese podido captar las maravillas que Dios tiene preparadas para sus redimidos.

Bosquejo

1. **La visión de la nueva creación (21:1-3)**
    1.1. El nuevo cielo (21:1*a*)
    1.2. La nueva tierra (21:1*b*)
    1.3. La nueva Jerusalén (21:2)
    1.4. La nueva relación con Dios (21:3)
2. **Los resultados de la nueva creación (21:4-8)**
    2.1. Eliminación de la miseria humana (21:4)
    2.2. Ejecución de la nueva creación (21:5, 6)
    2.3. La nueva relación con Dios (21:7)

Notas exegéticas y comentarios

21:1

«Vi un cielo nuevo y una tierra nueva; porque el primer cielo y la primera tierra pasaron, y el mar ya no existía más.» El apóstol Juan comienza este capítulo con la frase **«y vi»** (*kaì eîdon*).[2] Esta es la octava vez que el escritor usa dicha frase, indicando que hay una progresión cronológica en lo que está escribiendo. **«Un cielo nuevo y una tierra nueva»**, es decir, una nueva creación. No es la renovación o restauración de la vieja creación, sino una completamente nueva.

En la profecía de Isaías, Dios anuncia que creará «nuevos cielos y nueva tierra; y de lo primero no habrá memoria, ni más vendrá al pensamiento» (Is. 65:17; véase 66:22). En el capítulo anterior, Juan dice que «la tierra y el cielo» huyeron de delante de la presencia de Dios (Ap. 20:11). La sugerencia es que la tierra y el cielo que ahora existen serán completamente destruidos por el poder de Dios. **«Porque [*gar*] el primer cielo y la primera tierra pasaron».** El verbo **«pasaron»** (*apeîlthan*) es el aoristo indicativo, voz activa de *apérchomai*, que significa «alejarse», «partir». El aoristo tiene una función profética. Expresa una realidad como si ya hubiese ocurrido aunque es aún futura. Su uso aquí es sinónimo con «huyeron» (*éphygen*), usado en 20:11. La creación presente ha sido radicalmente afectada por el pecado. Dios la destruirá totalmente y la sustituirá por otra totalmente nueva por sus cualidades intrínsecas y por su frescura. La vieja creación ha estado bajo la potestad de ángeles. La nueva creación será gobernada por el Rey-Mesías. «La entrada del pecado y de la muerte corrompió la antigua creación y la convirtió en un lugar de rebelión y alienación, un territorio ocupado por el enemigo. Su reemplazo con un completo nuevo orden de vida sin muerte, luto, llanto ni dolor es una necesidad.»[3] El apóstol Pablo dice que «también la creación misma será libertada de la esclavitud de corrupción, a la libertad gloriosa de los hijos de Dios» (Ro. 8:21). Dios creará mediante el poder de su palabra un cielo nuevo que manifestará su gloria y una tierra nueva donde estarán sus redimidos.

«Y el mar ya no existía más», mejor, **«y el mar no existe ya más.»** Quizá aún mejor sería dar al verbo una idea de futuro: «Y el mar no existirá más.» El mar, en las Escrituras, muchas veces expresa desorden, violencia, caos e intimidación. «No que el mar sea malo en sí, sino que su aspecto manifiesta hostilidad hacia la humanidad.»[4] La eliminación del mar del nuevo orden es un indicativo de que Dios introduce un cambio objetivo. Evidentemente, en el estado eterno el mar no será necesario como lo es hoy y como lo será en el milenio.[5]

21:2

«Y yo Juan vi la santa ciudad, la nueva Jerusalén, descender del cielo, de Dios, dispuesta como una esposa ataviada para su marido.»

La visión de la nueva creación (versículo 1) es seguida de inmediato de la visión de la nueva Jerusalén. El nombre **«nueva Jerusalén»** contrasta con la Jerusalén terrenal. La nueva Jerusalén es **«la santa ciudad»**, la que desciende **«del cielo, [es decir] de Dios»**, la que es semejante a **«una esposa ataviada para su marido»**. La Jerusalén terrenal se ha corrompido a través de los siglos. En Apocalipsis 11:8 es comparada con «Sodoma y Egipto» por su pecaminosidad. Pero la Jerusalén terrenal será restaurada para que sirva de capital en el milenio (Zac. 8:3; 14:16-17). «La Antigua Jerusalén es suficientemente buena para el milenio, pero no para la gloria final.»[6] No puede negarse que la Jerusalén terrenal recibirá muchas bendiciones durante la era del reino: «Y vendrán muchos pueblos, y dirán: Venid, y subamos al monte de Jehová, a la casa del Dios de Jacob; y nos enseñará sus caminos, y caminaremos por sus sendas. Porque de Sion saldrá la ley, y de Jerusalén la palabra de Jehová. Y juzgará entre las naciones, y reprenderá a muchos pueblos; y volverán sus espadas en rejas de arado, y sus lanzas en hoces; no alzará espada nación contra nación, ni se adiestrarán más para la guerra» (Is. 2:3, 4).

Pero la gloria de la Jerusalén celestial sobrepasará con creces la de la Jerusalén terrenal, porque Dios Todopoderoso y el Mesías estarán allí, en medio de su pueblo. La nueva Jerusalén es, pues, un aspecto importante de la nueva creación que Dios ha diseñado para reemplazar a la antigua.

21:3

«Y oí una gran voz del cielo que decía: He aquí el tabernáculo de Dios con los hombres, y él morará con ellos; y ellos serán su pueblo, y Dios mismo estará con ellos como su Dios.»

La voz que Juan escuchó probablemente era la de un ser angelical. La expresión **«gran voz»** sugiere que era lo bastante fuerte que podía ser escuchada a gran distancia. **«He aquí el tabernáculo de Dios con los hombres.»** Esta frase refleja vocabulario del Antiguo Testamento. En el desierto Dios habitó en medio de su pueblo (Lv. 26:11, 12). Dios prometió a Moisés, diciéndole: «Mi presencia irá contigo, y te daré descanso» (Éx. 33:14). En la nueva creación, Dios estará con su pueblo de manera permanente. La destrucción del pecado y su secuela, la muerte, harán posible que haya una inquebrantable comunión entre Dios y sus redimidos. La presencia de Dios en las Escrituras frecuentemente sugiere comunión y bendición.[7]

21:4

«Enjugará Dios toda lágrima de los ojos de ellos; y ya no habrá muerte, ni habrá más llanto, ni clamor, ni dolor; porque las primeras cosas pasaron.» La nueva creación vendrá acompañada de una nueva condición para los redimidos. **«Dios enjugará cada lágrima de los ojos de ellos»,** dice el texto griego. Esa frase pone de manifiesto la ternura y la compasión de Dios. La historia de la humanidad está plagada de miseria, dolor, muerte, hambre, lágrimas, conflictos, sinsabores... Todo eso estará ausente de la Jerusalén celestial. José Grau lo expresa de manera elocuente, cuando dice:

> En tanto que estamos en este mundo, somos una comunidad de emigrados en lejanas tierras, lejos de la patria. Y mientras somos como extranjeros aquí, no lo somos para la nueva Jerusalén (Ef. 2:19ss), donde esperamos ir cuando el Señor nos llame. La verdadera morada del creyente es la Ciudad de Dios; en este mundo es un peregrino. No porque lo desprecie, a la manera de los gnósticos, todo lo contrario. Pero él no puede sino desear los nuevos cielos y la nueva tierra donde morará la justicia, donde se cumplirá perfectamente la voluntad de Dios.[8]

Obsérvense los sustantivos que Juan utiliza para caracterizar la miseria en la que el ser humano vive mientras que pertenece a la antigua creación: (1) **«Lágrimas»;**[9] (2) **«muerte»;** (3) **«llanto»;** (4) **«clamor»;** y (5) **«dolor».** Todos ellos son sinónimos de infelicidad, debilidad y opresión espiritual. Todos ellos, de una manera u otra, en mayor o menor grado, han sido experimentados por los creyentes en este mundo. Pero un día, en la patria celestial, todas esas miserias serán eliminadas por Dios en aquellos que han confiado en los méritos de Jesucristo.

«Porque las primeras cosas pasaron.» Así explica Juan el porqué de la eliminación de todas las congojas de los creyentes. El antiguo orden con sus desconsuelos y sus pesares cederá paso a un nuevo orden de bendiciones y de felicidad eterna. Allí los redimidos disfrutarán de la consolación personal del Dios Todopoderoso y de la comunión con el Mesías.

21:5

«Y el que estaba sentado en el trono dijo: He aquí, yo hago nuevas todas las cosas. Y me dijo: Escribe; porque estas palabras son fieles y verdaderas.»

«El que está sentado en el trono» (*ho kateímenos epì toî thronoî*) es, probablemente, Dios Padre. El hecho de estar sentado en el trono sugiere su autoridad y su soberano control de todas las cosas. Él habla con poder y dice: **«He aquí, yo hago nuevas todas las cosas.»** Esta es una frase enfática en el texto griego, donde consta sólo de cuatro palabras (*idoù kainà poiô pánta*), literalmente, «mira, nuevas hago todas [las cosas]». El vocablo **«nuevas»** (*kainà*) significa «tanto nuevo en carácter como nuevo en el sentido de hecho recientemente».[10] Dios sólo tiene que hablar para que las cosas existan. Él da la orden y todo es hecho nuevo.

Probablemente la declaración divina de hacer «nuevas todas las cosas» dejó a Juan anonadado y aturdido, hasta el punto de que olvidó continuar escribiendo. Fue necesario recordarle que lo hiciera. **«Y me dijo: Escribe; porque estas palabras son fieles y verdaderas.»** Ciertamente Juan no tenía dudas respecto a la veracidad de la revelación divina. Dios le reitera, no obstante, que las palabras que se le ha ordenado escribir son **«fieles»** (*pistoì*) en el sentido de la certeza de su cumplimiento y **«verdaderas»** (*aleithinoí*) en el sentido de ajustarse intrínsecamente a la realidad. Toda palabra de Dios es fiel y verdadera. La palabra de Dios es «viva y eficaz» (He. 4:12) y absolutamente confiable, porque Dios no puede mentir (Tit. 1:2; He. 6:18). El Apocalipsis forma parte del texto inspirado. Su contenido es «fiel y verdadero».

Aquí, sin embargo, se trata de la totalidad de lo que Dios ha prometido, como lo sugiere el plural «palabras». Todo lo que Dios ha dicho se cumplirá cabalmente (véase 22:6).

21:6

«Y me dijo: Hecho está. Yo soy el Alfa y la Omega, el principio y el fin. Al que tuviere sed, yo le daré gratuitamente de la fuente del agua de la vida.» En este versículo el interlocutor de Juan se identifica más claramente. Él es quien hace «nuevas todas las cosas» (v. 5) y afirma: **«Hecho está»** (*gégonan*). Este verbo es el perfecto indicativo, voz pasiva de *gínomai* y su traducción debía ser: «Se han hecho», «han sido ejecutadas». El sujeto de dicho verbo podría ser «estas palabras» o «todas las cosas» (v. 5). Probablemente la lectura de la frase ofrece este sentido: «[Todas las cosas] se han hecho.» Podría referirse al acto de traer a la existencia la nueva creación o, como sugiere John F. Walvoord, es más probable que «la referencia sea a la obra realizada a través de todo el drama de la historia humana anterior al estado eterno. La declaración no significa que no hayan obras futuras de Dios, sino que una obra principal ha sido completada y que las obras ahora relacionadas con el estado eterno están comenzando».[11]

«Yo soy el Alfa y la Omega, el principio y el fin.» Esta misma frase aparece en Apocalipsis 1:8 y 22:13. Se usa para destacar la soberanía de Dios. El Dios que tiene control absoluto de todas las cosas. El inmutable soberano del universo. G.B. Caird comenta:

> Cuando [Juan] escribe que Dios es Alfa y Omega, no es un deísta que coloca a Dios al principio y al final del proceso cósmico al que se le permite marchar mecánicamente sin intervención. Dios es el Dios viviente, y cuando los hombres se encuentran en la presencia del Dios viviente allí confrontan *el principio y el fin*, el fundamento y la meta de la existencia de ellos. Todo lo que el hombre tiene y es, y por encima de todo la salvación del hombre, es de principio a fin la obra de Dios.[12]

«Al que tuviere sed, yo le daré gratuitamente de la fuente del agua de la vida.» El contexto es similar al que aparece en Apocalipsis 7:17, donde los mártires de la tribulación son consolados y el Cordero «...los guiará a fuentes de aguas de vida». La metáfora de la sed se usa para expresar un profundo sentido de necesidad espiritual y es tomado de Isaías 55:1. John F. Walvoord dice:

> Se refiere al carácter abundante de la vida eterna y a las bendiciones que fluyen de ella y es un cumplimiento de la invitación de Isaías 55:1 como lo es también de la de Cristo en Juan 4:10, 13, 14.[13]

La invitación, por supuesto, tiene una aplicación para el pecador que aún está sin Cristo y sin Dios en el mundo. A él, Dios lo invita a que beba de agua de vida, que es Cristo Jesús. Cristo dijo a la mujer samaritana: «Si conocieras el don de Dios, y quién es el que te dice: Dame de beber; tú le pedirías, y él te daría agua viva» (Jn. 4:10). El agua viva de la salvación se recibe por la fe, es decir, pidiéndola al Señor. «El decreto final de la salvación no será arbitrario; el camino está abierto para todos los que sientan su necesidad y se vuelvan a Dios para que sea satisfecha.»[14] El Apocalipsis prácticamente termina con una generosa y amante invitación de Dios para el pecador que desee el agua de la salvación (Ap. 22:17).

21:7

«El que venciere heredará todas las cosas, y yo seré su Dios, y él será mi hijo.»
En los capítulos 2-3 del Apocalipsis hay siete promesas hechas a los vencedores.
Aquí aparece una octava promesa que, en cierto sentido, incluye las siete anteriores.
El verbo **«heredará»** (*kleironoméisei*) es el futuro indicativo, voz activa de
kleironoméo, que significa «heredar», «tomar posesión de algo», «recibir la parte
asignada de una herencia». El concepto de «herencia» y «heredar» tiene profundas
raíces veterotestamentarias. Dios dio la tierra de Canaán a Israel por herencia (Lv.
20:24). Israel es el pueblo de la heredad de Jehová (Dt. 4:20). Deuteronomio 10:9
dice que Jehová es la heredad de Leví. Johannes Eichler afirma lo siguiente:

> El concepto de herencia tiene dimensiones soteriológicas y escatológicas.
> Está unido con los actos salvadores de Dios en la historia. La idea de la
> posesión de la tierra prometida va más allá de su primer cumplimiento en
> la historia hasta su posterior cumplimiento histórico en Cristo y más allá de
> eso, al cumplimiento futuro final al final del tiempo. Es de esa manera que
> la tendencia escatológica encontrada ya en el Antiguo Testamento es
> desarrollada. La idea esencial es la de heredar la promesa a la que los
> creyentes son llamados... Finalmente, el Nuevo Testamento deja en claro
> que la herencia de la promesa no es sólo para el pueblo escogido de Dios,
> Israel. A través de Cristo, los gentiles se han hecho coherederos con ellos.[15]

La promesa de Dios es, por lo tanto, amplia. Incluye a todos los vencedores, es
decir, a quienes han puesto su fe en el Mesías, tanto judíos como gentiles. El
vencedor heredará la nueva creación de Dios («todas las cosas» es la traducción que
la Reina-Valera 1960 da al vocablo *taûta*, que significa «estas cosas»). De modo
que heredará «las glorias de la nueva Jerusalén que están a punto de ser exhibidas».[16]
Las glorias del estado eterno serán la heredad de los vencedores.[17]
«Y yo seré su Dios, y él será mi hijo.» Esta es una maravillosa promesa.
Aunque el creyente ya posee esa relación por estar en Cristo (2 Co. 5:17), debe
observarse el tiempo futuro de los verbos **«seré»** (*ésomai*) y **«será»** (*éstai*). El
primero de los verbos señala a la promesa de Dios en el pacto abrahámico (Gn.
17:7, 8; Éx. 6:7). El segundo señala al pacto davídico (2 S. 7:12-14; 1 Cr. 17:13).
De modo que el cumplimiento final de las promesas de Dios para los redimidos
tiene que ver con los grandes pactos bíblicos: El abrahámico, el davídico y el nuevo
pacto. Estos tres pactos contienen promesas de relación íntima entre Dios y sus
redimidos (véase Is. 55:1-7). «Quienes niegan a Cristo y son engatusados por las
artimañas de la ramera para seguir a la bestia no tienen heredad en la familia de
Dios. La sed de Dios mencionada en el versículo 6 es satisfecha solamente mediante
la realidad de estar en la familiar de Dios.»[18] Resumiendo, el «vencedor» se refiere
exclusivamente al redimido. Aunque el creyente ya es más que vencedor (Ro. 8:37),
Apocalipsis 21:7 contempla un cumplimiento futuro («heredará», «seré», «será»),
puesto que la realización final tiene por escenario lo que ocurrirá después de la
resurrección y la creación de los nuevos cielos y la nueva tierra.[19] Tanto la herencia
como la relación filial entre Dios y el vencedor tienen su carácter permanente.[20]

21:8

**«Pero los cobardes e incrédulos, los abominables y homicidas, los fornicarios
y hechiceros, los idólatras y todos los mentirosos tendrán su parte en el lago
que arde con fuego y azufre, que es la muerte segunda.»** Después de exponer las

bendiciones que Dios derramará sobre los redimidos, el apóstol da atención a quienes serán excluidos del reino eterno. «**Pero**» (*de*) es una conjunción adversativa que introduce el contraste entre las abundantes bendiciones de los hijos de Dios y la triste herencia de los incrédulos.[21] Juan presenta una lista de todos aquellos que «tendrán su parte en el lago que arde con fuego y azufre» (véase Ap. 20:10, 14, 15).

«**Los cobardes**» (*toîs deiloîs*). Este vocablo procede del verbo «temer» (*deídô*). Se refiere a quienes se retractaron de confesar al Mesías en medio de la persecución (véase el uso de dicho verbo en Mt. 8:26 y Mr. 4:40).[22] Como la semilla que cayó en pedregales, que al germinar «no tiene raíz en sí, sino que es de corta duración, pues al venir la aflicción o la persecución por causa de la palabra, luego tropieza» (Mt. 13:21). Los cobardes mencionados aquí son los que se doblegaron ante la bestia, aceptaron su tatuaje y negaron a Cristo.

«**Los incrédulos**»[23] (*toîs apístois*). Este vocablo, generalmente, significa «sin fe» o «incrédulos». En este contexto, sin embargo, es mejor traducirlo «infieles» o «indignos de confianza». Este vocablo se utiliza muchas veces en el Nuevo Testamento para designar a inconversos (1 Co. 6:6; 7:12; 10:27; 14:22; 2 Co. 6:14-15), pero en este contexto la referencia parece ser a «personas que profesan ser creyentes y de hecho o de palabra niegan su fe en Cristo».[24]

«**Los abominables**» (*toîs ebdelygménois*). Este vocablo es el participio perfecto, voz pasiva de *bdelysso*, que significa «contaminar», «hacer detestable», «cometer abominación». «El término señala a personas cuyas mismas naturalezas han sido saturadas de las abominaciones que practicaron a lo largo de su vida y el contexto sugiere que en este caso las abominaciones no son sólo actos de idolatría, sino los vicios monstruosos y antinaturales de los paganos.»[25]

«**Los homicidas**» (*toîs phoneûsin*), es decir, «los que cometen asesinatos». La referencia puede ser general en el sentido de señalar a seres humanos y gobiernos que despiadadamente asesinan a sus semejantes. En el contexto, el vocablo se refiere, más bien, a los perseguidores de los que siguen al Mesías. «Los homicidas» mencionados tomaron parte o directamente asesinaron a los cristianos (véase Ap. 17:6; 18:24). La historia del cristianismo está repleta de casos de martirio. Muchos de los creyentes de la tribulación sufrirán martirio por orden de la bestia (véase Ap. 13:15).

«**Los fornicarios**» (*toîs pornoîs*). En el sentido físico, se refiere a la práctica de la inmoralidad sexual (He. 13:4). También se usa para indicar fornicación en el sentido espiritual (Ap. 19:2). En el Apocalipsis, los excesos sexuales desenfrenados se mencionan entre los principales pecados de los paganos (9:21). «Cuando los hombres se alejan del conocimiento de Dios, el camino les conduce en descenso a la idolatría y la inmoralidad.»[26]

«**Los hechiceros**» (*toîs pharmákois*). La práctica de la hechicería se remonta a los anales de la historia de la humanidad. Se menciona en el código de Hammurabi (1728-1686 a.C.).[27] Fue practicada también en Egipto en tiempos de Moisés (Éx. 7:22; 8:7). Dios advirtió a la nación de Israel contra dicha práctica (Dt. 18:9-14). El sustantivo *phármakos* significa «mezclador de pociones», «mago» (véanse Gá. 5:20; Ap. 9:21; 18:23 para el uso de *pharmakeía*). El sustantivo se usa también en Apocalipsis 22:15 con relación a los que estarán fuera de la santa ciudad. La hechicería es condenada en la Biblia por su origen satánico. Durante la tribulación, la hechicería será una práctica manifiesta (véase Ap. 9:21; 13:13, 14; 18:23). Dios condena dicha actividad y no habrá lugar para ella en la nueva Jerusalén (Ap. 22:15).

«**Los idólatras**» (*toîs eidôlolátrais*). La idolatría es condenada tajantemente en las Escrituras. Significa colocar cualquier otra persona u objeto en el lugar que sólo Dios debe ocupar. La idolatría es promovida por Satanás (1 Co. 10:19, 20) y es la práctica constante del paganismo (véase Ro. 1:18-25).

«Todos los mentirosos» (*pâsin toîs pseudésin*). Jesucristo dijo que Satanás es el padre de la mentira (Jn. 8:44). Él es el engañador por excelencia. El contexto señala, además, «todas las insinceridades del paganismo: Los engaños conscientes practicados por el sacerdocio pagano y los traficantes de magia ... pero no debe excluirse las insinceridades de los cristianos».[28] Si bien es cierto que el contexto del pasaje señala hacia quienes hablan mentiras respecto a las cosas de Dios y de la persona de Cristo, también es cierto que hay una firme aplicación tocante a cristianos que practican la mentira (véanse Col. 3:9; Ap. 14:5).

«Tendrán su parte en el lago que arde con fuego y azufre, que es la muerte segunda.» Esta frase expresa la sentencia de aquellos cuyos nombres no están inscritos en el libro de la vida. Estos no tienen herencia con Dios en la nueva Jerusalén, sino que su herencia será «en el lago que arde con fuego y azufre». El texto reitera que esa es «la muerte segunda» (véase 20:14). La muerte segunda es equivalente a la muerte eterna.

Resumiendo, Apocalipsis 21:1-8 comienza la presentación del maravilloso cuadro de lo que será el estado eterno para el creyente. Los tres primeros versículos describen la creación del nuevo cielo y la nueva tierra. La nueva Jerusalén se describe en 21:2 como la santa ciudad, la que desciende del cielo, la que es semejante a una esposa elegantemente vestida para encontrarse con su esposo. El creyente entrará en una nueva relación con Dios. Será una relación filial permanente (21:3). Todas las miserias pasadas serán eliminadas y el redimido gozará de una eterna felicidad (21:4). La nueva creación será un acto soberano de Dios. El redimido vivirá en un medio totalmente nuevo. Ese será el reino eterno del Señor. La sed espiritual quedará plenamente satisfecha y el hijo de Dios disfrutará de la herencia eterna con la que Dios le bendecirá (21:5-7). Habrá quienes no podrán disfrutar de las bendiciones de la nueva Jerusalén. Esos son aquellos cuyos nombres no están inscritos en el libro de la vida. Su fin será el lago de fuego, es decir, la muerte segunda.

21:9

«Vino entonces a mí uno de los siete ángeles que tenían las siete copas llenas de las siete plagas postreras, y habló conmigo, diciendo: Ven acá, yo te mostraré la desposada, la esposa del Cordero.»

A partir de 21:9, Juan recibe una visión ampliada de la nueva Jerusalén. No existe razón exegética para diferenciar la Jerusalén mencionada en 21:2 de la que se describe en 21:9-27. Algunos expositores interpretan que la Jerusalén descrita en Apocalipsis 21:9-27 se refiere a la ciudad del milenio y no a la del estado eterno. Las razones ofrecidas para apoyar dicha interpretación son que la ciudad de Apocalipsis 21:9-27 tiene: (1) Muros de protección a su alrededor (21:12); (2) será honrada por naciones y reyes (21:24, 26); y (3) la presencia del árbol de la vida «para la sanidad de las naciones» (22:2). Se dice que esas cosas sólo podrían estar presentes en la Jerusalén milenial, no en la nueva Jerusalén del estado eterno.[29]

Los argumentos esgrimidos para apoyar la idea de que se refiere a la Jerusalén de la era milenial pueden ser contestados. En primer lugar, a partir de Apocalipsis 19:11 Juan describe una serie de acontecimientos que ocurren en orden cronológico, incluyendo la creación de los nuevos cielos y la nueva tierra. La nueva Jerusalén es parte de la nueva creación. No parece razonable que Juan quiera hacer referir la nueva Jerusalén a la época del milenio. Eso equivaldría a romper la secuencia cronológica que comenzó en 19:11.

La utilización de la figuras de los muros de la nueva Jerusalén no es de extrañar. El apóstol tuvo la visión de la nueva ciudad, la Jerusalén celestial. Los muros de la ciudad celestial no tienen el mismo propósito que los de la ciudad terrenal. La ciudad terrenal necesitaba murallas para protegerse de los enemigos. Los muros de la Jerusalén celestial simbolizan la seguridad eterna del creyente en la presencia de Dios.

Respecto a las naciones y reyes mencionados en 21:24 y 26, debe reconocerse que es difícil concluir con precisión cual es la identidad de dichas naciones. Podría referirse a aquellos que no siguieron a Satanás en la rebelión al final del milenio y que, en el estado eterno, tienen acceso a la nueva Jerusalén después de haber recibido cuerpos nuevos. Debe reconocerse, sin embargo, que no se conoce una explicación definitiva de la identidad de dichas naciones y reyes.

En cuanto a la presencia del árbol de la vida cuyas hojas «eran para la sanidad de las naciones» (22:2), no resultaría en un problema hermenéutico difícil si se entiende que el vocablo «sanidad» (*therapeían*) significa «salud». No habrá enfermedad en el estado eterno. De modo que no habrá que sanar a nadie. Las hojas del árbol promueven el disfrute de la vida en la nueva Jerusalén, no la sanidad de una enfermedad física.

En resumen, la nueva Jerusalén descrita en Apocalipsis 21:9-27 no es la Jerusalén del milenio, sino la que forma parte de la nueva creación. La escena que Juan describe respecto a «la gran ciudad santa de Jerusalén» es tan estupenda y fuera de los límites del léxico humano que le es necesario utilizar figuras de dicción para comunicar verdades que, de otro modo, no podría desvelar. El texto no identifica al ángel que se acerca a Juan. Podría ser el mencionado en 17:1. Sí es uno de los siete utilizados para derramar las copas de la consumación de la ira de Dios.

«Yo te mostraré la desposada, la esposa del Cordero.» En Apocalipsis 17 la ciudad orgullo de los hombres es Babilonia. El texto la denomina «la gran ramera», la ciudad «madre de las abominaciones», «ebria de la sangre de los santos». En Apocalipsis 21 aparece el gran contraste: La nueva Jerusalén. «La santa ciudad», la que «desciende del cielo, de Dios», «vestida como una esposa ataviada para su marido», «la esposa del Cordero». Las diferencias son maravillosas y estupendas.

21:10, 11

«Y me llevó en el Espíritu a un monte grande y alto, y me mostró la gran ciudad santa de Jerusalén, que descendía del cielo, de Dios, teniendo la gloria de Dios. Y su fulgor era semejante al de una piedra preciosísima como piedra de jaspe, diáfana como el cristal.» El texto de la Reina-Valera 1960 da a entender que Juan es llevado en el Espíritu Santo. El texto griego, por el contrario, da a entender que se trata del espíritu de Juan. El apóstol fue transportado en éxtasis a un sitio que denomina **«un monte grande y alto»,** es decir, a un lugar de observación para que desde allí contemplase «la gran ciudad santa de Jerusalén».[30] La expresión **«que descendía»** (*katabaínousan*) es el gerundio de *katabaíno* y significa «descendiendo». La idea es que Juan contempló el majestuoso descenso de la santa ciudad. La nueva Jerusalén que Juan vio procedía del cielo, es decir, de la misma presencia de Dios. ¡Por eso es la ciudad santa!

«Teniendo la gloria de Dios» (*échousan tèin dóxan toû theoû*). La ciudad santa tiene el deslumbrante fulgor que procede de la gloria de Dios.[31] «Gloria es la manifestación de la santidad, de la forma en que la santidad es el alma de la verdadera hermosura, que no puede ser de verdad hermosa a no ser que sea el resplandor de la verdad. Es en este sentido que Jerusalén será gloriosa.»[32] La ciudad exhibe la gloria de Dios como un hermoso vestido. El sustantivo **«fulgor»** (*phostèir*) significa «algo en lo cual la luz se concentra para luego irradiar».[33] El fulgor de la ciudad es comparado con el que emite **«una piedra preciosísima, como piedra de jaspe, diáfana como el cristal».** El purísimo brillo de la ciudad sobrepasa la capacidad humana de descripción. «Su luz es semejante a una gema cristalina, cada una de cuyas facetas fulgura con una luz divina.»[34] La brillantez de la ciudad se deriva, sin duda alguna, de la gloria de la presencia de Dios. Juan dice: «Dios es luz, y no hay ningunas tinieblas en él» (1 Jn. 1:5). Jesús es la luz del mundo y todo aquel que le sigue no andará en tinieblas, sino que tendrá la luz de la vida (Jn. 8:12). La gloria de la nueva Jerusalén está, por lo tanto, íntimamente relacionada con su cercanía a la *shekinah* o gloria de Dios.

La nueva Jerusalén se alza como un formidable contraste con la Babilonia de los capítulos 17 y 18. Babilonia es la abominable gran ramera, mientras que la nueva Jerusalén es «la gran ciudad santa». Babilonia procede de las mismas entrañas de Satanás (17:13), mientras que la nueva Jerusalén «desciende del cielo, de Dios» (21:10). Babilonia es el centro universal del pecado y la idolatría (18:4, 5), mientras que la nueva Jerusalén es la habitación de los santos y del Dios Todopoderoso (21:2, 3, 22). El fulgor de la ciudad celestial es «semejante al de una piedra preciosísima, como piedra de jaspe, diáfana como el cristal». La frase no significa que es transparente como el cristal, puesto que «el jaspe se usaba en la antigüedad para designar a cualquier piedra preciosa de color opaco».[35] El énfasis, probablemente, radica en la centelleante brillantez de la piedra a la que la ciudad se asemeja.

21:12, 13

«Tenía un muro grande y alto con doce puertas; y en las puertas, doce ángeles, y nombres inscritos, que son los de las doce tribus de los hijos de Israel; al oriente tres puertas; al norte tres puertas; al occidente tres puertas.»

Sin duda, las murallas de la nueva Jerusalén llaman poderosamente la atención. En primer lugar por el hecho de existir y, en segundo, por su magnitud. Su existencia no se debe, por supuesto, a la necesidad de protegerla del ataque de enemigos como ocurre con las ciudades de la tierra. La nueva Jerusalén no estará sujeta a ningún tipo de peligro. La existencia y el tamaño imponente de sus murallas constituyen una lección objetiva de la eterna seguridad de todos los que habitan en ella.[36]

El apóstol Juan procede a explicar la existencia de **«doce puertas»** distribuidas en el muro que rodea la ciudad. En cada una de las puertas hay un ángel. Además, en cada puerta está inscrito el nombre de cada una de las tribus de Israel. Una descripción similar aparece en Ezequiel 48:30-34. En este pasaje el profeta describe la Jerusalén terrenal que existirá durante el reinado del Mesías. Las puertas de la ciudad de Ezequiel 48 serán utilizadas por las tribus de Israel para salir a ocupar su heredad (Ez. 48:29-33).[37] Las puertas de la Jerusalén celestial, descritas por Juan en Apocalipsis 21:12-13, son para dar entrada a todos aquellos cuyos nombres están inscritos en el libro de la vida (véase Ap. 21:24-27).[38] El hecho de que los nombres **de las doce tribus** de Israel están inscritos en las puertas de la Jerusalén celestial es una demostración de la fidelidad de Dios.

La elección divina de Israel es incuestionable. Pablo dice de dicha nación: «Así que en cuanto al evangelio, son enemigos por causa de vosotros; pero en cuanto a la elección, son amados por causa de los padres. Porque irrevocables son los dones y el llamamiento de Dios» (Ro. 11:28, 29). Dios no ha anulado ni olvidado las promesas que pactó con Abraham, David y en el nuevo pacto. Dios en ninguna manera ha desechado a su pueblo (Ro. 11:1).

Los ángeles situados en las puertas también son causa de alguna sorpresa. Un escritor sugiere que dichos ángeles sirven algo así como una guardia de honor a la entrada de cada una de las puertas.[39] Otro escritor sugiere que la presencia de los ángeles proclama que «esta es la ciudad de Dios».[40] La función de los ángeles, de cualquier modo, refuerza el hecho de la seguridad de aquellos que habitarán la santa ciudad. Las puertas de la ciudad están igualmente repartidas, tres puertas en cada lado. La simetría de la ciudad es perfecta y su belleza incomparable.

21:14

«Y el muro de la ciudad tenía doce cimientos, y sobre ellos los doce nombres de los doce apóstoles del Cordero.» La figura de la seguridad de la ciudad es ampliada en este versículo. En Apocalipsis 21:12, se describe el muro como «grande» y «alto». Ahora el apóstol añade que **«el muro de la ciudad tenía** [*échôn*] **doce cimientos».** Tal vez, mejor, «el muro de la ciudad tiene doce bases». Obsérvese, pues, que la ciudad está firmemente enclavada en la nueva tierra y, por lo tanto, no está suspendida en el espacio por sí sola.

También debe notarse cuidadosamente el hecho de que los nombres de **«los doce apóstoles del Cordero»** están inscritos en los doce cimientos del muro de la ciudad. En primer lugar, los apóstoles fueron escogidos y designados por Cristo. Ellos constituyen el cimiento de la Iglesia (Cristo es la piedra angular), porque ellos le dieron a la Iglesia la doctrina del Nuevo Testamento. El hecho de que se mencione tanto las doce tribus de Israel (21:12) como los apóstoles del Cordero por separado es, por lo menos, una sugerencia de la existencia de grupos diferentes en las Escrituras. Ambos estarán en la nueva Jerusalén (He. 12:22-24) como estarán los redimidos de todas las edades. Dios, sin embargo, los diferencia claramente en las Escrituras. John F. Walvoord lo expresa así:

> Debe notarse, sin embargo, que no sólo están representados los doce apóstoles, sino también las doce tribus de Israel. Esto debe dejar resuelto incuestionablemente el asunto de la inclusión de los santos del Antiguo Testamento. Evidentemente es la intención divina dar a conocer al lector que la nueva Jerusalén tendrá entre sus ciudadanos no sólo a la Iglesia, los santos de la era presente, sino también a Israel a los santos de otras edades, ya sea en el Antiguo Testamento o en período de la tribulación. Posteriormente también se menciona a los gentiles.[41]

Tanto el reino glorioso del Mesías en la tierra como la vida en la nueva Jerusalén serán disfrutados por judíos y gentiles. El hecho de que Dios diferencia entre ambos grupos no significa en modo alguno que ame a uno más que al otro. No debe de olvidarse que hay diferencias entre las huestes angelicales: Arcángeles, serafines, querubines... También, como ya se ha comentado, alrededor del trono están los cuatro seres vivientes, los veinticuatro ancianos y miríadas de ángeles. El Dios de los judíos es también Dios de los gentiles.

21:15

«El que hablaba conmigo tenía una caña de medir, de oro, para medir la ciudad, sus puertas y su muro.» En Apocalipsis 11:1, Juan recibió la orden de medir «el templo de Dios, y el altar, y a los que adoran en él». Esa acción tenía que ver con los acontecimientos relacionados con la gran tribulación. En Apocalipsis 21:15, el acto de medir es ejecutado por el ángel que ha dirigido a Juan desde 21:9.

«El propósito del ángel de medir la ciudad con la caña de oro es transmitir información acerca de la ciudad que no podía impartirse por visión directa.»[42] La acción de medir asegura algo para que reciba bendición, preservarlo de daño espiritual o contaminación. El medir revela la perfección, el cumplimiento o la realización de todos los propósitos de Dios para la esposa elegida y los demás redimidos.[43]

21:16, 17

«La ciudad se halla establecida en cuadro, y su longitud es igual a su anchura; y él midió la ciudad con la caña, doce mil estadios; la longitud, la altura y la anchura de ella son iguales. Y midió su muro, ciento cuarenta y cuatro codos, de medida de hombre, la cual es de ángel.»

Juan describe las características de la ciudad en estos versículos. El vocablo **«cuadro»** (*tetrágônos*) significa «cuadrilátero», «cuatro ángulos». Describe una piedra de forma cúbica usada para edificar.[44] De modo que la ciudad está afincada en forma de un cuadrángulo.

La medida es perfecta: **«La longitud, la altura y la anchura son iguales.»** El texto griego dice que la medida es **«doce mil estadios»**, cuyo equivalente en el sistema métrico decimal es, aproximadamente, dos mil doscientos kilómetros. Las dimensiones de la ciudad son, por lo tanto, enormes, si se entiende que cada lado mide 2.200 kilómetros.[45] La medida del muro es **«ciento cuarenta y cuatro codos»**, es decir, unos 65 metros. El texto no dice si se refiere al ancho o a la altura del muro. Hay quienes piensan que se refiere al ancho.[46] No es posible determinar la forma de la ciudad. Podría ser de forma cúbica o piramidal. De cualquier forma que sea, lo que sí es cierto es que sus dimensiones serán enormes. Cristo dijo: «En la casa de mi Padre muchas moradas hay...» (Jn. 14:2). Habrá espacio abundante para todos los redimidos. La ciudad estará firmemente establecida sobre la nueva tierra. Segura por sus cimientos, por sus murallas, por sus puertas y, sobre todo, por la presencia del Dios Todopoderoso en medio de ella.

21:18

«El material de su muro era de jaspe; pero la ciudad era de oro puro, semejante al vidrio limpio.» Juan ya ha mencionado (21:11) que el fulgor de la ciudad era «semejante a una piedra preciosísima, como piedra de jaspe, diáfana como el cristal». En 21:18, el apóstol añade que el material del muro de la ciudad era de jaspe. El vocablo **«material»** (*endómeisis*) significa «el acto de construir algo». Robert H. Mounce dice: «Debido a que el primero de los doce cimientos de la ciudad está hecho de jaspe (v. 19), es correcto entender esta referencia anterior al jaspe como una indicación de algún tipo de incrustación de piedras preciosas y no de jaspe sólido como material de construcción.»[47] De modo que el muro podría estar construido de algún metal precioso incrustado con piedra de jaspe, proporcionándole un brillo maravilloso. Ya se ha señalado que en Apocalipsis 4:3, el aspecto del que está sentado en el trono es comparado con una «piedra de jaspe». En 21:11, la santa ciudad que desciende del cielo tiene la gloria de Dios y su fulgor y es semejante a una piedra de jaspe. Puede decirse, por lo tanto, que tanto los muros como la ciudad en sí reflejan la gloria de Dios.

«La ciudad era de oro puro, semejante al vidrio limpio.» La ciudad está edificada con oro finísimo, tan puro que es comparado con el vidrio limpio. «El material de construcción de la ciudad en sí es *oro*, pero no oro terrenal; es brillante como el cristal limpio, translúcido en todos los puntos a la gloria omnipresente.»[48] El oro con el que la ciudad está edificada es tan puro que es perfectamente transparente. La mente humana no puede concebir la magnitud de la grandeza de las cosas que Dios ha preparado para sus hijos. El hombre, en su orgullo egoísta, no es capaz de alzar sus ojos al cielo y confiar en el Mesías. Hay un «eterno peso de gloria» que aguarda a los seguidores del Mesías (2 Co. 4:17, 18).

21:19, 20

«Y los cimientos del muro de la ciudad estaban adornados con toda piedra preciosa. El primer cimiento era jaspe; el segundo, zafiro; el tercero, ágata; el cuarto, esmeralda; el quinto, ónice; el sexto, cornalina; el séptimo, crisólito; el octavo, berilo; el noveno, topacio; el décimo, crisopaso; el undécimo, jacinto; el duodécimo, amatista.»

La hermosura de la ciudad se describe comenzando por los cimientos del muro. Estos **«estaban adornados** (*kakosmeiménoi*) con toda piedra preciosa». La expresión «estaban adornados» es el participio perfecto, voz pasiva de *kosméo*, que significa «poner en orden», «hacer ordenado», «decorar». El muro de la ciudad está ordenadamente diseñado con toda piedra preciosa, formando un orden de espectacular belleza.[49] Cada piedra preciosa está unida a la otra para resaltar la hermosura del muro en todos sus aspectos. Las doce piedras preciosas que adornan el muro no tienen ningún significado místico. Hay autores que las asocian con los signos del zodíaco. Otras las relacionan con las joyas del pectoral del Sumo Sacerdote.[50] Sin embargo, no parece haber esas relaciones. Los cimientos del muro de la ciudad tienen un diseño singular que no guarda relación alguna con nada de lo ya creado. Las piedras preciosas mencionadas son las siguientes:

Jaspe: Esta piedra es de difícil identificación. Hoy día el jaspe se limita a una variedad de joya que posee ricos colores y de variedades estrictamente opacas.[51] Es una variedad de cuarzo: Rojo, marrón, amarillo, verde o gris, y opaco. También designa «una piedra preciosa transparente o translúcida de color verde, por lo que se trataría de una especie de calcedonia o ágata».[52]

Zafiro: Esta piedra preciosa es mencionada varias veces en el Antiguo Testamento (véanse Éx. 24:10; Ez. 1:26; 9:2; 10:1). El zafiro moderno es diferente del conocido por los antiguos. El zafiro moderno es probablemente similar al jacinto de los antiguos. Es probable que el zafiro mencionado en Apocalipsis 21:19 sea el *lapislázuli*, que era una piedra preciosa de color azul celeste, salpicada con dorado y cuya dureza era inferior sólo a la del diamante[53].

Ágata: También llamada calcedonia (*chalkeidón*). No se menciona en ningún otro sitio en las Escrituras. «Es una piedra preciosa posiblemente de silicato de cobre verde o una ágata procedente de las cercanías de Calcedonia.»[54]

Esmeralda: Esta joya era conocida y apreciada en la antigüedad. Con toda seguridad era conocida por los hebreos cuando salieron de Egipto, pero no se menciona con claridad en el Antiguo Testamento. La esmeralda es identificada por su color verde. Se describe por Plinio como «la más verde de todas las piedras verdes».[55]

Ónice: En el texto griego aparece *sardónux*. Este es un vocablo compuesto de *sárdion* («sardio») y *ónyx* («blanco»). El *sárdonux* u ónice es una piedra de color blanco con vetas de color rojo o marrón en planos uniformes. El sustantivo *sárdonux* no se usa en ningún otro sitio del Nuevo Testamento. En el Antiguo Testamento, sin embargo, aparece en Génesis 2:12; Éxodo 28:9, 12, 20; 1 Crónicas 29:2; Ezequiel 28:13.

Cornalina: Es conocida como *sárdion* en el Nuevo Testamento. Es una variedad de la calcedonia. Es una piedra preciosa de color rojo que forma parte de la descripción del que está sentado en el trono en Apocalipsis 4:3.

Crisólito: El vocablo significa «piedra de oro» (*chrysós* + *líthos*). Es precisamente una piedra de color dorado que se asemeja al berilio de color amarillo o al jaspe dorado.

Berilo: Muy parecido a la esmeralda, el berilo es una de las piedras que se encontraban en el pectoral del Sumo Sacerdote. El berilo es de color azul marino o verde marino de gran belleza.

Topacio: Se menciona en Éxodo 28:17 y en Apocalipsis 21:20. Su color es un verde dorado muy apreciado por los hebreos. Se conoce desde tiempos muy antiguos (véase Job 28:19).

Crisopraso: Es de color «verde manzana» o «verde dorado». Podría ser una «variedad del cuarzo, altamente translúcido».[56] No se menciona en ningún otro sitio del Nuevo Testamento ni de la Septuaginta.[57]

Jacinto: Además de Apocalipsis 21:20, también se menciona en 9:17, donde la Reina-Valera 1960 lo traduce «zafiro». El jacinto es una piedra preciosa, probablemente de color azul violeta. Hay quienes piensan, sin embargo, que su color es rojo amarillento.

Amatista: La amatista es también una variedad del cuarzo. Su color es púrpura claro y transparente. También podría ser de color azul púrpura y es más brillante que el jacinto.[58]

Los colores representados por las piedras preciosas han sido clasificados de la siguiente manera:

Azul (zafiro, jacinto y amatista)

Verde (jaspe, ágata o calcedonia, esmeralda, berilo, topacio y crisopraso)

Rojo (sardónica, sardio u ónice)

Amarillo (crisólito).[59]

Robertson añade que: «Aun así, hay una gran variedad de tonos y brillantez y en la reacción de cada piedra preciosa en la otra.»[60] La hermosura de los cimientos del muro es, sin duda, cautivadora. La belleza de la ciudad deslumbra la mente del lector, pero la realidad será mucho más hermosa todavía.

21:21

«Las doce puertas eran doce perlas; cada una de las puertas era una perla. Y la calle era de oro puro, transparente como vidrio.»

En 21:12, 13, se menciona que la ciudad tiene **«doce puertas»**. Cada puerta tiene el nombre de unas de las tribus de Israel. Pero en Apocalipsis 21:21 se añade al hecho de que cada una de las puertas consiste de una enorme perla de aproximadamente 65 metros de ancho. La amplitud de cada puerta y el número de ellas sugiere el libre y amplio acceso de los redimidos a la ciudad. La perla es una de las joyas más codiciadas de la humanidad (véase Mt. 13:45, 46). Dios ha escogido los materiales más hermosos para la construcción de la nueva Jerusalén. Esa es la casa del Padre y allí estarán sus redimidos. La deslumbrante belleza de la ciudad se extiende de un extremo al otro de la misma: Sus puertas, su muro, su calle, todo es de una belleza tal que el vocabulario humano no es capaz de describirla.

«Y la calle de la ciudad era de oro puro.» Obsérvese el singular **«la calle»** (*hei plateîa*). Al parecer, se refiere a una amplia avenida que cruza la ciudad. También podría referirse a la totalidad de las calles. El hecho de que toda la ciudad estará hecha de «oro puro, semejante al vidrio limpio» permite concluir que sus calles serán de oro. «Debido a que la calle será continua aun cuando cambie de dirección o se una con otra avenida que proceda de otra puerta, es solamente una calle y no muchas.»[61] La expresión **«transparente como vidrio»** es una frase epexegética usada para destacar la excelsa pureza del oro. Los habitantes de la ciudad podrán admirar la hermosura de la gran avenida de la nueva Jerusalén y sorprenderse ante la transparencia del oro que le sirve de cubierta.

21:22

«Y no vi en ella templo; porque el Señor Dios Todopoderoso es el templo de ella, y el Cordero.» En la Jerusalén terrenal, el templo era el centro de todas las actividades de la nación de Israel. Cuando el Mesías regrese a la tierra, «Él edificará el templo de Jehová» (Zac. 6:13). Habrá un templo nuevo en Jerusalén durante el milenio. Pero en la nueva Jerusalén no hará falta templo.

Juan explica la causa de la ausencia de un templo en la ciudad celestial: **«Porque el Señor Dios Todopoderoso es el templo de ella.»** Esta es una frase enfática en el texto griego. Literalmente dice: «Porque el Señor, el Dios, el Todopoderoso templo de ella es.» Él es el Soberano, Dueño y Creador de todas las cosas. Además, es el Todopoderoso (*pantokrátor*), es decir, el que tiene control de todas las cosas. Él es el *naós*, o sea, el lugar santísimo de la ciudad.

«Y el Cordero» (*kaì tò arníon*). El Cordero también es el lugar santísimo de la nueva Jerusalén junto con el Padre celestial. El Cordero-Mesías posee la misma dignidad, atributos y gloria que el Padre. En la ciudad celestial el Cordero será adorado al igual que el Padre como el Señor Dios Todopoderoso porque Él es Dios en el sentido más riguroso del vocablo.

21:23

«La ciudad no tiene necesidad de sol ni de luna que brillen en ella; porque la gloria de Dios la ilumina, y el Cordero es su lumbrera.» La presencia de Dios suplirá la luz necesaria para la iluminación de la nueva Jerusalén. La antigua creación necesita la luz del sol y la de la luna. La nueva creación tendrá la Shekinah, es decir, la luz de la presencia de Dios.

La ciudad santa será iluminada por la gloria de Dios. Tal acción añadirá a la belleza ya existente en la ciudad. «Dios es luz, y no hay ningunas tinieblas en él» (1 Jn. 1:5). Jesús dijo: «Yo soy la luz del mundo; el que me sigue, no andará en tinieblas, sino que tendrá la luz de la vida» (Jn. 8:12). El Cordero será la lámpara (*ho lychnos*) de la nueva Jerusalén. Si hubiese sol en la nueva creación, la luz de la gloria de Dios y del Cordero sobrepasarían en brillo y esplendor a la luz que éste pudiese producir.

21:24

«Y las naciones que hubieren sido salvas andarán a la luz de ella; y los reyes de la tierra traerán su gloria y honor a ella.»

No es tarea fácil determinar a qué naciones y reyes se refiere este versículo. Leon Morris cree que dichas designaciones son maneras de «enfatizar la universalidad y preeminencia de la ciudad».[62] E.W. Bullinger opina que se refiere a las naciones que no se unen a la rebelión de Gog y Magog mencionada en Apocalipsis 20:8 cuando Satanás hace su último intento contra Dios.[63] John F. Walvoord entiende que se refiere a gentiles salvos, no pertenecientes a la raza judía, quienes estarán en la nueva Jerusalén.[64] William Barclay dice lo siguiente:

> Aquí hay un cuadro de todas las naciones que van a Dios y todos los reyes que traen sus regalos. En otras palabras, aquí hay un cuadro de salvación universal.[65]

La idea universalista no tiene apoyo bíblico. La Biblia no enseña que, a la postre, toda la humanidad será salva. Sí enseña que la salvación es el regalo de Dios para todos los que confían en Jesucristo (Jn. 3:18; 5:24; Ro. 6:23). Por lo tanto, la postura de Barclay debe ser rechazada enfáticamente.

Un punto de vista que posee méritos y se ajusta al contexto del Apocalipsis y es consonante con la enseñanza bíblica lo ofrece Robert L. Thomas:

> **«Las naciones»** están compuestas de gente salvada que sobrevive el reino milenial sin morir y sin integrarse en la rebelión de Satanás y que experimenta algún tipo de transformación que le capacita para la vida en el estado eterno. Serán como Adán y Eva en el huerto del Edén antes de la caída. Serán seres humanos no resucitados que habitarán en la nueva tierra, el Paraíso restaurado (22:1-5) por toda la eternidad. Estos serán los individuos sobre quienes los santos resucitados reinarán (22:5). Naciones, pueblos y hombres en la tierra deben continuar en la carne como estuvieron Adán y Eva antes de la caída.

Qué condiciones prevalecen fuera de la nueva Jerusalén en partes de la nueva tierra de donde proceden las naciones y los reyes que vienen a la ciudad no han sido reveladas. Uno sólo puede asumir que en la ausencia de la maldición que dañó la tierra antigua (22:3), las condiciones serán inmensamente superiores a las del mundo del orden presente. Dos cosas son ciertas: No habrá más mar (21:1) y no habrá más noche (21:25).[66]

De cualquier manera, el versículo 24 presenta un cuadro diferente del que aparece en otros capítulos del Apocalipsis. En 21:24 se habla de «naciones» y «reyes de la tierra» que llevan su gloria y honor, es decir, sus mejores regalos, a la nueva Jerusalén. Hay un gran contraste entre lo que describe este versículo y la actitud de las naciones paganas que aparecen en otros pasajes del Apocalipsis, particularmente los relacionados con la Babilonia de los capítulos 17 y 18. Como puede verse en Apocalipsis 21:24-26, la vida en el mundo venidero, con toda seguridad, implica la continuación de actividades que contribuirán a la gloria de la Santa Ciudad por toda la eternidad.[67] Las naciones paganas y los reyes de la tierra han estado en rebeldía contra Dios. Pero en la nueva creación tanto las naciones que han sido salvas como sus reyes adorarán al Mesías y se someterán a su soberanía.

21:25, 26

«Sus puertas nunca serán cerradas de día, pues allí no habrá noche. Y llevarán la gloria y la honra de las naciones a ella.» Las **«puertas»** (*hoi pylônes*) de la nueva Jerusalén son espaciosas. **«Nunca serán cerradas de día»** (*ou mèi kleisthôsin heiméras*). Obsérvese el uso de la doble negación *ou mèi* con el aoristo subjuntivo, voz pasiva de *kleío*, que significa «cerrar». La doble negación es enfática y puede traducirse «jamás», «nunca», «de ninguna manera». El aoristo subjuntivo realiza la función de futuro. La idea de la frase es que «las puertas de la ciudad jamás serán cerradas de día», es decir, estarán abiertas constantemente. Las ciudades terrenales tenían que cerrar sus puertas al anochecer por razones de seguridad. La nueva Jerusalén tendrá seguridad permanente. Como ya se ha señalado, sus altos muros no son para proteger a sus moradores, sino para simbolizar que esa seguridad ya existe. El hecho de que las puertas permanezcan abiertas todo el tiempo refuerza la idea de la paz y tranquilidad existente en la ciudad celestial.

«Pues allí no habrá noche» (*nyx gàr ouk éstai ekêi*). «El día se extiende indefinidamente sin interrupción, porque las tinieblas nunca vienen.»[68] La ausencia de la noche significa que ha habido un cambio en el ciclo «día-noche» tal como el hombre lo ha conocido. La presencia permanente de la gloria divina es lo que produce la desaparición de la noche en la nueva Jerusalén. El texto, por lo tanto, pone de manifiesto dos estupendas realidades: (1) Las puertas de la ciudad santa no serán cerradas bajo ninguna circunstancia; y (2) no habrá noche en la nueva Jerusalén. «Allí no hay ningún miedo, ni temor, porque la misma presencia del Señor protege a los suyos.»[69]

Las naciones mencionadas en 21:26 son las mismas del versículo 24. El verbo **«llevarán»** (*oísousin*) es el futuro indicativo, voz activa de *phéro*, que significa «llevar», «transportar». El texto no dice cual es el sujeto de dicho verbo. Es probable que el sujeto sea «los reyes de la tierra». Estos llevarán a la nueva Jerusalén «la gloria y la honra de las naciones», es decir, sus mejores regalos. «Los líderes de las naciones organizadas tendrán acceso a la santa ciudad y pagarán allí sus tributos regularmente.»[70] Los vocablos **«gloria»** (*dóxan*) y **«honra»** (*timèin*) apunta a la excelencia del tributo que los reyes de las naciones llevarán a la nueva Jerusalén.

21:27

«No entrará en ella ninguna cosa inmunda, o que hace abominación y mentira, sino solamente los que están inscritos en el libro de la vida del Cordero.»

Este versículo establece de forma enfática la santidad de la nueva Jerusalén: **«No entrará en ella ninguna cosa inmunda»** (*kaì ou mèi eisélthei eis autèin pân koinòn*). Obsérvese la doble negación *ou mèi* antepuesta al verbo *eisélthei* («entrará»). Como en el caso anterior (v. 25), la doble negación es enfática y el verbo que le sigue es el aoristo subjuntivo, voz activa pero que tiene función de futuro. La idea de la frase podría expresarse así: «Y de ninguna manera entrará en ella alguna cosa común» o «y jamás entrará en ella algo profano o ceremonialmente impuro». Es decir, en la ciudad habrá perfecta santidad.

«O que hace abominación y mentira» (*kaì poiôn bdélygma kaì pseûdos*). Esa era una de las principales características de la gran Babilonia: «La madre de las rameras y de las abominaciones de la tierra.» Babilonia contaminó a las naciones de la tierra con el vino de sus abominaciones y las alejó de Dios con sus mentiras e idolatría. La santa ciudad, la Jerusalén celestial, estará limpia de toda inmundicia y pecado. La entrada en la nueva Jerusalén estará vedada a todos los mencionados en 21:8. Sólo entrarán en ella aquellos cuyos nombres estén inscritos en el libro de la vida del Cordero. Alan F. Johnson hace una observación importante:

> Esto no debe tomarse como que implica que en la nueva Jerusalén todavía habrá inconversos deambulando alrededor de la ciudad que pudiesen de cuando en cuando entrar mediante el arrepentimiento. En su lugar, la exhortación advierte a los lectores actuales que la única manera de participar en la futura ciudad es dar toda la lealtad al Cordero ahora (Ap. 21:7).[71]

La aclaración hecha por Alan F. Johnson es importante. No hay ninguna sugerencia en la Biblia de que exista posibilidad de salvación en la eternidad o después de la muerte. La Biblia afirma de manera rigurosa que el que cree en Cristo tiene vida eterna (Jn. 6:47) y «que está establecido para los hombres que mueran una sola vez, y después de esto el juicio» (He. 9:27). La salvación se recibe en esta vida. No hay esperanza para el pecador después de la muerte.

Otra observación que debe hacerse es el énfasis dado al Cordero en Apocalipsis

21:9-22:3. Nótese que se habla de «la esposa del Cordero» (21:9); «los doce apóstoles del Cordero» (21:14); «el Cordero» (como templo) (21:22); «el Cordero» (como lumbrera de la santa ciudad) (21:23); «el libro de la vida del Cordero» (21:27).[72] Evidentemente «las naciones» y «los reyes de la tierra» mencionados en 21:24, 26, tienen sus nombres inscritos en el libro de la vida del Cordero, puesto que tienen libre entrada en la Jerusalén celestial. Como ya se ha sugerido (21:24) «las naciones» mencionadas en este pasaje podrían estar formadas por personas nacidas durante el milenio que no siguieron a Satanás en su última rebelión. Esas personas son los que ponen su fe en el Mesías y, por lo tanto, nacen de nuevo. Al final del milenio reciben alguna clase de transformación que les permite vivir en la eternidad en un nuevo estado similar al de Adán y Eva antes que pecasen.[73]

RESUMEN Y CONCLUSIÓN

Apocalipsis 21 desvela la visión que el Señor dio a Juan respecto a la nueva creación y la nueva Jerusalén. Dios prometió la renovación de todas las cosas (Is. 65:17; 66:22; Ro. 8:19-22; Hch. 3:21). En Apocalipsis 21:1-3, Dios crea un nuevo cielo, una nueva tierra y una nueva ciudad, Jerusalén la celestial. Allí habitará Dios y con Él todos sus redimidos, aquellos cuyos nombres están inscritos en el libro de la vida del Cordero (21:27).

La miseria humana será eliminada de la experiencia de los redimidos por completo (21:4) porque habrá un ambiente totalmente nuevo (21:5, 6) y una nueva relación con Dios (21:7). Los inicuos serán absolutamente excluidos de la nueva Jerusalén porque allí habrá total santidad (21:8).

La visión de la Jerusalén celestial es estupenda. Se asemeja a una esposa ataviada para esperar a su esposo (21:9), desciende de la misma presencia de Dios (21:10), posee la gloria de Dios (21:11a) y se asemeja a una piedra de jaspe, diáfana como el cristal (21:11b). La ciudad está rodeada de un formidable muro que representa la seguridad que en ella hay. Tiene doce puertas con los nombres de las tribus de Israel (21:12, 13). El muro de la ciudad tiene doce cimientos con los nombres de los doce apóstoles del Cordero (21:14). Las dimensiones de la ciudad son enormes. Probablemente tenga la forma de un cubo de 2.200 kilómetros de ancho, 2.200 de largo y 2.200 de alto (21:15, 16). La anchura del muro es de 65 metros (21:17). Los versículos 18 al 21 proporcionan una lista de los materiales de los que está edificada la ciudad: El muro, los cimientos, las puertas y la calle, todo está edificado de piedras preciosas y oro resplandeciente como el cristal.

Los versículos finales (21:22-27) presentan las características de la nueva Jerusalén en su aspecto espiritual. No habrá templo físico, porque Dios y el Cordero son su templo (21:22). No habrá necesidad de sol ni de luna, porque Dios y el Cordero la iluminarán (21:23). Las naciones que han sido salvas le traerán regalos preciosos (21:24, 26). Las puertas de la nueva ciudad nunca se cerrarán (21:25). Sólo los redimidos tendrán acceso a la ciudad (21:27). Es indiscutible que la nueva Jerusalén exhibirá una gloria jamás soñada por el ser humano. El requisito para la entrada en la santa ciudad sigue siendo la fe en el único Salvador de los hombres: Jesucristo, el Mesías.

NOTAS

1. M. Eugene Boring, «Revelation», *Interpretation: A Bible Commentary for Teaching and Preaching*, p. 213.
2. La Reina-Valera 1960, desdichadamente, omite la conjunción «y». Dicha conjunción es importante puesto que el escritor está indicando la secuencia cronológica de una serie de visiones comenzando en 19:11.

3. Robert L. Thomas, *Revelation 8—22*, p. 439.
4. *Ibid.*, p. 446.
5. Véase John F. Walvoord, *The Revelation of Jesus Christ*, p. 312.
6. Robert L. Thomas, *op. cit.*, p. 441.
7. Véase John F. Walvoord, *The Revelation of Jesus Christ*, p. 314.
8. José Grau, *Estudios sobre Apocalipsis*, pp. 328, 329.
9. El texto no sugiere que los santos derramarán lágrimas en el cielo por los fracasos sufridos en la tierra. El énfasis está en el consuelo que Dios da a los redimidos y no en el remordimiento de ellos (véase John F. Walvoord, *The Revelation of Jesus Christ*, p. 315).
10. *Ibid.*, p. 316.
11. *Ibid.*
12. G.B. Caird, «The Revelation of Saint John», p. 266.
13. John F. Walvoord, *op. cit.*, p. 316.
14. George Eldon Ladd, *A Commentary on the Revelation of John*, p. 279.
15. Johannes Eichler, «Inheritance, Lot, Portion», *The New International Dictionary of New Testament Theology*, vol. 2, ed. por Colin Brown, pp. 300-302.
16. Robert L. Thomas, *op. cit.*, p. 449.
17. Robert H. Mounce, «The Book of Revelation», p. 374.
18. *Ibid.*
19. Véase Henry Barclay Swete, *Commentary on Revelation*, p. 281.
20. Véase Albert Barnes, *Barnes' Notes on the New Testament*, p. 1.721
21. Véase John F. Walvoord, *The Revelation of Jesus Christ*, p. 317.
22. Véase A.T. Robertson, *Word Pictures*, p. 469.
23. En el texto griego se da a entender que todos los sustantivos mencionados son definidos al estar controlados por el artículo definido «los» (*toîs*).
24. Robert L. Thomas, *op. cit.*, p. 451.
25. Fritz Rienecker, *A Linguistic Key*, vol. 2, p. 514. Véase también Henry Barclay Swete, *Commentary on Revelation*, p. 282.
26. Robert H. Mounce, «The Book of Revelation», p. 204.
27. Véase J. Stafford Wright, «Magic», *The New International Dictionary of the New Testament Theology*, vol. 2, ed. por Colin Brown, pp. 552-559.
28. Henry Barclay Swete, *Commentary on Revelation*, p. 282.
29. Para la explicación y refutación de dicha postura, véanse John F. Walvoord, *The Revelation of Jesus Christ*, pp. 317-320; Robert L. Thomas, *Revelation 8—22*, pp. 457, 458.
30. El texto griego dice, literalmente, «...y me mostró la ciudad, la santa, Jerusalén...»
31. Véase Robert H. Mounce, «The Book of Revelation», p. 378.
32. Eric Sauer, *El triunfo del crucificado*, p. 261.
33. Henry Barclay Swete, *A Commentary on Revelation*, p. 284.
34. *Ibid.*
35. Robert H. Mounce, «The Book of Revelation», p. 378; véase también Alan F. Johnson, «Revelation», p. 595.
36. Robert L. Thomas, *op. cit.*, p. 462.
37. Véase Robert H. Mounce, «The Book of Revelation», p. 378.
38. *Ibid.*
39. Véase John F. Walvoord, *The Revelation of Jesus Christ*, p. 321.
40. Alan F. Johnson, «Revelation», p. 596.
41. John F. Walvoord, *op. cit.*, p. 322.

42. G.B. Caird, «The Revelation of Saint John», p. 272.
43. Véase Alan F. Johnson, «Revelation», p. 596.
44. Véase Robert L. Thomas, *Revelation 8—22*, p. 466.
45. Hay quienes creen que los 2.200 kilómetros es el total de las dimensiones (longitud, altura y anchura). Quienes así piensan pretenden reducir el tamaño de la ciudad. Una lectura normal del texto da a entender que cada medida es de 2.200 kilómetros. Leon Morris dice que la ciudad es un «cubo perfecto ... esa forma es la del lugar santísimo (1 R. 6:20) e indica perfección» (Leon Morris, «Revelation», p. 250).
46. Robert L. Thomas, *op. cit.,* p. 468.
47. Robert H. Mounce, «The Book of Revelation», p. 381.
48. G.B. Caird, *op. cit.*, p. 274.
49. Robert L. Thomas observa que «*kekosmeiménoi* no significa que estas piedras decoran los cimientos, sino que cada uno de los cimientos consiste de una de las doce piedras» (véase Robert L. Thomas, *Revelation 8—22*, p. 469).
50. Véase A.T. Robertson, *Word Pictures,* vol. VI, p. 474.
51. Véase Merrill, F. Unger, *Unger's Bible Dictionary*, p. 740.
52. Samuel Vila y Santiago Escuain, *Nuevo diccionario bíblico ilustrado*, p. 937.
53. Véase Henry Barclay Swete, *Commentary on Revelation,* p. 291.
54. Robert L. Thomas, *op. cit.,* p. 471.
55. Véase William Barclay, *The Revelation of John,* vol. 2, p. 213.
56. J. Massyngberde Ford, «Revelation», p. 336.
57. Robert L. Thomas, *Revelation 8—22,* p. 472.
58. *Ibid.*
59. A. T. Robertson, *Word Pictures,* vol. VI, p. 475.
60. *Ibid.*
61. Robert L. Thomas, *op. cit.,* p. 473.
62. Leon Morris, «Revelation», p. 254.
63. Véase E. W. Bullinger, *Commentary on Revelation,* pp. 666, 667.
64. Véase John F. Walvoord, *The Revelation of Jesus Christ,* p. 327.
65. William Barclay, *The Revelation of John,* vol. 2, p. 216.
66. Robert L. Thomas, *op. cit.,* p. 478.
67. Alan F. Johnson, «Revelation», p. 598.
68. Robert H. Mounce, «The Book of Revelation», p. 385.
69. José Grau, *Estudios sobre Apocalipsis,* p. 334.
70. Robert L. Thomas, *op. cit.,* p. 479.
71. Alan F. Johnson, *op. cit.*, p. 598.
72. El libro de la vida se menciona en el Apocalipsis en 3:5; 13:8; 20:12, 15 y sugiere el registro donde están inscritos los nombres de los redimidos.
73. Esa es la posibilidad defendida por Robert L. Thomas en su excelente comentario (*Revelation 8—22,* pp. 476-478, 480).

22

Las bendiciones del estado eterno (22:1-21)

INTRODUCCIÓN

La descripción de las características internas de la ciudad se prolonga hasta Apocalipsis 22:1-5. Seguidamente Juan registra varias exhortaciones de parte del Señor Jesucristo (22:6-17). También hay varias llamadas de atención respecto al peligro de torcer o desviarse de las enseñanzas de las profecías del Apocalipsis (22:18-21). Hay, además, una invitación compasiva a todo aquel que reconozca su sed espiritual a venir a la fuente de agua de la vida eterna. Esa agua simboliza el regalo de la salvación. La oferta de la salvación es hecha en las Escrituras siempre como un regalo de Dios que se recibe sólo por la fe en Jesucristo (véase Ro. 3:21-26).

Finalmente, el Apocalipsis concluye con una contundente afirmación de la segunda venida de Cristo. Es importante observar que este culminante libro comienza con el anuncio de la venida en gloria del Señor (Ap. 1:7) y concluye con una clara reconfirmación de dicho acontecimiento (véase Ap. 22:7, 12, 20).

Bosquejo

1. **Final de la visión de la santa ciudad (22:1-5)**
    1.1. La visión del río de agua viva (22:1)
    1.2. La visión del árbol de la vida (22:2)
        1.2.1. Los doce frutos del árbol de la vida (22:2*a*)
        1.2.2. Las hojas del árbol de la vida (22:2*b*)
    1.3. La ausencia de maldición de la ciudad (22:3*a*)
    1.4. La presencia del trono de Dios y del Cordero (22:3*b*)
    1.5. La promesa de la visión del rostro del Cordero (22:4)
    1.6. La ausencia de noche y de la luz del sol (22:5*a*)
    1.7. La promesa de reinar por los siglos de los siglos (22:5*b*)
2. **Exhortaciones finales a la luz de la venida de Cristo (22:6-21)**
    2.1. Exhortación a guardar las palabras del Apocalipsis (22:6, 7)
        2.1.1. Porque son palabras fieles y verdaderas (22:6)

Notas exegéticas y comentarios

22:1

«Después me mostró un río limpio de agua de vida, resplandeciente como cristal, que salía del trono de Dios y del Cordero.» El profeta Ezequiel menciona una escena similar (Ez. 47:1, 12). También el profeta Zacarías dice «que saldrán de Jerusalén aguas vivas» (Zac. 14:8). Los mencionados profetas se refieren, sin embargo, a escenas relacionadas con el reino mesiánico. Hay varios pasajes en el Antiguo Testamento que mencionan el agua como símbolo de bendición que fluye de la presencia de Dios (véanse Is. 12:3; 35:7; Jer. 17.13; Sal. 46:4). La escena que Juan contempla tiene que ver con la nueva Jerusalén, es decir, con la nueva creación y no con la tierra antigua.

El ángel que guía a Juan en el capítulo 22 es, probablemente, el mismo de 21:9. Este ángel mostró a Juan **«un río limpio de agua de vida»** (véase Ap. 21:6; 22:17). «El río es el agua de vida, y su presencia en la ciudad simplemente significa que la plenitud de vida será la experiencia de todos los que habiten allí.»[1] Hay un singular parecido entre los primeros cinco versículos de Apocalipsis 22 y la escena del huerto del Edén descrito en Génesis 2.[2] «Los cinco versículos al comienzo de Apocalipsis 22 muestran que la redención de Dios devolverá la nueva creación al estado del huerto del Edén y a la intención del Creador con la humanidad.»[3] La belleza del huerto del Edén debió ser deslumbrante. También allí había agua abundante: «Y salía de Edén un río para regar el huerto, y de allí se repartía en cuatro brazos. El nombre del uno era Pisón; éste es el que rodea toda la tierra de Havila, donde hay oro; y el oro de aquella tierra es bueno; hay allí también bedelio y ónice» (Gn. 2:10-12).

La desobediencia del hombre causó la entrada del pecado y de la muerte como consecuencia directa (Gn. 3; Ro. 5:12). La muerte y resurrección de Cristo han provisto el medio perfecto para poner fin al pecado y a la muerte. La Biblia enseña con suma claridad que quien pone su fe y confianza en Cristo recibe el regalo de la vida eterna. La entrada en la nueva Jerusalén es para quienes tienen sus nombres inscritos en el libro de la vida del Cordero.

En Apocalipsis 21:9-27, Juan describe las características físicas de la Jerusalén celestial. Las características espirituales de la ciudad son enumeradas en 22:1-5. El texto comienza de manera enfática. No hay artículo determinado delante del sustantivo **«río»**, ya que la fuerza no está en la identificación sino en destacar la cualidad intrínseca del tema: «Me mostró [tal cosa como] río de agua vida resplandeciente [brillante] como cristal.»[4] Juan desea recalcar la pureza excelente del agua de vida que fluye a través del río. Dicha agua es brillante, es decir, sin contaminación alguna. Tan limpia que Juan la asemeja al cristal.

La fuente de procedencia del río de agua de vida es **«del trono de Dios y del Cordero».** No hay razón exegética para alegorizar este versículo. El texto habla de agua literal que fluye del trono literal de Dios y del Cordero. El expositor de la pasada generación, J.A. Seiss, ha escrito:

> Las aguas son aguas literales, de una naturaleza y calidad pertenecientes a la ciudad de oro a la que pertenecen. El hombre en la tierra nunca conoció aguas semejantes, como tampoco los hombres en la tierra nunca conocieron una ciudad semejante; pero la ciudad es una realidad sublime, el hogar y la residencia del Cordero y de su gloriosa esposa, y estas aguas son la correspondiente realidad.[5]

El agua de vida mencionada en el texto (véase Ap. 7:17) se designa así por el hecho de proceder del mismo trono de Dios y del Cordero. Durante su ministerio terrenal, el Señor Jesucristo habló de sí mismo como el **«agua de vida»** (véase Jn. 4:10, 13, 14; 6:35; 7:37-39). Él es el único capaz de satisfacer la sed espiritual del hombre por toda la eternidad.

Finalmente, debe observarse en 22:1 que se habla de un solo trono: **«Del trono de Dios y del Cordero.»** En otros pasajes se habla del «trono de Dios» solamente (véase 7:15; 12:5). En 22:1, evidentemente, el trono es compartido, por lo menos, entre Dios el Padre y Dios el Hijo (véase Ap. 3:21; 22:1, 3). No se trata, por supuesto, de dos dioses. La Biblia enseña enfáticamente que hay *un solo Dios* (1 Ti. 2:5; Stg. 2:19). Pero las Escrituras también enseñan que hay tres personas en la esencia o sustancia divina (Mt. 28:19; 2 Co. 13:14). Seiss cree que «el trono es el trono del Cordero, en quien está la eterna Deidad».[6] Thomas observa que: «La ocupación compartida del trono en el cielo se enseña en 3:21 y 22:3. Dos personas se sientan en un trono, pero no son dos entidades [esencias] distintas... El hombre en su limitación no puede asimilar la verdad del ser infinito del Dios Trino.»[7]

22:2

«En medio de la calle de la ciudad, y a uno y a otro lado del río, estaba el árbol de la vida, que produce doce frutos, dando cada mes su fruto; y las hojas del árbol eran para la sanidad de las naciones.»

Este versículo ofrece problemas de sintaxis y es un tanto difícil de traducir e interpretar. Una traducción de la Biblia lo presenta de esta manera: «En medio de la plaza de la ciudad; y a una y otra parte del río, árboles de [la] vida que daban doce cosechas, que daban su fruto cada mes, cuyas hojas [servían] para curar a las gentes.»[8] Algunos expositores prefieren tomar la frase **«en medio de la calle de la ciudad»** como la terminación del versículo 1, y comenzar el versículo 2 donde dice: «y a uno y a otro lado del río...» Es escabroso para el traductor determinar el paso correcto, ya que el texto griego no es de mucha ayuda en este caso.

El texto declara que el árbol de la vida está «en medio de la calle de la ciudad», pero al mismo tiempo afirma que está **«a uno y otro lado del río»** (*kaì toû potamoû enteûthen kaì ekêilthen xylon dsoêis*), literalmente, «y del río de aquí y de allá [tal cosa como] árbol de vida». El sustantivo **«calle»** (*plateías*) significa «un paseo» o «una calle ancha». Probablemente se desea contrastar el hecho de que en la ciudad celestial no hay las calles estrechas que caracterizaban a las ciudades terrenales de los tiempos de Juan.[9] El árbol de la vida, por lo tanto, se extiende a lo largo de la espaciosa calle de la gran ciudad.[10] «El cuadro visual presentado es que el río de la vida fluye a través del medio de la ciudad, y el árbol es lo suficientemente grande para cruzar por encima del río, de modo que el río está en medio de la calle, y el árbol está a ambos lados del río.»[11] En el huerto del Edén, el árbol de la vida estaba en medio del huerto (Gn. 2:9). Antes de pecar, el hombre tenía acceso al árbol de la vida, pero después de la entrada del pecado perdió ese privilegio (Gn. 3:22-24). En la nueva Jerusalén, el árbol de la vida se extiende a lo largo y a cada lado del río de agua de vida, convirtiéndose en una especie de bosque hermoso.

«Que produce doce frutos, dando cada mes su fruto.» Mounce interpreta esta frase como que «el árbol produce doce clases de fruto, proporcionando una cosecha fresca mes tras mes».[12] El énfasis, según Mounce, radica en la abundancia y la variedad de la provisión divina.[13] Otro autor dice: «Tan abundante es la vitalidad [del árbol] que produce una cosecha cada mes.»[14] La expresión **«cada mes»** (*katà meîna hékaston*) sugiere que el árbol produce «doce clases de fruto cada mes». Una asombrosa cosecha de la que no existe analogía en la tierra.

«Y las hojas del árbol eran para la sanidad de las naciones.» Esta declaración también ha motivado alguna controversia. Los que creen en la salvación universal de la humanidad encuentran apoyo en dicha frase.[15] Hay expositores que, frente a la dificultad de la frase, optan por enseñar que se refiere al milenio, razonando que la sanidad es algo más propio del orden de vida en el milenio que en la nueva creación donde no habrá enfermedad.[16] La clave del problema y su posible solución radica en la interpretación del vocablo **«sanidad»** (*therapeían*). Walvoord dice al respecto:

> El vocablo «sanidad» es *therapeían*, ... en vez de específicamente significar «sanidad», debía entenderse como «proveedora de salud», ya que el vocablo en su etimología proporciona la idea de servir o ministrar.[17]

Las hojas del árbol de la vida no son, por lo tanto, para producir sanidad, puesto que no habrá enfermedad en la nueva Jerusalén. Lo que sí harán es promover el disfrute de la vida en la nueva ciudad.[18] Resumiendo, las hojas del árbol de la vida no tienen la función de producir sanidad. Esto no hará falta en la nueva Jerusalén. Serán para promover la salud o el bienestar de las naciones, es decir, para que estas continúen disfrutando de las bendiciones de la ciudad santa y sigan trayendo «su gloria y honor a ella» (Ap. 21:24, 26).

22:3

«Y no habrá más maldición; y el trono de Dios y del Cordero estará en ella, y sus siervos le servirán.»

La entrada del pecado en la experiencia humana resquebrajó la comunión entre Dios y el hombre (Gn. 3:8, 9) y resultó en maldición (Gn. 3:14-24). La muerte de Cristo y su gloriosa resurrección han hecho posible la eliminación de la maldición (2 Co. 5:21; Gá. 3:13). Así todo, la eliminación total de la maldición causada por el pecado aguarda la creación de los nuevos cielos y la nueva tierra. Todavía en el milenio es posible que un pecador sea maldito (Is. 65:20).[19] Obsérvese la conexión del versículo 3 con el 2, mediante la conjunción copulativa **«y»** (*kaì*). Las naciones no sólo disfrutarán de la salud que les proporciona las hojas del árbol de la vida sino que también disfrutarán de la bendición de la ausencia de la maldición.

«Y el trono de Dios y del Cordero estará en ella.» Nótese que, al igual que en el versículo 1, **«el trono»** es singular. Eso significa que Dios el Padre y Dios el Hijo comparten el mismo trono. Hay una perfecta, eterna y santa unidad en la Deidad.

Hay un sólo y único Dios vivo y verdadero que existe y existirá por toda la eternidad en tres personas: Padre, Hijo y Espíritu Santo. La presencia de Dios se hará sentir en todo el universo, liberado ya de la maldición del pecado pero, en particular, el trono de Dios y del Cordero será el centro de la gloria que llenará la santa ciudad.

«Y sus siervos le servirán» (*kaì hoi doûloi autoû latreúsousin autoî*), literalmente, «y sus esclavos le adorarán sirviéndole». El término **«siervos»** (*doûloi*), significa «esclavos». Dicho sustantivo describe a alguien que voluntariamente somete su voluntad a la de otro. El verbo **«servirán»** (*latreúsousin*) es el futuro indicativo, voz activa de *latreúo*, que significa «servir». Este verbo podría o no incluir el concepto de servicio sacerdotal. En este entorno sugiere un servicio de adoración, aunque podría indicar mucho más. «El mayor gozo de los redimidos —los siervos de Dios— será el servicio de adoración que le rendirán a Él.»[20]

22:4

«Y verán su rostro, y su nombre estará en sus frentes.» Este parece ser un versículo muy sencillo pero está saturado de una maravillosa verdad. No hay duda respecto al sujeto del verbo **«verán»**. Los siervos o esclavos del Señor **«verán»** su rostro. El problema principal con este versículo estriba en el hecho de que tanto la expresión **«su rostro»** como **«su nombre»** están en singular. Es apropiado determinar si se refieren a Dios el Padre, al Cordero o a ambos. Debe observarse que el apóstol usa el sustantivo «rostro» (*prósôpon*). Evidentemente, Juan usa un antropomorfismo, es decir, vocabulario humano para expresar una verdad que sobrepasa la comprensión del hombre. Si dicho vocablo se refiriese a Dios el Padre, habría que plantearse la cuestión de armonizar el hecho de que «Dios es espíritu» (Jn. 4:24) con el poseer «rostro» en el sentido como lo entiende el ser humano.

Otra cuestión que hay que plantearse es el hecho de que Jesucristo es el revelador de Dios: «A Dios nadie le vio jamás, el unigénito Hijo, que está en el seno del Padre, él le ha dado a conocer» (Jn. 1:18). Debe recordarse, también, las palabras de Cristo a Felipe, uno de sus discípulos: «...El que me ha visto a mí, ha visto al Padre...» (Jn. 14:9).

Por otro lado, es necesario considerar las palabras de Cristo: «Bienaventurados los de limpio corazón, porque ellos verán a Dios» (Mt. 5:8; véase también Sal. 11:7; 17:15). Las palabras de 1 Juan 3:2 deben considerarse, aunque hay que decir que un análisis de dicho texto tampoco aporta la solución al tema bajo consideración: «Amados, ahora somos hijos de Dios, y aún no se ha manifestado lo que hemos de ser; pero sabemos que cuando él se manifieste, seremos semejantes a él, porque le veremos tal como él es.» El texto declara que algo estupendo aguarda a los hijos de Dios. Hay una esperanza escatológica para los redimidos del Señor. La realidad de ser hijos de Dios ahora será superada por lo que ha de ocurrir cuando Cristo se manifieste en gloria, es decir, en su segunda venida (Col. 3:1-4). El texto dice: «...seremos semejantes a él, porque le veremos tal como él es.» Tomado en su contexto y comparado con otros textos de las Escrituras (véase Ro. 8:29), puede decirse que el creyente será hecho semejante a Cristo porque, en su manifestación, le verá tal como Él es.

Incuestionablemente, el creyente verá la gloria de Dios en la nueva Jerusalén. No causa ningún problema teológico ni exegético entender que en la nueva ciudad celestial el hijo de Dios verá el rostro del Cordero, el Revelador de Dios, y que al mirarlo ocurra lo que el Señor dijo a Felipe: «El que me ha visto a mí, ha visto al Padre.» Es interesante observar que no se dice nada del Espíritu Santo. Ningún creyente se quejaría de no poder ver al Espíritu Santo, quien es Dios, al igual que el Cordero, en toda la extensión del vocablo. El exégeta tiene que contender con el hecho de que el texto dice: «Y verán su rostro.» Se habla de un solo rostro y lo más probable es que se refiera al rostro del Cordero, el Mesías, Dios el Hijo. Eso no significa, en modo alguno, que los santos en la ciudad celestial no han de sentir y estar plenamente persuadidos de la presencia de la Santísima Trinidad. Dios en su plenitud estará allí. Eso es, sin duda, lo más importante. Puertas de perlas, sí; muro de jaspe, sí; cimientos de piedras preciosas, sí; calles de oro transparente, también; pero lo más importante de todo lo referente a la ciudad celestial es que Dios está allí y que los redimidos verán su rostro.

«Y su nombre estará en sus frentes.» Obsérvese que «nombre» (*ónoma*) es singular, igual que «rostro» en este versículo. En los días de la gran tribulación, la bestia impuso su tatuaje en la frente o en la mano derecha de sus seguidores. Los que no aceptaron identificarse con el Anticristo fueron perseguidos y, en muchos casos, martirizados. Esos mártires estarán en la nueva Jerusalén y llevarán en sus frentes el nombre de Dios y del Cordero. Sin lugar a dudas, quienes verán su rostro y en cuyas frentes estará inscrito su nombre serán los redimidos del Señor. Esos que fueron comprados con la sangre del Cordero y recibieron el regalo de la vida eterna mediante la fe en Él.

22:5

«No habrá allí más noche; y no tienen necesidad de luz de lámpara, ni de luz del sol, porque Dios el Señor los iluminará; y reinarán por los siglos de los siglos.» El apóstol Juan reitera la diferencia entre la antigua creación y la nueva en lo que respecta al ciclo de día y noche. En la nueva creación no existirá la noche. Será algo parecido a lo que dice Zacarías 14:6, 7: «Y acontecerá que en ese día no habrá luz clara, ni oscura. Será un día, el cual es conocido de Jehová, que no será ni día ni noche; pero sucederá que al caer la tarde habrá luz.» Lo cierto es que no habrá más tinieblas. La nueva Jerusalén brillará con la gloria de Dios (véase Ap. 21:23, 25). Nótese que los habitantes de la ciudad santa **«no tienen necesidad»** (*ouk échosin chreían*) **«de luz de lámpara, ni de luz del sol».** El hombre no podría vivir en la tierra actual sin la luz del sol. En la nueva tierra, el sol no será necesario para la vida de los santos.

«Porque Dios el Señor los iluminará» (*hóti ho theós phôtísei ep'autoús*). La causa de por qué no hará falta luz de lámpara ni la luz del sol es sencillamente porque la luz de la gloria de Dios reemplaza a todas las demás luces. «La luz de Dios y del Cordero será tan plena, gloriosa y permanente que la noche ya no puede existir en esa ciudad.»[21]

«Y reinarán por los siglos de los siglos» (*kaì basileúsousin eis toùs aiônas tôn aiónôn*). Este es el cumplimiento de la promesa de Dios (véase Dn. 7:18, 27). El reino milenial desembocará en el reino eterno. El propósito eterno de Dios para con el hombre tendrá su perfecto y absoluto cumplimiento en tiempos escatológicos (véanse Sal. 8; He. 2:5-10). El Mesías reinará por los siglos de los siglos (Ap. 11.15, 17) y sus santos reinarán con Él no sin antes pasar por el reino mesiánico en la tierra (Ap. 20:4-6). El Mesías someterá bajo su autoridad y destruirá a todos sus enemigos (Ap. 20:7-15). Después tendrá lugar la nueva creación y la manifestación de la nueva Jerusalén donde los santos «reinarán por los siglos de los siglos».

22:6

«Y me dijo: Estas palabras son fieles y verdaderas. Y el Señor, el Dios de los espíritus de los profetas, ha enviado su ángel, para mostrar a sus siervos las cosas que deben suceder pronto.»

La frase **«estas palabras son fieles y verdaderas»** es similar a la que aparece en 21:5 (véase también 19:9). Dicha frase refuerza la autenticidad y la autoridad del Apocalipsis. Juan es, además de apóstol, un profeta con la misma autoridad divina que cualquier otro profeta de las Escrituras para escribir la palabra inspirada de Dios. Cuando Juan dice: «Estas palabras son fieles y verdaderas» se está refiriendo a la totalidad del Apocalipsis y no sólo al capítulo final. En Apocalipsis 1:2 el apóstol dice que da testimonio de «la palabra de Dios». El mismo Señor Jesucristo le ordena a escribir en un rollo las visiones que ha recibido (Ap. 1:10, 11). Posteriormente, en tres ocasiones, Dios dice al apóstol que las palabras que ha escuchado y escrito «son fieles y verdaderas» (19:9; 21:5; 22:6). Además, repetidas veces a través de este capítulo final, se reitera el seguro cumplimiento y la veracidad del mensaje del Apocalipsis (22:7, 9, 10) y hay una seria advertencia contra cualquiera que añada o quite algo de «las palabras del libro de esta profecía» (22:18-19). De modo que el Apocalipsis es clasificado como una genuina profecía: (1) Su origen es divino (Ap. 1:1, 2); (2) el autor humano es confirmado por Dios como un profeta verdadero cuyo mensaje es verdadero (Ap. 1:9-11, 19; 22:6-10); y (3) el cumplimiento de todo lo que está escrito en este libro es ciertísimo (Ap. 17:17; 22:18, 19).

Dios se identifica en este versículo como **«el Señor, el Dios de los espíritus de los profetas».** La inspiración de las Escrituras tiene que ver con el hecho de que Dios «sopló» su palabra en los profetas. Los profetas genuinos escribían, dirigidos por el Espíritu Santo, la Palabra de Dios (2 P. 1:16-21). No escribían fábulas ni mitos irreales, sino que registraban el mensaje de Dios para los hombres con toda fidelidad. Dios no eliminó el estilo personal de cada escritor. El autor humano utilizaba los idiomas disponibles en su tiempo. Usaba figuras de dicción tales como metáforas, símiles, hipérboles, sinécdoques, elipsis y muchas más. Estas figuras eran utilizadas con el fin de ayudar al lector a tener una mejor comprensión del mensaje divino. Las figuras de dicción eran usadas para aclarar el mensaje, no para oscurecerlo.

En la literatura apocalíptica, Dios utilizó ángeles tanto para comunicar como para interpretar el mensaje al escritor humano, es decir, al profeta (véase Dn. 7, 9). También Dios envió a **«su ángel»** con el propósito de «mostrar a sus siervos las cosas que deben suceder pronto». La frase **«las cosas que deben suceder pronto»** ha sido motivo de controversia entre expositores. Los preteristas la ven como un argumento para afirmar que los acontecimientos narrados en el Apocalipsis tuvieron su cumplimiento en el pasado, poco después de haber sido escritos por Juan.

La frase, sin embargo, no apoya la necesidad de un cumplimiento inmediato, en tiempos de Juan o poco después. Por ejemplo, la expresión **«pronto»** (*en táchei*) sugiere, por un lado, la idea de inminencia. Los acontecimientos narrados en el Apocalipsis podrían ocurrir en cualquier momento y, por lo tanto, el creyente debía estar preparado.[22] Dicho vocablo también sugiere velocidad de ejecución. «La idea no es que el suceso puede ocurrir pronto, sino que cuando ocurra, será con rapidez.»[23] Tal vez las dos ideas se conjugan en 22:6. Hay una advertencia de la inminencia de los hechos anunciados en el Apocalipsis. También hay una declaración respecto a que habrá una ejecución rápida de los acontecimientos anunciados. Cuando comiencen a suceder, y pueden comenzar en cualquier momento, serán ejecutados son asombrosa velocidad.

22:7

«¡He aquí, vengo pronto! Bienaventurado el que guarda las palabras de la profecía de este libro.» Como en otras ocasiones, la Reina-Valera 1960 omite la conjunción «y» (*kaì*) al comienzo de la oración. El texto dice: «¡Y he aquí, vengo pronto!» El verbo **«vengo»** (*érchomai*) es el presente indicativo, voz activa. Este verbo realiza función de futuro (véase Jn. 14:3) y debe traducirse: «¡Y he aquí, vendré pronto!» Esas palabras, sin duda, provienen del mismo Señor Jesucristo, aunque pudieron haber sido pronunciadas por el ángel como mensajero del Señor.[24] Hay otras referencias en el Apocalipsis donde aparece el mismo anuncio (véase 2:5, 16; 3:11; 16:15; 22:12, 20). La referencia no tiene que ver con ningún acontecimiento del pasado, sino con el gran acontecimiento escatológico que constituye el tema central del Apocalipsis, es decir, la segunda venida en gloria del Señor Jesucristo.

«Bienaventurado el que guarda las palabras de la profecía de este libro.» El vocablo «bienaventurado» (*makários*) se usa siete veces en el Apocalipsis (véase 1:3; 14:13; 16:5; 19:9; 20:6; 22:7, 14). La bienaventuranza aquí es para «el que guarda» (*ho teirôn*) las palabras registradas en el Apocalipsis. Debe observarse el participio presente con el artículo determinado «el que guarda». El participio presente sugiere una acción continua, es decir, **«el que guarda continuamente»** o «el que habitualmente guarda las palabras de la profecía de este libro». Recuérdese que este es el libro con el que culmina la revelación escrita dada por Dios. En él se consuma el propósito de Dios.

Obsérvese que Juan denomina el libro como **«profecía»** (*teîs propheiteías*). Es profecía porque es una proclamación que viene de Dios. Pero también es profecía en el sentido escatológico del vocablo. Tiene que ver con los acontecimientos que han de ocurrir en los postreros días. El que guarda las palabras de esta profecía es declarado por el mismo Señor una persona feliz, un bienaventurado.

22:8

«Yo Juan soy el que oyó y vio estas cosas. Y después que las hube oído y visto, me postré para adorar a los pies del ángel que me mostraba estas cosas.» En consonancia con lo registrado en Apocalipsis 1:9-20, Juan da testimonio de ser el canal humano a través del cual Dios ha comunicado el mensaje del Apocalipsis. Ha sido la voluntad de Dios revelar su mensaje a través de hombres separados y dirigidos por el Espíritu Santo (2 P. 1:21). Dios ha utilizado hombres porque estos pueden comunicar con palabras humanas el mensaje divino.

El apóstol Juan se identifica como **«el que oyó y vio estas cosas»** (*ho akoúôn kaì blépôn taûta*).[25] «Los dos participios (*akoúôn kaì blépôn*, "oyó y vio") reflejan las dos avenidas a través de las cuales [Juan] recibió su revelación profética: Los oídos y los ojos».[26] Lo que el apóstol oyó y vio es lo que registró con toda fidelidad en el último y culminante libro del canon sagrado. Juan se identifica como un fiel testigo de Dios. No escribió a su antojo, sino que registró bajo la supervisión del Espíritu Santo lo que es en realidad la Palabra de Dios.

Dos veces en los últimos capítulos del Apocalipsis (19:10 y 22:8), Juan confiesa haberse postrado delante del ángel revelador **«para adorar»** (*proskyneîsai*). Por supuesto que el apóstol sabe que Dios el único digno de ser adorado. Es evidente que las visiones tan maravillosas tocante a la hermosura de la santa ciudad han embargado al siervo de Dios de un profundo deseo de adorar. Es probable que pensara que estaba adorando a Cristo cuando se postró delante del ángel.[27] «Su intención no era la idolatría; pero su guía celestial eran tan maravilloso en sabiduría e inteligencia, y las cosas que vio eran tan trascendentes, que [Juan] no podía pensar otra cosa sino que se trataba del mismo Dios.»[28]

22:9

«Pero él me dijo: Mira, no lo hagas; porque yo soy consiervo tuyo, de tus hermanos los profetas, y de los que guardan las palabras de este libro. Adora a Dios.» La respuesta del ángel es clara y terminante. El ser celestial reconoce que era una criatura y las criaturas no deben ser adoradas. Sólo el Creador es digno de adoración. El ángel entendía perfectamente el tema de la soberanía y la unicidad de Dios. El ángel dice a Juan: **«Mira, no lo hagas»** (*hóra méi*). El verbo *hóra* es el presente imperativo, voz activa de *horáo*, que significa «mirar». La breve frase *hóra méi* es una expresión elíptica que da a entender la frase: «No lo hagas» o «mira que no lo hagas». La prohibición del ángel es tajante. Las buenas intenciones que Juan podía tener no eran válidas en manera alguna. La acción en sí era inaceptable y eso es lo que el ángel hace de inmediato.

«Porque yo soy consiervo tuyo» (*syndoulós soú eimi*), literalmente, «consiervo tuyo soy». El ángel se considera un «co-esclavo» con Juan. Su misión era hacer la voluntad del Soberano igual que Juan. Los esclavos no reciben honor ni homenaje. Su misión es servir a su señor. Juan y el ángel eran «esclavos» (*douloí*) de Dios. Su tarea era adorar a Dios y servirle, y motivar a otros a hacer lo mismo. Nótese que el ángel sitúa a Juan en la categoría de profeta cuando dice: **«De tus hermanos los profetas.»** El profeta, tanto en el Antiguo como en el Nuevo Testamento, recibía el mensaje directamente de Dios y lo comunicaba al pueblo. El don de profecía era, por lo tanto, un don revelador. Juan era un profeta divinamente autorizado y, como consecuencia, el libro que escribe también posee autoridad divina, es decir, es Palabra de Dios. El ángel menciona, además, su identificación con **«los que guardan las palabras de este libro».** O sea que hay otro grupo, que sin ser profetas, también guardan la revelación que Dios ha dado. Ese grupo, evidentemente, lo componen los creyentes, los santos de Dios que han nacido de nuevo por la fe en el Mesías y guardan el testimonio de Jesucristo y de las Escrituras.

Seguidamente el ángel ordena a Juan, diciendo: **«Adora a Dios»** (*toî theoî proskyneison*). Esta breve oración es enfática. Literalmente dice: «A Dios adora.» La forma verbal «adora» (*proskyneison*) es el aoristo imperativo, voz activa de *proskynéo*, que significa «postrarse», «adorar». El aoristo imperativo sugiere urgencia. Equivale a decir: «¡Adora a Dios ya!» Al parecer, Juan había quedado tan profundamente turbado por lo que había visto que necesitó el recordatorio del ángel tocante al hecho de que sólo Dios debe ser adorado. El hombre, mientras esté en estado mortal, necesita siempre ser recordado que la adoración es un acto que debe rendirse únicamente a Dios.

22:10

«Y me dijo: No selles las palabras de la profecía de este libro, porque el tiempo está cerca.» Este versículo trae a la mente del lector las palabras de Dios a Daniel: «Y tú guarda la visión, porque es para muchos días» (Dn. 8:26*b*). «Pero tú, Daniel, cierra las palabras y sella el libro hasta el tiempo del fin...» (Dn. 12:4). «Él respondió: Anda, Daniel; pues estas palabras están cerradas y selladas hasta el tiempo del fin. Muchos serán limpios, y emblanquecidos y purificados; los impíos procederán impíamente, y ninguno de los impíos entenderá, pero los entendidos comprenderán» (Dn. 12:9, 10).

El mandato de Dios a Daniel de sellar su profecía tiene que ver con el hecho de preservarla con seguridad, porque su cumplimiento se proyectaba a un futuro lejano. Concretamente a los días de la tribulación para la nación de Israel. La orden dada a Juan yace en un ámbito diferente. Históricamente, el Apocalipsis fue dirigido a las siete iglesias que estaban en Asia. Aquellas iglesias tenían la responsabilidad de proclamar el contenido del mensaje recibido con toda fidelidad (Ap. 1:3).

El cumplimiento de las profecías del Apocalipsis es anunciado como algo inminente. De modo que las iglesias debían proclamarlo con urgencia. De ahí el mandato: **«No selles las palabras de la profecía de este libro, porque el tiempo está cerca.»** Hay un contraste entre la orden dada a Juan en 22:10 y la que recibió en 10:4. En este último texto, Dios dijo a Juan: «...Sella las cosas que los siete truenos han dicho, y no las escribas.» La orden de sellar las cosas emitidas por los siete truenos equivalía a *no escribirlas.* Evidentemente, el mensaje de los siete truenos debía permanecer en total secreto. Dios reveló a Juan el contenido, pero le prohibió escribirlo. De ahí la diferencia entre revelación e inspiración. Dios dio a conocer a Juan ciertas verdades mediante «los siete truenos», eso es *revelación.* Pero Dios no permitió a Juan escribir dicha revelación. Si las hubiese escrito, hubiera sido *inspiración.*

«No selles las palabras de la profecía.» La expresión **«no selles»** (*méi sphragíseis*) es enfática. El mandado es dado mediante el aoristo subjuntivo precedido de una negación. Esa es una fórmula gramatical para dar un mandamiento absoluto, equivalente a: «No comiences a sellar las palabras de esta profecía.» Es decir, la orden no era dejar de hacer algo que ya estaba en proceso, sino que ni siquiera debía comenzar a hacerlo. De modo que el mandato de Dios a Juan es tajante: «No comiences a sellar las palabras de esta profecía.» La razón es que las iglesias necesitaban inmediatamente el contenido de la visión para proclamar con autoridad divina que «el tiempo está cerca». El mensaje del Apocalipsis debe proclamarse con mucha más urgencia en nuestros días, porque el tiempo de su cumplimiento está mucho más cerca.

22:11

«El que es injusto, sea injusto todavía; y el que es inmundo, sea inmundo todavía; y el que es justo, practique la justicia todavía; y el que es santo, santifíquese todavía.»

El efecto de la urgencia expresada en el versículo 10 se proyecta en el versículo 11. «El lenguaje [de este versículo] es probablemente irónico, con un recordatorio de Daniel 12:10, en ningún sentido una alabanza de su estado de perdición.»[29] Las palabras de este versículo se relacionan con la situación del hombre ahora, no con la vida durante el milenio o en la eternidad.[30] Como expresa un escritor: «Desde el punto de vista del profeta el final está tan cerca que ya no hay tiempo para alterar el carácter y los hábitos de los hombres. Los que son injustos continuarán en injusticia y los que son moralmente inmundos continuarán en sus caminos.»[31] La gramática del texto llama la atención. La expresión **«el que es injusto»** (*ho adikôn*) es un participio presente de condición. El verbo **«sea injusto»** es un aoristo imperativo constativo que contempla la acción en su totalidad. La idea de la frase se podría expresar así: «Deja que el malhechor siga actuando injustamente.» Aquel que tiene un corazón establecido en la práctica de la maldad seguirá practicando la injusticia a menos que vuelva su corazón a Dios y acepte el Evangelio de la gracia.

«El que es inmundo» (*kaì ho rhyparòs*) es también un participio presente de condición, es decir, «el contaminado», «el moralmente sucio». **«Sea inmundo todavía»** (*hrypantheítô éti*) es el aoristo imperativo, voz pasiva de *hrypaíno*, que significa «ensuciar», «contaminar». Los dos verbos usados en este versículo respecto al inconverso son imperativos permisivos.[32]

El texto ofrece una advertencia tremenda al ser humano respecto a las fatales consecuencias de despreciar la oferta salvadora de Dios. Quien desprecia el Evangelio al mismo tiempo endurecerá su corazón y se hará insensible a la voz del Espíritu Santo. Como dice Robert L. Thomas:

> Es una escena aterradora que en un momento dado, un sector considerable de la humanidad será dejada para cosechar las consecuencias de elegir un estilo de vida equivocado y consecuentemente cosechar el menosprecio divino. El versículo no enseña algún tipo de determinismo religioso que hace el arrepentimiento y la conversión imposible para algunos. La invitación de 22:17 deja bien claro que aún queda una oportunidad para la correcta elección. Simplemente una vez que una persona hace esa elección, ha sellado su destino eterno para bien o para mal.[33]

«Y el que es justo, practique la justicia todavía; y el que es santo santifíquese todavía.» Esta parte del versículo presenta el reverso de la moneda. **«El justo»** (*ho díkaios*) es la antítesis de «el injusto» (*ho adikôn*). El justo es el que ha creído en el Mesías. El injusto es el que le ha rechazado. El justo debe seguir practicando la justicia aunque viva en un ambiente de injusticia. La expresión **«practique la justicia todavía»** (*dikaoisynein poieisátô éti*) es enfática: **«Justicia haga todavía.»** El justo que ha de vivir en medio de los terribles días de la consumación del plan de Dios tiene la responsabilidad de dar testimonio de su fe mediante la práctica de la justicia. «El énfasis principal del versículo es que debido a que el tiempo del fin está cerca, los hombres de seguro cosecharán las consecuencias de la clase de vida que han vivido. El tiempo viene cuando el cambio es imposible porque el carácter ya ha sido determinado mediante una vida de acciones cotidianas.»[34] El texto deja en claro que en los postreros días habrá injustos que practicarán la injusticia (véase 2 P. 3:3, 4), pero también habrá justos firmemente establecidos en la práctica de la justicia. Tal como el enemigo de Dios tendrá sus seguidores compuestos de «injustos» e «inmundos», así Dios tendrá los suyos formados de «justos» y «santos». La diferencia entre los dos grupos será siempre la actitud que tengan hacia el Mesías.

22:12

«He aquí yo vengo pronto, y mi galardón conmigo, para recompensar a cada uno según sea su obra.» Tres veces en este capítulo el Señor anuncia su venida (véase 22:7, 20; véase además 2:16; 3:3; 3:11, 20; 16:15). La expresión **«he aquí»** (*idoù*) es una llamada de atención dada al lector para indicar la importancia de lo que sigue. El verbo **«yo vengo»** (*érchomai*) es un presente profético, es decir, con función de futuro. Esta forma verbal sugiere la inminencia de la segunda venida de Cristo. Mientras que en 22:7 el anuncio de la venida del Señor va acompañada de una promesa de bendición, en 22:12 va seguida de una advertencia de juicio.

El sustantivo traducido **«galardón»** (*misthós*) significa «paga», «salario». El Señor viene por segunda vez como juez de los hombres (Hch. 17:30, 31). Él tiene toda potestad para juzgar. Trae su «galardón» o «paga» consigo. Para los inicuos será un «apartaos de mí, malditos, al fuego eterno preparado para el diablo y sus ángeles» (Mt. 25:41), mientras que para los justos será: «Venid, benditos de mi Padre, heredad el reino preparado para vosotros desde la fundación del mundo» (Mt. 25:34).

«Para recompensar a cada uno según sea su obra.» El verbo **«recompensar»** (*apodoûnai*) es el aoristo infinitivo, voz activa de *apodídômi*, que significa «dar», «pagar», «rendir». Probablemente, en este contexto, implica propósito. El Señor viene, entre otras cosas, con el propósito de pagar **«a cada uno según sea su obra».** Obsérvese que el juicio del Señor será individual, es decir, «a cada uno» (*hekástoi*). Será un juicio emitido tal como la obra del individuo es (*estìn*).[35] Es decir, el individuo recibirá un juicio en justa conformidad con su obra. En tercer lugar, el sustantivo «obra» (*érgon*) es singular y contempla la totalidad de lo que la persona ha hecho en el transcurso de su vida.

Debe reiterarse que la salvación de un ser humano no depende de sus obras. Pero las obras evidencian lo que hay en el corazón del hombre. Los méritos humanos no son suficientes para agradar a Dios, pero la persona redimida manifiesta su salvación a través de la práctica de la justicia. Las obras sí guardan relación directa con el juicio. Para los creyentes será delante del Tribunal de Cristo (2 Co. 5:10), mientras que para el inconverso será en el juicio del Gran Trono Blanco (Ap. 20:11-15).

22:13

«Yo soy el Alfa y la Omega, el principio y el fin, el primero y el último.» El Señor Jesucristo se autodesigna, en primer lugar, como **«el Alfa y la Omega».** Si la designación de 1:8 pertenece a Dios el Padre, entonces aquí hay una clara evidencia de la deidad de Cristo. La figura «el Alfa y la Omega» sugiere que el Señor es la causa absoluta de la historia y de la creación. Alfa es la primera letra del alfabeto griego y omega es la última. La idea en esa figura es que Él es el soberano absoluto del universo. Él es «el Alfa y la Omega» y todo lo que está comprendido entre esas dos letras, es decir, Él lo es todo.

En segundo lugar, Él es **«el principio y el fin».** La misma declaración es aplicada a Cristo en Apocalipsis 1:17 y 2:8. Dicha frase sugiere que Él es el que existe de eternidad a eternidad y, por lo tanto, está calificado para ser el juez de la humanidad. En realidad, la expresión «el principio y el fin» señala al hecho de que Él es el autoexistente, el que tiene vida en sí mismo. Él es el Jehová del Antiguo Testamento (véase Is. 44:6; 48:12).

La tercera designación que Cristo hace de sí mismo es: **«El primero y el último»** (*hei archèi kaì tò télos*). Cristo es el regidor de la creación y es la meta misma del universo. Pablo dice: «...Todo fue creado por medio de él y para él» (Col. 1:16). El Señor es el Soberano Creador del universo y el sustentador de todas las cosas. Él es quien llevará el universo a su gran consumación. Ese es uno de los grandes temas del libro del Apocalipsis.

22:14

«Bienaventurados los que lavan sus ropas, para tener derecho al árbol de la vida, y para entrar por las puertas en la ciudad.» Aquí aparece la última de las siete bienaventuranzas mencionadas en el Apocalipsis (véase 1:3; 14:13; 16:15; 19:9; 20:6; 22:7). Esta última bienaventuranza procede del Señor Jesucristo. Él ha anunciado su segunda venida (Ap. 22:12). Se ha identificado como el Soberano, Dueño y Creador del universo y como el sustentador de toda la creación (22:13). Seguidamente pronuncia la séptima y última bienaventuranza del Apocalipsis en favor de **«los que lavan sus ropas»** (*hoi plynontes tàs stolàs autôn*). Obsérvese el uso del participio presente, voz activa «los que lavan» (*hoi plynontes*) en este versículo, mientras que en Apocalipsis 7:4 se usa el aoristo indicativo «han lavado» (*éplynan*). El aoristo indicativo señala a un hecho realizado: «Estos son los que han salido de la gran tribulación, y han lavado sus ropas, y las han emblanquecido en la sangre del Cordero» (Ap. 7:14). El participio presente en 22:14 sugiere una acción en progreso. «La necesidad de esta limpieza surge cuando hay personas que contaminan su vestidura espiritual mediante el pecado, como la mayoría de los de Sardis mencionados en 3:4. Estos descritos en esta bienaventuranza se han arrepentido y se han vestido de puro lino blanco que representa las acciones justas de los santos (véase 19:8). Estos son todos los creyentes en Cristo, no sólo los mártires como algunos piensan».[36] Algunos manuscritos ofrecen una lectura diferente: «Bienaventurados los que guardan sus mandamientos...» o «bienaventurados los que practican sus mandamientos.» Esas variantes textuales, sin embargo, no afectan a la doctrina del texto.[37] La enseñanza del pasaje es que quienes permanecen limpios mediante la firme determinación a no someterse a las exigencias del Anticristo son bienaventurados. La figura de «lavar las ropas» o, incluso, la de «guardar sus mandamientos» es apropiada para describir la actitud de aquellos que son fieles al Mesías en medio de las dificultades.[38]

«Para tener derecho al árbol de la vida» (*hína éstai hei exousía autôn epì tò xylon teîs dsoeîs*). Esta frase indica propósito. Literalmente dice: «Para que la autoridad de ellos esté sobre el árbol de la vida.» El árbol de la vida, según 22:2, está en medio de la calle de la ciudad celestial, pero cruza por encima del río de agua de vida. «Tener derecho al árbol de la vida», evidentemente, significa tener autoridad para comer de su fruto.

«Y para entrar por las puertas en la ciudad» (*kaì toîs pylôsin eisélthôsin eis téin pólin*). Esta también es una frase de propósito en la que se usa *hína* con la forma verbal aoristo subjuntivo, voz activa. La frase dice: «Y para que ellos puedan entrar por las puertas de la ciudad.» Esta es la segunda bendición o bienaventuranza pronunciada en beneficio de los que «lavan sus ropas». Tendrán, por lo tanto, autoridad para comer del fruto del árbol de la vida y podrán entrar en la ciudad santa por sus puertas de perlas.

22:15

«Mas los perros estarán fuera, y los hechiceros, los fornicarios, los homicidas, los idólatras, y todo el que ama y hace mentira.» El texto griego es un tanto abrupto en este versículo. Quizá se deba al hecho de querer contrastar los que no tienen entrada en la ciudad santa con los que, según 22:14, sí tendrán acceso a dicha ciudad. Como ya se ha observado, los que tienen entrada son los que «han lavado sus ropas», es decir, los que han creído en el Mesías. El Nuevo Testamento griego dice: «Fuera [estarán] los perros y los hechiceros y los fornicarios y los homicidas y los idólatras y todo aquel que ama y hace mentira.» Obsérvese la repetición de la conjunción «y» (*kaì*). Esa figura de dicción se llama polisíndeton, es decir, «muchas conjunciones». Dicha figura se usa para obligar al lector a considerar detenidamente cada uno de los sustantivos mencionados. El Señor quiere que el lector se percate bien de quiénes son los que no tendrán entrada en la nueva Jerusalén. Debe recordarse que Juan está escribiendo acerca de lo que va a ocurrir en el futuro. No se refiere a nada que esté ocurriendo en el presente, sino lo que tendrá lugar en la consumación del plan de Dios. Quienes estarán fuera serán los que se han negado a recibir el regalo de la salvación. El destino eterno de esos será el lago de fuego (Ap. 20:11-15).

«Los perros» (*hoi kynes*). El perro era considerado inmundo, según la ley, porque tiene contacto con seres muertos (Éx. 22:31; 1 R. 14:11; 16:4; 22:38). También los sodomitas eran semejantes a los perros (Dt. 23:17-18). Pablo cataloga a los judaizantes como «perros» (Fil. 3:2, 3), porque pretendían destruir la congregación. Los judíos calificaban a los gentiles de «perros» (Mt. 15:26). El perro era, sin duda, algo despreciable en la cultura hebrea y en muchas otras culturas del oriente cercano (véanse 2 R. 8:13; 1 S. 17:43; Mt. 7:6). En Apocalipsis 22:5, el sustantivo «perros» sustituye a «abominables» (21:8). «Estas son personas contaminadas por un prolongado contacto con los vicios abyectos que abundaban en una sociedad pagana. Este prometido destino sirve ciertamente como una advertencia a personas en las iglesias para que no caigan en la apostasía asociada con sus vicios.»[39]

«Y los hechiceros» (*kaì hoi phármakoi*). La práctica de la hechicería estaba terminantemente prohibida en el Antiguo Testamento (véanse Éx. 22:18; Dt. 18:10). «Hechicero es aquel que practica la magia por medio del uso de oráculos, encantamientos y jerga mística.»[40] El sustantivo «hechicería» (*pharmakía*) aparece en Gálatas 5:20 (véase también Ap. 9:21; 18:23; 21:8). El vocablo se relaciona con la confección de pociones, incluyendo las venenosas. Dicho vocablo también implica el uso de hierbas mágicas usadas en la práctica de hechizos y para la invocación de la presencia de espíritus en los cultos paganos. Los hechiceros son, por lo tanto, personas que se han puesto activamente al servicio de Satanás. Los tales están excluidos de la nueva Jerusalén.

«Y los fornicarios» (*kaì hoi pórnoi*). Los que practican la inmoralidad sexual (véase 1 Co. 5:9, 10, 11; 6:9). En Apocalipsis 2:20, 21, se utiliza la forma verbal (*porneûsai*) y el sustantivo (*porneías*) para condenar el pecado de Jezabel en la iglesia en Tiatira. En Apocalipsis 22:15, los fornicarios forman parte del grupo que no tienen acceso a la nueva Jerusalén.

«Y los homicidas» (*kaì hoi phoneîs*). Se refiere al que comete asesinato o mata a alguien que no puede defenderse. El homicida es el que derrama sangre inocente (véanse 1 P. 4:15; Ap. 21:8; 22:15).

«Y los idólatras» (*kaì hoi eidôlátrai*). La idolatría tiene que ver con el acto de rendir culto u honor a las criaturas, ya sean estas animadas o inanimadas, en lugar de adorar al Creador. La idolatría se condena tajantemente en el Antiguo y en el Nuevo Testamento (véase 1 Co. 10:14). El idólatra es la persona que practica la idolatría (1 Co. 5:10, 11; 6:9; 10:7, 19, 20; Ef. 5:5; Ap. 21:8; 22:15).

«Y todo aquel que ama y hace mentira.» Los vocablos **«ama»** (*philôn*) y **«hace»** (*poiôn*) son participios presentes. El participio presente sugiere una acción continua o habitual. La frase apunta a quienes aman y practican la mentira como características esenciales de sus vidas. Satanás es el padre de la mentira (Jn. 8:44). El maligno es el promotor de la falsedad en el mundo mientras que Cristo es la encarnación de la verdad (véase Jn. 14:6; también 1 Jn. 2:22; 2 Ts. 2:8-11). Dios no dará entrada a nada que ensucie a la santa ciudad. Sólo tendrá acceso allí lo que ha sido purificado por la sangre del Cordero.

22:16

«Yo Jesús he enviado mi ángel para daros testimonio de estas cosas en las iglesias. Yo soy la raíz y el linaje de David, la estrella resplandeciente de la mañana.»

Esta es la única vez en el Apocalipsis que el Señor usa su nombre humano respecto a sí mismo. El nombre Jesús es el equivalente griego de Josué, que significa «libertador». Dicho nombre le fue puesto por orden divina a través de un ángel que anunció a José el nacimiento del Mesías (Mt. 1:21). El nombre que le fue dado al nacer es el mismo que posee ahora.[41]

Anteriormente (22:13), el Señor se ha identificado mediante títulos que ponen de manifiesto su deidad. En Apocalipsis 22:16, el nombre Jesús lo asocia con su humanidad, con su muerte y su resurrección. Él es el *Hijo del Hombre* celestial que Daniel contempló que venía con las nubes del cielo (Dn. 7:13). También fue visto por Esteban, el primer mártir: «He aquí, veo los cielos abiertos, y al Hijo del Hombre que está a la diestra de Dios» (Hch. 7:56); «y apedreaban a Esteban, mientras él invocaba y decía: Señor Jesús, recibe mi espíritu» (Hch. 7:59). El Jesús histórico, el que murió, resucitó, fue exaltado a la diestra del Padre y vendrá con poder y gloria es el mismo que se identifica en Apocalipsis 22:16 diciendo: «Yo Jesús.»

El Jesús que tiene todo poder «en el cielo y en la tierra» (Mt. 28:18), tiene potestad para enviar su ángel con el propósito de dar testimonio del contenido del Apocalipsis en las iglesias. El contenido del Apocalipsis fue dado poro Dios el Padre a Dios el Hijo quien, a su vez, lo entregó a su ángel y éste lo manifestó al apóstol Juan. El apóstol lo dio a conocer en su totalidad a las siete iglesias del Asia Menor y ellas, por su parte, propagaron dicho mensaje a las demás iglesias.

«Yo soy la raíz y el linaje de David.» Esta declaración conecta al Señor con el cumplimiento del pacto davídico (2 S. 7:12-16; Is. 11:1, 10; Ez. 34:23, 24; Ap. 5:5). La consumación del propósito de Dios, como se ha indicado con anterioridad, guarda relación directa con el cumplimiento de los pactos bíblicos (abrahámico, nuevo y davídico). «Así como David fundó la primera Jerusalén, Jesús será el fundador de la nueva Jerusalén... Él cumple todas las promesas mesiánicas asociadas con la familia de David.»[42] El vocablo «raíz» (*hrídsa*) sugiere que el Mesías es progenitor de David mientras que el sustantivo *génos* indica que también es descendiente de David. Él es «el principio y el fin de la economía asociada con David».[43]

«La estrella resplandeciente de la mañana.» Esta frase trae a la mente la profecía de Balaam (Nm. 24:17) y también la promesa del Señor a la iglesia en Tiatira (Ap. 2:28). En Apocalipsis 22:16, el Señor añade el calificativo «resplandeciente» (*ho lamprós*). Su luz sobrepasará en brillantez a todas las luces que el hombre haya conocido. El texto es francamente enfático. El artículo determinado se repite tanto con los sustantivos como con el adjetivo, y dice así: «La estrella, la resplandeciente, la de la mañana.» Todo el universo será iluminado con la gloria de la luz del Mesías cuando regrese. Como «la estrella resplandeciente», él dará luz permanente a la simiente de Abraham que ha vivido en tinieblas y levantará «el tabernáculo caído de David» (Am. 9:11).

22:17

«Y el Espíritu y la Esposa dicen: Ven. Y el que oye, diga: Ven. Y el que tiene sed, venga; y el que quiera, tome del agua de la vida gratuitamente.»

La mayoría de los comentaristas interpretan este versículo como una invitación a los perdidos a aceptar la oferta de la salvación que Dios ofrece a través de Cristo.[44] Probablemente el versículo incluye una doble invitación. La primera proviene del Espíritu Santo y de la Esposa (la Iglesia) a través de la persona que públicamente lee las palabras del Apocalipsis, pidiendo el regreso del Mesías.[45] Debe recordarse la bienaventuranza de Apocalipsis 1:3. Este libro debía leerse en voz alta para que toda la congregación escuchase su contenido. Mediante esa lectura, el Espíritu Santo obraría en la Iglesia, la Esposa, para producir en ella el ardiente deseo de la venida del Rey de reyes. El Espíritu Santo y la Esposa se unirían para decir: **«Ven»** (*érchon*). Este verbo es el presente imperativo, voz media de *érchomai*. Dicho vocablo se usa en el Apocalipsis repetidas veces respecto a la venida de Cristo (véase 1:7; 22:7, 12, 20). La frase **«y el que oye, diga: Ven»**, se refiere a los individuos dentro de la congregación que, como tales, anhelan la venida del Señor. Estos se unen al Espíritu y a la Esposa para pedir al Señor que regrese.

La segunda invitación aparece en la segunda parte del versículo. **«Y el que tiene sed, venga; y el que quiera, tome del agua de la vida gratuitamente.»** La sed a la que el texto se refiere, sin duda, es la sed espiritual. Esa sed sólo puede ser satisfecha por el Mesías (Jn. 4:10). La invitación es amplia, generosa y concreta. El ser humano tiene que reconocer su sed, es decir, su necesidad espiritual. Pero no solo eso, sino que también tiene que querer satisfacerla («el que quiera»). El que de verdad quiere satisfacer su sed es el genuinamente sediento. «La designación ("el que tiene sed" o "el sediento") abarca a cualquiera que está consciente del deseo de una vida más alta, pero que tal vez aún no se considera sediento.»[46] La invitación de Cristo sigue vigente: «Si alguno tiene sed, venga a mí y beba» (Jn. 7:37).

Es asombroso, sin lugar a duda, que un libro que contiene tantas escenas de juicio como el Apocalipsis, casi en su conclusión manifieste una invitación tan maravillosa como la que aparece en este versículo. Pero así es la gracia de Dios. Dios no se olvida de su misericordia aun en medio de los juicios.

22:18

«Yo testifico a todo aquel que oye las palabras de la profecía de este libro: Si alguno añadiere a estas cosas, Dios traerá sobre él las plagas que están escritas en este libro.» Este versículo, conjuntamente con el siguiente, han sido objeto de severa crítica.[47] Se dice que los versículos 18, 19 son una interpolación hecha por algún escribano que tenía una opinión elevada de la inspiración del texto. También se ha dicho que esos versículos constituyen la opinión personal del apóstol Juan. Ambas teorías no tienen apoyo exegético. Las palabras tanto del versículo 18 como del 19 provienen del mismo Señor Jesucristo y tienen el sello de su autoridad.[48] Él es el testigo fiel y verdadero (véase 1:3, 5: 3:14). Él da testimonio de la infalibilidad y permanencia de la Palabra de Dios. El testimonio más sólido y enfático respecto al carácter inalterable de las Escrituras proviene del Señor Jesucristo (véanse Mt. 5:17-19; Jn. 10:34, 35).[49] Las palabras de Apocalipsis 22:18 y 19 parecen ser una continuación de 22:12. De ser así, son palabras que provienen directamente del Señor Jesucristo.

El texto es enfático. Comienza diciendo: **«Yo testifico»** (*martyrô ego*). Dicha expresión es pleonástica. El pronombre «yo» está comprendido en la verbo, pero se repite al añadir *ego*. Una traducción de la frase sería: «Yo mismo testifico.» La declaración no es ni del ángel ni el de Juan, sino el testimonio personal de Jesucristo respecto al mensaje del Apocalipsis (véase Ap. 1:2; 22:16). El tiempo presente del verbo sugiere que la acción de testificar es continua. El Señor pronuncia una advertencia respecto a la actitud de los recipientes de este mensaje. «El contenido pudo haber sido alterado (en teoría) por la primera persona que oyó el mensaje del libro. Es mejor tomar el pasaje de manera directa como una seria advertencia a los oyentes a no adulterar el mensaje fundamental revelado a través de Juan.»[50]

La advertencia va dirigida al individuo: **«Todo aquel que oye»** (*pantì toî akoúonti*), es decir, aquel que escucha la lectura del Apocalipsis en la congregación. Luego añade: **«Si alguno añadiere a estas cosas...»** Esta es una condicional de tercera clase con *eán* y el aoristo subjuntivo del verbo (*eán tis epitheî ep'autà*), expresando la posibilidad de que tal acción pudiese ocurrir. El aviso es terminante: **«Dios traerá sobre él las plagas que están escritas en este libro.»** El verbo «traerá sobre» (*epithéisei*) es el futuro indicativo, voz activa de *epitítheimi*, que significa «poner encima», «añadir». Nótese que es el mismo verbo traducido «añadir» en el mismo versículo. Los traductores de la Reina-Valera 1960 han captado correctamente las dos sombras de significado de dicho verbo. El primer uso correctamente significa «añadiese» (véase Pr. 30:6). El segundo proporciona el significado de «poner encima», «sobreponer». La idea del texto, por lo tanto, es que si alguno se atreviera a añadir algo al contenido de la revelación dada en el Apocalipsis, el Señor pondrá sobre él las plagas anunciadas en este libro.[51] El Apocalipsis es un libro que contiene bendiciones y juicios. Las bendiciones son para los que guardan las palabras de las profecías del Apocalipsis (22:7). Los que tuercen o adulteran el mensaje de este libro, añadiéndole o quitándole, serán debidamente castigados por el Señor.

22:19

«Y si alguno quitare de las palabras del libro de esta profecía, Dios quitará su parte del libro de la vida, y de la santa ciudad y de las cosas que están escritas en este libro.»

Añadirle a las Escrituras es tan ofensivo a Dios como quitar de ella. Cualquiera de las dos acciones soslaya la soberanía de Dios. En el huerto del Edén, el maligno adulteró la Palabra de Dios. El mandato de Dios al hombre fue: «...De todo árbol del huerto podrás comer» (Gn. 2:16). Las primeras palabras que Satanás dijo a la mujer fueron: «...¿Conque Dios os ha dicho: No comáis de todo árbol del huerto?» O sea, que Satanás dijo exactamente lo opuesto de lo que Dios había ordenado.

La frase: **«Y si alguno quitare de las palabras del libro de esta profecía...»** es también una condicional de tercera clase (*eàn* + el aoristo subjuntivo), que denota posibilidad. Cualquier intento de trastornar las palabras escritas por Juan en el rollo inspirado del Apocalipsis sería confrontado con el severo juicio del Señor.

La Reina-Valera 1960, usando el Textus Receptus, produce la lectura: **«Dios quitará su parte del libro de la vida...»** La lectura del texto crítico es la correcta, porque se apoya en los mejores manuscritos. Dicha lectura es: «...Dios suprimirá su porción del árbol de la vida.»[52] El pasaje, por supuesto, no enseña que un verdadero creyente puede perder su salvación. Como lo expresa John F. Walvoord:

> Este pasaje asume que un hijo de Dios no desdeñará estas Escrituras. Es el contraste de incredulidad con fe, del ciego, caído intelecto del hombre en contraste con el creyente iluminado y enseñado por el Espíritu. Aunque el verdadero hijo de Dios podría no comprender el significado de todo el libro del Apocalipsis, reconocerá en éste una declaración de su esperanza y de lo que le ha sido asegurado en gracia mediante su salvación en Cristo.[53]

Hay quienes insisten en que la mencionada declaración significa que un creyente puede perder la salvación si no presta atención a la advertencia hecha por el Señor. Entienden que:

> La implicación de la frase es que gente que en un tiempo tenía parte en el árbol de la vida e iban rumbo a la ciudad santa podrían caer en el camino y, debido a su gran insensatez en sustraer de las palabras del Apocalipsis, podrían ir a parar al lago de fuego.[54]

Afortunadamente este versículo puede aclararse cuando se estudia en su contexto y se compara con otros textos de las Escrituras. Hay una estrecha relación entre el árbol de la vida y el libro de la vida.[55] Todo aquel que ha puesto su fe en Cristo tiene su nombre inscrito en el libro de la vida. Quien tiene su nombre inscrito en el libro de la vida ha de participar de las bendiciones del árbol de la vida. La conclusión a la que se puede llegar es que quien añade o sustrae de las Escrituras, particularmente del mensaje del Apocalipsis, es una persona que no ha puesto su fe en Cristo y, por lo tanto, no tiene su nombre en el libro de la vida. El resultado de todo eso es que no tiene parte o no participará del árbol de la vida. Como se ha reiterado varias veces a través de este estudio, la salvación es un regalo de Dios que se recibe sobre la base de la fe en Cristo (Jn. 6:47; 5:24; Ro. 6:23). Hay una cantidad importante de pasajes en las Escrituras tocante a la seguridad de la salvación. La Palabra de Dios dice: «El que en él cree, no es condenado; pero el que no cree, ya ha sido condenado, porque no ha creído en el nombre del unigénito Hijo de Dios» (Jn. 3:18). Sólo el rechazo de Cristo como Salvador impedirá que alguien participe del árbol de la vida y que su nombre sea inscrito en el libro de la vida del Cordero. De modo que quien añada o quite algo del contenido de la Palabra de Dios y, en particular, de las palabras del Apocalipsis, es porque no ha nacido de nuevo.

«Y de la santa ciudad y de las cosas que están escritas en este libro», mejor, «y de la santa ciudad, es decir, de las cosas que han sido escritas en este libro». Las frases «del árbol de la vida», «y de la santa ciudad» están en aposición con la frase «de las cosas que han sido escritas en este libro».[56] La idea es que lo que concierne al «árbol de la vida» y a «la santa ciudad» está escrito en este libro de manera permanente. Son cosas que no pueden ser alteradas y pertenecen a las bendiciones eternas prometidas por Dios a los que ponen su fe en el Mesías. Quien altere lo que está escrito ha sellado su destino: No tendrá participación del árbol de la vida ni entrada en la santa ciudad. El texto es, sin duda, la más seria advertencia que cualquiera podría recibir respecto a la importancia de no adulterar ni despreciar la Palabra de Dios. «La Palabra de Dios no es ni un descubrimiento ni un invento de los hombres. Es la verdad divinamente revelada.»[57] En resumen, los versículos 18-19 no enseñan la pérdida de la salvación, pero sí enseñan que quienes adulteran la Palabra de Dios son excluidos de la santa ciudad y de las bendiciones que en ella hay.[58]

22:20

«El que da testimonio de estas cosas dice: Ciertamente vengo en breve. Amén; sí, ven, Señor Jesús.»

El anuncio de la segunda venida de Cristo se repite a través del libro del Apocalipsis (véase 2:16; 3:11; 22:7, 12, 20). Dicha repetición es de esperarse. Después de todo, la segunda venida de Cristo a la tierra constituye el tema central del Apocalipsis. El mismo Señor anuncia su venida, diciendo: **«Ciertamente vengo en breve»** (*naì, érchomai tachy*). El verbo **«vengo»** (*érchomai*), como en los casos anteriores (véase 22:7, 12), es un presente profético o futurístico y debe traducirse «vendré». El modo indicativo de dicho verbo denota la certeza de dicha venida y el tiempo presente con función de futuro sugiere la inminencia del acontecimiento.

Los cristianos a lo largo de los siglos han orado y aguardado por la venida del Señor Jesucristo. El Apocalipsis afirma que, aunque desde la óptica del hombre esa venida parezca haber tardado, su cumplimiento será seguro. Las palabras de Cristo: «Ciertamente vendré en breve» parecen constituir la respuesta del Señor al ruego del Espíritu Santo y de la Esposa, quienes unidos piden al Mesías que venga (22:17).[59] A esa petición se unen también todos los cristianos que leen y escuchan las palabras del Apocalipsis. En contraste con los otros anuncios de su venida aquí, en 22:20, el Señor añade el adverbio **«ciertamente»** (*naì*). Esta es una manera enfática de reforzar el hecho del cumplimiento de ese singular acontecimiento.

La respuesta del apóstol se expresa en las palabras: **«Amén; sí ven, Señor Jesús.»** Es como si Juan dijese: «Estoy de acuerdo, ven, Señor Jesús.» De ese modo, Juan expresa el deseo de «todos los que aman su venida» (2 Ti. 4:8). La segunda venida del Mesías, el Señor Jesucristo, es el gran acontecimiento hacia el cual se proyectan todas las profecías de la Palabra de Dios. Ese suceso producirá el final de la historia tal como se conoce ahora. El Mesías inaugurará una nueva etapa de la historia en la que habrá paz y justicia como el hombre jamás las ha experimentado. Por último, obsérvese que quien vendrá por segunda vez será el **«*Señor* Jesús»**, el Soberano del universo. Cuando vino la primera vez lo hizo como Jesús, el Salvador. Cuando venga la segunda vez lo hará como Señor de señores y Rey de reyes (19:16). La primera vez vino revestido de carne y tomó naturaleza humana. Ocupó el lugar de un esclavo y se humilló hasta la muerte. La segunda vez vendrá revestido de su gloria, exhibiendo su majestad.

La persona teantrópica del Rey-Mesías exhibirá de manera visible y tangible la gloria de su ser. Cuando vino la primera vez, sólo unos pocos vieron su gloria (Jn. 2:11; Mt. 17:1-8; 2 P. 1:16-18). Cuando venga la segunda vez, será manifestada tanto la gloria de su humanidad como la de su deidad.[60] «La raza humana fue puesta sobre la tierra para mostrar la gloria de la obra de Dios en esta esfera. Fue sólo con la entrada de Cristo en esta escena terrenal mediante la instrumentalidad de su cuerpo humano en su primera venida y en su esperada segunda venida a la tierra, que Dios ha sido y será perfectamente justificado y glorificado en su creación del hombre.»[61] Cuando Él venga en su gloria, no sólo exhibirá su magnificencia como Dios, sino que también se manifestará la perfecta humanidad a través de la cual Dios ha de manifestar su propósito eterno.

22:21

«La gracia de nuestro Señor Jesucristo sea con todos vosotros. Amén.»[62] El texto crítico dice sencillamente: «La gracia del Señor Jesús [esté] con vosotros.» Resulta extraño que un libro de las características de Apocalipsis concluya así.[63] Pero dicha conclusión tiene su explicación. Recuérdese que el libro comienza diciendo que su contenido es «la revelación de Jesucristo». Luego sigue con un estilo epistolar (capítulos 2 y 3) y concluye con las varias identificaciones del Señor Jesucristo. Como se ha observado, en los últimos capítulos varias veces el Señor anuncia su regreso a la tierra. En esos anuncios, el Señor es el interlocutor. Esto da a este capítulo un carácter personal. Es de esperarse, por lo tanto, una conclusión personal, tal como aparece en 22:21.

El Apocalipsis es en sí difícil de comprender por su estructura y su simbolismo, característico de la literatura apocalíptica. Pero más difícil es aún desentrañar su significado. Tal vez esa es la razón principal del porqué Juan desea que la gracia del Señor Jesucristo sea con sus lectores. Sólo su gracia puede ayudar al lector a comprender, guardar y practicar las enseñanzas de este sorprendente y maravilloso libro. La bendición que Juan invoca va dirigida, en primer lugar, a los lectores y oyentes originales de este libro. Pero, sin duda, esa misma gracia ha sido necesaria para todas las generaciones de cristianos que, a lo largo de los siglos, han leído, estudiado y proclamado el mensaje de este libro con el que Dios pone broche de oro a su revelación escrita. La petición de Juan es que la gracia que pertenece al Señor Jesucristo, porque Él es su autor, esté presente en la vida del creyente. El cristiano de hoy está necesitado de la todo-suficiente gracia del Glorioso Señor Jesucristo.

RESUMEN Y CONCLUSIÓN

El último capítulo del Apocalipsis comienza con una descripción de las bendiciones que están dentro de la nueva Jerusalén. Allí están el río de agua viva, el árbol de la vida, el fruto del árbol y sus hojas. Por encima de todo, allí está el trono de Dios y del Cordero, es decir, la presencia misma de Dios que, a fin de cuentas, es lo más importante de todo. Allí los santos del Señor reinarán por toda la eternidad (22:1, 2, 5). No habrá maldición, los santos servirán al Señor y verán su rostro, disfrutando de íntima comunión con Él (22:3, 4). La luz de la gloria de Dios proporcionará toda la iluminación necesaria para la vida en la santa ciudad (22:5).

Apocalipsis 22 reitera el mensaje central del libro, o sea, la segunda venida de Cristo en gloria. A la luz de esa verdad hay varias exhortaciones finales. La primera de ellas concierne a la necesidad de guardar las palabras de la profecía del Apocalipsis (22:6, 7); también presenta la necesidad de practicar la verdadera adoración. Sólo Dios debe ser adorado con la exclusión de todos los demás seres, sean estos hombres, ángeles u objetos (22:8, 9). Hay una declaración tocante al cumplimiento cercano del Apocalipsis y una advertencia acerca de la actitud del hombre (22:10, 11). Cristo anuncia personalmente su venida como Juez Soberano de la creación (22:12, 13) y pronuncia una bienaventuranza para los que practican la santidad en anticipación de la entrada en el reino eterno (22:14). Aquellos que no han acudido al Mesías para ser limpiados de sus pecados no entrarán en la nueva Jerusalén (22:15).

El origen divino de la revelación dada en el Apocalipsis es confirmado por el mismo Señor Jesucristo (22:16). Él se identifica como el cumplidor del pacto davídico, sobre el cual descansa la promesa de la realización del reino (véase Lc. 1:30-33). El Apocalipsis debía leerse en público y en voz alta para que todos escuchasen su lectura. El Espíritu Santo, presente en la congregación, con toda la iglesia como la Esposa del Cordero y cada oyente como individuo piden al Señor que cumpla su promesa de regresar (22:17).

Quizá el libro del Apocalipsis, por su misma naturaleza, se preste a que falsos maestros y creyentes espurios lo adulteren. Es por eso que en 22:18, 19 hay una seria advertencia contra quien se atreva a cometer un acto semejante. Quien tenga la osadía de hacerlo es porque no ha nacido de nuevo y, por lo tanto, no tiene parte en el árbol de la vida y, por supuesto, no tiene entrada en la ciudad celestial. Una vez más, el Señor anuncia su segunda venida. Esta vez añade el adverbio *ciertamente*, advirtiendo de la certeza de dicho acontecimiento (22:20). Aunque parezca raro, el Apocalipsis termina con una bendición propia de una epístola, pidiendo que la gracia del Señor Jesucristo sea con los recipientes de este libro. La gracia del Señor es imprescindible para entender, guardar y poner en práctica las enseñanzas de esta maravillosa revelación.

NOTAS

1. Charles C. Ryrie, *Apocalipsis,* pp. 123, 124.
2. Véase G.B. Caird, «The Revelation of Saint John», p. 280.
3. Robert L. Thomas, *Revelation 8—22,* p. 481.
4. El Textus Receptus y unos pocos manuscritos añaden el vocablo «limpio» (*kátharos*), pero dicho vocablo es omitido por la mayoría de los manuscritos.
5. J. A. Seiss, *The Apocalypse*, p. 504.
6. *Ibid.*
7. Robert L. Thomas, *Revelation 8—22,* p. 482. Henry Barclay Swete dice que la expresión «el trono de Dios y del Cordero» es una frase sorprendente; en otros sitios el Cordero está «en medio del trono» (Ap. 5:6; 7:17) y «el que está sentado en el trono» es el Padre Todopoderoso diferenciado del Hijo Encarnado (Ap. 5:13; 6:16; 7:10). Pero véase 3:32, donde el Cristo glorificado es presentado compartiendo el trono del Padre (Henry Barclay Swete, *Commentary on Revelation*, p. 298).

8. Francisco Cantera Burgos y Manuel Iglesias González, *Sagrada Biblia: Versión crítica sobre los textos hebreo, arameo y griego*, p. 1.444.
9. Véase J. Massyngberde Ford, «Revelation», p. 338.
10. Véase Alan F. Johnson, «Revelation», p. 599.
11. John F. Walvoord, *The Revelation of Jesus Christ*, p. 330.
12. Robert H. Mounce, «The Book of Revelation», p. 387.
13. *Ibid.*
14. Alan F. Johnson, *op. cit.*, p. 599.
15. Véase William Barclay, *The Revelation of John*, vol. 2, p. 222.
16. Para un resumen de las diferentes opiniones véase Robert L. Thomas, *Revelation 8—22*, p. 485.
17. John F. Walvoord, *The Revelation of Jesus Christ*, p. 330.
18. *Ibid.*
19. *Ibid.*, p. 331.
20. George Eldon Ladd, *A Commentary on the Revelation of John*, p. 288.
21. J.A. Seiss, *The Apocalypse*, p. 510.
22. Véase Robert L. Thomas, *Revelation 1—7: An Exegetical Commentary*, pp. 54-57.
23. John F. Walvoord, *The Revelation of Jesus Christ*, p. 35.
24. Véase A. T. Robertson, *Word Pictures*, vol. VI, p. 482.
25. Tanto *ho akoúôn* como *[ho] blépôn* son participios presentes, pero el participio toma el tiempo del verbo principal. En este caso lo toman de los verbos «hube oído y visto». Ambos son aoristos. De modo que es correcto traducir los participios, en este caso, como pretéritos.
26. Robert L. Thomas, *op. cit.*, p. 499.
27. *Ibid.*, p. 500.
28. J.A. Seiss, *The Apocalypse*, p. 515.
29. A.T. Robertson, *op. cit.*, vol. VI, p. 483.
30. E.W. Bullinger, *Commentary on Revelation*, p. 680.
31. Robert H. Mounce, «The Book of Revelation», p. 392.
32. Véase Robert L. Thomas, *Revelation 8—22*, p. 502.
33. *Ibid.*
34. Robert H. Mounce, «The Book of Revelation», pp. 392-393.
35. La Reina-Valera 1960 traduce el verbo *estìn* en el modo subjuntivo («sea»). Dicho verbo, sin embargo, es el presente indicativo y como tal debe traducirse «es».
36. Robert L. Thomas, *op. cit.*, p. 506.
37. Véase Bruce M. Metzger, *A Textual Commentary on the Greek New Testament*, pp. 765, 766.
38. Debe recordarse otra vez que la salvación es un regalo de Dios. El sacrificio de Cristo y su gloriosa resurrección, es decir, los méritos del Mesías, son los únicos que Dios reconoce para que alguien entre en su presencia.
39. Robert L. Thomas, *Revelation 8—22*, p. 507.
40. Merrill F. Unger, *Unger's Bible Dictionary*, p. 1.039.
41. Véase J.A. Seiss, *The Apocalypse*, p. 521.
42. Robert L. Thomas, *Revelation 8—22*, p. 510.
43. *Ibid.*
44. Véanse John F. Walvoord, *The Revelation of Jesus Christ*, p. 337; Robert H. Mounce, «The Book of Revelation», p. 395; G. B. Caird, «The Revelation of Saint John», pp. 286-287; Charles C. Ryrie, *Apocalipsis*, pp. 126, 127.

45. Véase Robert L. Thomas, *Revelation 8—22*, p. 511.
46. *Ibid.*
47. *Ibid.*, pp. 513-518; véase también A. T. Robertson, *Word Pictures,* vol. VI, p. 487.
48. Véase Henry Barclay Swete, *Commentary on Revelation,* p. 311.
49. Para una coherente discusión de Apocalipsis 22:18, véase Robert L. Thomas, *Revelation 8—22,* pp. 513-518.
50. Robert H. Mounce, «The Book of Revelation», p. 396.
51. Véase Robert L. Thomas, *op. cit.,* p. 518.
52. Véanse *The Greek New Testament*, ed. por Kurt Aland, et. al., p. 895; Francisco Cantera Burgos y Manuel Iglesias González, *Sagrada Biblia,* p. 1.444; Francisco Lacueva, *Nuevo Testamento interlineal griego-español,* p. 1.027.
53. John F. Walvoord, *The Revelation of Jesus Christ,* p. 338.
54. Robert L. Thomas, *Revelation 8—22,* p. 519.
55. *Ibid.*
56. Véase A.T. Robertson, *Word Pictures,* vol. VI, pp. 487-488.
57. George Eldon Ladd, *A Commentary on the Revelation of John,* p. 296.
58. Véase Juan Sánchez García, *Comentario histórico y doctrinal del Apocalipsis,* pp. 268, 269.
59. Véase Alan F. Johnson, «Revelation», p. 603.
60. Véase H. Chester Woordring, «The Millennial Glory of Christ», tésis inédita, Dallas Theological Seminary, 1950, p. 27.
61. *Ibid.*, p. 28.
62. Para una consideración de las diferentes variantes textuales en este versículo, véase Bruce M. Metzger, *A Textual Commentary on the Greek New Testament,* pp. 766, 767.
63. Véase Alan F. Johnson, «Revelation», p. 603.

23

El mensaje de Apocalipsis hoy

La vigencia del libro del Apocalipsis no debe cuestionarse. A pesar de haber sido escrito hace mil novecientos años, este libro contiene un mensaje sumamente importante para el hombre moderno. Hay quienes creen que las profecías del Apocalipsis se cumplieron durante los primeros siglos del cristianismo. Otros piensan que el libro presenta simbólicamente la gran lucha cósmica entre el bien y el mal. También hay los que piensan que el Apocalipsis presenta una panorámica amplia de la historia de la Iglesia, desde su nacimiento hasta la segunda venida de Cristo. La verdad central revelada en este libro es la de la segunda venida de Cristo a la tierra. El mensaje del Apocalipsis tiene que ver con los acontecimientos que preceden inmediatamente, los que son simultáneos con y los que siguen a la venida gloriosa del Señor Jesucristo a la tierra.

A través de este comentario se ha hecho notar el problema hermenéutico. Como literatura apocalíptica que es, este libro está saturado de símbolos, metáforas y una gran variedad de figuras de dicción. Esto constituye un reto para el intérprete. El camino más fácil sería hacer uso de la alegorización o de la espiritualización como método hermenéutico en la exposición del mensaje del Apocalipsis. Tal método aportaría muy poco a un estudio serio y equilibrado del mensaje del libro. El exégeta congruente tendrá que dedicarse al estudio del género literario del Apocalipsis, al análisis de las figuras de dicción y a los símbolos utilizados por el autor del libro. Es importante estudiar el contenido del Apocalipsis dentro de su propio ambiente o contexto. Las figuras de dicción generalmente son interpretadas en el propio libro por el mensajero celestial que los revela. No existe ninguna razón de fuerza que obligue al intérprete a alegorizar el contenido del Apocalipsis. Si se dejan a un lado los prejuicios teológicos, el Apocalipsis puede interpretarse siguiendo el método normal, natural, histórico-gramatical-contextual, es decir, literal. El método literal toma en cuenta el contexto del pasaje, tanto el mediato como el inmediato. También toma en cuenta la gramática y las figuras de dicción que deben interpretarse a la luz del texto en el sitio donde aparecen. La cuestión hermenéutica es, sin duda, una de las más importantes y difíciles a la hora de estudiar el Apocalipsis. De ahí depende el rumbo que se tome y las conclusiones a las que el intérprete llegue.

El Apocalipsis es un libro profético (1:2; 10:11; 22:18, 19). Más concretamente aún, el contenido del Apocalipsis es primordialmente escatológico. Trata de los acontecimientos que precederán a la segunda venida de Cristo, así como los que tendrán lugar simultáneamente con ella. También revela las cosas que han de suceder después de la venida en gloria de Cristo: La resurrección de los santos de la tribulación; el milenio; la derrota final de Satanás y sus seguidores; el juicio final; la creación de nuevos cielos y nueva tierra; y la majestuosa descripción del estado eterno. Pero hay otras muchas enseñanzas en el Apocalipsis.

Este libro es una fuente preciosa de las principales doctrinas bíblicas. Contiene enseñanzas importantes respecto a Teología Propia, es decir, la doctrina de Dios aparte de sus obras. La doctrina de la Trinidad es claramente enseñada en el Apocalipsis (1:4-8). Los atributos de Dios, particularmente su santidad (4:8; 6:10; 15:4), su justicia (16:5, 7; 19:2) y su omnipotencia (1:8; 4:8; 11:17; 15:3; 16:7, 14; 19:6, 15; 21:22). Jesucristo es el Alfa y la Omega (1:8; 21:6; 22:13). Él es el Santo (3:7), el Rey de reyes y Señor de señores (19:16). Comparte el trono celestial con el Padre (3:21; 22:3). Aunque no decisivamente clara, la referencia a «los siete espíritus» que aparece en 1:4; 4:5 y 5:6 podría referirse al Espíritu Santo, quien actúa en la presencia de Dios y tendrá un activo ministerio durante los años de la tribulación.

El Apocalipsis tiene mucho que decir respecto a la doctrina de la salvación. La salvación es un acto de la gracia de Dios efectuada mediante la muerte y la resurrección de Cristo (1:5). Cristo es presentado como el Cordero que fue inmolado, pero que ha resucitado (5:6) y quien tiene todo poder para ejecutar los juicios divinos (5:7-14). La figura del cordero se usa en el Apocalipsis en 27 ocasiones.[1] Es una figura tomada del Antiguo Testamento y se utiliza para hablar del sacrificio sustituto de Cristo en la cruz (7:14; 12:11). El inocente Cordero fue sacrificado por el pecado del mundo. Ese Cordero es Jesucristo, quien resucitó de los muertos y viene otra vez con poder y gloria.[2]

El Apocalipsis expone también la doctrina de la inspiración y la autoridad de la Biblia. Ya se hizo constar en la introducción de este comentario que hay 278 referencias a pasajes del Antiguo Testamento en el Apocalipsis. Es el libro del Nuevo Testamento con mayor apoyo veterotestamentario. El Apocalipsis contiene referencias a los libros de Génesis, Éxodo, Deuteronomio, Salmos, Isaías, Ezequiel, Daniel, Zacarías, Jeremías y a los libros históricos de Samuel y Crónicas. La sorprendente advertencia tocante a añadir o quitar de «las palabras de la profecía de este libro» (22:18, 19) es una clara indicación del santo respeto que el autor del Apocalipsis tiene hacia el Canon Sagrado.

La doctrina de la Iglesia ocupa un lugar muy importante en el Apocalipsis. El libro en su totalidad fue históricamente dirigido a siete iglesias locales ubicadas en el Asia Menor. Pero, además, los capítulos 2 y 3 tratan de manera específica cuestiones relacionadas con dichas asambleas. El mensaje particular dedicado a cada una de aquellas iglesias enfoca las virtudes y los defectos de cada congregación. Cada carta confronta a la congregación a la que va dirigida con su propia condición y la llama a prepararse de manera práctica para la venida del Señor. Las cartas a las iglesias del Asia Menor, en un sentido, contestan la pregunta: ¿En qué debe ocuparse la Iglesia mientras aguarda la venida del Señor? Esa venida es inminente, puede ocurrir en cualquier momento. De modo que incumbe a la Iglesia estar preparada para el encuentro con el Señor. Los mensajes o cartas no sólo van dirigidos a las congregaciones, sino también a los individuos dentro de cada congregación. Cada carta termina con la advertencia: «El que tiene oído, oiga lo que el Espíritu dice a las iglesias...» (véase 2:7, 11, 17; 3:6, 13, 22).

Cada iglesia recibe una amonestación con la excepción de Esmirna y Filadelfia.

A varias de ellas se les recrimina el comportamiento: (1) A Éfeso por dejar el primer amor; (2) a Pérgamo por tener a los que practicaban la doctrina de Balaam y a los nicolaítas; (3) a Tiatira por tolerar la inmoralidad de Jezabel; (4) a Sardis por creerse autosuficiente; y (5) a Laodicea por su tibieza espiritual y por haber dejado a Cristo fuera de su círculo. A varias de las congregaciones el Señor les advierte de su inminente venida (2:5, 16; 3:3, 11, 20). Esa advertencia tiene por objeto que cada una de esas asambleas se ocupe de cumplir la responsabilidad de dar testimonio de Jesucristo en medio de un mundo que es hostil al Evangelio.

Hay, además, una promesa de bendición para «el vencedor» en cada una de las iglesias. El vocablo «vencedor» se refiere a todos aquellos que han confiado en el Mesías como Salvador personal (véase 2:7, 11, 17, 26; 3:5, 12, 21). En Apocalipsis 21:7-8, el vencedor es contrastado con los inicuos (los cobardes, incrédulos, abominables, homicidas, etc.). Es más sensato entender que la designación «vencedor» se aplica no a algunos sino a todos los creyentes. Las cartas de los capítulos 2 y 3 van dirigidas a siete asambleas de carácter mixto, donde había tanto salvos como inconversos. Es de esperarse, por lo tanto, que haya advertencias de juicio contra quienes sólo profesaban ser creyentes y promesas de bendición para quienes son genuinos hijos de Dios. Las mismas advertencias son aplicables a las iglesias de hoy día. Sólo los nacidos de nuevo son vencedores (Ro. 8:37). Se puede ser miembro de una iglesia local y no ser un creyente genuino. Los tales no participarán de las promesas hechas por el Señor a los vencedores.

Las promesas hechas al vencedor son las siguientes:

1. «Le daré a comer del árbol de la vida, el cual está en medio del paraíso de Dios» (2:7).
2. «No sufrirá daño de la segunda muerte» (2:11).
3. «Daré a comer del maná escondido, y le daré una piedrecita blanca, y en la piedrecita escrito un nombre nuevo, el cual ninguno conoce sino aquel que lo recibe» (2:17).
4. «Le daré autoridad sobre las naciones, y las regirá con vara de hierro» (2:26b-27a).
5. «Será vestido de vestiduras blancas; y no borraré su nombre del libro de la vida, y confesaré su nombre delante de mi Padre, y delante de sus ángeles» (3:5).
6. «Lo haré columna en el templo de mi Dios, y nunca más saldrá de allí; y escribiré sobre él el nombre de mi Dios, y el nombre de la ciudad de mi Dios, la nueva Jerusalén, la cual desciende del cielo, de mi Dios, y mi nombre nuevo» (3:12).
7. «Le daré que se siente conmigo en mi trono» (3:21).

A estas estupendas promesas podría añadírsele la que aparece en Apocalipsis 21:7: «El que venciere heredará todas las cosas, y yo será su Dios, y él será mi hijo.» Todos estos compromisos del Señor para los vencedores constituyen temas de indiscutible actualidad que deben ser proclamados y enseñados en las iglesias de hoy día con profunda convicción. El Apocalipsis no es un libro del pasado cuyo contenido debe ser simplemente recordado ni es una pieza de museo que sólo se contempla y se admira. Su mensaje trata temas sumamente importantes, tanto para el creyente en lo personal como para la congregación.

El Apocalipsis destaca también la doctrina del pecado tanto en la experiencia humana como en el ámbito angelical. La maldad humana queda al descubierto en el hecho de que el hombre, tan necesitado de la gracia de Dios, se niegue a someterse bajo la autoridad del único que puede perdonar su pecado. La frase «los moradores de la tierra» (Ap. 3:10; 6:10; 8:13; 11:10; véase 14:6) se usa para describir a quienes no guardan ninguna afinidad con el Mesías y, por lo tanto, carecen de ciudadanía celestial. Toda su vida está centrada y arraigada en las cosas de la tierra. Su lugar de habitación, su corazón, honra, esperanza e interés están centrados en la tierra. Carecen de todo interés por las cosas celestiales y resisten a todo aquel que lo tiene. Resisten el mensaje del Evangelio y lo rechazan porque sus mentes están cegadas por el maligno (2 Co. 4:3, 4; véase 2 Ts. 2:10-12). El Apocalipsis pone de manifiesto la magnitud del pecado humano mediante la actitud de los habitantes de la tierra durante los años de la tribulación. A pesar de la severidad de los juicios, una cantidad incalculable de personas se niegan a arrepentirse y poner su fe en el Mesías (véase Ap. 9:18-21; 16:21). Los inicuos se regocijan sobre la muerte de los dos testigos de Apocalipsis 11 y la celebran enviándose regalos unos a otros (11:10).

Quizá la iniquidad humana alcanza su grado máximo en Apocalipsis 13. Ese capítulo tiene que ver con la manifestación del Anticristo y su gobierno satánico durante la segunda mitad de la semana setenta de Dan. 9:27. Los moradores de la tierra aclaman a la bestia y van en pos de ella, diciendo: «¿Quién como la bestia, y quién podrá luchar contra ella?» (Ap. 13:4, 8). Además, los hombres adorarán al mismo Satanás (13:4) y aceptarán que la insignia del Anticristo les sea colocada en sus frentes o en su mano derecha (13:15, 16).

El Apocalipsis enseña que Satanás y sus huestes están sumamente activos en la tierra. Esa actividad alcanzará su punto culminante durante los años de la tribulación. En primer lugar, tendrá lugar la apertura del pozo del abismo de donde saldrá una cantidad insospechada de seres demoniacos que afligirán a los hombres durante cinco meses (9:10). También tendrá lugar la expulsión de Satanás del cielo a la tierra (12:7-12). La presencia personal de Satanás en la tierra será motivo de gran aflicción para la humanidad. Debe decirse que Dios mantiene absoluto control de todos esos acontecimientos. El Soberano del universo es quien dirige todo lo que sucede. Lo que ocurre es la consumación de su propósito eterno. El Apocalipsis enseña sin la menor sombra de duda que Dios es el Soberano del universo. Nada ocurre fuera de su control.

Debe recordarse, una vez más, el hecho palpable de que, en medio de la ira, Dios no se olvida de la misericordia. Los terribles juicios descritos en el Apocalipsis no impiden que la gracia de Dios continúe funcionando. En el capítulo 7, se menciona la selección de 144.000 siervos, escogidos de las doce tribus de Israel. Probablemente, el ministerio de los mencionados 144.000 será dar testimonio del Mesías y de su gracia salvadora durante los años de la tribulación. En el mismo capítulo 7, se destaca la presencia de una gran multitud de todos los pueblos de la tierra que han sido salvados mediante la fe en el Mesías. El Apocalipsis tiene, por lo tanto, un innegable énfasis evangelístico. Las naciones de la tierra pueden y deben ser evangelizadas. El plan de la salvación estará vigente en la tierra incluso en los tiempos de mayor rebeldía. No debe olvidarse que este libro termina con una solemne invitación: «Y el que tiene sed, venga; y el que quiera, tome del agua de vida gratuitamente» (22:17). Quien proclame el contenido del Apocalipsis hoy día, no debe olvidar bajo ningún concepto predicar el Evangelio de la gracia de Dios y recordar a los pecadores que Dios les invita a tomar del agua de la vida gratuitamente. El llamado de Dios es totalmente sincero. Cristo es el agua de la vida. Quien beba de Él no tendrá sed jamás.

El Apocalipsis es fundamentalmente un libro profético-escatológico. Su tema central es la segunda venida de Cristo. Después de todo, ese es el tema central de toda la Biblia (véase 1:7; 11:15; 14:14; 19:11-16; 22:7, 12, 20). La venida del Señor será visible, literal, judicial y gloriosa. Esas verdades se hacen evidentes a través del Apocalipsis. Tanto Satanás como los hombres inicuos han desafiado la soberanía de Dios. Dios ha revelado en el Apocalipsis como se propone reclamar lo que, en realidad, le pertenece, es decir, la absoluta soberanía sobre su creación.

Dios intervendrá sobrenaturalmente mediante tres series de juicios consecutivos. En primer lugar, a través de los juicios de los sellos que son rotos para manifestar el contenido del rollo que es traspasado de la mano de Dios el Padre a las del Cordero, el Mesías. El rollo sellado contiene la totalidad de los juicios de la tribulación. Los seis primeros sellos abarcan la primera mitad de la tribulación (6:1-17). El séptimo sello consiste de los juicios de las trompetas (8:1—9:21) y la séptima trompeta contiene los juicios de las siete copas que consuman la ira de Dios (10:7; 11:15-19; 16:1-21).

De vital importancia en el desarrollo de los acontecimientos finales está el ministerio de los dos testigos o profetas que ministrarán en Jerusalén durante la segunda mitad de la tribulación (11:1-14). De gran significación en el Apocalipsis es el papel desempeñado por la nación de Israel. El pacto davídico aparece en el hecho de que el único digno de romper los sellos del rollo es «el León de la tribu de Judá, la raíz de David» (véanse Gn. 49:10-11; Is. 11:1). Los 144.000 sellados pertenecen a las doce tribus de Israel (7:4-11). Los dos testigos ministrarán en Jerusalén (11:8) y cumplen la profecía de Zacarías 4:3, 11-14. El reinado del Mesías, profetizado en Daniel 7:14, 27, se cumplirá cuando Cristo venga tal como lo anuncia Apocalipsis 11:15. Israel aparece de nuevo perseguida por el Dragón, Satanás, pero protegida por el Señor en estricto cumplimiento de su promesa en el pacto abrahámico (véanse Ap. 12:1, 2, 5, 6; Gn. 17:4-8). El remanente judío será perseguido por Satanás durante la tribulación (12:17). Jerusalén será el sitio desde donde el Mesías reinará durante su reinado terrenal (Ap. 14:1-5; véanse Sal. 2; Zac. 8:1-8).

Uno de los cuadros proféticos más significativos del Apocalipsis es el que tiene que ver con la destrucción de Babilonia (Ap. 17—18). La ciudad que fue tan importante en tiempos antiguos, notoria por sus riquezas y por su idolatría, volverá por sus fueros. Se convertirá en un gran centro comercial que influirá en todo el mundo. Su riqueza e influencia serán de tal magnitud que, por lo menos en teoría, llegará a controlar al mismo Anticristo. Pero su ruina será total en cumplimiento de la profecía de Jeremías 50—51. La destrucción de Babilonia es necesaria para el establecimiento del reino del Mesías en la tierra. Babilonia ha sido el cuartel general de Satanás en la tierra, el centro de su mundo de idolatría y blasfemia. La destrucción de dicha ciudad produce regocijo en el cielo (19:1-6) y el anuncio de la inminente venida del Mesías a la tierra (19:7-9). La venida gloriosa de Cristo, tan esperada por tantos siglos, tiene lugar en Apocalipsis 19:11-21. Su venida es victoriosa, real y como Señor. Destruye a los ejércitos del Anticristo y confina a la bestia y al falso profeta al lago de fuego que arde con azufre (19:17-21).

Los capítulos 6—19 del Apocalipsis ponen de manifiesto la manera como Dios implanta su soberanía en la tierra. Los acontecimientos de la tribulación, como ya se ha indicado, constituyen el cumplimiento de la septuagésima semana de Dan. 9:27. Durante ese tiempo, Dios purificará para sí un remanente de la nación de Israel. En ese remanente se cumplirán los pactos abrahámico, davídico y nuevo. El Mesías reinará sobre la casa de Jacob para siempre (Lc. 1:32). La gran tribulación para Israel consistirá primordialmente de las persecuciones del Anticristo contra dicho pueblo (véanse Jer. 30:7; Dn. 12:1; Mt. 24:3-51; Ap. 12—13). Dios librará al remanente sobre el cual el Mesías reinará (Ro. 9:27-29; 11:25-36).

Pero Dios también actuará respecto a las naciones. Los gentiles también están incluidos en su plan soberano. Es cierto que Dios derramará su ira sobre las naciones rebeldes e incrédulas. También es cierto que durante los años de la tribulación habrá un vasto número de gentiles que nacerá de nuevo por la fe en el Mesías (véase Ap. 7:9-17). El reino glorioso del Mesías en la tierra incluirá tanto a judíos como a gentiles (Mt. 25:31-40; Is. 2:4; 60:1-14; Zac. 8:20-22; 14:16-19). Apocalipsis 21:24, 26 muestra que en la nueva creación habrá naciones salvas que llevarán ricos regalos a la nueva Jerusalén. El Señor no sólo es el Dios de Israel sino también el Dios de las naciones. Esa enseñanza es aportada claramente por el libro del Apocalipsis.

Probablemente el tema más escabroso y controvertido del Apocalipsis es el relacionado con el milenio (20:1-10). Hay escritores que enseñan que Apocalipsis 20 recapitula el contenido de los capítulos 1-19. También enseñan que el milenio no se refiere al reinado terrenal del Mesías en el futuro, sino que tiene que ver con la era presente. Dicen que es el tiempo transcurrido entre la primera y la segunda venida de Cristo. Afirman que Satanás fue atado en la primera venida de Cristo y que lo ha estado durante toda la era del Evangelio.

Apocalipsis 20, sin embargo, no ofrece indicio alguno de que se trata de una recapitulación. Una exégesis del pasaje dentro de su contexto inmediato arroja que hay una progresión cronológica, comenzando por lo menos desde 19:11. Ahí aparece la expresión «y vi» (*kaì eîdon*). Dicha expresión se repite en 19:17, 19; 20:1, 4, 11, 12; 21:1 y se usa para indicar una secuencia cronológica de cuadros proféticos. De modo que el contexto inmediato del pasaje no apoya ningún tipo de recapitulación.

En segundo lugar, la enseñanza de que Satanás fue atado durante la primera venida de Cristo para que no interfiriese en la predicación del Evangelio no tiene sustentación exegética ni histórica. Los pasajes tomados para apoyar dicha creencia (por ejemplo Lc. 10:18) no guardan relación directa con Apocalipsis 20. Es importante que el exégeta permita que todo texto de las Escrituras prevalezca sobre la base de sus propios méritos antes de intentar explicarlo a la luz de otro pasaje cualquiera. La enseñanza de las Escrituras, tanto en Hechos como en las epístolas, indica que Satanás está activo en la tierra y hace todo lo que puede para avanzar su obra maligna (véase 2 Co. 4:3-4; 1 P. 5:8). De manera que la enseñanza de que Satanás está atado ya y que Apocalipsis 20:1-3 habla de algo ocurrido en el pasado no es producto de un estudio inductivo del pasaje, sino de una deducción teológica.

Hay quienes enseñan que los «mil años» mencionados 6 veces en Apocalipsis 20:2-7 se refieren a un período indefinido de tiempo que se corresponde con la era presente, es decir, el tiempo entre las dos venidas de Cristo. Se pretende negar el cumplimiento del reinado milenial de Cristo. Generalmente se argumenta que los números mencionados en el Apocalipsis tienen un carácter simbólico, porque dicho libro está repleto de símbolos y figuras de dicción. Se dice, además, que Apocalipsis 20 es el único pasaje en toda la Biblia que menciona el milenio. La deducción es que en un libro lleno de símbolos, el milenio debe ser también simbólico.

Ambos argumentos son débiles. En primer lugar, como se ha demostrado en este comentario, todos los números usados en el Apocalipsis tienen sentido cuando se toman literalmente. Además, es evidente que la intención del autor del Apocalipsis fue que sus lectores tomasen las cifras en el sentido normal y natural. Cuando Juan desea indicar una cantidad numérica indefinida utiliza un «como» (véase 8:1; 16:21; también 7:9; 20:3; la multitud de 7:9 «que nadie podía contarla»; y después de los mil años, Satanás «debe ser desatado por un poco de tiempo»). Cuando Juan es guiado a expresar una cantidad indefinida lo hace usando las palabras adecuadas para comunicarlo.

No es correcto enseñar que Apocalipsis 20 es el único pasaje en la Biblia que habla del reino terrenal de Cristo. Tampoco es correcto decir que la enseñanza de un reino terrenal del Mesías es producto de la teología rabínica. Apocalipsis 20 es el único pasaje que enseña que el reino terrenal del Mesías *durará mil años*, pero no es el único pasaje que enseña la realidad de dicho reino. La realidad de un reino mesiánico terrenal no es un invento de los rabinos judíos, sino que es enseñanza clara de las Escrituras, tanto del Antiguo como del Nuevo Testamento (véanse Is. 4:2-6; 11:1-16; 32:1-3; 35:1-10; 60:1—62:12; 65:17-26; Dn. 2:44; 7:13-28; Lc. 1:32, 33; Mt. 19:28-30; 25:31-40; 1 Co. 15:25-26; 2 Ti. 4:1; Ap. 5:10; 11:15; 20:4-6).

Decir que es el único pasaje de la Biblia que enseña el tema de un reinado terrenal de Cristo es una opinión abiertamente prejuiciada. El reto que el exégeta confronta y su tarea insoslayable es hacer un trabajo exegético que incluya los pasajes importantes de la escatología bíblica. Esos pasajes deben ser analizados cuidadosamente e interpretados sobre la base de una hermenéutica normal o natural que tome en cuenta el uso del lenguaje figurado dentro del contexto del pasaje. No es correcto utilizar una hermenéutica alegórica para interpretar la profecía bíblica y otra literal para interpretar el resto de la Biblia. Utilizar dos sistemas hermenéuticos para interpretar las Escrituras es incongruente e innecesario. El expositor bíblico debe ser congruente con el quehacer hermenéutico. La tarea hermenéutica requiere paciencia y objetividad. Exige equilibrio teológico e investigación cuidadosa. Mantener el rumbo correcto es la responsabilidad constante de todo buen expositor de las Escrituras. Finalmente, el intérprete tiene que aplicar el principio de la justificación o de la convalidación. El intérprete bíblico tiene la responsabilidad de dar razones claras y justificadas de por qué afirma que un pasaje enseña lo que él cree que enseña.

El Apocalipsis culmina con la maravillosa visión de la nueva creación. Dios ha prometido crear un nuevo cielo y una nueva tierra. Esa nueva creación será tan sobrenatural como la antigua creación. La nueva creación estará libre de toda contaminación. El pecado será destruido para siempre. Todos los enemigos de Dios estarán en el lago de fuego.

La nueva Jerusalén será la eterna habitación de los redimidos del Señor. La hermosura de la ciudad es tal que el vocabulario humano es insuficiente para describirla. Dios el Padre y el Cordero estarán en medio de ella. Las naciones llevarán sus mejores regalos a la ciudad santa. Hay un río de agua de vida que sale del mismo trono de Dios y del Cordero. También estará en medio de la calle de la ciudad el árbol de la vida que produce una abundante cosecha cada mes. Las hojas del árbol son para el disfrute de las naciones. No habrá allí maldición ni noche. Los redimidos servirán al Señor y verán su rostro. El Apocalipsis concluye con el mismo tema con el que comienza. Afirma de manera contundente que Cristo, el Señor de señores y Rey de reyes, viene otra vez a esta tierra (véase 22:7, 12, 17, 20). Dios cumplirá su promesa. La soberanía de Dios será reconocida universalmente. El plan eterno de Dios para su creación será consumado.

El mensaje del Apocalipsis es, por un lado, consolador. El libro enseña que el mal no continuará para siempre. Los redimidos del Señor entrarán en el descanso eterno cuando habiten en la casa del Padre. Todos los que se han identificado con el Mesías disfrutarán de las bendiciones de Dios en la nueva Jerusalén. Pero también hay un mensaje de advertencia en el Apocalipsis. El libro advierte a todos los que se rebelan contra Dios que las consecuencias serán terribles. Dios juzgará en santidad y justicia a todos los inicuos.

El predicador y evangelista debe exponer con toda claridad ese mensaje. Debe hacerlo con sobriedad y sin excesos emocionales, pero debe hacerlo. Los juicios anunciados en el Apocalipsis no son ilusorios ni metafóricos, sino realidades sorprendentes. Evidentemente, la humanidad que ha de experimentar esos juicios no será ignorante de su naturaleza ni de su magnitud (véase Ap. 6:15-17). El predicador debe advertir a sus oyentes que la gracia de Dios aún funciona en el mundo. Que el Dios de infinita misericordia perdona, recibe y salva a todo aquel que confía en el Mesías para su salvación. También debe advertirles que quien rechace la oferta de salvación se perderá para siempre. Ese mensaje se deriva claramente del contenido del Apocalipsis. Además, el oyente debe entender que la gracia de Dios tendrá un límite. El día viene cuando el pecador no arrepentido tendrá que comparecer delante del tribunal de Dios. Quien no tenga su nombre inscrito en el libro de la vida se perderá para siempre (véanse Jn. 3:18; Ap. 20.15).

Resumiendo, el Apocalipsis es un libro tanto teológico como práctico. No sólo expone toda la gama de doctrina bíblica sino que también trata cuestiones que tienen que ver con la vida cotidiana del hombre. El libro mira al pasado. Considera el plan eterno de Dios con su creación. Destaca la obra redentora de Cristo mediante su muerte en la cruz y su gloriosa resurrección. También contempla el presente. Expone la responsabilidad de la Iglesia y su misión en este mundo. También trata los problemas del hombre inconverso, su rebeldía, su orgullo, su autosuficiencia y le ofrece el Evangelio como la única solución para su problemática. El Apocalipsis, primordialmente, mira al futuro, a la consumación del propósito de Dios. Esa consumación pasa por la segunda venida de Cristo en gloria. Ese es el centro del mensaje del Apocalipsis. La gloriosa manifestación de Cristo traerá consigo el reino de Dios prometido en las Escrituras del Antiguo Testamento. Hay un reino espiritual presente, pero éste no debe confundirse con el reino milenial o mesiánico. Tampoco debe confundirse el reino eterno en la nueva Jerusalén con el reino del Mesías en la tierra. El Apocalipsis pone de manifiesto estos temas. Son temas de actualidad para el hombre hoy y deben predicarse con equilibrio y fidelidad.

Finalmente, debe recordarse que el Apocalipsis fue escrito en un tiempo de serios problemas político-sociales y morales. El Imperio Romano era corrupto, dictatorial, injusto con los cristianos e indiferente al mensaje del Evangelio. La injusticia social y la discriminación eran evidentes cuando el Apocalipsis llegó a las manos de sus lectores originales. El predicador y el cristiano de hoy pueden identificarse con el mensaje del Apocalipsis porque también hoy existe la opresión, la injusticia social y la discriminación contra los cristianos. También hoy hay opresores tan crueles o incluso peores que los que existieron cuando el Apocalipsis fue escrito. El creyente puede encontrar un dulce consuelo en el estudio de este libro al percatarse que Dios le hará justicia. Hay un futuro glorioso para el pueblo de Dios. De modo que el hombre de fe debe esperar con paciencia el día de la manifestación de esa justicia. Pero mientras aguarda ese día, debe dar activo testimonio en el mundo del mensaje del Apocalipsis: Cristo viene y sólo aquellos que hayan puesto su fe en Él para salvación podrán disfrutar de las eternas bendiciones que Él tiene preparadas. Los incrédulos e injustos de ninguna manera disfrutarán de dichas bendiciones.

Glosario

Abadón: Vocablo hebreo que significa «destructor» o «perdición». Su raíz es el verbo *Æâbad*, que significa «perecer». Dicho vocablo se usa en el Antiguo Testamento como sinónimo de Seol (véanse Job 26:5; Pr. 15:11; 27:20). Se usa en Apocalipsis 9:11 con referencia al rey de los demonios que habitan en el abismo.

Abismo/pozo del abismo: El sustantivo abismo significa «pozo insondable». Es el lugar donde permanecen encarcelados los demonios que serán soltados durante la tribulación. El vocablo «abismo» es equivalente al hebreo *têhôm* (véase Gn. 1:2; 7:11). En el Nuevo Testamento aparece nueve veces, siete de ellas en el Apocalipsis (véase 9:2, 11; 11:7; 17:8; 20:1, 3). Allí estará Satanás confinado por mil años.

Agua de vida: Esta expresión se usa en Apocalipsis 7:17; 21:6; 22:1, 17. Es usada también en Juan 4:11, 14; 7:38. Es una figura que describe la plena satisfacción espiritual que Jesucristo produce para todo aquel que confía en Él como Salvador personal. Los redimidos en la nueva Jerusalén tendrán acceso perenne al agua de vida.

Agustín de Hipona: El más famoso de los llamados padres apostólicos fue, sin duda, San Agustín de Hipona. Nació en Tagaste, norte de África, el 13 de noviembre del año 354 y murió en el año 430. Su obra más famosa es *La ciudad de Dios*. Influido por Ticonio, adoptó el método alegórico de interpretación. Es considerado el padre y sistematizador del amilenarismo.

Alcázar: Un sacerdote jesuita quien, por el año 1614, escribió un comentario sobre el Apocalipsis en el que propuso que, con la excepción de los capítulos 20—22, todo el libro tuvo su cumplimiento en los tiempos de Juan o poco después.

Alegorización: La búsqueda de un significado recóndito o secreto de un texto que se aleja del significado normal o natural del mismo. La alegorización se desmarca de la historicidad del pasaje que se intenta interpretar y le da preferencia al significado remoto, pero desconectado de la realidad, del significado obvio del texto. Es lo opuesto a la interpretación normal o literal.

Aleluya: Es un vocablo compuesto de *hallel* = «alabar» y *Yavé* = «Señor». De modo que literalmente significa «alabad al Señor». Dicho vocablo sugiere gratitud, adoración y alabanza. Se usa en varios de los salmos (111, 112 [al principio], 104, 105 [al final] y en los últimos cinco salmos). También aparece en Apocalipsis 19:1, 3, 4 y 6, donde se alaba a Dios por la destrucción de Babilonia.

Alfa y Omega: La primera y la última letras del alfabeto griego. Se usa como una figura, indicando la totalidad del alfabeto. Dicha figura sugiere la autosuficiencia de Dios. Él lo abarca todo. Todas las cosas dependen de Él, tanto para su comienzo como para su sustentación (véase Ap. 1:8, 11; 22:13).

Alogoi: Una secta o grupo que surgió en el Asia Menor por el año 175 d.C. y se opuso al montanismo. Los alogoi rechazaron tanto el evangelio según Juan como el Apocalipsis, pues creían que su autor era el gnóstico Cerinto. El sustantivo *alogos* significa tanto «irracional» como «sin el logos».

Altar: Significa un lugar de sacrificio. En el Antiguo Testamento había el altar del holocausto (Éx. 30:28) y el altar del incienso, llamado también el altar de oro (Éx. 39:38). El altar se menciona varias veces en el Apocalipsis (véase 6:9; 8:3, 5; 14:17-18). Esas menciones se refieren a escenas celestiales. También se menciona el altar en Apocalipsis 11:1, pero en una escena terrenal.

Amén: Se deriva de un vocablo hebreo que significa «demostrar firmeza», «seguridad», «certeza». Se usa 126 veces en el Nuevo Testamento, ocho de ellas en el Apocalipsis (véase 1:7; 3:14; 5:14; 7:12; 19:4; 22:20, 21). Sugiere reconocer lo que es válido. En 3:13 dice que Cristo es «el Amén», es decir, aquel que es digno de toda confianza porque cumple cabalmente todas sus promesas.

Amilenarismo: La enseñanza que niega que habrá un reinado terrenal de Cristo después de su segunda venida. La escuela amilenarista afirma que los mil años mencionados en Apocalipsis 20:4-6 se refieren a un período de tiempo indefinido que transcurre entre la primera y la segunda venidas de Cristo.

Ángel: Este vocablo significa «mensajero». Son seres espirituales, creados por Dios (Sal. 148:2-5; Job 38:6-7; Col. 1:16). Los que se rebelaron contra Dios son los demonios, de los que Satanás es el rey (Apocalipsis 9). Los santos ángeles son fieles a Dios y le sirven. El ministerio de los ángeles en Apocalipsis es extenso. Hay 67 referencias a los ángeles en el Apocalipsis. Miguel se menciona por nombre (Ap. 12:7). En Apocalipsis 2-3, se usa metafóricamente para referirse a los pastores de las siete iglesias.

Ángel de Jehová: El Ángel de Jehová es el nombre con el que se designa a las manifestaciones de Cristo antes de su encarnación (véanse Gn. 16:7-12; 21:17, 18; Éx. 3:2; Jue. 2:1-4). Después de la encarnación, no vuelve a aparecer el Ángel de Jehová. De modo que dicha manifestación está ausente en el Nuevo Testamento.

Apocalipsis: Este vocablo significa «revelación». Se usa para designar el último libro de las Escrituras. La palabra inicial de este libro es *apokálypsis*. El libro es en sí «la revelación de Jesucristo», porque su tema central es la manifestación en gloria del Señor Jesús.

Apocalipsis de Bernabé: Obra perteneciente a la literatura pseudoepigráfica, es decir, de origen anónimo. Es difícil determinar la fecha exacta de esta literatura. Tal vez a finales del siglo I hasta mediados del siglo II. Aunque no es un libro inspirado, aporta información tocante a la esperanza mesiánica del pueblo de Dios. Habla de la venida del Mesías y de la resurrección. También de la esperanza de los justos y la condenación de los inicuos.

Apolión: Uno de los nombres del ángel del abismo quien es el rey de los demonios que allí habitan. Dicho sustantivo se deriva del verbo *appóllymi*, que significa «destruir». El nombre Apolión significa «destructor» y sugiere el carácter violento y arruinador del personaje que lleva dicho nombre.

Anticristo: Este vocablo se usa 5 veces en el Nuevo Testamento (1 Jn. 2:18, 22; 4:3; 2 Jn. 7), donde tiene que ver con los falsos maestros de los tiempos de Juan. Dicho sustantivo se usa, sin embargo, para designar al personaje escatológico mencionado en Apocalipsis 13 e identificado como «la bestia». También es el mismo a quien Pablo llama «el inicuo», «el hijo de perdición» y «el hombre de pecado» (2 Ts. 2:3-9).

Antropomorfismo: Significa adscribir a Dios características o atributos que no son propios de Él. Por ejemplo: cuando se habla del «brazo de Dios», «el dedo de Dios» o «la boca de Dios». También es un antropomorfismo decir: «Se arrepintió Dios» (Gn. 6:6). Tal expresión intenta decir con palabras humanas cómo se sintió Dios al contemplar la pecaminosidad del hombre. En el Apocalipsis, a Cristo se le llama Cordero (5:6) y León (5:5).

Árbol de la vida: Se menciona en Génesis 2:9 y 3:22. A causa del pecado, el hombre perdió el privilegio de disfrutar de él. Reaparece en la nueva creación (Ap. 22:2, 14, 19). Comer del árbol de la vida es sinónimo con la posesión de la vida eterna (Ap. 2:7). También las hojas del árbol de la vida serán para la salud o bienestar de las naciones.

Arca del pacto: Nombre dado a la urna o cofre donde fueron depositadas las dos tablas de la ley que Dios dio a Moisés y que contenían los diez mandamientos, es decir, el pacto de Dios con Israel (Nm. 10:33; Dt. 31:26; He. 9:4). El Arca era un símbolo especial de la presencia de Dios en medio de su pueblo. David llevó el Arca a Jerusalén y luego, cuando Salomón construyó el templo, el Arca fue colocada en el Lugar Santísimo. Se menciona en Apocalipsis 11:19 para hablar de la presencia de Dios y el cumplimiento de su propósito de juzgar la iniquidad.

Armagedón: Valle situado en las planicies de Esdralón y que ha sido uno de los notorios campos de batalla en la historia de Israel (véanse Jue. 4:15; 7; 1 S. 31:8; 2 R. 23:29, 30). Allí tendrá lugar la gran batalla entre los ejércitos del Anticristo y el ejército celestial encabezado por el Mesías (véase Ap. 14:6-20; 16:13-21; 19:11-21; también Zac. 14:1-4).

Atributos de Dios: Son las características o perfecciones de Dios. Hay atributos que sólo Dios posee. Esos se llaman incomunicables (por ejemplo: eternidad, omnipresencia, omnipotencia, omnisciencia, inmutabilidad). Hay otros atributos que Dios ha comunicado al hombre al menos limitadamente (por ejemplo: sabiduría, justicia, verdad, amor).

Babilonia: Ciudad-reino fundada por Nimrod (Gn. 10:8-10) junto al río Éufrates. No se sabe la fecha de su fundación pero sí se sabe que era una de las ciudades más importantes de la antigüedad. Es mencionada en el Apocalipsis (véase 14:8; 16:19; 17:5; 18:2; 18:10, 21). Será juzgada por haber desafiado a Dios y blasfemado su nombre. Su destrucción será total y sobrenatural, en cumplimiento de Jeremías 50-51.

Bestia: Nombre dado al personaje escatológico que será el agente de Satanás en la tierra durante la tribulación (Ap. 13:1-10). Es el mismo a quien Daniel llama el cuerno pequeño (7:8). Será el falso Cristo de los postreros días y por eso se le denomina el Anticristo. Procederá del imperio romano reavivado de los días finales (Dn. 9:26b). Será vencido por el Señor en su venida (Ap. 19:19, 20).

Blasfemia: Significa proferir palabras ofensivas contra Dios o los hombres. El Anticristo se caracterizará por sus blasfemias contra Dios. Lo hace para engañar a la humanidad, haciendo alarde de autoridad. Su primera blasfemia es contra el nombre de Dios, luego contra el templo y, finalmente, contra los santos (véase Ap. 13:5, 6).

Canon Muratori: Llamado también el canon del fragmento muratoriano. Fue descubierto por el historiador y bibliotecario italiano L. A. Muratori en el año 1740. Se cree que pertenece al siglo II d.C. Contiene una lista fragmentaria de los libros del Nuevo Testamento. Contiene 22 ó 23 libros del canon del Nuevo Testamento, entre ellos el Apocalipsis. El fragmento muratoriano contiene, además, varios libros apócrifos.

Canon Sagrado: Es el conjunto de libros identificados como escritos bajo la dirección del Espíritu Santo y, por lo tanto, con autoridad divina. El Canon Sagrado del Nuevo Testamento consta de 27 libros. Todos ellos fueron escritos antes del año 100 d.C. Los autores fueron apóstoles o personas con autoridad apostólica o con el aval de un apóstol (Lucas, Marcos, Judas y Santiago no fueron del grupo de los doce, pero sus escritos fueron respaldados y reconocidos como apostólicos).

Ciento cuarenta y cuatro mil sellados: El grupo de israelitas que será escogido por Dios y sellado para que proclame el evangelio del reino durante los años de la tribulación. Su ministerio será entre los gentiles. Muchos de ellos sufrirán martirio a manos de la bestia. Según Apocalipsis 7, Dios escogerá a doce mil de cada una de las tribus de Israel. Serán hombres que no han contraído matrimonio, quizá a causa de las dificultades de su ministerio.

Clemente de Alejandría: Vivió entre los años 155-220 d.C. Su nombre completo era Tito Flavio Clemente. Es reconocido como el primero de los eruditos cristianos conocidos. Combatió con energía la herejía de los gnósticos. Menciona el regreso del apóstol Juan de su exilio en Patmos a la ciudad de Efeso en su obra: *¿Quién es el rico que será salvo?* En su obra *Stromata* menciona los pasajes de Apocalipsis 4:4; 11:16. También cita Apocalipsis 6:9, 11 en otro de sus libros.

Contextualización: Este vocablo es usado por quienes abogan a favor de una interpretación que otorga al texto bíblico un significado fundamentado sobre factores culturales y sociopolíticos pertenecientes a la sociedad contemporánea, en lugar de procurar una hermenéutica normal, natural o histórico-gramatical del texto. Es el método de interpretación utilizado por los teólogos de la liberación.

Cordero: Este vocablo se usa en el Nuevo Testamento para designar al Señor Jesucristo (véanse Jn. 1:29, 36; Hch. 8:32; 1 P. 1:19). Se menciona en Apocalipsis 5:6, 8, 12; 6:16; 7:9, 10, 14, 17. Hay un total de 27 referencias al Cordero en el Apocalipsis. Dicho vocablo destaca el sacrificio sustituto de Cristo en la cruz. También apunta al Señor como el personaje escatológico que derrotará a sus enemigos (véase Ap. 6:16, 17; 17:14).

Corona: Hay dos vocablos griegos que se traducen «corona». Uno es *stéphanos* que significa corona de vencedor. El otro es *diádema*, que se refiere a una corona real. Los creyentes recibirán coronas en el Tribunal de Cristo sobre la base de sus obras.

El Dragón lleva diademas en sus cabezas. Cristo está coronado con muchas diademas (Ap. 19:12).

Cristología: La doctrina que concierne a la persona y a la obra de Cristo. En estudios teológicos, muchas veces se separa la obra de Cristo y se estudia como soteriología, es decir, la doctrina de la salvación.

Crítica: También llamada «escuela crítica». Se refiere al conjunto de eruditos que niegan la historicidad y autoridad de la Biblia. Tocante al libro de Apocalipsis, la crítica moderna sigue fundamentalmente la teoría de Dionisio de Alejandría. Tanto Dionisio como la escuela modernista niegan el carácter sobrenatural de la profecía y su cumplimiento literal.

Cuarenta y dos meses: Se menciona en Apocalipsis 11:2 y 13:5. Equivale a tres años y medio. Se discute si se refiere a un período de tiempo literal. También si tiene que ver con la primera o con la segunda mitad de la tribulación. Lo más probable es que se refiera a la segunda mitad de la tribulación, cuando el Anticristo tendrá un dominio casi universal en la tierra.

Cuarto libro de Esdras: Conocido también como el Apocalipsis de Esdras. Se cree que fue escrito a finales del siglo II d.C. y se le atribuye a Esdras quien, por supuesto, ya había muerto. La importancia de estos libros pseudoepigráficos es que insisten en la esperanza mesiánica del pueblo de Israel. Como dato curioso, el Apocalipsis de Esdras dice que al final de esta edad el Mesías vendría y gobernaría por 400 años.

Cuatro seres vivientes: Mencionados en Apocalipsis 4:6-9; 5:8, 11; 7:11. Se ha especulado mucho respecto a la identificación de estas criaturas. Lo más probable es que sean seres angelicales del más elevado rango. Su presencia junto al trono de Dios evidencia una actitud especial. También dichos seres tienen una participación preeminente en la administración de la justicia divina durante la tribulación (Ap. 6:1, 3, 5, 7).

Cuerno pequeño: Símbolo del Anticristo. Se menciona en Daniel 7:8, 19-20, 24. Se le llama «cuerno pequeño» porque surgirá de manera inconspicua. Daniel 7:8-28 indica que se refiere a una persona poderosa que perseguirá a los santos en los postreros tiempos. Desafiará al mismo Dios, pero será destruido por el Mesías en su segunda venida.

Demonios: Ángeles que se rebelaron contra Dios y siguieron a Lucifer. Un número indeterminado de ellos ha sido retenido en prisión y será suelto durante la tribulación (Ap. 9). Evidentemente, los demonios jugarán un papel importante en las actividades satánicas de los postreros tiempos (véase Ap. 16:13, 14; 18:2).

Descendencia de Abraham: Parte de la promesa de Dios al patriarca Abraham fue que le daría una descendencia (véase Gn. 13:15, 16; 15:13). Hay quienes son descendencia de Abraham sólo en el aspecto físico. Otros son descendencia física y también espiritual porque tienen la clase de fe que Abraham tuvo (Gn. 15:6). También hay los que, sin ser físicamente descendientes de Abraham, son simiente espiritual de él porque han creído como él creyó en Dios (Ro. 4).

Diablo: Este vocablo significa «calumniador» y se usa para designar al gran adversario de Dios. Fue creado como el ángel del más elevado rango con el nombre de Lucifer o «ángel de luz», pero se llenó de orgullo y organizó una rebelión entre los ángeles (Ez. 28:12-19). Es el rey del reino de las tinieblas. Su reino será destruido (Ap. 12:9-12; 20:1-3, 10) y echado en el lago de fuego por toda la eternidad.

Día del Señor: Expresión que aparece en el Nuevo Testamento en 1 Tesalonicenses 5:2; 2 Tesalonicenses 2:2; 2 Pedro 3:10; Apocalipsis 1:10 y que se corresponde con «el día de Jehová» del Antiguo Testamento (Am. 5:18; Jl. 2:2, 11, 31). En su sentido escatológico tiene que ver con los acontecimientos de los postreros días que incluyen: (1) La gran tribulación; (2) la segunda venida en gloria del Mesías; (3) el reino mesiánico; (4) la derrota final de Satanás; (5) el juicio final; y (6) la creación de nuevos cielos y tierra.

Diálogo con Trifón: Obra apologética escrita por Justino Mártir (*ca* 100-165). La obra, escrita entre los años 151-155 d.C., consiste de una conversación entre Justino y un judío llamado Trifón. Se narra el intento de Justino de evangelizar a judíos y gentiles y procurar su conversión. La obra es importante, ya que Justino dice: «Un hombre llamado Juan, uno de los apóstoles de Jesucristo, profetizó mediante una revelación que le fue concedida, que los que han creído en nuestro Cristo morarán por mil años en Jerusalén.» Esa es una clara referencia Apocalipsis 20:4-6.

Dionisio de Alejandría: Nacido en el año 190 d.C., de familia gentil. Fue persuadido a la fe cristiana por Orígenes. Fue asistente de Orígenes en la Escuela Catequética de Alejandría en el año 233. Estuvo implicado en las controversias de su tiempo (cristológica, chiliástica y disciplinaria). Rechazó la doctrina del milenio y el origen apostólico del Apocalipsis. Atribuyó la autoría de Apocalipsis a un tal «Juan el presbítero». Dionisio se opuso a una interpretación literal del Apocalipsis con preferencia a la interpretación alegórica. Los argumentos de Dionisio en contra de la autenticidad del Apocalipsis perduran hasta el día de hoy.

Dragón: Figura usada en el Apocalipsis para describir a Satanás (véase Ap. 12:3, 4, 9, 13, 17; 13:2, 4; 16:13; 20:1-3). La figura del dragón se usa para simbolizar la naturaleza y el carácter terrible del gran enemigo de Dios. El vocablo es, sin duda, tomado del Antiguo Testamento (véase Is. 27:1; 51:9). El dragón se asocia también con leviatán o gran monstruo marino. Tanto él como el leviatán encarnan la forma más perversa del mal.

El número de la bestia: Esta expresión aparece en Apocalipsis 13:18. Tiene que ver con el nombre o identificación que la bestia, es decir el Anticristo, ha de usar cuando se manifieste. Será una especie de insignia o tatuaje que tendrá la equivalencia de 666. Es inútil intentar usar dicha identificación hoy día, ya que el Anticristo no se revelará como tal hasta el comienzo de la tribulación.

El Santo: Este sustantivo es usado tanto con relación a el Hijo (Ap. 3:7) como con el Padre (Ap. 6:10). En otros pasajes del Nuevo Testamento es usado con referencia a Cristo (véanse Mr. 1:24; Lc. 1:35; Hch. 4:37, 30). Jesucristo es «el Santo», tanto por ser Dios y, por lo tanto, ser sin pecado como por su separación total para hacer la voluntad del Padre.

El vencedor: Esta expresión es usada en los capítulos 2 y 3 del Apocalipsis respecto a los verdaderos creyentes. También se usa en 21:2, donde dice: «El que venciere heredará todas las cosas, y yo seré su Dios, y él será mi hijo.»

El Verdadero: Se usa tocante a Cristo en Apocalipsis 3:7 (véase también 3:14; 19:11). Destaca el hecho de que el Señor Jesucristo tanto en su persona como en su obra es absolutamente genuino. Todo lo que es y hace se ajusta perfectamente a la verdad.

El Verbo de Dios: Expresión asignada al Señor Jesucristo como Mesías triunfante que regresa a la tierra. En Juan 1:1 dice que «el Verbo era Dios». El uso de la expresión sugiere que el Evangelio según San Juan y el Apocalipsis fueron escritos por la misma persona. En Apocalipsis 19:13, Juan afirma que el Verbo de Dios (*lógos toû theoû*) es una persona. La manera como la describe indica que se trata de una persona divina. Tal como indica en Juan 1:1, se trata del mismo Dios.

Enuma Elish: Poema épico de la mitología babilonia descubierto en los años 1848 y 1876 en excavaciones hechas en la antigua ciudad de Nínive. Se descubrió en la biblioteca de Asurbanipal (668-626 a.C.). El poema está escrito en siete tablillas de barro, y consiste de unas mil líneas. Comienza con la frase *enuma elish*, que significa «cuando en lo alto». El poema da una versión pagana y politeísta de la creación. Los dioses se comportan como seres humanos. Contraen matrimonio, engendran hijos y se matan entre sí.

Epístola de Bernabé: Llamada también Pseudo Bernabé, es de origen anónimo. Fue escrita poco después de la destrucción de Jerusalén y del templo. Se le atribuye a Bernabé, pero no hay pruebas de que fuese él el autor. Aunque no es un libro canónico, sí refleja el pensamiento temprano de los líderes cristianos. La epístola es decididamente milenarista. Enseña con claridad que habrá un reinado premilenial de Cristo sobre la tierra. Dice que el milenio será seguido por el día de la eternidad en la nueva creación.

Escatología: Es la rama de la teología que se ocupa del estudio de los acontecimientos de los últimos tiempos.

Escorpión: Figura utilizada en Apocalipsis 9:10 para describir la tribulación sufrida por los moradores de la tierra durante cinco meses. La invasión de las langostas sobrenaturales (demonios) actúa con los efectos dañinos y atormentadores de escorpiones.

Estrella de la mañana: Esta expresión se usa en Apocalipsis 2:28 y 22:16 respecto a Cristo. Recuerda el cuarto oráculo de Balaam (Nm. 24:17). En el ambiente judío, la estrella simbolizaba al esperado rey davídico. Cristo, como la estrella de la mañana, iluminará todo el universo con el resplandor de su gloria. Él disipará todas las tinieblas del cosmos.

Eusebio de Cesarea: Conocido como «el padre de la historia eclesiástica», vivió entre los años 265-339 d.C. Fue elegido obispo de Cesarea en el año 314. Su obra mejor conocida es *Historia eclesiástica*. Recoge información valiosa tocante al concilio de Nicea (325 d.C), en el cual participó. También es un importante testigo respecto a la formación del Canon del Nuevo Testamento. Eusebio se inclina por la canonicidad del Apocalipsis, aunque reconoce que había diferencia de opiniones.

Evangelio eterno: Esta expresión aparece en Apocalipsis 14:6. No parece referirse al Evangelio de la gracia o al Evangelio de salvación, sino que es, más bien, un llamado final a los hombres a reconocer y someterse bajo la soberanía de Dios.

Exégesis: Término que procede del griego. Significa «sacar a la luz», «extraer», «explicar». Exégesis es, por lo tanto, el proceso de estudio bíblico que tiene por objeto reproducir el significado original del texto.

Falso profeta: El consorte de la primera bestia del Apocalipsis 13. El falso profeta, evidentemente, será un líder religioso. Será el cabeza visible de la falsa religión de los postreros días. Su misión será promover la persona del Anticristo y, al a postre, al mismo Satanás (13:11-17). Su fin será el lago de fuego (19:20).

Futurista: Se refiere a escuela de pensamiento teológico que entiende que el libro del Apocalipsis tiene que ver primordialmente con acontecimientos que aún no han sucedido. Generalmente entienden que los capítulos 4—22 aún no han tenido su cumplimiento pero que lo tendrán de manera normal, natural o literal.

Gehenna: El valle de los hijos de Hinom, situado al sur de Jerusalén. Era el sitio donde se efectuaban los sacrificios humanos a Moloc (2 R. 23:10). Fue convertido en el lugar donde se quemaba la basura de la ciudad de Jerusalén. El sitio ardía día y noche. Cristo usó dicho vocablo para describir el infierno eterno (Mt. 5:22, 29, 30; 10:28). Es idéntico al lago de fuego (Ap. 19:20; 20:10, 14, 15).

Gentiles: Los *goyim* del Antiguo Testamento, también llamados extranjeros (Neh. 5:8). En el Nuevo Testamento se les llama también «naciones». En el Nuevo Testamento se diferencian de los judíos y de la Iglesia de Dios (1 Co. 10:32). Dios los ha incluido en su plan. Habrá muchos gentiles en el reino del Mesías (Is. 2:4; 60:3, 5, 12; 62:2; Hch. 15:17). Lucas 21:24 habla de «los tiempos de los gentiles» que culminará con la segunda venida de Cristo. En la era presente, Dios está llamando a los gentiles (Ro. 11:25-36).

Gog y Magog: Se menciona en Apocalipsis 20:8. Aunque podría guardar alguna relación con la cita de Ezequiel 38:2, parece ser que en Apocalipsis 20:8 Gog y Magog tiene que ver con la rebelión final de los enemigos del Mesías después del milenio. Aunque parezca incomprensible, habrá rebeldes que se levantarán contra el Mesías y seguirán a Satanás. Los tales serán destruidos de manera fulminante.

Gran ramera: Nombre dado a la Babilonia de los postreros días (Ap. 17). El título de «madre de las rameras y de las abominaciones de la tierra» tiene que ver con el hecho de que Babilonia volverá a ser el centro de corrupción religiosa y de la oposición manifiesta contra Dios.

Gran tribulación: Los juicios escatológicos profetizados por el Señor Jesucristo (Mt. 24:21) que se corresponden con la septuagésima semana de Daniel. En el libro del Apocalipsis la gran tribulación abarca los capítulos 6—19. Es el aspecto inicial de la manifestación del «día del Señor».

Gran Trono Blanco: Mencionado en Apocalipsis 20:11, es el trono desde donde Dios juzgará a todos los que han muerto en sus pecados. El color blanco sugiere la pureza, santidad y justicia que Dios ejercerá al emitir sus juicios.

Guerrero divino: Expresión tomada de Éxodo 15:3, donde dice: «Jehová es varón de guerra.» El Señor es el Guerrero divino que pelea a favor de su pueblo (Éx. 14:14; Dt. 1:30; 3:22; Neh. 4:20; Sal. 35:1). El Mesías volverá a la tierra como Guerrero divino al frente de su ejército y derrotará a todos sus enemigos.

Hades: El equivalente al hebreo *Seol*. Significa el lugar donde van los muertos. Se usa varias veces en el Nuevo Testamento (Mt. 11:23; 16:18; Lc. 10:15; 16:23; Hch. 2:27, 31). En el Apocalipsis aparece en 1:18; 6:8; 20:13, 14, a la postre, tanto la muerte como el Hades serán echados para siempre en el lago de fuego.

Hermenéutica: Es la ciencia y el arte de la interpretación. Como ciencia sigue ciertas normas o leyes. Como arte requiere práctica y perfeccionamiento.

Hijo de Dios: Se usa respecto a Cristo en Apocalipsis 2:18. No tiene que ver con el comienzo de la existencia de Cristo sino que destaca la igualdad de esencia con el Padre (véase Jn. 5:18; 10:29-33). Cristo como Hijo de Dios posee todos los atributos de deidad (He. 1:8).

Hijo del Hombre: Esta expresión evoca el contenido de Daniel 7:13. Se refiere al personaje celestial que viene a la tierra. En el Nuevo Testamento la expresión Hijo del Hombre es un título dado al Señor Jesucristo en los evangelios y habla de los sufrimientos, la segunda venida y su derecho a juzgar al mundo (véanse Mt. 24:30; 26:64; Jn. 5:27). En el Apocalipsis se usa en 1:13 y en 14:14 en conexión con su gloriosa manifestación.

Hijo varón: Se usa en Apocalipsis 12:5 para referirse al nacimiento del Mesías. Aunque nació a través de la virgen María, la mujer mencionada en Apocalipsis 12 se refiere a la nación de Israel.

Ignacio de Antioquía: Vivió a finales del siglo primero y la primera mitad del siglo segundo. Fue obispo de Antioquía. Escribió varias epístolas a las iglesias de Asia Menor. Ignacio es un testigo importante de la historicidad del Apocalipsis. Es probable que Ignacio tuviese conocimiento directo del Apocalipsis y posiblemente llegó a citar dicho libro en su carta a los Efesios.

Iglesia: Se refiere a los creyentes en Cristo, comenzando el día de Pentecostés y hasta el rapto. El término Iglesia significa «un grupo que ha sido convocado». a veces se usa para referirse a una congregación local (1 Co. 1:1, 2). Otras veces se refiere a la Iglesia universal, (Ef. 1:22, 23). La Iglesia como Cuerpo de Cristo no pudo comenzar antes de la muerte, resurrección y exaltación de Cristo ni antes del comienzo del ministerio bautizador del Espíritu Santo (véanse Mt. 16:18; Hch. 1:5; 1 Co. 12:13).

Inminente: Término que significa que un acontecimiento está para suceder en cualquier momento. Este vocablo se usa en teología con referencia al rapto de la Iglesia como un acontecimiento que no está precedido de señales. No es necesario el cumplimiento previo de ninguna profecía para que el rapto ocurra.

Ira del Cordero: Esta expresión aparece en Apocalipsis 6:16. Si bien es cierto que es una expresión sorprendente (el cordero es un animal manso), no es menos cierto que el énfasis está en el hecho de que el Señor ha sido infinitamente paciente con la humanidad. La ira del Cordero, por lo tanto, sugiere que la paciencia de Dios ha llegado a su límite y ahora actuará en juicio.

Ira de Dios: Se menciona en Apocalipsis 15:1, 7; 16:1. También en 14:10; 16:19; 19:15 se utiliza la figura de «beber del vino de la ira de Dios». La expresión señala al juicio de Dios como expresión de su ira. El Apocalipsis tiene que ver con la consumación de la ira de Dios que se derramará sobre la humanidad rebelde.

Ireneo de Lyon: Vivió entre los años 120-202 d.C. Fue elegido obispo de Lyon en el año 178 d.C. Fue uno de los defensores tempranos del chiliasmo (reino terrenal de mil años). Enseñó que, después de la destrucción del Imperio Romano y del breve reinado del Anticristo, Cristo regresará a la tierra de manera visible, Satanás será atado y Cristo reinará en una Jerusalén renovada. Después tendrá lugar el reino eterno.

Israel: El sustantivo Israel se usa siempre tanto en el Antiguo como en el Nuevo Testamento con un sentido étnico para referirse a la descendencia de Abraham a través de Isaac y Jacob. En Apocalipsis 7:4-8 se mencionan los nombres de las tribus de Israel. No hay razón exegética que obligue a espiritualizar el significado de Israel o de las tribus. Nunca en el Nuevo Testamento se le llama Israel a la Iglesia.

Jerónimo: Vivió entre los años 340-419 d.C. Se le conoce por su traducción de la Biblia al latín (la Vulgata Latina). Reconoció la canonicidad del Apocalipsis. Rechazó la enseñanza milenarista, diciendo que dependía de exégesis judía. Se oponía a la restauración de los judíos y de Jerusalén, así como a la idea de un reinado terrenal de Cristo por mil años. Su rechazo del chiliasmo se debía primordialmente a su aversión por los judíos.

Jerusalén: Ciudad de existencia milenaria. Fue ocupada por los jebuseos en tiempos de Abraham. Conquistada en tiempos de David y hecha capital de la nación de Israel, fue destruida por los babilonios en el año 586 a.C. y por los romanos en los años 70 y 135 d.C. Entre los años 637-1517 fue ocupada por cristianos y musulmanes de forma alternada. Sus murallas actuales fueron edificadas en el año 1542 d.C. La profecía declara un futuro glorioso para la ciudad de Jerusalén (véanse Is. 60:1-22; Zac. 14:1-20; Ez. 40—48). Jerusalén será la capital del reino terrenal del Mesías (véanse Is. 65:18, 19; Jer. 3:17, 18; 17:12; 33:1, 16, 17).

Juicio de las naciones: Mencionado en Mateo 25:31-46, será el juicio que el Señor ejecutará contra los gentiles sobre la base del trato dado al remanente judío durante la tribulación.

Juicio final: Se describe en Apocalipsis 20:11-15. Todos aquellos que han pasado a la eternidad sin haber recibido la salvación que Dios ofrece por la fe en Cristo serán juzgados en el juicio final. Allí no se determina el destino eterno de los comparecientes, sino el grado de condenación que recibirán (Ap. 20:12-15).

Justino Mártir: Autor de *Diálogo con Trifón.* Vivió entre los años 100-165 d.C. Defendió la enseñanza del reinado terrenal de Cristo durante mil años, es decir, el chiliasmo. Se refirió repetidas veces a la segunda venida de Cristo en las nubes, rodeado de sus santos ángeles.

Lago de fuego: Se menciona en Apocalipsis 19:20; 20:10, 14, 15; 21:8 y se refiere al infierno eterno. Es diferente del Hades y del abismo. Sí parece ser sinónimo con el Gehenna. El lago de fuego es, por lo tanto, el lugar de castigo eterno, llamado también «la muerte segunda».

La llave de David: Figura tomada de Isaías 22:22. Dicha expresión se menciona en Apocalipsis 3:7, donde se mencionan algunos atributos del Señor Jesucristo. Él tiene «la llave de David», puesto que Él tiene el control sobre el reino mesiánico. Nadie puede entrar en el reino sin estar correctamente relacionado con el Mesías.

La marca de la bestia: Es la insignia del Anticristo que será impuesta sobre la frente o la mano derecha de quienes seguirán a la bestia durante el período de la gran tribulación (Ap. 13:16, 17).

Langostas: Plaga de seres sobrenaturales que saldrán del pozo del abismo. Estos demonios con apariencia de langosta atormentarán a los seres humanos durante un período de cinco meses. Los seres humanos «buscarán la muerte, pero no la hallarán» (Ap. 9:6).

La raíz de David: Figura tomada de Isaías 11:10. Se menciona en Apocalipsis 5:5; 22:16. Es una referencia mesiánica en la que se señala que el Mesías es tanto el progenitor de David como su descendiente. La promesa hecha por Dios en el pacto davídico se cumplirá al pie de la letra. El Mesías vendrá y cumplirá todos los preceptos de dicho pacto (Lc. 1:30-33).

Las Bodas del Cordero: La unión permanente y vital entre Cristo y la Iglesia (véase Ap. 19:7). Las Bodas del Cordero tendrán lugar después del rapto de la Iglesia y de los juicios del Tribunal de Cristo.

Las siete copas de juicio: La tercera serie de juicios que Dios ejecutará sobre la humanidad rebelde durante la tribulación. Los juicios de las copas son de ejecución rápida (véase Ap. 16:1-21). Los efectos de la séptima copa abarcan los juicios de Babilonia, la venida en gloria de Cristo, la derrota de los ejércitos de la bestia, el juicio de la bestia y el falso profeta, el encarcelamiento de Satanás, el reino del Mesías, el juicio final y la creación de los nuevos cielos y la nueva tierra.

Lenguaje figurado: Son figuras de dicción que permiten a un escritor dar a palabras o expresiones un uso diferente del común para realizar una comprensión objetiva de conceptos abstractos. El significado del lenguaje figurado es el generalmente aceptado por la cultura dentro de la cual se usa. No debe confundirse el lenguaje figurado con la interpretación figurada o alegórica.

León de la tribu de Judá: Figura tomada de Génesis 49:9, 10. Se menciona en Apocalipsis 5:5 con referencia a la regia figura del Mesías. El león es un emblema de fortaleza, majestad, coraje y temeridad. El Mesías vendrá como león dispuesto a libertar a sus hijos de las manos del enemigo, es decir, la bestia.

Libro de Enoc: Libro pseudoepigráfico escrito durante la era de los macabeos o posteriormente. El libro es visionario y escatológico. Trata principalmente de ángeles y espíritus, con los secretos de la naturaleza y los misterios del mundo invisible y sus galardones y castigos. Enoc usa figuras apocalípticas similares a las que usa Juan en el Apocalipsis. Ambos mencionan el árbol de la vida y el libro de la vida; ambos presentan a seres celestiales vestidos de blanco. No hay relación directa, sin embargo, entre el Apocalipsis de Juan y el libro de Enoc.

Libro de la vida del Cordero: Se menciona en Apocalipsis 3:5; 13:8; 17:8; 20:12, 15; 21:27. Se refiere al registro de todos aquellos que han sido redimidos por la fe en el Mesías. La figura es tomada de la costumbre antigua de inscribir el nombre de los ciudadanos en un registro. Los que están inscritos en el libro de la vida del Cordero no serán borrados de dicho registro, es decir, tienen seguridad eterna.

Libro sellado: Se refiere al rollo que es transferido de la mano del Padre a la mano del Hijo (Ap. 5:1, 3, 7). Dicho rollo está sellado con siete sellos y contiene todos los juicios que Dios ha de derramar durante la tribulación y los acontecimientos posteriores a dichos juicios (Ap. 19—22).

Literatura apocalíptica: Género literario que se caracteriza por el uso de símbolos, visiones, figuras de dicción y la presencia de un ser celestial que proporciona la interpretación. La literatura apocalíptica es fundamentalmente profético-escatológica.

Los cuernos del altar: Tanto el altar del holocausto como el del incienso tenían proyecciones en sus esquinas llamadas cuernos (véase Éx. 27:2; 30:2). Se menciona en Apocalipsis 9:13. El énfasis en este contexto tiene que ver con la soberanía de Dios actuando en juicio.

Los moradores de la tierra: Esta expresión se repite en Apocalipsis 3:10; 6:10; 8:13; 11:10; 13:8, 13, 14; 17:2, 8. Se refiere a personas cuyo corazón, mente, emociones e intereses están totalmente arraigados en la tierra. No tienen interés alguno en cosas espirituales y, a la postre, se convierten en objeto de la ira de Dios.

Los reinos del mundo: Tal vez mejor «el reino del mundo». Tiene que ver con el dominio universal, es decir, el imperio mundial que ha sido usurpado por Satanás y que es reclamado por aquel a quien le pertenece. El reino del mundo regresará a la potestad del Rey dc rcyes y Señor de señores (véanse Ap. 11:15; Dn. 7:14, 27).

Marduk: Deidad principal del panteón de Babilonia. También era adorado en Tiro. Marduk era hijo de Ea. En la lucha entre los dioses babilonios, Marduk fue seleccionado por su padre para hacerle frente a Tiamat (diosa del caos). La victoria de Marduk lo elevó al cenit del panteón babilonio. El grotesco politeísmo de los babilonios contrasta con la sencillez y claridad del relato bíblico.

Mártir: En el contexto del Apocalipsis se refiere a la persona que ha dado su vida por el testimonio de la Palabra de Dios y su lealtad al Mesías (véase Ap. 6:9-11). Muchos de los creyentes durante la gran tribulación sufrirán martirio a causa de las persecuciones del Anticristo (Ap. 12:17; 18:24).

Melitón de Sardis: Poco se sabe de este prominente cristiano. Se sabe que vivió en el siglo segundo. Combatió la herejía montanista. Escribió un comentario sobre el Apocalipsis que ha desaparecido. Es citado entre los que en época temprana creían en el reino terrenal del Mesías cuya duración será de mil años.

Mid-tribulacional: Postura teológica que afirma que el rapto de la Iglesia tendrá lugar en medio de la tribulación. Esa creencia se basa en la premisa de que la primera mitad de ese período será el tiempo de «paz falsa» y que la tribulación en sí será solo los tres años y medio finales.

Milenio: Vocablo que significa «mil años». Se usa en Apocalipsis 20:2-7 donde se menciona seis veces. Es un vocablo que tiene que ver con tiempo. Se refiere al reino terrenal del Mesías, quien vendrá con poder y gloria para inaugurar su reino de paz, justicia y santidad. El milenio guarda relación directa con el cumplimiento de los pactos abrahámico, davídico y nuevo.

Milenarismo realizado: Designación que algunos dan al amilenarismo por creer que la era entre las dos venidas de Cristo cumple el período de mil años mencionado en Apocalipsis 20. Muchos amilenaristas rechazan dicha designación y prefieren regresar a la clásica, es decir, amilenarismo.

Monte Sion: Mencionado en Apocalipsis 14:1. Hay quienes entienden que se refiere a la nueva Jerusalén o al cielo. Lo normal es entender que se refiere a la Jerusalén terrenal, es decir, al sitio desde donde el Mesías gobernará durante el milenio (véase Sal. 2:6).

Muerte segunda: El estado de condenación eterna de aquellos que rechazaron la gracia de Dios. La muerte segunda es la separación de Dios por toda la eternidad en el lago de fuego (véase Ap. 2:11; 20:6, 14; 21:8).

Nimrod: Fundador de la ciudad-reino de Babilonia (Gn. 10:8-10). Tal vez haya sido el primer precursor del Anticristo. Fue un personaje violento como lo indica la frase «...vigoroso cazador contra Jehová» (Gn. 10:9). Nimrod se opuso al Señor y persuadía a los hombres para que no buscasen a Dios.

Nueva Jerusalén: La ciudad celestial descrita en Apocalipsis 21:1—22:5. Reposará sobre la nueva tierra y será el lugar de habitación de los redimidos de todas las edades.

Nuevo Pacto: Revelado en Jeremías 31:31-34. Es un pacto incondicional sobre la base de la muerte y resurrección de Cristo. Fue instituido por el Señor en el Aposento Alto (Mt. 26:17-29). Tanto la nación de Israel como la Iglesia participan de las bendiciones del Nuevo Pacto que promete perdón de pecados (Ro. 11:25-29), regeneración (He. 8:10, 11) y reconciliación (He. 8:12).

Oráculos sibilinos: Consiste en 15 libros de profecías u oráculos en los que hay contenido judío, cristiano y pagano, escritos en el estilo de oráculos paganos. Fueron escritos por una «profetisa» llamada Sibyl. Los originales se quemaron en el año 82 a.C. en un incendio ocurrido en Roma. Fueron sustituidos por «oráculos falsos» entre los años 150-300 d.C. Son citados por Hermas, Justino Mártir y Clemente de Alejandría. Contienen temas tales como la creación, el diluvio, la vida de Cristo y su muerte en la cruz, la destrucción de Jerusalén, la edificación de la torre de Babel y algunas porciones escatológicas.

Orígenes de Alejandría: Uno de los más destacados padres apostólicos del oriente. Vivió entre los años 185-254 d.C. Estudió con Clemente en la escuela catequética de Alejandría, de la cual llegó a ser su rector. Escribió extensamente sobre temas teológicos. Su obra más importante es la *Héxapla*, una edición del Antiguo Testamento en hebreo, griego, las versiones griegas de Aquila, Symaco, la Septuaginta y la de Teodosio. Orígenes adoptó el sistema alegórico de interpretación y sentó las bases que condujeron al abandono del premilenarismo a favor del amilenarismo. De manera que Orígenes puede ser considerado como el padre del amilenarismo.

Pacto abrahámico: El compromiso hecho por Dios con Abraham (Gn. 12:1-3; 15:17; 17:1-27) mediante el cual, de manera incondicional, Dios prometió al patriarca darle una descendencia, una tierra y bendiciones en perpetuidad. De ese pacto se deriva también la promesa del Mesías y las bendiciones del reino. La fe en Dios es el elemento indispensable para participar de las bendiciones del pacto abrahámico.

Pacto davídico: El compromiso incondicional hecho por Dios con el rey David (2 S. 7:12-16). En ese compromiso Dios establece que David tendrá: (1) Una casa, es decir, una descendencia física; (2) un reino, es decir, un dominio político; (3) un trono, es decir, la dignidad, el poder y el derecho de gobernar; y (4) un gobierno eterno, es decir, la autoridad davídica y el reino nunca serían quitados de la posteridad de David.

Papías de Hierápolis: Vivió entre los años 60-130 d.C. y, por lo tanto, fue uno de los testigos tempranos de la era apostólica. Escuchó predicar al apóstol Juan y fue compañero de Policarpo. Sus escritos han desaparecido, pero algunos fragmentos han sido preservados en las obras de Ireneo y Eusebio. Papías era abiertamente premilenarista y también un testigo importante de la historicidad del Apocalipsis.

Pastor de Hermas: Obra escrita entre los años 90-150 d.C., perteneciente a la literatura apocalíptica no canónica. El autor se identifica simplemente como Hermas, tal vez de origen judío. El contenido de la obra tiene que ver primordialmente con la vida cristiana. Hay tres secciones que contienen cinco visiones, doce mandamientos y doce parábolas. La cuarta visión está dedicada a la Gran Bestia de la Persecución. El mundo será destruido mediante sangre y fuego. El Pastor de Hermas evidencia algunas contradicciones teológicas. Su autor manifiesta falta de sistematización en las Escrituras. Su importancia radica en el hecho de que arroja luz en las creencias de la comunidad judeo-cristiana de finales del siglo I y principios del siglo II.

Paternidad literaria: Tiene que ver con las características que una obra exhibe y las razones de por qué se le atribuye a cierto autor. Hay libros bíblicos escritos de manera anónima y, por lo tanto, es difícil determinar su paternidad literaria. En el caso del Apocalipsis, a pesar de ser tema de discusión, hay evidencias fuertes que indican que su autor fue el apóstol Juan.

Patmos: Pequeña isla rocosa del mar Egeo, usada por los romanos para exiliar a los delincuentes. El apóstol Juan fue enviado a dicha isla en tiempos del emperador Domiciano por el año 95 d.C. (Ap. 1:9). Allí Juan recibió las visiones y revelaciones contenidas en el libro del Apocalipsis.

Plagas postreras: Las siete copas de juicio que constituyen la tercera serie de juicios de la tribulación son denominadas las plagas postreras. Su ejecución es de rápida sucesión. Dichos juicios son simultáneos con la venida de Cristo a la tierra. Las siete copas de juicio equivalen a las plagas postreras. Estas, a su vez, equivalen a la séptima trompeta (véase Ap. 10:7; 11:15-19; 15:1; 16:1-21).

Postmilenarismo: La postura milenarista que enseña que el milenio precede a la segunda venida de Cristo. El reino será inaugurado mediante la evangelización del mundo efectuado por la Iglesia. Después tendrá lugar la segunda venida de Cristo. El primer postmilenarista fue el italiano Joaquín de Fiore (1135-1202), pero su sistematizador y propulsor fue el erudito anglicano Daniel Whitby (1638-1726).

Post-tribulacional: La creencia de que la Iglesia permanecerá en la tierra durante el período de la tribulación y que será arrebatada después de haber pasado por dicho período de juicios.

Premilenarismo: La postura de los que enseñan que la segunda venida de Cristo precede al milenio. Los premilenaristas enseñan que el Señor Jesucristo inaugurará el reinado de mil años anunciado en Apocalipsis 20:4-6 cuando regrese a la tierra con majestad y gloria.

Premilenarismo dispensacionalista: Es la forma de premilenarismo que mantiene la diferencia entre Israel como nación y la Iglesia como conjunto de redimidos en esta era. Usa la interpretación literal de las Escrituras y enseña que la Iglesia será arrebatada antes de la tribulación. Durante la tribulación, Dios salvará a un remanente de la nación de Israel y a muchos gentiles. Ambos entrarán en el reino del Mesías. Durante el milenio, Dios cumplirá los preceptos del Pacto Abrahámico. Creen que los mil años de Apocalipsis 20:3-7 será un período de tiempo literal.

Premilenarismo histórico: Es una forma de premilenarismo que enseña que la Iglesia sufrirá los juicios de la tribulación. No hacen una clara diferencia entre Israel y la Iglesia. Tampoco son congruentes en el uso de la interpretación literal de las Escrituras. El premilenarista histórico no limita el milenio a los «mil años» mencionados en Apocalipsis 20:4-6, sino que entiende que los mil años no son literales.

Preterista: Es la escuela de interpretación que entiende que el Apocalipsis tuvo su cumplimiento durante los tres primeros siglos de la era cristiana con la excepción, tal vez, de los tres últimos capítulos. Un ejemplo de interpretación preterista se encuentra en la obra de Ray Summers, *Digno es el Cordero*.

Pre-tribulacional: La creencia de que la Iglesia será arrebatada antes que comiencen los juicios de la gran tribulación (1 Ts. 4:13-18; 5:9; Jn. 14:3; Ap. 3:10).

Primera resurrección: La clase de resurrección de la que participarán todos los que han nacido de nuevo y, por lo tanto, están inscritos en el libro de la vida del Cordero (véanse Ap. 20:4, 5; 1 Co. 15:22-24).

Pseudoepígrafa: Libros escritos de forma anónima pero atribuidos a alguno de los grandes de la antigüedad. Fueron escritos en hebreo, arameo y griego entre los años 200 a.C. al 200 d.C. Estos libros son primordialmente apocalípticos. El más voluminoso e influyente de los libros pseudoepigráficos es el Primer Libro de Enoc.

Rapto de la Iglesia: También se conoce como el arrebatamiento de la Iglesia (1 Ts. 4:17). Es la creencia de que la Iglesia será trasladada o removida de la tierra. El pre-tribulacionista cree que ocurrirá antes de la tribulación. El mid-tribulacionista cree que será en el medio de la tribulación. El post-tribulacionista enseña que será después de la tribulación.

Recapitulación: Un sistema de interpretación usado por algunos en el estudio del Apocalipsis. Aunque el método no es nuevo, en tiempos modernos lo usa William Hendriksen en su obra *Más que vencedores*. Hendriksen divide el Apocalipsis en siete secciones paralelas. Cada una de esas secciones abarca el período completo desde la primera hasta la segunda venida de Cristo. Cada una de dichas secciones repite o recapitula la anterior sin que haya progresión cronológica en el paso de una a otra.

Reino: Tiene que ver con el dominio o el gobierno de una esfera física o territorio. Implica un gobernante, un pueblo a quien gobernar y un territorio donde dicho gobierno se efectúa. Reino teocrático es aquel gobernado por Dios. Dicho reino es ejecutado por Dios a través de un mediador. La forma final del reino teocrático en la tierra será el reino del Mesías o milenio.

Reino espiritual: Es aquel al que los creyentes en Cristo pertenecen ahora (Col. 1:13). En ese reino se entra mediante el nuevo nacimiento (Jn. 3:3, 5). El reino espiritual presente no es el mismo que el reino mesiánico que Cristo inaugurará en su segunda venida.

Reino eterno: Es el reino de Dios que siempre ha existido (Sal. 10:16). El reino eterno de Dios es universal, lo incluye todo (Sal. 103:19). Dios gobierna sobre ese reino directamente (Sal. 59:13).

Reino mesiánico: Es el reino prometido en el Antiguo Testamento y pactado por Dios en el pacto davídico (2 S. 7:12-16). Ese reino durará mil años (Ap. 20:4-6). Durante ese tiempo, Dios cumplirá las promesas de los pactos abrahámico, davídico y nuevo. Además, la gloria del Mesías, tanto en su humanidad como en su deidad, será revelada. Sólo quienes hayan creído en el Mesías entrarán en dicho reino.

Resurrección: La reunión de los cuerpos y las almas (espíritus) de personas que habían estado separados a causa de la muerte. La doctrina de la resurrección es enseñada en 1 Corintios 15; Apocalipsis 20:6-14 y en muchos otros pasajes. Hay una resurrección para vida (primera clase). Esa es para todos los redimidos. Hay otra resurrección para condenación. Esa es para los que mueren sin salvación, es decir, en sus pecados (véanse Jn. 5:29; Ap. 20:5, 6).

Rey de las naciones: Es una referencia al Mesías. Aunque en la Reina-Valera 1960 dice: «Rey de los santos», la lectura correcta es «Rey de las naciones». Esa expresión reafirma el gobierno divino sobre las naciones. Satanás ha pretendido ser el rey del universo. Esa pretensión fraudulenta será condenada cuando el verdadero Rey de la creación tome posesión de lo que por derecho le pertenece.

Rey de reyes: Título asignado al Mesías en Apocalipsis 17:14 y 19:16. Se usa acompañada del título «Señor de señores» y destaca la absoluta soberanía del Mesías, quien viene como Guerrero Divino y derrota a todos los reyes de la tierra con sus ejércitos (véase Ap. 19:17, 18).

Sagradas Escrituras: Expresión que se usa para designar al conjunto de libros inspirados. En el Nuevo Testamento se usa repetidas veces la expresión «la escritura» para referirse a los libros reconocidos como Palabra de Dios (véanse 2 Ti. 3:16; Ro. 9:17; Gá. 3:8).

Satanás: Este sustantivo significa «adversario» (véanse Job 2:1-7; Zac. 3:1, 2). Es el más elevado de los seres caídos. Es el rey del reino de las tinieblas. En las Escrituras se le dan varios calificativos que describen su carácter: Diablo, Dragón, el Maligno, el príncipe de este siglo, el príncipe de la potestad del aire... Su fin será el lago de fuego junto con la bestia y el falso profeta (Ap. 20:10).

Semana setenta de Daniel: La última de las semanas de años profetizadas en el libro de Daniel (9:27). Esa septuagésima semana se corresponde con los siete años que durará la gran tribulación. Los capítulos 6—19 del Apocalipsis describen los acontecimientos que tendrán lugar durante esa última semana. Su comienzo coincide con el inicio de «el día de Jehová» o «día del Señor» (Am. 5:18; 1 Ts. 5:2, 3).

Señal: Este término se menciona en Apocalipsis 12:1, 2; 15:1 con referencia a manifestaciones que podrían clasificarse como lecciones objetivas dadas por Dios para comunicar alguna verdad que, de otra manera, el lector no entendería. La mujer de Apocalipsis 12:1 es una señal, puesto que representa a la nación de Israel y no a una mujer en sí.

Señor: Es la traducción del sustantivo *kyrios* que, a su vez, traduce los términos hebreos *Adonai*, que significa «soberano» y *Yavé*, que significa «aquel que tiene vida en sí mismo», «el autosuficiente». Jesucristo es el Señor (Fil. 2:11) y como tal será confesado para la gloria de Dios Padre (Ap. 17:14).

Señor de señores: Título asignado al Mesías en Apocalipsis 17:14 y 19:16. Dicho título sugiere la absoluta soberanía del Señor Jesucristo. Él está por encima de todos los reyes y señores de la tierra. Todos los gobernantes de la tierra tendrán que inclinarse delante de Él y someterse bajo su autoridad.

Septuaginta: Versión del Antiguo Testamento traducida del hebreo al griego a mediados del siglo III en Alejandría. Fue la Biblia que generalmente usaron los apóstoles. Es una de las principales herramientas para la ciencia de la crítica textual. El nombre Septuaginta se debe a que tradicionalmente se cree que el trabajo fue efectuado por setenta eruditos judíos llevados de Jerusalén a Alejandría por orden de Ptolomeo Filadelfo.

Serpiente antigua: Expresión usada en Apocalipsis 20:2 para designar a Satanás. Es una referencia a la presencia de Satanás en el huerto del Edén cuando engañó a Eva (véanse Ap. 12:9; 2 Co. 11:3).

Shekinah: Este vocablo no se usa en la Biblia. Sí se usa en la literatura judía y cristiana para expresar la presencia de Dios manifestada mediante el resplandor de su gloria.

Siete montes: Esta expresión se menciona en Apocalipsis 17:9. Sobre la base de que la ciudad de Roma está fundada sobre siete colinas, algunos erróneamente han interpretado que la referencia en Apocalipsis 17:9 es a la ciudad de Roma. Un estudio cuidadoso tanto del texto como del contexto demuestra que «los siete montes» equivalen a la figura de «las siete cabezas», que son siete reinos o imperios relacionados con la nación de Israel y no la ciudad de Roma.

Siervos: Es la traducción del sustantivo *doûloi*, que significa «esclavos». Se usa en Apocalipsis 1:1; 2:20; 7:3; 22:3 y se refiere a personas nacidas de nuevo que han sometido sus vidas a la voluntad del Mesías.

Simbolismo: Es la utilización de objetos o acontecimientos con el fin de enseñar o ilustrar una verdad histórica. La literatura apocalíptica es rica en simbolismos. No debe confundirse, sin embargo, el uso de símbolos para comunicar una verdad con la interpretación simbólica. Las señales de tránsito son símbolos, pero no se interpretan simbólicamente, sino como la realidad que representan.

Símil: Es una figura literaria en la que se usa una analogía para comunicar una verdad. Se identifica porque se utiliza el vocablo «como» o «semejante». Por ejemplo Apocalipsis 8:1 dice: «Se hizo silencio en el cielo como por media hora» y Apocalipsis 12:15 dice: «La serpiente arrojó de su boca, tras la mujer, agua como un río....»

Soberano: Este sustantivo tiene que ver con autoridad suprema. Satanás ha usurpado la soberanía del Señor sobre la tierra. En su segunda venida, Cristo reclamará esa soberanía que será suya para siempre (Ap. 11:15).

Sodoma y Egipto: Estos dos reinos son mencionados metafóricamente en Apocalipsis 11:8 para describir la apostasía y la pecaminosidad de la Jerusalén terrenal.

Templo de Dios: Esta expresión se usa en Apocalipsis 11:1. El vocablo «templo» es *naós*, que tiene que ver con el Lugar Santísimo, donde se manifiesta la presencia de Dios y es llamado también «el santuario». En otros pasajes, Juan hace referencia al templo celestial (véase Ap. 11:19; 15:5, 8; 16:17). En Apocalipsis 11:1, sin embargo, la referencia es al santuario terrenal. En la nueva Jerusalén, es decir, en la nueva creación, no habrá necesidad de templo (*naós*) o santuario porque «el Señor Dios Todopoderoso es el templo de ella, y el Cordero» (21:22).

Testamento de los Doce Patriarcas: Libro pseudoepigráfico del período temprano en el que cada uno de los hijos de Jacob da instrucciones a sus descendientes. Cada Testamento contiene materia escatológica, homilética, ética y demonológica. Tratan de la venida del Mesías y de la resurrección. También se menciona la destrucción del templo.

Texto sagrado: Otra manera de expresar el conjunto de libros inspirados o las Sagradas Escrituras.

Tiamat: Según la mitología babilónica, Tiamat era una deidad femenina que representaba el agua salada original del océano. Su consorte masculino era Apsu, que representaba el agua dulce original. Apsu y Tiamat se convirtieron en padres de los dioses.

Ticonio: Vivió entre los años 370-450 d.C. Era de doctrina donatista. Ticonio influyó en San Agustín de Hipona tocante al uso de la interpretación alegórica. Agustín usó dicho sistema de interpretación que le condujo al amilenarismo.

Tiempo, tiempos y la mitad de un tiempo: Figura de dicción usada en Daniel 7:25; 12:7 y en Apocalipsis 12:14. Esta figura significa tres años y medio. Se corresponde con la segunda mitad de la tribulación.

Todopoderoso: Del griego *pantokrátor*, que significa «el que tiene en su mano todas las cosas» (véase Ap. 1:8; 4:8; 11:17; 15:3; 16:7). El Dios de la Biblia es el único Todopoderoso. Dicho término apunta a la omnipotencia de Dios y a su perfecta soberanía.

Tribunal de Cristo: Se menciona en Romanos 14:10 y 2 Corintios 5:10. El Tribunal de Cristo tiene que ver con el juicio de las obras de los creyentes. Tendrá lugar después del rapto de la Iglesia y será el tiempo en que los creyentes recibirán sus galardones. El criterio no será la cantidad, sino la calidad de las obras (1 Co. 3:11-15). El tema se sugiere en las promesas hechas al «vencedor» en los capítulos 2 y 3 del Apocalipsis.

Tribulación: Este vocablo se usa en ocasiones para indicar los sufrimientos generales que los creyentes experimentan en este mundo (Hch. 14:22; 2 Ts. 1:4; Ap. 1:9; 2:9, 10). No debe confundirse las tribulaciones y sufrimientos que forman parte de la vida cristiana (Fil. 1:29) con el período de juicios escatológicos llamado «la tribulación» o «la gran tribulación» (Mt. 24:21).

Trompeta: Instrumento usado en la antigüedad para llamar la atención a la hora de hacer un anuncio importante. La resurrección de los creyentes será anunciada mediante el toque de trompeta (1 Co. 15:52; 1 Ts. 4:16). Los juicios con los que se consumará la ira de Dios también serán precedidos del sonido de trompeta (véase Ap. 10:7; 11:15). No debe confundirse el toque de trompeta relacionado con la resurrección y el rapto de la Iglesia con los toques de las trompetas mencionados en Apocalipsis 8:6-9:21 y 11:15. Son acontecimientos totalmente distintos.

Trono: Este sustantivo se menciona con frecuencia en el Apocalipsis (véase 3:21; 4:2, 3, 4, 5, 6, 9, 10; 5:1, 6, 7, 11, 13). El trono habla de la majestad de Dios y de su soberanía sobre todo el universo. En el Nuevo Testamento se habla también del «trono de la gracia» (He. 4:16). En el Apocalipsis, sin embargo, el trono o estrado de Dios tiene que ver con juicio. En la Jerusalén celestial, Dios el Padre y Dios el Hijo compartirán el mismo trono (Ap. 22:3).

Vara de hierro: Esta expresión se usa en Apocalipsis 2:27; 12:5; 19:15. Probablemente sea una alusión al Salmo 2:9. Tiene que ver con el Mesías que vendrá como Guerrero Divino para destruir a todos sus enemigos. «La vara de hierro» en Apocalipsis 2:27 está en las manos de «los vencedores» por autoridad divina. En 12:5 y 19:15 está en manos de Cristo, quien ejecutará juicios.

Veinticuatro ancianos: Mencionados en Apocalipsis 4:4, 10; 5:8, 14; 11:16; 19:4. Hay quienes piensan que simbolizan a los santos, tanto del Antiguo como del Nuevo Testamento. Otros creen que simbolizan a la Iglesia. El contexto sugiere, más bien, que son seres angelicales de alto rango que realizan un servicio especial alrededor del trono de Dios.

Victorino: Padre apostólico que murió por el año 303 durante las persecuciones de Diocleciano. Fue obispo de Peltau, cerca de Viena. Escribió el primer comentario conocido sobre el Apocalipsis. Victorino menciona que Juan fue desterrado a la isla de Patmos donde recibió la revelación del Apocalipsis. Victorino es, por lo tanto, un testigo importante de la historicidad y del origen apostólico del Apocalipsis.

Notas

1. Véase Ap. 5:6, 8, 12, 13; 6:1, 16; 7:9, 10, 14, 17; 12:11; 13:8; 14:1, 4, 10; 17:14; 21:9, 22, 23, 27; 22:1, 3.
2. El Apocalipsis también habla de «la ira del Cordero» (6:10) y del hecho de que pelea contra sus enemigos y los vence porque es «Rey de reyes» (17:14).

Bibliografía

*en español

Biblias
*Cantera Burgos, Francisco y Manual Iglesia González, *Sagrada Biblia: Versión crítica sobre los textos hebreo, arameo y griego*. Madrid: Biblioteca de Autores Cristianos, 1979. Kurt, Alan, et. al. *The Greek New Testament*. Stuttgart: United Bible Societies, 1968.
*Lacueva, Francisco. *Nuevo Testamento interlineal griego-español*. Terrassa: Editorial CLIE, 1984.
La Santa Biblia, versión Reina-Valera 1960. Buenos Aires: Sociedades Bíblicas en América Latina, 1960.
La Nueva Biblia Latinoamericana. Madrid: Ediciones Paulinas, 1976.
La Biblia de las Américas. Anaheim: Editorial Fundación, 1986.
Nuevo Testamento: Versión Latinoamericana. Nueva York: Sociedad Bíblica Americana, 1953.

Diccionarios, léxicos y enciclopedias
Arndt, William yF. Wilbur Gingrich. *A Greek-English Lexicon of the New Testament and Other Early Christian Literature*. Chicago: The University of Chicago Press, 1963.
Brown, Colin, editor general. *The New International Dictionary of New Testament Theology*. 3 vols. Grand Rapids: Zondervan Publishing House, 1971.
*Bullinger, E.W. *Figures of Speech Used in the Bible*. Grand Rapids: Baker Book House, 1975. Edición en español: *Diccionario de figuras de dicción usadas en la Biblia*, trad. Francisco Lacueva. Terrassa: Editorial CLIE, 1984.
*Douglas, J. D. *The New Bible Dictionary*. Grand Rapids: William B. Eerdmans Publishing Company, 1965. Edición en español: *Nuevo diccionario bíblico*. Buenos Aires: Ediciones Certeza, 1991.
Kittel, Gerhard y Gerhard Friedrich, eds. *Theological Dictionary of the New Testament*. 10 vols. Grand Rapids: William B. Eerdmans, 1964-1976.
Tenney, Merrill C., editor general. *The Zondervan Pictorial Encyclopedia of the Bible*. 5 vols. Grand Rapids: Zondervan Corporation, 1975.
Thayer, Joseph Henry. *Thayer's Greek-English Lexicon of the New Testament*. Grand Rapids: Zondervan Publishing House, 1970.
Unger, Merrill F. *Unger's Bible Dictionary*. Chicago: Moody Press, 1966.
*Vila, Samuel y Santiago Escuain. *Nuevo diccionario bíblico ilustrado*. Terrassa: Editorial CLIE, 1985.

Vine, W. E., Merrill F. Unger y William White Jr. *Vine's Complete Expository Dictionary of Old and New Testament Words*. Nashville: Thomas Nelson Publishers, 1985.

Libros

Allis, Oswald T. *Prophecy and the Church*. Filadelpfia: The Presbyterian and Reformed Publishing Company, 1977.

*Anderson, Sir Robert. *El príncipe que ha de venir*. Grand Rapids: Editorial Portavoz, 1980.

Barclay, William. *The Revelation of John*. 2 vols. Edición revisada. Filadelfia: The Westminster Press, 1976.

Barnes, Albert. *Barnes' Notes on the New Testament*. Grand Rapids: Kregel Publications, 1963.

Bengel, John Albert. *New Testament Word Studies*. Vol. 2, Romans-Revelation. Grand Rapids: Kregel Publications, 1978.

*Berkhof, Louis. *Teología Sistemática*. Grand Rapids: Editorial T.E.L.L., 1976.

Berkouwer, G.C. *The Return of Christ*. Grand Rapids: William B. Eerdmans Publishing Company, 1972.

Boettner, Loraine. *The Millennium*. Filadelfia: The Presbyterian and Reformed Publishing Company, 1957.

Boring, M. Eugene. «Revelation», *Interpretation: A Bible Commentary for Teaching and Preaching*. Louisville: John Knox Press, 1989.

Blaiklock, E.M. *Cities of the New Testament*. Westwood: Fleming H. Revell Co., 1965.

Blass, F. y A. Debrunner. *A Greek Grammar of the New Testament and Other Early Christian Literature*. Trad. Robert W. Funk. Chicago: The University of Chicago Press, 1967.

Bloomfield, Arthur E. *Signs of His Coming: A Study of the Olivet Discourse*. Minneapolis: Bethany Fellowship, Inc., 1967.

Brooks, James A. y Carlton L. Winbery. *Syntax of New Testament Greek*. Lanham: University Press of America, 1979.

Bullinger, E. W. *Commentary on Revelation*. Grand Rapids: Kregel Publications, 1984.

Burton, Ernest De Witt. *Syntax of the Moods and Tenses in the New Testament Greek*. Grand Rapids: Kregel Publications, 1991.

Caird, G.B. «The Revelation of Saint John», *Black's New Testament Commentary*. Peabody: Hendrickson Publishers, 1966.

Campbell, Donald K. y Jeffrey L. Townsend. *The Coming Millennial Kingdom: A Case for Premillennial Interpretation*. Grand Rapids: Kregel Publications, 1997.

*Carballosa, Evis L. *Daniel y el reino mesiánico*. Grand Rapids: Editorial Portavoz, 1979.

*————. *El dictador del futuro*. Grand Rapids: Editorial Portavoz, 1985.

*Ciriac Estopañan, Sebastián. *Manual de gramática histórica griega*. Vol. 4. Barcelona: Editorial Herder, 1957.

Clouse, Robert G., ed. *The Meaning of the Millennium: Four Views*. Downers Grove: InterVarsity Press, 1977.

Cohen, Gary G. *Understanding Revelation*. Chicago: Moody Press, 1978.

Criswell, W.A. *Expository Sermons on Revelation*. 5 vols. Grand Rapids: Zondervan Publishing House, 1962-66.

Cumming, John. *The Cities of the Nations Fell*. Londres: Hurst and Blackett, 1871.

*Dana, H.E. y Julius R. Mantey. *Manual de gramática del Nuevo Testamento griego*. Versión castellana por Adolfo Robleto, et. al. El Paso: Casa Bautista de Publicaciones, 1979.

*Darby, John Nelson. *Estudio sobre el libro de Apocalipsis*. Valence, Francia: La Bonne Semence, 1976.

*Dyer, Charles H. *Babilonia ¡Renace!* Miami: Editorial Unilit, 1991.

Enns, Paul. *The Moody Handbook of Theology*. Chicago: Moody Press, 1989.

Eusebius Pamphilus. *Ecclesiastical History*. Grand Rapids: Guardian Press, 1976.

*Foulkes, Ricardo. *El Apocalipsis de San Juan: Una lectura desde América Latina*. Buenos Aires: Nueva Creación, 1989.

Ford, J. Massyngberde. «Revelation», *The Anchor Bible*. Nueva York: Doubleday, 1975.

Gaebelein, Arno C. *The Annotated Bible: A Commentary on the Holy Scriptures*. Vol. IX. Wheaton: Van Kampen Press, 1913.

*Grau, José. *Estudios sobre Apocalipsis*. Barcelona: Ediciones Evangélicas Europeas, 1977.

*————. «Escatología: Final de los tiempos», *Curso de formación teológica evangélica*. Terrassa: Editorial CLIE, 1977.
Guthrie, Donald. *New Testament Introduction*. Downers Grove: InterVarsity, 1970.
————. *New Testament Theology*. Leicester: InterVarsity Press, 1981.
*Harrison, Everett. *Introducción al Nuevo Testamento*. Grand Rapids: Libros Desafío, 1980.
Heidel, Alexander. *The Babylonian Genesis*. Chicago: Chicago University Press, 1951.
*Hendricksen, William. *Más que vencedores*. Grand Rapids: Libros Desafío, 1965.
Hocke, S. H. *Babylonian and Assyrian Religion*. Norman: University of Oklahoma Press, 1963.
Hoyt, Herman A. *The End Times*. Chicago: Moody Press, 1969.
*Ironside, Harry A. *Notas sobre el Apocalipsis*. Guatemala: Librería Centroamericana, s.f.
*Jeremías, Joachim. *Teología del Nuevo Testamento*. Vol. I. Salamanca, España: Ediciones Sígueme, 1974.
Johnson, Alan F. «Revelation», *The Expositor's Bible Commentary*. Vol. 12. Grand Rapids: Zondervan Publishing House, 1974.
*Lacueva, Francisco. «Escatología II», *Curso de formación teológica evangélica*. Terrassa: Editorial CLIE, 1983.
Ladd, George Eldon. *A Commentary on the Revelation of John*. Grand Rapids: Eerdmans, 1972.
————. *Crucial Questions About the Kingdom of God*. Grand Rapids: Eerdmans, 1961.
*————. *El Evangelio del Reino*. Miami: Editorial Caribe, 1974.
Larne, Gerald A. *Ancient Myth and Modern Man*. Englewood Cliffs: Prentice-Hall Inc., 1975.
*Martínez, José M. *Hermenéutica bíblica*. Terrassa: Editorial CLIE, 1984.
McClain, Alva J. *The Greatness of the Kingdom*. Grand Rapids: Zondervan, 1959.
Milligan, William. *Lectures on the Apocalypse*. Londres: MacMillan & Co., 1892.
Morgan, G. Campbell. *The Letters of Our Lord*. Londres: Pickering & Inglis Ltd., 1961.
Morris, Leon. «Revelation», *Tyndale New Testament Commentaries*. Londres: The Tyndale Press, 1971.
Mounce, Robert H. «The Book of Revelation», *The New International Commentary on the New Testament*. Grand Rapids: William B. Eerdmans Publishing Company, 1979.
Newell, William R. *Revelation: Chapter-by-Chapter*. Grand Rapids: Kregel Publications, 1994.
*Núñez, Emilio A. *Caminos de renovación*. Grand Rapids: Editorial Portavoz, 1975.
*Pentecost, J. Dwight. *Eventos del porvenir*. Miami: Editorial Vida, 1977.
————. *Thy Kingdom Come*. Grand Rapids: Kregel Publications, 1995.
Pritchard, James B. (ed). *The Ancient Near East: An Anthology of Texts and Pictures*. Vol. I. Princeton: Princeton University Press, 1973.
Rienecker, Fritz. *A Linguistic Key to the Greek New Testament*. Vol. 2. Trad. Cleon L. Rogers Jr. Grand Rapids: Zondervan Publishing House, 1981.
*Robertson, Archibald Thomas. *Word Pictures in the New Testament*. Vol. VI. Nashville: Broadman Press, 1933. Edición en español: *Imágenes verbales en el Nuevo Testamento*. Terrasa: Editorial CLIE.
Russell, D.S. *The Method and Message of Jewish Apocalyptic*. Filadelfia: The Westminster Press, 1974.
*Ryrie, Charles C. *Apocalipsis*. Grand Rapids: Editorial Portavoz, 1981.
*————. *Las bases de la fe premilenial*. Ampliado por Homer Payne. Grand Rapids: Editorial Portavoz, 1984.
*————. *Dispensacionalismo hoy*. Grand Rapids: Editorial Portavoz, 1992.
*Sánchez García, Juan. *Comentario histórico y doctrinal del Apocalipsis*. Terrassa: Editorial CLIE, 1987.
*Sauer, Erich. *El triunfo del Crucificado*. Grand Rapids: Editorial Portavoz, 1960.
*————. *La aurora de la redención del mundo*. Grand Rapids: Editorial Portavoz, 1956.
*————. *De eternidad a eternidad*. Grand Rapids: Editorial Portavoz, 1954.
*Schick, Edward. «El Apocalipsis», *El Nuevo Testamento y su mensaje*. Barcelona: Editorial Herder, 1985.
Scott, Walter. *Exposition of the Revelation of Jesus Christ*. Grand Rapids: Kregel Publications, 1982.

Seiss, Joseph A. *The Apocalypse*. Grand Rapids: Kregel Publications, 1987.
*Silva, Kittim. *Apocalipsis: La revelación de Jesucristo*. Terrassa: Editorial CLIE, 1986.
*Smith, Wilbur. «Apocalipsis», *Comentario bíblico Moody*, redactado por Everett F. Harrison. Grand Rapids: Editorial Portavoz, 1987.
*Summers, Ray. *Digno es el Cordero*. El Paso: Casa Bautista de Publicaciones, 1954.
Swete, Henry Barclay. *Commentary on Revelation*. Grand Rapids: Kregel Publications, 1977.
*Tenney, Merrill C. *Nuestro Nuevo Testamento: Una perspectiva histórica y analítica*. Grand Rapids: Editorial Portavoz, 1991.
Thiessen, Henry C. *Introduction to the New Testament*. Grand Rapids: Eerdmans, 1960.
Thomas, Robert L. *Revelation 1–7: An Exegetical Commentary*. Chicago: Moody Press, 1992.
———. *Revelation 8—22: An Exegetical Commentary*. Chicago: Moody Press, 1995.
Trench, Ricard Chevenix. *Trench's Synonyms of the New Testament*. Grand Rapids: Eerdmans, 1960.
Vincent, Marvin T. *Word Studies in the New Testament*. McLean, Virginia: MacDonald Publishing Company, s.f.
Walvoord, John F. *The Revelation of Jesus Christ*. Chicago: Moody Press, 1966.
———. *The Millennial Kingdom*. Findlay: Dunham Publishing Company, 1959.
———. *The Church in Prophecy*. Grand Rapids: Zondervan Publishing House, 1970.
———. *The Nations in Prophecy*. Grand Rapids: Zondervan Publishing House, 1971.
*Wikenhauser, Alfred y Joseph Schmid. *Introducción al Nuevo Testamento*. Barcelona: Editorial Herder, 1978.
Zahn, Theodor. *Introduction to the New Testament*. 3 vols. Grand Rapids: Kregel Publications, 1953.
Zerwick, Maximilian. *Biblical Greek*. Roma: Editrice Pontificio Instituto Bíblico, 1990.

Artículos y material inédito
*Aalen, Swerre. «Gloria» *(timéi)*. *Diccionario teológico del Nuevo Testamento*. Vol. II. Ed. Lothar Coenen, Erich Beyrenther, Hans Bietenhard. Edición preparada por Mario Sala y Araceli Herrera. Salamanca: Ediciones Sígueme, 1980.
Aldrich, Roy L. «The Division of the First Resurrection», *Bibliotheca Sacra*, abril-junio, 1971.
Alexander, Ralph. «Hermenutics of Old Testament Apocalyptic Literature.» Tesis doctoral. Seminario Teológico de Dallas, 1968.
Allen, Kenneth W. «The Rebuilding and Destruction of Babylon.» *Bibliotheca Sacra*, enero-marzo, 1976.
Bietenhard, Hans. «Demon», *The New International Dictionary of New Testament Theology*. Vol. 1. Grand Rapids: Zondervan Publishing House, 1975.
———. «Hell, Abyss, Hades, Gehenna, Lower Regions», *The New International Dictionary of New Testament Theology*. Vol. 2. Grand Rapids: Zondervan, 1976.
Blaiklock, E. M. «Artemis», *The Zondervan Pictorial Encyclopedia of the Bible*. Vol. 1. Grand Rapids: Zondervan Publishing House, 1975.
———. «Philadelphia», *The Zondervan Pictorial Encyclopedia of the Bible*. Vol. 4. Grand Rapids: Zondervan Publishing House, 1975.
Braumann, Georg. «Strenght, Force, Horn, Violence, Power», *The New International Dictionary of New Testament Theology*. Vol. 3. Grand Rapids: Zondervan Publishing House, 1979.
Deere, Jack S. «Premillennialism in Revelation 20:4-6», *Bibliotheca Sacra*, enero-marzo, 1978.
Dyer, Charles H. «The Identity of Babylon in Revelation 17–18», part 1., *Bibliotheca Sacra*, julio-septiembre, 1987.
———. «The Identity of Babylon in Revelation 17–18», part 2, *Bibliotheca Sacra*, octubre-diciembre, 1987.
Falkenroth, Ulrich. «Punishment, Vengeance», *The New International Dictionary of New Testament Theology*. Vol. 3. Grand Rapids: Zondervan Publishing House, 1979.
Foerster, Werner. «Theiríon», *Theological Dictionary of the New Testament*. Ed. Gerhard Kittel, Gerhard Friedrich. Trad. Geoffrey W. Bromiley. Vol. III. Grand Rapids: Eerdmans, 1965.

*Hahn, Hans Cristoph. «Ira» (*orgéi*), *Diccionario teológico del Nuevo Testamento*. Vol II. Ed. Lothar Caenen, Erich Beyreuther y Hans Bietenhard. Edición preparada por Mario Sala y Araceli Herrera. Salamanca: Ediciones Sígueme, 1980.

Harris, Murray J. «Trumpet», *The New International Dictionary of New Testament Theology*. Vol. 3. Grand Rapids: Zondervan Publishing House, 1979.

Hemer, C. J. «Crown, Sceptre, Rod», *The New International Dictionary of New Testament Theology*. Vol. 1. Grand Rapids: Zondervan Publishing House, 1975.

Hodges, Zane C. «The First Horseman of the Apocalypse», *Bibliotheca Sacra*, octubre-diciembre, 1962.

Hoehner, Harold W. «Evidence from Revelation 20», *A Case for Premillennialism: A New Consensus*. Ed. Donald K. Campbell y Jeffrey L. Townsend. Chicago: Moody Press, 1992.

Johnson, Samuel Lewis. «Evidence From Romans 9–11», *A Case for Premillennialism: A New Consensus*. Ed. Donald K. Campbell y Jeffrey L. Townsend. Chicago: Moody Press, 1992.

Kuhn, Karl Georg. «Babylon», *Theological Dictionary of the New Testament*. Ed. Gerhard Kittel, Gerhard Friedrich. Trad. Geoffrey W. Bromiley. Vol. I. Grand Rapids: Eerdmans, 1965.

Link, Hans-Georg y Colin Brown. «Sacrifice, First Fruits, Altar, Offering», *The New International Dictionary of New Testament Theology*. Vol. 3. Grand Rapids: Zondervan, 1979.

Martin, Ralph P. «Mark, Brand», *The New International Dictionary of New Testament Theology*. Vol. 2. Grand Rapids: Zondervan Publishing House, 1976.

McLean, John A. «Did Jesus Correct the Disciples' View of the Kingdom?», *Bibliotheca Sacra*, abril-junio, 1994.

Rengstorp, Karl Heinrich. «*Seimeîon, seimaíno, seimeióo...*», *Theological Dictionary of the New Testament*. Ed. Gerhard Kittel, Gerhard Friedrich. Trad. Geoffrey W. Bromiley. Vol. VII. Grand Rapids: Eerdmans, 1971.

Rogers Jr., Cleon L. «The Davidic Covenant in Acts-Revelation», *Bibliotheca Sacra*, enero-marzo, 1994.

————. «The Promises to David in Early Judaism», *Bibliotheca Sacra*, julio-septiembre, 1993.

————. «The Davidic Covenant in the Gospels», *Bibliotheca Sacra*, oct.-dic., 1993.

Schultz, Samuel J. «Ephraim», *The Zondervan Pictorial Encyclopedia of the Bible*, Vol. 2. Grand Rapids: Zondervan Publishing House, 1975.

Thiessen, Henry C. «The Place of Israel in the Scheme of Redemption as Set Forth in Romans 9–11», part 1, *Bibliotheca Sacra*, enero-marzo, 1941.

————. «The Place of Israel in the Scheme of Redemption as set Forth in Romans 9–11», part 2, *Bibliotheca Sacra*, abril-junio, 1941.

Thomas, Robert L. «John's Apocalyptic Outline», *Bibliotheca Sacra*, octubre-diciembre, 1966.

————. «The Comings of Christ in Revelation 2-3», *The Master's Seminary Journal*, otoño, 1996.

Thompson, John A. «Sackloth», *The New Bible Dictionary*. Grand Rapids: William B. Eerdmans Publishing Company, 1965.

Townsend, Jeffrey L. «Is the Present Age the Millennium?», *Bibliotheca Sacra*, julio-septiembre, 1983.

Trites, Allison A. «Witness, Testimony», *The New International Dictionary of New Testament Theology*. Vol. 3. Grand Rapids: Zondervan Publishing House, 1979.

Walvoord, John F. «The Theological Context of Premillennialism», *Bibliotheca Sacra*, octubre-diciembre, 1993.

Woodring, H. Chester. «The Millennial Glory of Christ.» Tesis de licenciatura. Seminario Teológico de Dallas, 1950.